最高人民法院案例指导工作指定用书

中国案例指导

CHINA CASE GUIDANCE

2017年第2辑（总第6辑）

姜启波　主编　郭锋　副主编
最高人民法院案例指导工作办公室　编著

法律出版社
LAW PRESS·CHINA

《中国案例指导》
编审委员会

《中国案例指导》
编　辑　部

充分发挥案例指导作用
促进法律统一正确实施（代序）

最高人民法院院长　周　强

案例指导制度是最高人民法院为总结审判经验、加强监督指导、统一法律适用、提高审判质量、维护司法公正而建立的一项具有中国特色的司法制度。该制度旨在通过统一发布对全国法院审判、执行工作具有指导作用的典型案例，规范法官自由裁量权，着力解决群众反映强烈的“同案不同判”问题；同时通过典型案例发挥司法规范、指导、评价、引领社会价值的重要作用，大力弘扬社会主义法治精神和社会主义核心价值观，增强全民法治意识，倡导良好社会新风。自建立以来，案例指导制度发展迅速，在统一裁判标准、提高审判质量、提升司法公信力方面发挥了重要作用。编撰《中国案例指导》丛书，将最高人民法院分批发布的指导性案例、关于案例指导制度的最新理论研究成果等汇编成书，是贯彻落实党的十八届四中全会关于加强案例指导工作要求的具体措施，必将有力推动案例指导制度的发展完善，促进形成有利于维护法制统一的法律适用机制，从而为促进法律正确实施，全面推进依法治国，实现中华民族伟大复兴的中国梦作出积极贡献。

一、案例指导制度是中国特色社会主义司法制度的重要组成部分

在人民司法制度建立初期，人民法院就十分重视通过典型案例指导审判工作。早在20世纪50年代，最高人民法院就开始用案例指导审判工作实

践。1954年年初,起草了《最高人民法院关于处理奸淫幼女案件的经验总结和对奸淫幼女罪犯的处刑意见》,并于1957年将经修订的《最高人民法院1955年以来奸淫幼女案件检查总结》以内部文件形式印发各地法院执行。这对统一全国各地量刑标准,纠正重罪轻判和罪与非罪界限不清现象,起到了重要作用。1956年的全国司法审判工作会议明确提出要分类分批汇编案例用以指导审判。1962年3月,毛泽东同志指出:"没有法律不行,刑法、民法一定要搞,不仅要制定法律,还要编案例。"同年12月,最高人民法院颁布《关于人民法院工作若干问题的规定》,明确要求"总结审判工作经验,选择案例,指导工作"。

改革开放以来,案例指导工作得到进一步发展。20世纪70年代末,最高人民法院印发9个典型案例,具体指导全国各级法院纠正"文革"期间形成的冤错案件。随着刑法、刑事诉讼法等法律的颁布施行,1984年最高人民法院以文件形式印发了《刑事犯罪案例选编》(共包含34个案例),对定罪量刑问题提出具体指导意见。1985年7月18日,最高人民法院下发《关于破坏军人婚姻罪的四个案件》的通知,发布了四个破坏军人婚姻罪案例。1985年5月,《最高人民法院公报》开始向社会公布各类典型案例,供各级法院参考借鉴。20世纪90年代起,最高人民法院各审判业务庭和教学研究单位相继出版审判参考类刊物。

1999年最高人民法院制定的《人民法院五年改革纲要》明确提出,要编选典型案例,供下级法院审判类似案件时参考。2005年的《人民法院第二个五年改革纲要》第一次正式提出,要"建立和完善案例指导制度"。2008年12月,中央关于深化司法体制和工作机制改革若干问题的意见将案例指导制度作为国家司法改革的一项重要内容。2010年11月26日,最高人民法院颁布《关于案例指导工作的规定》,标志着中国特色案例指导制度正式确立。

二、案例指导制度在人民法院工作中发挥着重要作用

案例指导制度有利于统一法律适用和裁判尺度。受我国各地经济社会

发展不平衡、司法人员司法能力差异、地方执法环境不同等多种因素影响，在我国司法实践中长期存在“同案不同判”现象，影响了国家法律的统一适用，损害了司法公信力，人民群众反映强烈。建立案例指导制度，发布社会广泛关注，法律规定比较原则，具有典型性、疑难复杂或者新类型案例，为广大法官审理类似案件提供参考，可有效规范和限制自由裁量权，确保同类案件的法律适用基本统一，裁判尺度基本相同，处理结果基本一致。同时，以案例这种群众喜闻乐见的方式推动实现法律统一适用，可极大增强群众对司法的信任和支持，促进提升司法公信力。

案例指导制度有利于提升审判效率。案例具有及时性、灵活性、针对性强、易于把握的特点。用已决案例指导待决类似案件的裁判，可以在“抽象到具体”的法律适用中，增加一个“具体到具体”的参照，有助于缩短办案时间，提高司法效率。特别是对于新型、疑难、复杂案件而言，既能提升案件审判效率，也有助于减轻涉诉群众讼累。最高人民法院建立案例指导制度，定期发布指导性案例，以一个个具体案例来指导、规范众多类似案件的裁判，可以使广大法官审理同类案件的进程大大加快，为群众提供更为高效的司法服务。

案例指导制度有利于弘扬社会主义法治精神和社会主义核心价值观。案例是法制宣传教育的“活教材”。通过定期公布典型案例，可以增强全民的法治意识，使公众从案例中直观领悟法律的原则和精神，促进在全社会形成办事依法、遇事找法、解决问题用法、化解矛盾靠法的良好法治环境和尊重司法、信仰法律、崇尚法治的良好氛围。同时，通过发布案例这种群众看得见的方式，可以更好地发挥司法的指导引领作用，使群众更加深刻直接地了解什么行为是法律允许的、什么行为是法律禁止的，进而理解哪些行为是符合社会主义核心价值观的，哪些行为是违背社会主义核心价值观的，从而推动社会主义核心价值观建设，促进形成良好道德风尚和正确价值导向。

三、以改革创新精神进一步加强案例指导工作

党的十八大和十八届三中全会对全面深化改革、全面推进依法治国作

出了重大战略部署,党的十八届四中全会为法治中国建设描绘了新的宏伟蓝图。加强公正司法、推进依法治国是一项伟大的事业,人民法院促进法律统一正确实施的责任更加重大,任务更为艰巨,必须以改革创新精神进一步加强案例指导工作,为审判实践提供更多可资借鉴的指导性案例。

要把案例指导工作置于坚持和完善中国特色社会主义司法制度的战略高度来谋划。案例指导制度以其统一司法标准、规范裁判尺度的功能,进一步丰富和发展了中国特色社会主义司法制度的内涵。人民法院必须从坚持和完善中国特色社会主义司法制度的战略高度,持续推进人民法院案例指导工作,将其作为人民法院的一项常态性、基础性工作来规划和部署,以充分发挥案例指导制度在审判执行工作中的重要作用。

要把案例指导工作作为加强公正司法的有力抓手。在全面深化改革、全面推进依法治国背景下部署实施的人民法院新一轮司法改革,一个重要目的是确保依法独立公正行使审判权,实现司法公正,维护社会公平正义。通过编撰、发布指导性案例,总结审判经验,统一裁判标准,实施类案指导,有助于进一步规范司法行为、深化司法公开,让公平正义以看得见的方式实现。人民法院要以案例指导工作为抓手,以指导性案例为示范,引导一线办案法官在立案、审理、裁判、执行各个环节严格依法办案,确保司法公正。

要加强案例指导工作的规范化、标准化和信息化建设。各级法院要高度重视从维护国家安全和社会稳定、促进经济社会发展、维护市场秩序、服务保障民生等方面加强指导性案例编选工作,按照指导审判、宣传法治、促进和谐、引领进步的原则,及时编选发布裁判公正、效果良好、具有普遍指导价值的案例。要统筹研究和规划案例指导工作,规范各个层级、各种类型案例的编写体例、程序和发布主体,明确不同案例的效力和功能,方便广大法官和人民群众根据需要了解、掌握和运用司法案例。要积极适应信息技术快速发展与新媒体、大数据时代给案例指导工作带来的机遇、挑战和影响,切实加强案例指导工作信息化建设,努力建成全国法院案例信息汇集中心,更好地发挥指导性案例的作用。

要进一步完善案例指导工作机制。要逐步建立完善案例发现、论证、编发、考评等工作机制，确保广泛选择、精心编写、审慎公布案例。要积极引导和支持广大法官在审判执行工作中增强精品意识，强化法律思维，注重裁判说理，坚持程序公正和实体公正相统一，从一开始就努力把案件办成人民群众接受和认可的经典案例。要不断健全表彰激励机制，激发全国四级法院法官参与案例指导工作的积极性和主动性，推动人民法院案例指导工作不断迈上新台阶，为完善中国特色社会主义司法制度、促进实施依法治国基本方略作出新的更大贡献。

是为序。

2014 年 10 月 28 日

编辑说明

中国特色的案例指导制度是国家司法机关为总结司法经验，指导司法工作，统一司法尺度和裁判标准，促进司法公正，提升司法公信，充分发挥指导性案例作用的一项具有中国特色的司法制度。党的十八届四中全会通过的《中共中央关于全面推进依法治国若干重大问题的决定》指出："加强和规范司法解释和案例指导，统一法律适用标准。"这是党的文献首次对案例指导工作提出明确要求，体现了党中央对案例指导制度的高度重视。加强和规范案例指导，对于总结审判经验，统一公正司法，提升司法公信，宣传和弘扬法治，建设公正高效权威的社会主义司法制度，让人民群众在每一个司法案件中感受到公平正义，具有特别重要的意义。

为加强审判工作业务指导，及时交流案例指导工作经验，更好地为案例应用、法治宣传、案例教学和研究等工作服务，最高人民法院决定编辑《中国案例指导》丛书，搭建案例指导工作平台和交流载体。本丛书首次以指导性案例为主体，是最高人民法院案例指导工作办公室指导案例工作的唯一公开连续出版物，是指导性案例的权威性、标志性、集成性发布平台。丛书重点围绕指导性案例和案例指导工作，主要设置以下栏目：

一、指导案例

根据《最高人民法院关于案例指导工作的规定》第一条规定，对全国法院审判、执行工作具有指导作用的指导性案例，由最高人民法院确定并统一发布。本栏目刊载三部分内容：一是最高人民法院发布的指导性案例及新闻稿；二是指导性案例的裁判者、编选者撰写的指导性案例的理解与参照文章，全面、深入阐明指导性案例的编选经过和指导价值，审判实践中需要明确的问题和参照适用中应当注意的情况，为准确理解和参照适用指导性案例、依法裁判案件提供指导和帮助；三是与指导性案例相关的法律法规、司法解释、裁判文书、推荐单位和编写人等。需要注意的是,根据《最高人民法院关于案例指导工作的规定》第七条规定,各级人民法院在审判类似案件时应当参照指导性案例。

二、参考案例

《最高人民法院关于规范上下级人民法院审判业务关系的若干意见》第九条规定,高级人民法院可以发布参考性案例,对辖区内各级人民法院和专门人民法院的审判业务工作进行指导。本栏目刊载各高级人民法院根据上述文件发布的参考性案例,以及相关案例解读文章。

三、典型案例

本栏目刊载最高人民法院公布的具有典型意义的案例,通过具体案例阐明法律规定、宣传法院工作、普及法治教育、弘扬法治精神。

四、研讨案例

本栏目刊载全国各级人民法院推荐的其他具有研讨价值的典型案例,针对法律适用中的重大、疑难、争议问题,进行深入分析和探讨,倡导学术争鸣,促进案例研究。

五、案例论坛

本栏目刊载专家、学者、法官及社会各界人士撰写的与案例或案例指导制度相关的论文和评论,对案例指导工作进行理论研究和实务探讨,促进学术智慧共享,推动案例指导发展。

六、案例工作

本栏目刊载最新的与案例指导工作相关的规范性文件,最高人民法院院领导的重要讲话和案例指导工作会议纪要,以及各地法院开展案例指导工作的经验和做法,指导案例工作开展,展示案例指导工作成效。

本丛书的主旨在于及时刊登指导性案例及其相关资料,总结和交流案例指导工作经验,推动案例指导制度理论和实务方面的研究和探索,为审判工作提供及时的指导和服务,为司法理论研究和案例教学提供生动鲜活、内容充实的参考资料。希望法学理论界和司法实务部门关心案例指导工作的专家、学者、司法工作者、热心读者踊跃投稿,多提宝贵意见和建议,共同促进中国特色案例指导制度的贯彻落实和发展完善,为全面推进依法治国、建设社会主义法治国家做出更大贡献。

目　录

【指导案例】

【参考案例】

【典型案例】

【研讨案例】

【案例论坛】

【案例工作】

【指导案例】

最高人民法院
关于发布第 16 批指导性案例的通知

（2017 年 3 月 6 日　法〔2017〕53 号）

各省、自治区、直辖市高级人民法院，解放军军事法院，新疆维吾尔自治区高级人民法院生产建设兵团分院：

经最高人民法院审判委员会讨论决定，现将北京奇虎科技有限公司诉腾讯科技（深圳）有限公司、深圳市腾讯计算机系统有限公司滥用市场支配地位纠纷案等十个案例（指导案例 78 ~ 87 号）作为第 16 批指导性案例发布，供在审判类似案件时参照。

指导案例 78 号

北京奇虎科技有限公司诉腾讯科技（深圳）有限公司、深圳市腾讯计算机系统有限公司滥用市场支配地位纠纷案

（最高人民法院审判委员会讨论通过　2017 年 3 月 6 日发布）

关键词　民事/滥用市场支配地位/垄断/相关市场

裁判要点

1. 在反垄断案件的审理中，界定相关市场通常是重要的分析步骤。但是，能否

明确界定相关市场取决于案件具体情况。在滥用市场支配地位的案件中,界定相关市场是评估经营者的市场力量及被诉垄断行为对竞争影响的工具,其本身并非目的。如果通过排除或者妨碍竞争的直接证据,能够对经营者的市场地位及被诉垄断行为的市场影响进行评估,则不需要在每一个滥用市场支配地位的案件中,都明确而清楚地界定相关市场。

2. 假定垄断者测试(HMT)是普遍适用的界定相关市场的分析思路。在实际运用时,假定垄断者测试可以通过价格上涨(SSNIP)或质量下降(SSNDQ)等方法进行。互联网即时通信服务的免费特征使用户具有较高的价格敏感度,采用价格上涨的测试方法将导致相关市场界定过宽,应当采用质量下降的假定垄断者测试进行定性分析。

3. 基于互联网即时通信服务低成本、高覆盖的特点,在界定其相关地域市场时,应当根据多数需求者选择商品的实际区域、法律法规的规定、境外竞争者的现状及进入相关地域市场的及时性等因素,进行综合评估。

4. 在互联网领域中,市场份额只是判断市场支配地位的一项比较粗糙且可能具有误导性的指标,其在认定市场支配力方面的地位和作用必须根据案件具体情况确定。

相关法条

《中华人民共和国反垄断法》第17条、第18条、第19条

基本案情

北京奇虎科技有限公司(以下简称奇虎公司)、奇智软件(北京)有限公司于2010年10月29日发布扣扣保镖软件。2010年11月3日,腾讯科技(深圳)有限公司(以下简称腾讯公司)发布《致广大QQ用户的一封信》,在装有360软件的电脑上停止运行QQ软件。11月4日,奇虎公司宣布召回扣扣保镖软件。同日,360安全中心亦宣布,在国家有关部门的强力干预下,目前QQ和360软件已经实现了完全兼容。2010年9月,腾讯QQ即时通信软件与QQ软件管理一起打包安装,安装过程中并未提示用户将同时安装QQ软件管理。2010年9月21日,腾讯公司发出公告称,正在使用的QQ软件管理和QQ医生将自动升级为QQ电脑管家。奇虎公司诉至广东省高级人民法院,指控腾讯公司滥用其在即时通信软件及服务相关市场的市场支配地位。奇虎公司主张,腾讯公司和深圳市腾讯计算机系统有限公司(以下简称腾讯计算机公司)在即时通信软件及服务相关市场具有市场支配地位,两公司明示禁止其用户使用奇虎公司的360软件,否则将停止QQ软件服务;拒绝向安装有360软件的用户提供相关的软件服务,强制用户删除360软件;采取技术手段,阻止安装了360浏览器的用户访问QQ空间,上述行为构成限制交易;腾讯公

司和腾讯计算机公司将 QQ 软件管家与即时通信软件相捆绑,以升级 QQ 软件管家的名义安装 QQ 医生,构成捆绑销售。请求判令腾讯公司和腾讯计算机公司立即停止滥用市场支配地位的垄断行为,连带赔偿奇虎公司经济损失 1.5 亿元。

裁判结果

广东省高级人民法院于 2013 年 3 月 20 日作出(2011)粤高法民三初字第 2 号民事判决:驳回北京奇虎科技有限公司的诉讼请求。北京奇虎科技有限公司不服,提出上诉。最高人民法院于 2014 年 10 月 8 日作出(2013)民三终字第 4 号民事判决:驳回上诉、维持原判。

裁判理由

法院生效裁判认为:本案中涉及的争议焦点主要包括,一是如何界定本案中的相关市场,二是被上诉人是否具有市场支配地位,三是被上诉人是否构成反垄断法所禁止的滥用市场支配地位行为等几个方面。

一、如何界定本案中的相关市场

该争议焦点可以进一步细化为一些具体问题,择要概括如下:

首先,并非在任何滥用市场支配地位的案件中均必须明确而清楚地界定相关市场。竞争行为都是在一定的市场范围内发生和展开的,界定相关市场可以明确经营者之间竞争的市场范围及其面对的竞争约束。在滥用市场支配地位的案件中,合理地界定相关市场,对于正确认定经营者的市场地位、分析经营者的行为对市场竞争的影响、判断经营者行为是否违法,以及在违法情况下需承担的法律责任等关键问题,具有重要意义。因此,在反垄断案件的审理中,界定相关市场通常是重要的分析步骤。尽管如此,是否能够明确界定相关市场取决于案件具体情况,尤其是案件证据、相关数据的可获得性、相关领域竞争的复杂性等。在滥用市场支配地位案件的审理中,界定相关市场是评估经营者的市场力量及被诉垄断行为对竞争的影响的工具,其本身并非目的。即使不明确界定相关市场,也可以通过排除或者妨碍竞争的直接证据对被诉经营者的市场地位及被诉垄断行为可能的市场影响进行评估。因此,并非在每一个滥用市场支配地位的案件中均必须明确而清楚地界定相关市场。一审法院实际上已经对本案相关市场进行了界定,只是由于本案相关市场的边界具有模糊性,一审法院仅对其边界的可能性进行了分析而没有对相关市场的边界给出明确结论。有鉴于此,奇虎公司关于一审法院未对本案相关商品市场作出明确界定,属于本案基本事实认定不清的理由不能成立。

其次,关于"假定垄断者测试"方法可否适用于免费商品领域问题。法院生效裁判认为:第一,作为界定相关市场的一种分析思路,假定垄断者测试(HMT)具有普遍的适用性。实践中,假定垄断者测试的分析方法有多种,既可以通过数量不大但有意义且并非短暂的价格上涨(SSNIP)的方法进行,又可以通过数量不大但有意义且并非短暂的质量下降(SSNDQ)的方法进行。同时,作为一种分析思路或者思考方法,假定垄断者测试在实际运用时既可以通过定性分析的方法进行,又可以在条件允许的情况下通过定量分析的方法进行。第二,在实践中,选择何种方法进行假定垄断者测试取决于案件所涉市场竞争领域以及可获得的相关数据的具体情况。如果特定市场领域的商品同质化特征比较明显,价格竞争是较为重要的竞争形式,则采用数量不大但有意义且并非短暂的价格上涨(SSNIP)的方法较为可行。但是如果在产品差异化非常明显且质量、服务、创新、消费者体验等非价格竞争成为重要竞争形式的领域,采用数量不大但有意义且并非短暂的价格上涨(SSNIP)的方法则存在较大困难。特别是,当特定领域商品的市场均衡价格为零时,运用SSNIP方法尤为困难。在运用SSNIP方法时,通常需要确定适当的基准价格,进行5% ~10%幅度的价格上涨,然后确定需求者的反应。在基准价格为零的情况下,如果进行5% ~10%幅度的价格增长,增长后其价格仍为零;如果将价格从零提升到一个较小的正价格,则相当于价格增长幅度的无限增大,意味着商品特性或者经营模式发生较大变化,因而难以进行SSNIP测试。第三,关于假定垄断者测试在本案中的可适用性问题。互联网服务提供商在互联网领域的竞争中更加注重质量、服务、创新等方面的竞争而不是价格竞争。在免费的互联网基础即时通信服务已经长期存在并成为通行商业模式的情况下,用户具有极高的价格敏感度,改变免费策略转而收取哪怕是较小数额的费用都可能导致用户的大量流失。同时,将价格由免费转变为收费也意味着商品特性和经营模式的重大变化,即由免费商品转变为收费商品,由间接盈利模式转变为直接盈利模式。在这种情况下,如果采取基于相对价格上涨的假定垄断者测试,很可能将不具有替代关系的商品纳入相关市场中,导致相关市场界定过宽。因此,基于相对价格上涨的假定垄断者测试并不完全适宜在本案中适用。尽管基于相对价格上涨的假定垄断者测试难以在本案中完全适用,但仍可以采取该方法的变通形式,例如,基于质量下降的假定垄断者测试。由于质量下降程度较难评估以及相关数据难以获得,因此可以采用质量下降的假定垄断者测试进行定性分析而不是定量分析。

再次,关于本案相关市场是否应确定为互联网应用平台问题。上诉人认为,互联网应用平台与本案的相关市场界定无关;被上诉人则认为,互联网竞争实际上是平台的竞争,本案的相关市场范围远远超出了即时通信服务市场。法院生效裁判针对互联网领域平台竞争的特点,阐述了相关市场界定时应如何考虑平台竞争的特点及处理方式,认为:第一,互联网竞争一定程度地呈现出平台竞争的特征。被诉垄断行为发生时,互联网的平台竞争特征已经比较明显。互联网经营者通过特定的切入点进入互联网领域,在不同类型和需求的消费者之间发挥中介作用,以此创造价值。第二,判断本案相关商品市场是否应确定为互联网应用平台,其关键问题在于,网络平台之间为争夺用户注意力和广告主的相互竞争是否完全跨越了由产品或者服务特点所决定的界限,并给经营者施加了足够强大的竞争约束。这一问题的答案最终取决于实证检验。在缺乏确切的实证数据的情况下,至少注意如下方面:首先,互联网应用平台之间争夺用户注意力和广告主的竞争以其提供的关键核心产品或者服务为基础。其次,互联网应用平台的关键核心产品或者服务在属性、特征、功能、用途等方面上存在较大的不同。虽然广告主可能不关心这些产品或者服务的差异,只关心广告的价格和效果,因而可能将不同的互联网应用平台视为彼此可以替代,但是对于免费端的广大用户而言,其很难将不同平台提供的功能和用途完全不同的产品或者服务视为可以有效地相互替代。一个试图查找某个历史人物生平的用户通常会选择使用搜索引擎而不是即时通信,其几乎不会认为两者可以相互替代。再次,互联网应用平台关键核心产品或者服务的特性、功能、用途等差异决定了其所争夺的主要用户群体和广告主可能存在差异,因而在获取经济利益的模式、目标用户群、所提供的后续市场产品等方面存在较大区别。最后,本案中应该关注的是被上诉人是否利用了其在即时通信领域中可能的市场支配力量排除、限制互联网安全软件领域的竞争,将其在即时通信领域中可能存在的市场支配力量延伸到安全软件领域,这一竞争过程更多地发生在免费的用户端。鉴于上述理由,在本案相关市场界定阶段互联网平台竞争的特性不是主要考虑因素。第三,本案中对互联网企业平台竞争特征的考虑方式。相关市场界定的目的是为了明确经营者所面对的竞争约束,合理认定经营者的市场地位,并正确判断其行为对市场竞争的影响。即使不在相关市场界定阶段主要考虑互联网平台竞争的特性,但为了正确认定经营者的市场地位,仍然可以在识别经营者的市场地位和市场控制力时予以适当考虑。因此,对于本案,不在相关市场界定阶段主要考虑互联网平台竞争的特性并不意味着忽视这一特性,而是为了以更恰当的方式考虑这一特性。

最后,关于即时通信服务相关地域市场界定需要注意的问题。法院生效裁判认为:本案相关地域市场的界定,应从中国大陆地区的即时通信服务市场这一目标地域开始,对本案相关地域市场进行考察。因为基于互联网的即时通信服务可以低成本、低代价到达或者覆盖全球,并无额外的、值得关注的运输成本、价格成本或者技术障碍,所以在界定相关地域市场时,将主要考虑多数需求者选择商品的实际区域、法律法规的规定、境外竞争者的现状及其进入相关地域市场的及时性等因素。由于每一个因素均不是决定性的,因此需要根据上述因素进行综合评估。首先,中国大陆地区境内绝大多数用户均选择使用中国大陆地区范围内的经营者提供的即时通信服务。中国大陆地区境内用户对于国际即时通信产品并无较高的关注度。其次,我国有关互联网的行政法规规章等对经营即时通信服务规定了明确的要求和条件。我国对即时通信等增值电信业务实行行政许可制度,外国经营者通常不能直接进入我国大陆境内经营,需要以中外合资经营企业的方式进入并取得相应的行政许可。再次,位于境外的即时通信服务经营者的实际情况。在本案被诉垄断行为发生前,多数主要国际即时通信经营者例如 MSN、雅虎、Skype、谷歌等均已经通过合资的方式进入中国大陆地区市场。因此,在被诉垄断行为发生时,尚未进入我国大陆境内的主要国际即时通信服务经营者已经很少。如果我国大陆境内的即时通信服务质量小幅下降,已没有多少境外即时通信服务经营者可供境内用户选择。最后,境外即时通信服务经营者在较短的时间内(例如一年)及时进入中国大陆地区并发展到足以制约境内经营者的规模存在较大困难。境外即时通信服务经营者首先需要通过合资方式建立企业、满足一系列许可条件并取得相应的行政许可,这在相当程度上延缓了境外经营者的进入时间。综上,本案相关地域市场应为中国大陆地区市场。

综合本案其他证据和实际情况,本案相关市场应界定为中国大陆地区即时通信服务市场,既包括个人电脑端即时通信服务,又包括移动端即时通信服务;既包括综合性即时通信服务,又包括文字、音频以及视频等非综合性即时通信服务。

二、被上诉人是否具有市场支配地位

对于经营者在相关市场中的市场份额在认定其市场支配力方面的地位和作用,法院生效裁判认为:市场份额在认定市场支配力方面的地位和作用必须根据案件具体情况确定。一般而言,市场份额越高,持续的时间越长,就越可能预示着市场支配地位的存在。尽管如此,市场份额只是判断市场支配地位的一项比较粗糙且可能具有误导性的指标。在市场进入比较容易,或者高市场份额源于经营者更高的市场效率或者提供了更优异的产品,或者市场外产品对经营者形成较强的竞争约束等情况下,高的市场份额并不能直接推断出市场支配地位的存在。特别是,互联网环境下的竞争存在高度动态的特征,相关市场的边界远不如传统领域那样清晰,在此情况下,更不能高估市场份额的指示作用,而应更多地关注市场进入、经营者的市场行为、对竞争的影响等有助于判断市场支配地位的具体事实和证据。

结合上述思路,法院生效裁判从市场份额、相关市场的竞争状况、被诉经营者控制商品价格、数量或者其他交易条件的能力、该经营者的财力和技术条件、其他经营者对该经营者在交易上的依赖程度、其他经营者进入相关市场的难易程度等方面,对被上诉人是否具有市场支配地位进行考量和分析。最终认定本案现有证据并不足以支持被上诉人具有市场支配地位的结论。

三、被上诉人是否构成反垄断法所禁止的滥用市场支配地位行为

法院生效裁判打破了传统的分析滥用市场支配地位行为的"三步法",采用了更为灵活的分析步骤和方法,认为:原则上,如果被诉经营者不具有市场支配地位,则无须对其是否滥用市场支配地位进行分析,可以直接认定其不构成反垄断法所禁止的滥用市场支配地位行为。不过,在相关市场边界较为模糊、被诉经营者是否具有市场支配地位不甚明确时,可以进一步分析被诉垄断行为对竞争的影响效果,以检验关于其是否具有市场支配地位的结论正确与否。此外,即使被诉经营者具有市场支配地位,判断其是否构成滥用市场支配地位,也需要综合评估该行为对消费者和竞争造成的消极效果和可能具有的积极效果,进而对该行为的合法性与否作出判断。本案主要涉及两个方面的问题:

一是关于被上诉人实施的"产品不兼容"行为(用户二选一)是否构成反垄断法禁止的限制交易行为。根据反垄断法第十七条的规定,具有市场支配地位的经营者,没有正当理由,限定交易相对人只能与其进行交易或者只能与其指定的经营者进行交易的,构成滥用市场支配地位。上诉人主张,被上诉人没有正当理由,强制用户停止使用并卸载上诉人的软件,构成反垄断法所禁止的滥用市场支配地位限制交易行为。对此,法院生效裁判认为,虽然被上诉人实施的"产品不兼容"行为对用户造成了不便,但是并未导致排除或者限制竞争的明显效果。这一方面说明被上诉人实施的"产品不兼容"行为不构成反垄断法所禁止的滥用市场支配地位行为,也从另一方面佐证了被上诉人不具有市场支配地位的结论。

二是被上诉人是否构成反垄断法所禁止的搭售行为。根据反垄断法第十七条的规定,具有市场支配地位的经营者,没有正当理由搭售商品,或者在交易时附加其他不合理的交易条件的,构成滥用市场支配地位。上诉人主张,被上诉人将QQ软件管家与即时通信软件捆绑搭售,并且以升级QQ软件管家的名义安装QQ医生,不符合交易惯例、消费习惯或者商品的功能,消费者选择权受到了限制,不具有正当理由;一审判决关于被诉搭售行为产生排除、限制竞争效果的举证责任分配错误。对此,法院生效裁判认为,上诉人关于被上诉人实施了滥用市场支配地位行为的上诉理由不能成立。

(生效裁判审判人员:王闯、王艳芳、朱理)

指导案例79号

吴小秦诉陕西广电网络传媒（集团）股份有限公司捆绑交易纠纷案

（最高人民法院审判委员会讨论通过 2017年3月6日发布）

关键词 民事/捆绑交易/垄断/市场支配地位/搭售

裁判要点

1. 作为特定区域内唯一合法经营有线电视传输业务的经营者及电视节目集中播控者，在市场准入、市场份额、经营地位、经营规模等各要素上均具有优势，可以认定该经营者占有市场支配地位。

2. 经营者利用市场支配地位，将数字电视基本收视维护费和数字电视付费节目费捆绑在一起向消费者收取，侵害了消费者的消费选择权，不利于其他服务提供者进入数字电视服务市场。经营者即使存在两项服务分别收费的例外情形，也不足以否认其构成反垄断法所禁止的搭售。

相关法条

《中华人民共和国反垄断法》第17条第1款第5项

基本案情

原告吴小秦诉称：2012年5月10日，其前往陕西广电网络传媒（集团）股份有限公司（以下简称广电公司）缴纳数字电视基本收视维护费得知，该项费用由每月25元调至30元，吴小秦遂缴纳了3个月费用90元，其中数字电视基本收视维护费75元、数字电视节目费15元。之后，吴小秦获悉数字电视节目应由用户自由选择，自愿订购。吴小秦认为，广电公司属于公用企业，在数字电视市场内具有支配地位，其收取数字电视节目费的行为剥夺了自己的自主选择权，构成搭售，故诉至法院，请求判令：确认被告2012年5月10日收取其数字电视节目费15元的行为无效，被告返还原告15元。

广电公司辩称:广电公司作为陕西省内唯一电视节目集中播控者,向选择收看基本收视节目之外的消费者收取费用,符合反垄断法的规定;广电公司具备陕西省有线电视市场支配地位,鼓励用户选择有线电视套餐,但并未滥用市场支配地位,强行规定用户在基本收视业务之外必须消费的服务项目,用户有自主选择权;垄断行为的认定属于行政权力,而不是司法权力,原告没有请求认定垄断行为无效的权利;广电公司虽然推出了一系列满足用户进行个性化选择的电视套餐,但从没有进行强制搭售的行为,保证了绝大多数群众收看更多电视节目的选择权利;故请求驳回原告要求确认广电公司增加节目并收取费用无效的请求;愿意积极解决吴小秦的第二项诉讼请求。

法院经审理查明:2012 年 5 月 10 日,吴小秦前往广电公司缴纳数字电视基本收视维护费时获悉,数字电视基本收视维护费每月最低标准由 25 元上调至 30 元。吴小秦缴纳了 2012 年 5 月 10 日至 8 月 9 日的数字电视基本收视维护费 90 元。广电公司向吴小秦出具的收费专用发票载明:数字电视基本收视维护费 75 元及数字电视节目费 15 元。之后,吴小秦通过广电公司客户服务中心(服务电话 96766)咨询,广电公司节目升级增加了不同的收费节目,有不同的套餐,其中最低套餐基本收视费每年 360 元,用户每次最少应缴纳 3 个月费用。广电公司是经陕西省政府批准,陕西境内唯一合法经营有线电视传输业务的经营者和唯一电视节目集中播控者。广电公司承认其在有线电视传输业务中在陕西省占有支配地位。

另查,2004 年 12 月 2 日国家发展改革委、国家广电总局印发的《有线电视基本收视维护费管理暂行办法》规定:有线电视基本收视维护费实行政府定价,收费标准由价格主管部门制定。2005 年 7 月 11 日国家广电总局关于印发《推进试点单位有线电视数字化整体转换的若干意见(试行)》的通知规定,各试点单位在推进整体转换过程中,要重视付费频道等新业务的推广,供用户自由选择,自愿订购。陕西省物价局于 2006 年 5 月 29 日出台的《关于全省数字电视基本收视维护费标准的通知》规定:数字电视基本收视维护费收费标准为:以居民用户收看一台电视机使用一个接收终端为计费单位。全省县城以上城市居民用户每主终端每月 25 元;有线数字电视用户可根据实际情况自愿选择按月、按季或按年度缴纳基本收视维护费。国家发展改革委、国家广电总局于 2009 年 8 月 25 日出台的《关于加强有线电视收费管理等有关问题的通知》指出:有线电视基本收视维护费实行政府定价;有线电视增值业务服务和数字电视付费节目收费,由有线电视运营机构自行确定。

二审中,广电公司提供了四份收费专用发票复印件,证明在 5 月 10 日前后,广电公司的营业厅收取过 25 元的月服务费,因无原件,吴小秦不予质证。庭后广电公司提供了其中三张的原件,双方进行了核对与质证。该票据上均显示一年交费金额为300元,即每月25元。广电公司提供了五张票据的原件,包括一审提供过原件的三张,交易地点均为咸阳市。由此证明广电公司在5月10日前后,提供过每月25元的收费服务。

再审中,广电公司提交了其2016年网站收费套餐截图、关于印发《2016年大众业务实施办法(试行)的通知》、2016年部分客户收费发票。

裁判结果

陕西省西安市中级人民法院于2013年1月5日作出(2012)西民四初字第438号民事判决:1.确认陕西广电网络传媒(集团)股份有限公司2012年5月10日收取原告吴小秦数字电视节目费15元的行为无效;2.陕西广电网络传媒(集团)股份有限公司于本判决生效之日起十日内返还吴小秦15元。陕西广电网络传媒(集团)股份有限公司提起上诉,陕西省高级人民法院于2013年9月12日作出(2013)陕民三终字第38号民事判决:1.撤销一审判决;2.驳回吴小秦的诉讼请求。吴小秦不服二审判决,向最高人民法院提出再审申请。最高人民法院于2016年5月31日作出(2016)最高法民再98号民事判决:1.撤销陕西省高级人民法院(2013)陕民三终字第38号民事判决;2.维持陕西省西安市中级人民法院(2012)西民四初字第438号民事判决。

裁判理由

法院生效裁判认为:本案争议焦点包括,一是本案诉争行为是否违反了反垄断法第十七条第五项之规定,二是一审法院适用反垄断法是否适当。

一、关于本案诉争行为是否违反了反垄断法第十七条第五项之规定

反垄断法第十七条第五项规定,禁止具有市场支配地位的经营者没有正当理由搭售商品或者在交易时附加其他不合理的交易条件。本案中,广电公司在一审答辩中明确认可其"是经陕西省政府批准,陕西境内唯一合法经营有线电视传输业务的经营者。作为陕西省内唯一电视节目集中播控者,广电公司具备陕西省有线电视市场支配地位,鼓励用户选择更丰富的有线电视套餐,但并未滥用市场支配地位,也未强行规定用户在基本收视业务之外必须消费的服务项目。"二审中,广电公司虽对此不予认可,但并未举出其不具有市场支配地位的相应证据。再审审查过程中,广电公司对一、二审法院认定其具有市场支配地位的事实并未提出异议。鉴于广电公司作为陕西境内唯一合法经营有线电视传输业务的经营者,陕西省内唯一电视节目集中播控者,一、二审法院在查明事实的基础上认定在有线电视传输市场中,广电公司在市场准入、市场份额、经营地位、经营规模等各要素上均具有优势,占有支配地位,并无不当。

关于广电公司在向吴小秦提供服务时是否构成搭售的问题。反垄断法第十七条第五项规定禁止具有市场支配地位的经营者没有正当理由搭售商品。本案中，根据原审法院查明的事实，广电公司在提供服务时其工作人员告知吴小秦每月最低收费标准已从2012年3月起由25元上调为30元，每次最少缴纳一个季度，并未告知吴小秦可以单独缴纳数字电视基本收视维护费或者数字电视付费节目费。吴小秦通过广电公司客户服务中心（服务电话号码96766）咨询获悉，广电公司节目升级，增加了不同的收费节目，有不同的套餐，其中最低套餐基本收视费为每年360元，每月30元，用户每次最少应缴纳3个月费用。根据前述事实并结合广电公司给吴小秦开具的收费专用发票记载的收费项目——数字电视基本收视维护费75元及数字电视节目费15元的事实，可以认定广电公司实际上是将数字电视基本收视节目和数字电视付费节目捆绑在一起向吴小秦销售，并没有告知吴小秦是否可以单独选购数字电视基本收视服务的服务项目。此外，从广电公司客户服务中心（服务电话号码96766）的答复中亦可佐证广电公司在提供此服务时，是将数字电视基本收视维护费和数字电视付费节目费一起收取并提供。虽然广电公司在二审中提交了其向其他用户单独收取数字电视基本收视维护费的相关票据，但该证据仅能证明广电公司在收取该费用时存在客户服务中心说明的套餐之外的例外情形。再审中，广电公司并未对客户服务中心说明的套餐之外的例外情形作出合理解释，其提交的单独收取相关费用的票据亦发生在本案诉讼之后，不足以证明诉讼时的情形，对此不予采信。因此，存在客户服务中心说明的套餐之外的例外情形并不足以否认广电公司将数字电视基本收视维护费和数字电视付费节目费一起收取的普遍做法。二审法院认定广电公司不仅提供了组合服务，也提供了基本服务，证据不足，应予纠正。因此，现有证据不能证明普通消费者可以仅缴纳电视基本收视维护费或者数字电视付费节目费，即不能证明消费者选择权的存在。二审法院在不能证明是否有选择权的情况下直接认为本案属于未告知消费者有选择权而涉及侵犯消费者知情权的问题，进而在此基础上，认定为广电公司的销售行为未构成反垄断法所规制的没有正当理由的搭售，事实和法律依据不足，应予纠正。

根据本院查明的事实，数字电视基本收视维护费和数字电视付费节目费属于两项单独的服务。在原审诉讼及本院诉讼中，广电公司未证明将两项服务一起提供符合提供数字电视服务的交易习惯；同时，如将数字电视基本收视维护费和数字电视付费节目费分别收取，现亦无证据证明会损害该两种服务的性能和使用价值；广电公司更未对前述行为说明其正当理由，在此情形下，广电公司利用其市场支配地位，将数字电视基本收视维护费和数字电视付费节目费一起收取，客观上影响消费者选择其他服务提供者提供相关数字付费节目，同时也不利于其他服务提供者进入电视服务市场,对市场竞争具有不利的效果。因此一审法院认定其违反了反垄断法第十七条第五项之规定,并无不当。吴小秦部分再审申请理由成立,予以支持。

二、关于一审法院适用反垄断法是否适当

本案诉讼中,广电公司在答辩中认为本案的发生实质上是一个有关吴小秦基于消费者权益保护法所应当享受的权利是否被侵犯的纠纷,而与垄断行为无关,认为一审法院不应当依照反垄断法及相关规定,认为其处于市场支配地位,从而确认其收费行为无效。根据《最高人民法院关于适用〈中华人民共和国民事诉讼法〉的解释》第二百二十六条及第二百二十八条的规定,人民法院应当根据当事人的诉讼请求、答辩意见以及证据交换的情况,归纳争议焦点,并就归纳的争议焦点征求当事人的意见。在法庭审理时,应当围绕当事人争议的事实、证据和法律适用等焦点问题进行。根据查明的事实,吴小秦在其诉状中明确主张"被告收取原告数字电视节目费,实际上是为原告在提供上述服务范围外增加提供服务内容,对此原告应当具有自主选择权。被告属于公用企业或者其他依法具有独占地位的经营者,在数字电视市场内具有支配地位。被告的上述行为违反了反垄断法第十七条第一款第五项关于'禁止具有市场支配地位的经营者从事没有正当理由搭售商品,或者在交易时附加其他不合理的交易条件的滥用市场支配地位行为',侵害了原告的合法权益。原告依照《最高人民法院关于审理因垄断行为引发的民事纠纷案件应用法律若干问题的规定》,提起民事诉讼,请求人民法院依法确认被告的捆绑交易行为无效,判令其返还原告 15 元。"在该诉状中,吴小秦并未主张其消费者权益受到损害,因此一审法院根据吴小秦的诉讼请求适用反垄断法进行审理,并无不当。

综上,广电公司在陕西省境内有线电视传输服务市场上具有市场支配地位,其将数字电视基本收视服务和数字电视付费节目服务捆绑在一起向吴小秦销售,违反了反垄断法第十七条第一款第五项之规定。吴小秦关于确认广电公司收取其数字电视节目费 15 元的行为无效和请求判令返还 15 元的再审请求成立。一审判决认定事实清楚,适用法律正确,应予维持,二审判决认定事实依据不足,适用法律有误,应予纠正。

(生效裁判审判人员:王艳芳、钱小红、杜微科)

指导案例80号

洪福远、邓春香诉贵州五福坊食品有限公司、贵州今彩民族文化研发有限公司著作权侵权纠纷案

（最高人民法院审判委员会讨论通过　2017年3月6日发布）

关键词　民事/著作权侵权/民间文化艺术衍生作品

裁判要点

民间文学艺术衍生作品的表达系独立完成且有创作性的部分，符合著作权法保护的作品特征的，应当认定作者对其独创性部分享有著作权。

相关法条

《中华人民共和国著作权法》第3条

《中华人民共和国著作权法实施条例》第2条

基本案情

原告洪福远、邓春香诉称：原告洪福远创作完成的《和谐共生十二》作品，发表在2009年8月贵州人民出版社出版的《福远蜡染艺术》一书中。洪福远曾将该涉案作品的使用权（蜡染上使用除外）转让给原告邓春香，由邓春香维护著作财产权。被告贵州五福坊食品有限公司（以下简称五福坊公司）以促销为目的，擅自在其销售的商品上裁切性地使用了洪福远的上述画作。原告认为被告侵犯了洪福远的署名权和邓春香的著作财产权，请求法院判令：被告就侵犯著作财产权赔偿邓春香经济损失20万元；被告停止使用涉案图案，销毁涉案包装盒及产品册页；被告就侵犯洪福远著作人身权刊登声明赔礼道歉。

被告五福坊公司辩称：第一，原告起诉其拥有著作权的作品与贵州今彩民族文化研发有限公司（以下简称今彩公司）为五福坊公司设计的产品外包装上的部分图案，均借鉴了贵州黄平革家传统蜡染图案，被告使用今彩公司设计的产品外包装不构成侵权；第二，五福坊公司的产品外包装是委托本案第三人今彩公司设计的，五

福坊公司在使用产品外包装时已尽到合理注意义务;第三,本案所涉作品在产品包装中位于右下角,整个作品面积只占产品外包装面积的二十分之一左右,对于产品销售的促进作用影响较小,原告起诉的赔偿数额20万元显然过高。原告的诉请没有事实和法律依据,故请求驳回原告的诉讼请求。

第三人今彩公司述称:其为五福坊公司进行广告设计、策划,2006年12月创作完成"四季如意"的手绘原稿,直到2011年10月五福坊公司开发针对旅游市场的礼品,才重新截取该图案的一部分使用,图中的鸟纹、如意纹、铜鼓纹均源于贵州黄平革家蜡染的"原形",原告作品中的鸟纹图案也源于贵州传统蜡染,原告方主张的作品不具有独创性,本案不存在侵权的事实基础,故原告的诉请不应支持。

法院经审理查明:原告洪福远从事蜡染艺术设计创作多年,先后被文化部授予"中国十大民间艺术家""非物质文化遗产保护工作先进个人"等荣誉称号。2009年8月其创作完成的《和谐共生十二》作品发表在贵州人民出版社出版的《福远蜡染艺术》一书中,该作品借鉴了传统蜡染艺术的自然纹样和几何纹样的特征,色彩以靛蓝为主,描绘了一幅花、鸟共生的和谐图景。但该作品对鸟的外形进行了补充,对鸟的眼睛、嘴巴丰富了线条,使得鸟图形更加传神,对鸟的脖子、羽毛融入了作者个人的独创,使得鸟图形更为生动,对中间的铜鼓纹花也融合了作者自己的构思而有别于传统的蜡染艺术图案。2010年8月1日,原告洪福远与原告邓春香签订《作品使用权转让合同》,合同约定洪福远将涉案作品的使用权(蜡染上使用除外)转让给邓春香,由邓春香维护受让权利范围内的著作财产权。

被告五福坊公司委托第三人今彩公司进行产品的品牌市场形象策划设计服务,包括进行产品包装及配套设计、产品手册以及促销宣传品的设计等。根据第三人今彩公司的设计服务,五福坊公司在其生产销售的产品贵州辣子鸡、贵州小米渣、贵州猪肉干的外包装礼盒的左上角、右下角使用了蜡染花鸟图案和如意图案边框。洪福远认为五福坊公司使用了其创作的《和谐共生十二》作品,一方面侵犯了洪福远的署名权,割裂了作者与作品的联系,另一方面侵犯了邓春香的著作财产权。经比对查明,五福坊公司生产销售的上述三种产品外包装礼盒和产品手册上使用的蜡染花鸟图案与洪福远创作的《和谐共生十二》作品,在鸟与花图形的结构造型、线条的取舍与排列上一致,只是图案的底色和线条的颜色存在差别。

裁判结果

贵州省贵阳市中级人民法院于2015年9月18日作出(2015)筑知民初字第17号民事判决:一、被告贵州五福坊食品有限公司于本判决生效之日起10日赔偿原告邓春香经济损失10万元;二、被告贵州五福坊食品有限公司在本判决生效后,立即停止使用涉案《和谐共生十二》作品;三、被告贵州五福坊食品有限公司于本判决生效之日起5日内销毁涉案产品贵州辣子鸡、贵州小米渣、贵州猪肉干的包装盒及产品宣传册页;四、驳回原告洪福远和邓春香的其余诉讼请求。一审宣判后,各方当事人均未上诉,判决已发生法律效力。

裁判理由

法院生效裁判认为:本案的争议焦点一是本案所涉《和谐共生十二》作品是否受著作权法保护;二是案涉产品的包装图案是否侵犯原告的著作权;三是如何确定本案的责任主体;四是本案的侵权责任方式如何判定;五是本案的赔偿数额如何确定。

关于第一个争议焦点,本案所涉原告洪福远的《和谐共生十二》画作中两只鸟尾部重合,中间采用铜鼓纹花连接而展示对称的美感,而这些正是传统蜡染艺术的自然纹样和几何纹样的主题特征,根据本案现有证据,可以认定涉案作品显然借鉴了传统蜡染艺术的表达方式,创作灵感直接来源于黄平革家蜡染背扇图案。但涉案作品对鸟的外形进行了补充,对鸟的眼睛、嘴巴丰富了线条,对鸟的脖子、羽毛融入了作者个人的独创,使得鸟图形更为传神生动,对中间的铜鼓纹花也融合了作者的构思而有别于传统的蜡染艺术图案。根据著作权法实施条例第二条"著作权法所称作品,是指文学、艺术和科学领域内具有独创性并能以某种有形形式复制的智力成果"的规定,本案所涉原告洪福远创作的《和谐共生十二》画作属于传统蜡染艺术作品的衍生作品,是对传统蜡染艺术作品的传承与创新,符合著作权法保护的作品特征,在洪福远具有独创性的范围内受著作权法的保护。

关于第二个争议焦点,根据著作权法实施条例第四条第八项"美术作品,是指绘画、书法、雕塑等以线条、色彩或者其他方式构成的有审美意义的平面或者立体的造型艺术作品"的规定,绘画作品主要是以线条、色彩等方式构成的有审美意义的平面造型艺术作品。经过庭审比对,本案所涉产品贵州辣子鸡等包装礼盒和产品手册中使用的花鸟图案与涉案《和谐共生十二》画作,在鸟与花图形的结构造型、线条的取舍与排列上一致,只是图案的底色和线条的颜色存在差别,就比对的效果来看图案的底色和线条的颜色差别已然成为侵权的掩饰手段而已,并非独创性的智力劳动;第三人今彩公司主张其设计、使用在五福坊公司产品包装礼盒和产品手册中的作品创作于2006年,但其没有提交任何证据可以佐证,而洪福远的涉案作品于2009年发表在《福远蜡染艺术》一书中,且书中画作直接注明了作品创作日期为2003年,由此可以认定洪福远的涉案作品创作并发表在先。在五福坊公司生产、销售涉案产品之前,洪福远即发表了涉案《和谐共生十二》作品,五福坊公司有机会接触到原告的作品。据此,可以认定第三人今彩公司有抄袭洪福远涉案作品的故意,五福坊公司在生产、销售涉案产品包装礼盒和产品手册中部分使用原告的作品,侵犯了原告对涉案绘画美术作品的复制权。

关于第三个争议焦点,庭前准备过程中,经法院向洪福远释明是否追加今彩公司为被告参加诉讼,是否需要变更诉讼请求,原告以书面形式表示不同意追加今彩公司为被告,并认为五福坊公司与今彩公司属于另一法律关系,不宜与本案合并审理。事实上,五福坊公司与今彩公司签订了合同书,合同约定被告生产的所有产品的外包装、广告文案、宣传品等皆由今彩公司设计,合同也约定如今彩公司提交的设计内容有侵权行为,造成的后果由今彩公司全部承担。但五福坊公司作为产品包装的委托方,并未举证证明其已尽到了合理的注意义务,且也是侵权作品的最终使用者和实际受益者,根据著作权法第四十八条第二款第一项"有下列侵权行为的,应当根据情况,承担停止侵害、消除影响、赔礼道歉、赔偿损失等民事责任……(一)未经著作权人许可,复制、发行、表演、放映、广播、汇编、通过信息网络向公众传播其作品的,本法另有规定的除外"、《最高人民法院关于审理著作权民事纠纷案件适用法律若干问题的解释》(以下简称《著作权纠纷案件解释》)第十九条、第二十条第二款的规定,五福坊公司依法应承担本案侵权的民事责任。五福坊公司与第三人今彩公司之间属另一法律关系,不属于本案的审理范围,当事人可另行主张解决。

关于第四个争议焦点,根据著作权法第四十七条、第四十八条规定,侵犯著作权或与著作权有关的权利的,应当根据案件的实际情况,承担停止侵害、消除影响、赔礼道歉、赔偿损失等民事责任。本案中,第一,原告方的部分著作人身权和财产权受到侵害,客观上产生相应的经济损失,对于原告方的第一项赔偿损失的请求,依法应当获得相应的支持;第二,无论侵权人有无过错,为防止损失的扩大,责令侵权人立即停止正在实施的侵犯他人著作权的行为,以保护权利人的合法权益,也是法律实施的目的,对于原告方第二项要求被告停止使用涉案图案、销毁涉案包装盒及产品册页的诉请,依法应予支持;第三,五福坊公司事实上并无主观故意,也没有重大过失,只是没有尽到合理的审查义务而基于法律的规定承担侵权责任,洪福远也未举证证明被告侵权行为造成其声誉的损害,故对于洪福远要求五福坊公司在《贵州都市报》综合版面刊登声明赔礼道歉的第三项诉请,不予支持。

关于第五个争议焦点,本案中,原告方并未主张为制止侵权行为所支出的合理费用,也没有举证证明为制止侵权行为所支出的任何费用。庭审中,原告方没有提交任何证据以证明其实际损失的多少,也没有提交任何证据以证明五福坊公司因侵权行为的违法所得。事实上,原告方的实际损失本身难以确定,被告方因侵权行为的违法所得也难以查清。根据《著作权纠纷案件解释》第二十五条第一款、第二款"权利人的实际损失或者侵权人的违法所得无法确定的,人民法院根据当事人的请求或者依职权适用著作权法第四十八条第二款（现为第四十九条第二款）的规定确定赔偿数额。人民法院在确定赔偿数额时，应当考虑作品类型、合理使用费、侵权行为性质、后果等情节综合确定”的规定，结合本案的客观实际，主要考量以下五个方面对侵犯著作权赔偿数额的影响：第一，洪福远的涉案《和谐共生十二》作品属于贵州传统蜡染艺术作品的衍生作品，著作权作品的创作是在传统蜡染艺术作品基础上的传承与创新，涉案作品中鸟图形的轮廓与对称的美感来源于传统艺术作品，作者构思的创新有一定的限度和相对局限的空间。第二，贵州蜡染有一定的区域特征和地理标志意义，以花、鸟、虫、鱼等为创作缘起的蜡染艺术作品在某种意义上属于贵州元素或贵州符号，五福坊公司作为贵州的本土企业，其使用贵州蜡染艺术作品符合民间文学艺术作品作为非物质文化遗产固有的民族性、区域性的基本特征要求。第三，根据洪福远与邓春香签订的《作品使用权转让合同》，洪福远已经将其创作的涉案《和谐共生十二》作品的使用权（蜡染上使用除外）转让给邓春香，即涉案作品的大部分著作财产权转让给了传统民间艺术传承区域外的邓春香，由邓春香维护涉案作品著作财产权，基于本案著作人身权与财产权的权利主体在传统民间艺术传承区域范围内外客观分离的状况，传承区域范围内的企业侵权行为产生的后果与影响并不显著。第四，洪福远几十年来执着于民族蜡染艺术的探索与追求，在创作中将传统的民族蜡染与中国古典文化有机地揉和，从而使蜡染艺术升华到一定高度，对区域文化的发展起到一定的推动作用。尽管涉案作品的大部分著作财产权已经转让给了传统民间艺术传承区域外的邓春香，但洪福远的创作价值以及其在蜡染艺术业内的声誉应得到尊重。第五，五福坊公司涉案产品贵州辣子鸡、贵州小米渣、贵州猪肉干的生产经营规模、销售渠道等应予以参考，根据五福坊公司提交的五福坊公司与广州卓凡彩色印刷有限公司的采购合同，尽管上述证据不一定完全客观反映五福坊公司涉案产品的生产经营状况，但在原告方无任何相反证据的情形下，被告的证明主张在合理范围内应为法律所允许。综合考量上述因素，参照贵州省当前的经济发展水平和人们的生活水平，酌情确定由五福坊公司赔偿邓春香经济损失10万元。

（生效裁判审判人员：唐有临、刘永菊、袁波文）

指导案例81号

张晓燕诉雷献和、赵琪、山东爱书人音像图书有限公司著作权侵权纠纷案

(最高人民法院审判委员会讨论通过 2017年3月6日发布)

关键词 民事/著作权侵权/影视作品/历史题材/实质相似

裁判要点

1. 根据同一历史题材创作的作品中的题材主线、整体线索脉络,是社会共同财富,属于思想范畴,不能为个别人垄断,任何人都有权对此类题材加以利用并创作作品。

2. 判断作品是否构成侵权,应当从被诉侵权作品作者是否接触过权利人作品、被诉侵权作品与权利人作品之间是否构成实质相似等方面进行。在判断是否构成实质相似时,应比较作者在作品表达中的取舍、选择、安排、设计等是否相同或相似,不应从思想、情感、创意、对象等方面进行比较。

3. 按照著作权法保护作品的规定,人民法院应保护作者具有独创性的表达,即思想或情感的表现形式。对创意、素材、公有领域信息、创作形式、必要场景,以及具有唯一性或有限性的表达形式,则不予保护。

相关法条

《中华人民共和国著作权法》第2条

《中华人民共和国著作权法实施条例》第2条

基本案情

原告张晓燕诉称:其于1999年12月开始改编创作《高原骑兵连》剧本,2000年8月根据该剧本筹拍20集电视连续剧《高原骑兵连》(以下将该剧本及其电视剧简称"张剧"),2000年12月该剧摄制完成,张晓燕系该剧著作权人。被告雷献和作为《高原骑兵连》的名誉制片人参与了该剧的摄制。被告雷献和作为第一编剧和制片

人、被告赵琪作为第二编剧拍摄了电视剧《最后的骑兵》(以下将该电视剧及其剧本简称“雷剧”)。2009 年 7 月 1 日,张晓燕从被告山东爱书人音像图书有限公司购得《最后的骑兵》DVD 光盘,发现与“张剧”有很多雷同之处,主要人物关系、故事情节及其他方面相同或近似,“雷剧”对“张剧”剧本及电视剧构成侵权。故请求法院判令:三被告停止侵权,雷献和在《齐鲁晚报》上公开发表致歉声明并赔偿张晓燕剧本稿酬损失、剧本出版发行及改编费损失共计 80 万元。

被告雷献和辩称:“张剧”剧本根据张冠林的长篇小说《雪域河源》改编而成,“雷剧”最初由雷献和根据师永刚的长篇小说《天苍茫》改编,后由赵琪参照其小说《骑马挎枪走天涯》重写剧本定稿。2000 年上半年,张晓燕找到雷献和,提出合拍反映骑兵生活的电视剧。雷献和向张晓燕介绍了改编《天苍茫》的情况,建议合拍,张晓燕未同意。2000 年 8 月,雷献和与张晓燕签订了合作协议,约定拍摄制作由张晓燕负责,雷献和负责军事保障,不参与艺术创作,雷献和没有看到张晓燕的剧本。“雷剧”和“张剧”创作播出的时间不同,“雷剧”不可能影响“张剧”的发行播出。

法院经审理查明:“张剧”“雷剧”、《骑马挎枪走天涯》《天苍茫》,均系以二十世纪八十年代中期精简整编中骑兵部队撤(缩)编为主线展开的军旅、历史题材作品。短篇小说《骑马挎枪走天涯》发表于《解放军文艺》1996 年第 12 期总第 512 期;长篇小说《天苍茫》于 2001 年 4 月由解放军文艺出版社出版发行;“张剧”于 2004 年 5 月 17 日至 5 月 21 日由中央电视台第八套节目在上午时段以每天四集的速度播出;“雷剧”于 2004 年 5 月 19 日至 29 日由中央电视台第一套节目在晚上黄金时段以每天两集的速度播出。

《骑马挎枪走天涯》通过对骑兵连被撤销前后连长、指导员和一匹神骏的战马的描写,叙述了骑兵在历史上的辉煌、骑兵连被撤销、骑兵连官兵特别是骑兵连长对骑兵、战马的痴迷。《骑马挎枪走天涯》存在如下描述:神马(15 号军马)出身来历中透着的神秘、连长与军马的水乳交融、指导员孔越华的人物形象、连长作诗、父亲当过骑兵团长、骑兵在未来战争中发挥的重要作用、连长为保留骑兵连所做的努力、骑兵连最后被撤销、结尾处连长与神马的悲壮。“雷剧”中天马的来历也透着神秘,除了连长常问天的父亲曾为骑兵师长外,上述情节内容与《骑马挎枪走天涯》基本相似。

《天苍茫》是讲述中国军队最后一支骑兵连充满传奇与神秘历史的书,书中展示草原与骑兵的生活,如马与人的情感、最后一匹野马的基因价值,以及研究马语的老人,神秘的预言者,最后的野马在香港赛马场胜出的传奇故事。《天苍茫》中连长成天的父亲是原骑兵师的师长,司令员是山南骑兵连的第一任连长、成天父亲的老部下,成天从小暗恋司令员女儿兰静,指导员王青衣与兰静相爱,并促进成天与基因学者刘可可的爱情。最后连长为救被困沼泽的研究人员牺牲。“雷剧”中高波将前指导员跑得又快又稳性子好的“大喇嘛”牵来交给常问天作为临时坐骑。结尾连长为完成抓捕任务而牺牲。“雷剧”中有关指导员孔越华与连长常问天之间关系的描述与《天苍茫》中指导员王青衣与连长成天关系的情节内容有相似之处。

法院依法委托中国版权保护中心版权鉴定委员会对“张剧”与“雷剧”进行鉴定,结论如下:1. 主要人物设置及关系部分相似;2. 主要线索脉络即骑兵部队缩编(撤销)存在相似之处;3. 存在部分相同或者近似的情节,但除一处语言表达基本相同之外,这些情节的具体表达基本不同。语言表达基本相同的情节是指双方作品中男主人公表达“愿做牧马人”的话语的情节。“张剧”电视剧第四集秦冬季说:“草原为家,以马为伴,做个牧马人;”“雷剧”第十八集常问天说:“以草原为家,以马为伴,你看过电影《牧马人》吗? 做个自由的牧马人。”

裁判结果

山东省济南市中级人民法院于2011年7月13日作出(2010)济民三初字第84号民事判决:驳回张晓燕的全部诉讼请求。张晓燕不服,提起上诉,山东省高级人民法院于2012年6月14日作出(2011)鲁民三终字第194号民事判决:驳回上诉,维持原判。张晓燕不服,向最高人民法院申请再审。最高人民法院经审查,于2014年11月28日作出(2013)民申字第1049号民事裁定:驳回张晓燕的再审申请。

裁判理由

法院生效裁判认为:本案的争议焦点是“雷剧”的剧本及电视剧是否侵害“张剧”的剧本及电视剧的著作权。

判断作品是否构成侵权,应当从被诉侵权作品的作者是否“接触”过要求保护的权利人作品、被诉侵权作品与权利人的作品之间是否构成“实质相似”两个方面进行判断。本案各方当事人对雷献和接触“张剧”剧本及电视剧并无争议,本案的核心问题在于两部作品是否构成实质相似。

我国著作权法所保护的是作品中作者具有独创性的表达,即思想或情感的表现形式,不包括作品中所反映的思想或情感本身。这里指的思想,包括对物质存在、客观事实、人类情感、思维方法的认识,是被描述、被表现的对象,属于主观范畴。思想者借助物质媒介,将构思诉诸形式表现出来,将意象转化为形象、将抽象转化为具体、将主观转化为客观、将无形转化为有形,为他人感知的过程即为创作,创作形成的有独创性的表达属于受著作权法保护的作品。著作权法保护的表达不仅指文字、色彩、线条等符号的最终形式,当作品的内容被用于体现作者的思想、情感时,内容也属于受著作权法保护的表达,但创意、素材或公有领域的信息、创作形式、必要场景或表达唯一或有限则被排除在著作权法的保护范围之外。必要场景,指选择某一类主题进行创作时,不可避免而必须采取某些事件、角色、布局、场景,这种表现特定主题不可或缺的表达方式不受著作权法保护;表达唯一或有限,指一种思想只有唯一一种或有限的表达形式,这些表达视为思想,也不给予著作权保护。在判断“雷剧”与“张剧”是否构成实质相似时,应比较两部作品中对于思想和情感的表达,将两部作品表达中作者的取舍、选择、安排、设计是否相同或相似,而不是离开表达看思想、情感、创意、对象等其他方面。结合张晓燕的主张,从以下几个方面进行分析判断:

关于张晓燕提出“雷剧”与“张剧”题材主线相同的主张,因“雷剧”与《骑马挎枪走天涯》都通过紧扣“英雄末路、骑兵绝唱”这一主题和情境描述了“最后的骑兵”在撤编前后发生的故事,可以认定“雷剧”题材主线及整体线索脉络来自《骑马挎枪走天涯》。“张剧”“雷剧”以及《骑马挎枪走天涯》《天苍茫》4 部作品均系以二十世纪八十年代中期精简整编中骑兵部队撤(缩)编为主线展开的军旅历史题材作品,是社会的共同财富,不能为个别人所垄断,故 4 部作品的作者都有权以自己的方式对此类题材加以利用并创作作品。因此,即便“雷剧”与“张剧”题材主线存在一定的相似性,因题材主线不受著作权法保护,且“雷剧”的题材主线系来自最早发表的《骑马挎枪走天涯》,不能认定“雷剧”抄袭自“张剧”。

关于张晓燕提出“雷剧”与“张剧”人物设置与人物关系相同、相似的主张,鉴于前述 4 部作品均系以特定历史时期骑兵部队撤(缩)编为主线展开的军旅题材作品,除了《骑马挎枪走天涯》受短篇小说篇幅的限制,没有三角恋爱关系或军民关系外,其他 3 部作品中都包含三角恋爱关系、官兵上下关系、军民关系等人物设置和人物关系,这样的表现方式属于军旅题材作品不可避免地采取的必要场景,因表达方式有限,不受著作权法保护。

关于张晓燕提出“雷剧”与“张剧”语言表达及故事情节相同、相似的主张,从语言表达看,如“雷剧”中“做个自由的‘牧马人’”与“张剧”中“做个牧马人”语言表达基本相同,但该语言表达属于特定语境下的惯常用语,非独创性表达。从故事情节看,用于体现作者的思想与情感的故事情节属于表达的范畴,具有独创性的故事情节应受著作权法保护,但是,故事情节中仅部分元素相同、相似并不能当然得出故事情节相同、相似的结论。前述 4 部作品相同、相似的部分多属于公有领域素材或缺乏独创性的素材,有的仅为故事情节中的部分元素相同,但情节所展开的具体内容和表达的意义并不相同。二审法院认定“雷剧”与“张剧”6 处相同、相似的故事情节,其中老部下关系、临时指定马匹等在《天苍茫》中也有相似的情节内容,其他部分虽在情节设计方面存在相同、相似之处,但有的仅为情节表达中部分元素的相同、相似,情节内容相同、相似的部分少且微不足道。

整体而言,“雷剧”与“张剧”具体情节展开不同、描写的侧重点不同、主人公性格不同、结尾不同,二者相同、相似的故事情节在“雷剧”中所占比例极低,且在整个故事情节中处于次要位置,不构成“雷剧”中的主要部分,不会导致读者和观众对两部作品产生相同、相似的欣赏体验,不能得出两部作品实质相似的结论。根据《最高人民法院关于审理著作权民事纠纷案件适用法律若干问题的解释》第十五条“由不同作者就同一题材创作的作品,作品的表达系独立完成并且有创作性的,应当认定作者各自享有独立著作权”的规定,“雷剧”与“张剧”属于由不同作者就同一题材创作的作品,两剧都有独创性,各自享有独立著作权。

(生效裁判审判人员:于晓白、骆电、李嵘)

指导案例82号

王碎永诉深圳歌力思服饰股份有限公司、杭州银泰世纪百货有限公司侵害商标权纠纷案

(最高人民法院审判委员会讨论通过 2017年3月6日发布)

关键词 民事/侵害商标权/诚实信用/权利滥用

裁判要点

当事人违反诚实信用原则,损害他人合法权益,扰乱市场正当竞争秩序,恶意取得、行使商标权并主张他人侵权的,人民法院应当以构成权利滥用为由,判决对其诉讼请求不予支持。

相关法条

《中华人民共和国民事诉讼法》第13条

《中华人民共和国商标法》第52条

基本案情

深圳歌力思服装实业有限公司成立于1999年6月8日。2008年12月18日,

该公司通过受让方式取得第1348583号“歌力思”商标,该商标核定使用于第25类的服装等商品之上,核准注册于1999年12月。2009年11月19日,该商标经核准续展注册,有效期自2009年12月28日至2019年12月27日。深圳歌力思服装实业有限公司还是第4225104号“ELLASSAY”的商标注册人。该商标核定使用商品为第18类的(动物)皮;钱包;旅行包;文件夹(皮革制);皮制带子;裘皮;伞;手杖;手提包;购物袋。注册有效期限自2008年4月14日至2018年4月13日。2011年11月4日,深圳歌力思服装实业有限公司更名为深圳歌力思服饰股份有限公司(以下简称歌力思公司,即本案一审被告人)。2012年3月1日,上述“歌力思”商标的注册人相应变更为歌力思公司。

一审原告人王碎永于2011年6月申请注册了第7925873号“歌力思”商标,该商标核定使用商品为第18类的钱包、手提包等。王碎永还曾于2004年7月7日申请注册第4157840号“歌力思及图”商标。后因北京市高级人民法院于2014年4月2日作出的二审判决认定,该商标损害了歌力思公司的关联企业歌力思投资管理有限公司的在先字号权,因此不应予以核准注册。

自2011年9月起,王碎永先后在杭州、南京、上海、福州等地的“ELLASSAY”专柜,通过公证程序购买了带有“品牌中文名:歌力思,品牌英文名:ELLASSAY”字样吊牌的皮包。2012年3月7日,王碎永以歌力思公司及杭州银泰世纪百货有限公司(以下简称杭州银泰公司)生产、销售上述皮包的行为构成对王碎永拥有的“歌力思”商标、“歌力思及图”商标权的侵害为由,提起诉讼。

裁判结果

杭州市中级人民法院于2013年2月1日作出(2012)浙杭知初字第362号民事判决,认为歌力思公司及杭州银泰公司生产、销售被诉侵权商品的行为侵害了王碎永的注册商标专用权,判决歌力思公司、杭州银泰公司承担停止侵权行为、赔偿王碎永经济损失及合理费用共计10万元及消除影响。歌力思公司不服,提起上诉。浙江省高级人民法院于2013年6月7日作出(2013)浙知终字第222号民事判决,驳回上诉、维持原判。歌力思公司及王碎永均不服,向最高人民法院申请再审。最高人民法院裁定提审本案,并于2014年8月14日作出(2014)民提字第24号判决,撤销一审、二审判决,驳回王碎永的全部诉讼请求。

裁判理由

法院生效裁判认为,诚实信用原则是一切市场活动参与者所应遵循的基本准则。一方面,它鼓励和支持人们通过诚实劳动积累社会财富和创造社会价值,并保护在此基础上形成的财产性权益,以及基于合法、正当的目的支配该财产性权益的自由和权利;另一方面,它又要求人们在市场活动中讲究信用、诚实不欺,在不损害他人合法利益、社会公共利益和市场秩序的前提下追求自己的利益。民事诉讼活动同样应当遵循诚实信用原则。一方面,它保障当事人有权在法律规定的范围内行使和处分自己的民事权利和诉讼权利;另一方面,它又要求当事人在不损害他人和社会公共利益的前提下,善意、审慎地行使自己的权利。任何违背法律目的和精神,以损害他人正当权益为目的,恶意取得并行使权利、扰乱市场正当竞争秩序的行为均属于权利滥用,其相关权利主张不应得到法律的保护和支持。

第4157840号"歌力思及图"商标迄今为止尚未被核准注册,王碎永无权据此对他人提起侵害商标权之诉。对于歌力思公司、杭州银泰公司的行为是否侵害王碎永的第7925873号"歌力思"商标权的问题,首先,歌力思公司拥有合法的在先权利基础。歌力思公司及其关联企业最早将"歌力思"作为企业字号使用的时间为1996年,最早在服装等商品上取得"歌力思"注册商标专用权的时间为1999年。经长期使用和广泛宣传,作为企业字号和注册商标的"歌力思"已经具有了较高的市场知名度,歌力思公司对前述商业标识享有合法的在先权利。其次,歌力思公司在本案中的使用行为系基于合法的权利基础,使用方式和行为性质均具有正当性。从销售场所来看,歌力思公司对被诉侵权商品的展示和销售行为均完成于杭州银泰公司的歌力思专柜,专柜通过标注歌力思公司的"ELLASSAY"商标等方式,明确表明了被诉侵权商品的提供者。在歌力思公司的字号、商标等商业标识已经具有较高的市场知名度,而王碎永未能举证证明其"歌力思"商标同样具有知名度的情况下,歌力思公司在其专柜中销售被诉侵权商品的行为,不会使普通消费者误认该商品来自于王碎永。从歌力思公司的具体使用方式来看,被诉侵权商品的外包装、商品内的显著部位均明确标注了"ELLASSAY"商标,而仅在商品吊牌之上使用了"品牌中文名:歌力思"的字样。由于"歌力思"本身就是歌力思公司的企业字号,且与其"ELLASSAY"商标具有互为指代关系,故歌力思公司在被诉侵权商品的吊牌上使用"歌力思"文字来指代商品生产者的做法并无明显不妥,不具有攀附王碎永"歌力思"商标知名度的主观意图,亦不会为普通消费者正确识别被诉侵权商品的来源制造障碍。在此基础上,杭州银泰公司销售被诉侵权商品的行为亦不为法律所禁止。最后,王碎永取得和行使"歌力思"商标权的行为难谓正当。"歌力思"商标由中文文字"歌力思"构成,与歌力思公司在先使用的企业字号及在先注册的"歌力思"商标的文字构成完全相同。"歌力思"本身为无固有含义的臆造词,具有较强的固有显著性,依常理判断,在完全没有接触或知悉的情况下,因巧合而出现雷同注册的可能性较低。作为地域接近、经营范围关联程度较高的商品经营者,王碎永对"歌力思"字号及商标完全不了解的可能性较低。在上述情形之下,王碎永仍在手提包、钱包等商品上申请注册"歌力思"商标,其行为难谓正当。王碎永以非善意取得的商标权对歌力思公司的正当使用行为提起的侵权之诉,构成权利滥用。

(生效裁判审判人员:王艳芳、朱理、佟姝)

指导案例 83 号

威海嘉易烤生活家电有限公司诉永康市金仕德工贸有限公司、浙江天猫网络有限公司侵害发明专利权纠纷案

(最高人民法院审判委员会讨论通过　2017 年 3 月 6 日发布)

关键词　民事/侵害发明专利权/有效通知/必要措施/网络服务提供者/连带责任

裁判要点

1. 网络用户利用网络服务实施侵权行为,被侵权人依据侵权责任法向网络服务提供者所发出的要求其采取必要措施的通知,包含被侵权人身份情况、权属凭证、侵权人网络地址、侵权事实初步证据等内容的,即属有效通知。网络服务提供者自行设定的投诉规则,不得影响权利人依法维护其自身合法权利。

2. 侵权责任法第三十六条第二款所规定的网络服务提供者接到通知后所应采取的必要措施包括但并不限于删除、屏蔽、断开链接。"必要措施"应遵循审慎、合理的原则,根据所侵害权利的性质、侵权的具体情形和技术条件等来加以综合确定。

相关法条

《中华人民共和国侵权责任法》第 36 条

基本案情

原告威海嘉易烤生活家电有限公司(以下简称嘉易烤公司)诉称:永康市金仕德工贸有限公司(以下简称金仕德公司)未经其许可,在天猫商城等网络平台上宣

传并销售侵害其ZL200980000002.8号专利权的产品,构成专利侵权;浙江天猫网络有限公司(以下简称天猫公司)在嘉易烤公司投诉金仕德公司侵权行为的情况下,未采取有效措施,应与金仕德公司共同承担侵权责任。请求判令:1.金仕德公司立即停止销售被诉侵权产品;2.金仕德公司立即销毁库存的被诉侵权产品;3.天猫公司撤销金仕德公司在天猫平台上所有的侵权产品链接;4.金仕德公司、天猫公司连带赔偿嘉易烤公司50万元;5.本案诉讼费用由金仕德公司、天猫公司承担。

金仕德公司答辩称:其只是卖家,并不是生产厂家,嘉易烤公司索赔数额过高。

天猫公司答辩称:1.其作为交易平台,并不是生产销售侵权产品的主要经营方或者销售方;2.涉案产品是否侵权不能确定;3.涉案产品是否使用在先也不能确定;4.在不能证明其为侵权方的情况下,由其连带赔偿50万元缺乏事实和法律依据。且其公司业已删除了涉案产品的链接,嘉易烤公司关于撤销金仕德公司在天猫平台上所有侵权产品链接的诉讼请求亦不能成立。

法院经审理查明:2009年1月16日,嘉易烤公司及其法定代表人李琎熙共同向国家知识产权局申请了名称为"红外线加热烹调装置"的发明专利,并于2014年11月5日获得授权,专利号为ZL200980000002.8。该发明专利的权利要求书记载:"1.一种红外线加热烹调装置,其特征在于,该红外线加热烹调装置包括:托架,在其上部中央设有轴孔,且在其一侧设有控制电源的开关;受红外线照射就会被加热的旋转盘,作为在其上面可以盛食物的圆盘形容器,在其下部中央设有可拆装的插入到上述轴孔中的突起;支架,在上述托架的一侧纵向设置;红外线照射部,其设在上述支架的上端,被施加电源就会朝上述旋转盘照射红外线;上述托架上还设有能够从内侧拉出的接油盘;在上述旋转盘的突起上设有轴向的排油孔。"2015年1月26日,涉案发明专利的专利权人变更为嘉易烤公司。涉案专利年费缴纳至2016年1月15日。

2015年1月29日,嘉易烤公司的委托代理机构北京商专律师事务所向北京市海诚公证处申请证据保全公证,其委托代理人王永先、时寅在公证处监督下,操作计算机登入天猫网(网址为http://www.tmall.com),在一家名为"益心康旗舰店"的网上店铺购买了售价为388元的3D烧烤炉,并拷贝了该网店经营者的营业执照信息。同年2月4日,时寅在公证处监督下接收了寄件人名称为"益心康旗舰店"的快递包裹一个,内有韩文包装的3D烧烤炉及赠品、手写收据联和中文使用说明书、保修卡。公证员对整个证据保全过程进行了公证并制作了(2015)京海诚内民证字第01494号公证书。同年2月10日,嘉易烤公司委托案外人张一军向淘宝网知识产权保护平台上传了包含专利侵权分析报告和技术特征比对表在内的投诉材料,但淘宝网最终没有审核通过。同年5月5日,天猫公司向浙江省杭州市钱塘公证处申请证据保全公证，由其代理人刁曼丽在公证处的监督下操作电脑，在天猫网“益心康旗舰店”搜索“益心康3D烧烤炉韩式家用不粘电烤炉无烟烤肉机电烤盘铁板烧烤肉锅”，显示没有搜索到符合条件的商品。公证员对整个证据保全过程进行了公证并制作了(2015)浙杭钱证内字第10879号公证书。

一审庭审中，嘉易烤公司主张将涉案专利权利要求1作为本案要求保护的范围。经比对，嘉易烤公司认为除了开关位置的不同，被控侵权产品的技术特征完全落入了涉案专利权利要求1记载的保护范围，而开关位置的变化是业内普通技术人员不需要创造性劳动就可解决的，属于等同特征。两原审被告对比对结果不持异议。

另查明，嘉易烤公司为本案支出公证费4000元，代理服务费81000元。

裁判结果

浙江省金华市中级人民法院于2015年8月12日作出(2015)浙金知民初字第148号民事判决：一、金仕德公司立即停止销售侵犯专利号为ZL200980000002.8的发明专利权的产品的行为；二、金仕德公司于判决生效之日起十日内赔偿嘉易烤公司经济损失150000元(含嘉易烤公司为制止侵权而支出的合理费用)；三、天猫公司对上述第二项中金仕德公司赔偿金额的50000元承担连带赔偿责任；四、驳回嘉易烤公司的其他诉讼请求。一审宣判后，天猫公司不服，提起上诉。浙江省高级人民法院于2015年11月17日作出(2015)浙知终字第186号民事判决：驳回上诉，维持原判。

裁判理由

法院生效裁判认为：各方当事人对于金仕德公司销售的被诉侵权产品落入嘉易烤公司涉案专利权利要求1的保护范围，均不持异议，原审判决认定金仕德公司涉案行为构成专利侵权正确。关于天猫公司在本案中是否构成共同侵权，侵权责任法第三十六条第二款规定，网络用户利用网络服务实施侵权行为的，被侵权人有权通知网络服务提供者采取删除、屏蔽、断开链接等必要措施。网络服务提供者接到通知后未及时采取必要措施的，对损害的扩大部分与该网络用户承担连带责任。上述规定系针对权利人发现网络用户利用网络服务提供者的服务实施侵权行为后“通知”网络服务提供者采取必要措施，以防止侵权后果不当扩大的情形，同时还明确界定了此种情形下网络服务提供者所应承担的义务范围及责任构成。本案中，天猫公司涉案被诉侵权行为是否构成侵权应结合对天猫公司的主体性质、嘉易烤公司“通知”的有效性以及天猫公司在接到嘉易烤公司的“通知”后是否应当采取措施及所采取的措施的必要性和及时性等加以综合考量。

首先，天猫公司依法持有增值电信业务经营许可证，系信息发布平台的服务提供商,其在本案中为金仕德公司经营的“益心康旗舰店”销售涉案被诉侵权产品提供网络技术服务,符合侵权责任法第三十六条第二款所规定网络服务提供者的主体条件。

其次,天猫公司在二审庭审中确认嘉易烤公司已于2015年2月10日委托案外人张一军向淘宝网知识产权保护平台上传了包含被投诉商品链接及专利侵权分析报告、技术特征比对表在内的投诉材料,且根据上述投诉材料可以确定被投诉主体及被投诉商品。

侵权责任法第三十六条第二款所涉及的“通知”是认定网络服务提供者是否存在过错及应否就危害结果的不当扩大承担连带责任的条件。“通知”是指被侵权人就他人利用网络服务商的服务实施侵权行为的事实向网络服务提供者所发出的要求其采取必要技术措施,以防止侵权行为进一步扩大的行为。“通知”既可以是口头的,也可以是书面的。通常,“通知”内容应当包括权利人身份情况、权属凭证、证明侵权事实的初步证据以及指向明确的被诉侵权人网络地址等材料。符合上述条件的,即应视为有效通知。嘉易烤公司涉案投诉通知符合侵权责任法规定的“通知”的基本要件,属有效通知。

再次,经查,天猫公司对嘉易烤公司投诉材料作出审核不通过的处理,其在回复中表明审核不通过原因是:烦请在实用新型、发明的侵权分析对比表表二中详细填写被投诉商品落入贵方提供的专利权利要求的技术点,建议采用图文结合的方式一一指出。需注意,对比的对象为卖家发布的商品信息上的图片、文字,并提供购买订单编号或双方会员名。

二审法院认为,发明或实用新型专利侵权的判断往往并非仅依赖表面或书面材料就可以作出,因此专利权人的投诉材料通常只需包括权利人身份、专利名称及专利号、被投诉商品及被投诉主体内容,以便投诉接受方转达被投诉主体。在本案中,嘉易烤公司的投诉材料已完全包含上述要素。至于侵权分析比对,天猫公司一方面认为其对卖家所售商品是否侵犯发明专利判断能力有限,另一方面却又要求投诉方“详细填写被投诉商品落入贵方提供的专利权利要求的技术点,建议采用图文结合的方式一一指出”,该院认为,考虑到互联网领域投诉数量巨大、投诉情况复杂的因素,天猫公司的上述要求基于其自身利益考量虽也具有一定的合理性,而且也有利于天猫公司对于被投诉行为的性质作出初步判断并采取相应的措施。但就权利人而言,天猫公司的前述要求并非权利人投诉通知有效的必要条件。况且,嘉易烤公司在本案的投诉材料中提供了多达5页的以图文并茂的方式表现的技术特征对比表,天猫公司仍以教条的、格式化的回复将技术特征对比作为审核不通过的原因之一,处置失当。至于天猫公司审核不通过并提出提供购买订单编号或双方会员名的要求,该院认为,本案中投诉方是否提供购买订单编号或双方会员名并不影响投诉行为的合法有效。而且,天猫公司所确定的投诉规制并不对权利人维权产生法律约束力,权利人只需在法律规定的框架内行使维权行为即可,投诉方完全可以根据自己的利益考量决定是否接受天猫公司所确定的投诉规制。更何况投诉方可能无须购买商品而通过其他证据加以证明,也可以根据他人的购买行为发现可能的侵权行为,甚至投诉方即使存在直接购买行为,但也可以基于某种经济利益或商业秘密的考量而拒绝提供。

最后,侵权责任法第三十六条第二款所规定的网络服务提供者接到通知后所应采取必要措施包括但并不限于删除、屏蔽、断开链接。"必要措施"应根据所侵害权利的性质、侵权的具体情形和技术条件等来加以综合确定。

本案中,在确定嘉易烤公司的投诉行为合法有效之后,需要判断天猫公司在接受投诉材料之后的处理是否审慎、合理。该院认为,本案系侵害发明专利权纠纷。天猫公司作为电子商务网络服务平台的提供者,基于其公司对于发明专利侵权判断的主观能力、侵权投诉胜诉概率以及利益平衡等因素的考量,并不必然要求天猫公司在接受投诉后对被投诉商品立即采取删除和屏蔽措施,对被诉商品采取的必要措施应当秉承审慎、合理原则,以免损害被投诉人的合法权益。但是将有效的投诉通知材料转达被投诉人并通知被投诉人申辩当属天猫公司应当采取的必要措施之一。否则权利人投诉行为将失去任何意义,权利人的维权行为也将难以实现。网络服务平台提供者应该保证有效投诉信息传递的顺畅,而不应成为投诉信息的黑洞。被投诉人对于其或生产、或销售的商品是否侵权,以及是否应主动自行停止被投诉行为,自会作出相应的判断及应对。而天猫公司未履行上述基本义务的结果导致被投诉人未收到任何警示从而造成损害后果的扩大。至于天猫公司在嘉易烤公司起诉后即对被诉商品采取删除和屏蔽措施,当属审慎、合理。综上,天猫公司在接到嘉易烤公司的通知后未及时采取必要措施,对损害的扩大部分应与金仕德公司承担连带责任。天猫公司就此提出的上诉理由不能成立。关于天猫公司所应承担责任的份额,一审法院综合考虑侵权持续的时间及天猫公司应当知道侵权事实的时间,确定天猫公司对金仕德公司赔偿数额的50000元承担连带赔偿责任,并无不当。

(生效裁判审判人员:周平、陈宇、刘静)

指导案例84号

礼来公司诉常州华生制药有限公司侵害发明专利权纠纷案

(最高人民法院审判委员会讨论通过　2017年3月6日发布)

关键词　民事/侵害发明专利权/药品制备方法发明专利/保护范围/技术调查官/被诉侵权药品制备工艺查明

裁判要点

1.药品制备方法专利侵权纠纷中,在无其他相反证据情形下,应当推定被诉侵权药品在药监部门的备案工艺为其实际制备工艺;有证据证明被诉侵权药品备案工艺不真实的,应当充分审查被诉侵权药品的技术来源、生产规程、批生产记录、备案文件等证据,依法确定被诉侵权药品的实际制备工艺。

2.对于被诉侵权药品制备工艺等复杂的技术事实,可以综合运用技术调查官、专家辅助人、司法鉴定以及科技专家咨询等多种途径进行查明。

相关法条

1.《中华人民共和国专利法》(2008年修正)第59条第1款、第61条、第68条第1款(本案适用的是2000年修正的《中华人民共和国专利法》第56条第1款、第57条第2款、第62条第1款)

2.《中华人民共和国民事诉讼法》第78条、第79条

基本案情

2013年7月25日,礼来公司(又称伊莱利利公司)向江苏省高级人民法院(以下简称江苏高院)诉称,礼来公司拥有涉案91103346.7号方法发明专利权,涉案专利方法制备的药物奥氮平为新产品。常州华生制药有限公司(以下简称华生公司)使用落入涉案专利权保护范围的制备方法生产药物奥氮平并面向市场销售,侵害了礼来公司的涉案方法发明专利权。为此,礼来公司提起本案诉讼,请求法院判令:

1. 华生公司赔偿礼来公司经济损失人民币151060000元、礼来公司为制止侵权所支付的调查取证费和其他合理开支人民币28800元;2. 华生公司在其网站及《医药经济报》刊登声明,消除因其侵权行为给礼来公司造成的不良影响;3. 华生公司承担礼来公司因本案发生的律师费人民币1500000元;4. 华生公司承担本案的全部诉讼费用。

江苏高院一审查明:

涉案专利为英国利利工业公司1991年4月24日申请的名称为"制备一种噻吩并苯二氮杂化合物的方法"的第91103346.7号中国发明专利申请,授权公告日为1995年2月19日。2011年4月24日涉案专利权期满终止。1998年3月17日,涉案专利的专利权人变更为英国伊莱利利有限公司;2002年2月28日专利权人变更为伊莱利利公司。

涉案专利授权公告的权利要求为:

1. 一种制备2－甲基－10－(4－甲基－1－哌嗪基)－4H－噻吩并[2,3,－b][1,5]苯并二氮杂,或其酸加成盐的方法,

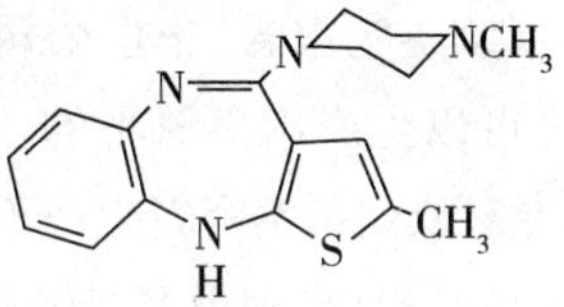

所述方法包括:

(a)使N－甲基哌嗪与下式化合物反应,

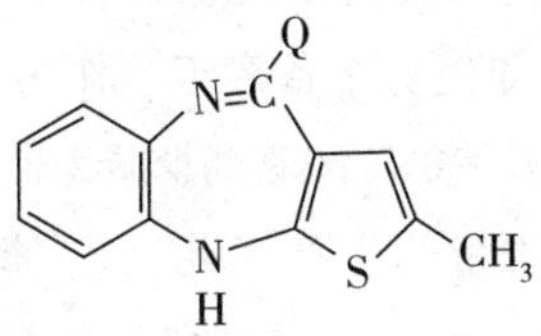

式中Q是一个可以脱落的基团,或

(b)使下式的化合物进行闭环反应

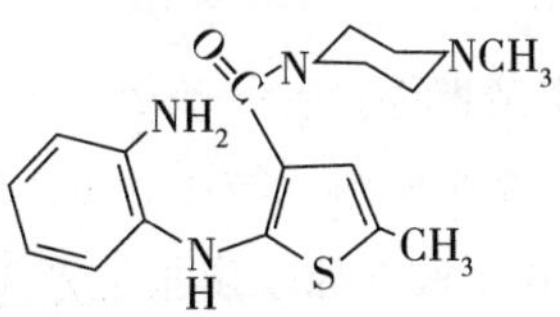

2001年7月,中国医学科学院药物研究所(简称医科院药物所)和华生公司向国家药品监督管理局(简称国家药监局)申请奥氮平及其片剂的新药证书。2003年5月9日,医科院药物所和华生公司获得国家药监局颁发的奥氮平原料药和奥氮平片《新药证书》,华生公司获得奥氮平和奥氮平片《药品注册批件》。新药申请资料

中《原料药生产工艺的研究资料及文献资料》记载了制备工艺,即加入4-氨基-2-甲基-10-苄基-噻吩并苯并二氮杂,盐酸盐,甲基哌嗪及二甲基甲酰胺搅拌,得粗品,收率94.5%;加入2-甲基-10-苄基-(4-甲基-1-哌嗪基)-4H-噻吩并苯并二氮杂、冰醋酸、盐酸搅拌,然后用氢氧化钠中和后得粗品,收率73.2%;再经过两次精制,总收率为39.1%。从反应式分析,该过程就是以式四化合物与甲基哌嗪反应生成式五化合物,再对式五化合物脱苄基,得式一化合物。2003年8月,华生公司向青岛市第七人民医院推销其生产的"华生-奥氮平"5mg-新型抗精神病药,其产品宣传资料记载,奥氮平片主要成份为奥氮平,其化学名称为2-甲基-10-(4-甲基-1-哌嗪)-4H-噻吩并苯并二氮杂。

在另案审理中,根据江苏高院的委托,2011年8月25日,上海市科技咨询服务中心出具(2010)鉴字第19号《技术鉴定报告书》。该鉴定报告称,按华生公司备案的"原料药生产工艺的研究资料及文献资料"中记载的工艺进行实验操作,不能获得原料药奥氮平。鉴定结论为:华生公司备案资料中记载的生产原料药奥氮平的关键反应步骤缺乏真实性,该备案的生产工艺不可行。

经质证,伊莱利利公司认可该鉴定报告,华生公司对该鉴定报告亦不持异议,但是其坚持认为采取两步法是可以生产出奥氮平的,只是因为有些内容涉及商业秘密没有写入备案资料中,故专家依据备案资料生产不出来。

华生公司认为其未侵害涉案专利权,理由是:2003年至今,华生公司一直使用2008年补充报批的奥氮平备案生产工艺,该备案文件已于2010年9月8日获国家药监局批准,具备可行性。在礼来公司未提供任何证据证明华生公司的生产工艺的情况下,应以华生公司2008年奥氮平备案工艺作为认定侵权与否的比对工艺。

华生公司提交的2010年9月8日国家药监局《药品补充申请批件》中"申请内容"栏为:"(1)改变影响药品质量的生产工艺;(2)修改药品注册标准。""审批结论"栏为:"经审查,同意本品变更生产工艺并修订质量标准。变更后的生产工艺在不改变原合成路线的基础上,仅对其制备工艺中所用溶剂和试剂进行调整。质量标准所附执行,有效期24个月。"

上述2010年《药品补充申请批件》所附《奥氮平药品补充申请注册资料》中5.1原料药生产工艺的研究资料及文献资料章节中5.1.1说明内容为:"根据我公司奥氮平原料药的实际生产情况,在不改变原来申报生产工艺路线的基础上,对奥氮平的制备工艺过程做了部分调整变更,对工艺进行优化,使奥氮平各中间体的质量得到进一步的提高和保证,其制备过程中的相关杂质得到有效控制……由于工艺路线没有变更,并且最后一步的结晶溶剂亦没有变更,故化合物的结构及晶型不会改变。"

最高人民法院二审审理过程中，为准确查明本案所涉技术事实，根据民事诉讼法第七十九条、《最高人民法院关于适用〈中华人民共和国民事诉讼法〉的解释》（以下简称《民事诉讼法解释》）第一百二十二条之规定，对礼来公司的专家辅助人出庭申请予以准许；根据《民事诉讼法解释》第一百一十七条之规定，对华生公司的证人出庭申请予以准许；根据民事诉讼法第七十八条、《民事诉讼法解释》第二百二十七条之规定，通知出具（2014）司鉴定第02号《技术鉴定报告》的江苏省科技咨询中心工作人员出庭；根据《最高人民法院关于知识产权法院技术调查官参与诉讼活动若干问题的暂行规定》第二条、第十条之规定，首次指派技术调查官出庭，就相关技术问题与各方当事人分别询问了专家辅助人、证人及鉴定人。

最高人民法院二审另查明：

1999年10月28日，华生公司与医科院药物所签订《技术合同书》，约定医科院药物所将其研制开发的抗精神分裂药奥氮平及其制剂转让给华生公司，医科院药物所负责完成临床前报批资料并在北京申报临床；验收标准和方法按照新药审批标准，采用领取临床批件和新药证书方式验收；在其他条款中双方对新药证书和生产的报批作出了约定。

医科院药物所1999年10月填报的（京99）药申临字第82号《新药临床研究申请表》中，"制备工艺"栏绘制的反应路线如下：

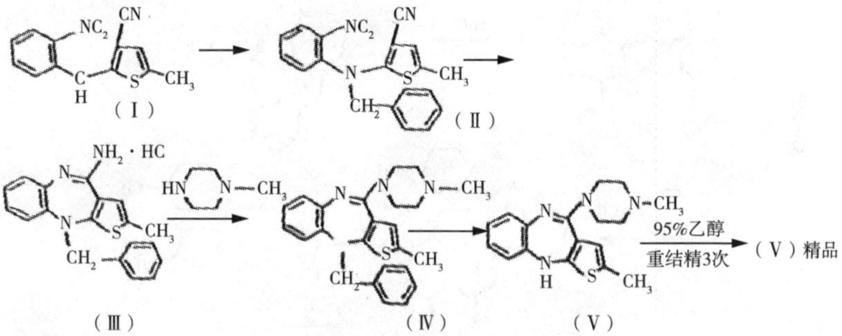

1999年11月9日，北京市卫生局针对医科院药物所的新药临床研究申请作出《新药研制现场考核报告表》，"现场考核结论"栏记载："该所具备研制此原料的条件，原始记录、实验资料基本完整，内容真实。"

2001年6月，医科院药物所和华生公司共同向国家药监局提交《新药证书、生产申请表》[（2001）京申产字第019号]。针对该申请，江苏省药监局2001年10月22日作出《新药研制现场考核报告表》，"现场考核结论"栏记载："经现场考核，样品制备及检验原始记录基本完整，检验仪器条件基本具备，研制单位暂无原料药生产车间，现申请本品的新药证书。"

根据华生公司申请,江苏药监局2009年5月21日发函委托江苏省常州市食品药品监督管理局药品安全监管处对华生公司奥氮平生产现场进行检查和产品抽样,江苏药监局针对该检查和抽样出具了《药品注册生产现场检查报告》(受理号CXHB0800159),其中“检查结果”栏记载:“按照药品注册现场检查的有关要求,2009年7月7日对该品种的生产现场进行了第一次检查,该公司的机构和人员、生产和检验设施能满足该品种的生产要求,原辅材料等可溯源,主要原料均按规定量投料,生产过程按申报的工艺进行。2009年8月25日,按药品注册现场核查的有关要求,检查了70309001、70309002、70309003三批产品的批生产记录、检验记录、原料领用使用、库存情况记录等,已按抽样要求进行了抽样。”“综合评定结论”栏记载:“根据综合评定,现场检查结论为:通过。”

国家药监局2010年9月8日颁发给华生公司的《药品补充申请批件》所附《奥氮平药品补充申请注册资料》中,5.1“原料药生产工艺的研究资料及文献资料”之5.1.2“工艺路线”中绘制的反应路线如下:

5.1.2 工艺路线

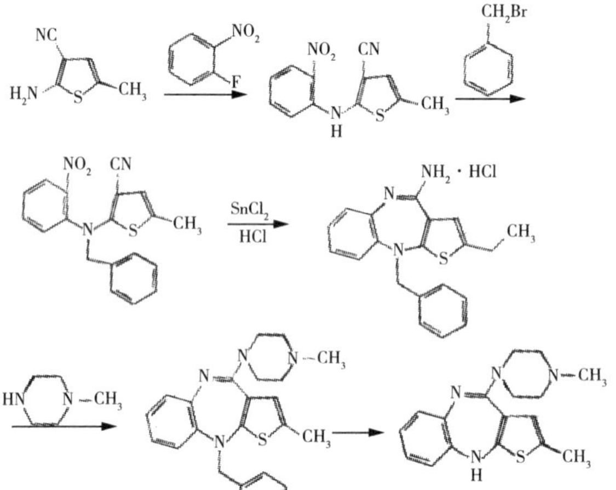

2015年3月5日,江苏省科技咨询中心受上海市方达(北京)律师事务所委托出具(2014)司鉴字第02号《技术鉴定报告》,其“鉴定结论”部分记载:“1. 华生公司2008年向国家药监局备案的奥氮平制备工艺是可行的。2. 对比华生公司2008年向国家药监局备案的奥氮平制备工艺与礼来公司第91103346.7号方法专利,两者起始原料均为仲胺化物,但制备工艺路径不同,具体表现在:(1)反应中产生的关键中间体不同;(2)反应步骤不同:华生公司的是四步法,礼来公司是二步法;(3)反应条件不同:取代反应中,华生公司采用二甲基甲酰胺为溶媒,礼来公司采用二甲基亚砜和甲苯的混合溶剂为溶媒。”

二审庭审中，礼来公司明确其在本案中要求保护涉案专利权利要求 1 中的方法(a)。

裁判结果

江苏省高级人民法院于 2014 年 10 月 14 日作出(2013)苏民初字第 0002 号民事判决：1. 常州华生制药有限公司赔偿礼来公司经济损失及为制止侵权支出的合理费用人民币计 350 万元；2. 驳回礼来公司的其他诉讼请求。案件受理费人民币 809744 元，由礼来公司负担 161950 元，常州华生制药有限公司负担 647794 元。礼来公司、常州华生制药有限公司均不服，提起上诉。最高人民法院 2016 年 5 月 31 日作出(2015)民三终字第 1 号民事判决：1. 撤销江苏省高级人民法院(2013)苏民初字第 0002 号民事判决；2. 驳回礼来公司的诉讼请求。一审、二审案件受理费各人民币 809744 元，由礼来公司负担 323897 元，常州华生制药有限公司负担 1295591 元。

裁判理由

法院生效裁判认为，《最高人民法院关于审理侵犯专利权纠纷案件应用法律若干问题的解释》第七条规定："人民法院判定被诉侵权技术方案是否落入专利权的保护范围，应当审查权利人主张的权利要求所记载的全部技术特征。被诉侵权技术方案包含与权利要求记载的全部技术特征相同或者等同的技术特征的，人民法院应当认定其落入专利权的保护范围；被诉侵权技术方案的技术特征与权利要求记载的全部技术特征相比，缺少权利要求记载的一个以上的技术特征，或者有一个以上技术特征不相同也不等同的，人民法院应当认定其没有落入专利权的保护范围。"本案中，华生公司被诉生产销售的药品与涉案专利方法制备的产品相同，均为奥氮平，判定华生公司奥氮平制备工艺是否落入涉案专利权保护范围，涉及以下三个问题：

(一)关于涉案专利权的保护范围

专利法第五十六条第一款规定："发明或者实用新型专利权的保护范围以其权利要求的内容为准，说明书及附图可以用于解释权利要求的内容。"本案中，礼来公司要求保护涉案专利权利要求 1 中的方法(a)，该权利要求采取开放式的撰写方式，其中仅限定了参加取代反应的三环还原物及 N－甲基哌嗪以及发生取代的基团，其保护范围涵盖了所有采用所述三环还原物与 N－甲基哌嗪在 Q 基团处发生取代反应而生成奥氮平的制备方法，无论采用何种反应起始物、溶剂、反应条件，均在其保护范围之内。基于此，判定华生公司奥氮平制备工艺是否落入涉案专利权保护范围，关键在于两个技术方案反应路线的比对，而具体的反应起始物、溶剂、反应条件等均不纳入侵权比对范围；否则会不当限缩涉案专利权的保护范围，损害礼来公司的合法权益。

(二)关于华生公司实际使用的奥氮平制备工艺

专利法第五十七条第二款规定:"专利侵权纠纷涉及新产品制造方法的发明专利的,制造同样产品的单位或者个人应当提供其产品制造方法不同于专利方法的证明。"本案中,双方当事人对奥氮平为专利法中所称的新产品不持异议,华生公司应就其奥氮平制备工艺不同于涉案专利方法承担举证责任。具体而言,华生公司应当提供证据证明其实际使用的奥氮平制备工艺反应路线未落入涉案专利权保护范围,否则,将因其举证不能而承担推定礼来公司侵权指控成立的法律后果。

本案中,华生公司主张其自2003年至今一直使用2008年向国家药监局补充备案工艺生产奥氮平,并提交了其2003年和2008年奥氮平批生产记录(一审补充证据6)、2003年、2007年和2013年生产规程(一审补充证据7)、《药品补充申请批件》(一审补充证据12)等证据证明其实际使用的奥氮平制备工艺。如前所述,本案的侵权判定关键在于两个技术方案反应路线的比对,华生公司2008年补充备案工艺的反应路线可见于其向国家药监局提交的《奥氮平药品补充申请注册资料》,其中5.1"原料药生产工艺的研究资料及文献资料"之5.1.2"工艺路线"图显示该反应路线为:先将"仲胺化物"中的仲氨基用苄基保护起来,制得"苄基化物"(苄基化),再进行闭环反应,生成"苄基取代的噻吩并苯并二氮杂"三环化合物(还原化物)。"还原化物"中的氨基被N-甲基哌嗪取代,生成"缩合物",然后脱去苄基,制得奥氮平。本院认为,现有在案证据能够形成完整证据链,证明华生公司2003年至涉案专利权到期日期间一直使用其2008年补充备案工艺的反应路线生产奥氮平,主要理由如下:

首先,华生公司2008年向国家药监局提出奥氮平药品补充申请注册,在其提交的《奥氮平药品补充申请注册资料》中,明确记载了其奥氮平制备工艺的反应路线。针对该补充申请,江苏省药监部门于2009年7月7日和8月25日对华生公司进行了生产现场检查和产品抽样,并出具了《药品注册生产现场检查报告》(受理号CX-HB0800159),该报告显示华生公司的"生产过程按申报的工艺进行",三批样品"已按抽样要求进行了抽样",现场检查结论为"通过"。也就是说,华生公司2008年补充备案工艺经过药监部门的现场检查,具备可行性。基于此,2010年9月8日,国家药监局向华生公司颁发了《药品补充申请批件》,同意华生公司奥氮平"变更生产工艺并修订质量标准"。对于华生公司2008年补充备案工艺的可行性,礼来公司专家辅助人在二审庭审中予以认可,江苏省科技咨询中心出具的(2014)司鉴字第02号《技术鉴定报告》在其鉴定结论部分也认为"华生公司2008年向国家药监局备案的奥氮平制备工艺是可行的"。因此,在无其他相反证据的情形下,应当推定华生公司2008年补充备案工艺即为其取得《药品补充申请批件》后实际使用的奥氮平制备工艺。

其次，一般而言，适用于大规模工业化生产的药品制备工艺步骤烦琐，操作复杂，其形成不可能是一蹴而就的。从研发阶段到实际生产阶段，其长期的技术积累过程通常是在保持基本反应路线稳定的情况下，针对实际生产中发现的缺陷不断优化调整反应条件和操作细节。华生公司的奥氮平制备工艺受让于医科院药物所，双方于1999年10月28日签订了《技术转让合同》。按照合同约定，医科院药物所负责完成临床前报批资料并在北京申报临床。在医科院药物所1999年10月填报的（京99）药申临字第82号《新药临床研究申请表》中，“制备工艺”栏绘制的反应路线显示，其采用了与华生公司2008年补充备案工艺相同的反应路线。针对该新药临床研究申请，北京市卫生局1999年11月9日作出《新药研制现场考核报告表》，确认“原始记录、实验资料基本完整，内容真实。”在此基础上，医科院药物所和华生公司按照《技术转让合同》的约定，共同向国家药监局提交新药证书、生产申请表[（2001）京申产字第019号]。针对该申请，江苏省药监局2001年10月22日作出《新药研制现场考核报告表》，确认“样品制备及检验原始记录基本完整”。通过包括前述考核在内的一系列审查后，2003年5月9日，医科院药物所和华生公司获得国家药监局颁发的奥氮平原料药和奥氮平片《新药证书》。由此可见，华生公司自1999年即拥有了与其2008年补充备案工艺反应路线相同的奥氮平制备工艺，并以此申报新药注册，取得新药证书。因此，华生公司在2008年补充备案工艺之前使用反应路线完全不同的其他制备工艺生产奥氮平的可能性不大。

最后，国家药监局2010年9月8日向华生公司颁发的《药品补充申请批件》“审批结论”栏记载：“变更后的生产工艺在不改变原合成路线的基础上，仅对其制备工艺中所用溶剂和试剂进行调整”，即国家药监局确认华生公司2008年补充备案工艺与其之前的制备工艺反应路线相同。华生公司在一审中提交了其2003年、2007年和2013年的生产规程，2003年、2008年的奥氮平批生产记录，华生公司主张上述证据涉及其商业秘密，一审法院组织双方当事人进行了不公开质证，确认其真实性和关联性。本院经审查，华生公司2003年、2008年的奥氮平批生产记录是分别依据2003年、2007年的生产规程进行实际生产所作的记录，上述生产规程和批生产记录均表明华生公司奥氮平制备工艺的基本反应路线与其2008年补充备案工艺的反应路线相同，只是在保持该基本反应路线不变的基础上对反应条件、溶剂等生产细节进行调整、不断优化，这样的技术积累过程是符合实际生产规律的。

综上，本院认为，华生公司2008年补充备案工艺真实可行，2003年至涉案专利权到期日期间华生公司一直使用2008年补充备案工艺的反应路线生产奥氮平。

（三）关于礼来公司的侵权指控是否成立

对比华生公司奥氮平制备工艺的反应路线和涉案方法专利，二者的区别在于反应步骤不同,关键中间体不同。具体而言,华生公司奥氮平制备工艺使用的三环还原物的胺基是被苄基保护的,由此在取代反应之前必然存在苄基化反应步骤以生成苄基化的三环还原物,相应的在取代反应后也必然存在脱苄基反应步骤以获得奥氮平。而涉案专利的反应路线中并未对三环还原物中的胺基进行苄基保护,从而不存在相应的苄基化反应步骤和脱除苄基的反应步骤。

《最高人民法院关于审理专利纠纷案件适用法律问题的若干规定》第十七条第二款规定:"等同特征,是指与所记载的技术特征以基本相同的手段,实现基本相同的功能,达到基本相同的效果,并且本领域普通技术人员在被诉侵权行为发生时无须经过创造性劳动就能够联想到的特征。"本案中,就华生公司奥氮平制备工艺的反应路线和涉案方法专利的区别而言,首先,苄基保护的三环还原物中间体与未加苄基保护的三环还原物中间体为不同的化合物,两者在化学反应特性上存在差异,即在未加苄基保护的三环还原物中间体上,可脱落的Q基团和胺基均可与N－甲基哌嗪发生反应,而苄基保护的三环还原物中间体由于其中的胺基被苄基保护,无法与N－甲基哌嗪发生不期望的取代反应,取代反应只能发生在Q基团处;相应地,涉案专利的方法中不存在取代反应前后的加苄基和脱苄基反应步骤。因此,两个技术方案在反应中间物和反应步骤上的差异较大。其次,由于增加了加苄基和脱苄基步骤,华生公司的奥氮平制备工艺在终产物收率方面会有所减损,而涉案专利由于不存在加苄基保护步骤和脱苄基步骤,收率不会因此而下降。故两个技术方案的技术效果如收率高低等方面存在较大差异。最后,尽管对所述三环还原物中的胺基进行苄基保护以减少副反应是化学合成领域的公知常识,但是这种改变是实质性的,加苄基保护的三环还原物中间体的反应特性发生了改变,增加反应步骤也使收率下降。而且加苄基保护为公知常识仅说明华生公司的奥氮平制备工艺相对于涉案专利方法改进有限,但并不意味着两者所采用的技术手段是基本相同的。

综上,华生公司的奥氮平制备工艺在三环还原物中间体是否为苄基化中间体以及由此增加的苄基化反应步骤和脱苄基步骤方面,与涉案专利方法是不同的,相应的技术特征也不属于基本相同的技术手段,达到的技术效果存在较大差异,未构成等同特征。因此,华生公司奥氮平制备工艺未落入涉案专利权保护范围。

综上所述,华生公司奥氮平制备工艺未落入礼来公司所有的涉案专利权的保护范围,一审判决认定事实和适用法律存在错误,依法予以纠正。

(生效裁判审判人员:周翔、吴蓉、宋淑华)

指导案例 85 号

高仪股份公司诉浙江健龙卫浴有限公司侵害外观设计专利权纠纷案

（最高人民法院审判委员会讨论通过 2017 年 3 月 6 日发布）

关键词 民事/侵害外观设计专利/设计特征/功能性特征/整体视觉效果

裁判要点

1. 授权外观设计的设计特征体现了其不同于现有设计的创新内容，也体现了设计人对现有设计的创造性贡献。如果被诉侵权设计未包含授权外观设计区别于现有设计的全部设计特征，一般可以推定被诉侵权设计与授权外观设计不近似。

2. 对设计特征的认定，应当由专利权人对其所主张的设计特征进行举证。人民法院在听取各方当事人质证意见基础上，对证据进行充分审查，依法确定授权外观设计的设计特征。

3. 对功能性设计特征的认定，取决于外观设计产品的一般消费者看来该设计是否仅仅由特定功能所决定，而不需要考虑该设计是否具有美感。功能性设计特征对于外观设计的整体视觉效果不具有显著影响。功能性与装饰性兼具的设计特征对整体视觉效果的影响需要考虑其装饰性的强弱，装饰性越强，对整体视觉效果的影响越大，反之则越小。

相关法条

《中华人民共和国专利法》第 59 条第 2 款

基本案情

高仪股份公司（以下简称高仪公司）为“手持淋浴喷头（No. A4284410X2）”外观设计专利的权利人，该外观设计专利现合法有效。2012 年 11 月，高仪公司以浙江健龙卫浴有限公司（以下简称健龙公司）生产、销售和许诺销售的丽雅系列等卫浴产品侵害其“手持淋浴喷头”外观设计专利权为由提起诉讼，请求法院判令健龙公司立即停止被诉侵权行为,销毁库存的侵权产品及专用于生产侵权产品的模具,并赔偿高仪公司经济损失20万元。经一审庭审比对,健龙公司被诉侵权产品与高仪公司涉案外观设计专利的相同之处为:二者属于同类产品,从整体上看,二者均是由喷头头部和手柄两个部分组成,被诉侵权产品头部出水面的形状与涉案专利相同,均表现为出水孔呈放射状分布在两端圆、中间长方形的区域内,边缘呈圆弧状。两者的不同之处为:1.被诉侵权产品的喷头头部四周为斜面,从背面向出水口倾斜,而涉案专利主视图及左视图中显示其喷头头部四周为圆弧面。2.被诉侵权产品头部的出水面与面板间仅由一根线条分隔,涉案专利头部的出水面与面板间由两条线条构成的带状分隔。3.被诉侵权产品头部出水面的出水孔分布方式与涉案专利略有不同。4.涉案专利的手柄上有长椭圆形的开关设计,被诉侵权产品没有。5.涉案专利中头部与手柄的连接虽然有一定的斜角,但角度很小,几乎为直线形连接,被诉侵权产品头部与手柄的连接产生的斜角角度较大。6.从涉案专利的仰视图看,手柄底部为圆形,被诉侵权产品仰视的底部为曲面扇形;涉案专利手柄下端为圆柱体,向与头部连接处方向逐步收缩压扁呈扁椭圆体,被诉侵权产品的手柄下端为扇面柱体,且向与喷头连接处过渡均为扇面柱体,过渡中的手柄中段有弧度的突起。7.被诉侵权产品的手柄底端有一条弧形的装饰线,将手柄底端与产品的背面连成一体,涉案专利的手柄底端没有这样的设计。8.涉案专利头部和手柄的长度比例与被诉侵权产品有所差别,两者的头部与手柄的连接处弧面亦有差别。

裁判结果

浙江省台州市中级人民法院于2013年3月5日作出(2012)浙台知民初字第573号民事判决,驳回高仪股份公司诉讼请求。高仪股份公司不服,提起上诉。浙江省高级人民法院于2013年9月27日作出(2013)浙知终字第255号民事判决:1.撤销浙江省台州市中级人民法院(2012)浙台知民初字第573号民事判决;2.浙江健龙卫浴有限公司立即停止制造、许诺销售、销售侵害高仪股份公司“手持淋浴喷头”外观设计专利权的产品的行为,销毁库存的侵权产品;3.浙江健龙卫浴有限公司赔偿高仪股份公司经济损失(含高仪股份公司为制止侵权行为所支出的合理费用)人民币10万元;4.驳回高仪股份公司的其他诉讼请求。浙江健龙卫浴有限公司不服,提起再审申请。最高人民法院于2015年8月11日作出(2015)民提字第23号民事判决:1.撤销二审判决;2.维持一审判决。

裁判理由

法院生效裁判认为,本案的争议焦点在于被诉侵权产品外观设计是否落入涉案外观设计专利权的保护范围。

专利法第五十九条第二款规定:“外观设计专利权的保护范围以表示在图片或

者照片中的该产品的外观设计为准,简要说明可以用于解释图片或者照片所表示的该产品的外观设计。”《最高人民法院关于审理侵犯专利权纠纷案件应用法律若干问题的解释》(以下简称《侵犯专利权纠纷案件解释》)第八条规定:“在与外观设计专利产品相同或者相近种类产品上,采用与授权外观设计相同或者近似的外观设计的,人民法院应当认定被诉侵权设计落入专利法第五十九条第二款规定的外观设计专利权的保护范围”;第十条规定:“人民法院应当以外观设计专利产品的一般消费者的知识水平和认知能力,判断外观设计是否相同或者近似。”本案中,被诉侵权产品与涉案外观设计专利产品相同,均为淋浴喷头类产品,因此,本案的关键问题是对于一般消费者而言,被诉侵权产品外观设计与涉案授权外观设计是否相同或者近似,具体涉及以下四个问题:

一、关于涉案授权外观设计的设计特征

外观设计专利制度的立法目的在于保护具有美感的创新性工业设计方案,一项外观设计应当具有区别于现有设计的可识别性创新设计才能获得专利授权,该创新设计即是授权外观设计的设计特征。通常情况下,外观设计的设计人都是以现有设计为基础进行创新。对于已有产品,获得专利权的外观设计一般会具有现有设计的部分内容,同时具有与现有设计不相同也不近似的设计内容,正是这部分设计内容使得该授权外观设计具有创新性,从而满足专利法第二十三条所规定的实质性授权条件:不属于现有设计也不存在抵触申请,并且与现有设计或者现有设计特征的组合相比具有明显区别。对于该部分设计内容的描述即构成授权外观设计的设计特征,其体现了授权外观设计不同于现有设计的创新内容,也体现了设计人对现有设计的创造性贡献。由于设计特征的存在,一般消费者容易将授权外观设计区别于现有设计,因此,其对外观设计产品的整体视觉效果具有显著影响,如果被诉侵权设计未包含授权外观设计区别于现有设计的全部设计特征,一般可以推定被诉侵权设计与授权外观设计不近似。

对于设计特征的认定,一般来说,专利权人可能将设计特征记载在简要说明中,也可能会在专利授权确权或者侵权程序中对设计特征作出相应陈述。根据“谁主张谁举证”的证据规则,专利权人应当对其所主张的设计特征进行举证。另外,授权确权程序的目的在于对外观设计是否具有专利性进行审查,因此,该过程中有关审查文档的相关记载对确定设计特征有着重要的参考意义。理想状态下,对外观设计专利的授权确权,应当是在对整个现有设计检索后的基础上确定对比设计来评判其专利性,但是,由于检索数据库的限制、无效宣告请求人检索能力的局限等原因,授权确权程序中有关审查文档所确定的设计特征可能不是在穷尽整个现有设计的检索基础上得出的,因此,无论是专利权人举证证明的设计特征,还是通过授权确权有关审查文档记载确定的设计特征,如果第三人提出异议,都应当允许其提供反证予以推翻。人民法院在听取各方当事人质证意见的基础上,对证据进行充分审查,依法确定授权外观设计的设计特征。

本案中,专利权人高仪公司主张跑道状的出水面为涉案授权外观设计的设计特征,健龙公司对此不予认可。对此,法院生效裁判认为,首先,涉案授权外观设计没有简要说明记载其设计特征,高仪公司在二审诉讼中提交了12份淋浴喷头产品的外观设计专利文件,其中7份记载的公告日早于涉案专利的申请日,其所附图片表示的外观设计均未采用跑道状的出水面。在针对涉案授权外观设计的无效宣告请求审查程序中,专利复审委员会作出第17086号决定,认定涉案授权外观设计与最接近的对比设计证据1相比:"从整体形状上看,与在先公开的设计相比,本专利喷头及其各面过渡的形状、喷头正面出水区域的设计以及喷头宽度与手柄直径的比例具有较大差别,上述差别均是一般消费者容易关注的设计内容",即该决定认定喷头出水面形状的设计为涉案授权外观设计的设计特征之一。其次,健龙公司虽然不认可跑道状的出水面为涉案授权外观设计的设计特征,但是在本案一、二审诉讼中其均未提交相应证据证明跑道状的出水面为现有设计。本案再审审查阶段,健龙公司提交200630113512.5号淋浴喷头外观设计专利视图拟证明跑道状的出水面已被现有设计所公开,经审查,该外观设计专利公告日早于涉案授权外观设计申请日,可以作为涉案授权外观设计的现有设计,但是其主视图和使用状态参考图所显示的出水面两端呈矩形而非呈圆弧形,其出水面并非跑道状。因此,对于健龙公司关于跑道状出水面不是涉案授权外观设计的设计特征的再审申请理由,本院不予支持。

二、关于涉案授权外观设计产品正常使用时容易被直接观察到的部位

认定授权外观设计产品正常使用时容易被直接观察到的部位,应当以一般消费者的视角,根据产品用途,综合考虑产品的各种使用状态得出。本案中,首先,涉案授权外观设计是淋浴喷头产品外观设计,淋浴喷头产品由喷头、手柄构成,二者在整个产品结构中所占空间比例相差不大。淋浴喷头产品可以手持,也可以挂于墙上使用,在其正常使用状态下,对于一般消费者而言,喷头、手柄及其连接处均是容易被直接观察到的部位。其次,第17086号决定认定在先申请的设计证据2与涉案授权外观设计采用了同样的跑道状出水面,但是基于涉案授权外观设计的"喷头与手柄成一体,喷头及其与手柄连接的各面均为弧面且喷头前倾,此与在先申请的设计相比具有较大的差别,上述差别均是一般消费者容易关注的设计内容",认定

二者属于不相同且不相近似的外观设计。可见,淋浴喷头产品容易被直接观察到的部位并不仅限于其喷头头部出水面,在对淋浴喷头产品外观设计的整体视觉效果进行综合判断时,其喷头、手柄及其连接处均应作为容易被直接观察到的部位予以考虑。

三、关于涉案授权外观设计手柄上的推钮是否为功能性设计特征

外观设计的功能性设计特征是指那些在外观设计产品的一般消费者看来,由产品所要实现的特定功能唯一决定而不考虑美学因素的特征。通常情况下,设计人在进行产品外观设计时,会同时考虑功能因素和美学因素。在实现产品功能的前提下,遵循人文规律和法则对产品外观进行改进,即产品必须首先实现其功能,其次还要在视觉上具有美感。具体到一项外观设计的某一特征,大多数情况下均兼具功能性和装饰性,设计者会在能够实现特定功能的多种设计中选择一种其认为最具美感的设计,而仅由特定功能唯一决定的设计只有在少数特殊情况下存在。因此,外观设计的功能性设计特征包括两种:一是实现特定功能的唯一设计;二是实现特定功能的多种设计之一,但是该设计仅由所要实现的特定功能决定而与美学因素的考虑无关。对功能性设计特征的认定,不在于该设计是否因功能或技术条件的限制而不具有可选择性,而在于外观设计产品的一般消费者看来该设计是否仅仅由特定功能所决定,而不需要考虑该设计是否具有美感。一般而言,功能性设计特征对于外观设计的整体视觉效果不具有显著影响;而功能性与装饰性兼具的设计特征对整体视觉效果的影响需要考虑其装饰性的强弱,装饰性越强,对整体视觉效果的影响相对较大,反之则相对较小。

本案中,涉案授权外观设计与被诉侵权产品外观设计的区别之一在于后者缺乏前者在手柄位置上具有的一类跑道状推钮设计。推钮的功能是控制水流开关,是否设置推钮这一部件是由是否需要在淋浴喷头产品上实现控制水流开关的功能所决定的,但是,只要在淋浴喷头手柄位置设置推钮,该推钮的形状就可以有多种设计。当一般消费者看到淋浴喷头手柄上的推钮时,自然会关注其装饰性,考虑该推钮设计是否美观,而不是仅仅考虑该推钮是否能实现控制水流开关的功能。涉案授权外观设计的设计者选择将手柄位置的推钮设计为类跑道状,其目的也在于与其跑道状的出水面相协调,增加产品整体上的美感。因此,二审判决认定涉案授权外观设计中的推钮为功能性设计特征,适用法律错误,本院予以纠正。

四、关于被诉侵权产品外观设计与涉案授权外观设计是否构成相同或者近似

《侵犯专利权纠纷案件解释》第十一条规定,认定外观设计是否相同或者近似时,应当根据授权外观设计、被诉侵权设计的设计特征,以外观设计的整体视觉效果进行综合判断;对于主要由技术功能决定的设计特征,应当不予考虑。产品正常使用时容易被直接观察到的部位相对于其他部位、授权外观设计区别于现有设计的设计特征相对于授权外观设计的其他设计特征,通常对外观设计的整体视觉效果更具有影响。

本案中,被诉侵权产品外观设计与涉案授权外观设计相比,其出水孔分布在喷头正面跑道状的区域内,虽然出水孔的数量及其在出水面两端的分布与涉案授权外观设计存在些许差别,但是总体上,被诉侵权产品采用了与涉案授权外观设计高度近似的跑道状出水面设计。关于两者的区别设计特征,一审法院归纳了八个方面,对此双方当事人均无异议。对于这些区别设计特征,首先,如前所述,第17086号决定认定涉案外观设计专利的设计特征有三点:一是喷头及其各面过渡的形状,二是喷头出水面形状,三是喷头宽度与手柄直径的比例。除喷头出水面形状这一设计特征之外,喷头及其各面过渡的形状、喷头宽度与手柄直径的比例等设计特征也对产品整体视觉效果产生显著影响。虽然被诉侵权产品外观设计采用了与涉案授权外观设计高度近似的跑道状出水面,但是,在喷头及其各面过渡的形状这一设计特征上,涉案授权外观设计的喷头、手柄及其连接各面均呈圆弧过渡,而被诉侵权产品外观设计的喷头、手柄及其连接各面均为斜面过渡,从而使得二者在整体设计风格上呈现明显差异。另外,对于非设计特征之外的被诉侵权产品外观设计与涉案授权外观设计相比的区别设计特征,只要其足以使两者在整体视觉效果上产生明显差异,也应予以考虑。其次,淋浴喷头产品的喷头、手柄及其连接处均为其正常使用时容易被直接观察到的部位,在对整体视觉效果进行综合判断时,在上述部位上的设计均应予以重点考查。具体而言,涉案授权外观设计的手柄上设置有一类跑道状推钮,而被诉侵权产品无此设计,因该推钮并非功能性设计特征,推钮的有无这一区别设计特征会对产品的整体视觉效果产生影响;涉案授权外观设计的喷头与手柄连接产生的斜角角度较小,而被诉侵权产品的喷头与手柄连接产生的斜角角度较大,从而使得两者在左视图上呈现明显差异。正是由于被诉侵权产品外观设计未包含涉案授权外观设计的全部设计特征,以及被诉侵权产品外观设计与涉案授权外观设计在手柄、喷头与手柄连接处的设计等区别设计特征,使得两者在整体视觉效果上呈现明显差异,两者既不相同也不近似,被诉侵权产品外观设计未落入涉案外观设计专利权的保护范围。二审判决仅重点考虑了涉案授权外观设计跑道状出水面的设计特征,而对于涉案授权外观设计的其他设计特征,以及淋浴喷头产品正常使用时其他容易被直接观察到的部位上被诉侵权产品外观设计与涉案授权外观设计专利的区别设计特征未予考虑,认定两者构成近似,适用法律错误，本院予以纠正。

综上，健龙公司生产、许诺销售、销售的被诉侵权产品外观设计与高仪公司所有的涉案授权外观设计既不相同也不近似，未落入涉案外观设计专利权保护范围，健龙公司生产、许诺销售、销售被诉侵权产品的行为不构成对高仪公司涉案专利权的侵害。二审判决适用法律错误，本院依法应予纠正。

（生效裁判审判人员：周翔、吴蓉、宋淑华）

指导案例 86 号

天津天隆种业科技有限公司与江苏徐农种业科技有限公司侵害植物新品种权纠纷案

（最高人民法院审判委员会讨论通过 2017 年 3 月 6 日发布）

关键词 民事/侵害植物新品种权/相互授权许可

裁判要点

分别持有植物新品种父本与母本的双方当事人，因不能达成相互授权许可协议，导致植物新品种不能继续生产，损害双方各自利益，也不符合合作育种的目的。为维护社会公共利益，保障国家粮食安全，促进植物新品种转化实施，确保已广为种植的新品种继续生产，在衡量父本与母本对植物新品种生产具有基本相同价值基础上，人民法院可以直接判令双方当事人相互授权许可并相互免除相应的许可费。

相关法条

《中华人民共和国合同法》第 5 条

《中华人民共和国植物新品种保护条例》第 2 条、第 6 条、第 39 条

基本案情

天津天隆种业科技有限公司（以下简称天隆公司）与江苏徐农种业科技有限公

司(以下简称徐农公司)相互以对方为被告,分别向法院提起两起植物新品种侵权诉讼。

北方杂交粳稻工程技术中心(与辽宁省稻作研究所为一套机构两块牌子)、徐州农科所共同培育成功的三系杂交粳稻9优418水稻品种,于2000年11月10日通过国家农作物品种审定。9优418水稻品种来源于母本9201A、父本C418。2003年12月30日,辽宁省稻作研究所向国家农业部提出C418水稻品种植物新品种权申请,于2007年5月1日获得授权,并许可天隆公司独占实施C418植物新品种权。2003年9月25日,徐州农科所就其选育的徐9201A水稻品种向国家农业部申请植物新品种权保护,于2007年1月1日获得授权。2008年1月3日,徐州农科所许可徐农公司独占实施徐9201A植物新品种权。经审理查明,徐农公司和天隆公司生产9优418使用的配组完全相同,都使用父本C418和母本徐9201A。

2010年11月14日,一审法院根据天隆公司申请,委托农业部合肥测试中心对天隆公司公证保全的被控侵权品种与授权品种C418是否存在亲子关系进行DNA鉴定。检验结论:利用国家标准GB/T20396－2006中的48个水稻SSR标记,对9优418和C418的DNA进行标记分析,结果显示,在测试的所有标记中,9优418完全继承了C418的带型,可以认定9优418与C418存在亲子关系。

2010年8月5日,一审法院根据徐农公司申请,委托农业部合肥测试中心对徐农公司公证保全的被控侵权品种与C418和徐9201A是否存在亲子关系进行鉴定。检验结论:利用国家标准GB/T20396－2006中的48个水稻SSR标记,对被控侵权品种与C418和徐9201A的DNA进行标记分析,结果显示,在测试的所有标记中,被控侵权品种完全继承了C418和徐9201A的带型,可以认定被控侵权品种与C418和徐9201A存在亲子关系。

根据天隆公司提交的C418品种权申请请求书,其说明书内容包括:C418是北方杂粳中心国际首创"籼粳架桥"制恢技术,和利用籼粳中间材料构建籼粳有利基因集团培育出形态倾籼且有特异亲和力的粳型恢复系。C418具有较好的特异亲和性,这是通过"籼粳架桥"方法培育出来的恢复系所具有的一种性能,体现在杂种一代更好的协调籼粳两大基因组生态差异和遗传差异,因而较好地解决了通常籼粳杂种存在的结实率偏低,籽粒充实度差,对温度敏感、早衰等障碍。C418具有籼粳综合优良性状,所配制的杂交组合一般都表现较高的结实率和一定的耐寒性。

根据徐农公司和徐州农科所共同致函天津市种子管理站,称其自主选育的中粳不育系徐9201A于1996年通过,在审定之前命名为"9201A",简称"9A",审定时命名为"徐9201A"。以徐9201A为母本先后选配出9优138、9优418、9优24等三系杂交粳稻组合。在2000年填报全国农作物品种审定申请书时关于亲本的内容仍延用1995年配组时的品种来源9201A×C418。徐9201A于2003年7月申请农业部新品种权保护,在品种权申请请求书的品种说明中已注明徐9201A配组育成了9优138、9优418、9优24、9优686、9优88等杂交组合。徐9201A与9201A是同一个中粳稻不育系。天隆公司侵权使用9201A就是侵权使用徐9201A。

裁判结果

就天隆公司诉徐农公司一案,南京市中级人民法院于2011年8月31日作出(2009)宁民三初字第63号民事判决:一、徐农公司立即停止销售9优418杂交粳稻种子,未经权利人许可不得将植物新品种C418种子重复使用于生产9优418杂交粳稻种子;二、徐农公司于判决生效之日起十五日内赔偿天隆公司经济损失50万元;三、驳回天隆公司的其他诉讼请求。一审案件受理费15294元,由徐农公司负担。

就徐农公司诉天隆公司一案,南京市中级人民法院于2011年9月8日作出(2010)宁知民初字第069号民事判决:一、天隆公司于判决生效之日起立即停止对徐农公司涉案徐9201A植物新品种权之独占实施权的侵害;二、天隆公司于判决生效之日起10日内赔偿徐农公司经济损失200万元;三、驳回徐农公司的其他诉讼请求。

徐农公司、天隆公司不服一审判决,就上述两案分别提起上诉。江苏省高级人民法院于2013年12月29日合并作出(2011)苏知民终字第0194号、(2012)苏知民终字第0055号民事判决:一、撤销江苏省南京市中级人民法院(2009)宁民三初字第63号、(2010)宁知民初字第069号民事判决。二、天津天隆种业科技有限公司于本判决生效之日起十五日内补偿江苏徐农种业科技有限公司50万元整。三、驳回天津天隆种业科技有限公司、江苏徐农种业科技有限公司的其他诉讼请求。

裁判理由

法院生效裁判认为:在通常情况下,植物新品种权作为一种重要的知识产权应当受到尊重和保护。植物新品种保护条例第六条明确规定:"完成育种的单位或者个人对其授权品种,享有排他的独占权。任何单位或者个人未经品种权所有人许可,不得为商业目的生产或者销售该授权品种的繁殖材料,不得为商业目的将该授权品种的繁殖材料重复使用于生产另一品种的繁殖材料",但需要指出的是,该规定并不适用于本案情形。首先,9优418的合作培育源于20世纪90年代国内杂交水稻科研大合作,本身系无偿配组。9优418品种性状优良,在江苏、安徽、河南等地广泛种植,受到广大种植农户的普遍欢迎,已成为中粳杂交水稻的当家品种,而双方当事人相互指控对方侵权,本身也足以表明9优418品种具有较高的经济价值和市场前景,涉及辽宁稻作所与徐州农科所合作双方以及本案双方当事人的重大经济利益。在二审期间,法院做了大量调解工作,希望双方当事人能够相互授权许可,使9优418这一优良品种能够继续获得生产,双方当事人也均同意就涉案品种权相互授权许可,但仅因一审判令天隆公司赔偿徐农公司200万元,徐农公司赔偿天隆公司50万元,就其中的150万元赔偿差额双方当事人不能达成妥协,故调解不成。天隆公司与徐农公司不能达成妥协,致使9优418品种不能继续生产,不能认为仅关涉双方的利益,实际上已经损害了国家粮食安全战略的实施,有损公共利益,且不符合当初辽宁稻作所与徐州农科所合作育种的根本目的,也不符合促进植物新品种转化实施的根本要求。从表面上看,双方当事人的行为系维护各自的知识产权,但实际结果是损害知识产权的运用和科技成果的转化。鉴于该两案已关涉国家粮食生产安全等公共利益,影响9优418这一优良品种的推广,双方当事人在行使涉案植物新品种独占实施许可权时均应当受到限制,即在生产9优418水稻品种时,均应当允许对方使用己方的亲本繁殖材料,这一结果显然有利于辽宁稻作所与徐州农科所合作双方及本案双方当事人的共同利益,也有利于广大种植农户的利益,故一审判令该两案双方当事人相互停止侵权并赔偿对方损失不当,应予纠正。其次,9优418是三系杂交组合,综合双亲优良性状,杂种优势显著,其中母本不育系作用重要,而父本C418的选育也成功解决了三系杂交粳稻配套的重大问题,在9优418配组中父本与母本具有相同的地位及作用。法院判决,9优418水稻品种的合作双方徐州农科所和辽宁省稻作研究所及其本案当事人徐农公司和天隆公司均有权使用对方获得授权的亲本繁殖材料,且应当相互免除许可使用费,但仅限于生产和销售9优418这一水稻品种,不得用于其他商业目的。因徐农公司为推广9优418品种付出了许多商业努力并进行种植技术攻关,而天隆公司是在9优418品种已获得市场广泛认可的情况下进入该生产领域,其明显减少了推广该品种的市场成本,为体现公平合理,法院同时判令天隆公司给予徐农公司50万元的经济补偿。最后,鉴于双方当事人各自生产9优418,事实上存在一定的市场竞争和利益冲突,法院告诫双方当事人应当遵守我国反不正当竞争法的相关规定,诚实经营,有序竞争,确保质量,尤其应当清晰标注各自的商业标识,防止发生新的争议和纠纷,共同维护好9优418品种的良好声誉。

(生效裁判审判人员:宋健、顾韬、袁滔)

指导案例 87 号

郭明升、郭明锋、孙淑标假冒注册商标案

（最高人民法院审判委员会讨论通过 2017 年 3 月 6 日发布）

关键词 刑事/假冒注册商标罪/非法经营数额/网络销售/刷信誉

裁判要点

假冒注册商标犯罪的非法经营数额、违法所得数额，应当综合被告人供述、证人证言、被害人陈述、网络销售电子数据、被告人银行账户往来记录、送货单、快递公司电脑系统记录、被告人等所作记账等证据认定。被告人辩解称网络销售记录存在刷信誉的不真实交易，但无证据证实的，对其辩解不予采纳。

相关法条

《中华人民共和国刑法》第 213 条

基本案情

公诉机关指控：2013 年 11 月底至 2014 年 6 月期间，被告人郭明升为谋取非法利益，伙同被告人孙淑标、郭明锋在未经三星（中国）投资有限公司授权许可的情况下，从他人处批发假冒三星手机裸机及配件进行组装，利用其在淘宝网上开设的“三星数码专柜”网店进行“正品行货”宣传，并以明显低于市场价格公开对外销售，共计销售假冒的三星手机 20000 余部，销售金额 2000 余万元，非法获利 200 余万元，应当以假冒注册商标罪追究其刑事责任。被告人郭明升在共同犯罪中起主要作用，系主犯。被告人郭明锋、孙淑标在共同犯罪中起辅助作用，系从犯，应当从轻处罚。

被告人郭明升、孙淑标、郭明锋及其辩护人对其未经“SΛMSUNG”商标注册人授权许可，组装假冒的三星手机，并通过淘宝网店进行销售的犯罪事实无异议，但对非法经营额、非法获利提出异议，辩解称其淘宝网店存在请人刷信誉的行为，真实交易量只有 10000 多部。

法院经审理查明：“SΛMSUNG”是三星电子株式会社在中国注册的商标，该商标有效期至 2021 年 7 月 27 日；三星（中国）投资有限公司是三星电子株式会社在中

国投资设立,并经三星电子株式会社特别授权负责三星电子株式会社名下商标、专利、著作权等知识产权管理和法律事务的公司。2013年11月,被告人郭明升通过网络中介购买店主为“汪亮”、账号为play2011-1985的淘宝店铺,并改名为“三星数码专柜”,在未经三星(中国)投资公司授权许可的情况下,从深圳市华强北远望数码城、深圳福田区通天地手机市场批发假冒的三星I8552手机裸机及配件进行组装,并通过“三星数码专柜”在淘宝网上以“正品行货”进行宣传、销售。被告人郭明锋负责该网店的客服工作及客服人员的管理,被告人孙淑标负责假冒的三星I8552手机裸机及配件的进货、包装及联系快递公司发货。至2014年6月,该网店共计组装、销售假冒三星I8552手机20000余部,非法经营额2000余万元,非法获利200余万元。

裁判结果

江苏省宿迁市中级人民法院于2015年9月8日作出(2015)宿中知刑初字第0004号刑事判决,以被告人郭明升犯假冒注册商标罪,判处有期徒刑五年,并处罚金人民币160万元;被告人孙淑标犯假冒注册商标罪,判处有期徒刑三年,缓刑五年,并处罚金人民币20万元。被告人郭明锋犯假冒注册商标罪,判处有期徒刑三年,缓刑四年,并处罚金人民币20万元。宣判后,三被告人均没有提出上诉,该判决已经生效。

裁判理由

法院生效裁判认为,被告人郭明升、郭明锋、孙淑标在未经“SAMSUNG”商标注册人授权许可的情况下,购进假冒“SAMSUNG”注册商标的手机机头及配件,组装假冒“SAMSUNG”注册商标的手机,并通过网店对外以“正品行货”销售,属于未经注册商标所有人许可在同一种商品上使用与其相同的商标的行为,非法经营数额达2000余万元,非法获利200余万元,属情节特别严重,其行为构成假冒注册商标罪。被告人郭明升、郭明锋、孙淑标虽然辩解称其网店售销记录存在刷信誉的情况,对公诉机关指控的非法经营数额、非法获利提出异议,但三被告人在公安机关的多次供述,以及公安机关查获的送货单、支付宝向被告人郭明锋银行账户付款记录、郭明锋银行账户对外付款记录、“三星数码专柜”淘宝记录、快递公司电脑系统记录、公安机关现场扣押的笔记等证据之间能够互相印证,综合公诉机关提供的证据,可以认定公诉机关关于三被告人共计销售假冒的三星I8552手机20000余部,销售金额2000余万元,非法获利200余万元的指控能够成立,三被告人关于销售记录存在刷信誉行为的辩解无证据予以证实,不予采信。被告人郭明升、郭明锋、孙淑标,系共同犯罪,被告人郭明升起主要作用,是主犯;被告人郭明锋、孙淑标在共同犯罪中起辅助作用,是从犯,依法可以从轻处罚。故依法作出上述判决。

(生效裁判审判人员:程黎明、朱庚、白金)

最高人民法院
发布第 16 批指导性案例的指导意义

近日，最高人民法院发布第 16 批共 10 件指导性案例，均为知识产权司法保护案例，供各级人民法院审判类似案件时参照。

指导案例 78 号《北京奇虎科技有限公司诉腾讯科技（深圳）有限公司诉深圳市腾讯计算机系统有限公司滥用市场支配地位纠纷案》旨在明确在反垄断案件的审理中，界定相关市场通常是重要的分析步骤，但如果通过排除或者妨碍竞争的直接证据，能够对经营者的市场地位及被诉垄断行为的市场影响进行评估，则不需要在每一个滥用市场支配地位的案件中，都明确而清楚地界定相关市场；互联网即时通信服务的免费特征使用户具有较高的价格敏感度，采用价格上涨的测试方法将导致相关市场界定过宽，应当采用质量下降的假定垄断者测试进行定性分析。该案例还明确了在互联网领域中，如何界定相关地域市场，以及市场份额指标在认定市场支配力方面的地位和作用等。本案是发生在互联网领域的垄断纠纷案件，技术、经济和法律问题交织，该案例总结的裁判要点对"相关市场的界定""市场支配地位的认定"等互联网领域垄断纠纷典型性问题作出了极为详尽和精辟的分析，对于指导互联网领域垄断纠纷案件的审理具有显著的示范意义。

指导案例 79 号《吴小秦诉陕西广电网络传媒（集团）股份有限公司捆绑交易纠纷案》，旨在明确经营有线电视传输业务的经营者利用市场支配地位将数字电视基本收视维护费和数字电视付费节目费捆绑在一起向消费者收取，侵害了消费者的消费选择权，不利于其他服务提供者进入数字电视服务市场。经营者即使存在两项服务分别收费的例外情形，也不足以否认其构成反垄断法所禁止的搭售。该案虽然标的小，但意义重大，阐明了经营者市场支配地位的认定标准、搭售的构成要素及反垄断法与消费者权益保护法之间的法律适用关系。

指导案例 80 号《洪福远、邓春香诉贵州五福坊食品有限公司、贵州今彩民族文化研发有限公司著作权侵权纠纷案》，旨在明确民间文学艺术衍生作品的独立完成且有创作性的部分，符合著作权法保护的作品特征的，应当认定作者对其独创性部分享有著作权。这样不仅符合著作权法规定的立法精神,而且激励了作者的创作热情和活力,有利于民间文学艺术的延续、传承、发展、创新与繁荣。

指导案例81号《张晓燕诉雷献和、赵琪、山东爱书人音像图书有限公司著作权侵权纠纷案》,旨在明确根据同一历史题材创作的作品中的题材主线及整体线索脉络是社会的共同财富,任何人都可以对此加以利用并创作作品;作品是否构成侵权,应从被诉侵权作品的作者是否"接触"过权利人的作品、被诉侵权作品与权利人的作品之间是否构成"实质相似"两方面进行判断,在判断实质相似时,应比较表达中作者的取舍、选择、安排、设计等方面是否相同或相似,而非思想、情感、创意、对象等方面;著作权法保护的是作品中作者具有独创性的表达,即思想或情感的表现形式,但创意、素材或公有领域的信息、创作形式、必要场景或表达唯一或有限的表达形式,则被排除在著作权法的保护范围之外。这就阐明了作品,尤其是历史题材的影视作品侵权判断的要件及保护范围,有利于鼓励不同作者在同一历史题材的基础上创作出不同的作品,促进优秀作品的创作和传播,从而给社会公众提供丰富多彩的精神财富,促进文学艺术的发展繁荣。

指导案例82号《王碎永诉深圳歌力思服饰股份有限公司、杭州银泰世纪百货有限公司侵害商标权纠纷案》,旨在明确当事人违反诚实信用原则,损害他人合法权益,扰乱市场正当竞争秩序,恶意取得、行使商标权并主张他人侵权的,人民法院应当以构成权利滥用为由,判决对其诉讼请求不予支持。这充分体现了人民法院在商标审判领域倡导诚实信用原则的司法导向,对净化市场环境、规范市场竞争秩序、遏制商标恶意抢注现象具有重要的价值导向作用。

指导案例83号《威海嘉易烤生活家电有限公司诉永康市金仕德工贸有限公司、浙江天猫网络有限公司侵害发明专利权纠纷案》,旨在明确网络平台服务中,被侵权人依据侵权责任法向网络服务提供者发出要求其采取必要措施的通知,包含被侵权人身份情况、权属凭证、侵权人网络地址、侵权事实初步证据等内容的,即属有效通知。网络服务提供者自行设定的投诉规则,不得影响权利人依法维护其自身合法权利。上述必要措施包括但并不限于删除、屏蔽、断开链接。随着电子商务产业的蓬勃发展,网店销售侵权产品的事件也频频发生,正确界定网络服务提供者的知识产权侵权责任,既关系到电商平台本身的健康有序发展,也关系到权利人(投诉人)与被投诉人之间的利益平衡。此案例对于类似案件侵权责任的正确认定,多方利益主体权利的平衡具有明显的指导价值。

指导案例84号《礼来公司诉常州华生制药有限公司侵害发明专利权纠纷案》,旨在明确药品制备方法专利侵权纠纷中,在无其他相反证据情形下,应当推定被诉侵权药品在药监部门的备案工艺为其实际制备工艺;有证据证明被诉侵权药品备案工艺不真实的，应当充分审查被诉侵权药品的技术来源、生产规程、批生产记录、备案文件等证据，依法确定被诉侵权药品的实际制备工艺。另外，对于被诉侵权药品制备工艺等复杂的技术事实，可以综合运用技术调查官、专家辅助人、司法鉴定以及科技专家咨询等多种途径进行查明。本案的审理明确了药品制备方法发明专利侵权纠纷的审判思路，对侵权判定中的难点问题——被诉侵权药品制备工艺的确定提供了明确的裁判方法和裁判标准，在全国法院率先引入技术调查官参与诉讼，较好地解决了专利案件技术性和专业性强所带来的技术事实查明困难的问题，具有重要的指导意义，对医药行业的研发和仿制等发展方向起到指引和规范作用。

指导案例 85 号《高仪股份公司诉浙江健龙卫浴有限公司侵害外观设计专利权纠纷案》，旨在明确如果被诉侵权设计未包含授权外观设计区别于现有设计的全部设计特征，一般可以推定被诉侵权设计与授权外观设计不近似；对设计特征的认定，应当由专利权人对其所主张的设计特征进行举证；对功能性设计特征的认定，取决于外观设计产品的一般消费者看来该设计是否仅仅由特定功能所决定，而不需要考虑该设计是否具有美感。该案例对外观设计专利创新性设计特征的意义、证明、确定以及在侵权判断中的考量进行了系统阐述，同时明确了功能性特征的认定标准等问题，对外观设计专利侵权判断裁判标准的统一具有重要的指导意义。

指导案例 86 号《天津天隆种业科技有限公司与江苏徐农种业科技有限公司侵害植物新品种权纠纷案》，旨在明确为维护社会公共利益，保障国家粮食安全，促进植物新品种转化实施，确保已广为种植的新品种继续生产，在衡量父本与母本对植物新品种生产具有基本相同价值基础上，人民法院可以直接判令分别持有植物新品种父本与母本的双方当事人相互授权许可并相互免除许可费。本案例中所涉 9 优 418 品种性状优良，在江苏、安徽、河南等地广泛种植，受到广大种植农户的普遍欢迎。本案借鉴知识产权强制许可制度，确定对父、母本植物新品种权相互许可并互免许可费的裁判思路，体现了维护公共利益，鼓励植物新品种转化实施的基本司法价值导向，对类似案件的审理具有启示意义。

指导案例 87 号《郭明升、郭明锋、孙淑标假冒注册商标案》，旨在明确假冒注册商标犯罪中，对于非法经营数额、违法所得数额，应当综合被告人供述、证人证言、被害人陈述、网络销售电子数据、被告人银行账户往来记录、送货单、快递公司电脑系统记录、被告人等所作记账等证据认定。被告人辩解称网络销售记录存在刷信誉的不真实交易，但无证据证实的，对其辩解不予采纳。该案例对于此类案件证据如何认定，打消犯罪分子企图通过辩解称网络销售记录存在刷信誉的情况以否认非法经营数额和非法所得的目的具有积极的意义。

加强知识产权司法保护,促进知识产权强国建设

最高人民法院研究室副主任　郭　锋

(2017年3月9日)

各位记者朋友:

大家上午好!

在深入实施国家知识产权战略和创新驱动发展战略,深化知识产权领域改革背景下,为进一步充分发挥司法保护知识产权的主导作用,促进加快知识产权强国建设,最高人民法院审判委员会不久前集中通过了一批知识产权专题指导性案例。今天的新闻发布会,向各位媒体朋友介绍一下这批知识产权指导性案例,以及最高人民法院最近几年来案例指导工作进展情况和下一步打算。

一、集中发布知识产权专题指导性案例的意义

最高人民法院发布的第16批一共10件指导性案例,均为涉及知识产权领域的指导性案例。其中9件民事案例,1件刑事案例。民事指导性案例主要涉及著作权侵权纠纷、商标权侵权纠纷、专利权侵权纠纷、植物新品种权侵权纠纷、反垄断领域中的捆绑交易纠纷、滥用市场支配地位纠纷等。刑事指导性案例涉及假冒商标犯罪。

这批案例由最高人民法院民三庭和研究室经过认真梳理总结,针对知识产权案件审判中突出的法律适用问题,精心挑选,按照指导性案例规范进行改编、整理后,提交审判委员会讨论通过。这批案例专业性强、类型多、领域新。除了传统知识产权领域的几大案件类型之外,还涉及互联网领域中反垄断、反不正当竞争等新型疑难复杂案件。其中有些指导性案例以前通过其他案例形式发布过,法律效果和社会效果良好。这次严格按照指导性案例规范格式编选发布,进一步归纳了知识产权审判实践中普遍的疑难复杂法律适用问题,有助于明确裁判规则,统一司法尺度。

集中发布这批知识产权专题指导性案例,是最高人民法院进一步加强知识产

权审判工作，通过知识产权审判积极服务经济发展新常态，服务国家知识产权战略、创新驱动发展战略的有力举措；是最高人民法院开展指导性案例发布工作以来，首次以专题形式针对某一专门审判领域集中发布指导性案例的有益尝试；是最高人民法院在知识产权审判领域集中加强审判指导，统一法律适用标准，不断改革完善案例指导工作机制，充分发挥案例指导类案同判作用的新探索。

二、最高人民法院案例指导工作的最新进展

自2011年12月发布第一批指导性案例以来，经过审判委员会讨论通过，迄今为止最高人民法院共发布了16批87件指导性案例。其中民事案例55件，占63.22%；行政案例14件，占16.09%；刑事案例15件，占17.24%；国家赔偿案例3件，占3.45%。民商案例涉及合同、侵权、劳动、公司、保险、知识产权、海事海商等领域；刑事案例涉及贪污、受贿、故意杀人、抢劫、危险驾驶、拒不支付劳动报酬等罪名；行政案例涉及行政处罚、行政征收、行政批复、政府信息公开、工伤认定、行政程序等内容；国家赔偿案例涉及刑事赔偿、司法赔偿等问题。发布的指导性案例中涉知识产权案例20个，包括19个涉知识产权民事案例，1个涉知识产权刑事案例。涉知识产权指导性案例占发布的指导性案例总数的22.99%。

指导性案例植根于我国社会经济生活和司法实践，已经成为我国社会主义司法制度的重要组成部分。由于我国各地经济社会发展水平不平衡，司法人员司法能力、生活经历、教育背景等差异，以及地方保护主义干扰等多种原因，司法实践中"类案不同判"现象仍然存在，影响法律的统一性和权威性。指导性案例为案件裁判提供具体、明确的指导和参照，统一裁判尺度，能够规范和限制法官自由裁量权，有利于实现国家法治统一，保障法律统一正确实施。同时，公开发布指导性案例，助推"阳光司法"，有利于人民群众监督司法，消除社会公众对个案裁判的怀疑和误解，增强人民群众对生效裁判的认同感和信任感，维护并提升司法公信力，实现司法裁判法律效果和社会效果的有机统一。

指导性案例发布以来，产生了良好的法律效果和社会效果，受到党政机关、行业协会、专家学者、律师和社会各界重视，受到港澳台、国外司法界和高等院校关注和研究，得到了全国人大代表、政协委员的关注和好评。2016年，我们还与美国斯坦福大学中国指导性案例项目（China Guiding Cases Project，CGCP）开展交流，加强中国案例指导制度的对外宣传、交流与合作，不断扩大中国司法域外影响力。

三、最高人民法院指导性案例编选标准

按照《最高人民法院关于案例指导工作的规定》第二条，指导性案例编选标准主要是：一是人民群众反映强烈或社会普遍关注的案例。这类案件社会关注度高，法律适用问题比较突出，从中遴选具有指导意义的案例，可以体现审判工作对于社会普遍价值的认同,有助于提升司法裁判的社会认同感和公信力。二是涉及的法律适用问题属于法律规定比较原则的案例。这类案例的裁判符合法律的基本精神和立法目的,有助于解决审判工作中因法律规定不够明确具体而产生的法律适用问题,有效规范自由裁量权行使。三是具有典型意义的案例。这类案例能够有效指导某一类高发、频发案件的审理并在统一指导下作出相对一致的裁判。四是新型或疑难复杂的案例。这类案例可以有效解决前所未见或难度较大的法律适用问题,指导法官妥当处理审判实践中出现的新型或疑难案件。

从我们遴选案例实践来看,所选案例还要符合以下条件:一是适用法律正确、案件裁判的法律与社会效果良好;二是有典型性、针对性和指导性,特别是对于中、基层法院处理类似案件有较好指导作用;三是要有现实的普遍指导意义,积极回应人民群众关切和期盼,努力解决经济社会出现的法律适用问题。

四、做好案例指导工作的下一步打算

最高人民法院的案例指导工作虽然取得了一定成绩,但也面临一些新情况新挑战。主要表现在:指导性案例发布数量与全国法院案件大幅度增长、人民群众的司法需求不相适应;指导性案例人工编选流程与信息化、大数据技术进步不相适应;指导性案例的援引适用情况与解决类案同判、统一司法裁判标准要求不相适应。

为此,我们决心进一步转变观念,改革创新,采取以下切实有效措施:进一步加强对指导性案例是最高人民法院统一法律适用标准的重要制度的认识,充分发挥和调动全国四级法院法官,特别是最高人民法院各业务庭、各巡回法庭法官的主动性、积极性,共同参与和推动指导性案例编选工作,不断在质量数量上取得新突破;改变主要依靠法院系统逐级推荐编选的单一方式,运用"互联网+"思维,充分依靠大数据、云计算等信息化手段,抓取、分析、编选指导性案例;充分利用法学界专家学者的智慧和力量,通过与高校法学院、三级法院联合建立指导性案例研究基地,发布研究课题,推动案例研究资源、数据与成果的开放共享,推进指导性案例的理论创新、司法适用和宣传普及;进一步整合、优化最高人民法院内部资源,共同推进包括指导性案例在内的世界一流司法案例数据库建设,为广大法官审理类似案件提供更便捷、更高效的检索和援引参考;进一步加强与境外法学界、司法界的交流合作,开展对判例法的研究,通过中外司法案例比较研究,促进国际司法文化交流,为推进"一带一路"建设提供司法服务,为全球治理贡献中国司法智慧和司法经验。

指导性案例作为国家的司法产品,是法治中国建设的基石,是社会公平正义的界碑,是指引人们行为的航标。指导性案例是广大法官集体智慧的结晶,有赖于全体法律人的支持和呵护,通过不断探索加以丰富和完善,也需要得到新闻媒体和社会各界人士一如既往的关心和支持。"山积而高,泽积而长"。我们将积极努力,开拓创新,不断推动案例指导工作取得新的更大的成绩!

谢谢大家!

加强知识产权案例指导
充分发挥司法保护知识产权的主导作用

最高人民法院知识产权庭副庭长　王　闯

(2017年3月9日)

各位记者:

上午好!

刚才郭锋副主任向大家介绍了最高人民法院案例指导工作的基本情况以及进一步加强案例指导制度的工作举措。下面,我结合今天发布的指导案例所涉及的专业领域,重点向大家介绍一下近年来知识产权领域案例指导工作的进展,以及这十个知识产权指导性案例的具体情况和主要特点。

一、知识产权案例指导工作的基本情况

司法是保护知识产权最有效、最根本、最权威的手段,也是维护激励创新和公平竞争市场环境的枢纽环节。由于知识产权领域疑难复杂案件较多,需要及时对审判实践中出现的新情况新问题进行研究和指导,由此决定知识产权司法审判工作必须始终站在经济与社会发展的前沿。为此,最高人民法院知识产权审判庭充分依托我院案例指导工作机制,并结合知识产权审判工作的特点和规律,不断探索中国特色的知识产权案例指导制度。自1997年最高人民法院首次进行“知识产权司法保护典型案例”评选活动开始,经过将近20年的探索,目前已经形成以指导性案例、年度十大案件、50件典型案例、案件年度报告为主体的、卓有成效的知识产权案例指导制度体系。通过案例指导工作的制度化、规范化建设,引导地方各级人民法院加强对指导性案例和其他典型案例的学习,重视在类案审理中参照指导性案例,借鉴其他典型性案例,并积极在裁判文书中援引指导性案例或者典型案例作为说理依据,从而不断提高裁判水平,维护司法裁判尺度统一。此外,最高人民法院还不断创新案例指导工作方式。2015年4月,最高人民法院知识产权案例指导研究

（北京）基地在北京知识产权法院正式成立，其设立的重要目的就是要将该基地建设成为知识产权案例信息智能汇集中心、指导案例发现识别中心、案例指导理论研究中心和综合服务中心，并通过发挥其辐射和引领效应，推动知识产权案例指导制度不断完善发展。可以说，通过多年来知识产权案例指导工作的探索，在全国法院知识产权审判领域已经形成了案例研究与运用的制度化与常态化，这种研究与工作机制不仅引起了社会各界的广泛关注，也极大地提升了中国法院知识产权司法保护的国际影响力。

二、本次发布的知识产权指导性案例的总体特点

经最高人民法院第 261 次民事行政专业审判委员会和第 287 次刑事专业审判委员会讨论通过，本次公布的是最高人民法院第 16 批指导性案例，全部为知识产权领域的案例，包括 9 个民事案例和 1 个刑事案例。这些案例从整体上体现出如下三个特点：

第一，专业领域覆盖范围较广。这十件知识产权指导性案例广泛涉及著作权、商标权、专利权、植物新品种权、反垄断等知识产权民事审判领域以及假冒注册商标罪等知识产权刑事审判领域，基本涵盖了知识产权民事及刑事审判工作的核心区域。其中，在民事案件领域，既包含一直以来在知识产权案件总体数量中占比较大、涉及法律规则较多的著作权、商标权和专利权案件，也包含案件总量虽然不多，但专业化程度和案件复杂程度较高的垄断及植物新品种等新类型知识产权案件，充分体现了知识产权案例指导制度的实效性和全面性。此外，为配合最高人民法院正在全面推进的知识产权民事、行政和刑事案件审判“三合一”工作，我们还首次公布了一件知识产权刑事指导案例，力争通过构建公正高效的知识产权综合审判体系，为知识产权权利人提供全方位和系统有效的保护。

第二，指导案例的案件来源丰富。这十件知识产权指导性案例，既包括最高人民法院自身在近年来审理的一些具有较大社会影响和较强规则指引作用的典型案件，例如，奇虎公司与腾讯公司滥用市场支配地位纠纷案、礼来公司与华生制药公司侵害发明专利权纠纷案，也包括最高人民法院通过案例评选制度遴选出来的由地方人民法院审理的一批典型案例，例如，江苏法院审理的天隆种业公司与徐农种业公司侵害植物新品种权纠纷案、贵州法院审理的洪福远、邓春香与贵州五福坊公司等侵害著作权纠纷案、浙江法院审理的嘉易烤公司与金仕德公司侵害发明专利权纠纷案。这充分体现了知识产权案例指导制度对于调动广大知识产权法官的积极性，形成重视案例、研究案例、运用案例的良好氛围所发挥的重要作用。

第三，指导案例所涉法律问题具有较强的针对性与规则指引作用。为使知识产权审判工作更好地适应和推动国家创新驱动发展战略，最高人民法院在 2016 年明确提出了"司法主导、严格保护、分类施策、比例协调"知识产权司法保护基本政策。全国各级法院努力践行上述司法政策的要求,在知识产权审判工作中涌现出一批以本次指导案例为代表的优秀裁判,形成和归纳出一些具有普遍指导意义的法律适用规则,不仅为广大知识产权法官提供了审理类似案件的审判标准和裁判方法,而且使社会公众获得了比较明确和稳定的法律预期。本次公布的知识产权指导性案例所涉及的法律规则,既包括一直以来案件数量较多且裁判标准争议较大的法律问题,如指导案例81号即张晓燕与雷献和等侵害著作权纠纷案所涉及的著作权保护范围以及侵权认定标准等问题,也包括涉及利益群体较大、法律问题专业性较强的裁判规则,如指导案例79号即吴小秦与陕西广电网络公司捆绑交易纠纷案所涉及的经营者市场支配地位以及捆绑交易等行为的认定标准。本次公布的指导性案例,立足于知识产权司法审判工作中指导需求较强的审判领域,积极回应类似案件中反复出现但仍存较大争议的法律问题,努力探索新型、疑难、复杂案件的裁判标准和司法导向,力求通过指导案例制度,进一步强化知识产权司法保护的稳定性和导向性。

三、本次发布的部分知识产权指导性案例的情况介绍

下面,我选取本次发布的部分知识产权指导性案例,为大家作一简要介绍:

第一,指导案例78号:北京奇虎科技有限公司诉腾讯科技(深圳)有限公司、深圳市腾讯计算机系统有限公司滥用市场支配地位纠纷案。本案是最高人民法院审理的第一起涉及垄断纠纷的二审案件。最高人民法院在本案中明确了如下法律规则:在反垄断案件的审理中,界定相关市场通常是重要的分析步骤,但如果通过排除或者妨碍竞争的直接证据,能够对经营者的市场地位及被诉垄断行为的市场影响进行评估,则不需要在每一个滥用市场支配地位的案件中,都明确而清楚地界定相关市场;互联网即时通信服务的免费特征使用户具有较高的价格敏感度,采用价格上涨的测试方法将导致相关市场界定过宽,应当采用质量下降的假定垄断者测试进行定性分析。该案例还明确了在互联网领域中,如何界定相关地域市场,以及市场份额指标在认定市场支配力方面的地位和作用等。本案是发生在互联网领域的垄断纠纷案件,技术、经济和法律问题交织,案件复杂程度较高,广受社会公众关注。最高人民法院在本案中对"相关市场的界定""市场支配地位的认定"等垄断案件中的重要法律问题作出了极为详尽和精辟的分析,对于指导互联网领域垄断纠纷案件的审理具有较强的示范意义。

第二,指导案例80号:洪福远、邓春香诉贵州五福坊食品有限公司、贵州今彩民族文化研发有限公司侵害著作权纠纷案。本案涉及民间文学艺术作品的保护问题。判决明确了在民间文学艺术衍生作品系独立完成,具有创作性的部分符合著作权法保护的作品特征的,应当认定作者对其独创性部分享有著作权的裁判规则。涉及民间文学艺术作品的著作权案件数量虽然不多,但因现行法律规则中与此有关的内容缺位,使得如何正确确定民间文学艺术作品的保护范围和保护程度,一直是此案案件审理中的难点。本案的审理,充分体现了在坚持保护与利用并重原则的前提下,对民间文学艺术的发掘、保护和利用过程中各方主体的利益给予的协调与平衡,有利于民间文学艺术的传承与发展,创新与繁荣。

第三,指导案例82号:王碎永诉深圳歌力思服饰股份有限公司、杭州银泰世纪百货有限公司侵害商标权纠纷案。本案明确了当事人违反诚实信用原则,损害他人合法权益,扰乱市场正当竞争秩序,恶意取得、行使商标权并主张他人侵权的,人民法院应当以构成权利滥用为由对其诉讼请求不予支持。本案充分体现了人民法院在商标审判领域倡导诚实信用原则的司法导向,对净化市场环境、规范市场竞争秩序、遏制商标恶意抢注现象,具有重要的规则指引与价值导向作用。

第四,指导案例83号:威海嘉易烤生活家电有限公司诉永康市金仕德工贸有限公司、浙江天猫网络有限公司侵害发明专利权纠纷案。本案明确了在网络用户利用网络服务实施侵权行为时,权利人根据侵权责任法的规定向其发出的"有效通知"的标准,以及网络服务提供者自行设定的投诉规则,不得影响权利人依法维护其自身合法权利,其采取的"必要措施"应遵循审慎、合理原则等法律规则。近年来,涉及网络商品交易平台、搜索引擎关键词竞价排名等网络环境下的专利商标侵权及不正当竞争案件频发。本案充分体现了对网络环境下知识产权保护基本价值的维护,对于正确界定网络服务提供者的责任范围,合理平衡各方利益,实现保护知识产权与促进技术创新、推动产业发展的和谐统一,具有重要的指导价值。

第五,指导案例86号:天津天隆种业科技有限公司与江苏徐农种业科技有限公司侵害植物新品种权纠纷案。本案明确了为维护社会公共利益,保障国家粮食安全,促进植物新品种转化实施,确保已广为种植的新品种继续生产,在衡量父本与母本对植物新品种生产具有基本相同价值的基础上,人民法院可以直接判令分别持有植物新品种父本与母本的双方当事人相互授权许可并相互免除许可费的裁判规则。本案在植物新品种审判领域借鉴了知识产权强制许可制度,通过对父、母本植物新品种权相互许可并互免许可费的裁判思路,体现了维护公共利益,鼓励植物新品种转化实施的司法政策导向,对类似案件的审理具有重要的价值导向和规则指引作用。

本次集中发布十件知识产权指导性案例,是最高人民法院在梳理、总结近年来知识产权审判工作经验的基础上,依托人民法院案例指导制度,充分发挥司法保护知识产权主导作用的又一重要举措。司法统一是司法公信力的重要体现。在司法改革深入实施、司法责任制全面推行的背景下,最高人民法院将继续深入推进知识产权案例指导制度,加强案例指导的制度化、规范化建设,统一司法理念、尺度和规则,严格保护知识产权,最大限度为利益攸关方提供明确稳定和可期待的预期,提高社会公众对裁判的认同感和信赖感,努力实现知识产权审判事业的新飞跃!

谢谢大家!

指导案例78号《北京奇虎科技有限公司诉腾讯科技(深圳)有限公司、深圳市腾讯计算机系统有限公司滥用市场支配地位纠纷案》的理解与参照

——互联网领域相关市场界定及滥用市场支配地位行为的分析方法

2017年3月6日,最高人民法院首次以专题形式发布了第16批指导性案例(知识产权专题),包括第78号至第87号共10件指导性案例,总结了知识产权审判实践中普遍的疑难复杂法律适用问题,有利于进一步明确裁判规则,统一司法尺度。其中,第78号为《北京奇虎科技有限公司诉腾讯科技(深圳)有限公司诉深圳市腾讯计算机系统有限公司滥用市场支配地位纠纷案》。为了正确理解和准确参照适用该指导案例,现对该指导案例的选编过程、裁判要点、参照适用等有关情况予以解释和说明。

一、选编过程及指导意义

该案为最高人民法院二审审理的案件,也是最高人民法院审理的首例垄断案件,涉及互联网领域滥用市场支配地位垄断行为的判断。该案曾被评为2014年中国法院十大典型知识产权案件和《人民法院报》评选的最高人民法院建院65年来的重大案件之一。该案的审理过程创造了最高人民法院的多项记录:(1)审判公开力度之最:第一次"全媒体"直播庭审和宣判;第一次允许国外专家参与庭审担任专家证人。(2)民事案件庭审时间之最:该案公开庭审长达三天,其中两天均持续庭审近10小时,总耗时达28小时,创造了最高人民法院民事案件公开审理时间之最。(3)民事案件裁判文书长度之最:该案判决书长达7.4万余字,仅判决说理部分即达3万字,被业界誉为"中国互联网史上讲理最透彻的法律文件"。

该案审结后,经最高人民法院民三庭审判长联席会议讨论,建议推选为指导性

案例。2016年10月28日,最高人民法院案例指导工作办公室收到该案例后,对其进行初审、修改。2017年1月10日,研究室室务会经讨论,原则同意推荐该案例,并提出了需进一步修改、精简裁判要点,使其表述的裁判规则更明确,便于审判实践中参照适用的意见。该案例经过修改后提交最高人民法院民专会讨论。2月21日,民专会第261次会议讨论原则通过,并提出裁减裁判要点,语言表述要注意专业性、通俗性相结合的要求,由研究室会商民三庭修改后,报院领导审定签发。3月6日,最高人民法院以法〔2017〕53号文件将该案例列在第16批指导案例予以发布。

该指导案例旨在明确在反垄断案件的审理中,界定相关市场通常是重要的分析步骤,但如果通过排除或者妨碍竞争的直接证据,能够对经营者的市场地位及被诉垄断行为的市场影响进行评估,则不需要在每一个滥用市场支配地位的案件中,都明确而清楚地界定相关市场;互联网即时通信服务的免费特征使用户具有较高的价格敏感度,采用价格上涨的测试方法将导致相关市场界定过宽,应当采用质量下降的假定垄断者测试进行定性分析。该案例还明确了在互联网领域中,如何界定相关地域市场,以及市场份额指标在认定市场支配力方面的地位和作用等。本案是发生在互联网领域的垄断纠纷案件,技术、经济和法律问题交织,是国内外公认的前沿和难点问题,没有前例可循。该案例总结的裁判要点对"相关市场的界定""市场支配地位的认定"等互联网领域垄断纠纷典型性问题作出了极为详尽和精辟的分析,对于指导互联网领域垄断纠纷案件的审理具有显著的示范意义。

二、关于本案例的相关情况

此案由奇虎公司诉至广东省高级人民法院,指控腾讯公司滥用其在即时通信软件及服务相关市场的市场支配地位。2010年11月3日,腾讯公司发布《致广大QQ用户的一封信》,在装有360软件的电脑上停止运行QQ软件。11月4日,360安全中心宣布,在国家有关部门的强力干预下,目前QQ和360软件已经实现了完全兼容。2010年9月,腾讯QQ即时通信软件与QQ软件管理一起打包安装,安装过程中并未提示用户将同时安装QQ软件管理。2010年9月21日,腾讯发出公告称,正在使用的QQ软件管理和QQ医生将自动升级为QQ电脑管家。奇虎公司主张,腾讯公司拒绝向安装有360软件的用户提供相关的软件服务,强制用户在腾讯QQ和奇虎360之间"二选一",构成反垄断法所禁止的限制交易;腾讯公司将QQ软件管家与即时通信软件相捆绑,以升级QQ软件管家的名义安装QQ医生,构成反垄断法所禁止的捆绑销售。

广东省高级人民法院一审认为:(1)关于相关市场界定。奇虎公司关于综合性即时通信服务构成一个独立的相关商品市场以及本案相关地域市场应为中国大陆市场的主张不能成立。本案相关商品市场远远超出综合性即时通信服务市场，相关地域市场应为全球市场。但是，该院并未明确界定本案相关商品市场的范围。(2)关于市场支配地位认定。由于奇虎公司对本案相关商品市场界定错误，其所提供的证据不足以证明腾讯公司在相关商品市场上具有垄断地位。奇虎公司的诉讼请求缺乏事实和法律依据，不能成立。遂判决驳回奇虎公司的全部诉讼请求。

奇虎公司不服，提出上诉。其主要上诉理由为：(1)一审判决对本案相关商品市场未作认定，属于案件基本事实认定不清。(2)一审判决在分析相关商品市场时基本方法错误，对于本案的免费产品不应直接适用假定垄断者测试（"SSNIP 测试"）界定相关市场，且其运用 SSNIP 价格增长测试也是错误的。本案相关商品市场应界定为综合了文字、语音、视频的个人电脑端即时通信软件和服务。(3)一审判决对相关地域市场的认定明显错误，本案中相关地域市场应为中国大陆地区。(4)一审判决认定腾讯公司在相关市场不具有支配地位是错误的。腾讯公司在相关市场的市场份额均超过二分之一，应当推定其具有市场支配地位。(5)腾讯公司实施了滥用市场支配地位的行为，依法应当承担法律责任。

最高人民法院针对该上诉理由，将争议焦点归纳为五个方面共计 22 个具体争议问题，并对每一争议问题逐一进行了分析。特别是，对于相关市场界定的作用、目的、方法等，最高人民法院在判决中根据互联网领域的独特特点，对于传统反垄断法的分析方法进行了创新和发展，在全球领域内首次对互联网领域相关市场的界定方法给出了创造性的答案。例如，在相关市场界定是否是滥用市场支配地位垄断纠纷的必经步骤这一问题上，业界普遍认为，准确界定相关市场是认定市场支配地位的前提。① 此谓传统的"相关市场（relative market）—市场支配力（market power）—竞争效应（competition effects）/（R－M－C）"分析范式。最高人民法院的判决在回溯相关市场的目的与作用的基础上，结合互联网领域的特点，雄辩地说明了相关市场界定的工具性，并提出了不以相关市场界定为前提的"市场支配力—竞争效应（M－C）"分析范式和"行为—竞争效应（C－C）"分析范式。判决作出后，国内外专家学者、社会公众均给予高度评价，国外有关大学和机构专门召开研讨会研讨该判决。该案被有关学者认为是中国法院首次在国际上创设规则、引领规则的案件，充分实现了法律效果和社会效果的高度统一。

---

① 美欧法院相关判例无不重视相关市场界定的作用。例如，United States v. Aluminum Co. of America，148，F. 2d 416（2nd Cir.），1945. 以及欧盟的 Case 6/72 Continental Can v. Commission［1973］ECR 215、Case 27/76 United Brands v. Commission［1978］ECR 207 等，均强调相关市场界定及市场份额对于认定垄断力量的重要性。

三、裁判要点的理解与说明

该指导案例的裁判要点确认:(1)在反垄断案件的审理中,界定相关市场通常是重要的分析步骤。但是,能否明确界定相关市场取决于案件具体情况。在滥用市场支配地位的案件中,界定相关市场是评估经营者的市场力量及被诉垄断行为对竞争影响的工具,其本身并非目的。如果通过排除或者妨碍竞争的直接证据,能够对经营者的市场地位及被诉垄断行为的市场影响进行评估,则不需要在每一个滥用市场支配地位的案件中,都明确而清楚地界定相关市场。(2)假定垄断者测试(HMT)是普遍适用的界定相关市场的分析思路。在实际运用时,假定垄断者测试可以通过价格上涨(SSNIP)或质量下降(SSNDQ)等方法进行。但是由于互联网即时通信服务的免费特征使用户具有较高的价格敏感度,采用价格上涨的测试方法将导致相关市场界定过宽,所以应当采用质量下降的假定垄断者测试进行定性分析。(3)基于互联网即时通信服务低成本、高覆盖的特点,在界定其相关地域市场时,应当根据多数需求者选择商品的实际区域、法律法规的规定、境外竞争者的现状及进入相关地域市场的及时性等因素,进行综合评估。(4)在互联网领域中,市场份额只是判断市场支配地位的一项比较粗糙且可能具有误导性的指标,其在认定市场支配力方面的地位和作用必须根据案件具体情况确定。

现围绕与该裁判要点相关的问题逐一解释和说明:

(一)滥用市场支配地位案件的分析方法及相关市场界定是否属于必经步骤

前已述及,在本案终审判决之前,欧美法院在类似滥用市场支配地位案件中主导性的分析范式是“相关市场—市场支配力—竞争效应(R - M - C)”。在这种分析范式中,相关市场界定是传统反垄断分析不可逾越的起点。这一思路具有一定合理性。因为,竞争行为都是在一定的市场范围内发生和展开的,界定相关市场可以明确经营者之间竞争的市场范围及其面对的竞争约束。在滥用市场支配地位的案件中,合理地界定相关市场,对于正确认定经营者的市场地位、分析经营者的行为对市场竞争的影响、判断经营者行为是否违法以及在违法情况下需承担的法律责任等关键问题,具有重要意义。因此,在反垄断案件的审理中,界定相关市场通常是重要的分析步骤。但是,基于理论与实践发展两大理由,最高人民法院最终没有接受界定相关市场是滥用市场支配地位案件的必经步骤的意见。首先,从理论溯源上看,在滥用市场支配地位案件的审理中,界定相关市场的目的在于评估经营者的市场力量及被诉垄断行为对竞争的影响。为实现这一目的,除了通过相关市场这一工具进行间接评估外,还可以通过排除或者妨碍竞争的实际证据对被诉经营者的市场地位及被诉垄断行为可能的市场影响进行直接评估。因此,界定相关市场只是评估经营者的市场力量及被诉垄断行为对竞争的影响效果的途径之一，并非唯一途径。其次，从实践中看，能否明确界定相关市场，取决于案件具体情况，尤其是案件证据、相关数据的可获得性、相关领域竞争的复杂性等多种因素。特别是，在网络环境下，由于注意力竞争、平台竞争及跨界竞争导致相关市场的边界更加模糊，界定相关市场不仅变得更加困难，还更易发生界定错误。① 因此，我们不得不对"相关市场—市场支配力—竞争效应"分析方法保持必要警惕，转而注重运用直接证据对经营者的市场支配力进行认定。

因此，本指导案例提出"即使不明确界定相关市场，也可以通过排除或者妨碍竞争的直接证据对被诉经营者的市场地位及被诉垄断行为可能的市场影响进行评估"。这一表述实质上提出了两种新的分析范式：一是，通过直接证据评估经营者的市场支配力，进而评估经营者的被诉行为对市场竞争的影响。这种方法可以称为"市场支配力—竞争效应范式（M－C）"分析法。二是，通过直接证据评估经营者行为对市场竞争的实际或者潜在效果。这种方法可以称为"行为—竞争效应（C－C）"分析法。这种注重直接证据对竞争效果进行评估的方法进一步丰富和发展了滥用市场支配地位的分析进路。这是本指导案例的重要贡献之一。

有心的读者可以发现，虽然本案判决对相关市场界定以及市场支配力的认定进行了详细分析，并得出了腾讯公司不具有市场支配地位的结论，但是判决并未就此止步，而是进一步运用直接证据综合评估了被诉垄断行为对于市场竞争实际或者潜在的效果，并在此基础上作出最终判断。这实际上是对"市场支配力—竞争效应范式（M－C）"分析法和"行为—竞争效应（C－C）"分析法的具体运用。

（二）假定垄断者测试（HMT）在互联网领域中的变通性适用

假定垄断者测试是各国和地区普遍采用的一种界定相关市场的分析思路。依据这种思路，借助经济学工具分析所获取的相关数据，我们可以确定假定垄断者将价格维持在高于竞争价格水平的最小商品集合和地域范围，从而界定相关市场。假定垄断者测试一般先界定相关商品市场，其具体思路是：首先从垄断案件关注的经营者提供的商品（目标商品）开始考虑，假设该经营者是以利润最大化为经营目标的垄断者（假定垄断者），那么在其他商品的销售条件保持不变的情况下，假定垄断者能否持久地（一般为1年）小幅（一般为5%～10%）提高目标商品的价格［所谓的数量不大但有意义且并非短暂的价格上涨（简称SSNIP测试）］。目标商品的涨价会导致需求者转向购买具有紧密替代关系的其他商品，从而引起假定垄断者销

---

① 参见朱理：《互联网领域竞争行为的法律边界：挑战与司法回应》，载《竞争政策研究》2015年第1期，第1～12页。

售量下降。如果目标商品涨价后,即使假定垄断者销售量下降,但其仍然有利可图,则目标商品就构成相关商品市场。① 这种传统的测试方法在本指导案例之前一直居于主导性地位。一审法院在本案中即采用这种方法来界定相关商品市场。

这种基于价格上涨的假定垄断者测试在互联网领域遇到了难题。运用基于价格上涨的假定垄断者测试时,所隐含的前提条件是相关市场领域的商品同质化特征比较明显,价格竞争是较为重要竞争形式。但是,如果在产品差异化非常明显且质量、服务、创新、消费者体验等非价格竞争成为重要竞争形式的领域,采用数量不大但有意义且并非短暂的价格上涨(SSNIP)的方法存在较大困难。特别是,当特定领域商品的市场均衡价格为零时,运用 SSNIP 尤为困难。这是因为,在运用 SSNIP 方法时,需要以充分竞争的市场价格为基准价格,进行 5% ~10% 幅度的价格上涨,然后确定需求者的反应。在基准价格为零的情况下,如果进行 5% ~10% 幅度的价格增长,增长后其价格仍为零;如果将价格从零提升到一个较小的正价格,则相当于价格增长幅度的无限增大,意味着商品特性或者经营模式发生较大变化,因而难以进行 SSNIP 测试。互联网服务提供商在互联网领域的竞争中更加注重质量、服务、创新等方面的竞争而不是价格竞争,其经营模式通常是利用免费的基础服务吸引和凝聚大量用户,利用巨大的用户资源经营增值业务和广告以实现盈利,然后以增值业务和广告的盈利支撑免费服务的生存和发展。因此,基于相对价格上涨的假定垄断者测试不适宜在本案中适用。

在纠正一审法院直接运用基于价格上涨的假定垄断者测试的错误后,最高人民法院进一步发展了假定垄断者测试的分析方法,阐明了假定垄断者测试在互联网领域的变通性适用方法。本指导案例指出,实践中,假定垄断者测试的分析方法有多种,既可以通过数量不大但有意义且并非短暂的价格上涨(SSNIP)的方法进行,又可以通过数量不大但有意义且并非短暂的质量下降(SSNDQ)的方法进行。同时,作为一种分析思路或者思考方法,假定垄断者测试在实际运用时既可以通过定性分析的方法进行,又可以在条件允许的情况下通过定量分析的方法进行。虽然基于相对价格上涨的假定垄断者测试难以在本案中适用,但是可以采取该方法的变通形式,如基于质量下降的假定垄断者测试。由于质量下降程度比较难以评估以及相关数据难以获得,可以采用质量下降的假定垄断者测试进行定性分析而不是定量分析。这是对假定垄断者测试方法的重要推进。

(三)互联网领域相关地域市场的界定方法

相关地域市场的界定,同样遵循相关市场界定的一般方法。通常认为,在假定

① 参见国务院反垄断委员会关于相关市场界定的指南(2009 年 5 月 24 日),第十条。

垄断者测试的框架下,相关地域市场界定需要考虑的主要因素是:在价格、质量等竞争因素发生变化的情况下,其他地区经营者对目标区域的假定垄断者是否会构成有效的竞争约束;从需求替代的角度,主要考虑需求者因商品价格或者其他竞争因素的变化而转向或考虑转向其他地域购买商品的证据、商品的运输成本和运输特征、多数需求者选择商品的实际区域和主要经营者商品的销售分布、地域间的贸易壁垒、特定区域需求者偏好等因素;从供给替代的角度,则主要考虑其他地域的经营者对商品价格等竞争因素的变化作出反应的证据、其他地域的经营者供应或销售相关商品的及时性和可行性等因素。

本案中,一审法院以境外经营者可向中国大陆地区用户提供即时通信服务、被上诉人也向世界各地用户提供服务、有一定数量的境外用户在使用被上诉人提供的即时通信服务等作为重要论据,认定本案相关地域市场应为全球市场。这一分析方法实际上背离了上述分析方法,在考虑互联网的全球性、低成本等特点的同时,忽视了地域间的法律障碍、特定需求者的偏好等制约因素。最高人民法院在判决中指出,基于互联网的即时通信服务可以低成本、低代价到达或者覆盖全球,并无额外的、值得关注的运输成本、价格成本或者技术障碍,在界定相关地域市场时,可以主要考虑多数需求者选择商品的实际区域、法律法规的规定、境外竞争者的现状及其进入的及时性等因素。由于每一个因素均不是决定性的,故应该根据上述因素进行综合评估。由于中国大陆地区境内绝大多数用户均选择使用中国大陆地区范围内的经营者提供的即时通信服务,而我国有关互联网的行政法规规章等对经营即时通信服务规定了明确的要求和条件,对即时通信等增值电信业务实行行政许可制度,外国经营者通常不能直接进入我国大陆境内经营,需要以中外合资经营企业的方式进入并取得相应的行政许可,且境外即时通信服务经营者在较短的时间内(如一年)及时进入中国大陆地区并发展到足以制约境内经营者的规模存在较大困难,故本案相关地域市场应为中国大陆地区市场。这种相关地域市场的界定方法,既考虑了互联网领域的特点,又考虑了法律、消费者习惯等对互联网服务市场的现实制约,对于互联网领域相关地域市场的界定具有重要指导意义。

(四)网络环境下经营者市场份额对其市场支配力认定的作用

在传统领域,经营者的市场份额与其市场支配力之间有比较强的正相关关系:市场份额越大,其具有市场较强支配力的可能性就更大。长期以来,传统反垄断法均将市场份额作为市场支配力认定的最重要指标。我国反垄断法即基于市场份额与市场支配力之间的这种关联关系,规定了通过市场份额推定市场支配力的方法。①

由于互联网领域的特点,市场份额与市场支配力之间的这种关联关系被削弱了。首先,互联网领域市场边界的模糊性导致市场份额对市场支配力的指标作用减弱。互联网领域的差异化竞争比传统领域更加明显,即使产品的功能和用途相同,消费者体验也有很大差异,这种差异化使得相关市场边界的模糊性增强。同时,互联网领域的平台竞争进一步加剧了市场边界模糊性。由于互联网的核心在于用户注意力,即使用途或者是性能具有很大差异的平台,往往也存在某种程度的竞争。与传统领域相比,互联网领域市场边界的不清晰导致网络环境下市场份额的确定具有某种随意性,其对市场支配力的指标作用受到一定影响。其次,互联网领域的创新竞争也削弱了市场份额与市场支配力之间的关联关系。市场份额与市场支配力可以通过很多原因来获得和维持,企业可能通过持续的竞争和持续的创新来维持自己非常高的市场份额。例如,虽然谷歌公司在全球搜索引擎市场上有一个比较大的市场份额,但谷歌每时每刻都在创新,这种由于不断的创新获得的市场份额,并不意味着有很强的市场力量。这就削弱了市场份额作为市场支配力指标的作用。最后,即使在较高市场份额的情况下,判断经营者是否实质上具有市场支配力,仍然需要综合考虑多种因素,例如,竞争对手或者客户对提价(或者降低质量)反应如何,相关市场进入的难易程度如何等。正因如此,本指导案例指出:在互联网领域中,市场份额只是判断市场支配地位的一项比较粗糙且可能具有误导性的指标,其在认定市场支配力方面的地位和作用必须根据案件具体情况确定。

四、参照适用时应注意的问题

(一)滥用市场支配地位案件分析方法的普适性与个案性

本指导案例在滥用市场支配地位案件"相关市场—市场支配力—竞争效应"分析方法基础上,进一步发展并运用了"市场支配力—竞争效应"以及"行为—竞争效应"两种分析方法,形成了滥用市场支配地位案件较为完善的分析方法体系。这三种分析方法对于滥用市场支配地位案件具有普适性。但是,在将该指导案例体现的司法导向和可以普遍适用的裁判规则运用到类似案件时,必须注意正确区分普

---

① 反垄断法第十九条规定:有下列情形之一的,可以推定经营者具有市场支配地位:

(一)一个经营者在相关市场的市场份额达到二分之一的;

(二)两个经营者在相关市场的市场份额合计达到三分之二的;

(三)三个经营者在相关市场的市场份额合计达到四分之三的。

有前款第(二)项、第(三)项规定的情形,其中有的经营者市场份额不足十分之一的,不应当推定该经营者具有市场支配地位。

被推定具有市场支配地位的经营者,有证据证明不具有市场支配地位的,不应当认定其具有市场支配地位。

遍规则和个案因素，善于根据个案灵活运用普遍规则，避免机械援用。在参照适用时，应该根据个案情况灵活选择运用恰当的分析方法。如果个案中相关市场界定较为困难，而证明经营者具有市场支配力或者证明其行为的市场竞争效果的直接证据较为充分时，可以选择“市场支配力—竞争效应”或者“行为—竞争效应”分析法，不对相关市场进行清晰界定；如果个案中用于证明相关市场及其市场份额的证据比较充分，可以选择适用“相关市场—市场支配力—竞争效应”分析法，但在互联网领域也要基于网络竞争的特点对市场份额的指标作用保持谨慎，并重点关注个案中相应市场领域的市场进入、市场行为及经济效果等证据。

（二）经济分析方法在垄断案件中的正确运用

垄断行为合法性与否的分析判断往往需要借助于经济分析。本指导案例的重要贡献之一就在于丰富和发展了相关市场界定的经济分析方法在互联网领域中的运用。尽管如此，垄断行为的定性最终属于法律判断，经济分析仅仅是用以达成正确法律判断的工具之一，法官不能将判断权让渡给经济学家。因此，在反垄断案件的审理中，需要创造性地将法律判断和经济分析相结合，正确运用经济分析的结论以提高垄断行为法律判断的准确性。正确合理地运用经济分析方法，需要防止经济分析的方法错误，充分认识到其数据局限、条件限定等。对于经济分析方法和结论，既不应傲慢，又无须偏见。对于司法而言，要实现对经济分析方法的合理运用，避免被经济分析的方法错误、数据局限和条件限定所误导，除了法官要有必要的经济学知识以外，更重要是坚持效果导向，关注被诉垄断行为对竞争的实际或者潜在的影响。只要抓住垄断行为对竞争具有实际或者潜在的消极影响这一行为本质，注意通过效果导向的直接证据对经济分析的结果予以检视，就能够对垄断行为的法律认定获得更符合现实、更合理、更准确的结论。

（执笔人：最高人民法院民三庭　王闯、朱理
最高人民法院案例指导工作办公室　石磊）

指导案例 78 号　北京奇虎科技有限公司诉腾讯科技（深圳）有限公司、深圳市腾讯计算机系统有限公司滥用市场支配地位纠纷案

最高人民法院案例指导工作办公室编选人：石磊

1. 案例推荐单位：最高人民法院民三庭
2. 案例编写人：最高人民法院民三庭　朱理
3. 案件裁判法院：广东省高级人民法院（一审）、最高人民法院（二审）
4. 案件承办人：邓燕辉（一审）、朱理（二审）

相关规定

《中华人民共和国反垄断法》(2007年8月30日)

第十七条　禁止具有市场支配地位的经营者从事下列滥用市场支配地位的行为:

(一)以不公平的高价销售商品或者以不公平的低价购买商品;

(二)没有正当理由,以低于成本的价格销售商品;

(三)没有正当理由,拒绝与交易相对人进行交易;

(四)没有正当理由,限定交易相对人只能与其进行交易或者只能与其指定的经营者进行交易;

(五)没有正当理由搭售商品,或者在交易时附加其他不合理的交易条件;

(六)没有正当理由,对条件相同的交易相对人在交易价格等交易条件上实行差别待遇;

(七)国务院反垄断执法机构认定的其他滥用市场支配地位的行为。

本法所称市场支配地位,是指经营者在相关市场内具有能够控制商品价格、数量或者其他交易条件,或者能够阻碍、影响其他经营者进入相关市场能力的市场地位。

第十八条　认定经营者具有市场支配地位,应当依据下列因素:

(一)该经营者在相关市场的市场份额,以及相关市场的竞争状况;

(二)该经营者控制销售市场或者原材料采购市场的能力;

(三)该经营者的财力和技术条件;

(四)其他经营者对该经营者在交易上的依赖程度;

(五)其他经营者进入相关市场的难易程度;

(六)与认定该经营者市场支配地位有关的其他因素。

第十九条　有下列情形之一的,可以推定经营者具有市场支配地位:

(一)一个经营者在相关市场的市场份额达到二分之一的;

(二)两个经营者在相关市场的市场份额合计达到三分之二的;

(三)三个经营者在相关市场的市场份额合计达到四分之三的。

有前款第二项、第三项规定的情形,其中有的经营者市场份额不足十分之一的,不应当推定该经营者具有市场支配地位。

被推定具有市场支配地位的经营者,有证据证明不具有市场支配地位的,不应当认定其具有市场支配地位。

中华人民共和国最高人民法院民事判决书

(2013)民三终字第4号

上诉人(一审原告):北京奇虎科技有限公司。住所地:北京市西城区新街口外大街28号D座112室(德胜园区)。

法定代表人:齐向东,该公司执行董事。

委托代理人:谢冠斌,北京市立方律师事务所律师。

委托代理人:金毅,北京市立方律师事务所律师。

被上诉人(一审被告):腾讯科技(深圳)有限公司。住所地:广东省深圳市福田区赛格科技园2栋东403号。

法定代表人:马化腾,该公司总经理。

委托代理人:邹良城,该公司法律顾问。

委托代理人:黄伟,北京市天元律师事务所律师。

被上诉人(一审被告):深圳市腾讯计算机系统有限公司。住所地:广东省深圳市南山区高新区高新南一路飞亚达大厦5-10楼。

法定代表人:马化腾,该公司总经理。

委托代理人:杨奇虎,该公司法律顾问。

委托代理人:徐炎,该公司法律顾问。

上诉人北京奇虎科技有限公司(以下简称奇虎公司)因与被上诉人腾讯科技(深圳)有限公司(以下简称腾讯公司)、被上诉人深圳市腾讯计算机系统有限公司(以下简称腾讯计算机公司)滥用市场支配地位纠纷一案,不服广东省高级人民法院(2011)粤高法民三初字第2号民事判决,向本院提出上诉。本院依法组成由最高人民法院审判员王闯担任审判长、审判员王艳芳、代理审判员朱理参加的合议庭,于2013年11月19日、11月26日、11月27日公开开庭审理了本案。书记员刘海珠、曹佳音担任法庭记录。周丽霞担任法庭翻译。上诉人奇虎公司的委托代理人谢冠斌、金毅,被上诉人腾讯公司的委托代理人邹良城、黄伟,被上诉人腾讯计算机公司的委托代理人杨奇虎、徐炎到庭参加了诉讼。奇虎公司聘请余妍、大卫·斯塔利布拉斯(David Stallibrass)作为专家辅助人出庭就本案相关问题发表了意见,腾讯公司和腾讯计算机公司聘请姜奇平、吴韬作为专家辅助人出庭就本案相关问题发表了意见。本案现已审理终结。

2011年11月15日,一审原告奇虎公司向广东省高级人民法院提起本案诉讼称:一、腾讯公司和腾讯计算机公司在即时通信软件及服务相关市场具有市场支配地位。本案相关地域市场为中国大陆地区的即时通信软件及服务市场。腾讯公司和腾讯计算机公司的市场份额达76.2%,QQ软件的渗透率高达97%。由此可以推定腾讯公司和腾讯计算机公司具有市场支配地位。腾讯公司和腾讯计算机公司具有强大的财力和技术条件,可以有效提高价格,阻碍竞争对手的进入、发展与壮大,排除相关市场内的竞争。由于腾讯公司和腾讯计算机公司用户群庞大,其他潜在竞争者难以进入相关市场,即便进入也难以形成有效竞争。二、腾讯公司和腾讯计算机公司滥用市场支配地位,排除、妨碍竞争,违反了《中华人民共和国反垄断法》(以下简称反垄断法)的规定。2010年11月3日,腾讯公司和腾讯计算机公司发布《致广大QQ用户的一封信》,明示禁止其用户使用奇虎公司的360软件,否则停止QQ软件服务;拒绝向安装有360软件的用户提供相关的软件服务,强制用户删除360软件;采取技术手段,阻止安装了360浏览器的用户访问QQ空间,在此期间大量用户删除了奇虎公司相关软件。腾讯公司和腾讯计算机公司的上述行为构成限制交易。腾讯公司和腾讯计算机公司将QQ软件管家与即时通信软件相捆绑,以升级QQ软件管家的名义安装QQ医生,构成捆绑销售。三、腾讯公司和腾讯计算机公司应对其垄断民事侵权行为承担相应法律责任。腾讯公司和腾讯计算机公司共同实施滥用市场支配地位的行为,导致奇虎公司受到损害,应当承担连带责任。综上,请求判令:1.腾讯公司和腾讯计算机公司立即停止滥用市场支配地位的垄断行为,包括但不限于限定QQ软件用户不得与奇虎公司交易、在QQ软件中捆绑搭售安全软件产品等行为;2.腾讯公司和腾讯计算机公司连带赔偿奇虎公司经济损失1.5亿元;3.腾讯公司和腾讯计算机公司向奇虎公司赔礼道歉,具体形式包括腾讯公司和腾讯计算机公司在其网站QQ.com连续十日刊登经奇虎公司认可的道歉声明,以及在《人民日报》《电脑报》等平面媒体连续三日刊登经奇虎公司认可的道歉声明;4.腾讯公司和腾讯计算机公司承担奇虎公司为维权而支付的合理开支,包括调查费、公证费、律师费等共计100万元;5.腾讯公司和腾讯计算机公司承担本案所有诉讼费用。

一审被告腾讯公司和腾讯计算机公司共同答辩称:奇虎公司对本案相关市场界定错误;腾讯公司和腾讯计算机公司在即时通信服务市场内不具有市场支配地位;被诉垄断行为不构成滥用市场支配地位的行为,也未产生排除、限制竞争的效果。请求驳回奇虎公司的全部诉讼请求。

广东省高级人民法院一审查明：

一、关于奇虎公司、腾讯公司和腾讯计算机公司的主体资格

奇虎公司系360安全卫士软件V1.4版本、7.1.0.1010版本、6.1.5.1009版本的著作权人及运营人。腾讯公司为QQ软件著作权人，腾讯计算机公司为QQ软件实际控制人，两公司共同运营QQ即时通信软件。

二、关于本案相关市场的界定

（一）奇虎公司认为：本案相关商品市场为集成了文字、音频及视频等综合功能的即时通信软件及其服务市场，相关地域市场为中国大陆地区综合功能即时通信软件及服务市场。依据是：

1. 腾讯控股有限公司在香港证券交易所发布的中文招股说明书记载：作为一项增值通信服务，即时通信为用户提供独有的功能，与社交网络（SNS）、电子邮件和电话相比，即时通信服务具有以下功能：跨平台和跨终端设备的沟通；能够侦测并及时发布用户的在线状态；能够获取用户资料及保存好友名单；能够进行密切而隐秘的沟通。

2. RBB经济咨询有限责任合伙（RBB Economics LLP，以下简称RBB经济咨询）所作的《关于奇虎360与腾讯反垄断纠纷的经济分析报告》记载：（1）短信服务和电话服务为收费服务，和即时通信相比，它们推广渠道不同，而且共同属性有限。电子邮件虽然通常免费，但是不具备即时交流的特性，而且以文字通信为主。初步分析，这三种通信产品和即时通信产品的区别很大，需求替代性可能偏低，消费者极有可能不把电话、电子邮件或短信视为满足他们即时通信需求的替代品。虽然电子邮件、短信或电话的存在可能对假定的即时通信服务垄断者构成微弱的竞争，但是该竞争不可能从实质上限制该假定垄断者的行为，电子邮件、短信或电话与即时通信产品并不处于相同的相关市场中。（2）根据整个时间段的每周有效使用时间数据，即时通信软件和社交网络软件没有明显的相关性。2009年至2011年每周即时通信软件有效使用时间和每周社交网络软件有效使用时间之间的相关系数为0.098，接近于零。根据2009年至2011年每月有效使用时间所测算的相关系数也很低，为-0.0248。这项分析表明社交网络软件在中国被使用的方式不同于即时通信软件，因此可能不是一个有效的替代品。（3）虽然没有关于微博产品的数据，但是报告制作者注意到欧盟委员会在Skype/Microsoft合并案中，没有考虑社交网络或微博是否构成即时通信产品的替代品。相反，欧盟委员会将其资源集中于考虑即时通信和语音及视频通信是否存在于一个相关市场中，以及即时通信产品是否可能在未来与其他在线沟通方式衔接。基于产品特征的区别，使用上缺乏相关性，以及欧盟委员会在Skype/Microsoft合并一案中的可借鉴结论，报告制作者认为：消

费者不大可能把社交网络和微博看作即时通信服务的替代品。因此,社交网络和微博对于即时通信产品垄断者的行为约束有限,构成一个单独的相关市场。报告制作者还注意到社交网络以及微博产品的提供者可能会单独提供即时通信产品或者将其作为核心产品的一部分,故将此类的即时通信与社交网络产品或者微博产品区别对待,并将前者包含在文字、音频、视频的即时通信产品范畴。报告制作者作出此分析所依据的艾瑞报告,也将此类产品中的即时通信产品(如人人桌面、微博桌面、新浪微博、新浪UC)统计在即时通信产品范围之内。(4)文字、音频及视频即时通信的唯一区别在于通信媒介。这三种即时通信方式有一些共同特征,并且往往可通过一个单一的集成前端来供给。报告者相信缺少任何一种功能的产品很难被多数的消费者视为好的替代品。因此三种即时通信产品很有可能构成一个单独的、重叠的相关市场。即便三种即时通信功能分开对待,由于替代的非对称性,消费者只会用综合功能的即时通信软件替代单一功能的即时通信软件而非相反,故后者也仅可能成为综合即时通信产品市场之外的市场。

3. 中国互联网络信息中心(CNNIC)出具的《中国即时通信用户调研报告》(2009年度)记载:(1)用户依赖程度较高。即时通信产品已经拥有巨大的用户资源,且用户流失率较低,与其他互联网服务相比,即时通信产品的及时性、便利性更为突出。中国即时通信用户联系人规模:联系人数量为101~300人与11~30人的用户群体比例最大,分别为28.1%和25.0%,51~100人与31~50人比例分别为19.2%和13.2%,10人以下与301人以上群体比例最低,分别为5.4%和9.1%。(2)文字聊天依然是即时通信用户使用最多的功能,使用的用户数占到93.2%。但随着即时通信软件功能的增多,这一比例较即时通信初期有所减少,而语音、视频等服务使用比例逐步增加。2009年即时通信软件调查显示,应用方面语音聊天、视频聊天、文字传输等方面应用比例均在50%以上。(3)从使用功能上看,即时通信软件的平台作用已经呈现,50.2%的即时通信用户通过即时通信软件登陆其他服务,这意味着即时通信已经成为其他服务推广的有效工具。(4)作为互联网三大基础服务之一的即时通信对于用户的粘性较高,近六成的即时通信用户上网就登陆即时通信工具,在有需求时登陆的用户比例为8%,33.2%的用户没有固定的登陆习惯。《中国即时通信用户行为研究报告简版》(2010~2011年)记载:艾瑞咨询的调研数据表明,无论是对整体网民,还是2010年的新晋网民,排名首位的互联网应用皆为网上聊天。数据显示,整体网民中,超过八成网民常用网上聊天;新晋网民中,超过六成用户常用网上聊天。

4. 艾瑞市场咨询有限公司(以下简称艾瑞咨询)出具的《中国即时通信行业发展报告简版》(2009~2010年)记载:即时通信在中国已经历了11年的发展历程,目前已成为用户覆盖最为广泛、使用最为频繁的网络服务之一。

(二)腾讯公司和腾讯计算机公司认为:相关市场上提供即时通信服务的产品非常多,其他互联网产品和服务亦可实现即时通信服务功能,奇虎公司故意采用过窄的标准来划分和界定本案相关商品市场范围,使QQ软件产品的市场地位被明显高估。依据是:

1. 登陆互联网,在计算机中下载安装"Windows Live Messenger 2009""百度Hi""人人桌面""网易POPO""新浪UC 2010 SP1版""网易CC""阿里旺旺""i Speak 7.1""嘟嘟1.1.15.38""沃友"软件后,演示上述软件的功能。其中,在计算机中安装"百度Hi"软件后,以huilin428登录"百度Hi"软件,该软件具有添加联系人、图片传输、音视频通话、文件传输、游戏中心、百度知道等功能。在计算机中安装"人人桌面"软件后,以账号13717783120登录"人人桌面"软件,该软件具有添加好友、即时聊天、热门分享等功能。在计算机中安装"网易POPO"软件后,以账号gh1980@yeah.net登录"网易POPO"软件,该软件具有添加好友、今日资讯、即时聊天、文件传输、语音聊天、视频聊天等功能。在计算机中安装"新浪UC 2010 SP1版"软件后,以账号hui-428@163.com登录"新浪UC 2010 SP1版"软件,该软件具有添加好友、即时聊天、视频聊天、语音会话、文件传输、查看微博、查看博客、新浪游戏等功能。在计算机中安装"网易CC"软件后,以账号gh1980@yeach.net登录"网易CC"软件,该软件具有添加好友、即时聊天、文件传输等功能。在计算机中安装"阿里旺旺"软件后,以账号hg1980910登录"阿里旺旺"软件,该软件具有查找会员、即时聊天、文件传输、语音聊天、发送手机短信等功能。在计算机中安装"i Speak 7.1"软件后,以账号gh1980@yeah.net登录"I Speak 7.1"软件,该软件具有添加好友、即时聊天、视频聊天、文件传输、语音频道等功能。在计算机中安装"嘟嘟1.1.15.38"软件后,以账号gh1980910登录"嘟嘟1.1.15.38"软件,该软件具有添加好友、即时聊天、发送图片、语音会话等功能。在计算机中安装"沃友"软件后,以账号2101572登录"沃友"软件,该软件具有查找联系人、添加好友、文字聊天、发送图片等功能。在计算机中安装"YY 4.6.0.2"软件后,以账号guo889911登录"YY 4.6.0.2"软件,该软件具有查找好友、文字聊天、发送文件、语音聊天等功能。在计算机中安装"雅虎通"软件后,以账号guo998811@yahoo.cn登录"雅虎通"软件,该软件具有添加好友、文字聊天、语音通话、发送文件等功能。在计算机中安装"翼聊"软件后,以账号13683091941登录"翼聊"软件,该软件具有添加好友、文字聊天、语音通话、发送文件等功能。在计算机中安装"TOM Skype"软件后,以账号guo998811登录"TOM Skype"软件,该软件具有查找用户、文字聊天、视频通话、语音通话等功能。在计算机中安装"飞信"软件后,以账号guo998811@163.com

登录“飞信”软件,该软件具有查找好友、文字聊天、视频对话、语音对话、文件传输等功能。

2. 登陆互联网,在雅虎邮箱、163 网易免费邮箱、139 邮箱、Gmail 邮箱中进行相关操作。其中,以账号 gguo84@ yahoo. cn 登录“雅虎”邮箱,该邮箱具有即时发送信息等功能。以账号 gh1980910@ 163. com 登录“163 网易免费邮箱”,该邮箱具有即时发送信息等功能。以账号 13717783120@ 139. com 登录“139”邮箱,该邮箱具有飞信聊天等功能。以账号 guo998811@ gmail. com 登录“Gmail”邮箱,该邮箱具有聊天等功能。

3. 在网址为 www. kaixin001. com 的网页,输入账号“zouliangcheng82@ 163. com”和密码,进入“在线好友”网页,具有“与在线好友聊天”的功能。在网址为 www. renren. com 的网页,输入账号“zouliangcheng82@ 163. com”和密码,进入“在线好友”网页,具有“在线好友”的功能。

4. 登陆互联网,以账号 gh1980910@ sina. com 登录新浪微博,具有即时聊天、发送图片、发送文件、发送语音消息等功能。

5. 登陆互联网,以账号 pingpingan2012@ hotmail. com 登录“Hotmail”邮箱后,该邮箱具有发送即时信息等功能。以账号 guo998811@ sohu. com 登录“搜狐微博”后,该微博具有发送私信等功能。以账号 huilin428@ gmail. com 登录“Google + ”后,该产品具有视频聊天、文字聊天等功能。

6. 运行两部 iphone4 手机中安装的“360 口信”软件,该软件可以在两部手机之间进行文字聊天、图片发送等。运行两部手机中安装的“米聊”软件,该软件可以在两部手机之间进行文字聊天、图片发送等。运行两部手机中安装的“Youni”软件,该软件可以在两部手机之间进行文字聊天、图片发送等。运行两部手机中安装的“微友”软件,该软件可以在两部手机之间进行文字聊天、图片发送等。运行两部手机中安装的“飞聊”软件,该软件可以在两部手机之间进行文字聊天、图片发送等。运行两部手机中安装的“飘信 V5”软件,该软件可以在两部手机之间进行文字聊天、图片发送等。运行两部手机中安装的“几米”软件,使用该软件可以在两部手机之间进行文字聊天、图片发送等。运行两部手机中安装的“YY 语音”软件,使用该软件可以在两部手机之间进行文字聊天、图片发送等。

7. 登陆互联网,在地址栏中输入网址 http://www. sxmobi. com,进入“深讯和科技有限公司”网站,网站有“视频聊天”产品的相关介绍。在网址为 http://www. imichat. com. cn 的“艾米视频聊天 - 茂碧信息科技有限公司”网站,有相关产品的介绍。在网址为 http://www. weixin. qq. com 的“微信,是一个生活方式”页面,网站中有下载、常见问题等页面。在网址为 http://www. apple. com. cn 的“apple”网站，有 iphone4 手机相关功能。在网址为 http://www.room.9158.com 的"视频聊天－同城聊天室－9158 多人视频聊天室"页面，可以下载"9158chat.exe"文件。在"跳舞吧多人视频－跳舞吧下载－tiao58.com"页面，有相关产品的介绍并可以下载"T58chat.exe"文件。

8. 在计算机中安装"新浪 SHOW2.2 正式版"软件，以账号 284303872 登录"新浪 SHOW2.2 正式版"软件，在该软件聊天室中可以进行文字聊天、发送表情等。在计算机中安装"呱呱视频社区 2010 正式版"软件，以账号 100164543 登录"呱呱视频社区 2010 正式版"软件，在软件的聊天室中可以进行文字聊天等。在计算机中安装"Doshow 都秀"软件，以账号 33008721 登录"Doshow 都秀"软件，在软件的房间中可以进行文字聊天、添加好友、音视频通话等。

9. 在手机中点击 APP STORE 图标，在 APP STORE 类别为社交的软件标签中分别查看收费项目排名和免费项目排名的软件列表，以及"QQ2011"和新浪"微博"的软件的详细信息。其中，"QQ2011"的主要功能包括：支持语音对讲和视频功能，支持查看附近的人、可能识别的人，支持手机与手机、手机与电脑之间互相收发文件，支持后台在线及推送好友消息通知，图片收发等。新浪"微博"的主要功能包括：分享文字和图片、私信聊天等。以此证明 QQ 和新浪微博、人人、YY、阿里旺旺等均属于社交类型的商品，具有竞争关系。

10. 登陆互联网，在周鸿祎的新浪博客中有两篇文章。在百度网站中以关键词"周鸿祎 360 的未来是什么""谷歌 Facebook 终极 PK"进行搜索。其中，腾讯公司和腾讯计算机公司认为：周鸿祎的博文"360 的未来是什么"可以证明以免费软件平台推广产品和服务、获取盈利是互联网平台企业通行的商业模式，即时通信、搜索、安全都可以成为平台，平台之间存在竞争关系；《财富》封面文章"Facebook vs. Google Battle for The Future of The Web"，证明谷歌（Google）作为搜索领域的领导者，利用其搜索平台积累的用户迅速向 SNS 市场扩张，互联网企业的竞争实质上是平台的竞争。

三、关于腾讯公司和腾讯计算机公司在相关市场是否具有支配地位

（一）奇虎公司认为：腾讯公司和腾讯计算机公司在相关市场具有支配地位。

第一，腾讯公司和腾讯计算机公司具有控制交易的条件，依据是 RBB 经济咨询所作的《关于奇虎 360 与腾讯反垄断纠纷的经济分析报告》。其中记载：在奇虎 360 与腾讯纠纷发生的当月即 2010 年 11 月，腾讯的市场份额和前一月比较下降了 1.1%，这和典型的季节性变化没有太大区别。此次纠纷对腾讯没有持续性的影响。相关图表显示，在事发两周内，腾讯的市场份额比 2009 年同期增长更快。这一现象表明：腾讯的竞争对手很难抢走腾讯的市场份额，这个市场中的拓展壁垒偏高。此

外,腾讯能够降低产品/服务质量但是其使用量不受影响,说明腾讯可以自由运作,不顾及损失客户的威胁,这构成腾讯在即时通信服务市场具有支配地位的直接证据。

第二,腾讯公司和腾讯计算机公司能够阻碍、影响他人进入相关市场,依据是:

1. RBB 经济咨询所作的《关于奇虎 360 与腾讯反垄断纠纷的经济分析报告》记载:腾讯特有的产品组合构成进入和拓展壁垒。在某种程度上而言,因为消费者认为腾讯的即时通信产品和服务与其他竞争对手的产品和服务有区别,竞争对手可能发现他们的产品难以吸引即时通信用户,从而拓宽市场占有率,这也进一步增强了腾讯的市场支配力。由于开发一系列具有竞争力的附加产品和服务组合既昂贵又费时,同时也需要大量用户形成网络效应,腾讯明显的市场领先地位构成了进一步的进入和拓展壁垒。从 2006 年 7 月至 2011 年 12 月有效使用腾讯和飞信的中国消费者小时数来看,飞信进入市场时的规模相对较小,在 2007 年 8 月只获得 1100 万有效使用小时,远少于腾讯同期的 12.72 亿有效使用小时。一直以来,飞信都没能将其有效使用小时数发展到与腾讯同等的规模。2010 年 12 月,飞信拥有 8500 万有效使用小时,同一时期,腾讯的有效使用小时数为 27.91 亿,腾讯当时的有效使用小时数仍然是飞信的 33 倍。尽管飞信在 2010 年期间对软件做了改进,包括将其软件对非中国移动用户的开放,其 2010 年 12 月的有效使用小时数却减少了 1300 万,与 2009 年同期相比,下降了 13.2%。2010 年 11 月,腾讯与奇虎纠纷期间,飞信当月有效使用小时数与上月相比增加了 1300 万(17.1%),但是收益却是短暂的,该月度用量变化并不偏离标准的季节性变化。飞信活跃用户未能达到腾讯的同等规模说明了在即时通信服务市场新进入者所面临的明显困难。尽管飞信是由中国最大的一家通信公司推出的,其运行 3 年以来,一直无法突破其在市场中的小小立足点。飞信的规模虽然相对很小,但似乎无法在增长率上获得任何超过腾讯的竞争优势。虽然飞信成功进入了这个市场,但显然一直以来无法显著地扩大其活跃使用时间并赶超腾讯。阿里旺旺进入市场时的规模相对较小,在 2006 年 7 月只获得 1800 万有效使用小时,远少于腾讯同期的 9.68 亿有效使用小时。2010 年 12 月,阿里旺旺拥有 1620 万有效使用小时,同一时期,腾讯的有效使用小时数为 27.91 亿。腾讯当时的有效使用小时数仍然是飞信的 17 倍。2010 年 11 月腾讯与奇虎纠纷期间,阿里旺旺当月有效使用小时数和上月相比增加了 100 万,其月度用量变化不偏离标准的季节性变化。阿里旺旺的活跃用户未能达到腾讯的同等规模说明了在即时通信服务市场,新进入者要超越起步时的小规模面临明显困难。

2. 腾讯控股有限公司 2011 中期报告记载:2011 年 6 月 30 日即时通信活跃账户 7.019 亿,即时通信最高同时在线账户(季度)1.367 亿。

3. 用户与腾讯客服之间对话的录音内容表明,客服告诉用户如果用户电脑安装了360,QQ就无法正常使用。

4.艾瑞咨询出具的《中国即时通信行业发展报告简版》(2009~2010年)记载:即时通信软件之间实现互通无论是从用户需求,还是从市场发展的角度看都将是一个必然的趋势。首先,用户具有实现互通的需求,即时通信软件之间实现互通更多的是为了满足用户需求。在即时通信服务市场发展初期,即时通信厂商都把用户壁垒作为竞争的基本手段,所谓用户壁垒即各个即时通信软件用户都只能与本软件用户交流,无法跨软件沟通,这样可以有效阻止用户流失,但如今,这种用户壁垒却阻碍了用户更加方便、快捷地与朋友进行沟通。其次,随着即时通信服务市场的快速发展,为进一步方便个人以及企业用户的使用,打破即时通信软件之间无形的“电子围墙”是一种必然趋势,且目前实现互通在技术上是可行的。

5. CNNIC出具的《中国即时通信用户调研报告》(2009年度)记载:随着网络游戏与虚拟物品的引入,即时通信账号自身已经具有“货币价值”。腾讯QQ在用户使用率中占有绝对优势,渗透率以97.4%的比例占据第一位,虽然腾讯QQ在即时通信服务市场的地位很难被动摇,但并不意味着其他即时通信软件市场空间的缩小,恰恰相反,对于新兴的即时通信工具,其大多利用自身的软件特点在短时间内取得了较好的市场位置。从软件发展趋势分析,即时通信间的整合趋势也越发明显,对于软件产品及服务提供商而言,由于不同的产品技术及收益分割等因素限制,与其他服务提供商进行产品整合的可能性并不大,因此不同即时通信用户间相互交流受阻问题始终未能解决。目前服务提供商基于自身利益问题,仍将其他服务提供商视为对手,全面的软件互通短时间内还难以实现。

6.《羊城地铁报》于2010年11月9日刊登了一篇《QQ用户被挖角MSN下载量激增数十倍》的文章,内容为:腾讯与360的大战引发用户被“挖角”。MSN中国相关负责人日前透露,近期MSN新增用户数量出现较大增长,MSN软件的浏览和下载量增长幅度达几十倍之多。近日MSN中国推出了邀请QQ好友加入的功能。不过根据MSN中国公关负责人表示,尽管MSN中国推出了QQ好友加入的功能,但近期经过监测发现,MSN的这一功能遭到了屏蔽。

7.腾讯2011年年报预报记载:凭借我们独有的跨通信、SNS及社交媒体的多平台社交网络,我们继续树立在中国整个社交网络行业的领导地位。2011年,通过持续拓展即时通信、QQ空间、朋友网、腾讯微博和QQ邮箱等主要社交平台,我们巩固了行业领导地位。“微信”自2011年年初推出以来,作为移动即时通信的延伸,其用户数取得显著增长,并成为一种社交现象,深化了我们在移动社交领域的领导地位,同时提高了我们对高端智能手机用户群的渗透率。此外,我们以不同平台间单一登录账号、关系链共享、评论可跨平台同步来强化我们的社交基础建设。这为我们的用户在不同使用场景下提供无缝衔接的用户体验,以此凸显我们的差异化,并提高用户黏性。

8. 腾讯网页记载:Q币免费送;领取条件:已安装QQ电脑管家风云版,并连续登录5天,第6天即可领取3Q币。

第三,腾讯公司和腾讯计算机公司具有市场支配地位,依据是:

1. 腾讯控股有限公司2010年年报记载:收入从2006年的28.00441亿元到2010年的196.46031亿元,毛利从2006年的19.83379亿元到2010年的133.25831亿元,资产总额从2006年的46.50572亿元到2010年的358.30114亿元。

2. 北京神州泰岳软件股份有限公司2010年度报告及2011年半年度报告记载:2010年公司实现营业收入8.41629亿元,飞信业务实现营业收入4.912076亿元;2011年上半年,飞信业务实现营业收入2.927111亿元。

3. 腾讯网站记载:安装并登录QQ电脑管家风云版,即可领取管家定制QQ秀,还有3种游戏大礼包任选其一。11月28日至12月30日,每天登录QQ电脑管家风云版,连续登录5天后,即可在第6天登录活动网站领取Q币,每天限量30万Q币,先到先得。

4. 国家知识产权局网站专利检索结果显示腾讯公司共有发明专利2136项、实用新型专利28项、外观设计专利6项。

5. 蓝港在线(北京)科技有限公司在其网站上发表《蓝港就腾讯封杀〈佣兵天下〉广告一事发布7条愤怒声明》一文称:昨晚,腾讯公司发布声明,就我公司CEO王峰在微博所指腾讯封杀3D网游《佣兵天下》广告一事矢口否认,并谎称因"广告位紧"而不能安排《佣兵天下》的广告投放。对此,我司近千名员工表示强烈愤慨!我司正式向腾讯公司发出愤怒声明,请腾讯公司能够正视对蓝港在线的"歧视性竞争",保持作为媒体平台的公正性,请还事实以真相!声明如下:……落款日期为2011年9月16日。2011年9月20日,蓝港在线(北京)科技有限公司在其网站上发表了"《佣兵天下》遭腾讯'封杀'事件以和解告终"的报道。

6. 在UC优视网站发表的《UC优视起诉腾讯打响反不正当竞争第一枪》的报道称:UC优视今日正式宣布,将以不正当竞争为由起诉腾讯。在此之前,UC优视曾发表《致广大合作伙伴及UC浏览器用户书》,列举UC所遭遇腾讯的种种不正当竞争行为,如捆绑、排他、绑架用户、数据造假等,公开"四问腾讯"。11月4日上午,UC优视举行了以"我们的责任"为题的媒体沟通会。会上,UC公布了一份腾讯公司提供给手机厂商等的合作协议并认为其中具有排他条款:如要求合作伙伴需声明在推广腾讯产品时不推广其竞争对手产品,对应关系如下:QQ浏览器—UC浏览器;QQ安全助手—360安全助手;腾讯微博—新浪微博。UC声称腾讯签订排他性协议,表明腾讯对于交易者具有控制力。UC 还声称自 2009 年腾讯的手机 QQ 浏览器发布后,UC 浏览器就被列入了腾讯的"黑名单",频频遭遇不正当竞争。UC 方面曾与包括马化腾在内的腾讯高层多次主动沟通,但均告无效,而腾讯方面反而变本加厉,在缺乏自我创新能力,手机浏览器产品无法与 UC 竞争的情况下,利用 QQ 聊天的垄断优势强迫其他公司"二选一",明目张胆地不正当竞争,UC 最终"忍无可忍",发表了正式声明,公开"四问腾讯"。

7. 艾瑞咨询出具的《中国即时通信年度监测报告简版》(2010～2011 年)记载:艾瑞咨询 2010 年即时通信服务市场监测数据显示,腾讯在整体市场的份额占到 76.2%,保持绝对的领先地位。3Q 大战进一步激化了市场竞争,不少互联网企业纷纷进入即时通信服务市场,寻找新机遇。阿里旺旺、飞信和 MSN 市场地位已重新排位,快速发展和新兴的垂直类即时通信软件不断崛起,竞争激烈。2010 年即时通信软件总有效运行时间占比情况为:腾讯 QQ87.6%、阿里旺旺 4.4%、飞信 2.6%、MSN2.3%、腾讯 TM1.2%、歪歪/YY 语音 1.1%、其他 1.0%。2010 年移动即时通信用户中,91.9%使用过手机 QQ,可见腾讯 QQ 在移动即时通信用户中也得到最广泛的认可。排在第二位的飞信,使用过的用户也达 53.4%,大幅度超过阿里旺旺、MSN 等。

8. CNNIC 出具的《中国即时通信用户调研报告》(2009 年度)记载:即时通信(IM)软件用户渗透率中腾讯 QQ/TM 为 97.4%,排在第二位的飞信为 20.5%。

9. 根据易观智库的分析,从市场格局来看,和前几个季度一样,累积账户数前三名分别是手机 QQ、手机飞信、手机 MSN,手机 QQ 和手机 MSN 市场份额略有下降,分别为 58.3%、9.5%。本季度手机飞信受益于节假日因素和营销力度加大,市场份额上升 1%,达到 27.7%;手机旺旺则基本持平,相比较上季度略有上升;以米聊、微信等为代表的新型移动 IM 发展迅速,提高了 0.4%的份额,但移动 IM 前三所占的市场份额依旧达到 95.5%,市场处于高度联合垄断的格局。

10. 根据易观国际发表的《2008 年第二季度中国即时通信服务市场季度监测报告》,腾讯 QQ 活跃账户数达到 3.41 亿,以 80.2%的市场份额排名首位。

(二)腾讯公司和腾讯计算机公司则认为:即时通信服务市场竞争激烈,可替代性高,进入门槛低。依据是:

1. 发表于 2008 年 9 月 25 日的《从飞信到 SNS,中国移动进军互联网之路,悬乎》文章认为:易观国际最新发布的第二季度即时通信服务市场季度监测报告显示,中国移动的飞信以 15.7%的市场占有率一举超过 MSN,仅次于腾讯 QQ 位居第二。在网址为 http://tech.sina.com.cn/other/2009-08-14/21163354094.shtml 的网站登载的报道称:2007 年 6 月 5 日,中国移动推出了自己的即时通信工具——飞信,2008年5月,每日用户数量突破1亿。相关网站登载的《阿里旺旺带给您更畅快、随心的网上购物交流及好友沟通体验》报道称:历经8年,阿里旺旺已经成长为拥有2亿4千万注册用户。在网址为 http://epaper. bjnews. com. cn/html/2011 - 01/13/content_191253. htm? div = -1 的网站登载的《新浪微博提升群功能挑战QQ》的文章称:新浪微博近日提升了其微博的群功能,使这一产品在性能上与QQ的差距进一步缩小。

2. 在网址为 http://www. donews. com/original/201101/342097. shtm 的网站登载的《CNNIC解读网络社交市场:微博发展最为迅速》的文章称:微博客与即时通信、博客、社交网站用户的高度重合,将对其他社交网络应用市场产生较大影响。在网址为 http://www. chinaz. com/news/2011/0124/156258. shtml 的网站登载的《四大门户死掐微博360称新浪微博将颠覆腾讯(图)》文章称:在张朝阳看来,微博本身也是SNS(社交网络)的一种;周鸿祎称:"也许马化腾现在明白过来了,颠覆腾讯的原来是新浪微博。"在网址为 http://www. it. com. cn/server/fwqtg/hydt/2009/06/11/10/537968. html 的网站登载的《CNNIC:未来SNS或将取代即时通信?》的文章称:因为SNS网站的平台性,按照以往的研究也可以得出,用户之间的大部分消息也将通过SNS网站内部传递,非专业需求的即时通信、电子邮件、博客服务应用需求均进入SNS网站内部。在网址为 http://game. people. com. cn/GB/48604/175992/16801360. html 的网站登载的《多玩副总裁曹津:YY注册用户数已超过2亿》的文章称:YY用户从0到1亿只花费了34个月,腾讯QQ花费了37个月。在网址为 http://tech. ifeng. com/internet/detail_2012_01/11/11887612_0. shtml 的网站登载的《多玩游戏网YY语音2011用户破两亿》的文章称:截至2011年12月,多玩游戏网旗下的YY语音突破两亿用户。在"最新免费飞信官方下载"网站,显示飞信的下载量为374006936人次。

3. 在"百度搜索_微软MSN推出导入QQ好友功能"网页,点击页面上方"微软MSN推出导入QQ好友功能科技频道凤凰网",链接进入下一页面,其中《微软MSN推出导入QQ好友功能网易科技》记载:11月7日凌晨消息,在QQ与360的冲突不断升级之后,微软Windows Live Messenger成为网友考虑的QQ替代品之一。

4. 在网址为 http://news. zol. com. cn/2002/0509/40463. shtml 的网站登载的《如果QQ全员收费,81%的用户将不再使用》的文章称:为了解网民对腾讯QQ全员收费之后的反应,eNet在新闻首页进行了新闻调查,调查结果公布如下:在参与调查的人当中,6.69%的人表示将付费,继续使用腾讯QQ;81.71%的人表示将不交费,转用其他的即时软件;4.60%的人表示不交费,并且不再使用即时软件;

7.00%的人表示现在就没有用QQ。从调查的结果来看,绝大多数的人不愿意付费使用腾讯QQ。从目前的状况而言,QQ并没有“不可替代”性。现在的即时软件,像MSN、ICQ等即时软件,在国外非常流行,它们比QQ开发得早,功能更齐全,技术更成熟,运行也更稳定。在网址为http://ycdtb.dayoo.com/html/2010-11/09/content_1181398.htm的网站登载的来源于2010年11月9日《羊城地铁报》的题为《QQ用户被挖角MSN下载量激增数十倍》的文章称:MSN中国相关负责人日前透露,近期MSN新增用户数量出现较大增长,MSN软件的浏览和下载量增幅达几十倍之多。在网址为http://news.sohu.com/20101106/n277188259.shtml的网站登载的《腾讯与360之争使移动新浪受益飞信UC借机发力》的文章称:自11月3日晚间,移动飞信、新浪UC开始纷纷发力争抢即时通信服务市场。新浪启用已废弃多年的新浪UC,并在首页做大规模市场推广。中国移动也推出新版飞信个人电脑客户端,3天内下载量猛增。据公开数据显示,目前新浪UC拥有约8000万注册用户,同时在线用户数最高达到20万左右。

5. 在网址为http://game.chinanews.com/mobile/09/201109/2715007.html的网站登载的来源于2011年9月27日《南方都市报》的题为《三大运营商竞相推出新型IM软件欲夺回微信米聊粉丝》的文章称:继中国联通IM聊天软件“沃友”8月上线后,中国移动“飞聊”也宣布将于本月底上线。日前,知情人士透露,中国电信拟推出移动IM“翼聊”,并表示“该软件也将提供完全免费发送语音信息和多媒体信息等服务”。在网址为http://tech.163.com/mobile/11/1102/06/7HR8E04V0011309K.html的网站登载的来源于2011年11月2日的《中关村在线网站》的题为《微信米聊地位不保运营商入侵移动IM领域》的文章称:2011年9月28日,中国移动正式推出了即时通信类新产品“飞聊”。10月18日,中国电信也正式推出了移动IM产品“翼聊”。2011年8月5日,联通也已经顺利发布了“沃友”。一时间,跨平台、跨运营商、发送语音短信、视频、图片等模式更加清晰的展现在用户面前。在网址为http://www.enet.com.cn/article/2011/1206/A20111206945218.shtml的网站登载的《2011年十大即时通信产品盘点》的文章称:1月21日,腾讯推出微信工具;4月11日,盛大移动IM“Youni”发布;6月苹果公司推出即时通信软件iMessage;中国联通“沃友”8月5日上线;8月29日,360安全中心推出“口信”;9月28日,中国移动推出“飞聊”工具;10月18日,中国电信推出“翼聊”;4月20日,imo运营中心推出尚易imo;5月25日,互联网服务商Oray正式发布图度Talk2.0Beta版;10月20日,网易发布了“网易即时通”。

6. 在网址为http://tech.sina.com.cn/i/2012-02-02/07256676406.shtml的网站中登载的《Facebook递交IPO申请:融资额创科技公司之最》文章称:Facebook

上市将是美国历史上最大规模的科技公司 IPO 交易，市场预计 Facebook 估值可能会达到750～1000 亿美元。2004 年谷歌上市融资 19 亿美元，而当时市值为 230 亿美元。截至去年(2011 年)年底，Facebook 月活跃用户为 8.45 亿人，同比增长 39%，日活跃用户 4.83 亿人，同比增长 48%，移动月活跃用户超过 4.25 亿人，Facebook 平台有 1000 亿对好友关系。去年推出的 Google + 目前用户数已经超过了 9000 万人，而按照目前的增长步伐，预计年底用户数将达到 3.45 亿人。在网址为 http://tech.hexun.com/2012-02-02/137692346.html 的网站登载的来源于《和讯科技》的《Facebook 公司大事记》一文称：2008 年 4 月，Facebook 推出聊天服务 Facebook Chat，Facebook 发布翻译应用，支持 21 种语言。2011 年 7 月，Facebook 活跃用户数超过 7.5 亿。在网址为 http://tech.ifeng.com/internet/detail_2012_01/31/12211111_0.shtml 的网站中登载的来源于 2012 年 1 月 31 日《凤凰网科技》的《Facebook 成长历程》的文章称：(2008 年)6 月，Facebook 推出简体中文版本，该页面由志愿者用户免费翻译而成，向中文用户开放，同时 Facebook 还向中国香港和中国台湾推出繁体中文版本。

7. 在网址为 http://tech.sina.com.cn/i/2011-08-18/05295944929.shtml 的网站中登载的来源于 2011 年 8 月 18 日《新浪科技》的《新浪公布 2011 年第二季财报微博注册用户超 2 亿》的文章称：运营尚不到两年时间，新浪微博已经成为网络现象级应用，注册用户数不久前突破 2 亿。在"2011 第四季度中国智能手机市场发展状况回顾_终端研究_艾媒情报_艾媒网"记载：艾媒咨询(Iimedia Research)认为，手机即时通信发展速度快，用户数量快速增长，价格花费便宜，对电信运营商造成不少冲击。目前市场手机即时通信软件种类多，不管是电信运营商的飞信还是米聊或微信，其功能类似，商家应设计自有特色的应用，提升竞争力。

四、关于腾讯公司和腾讯计算机公司是否滥用市场支配地位

(一)奇虎公司认为：腾讯公司和腾讯计算机公司滥用市场支配地位。

第一，腾讯公司和腾讯计算机公司存在限制交易行为，依据是：

1. 在网址为 http://tech.qq.com/zt2010/360defameqq/index.htm 的网站登载的《反对 360 不正当竞争及加强行业自律的联合声明》称："我们特此发表本联合声明，一方面披露该公司恶意竞争的真相，同时也表明我们对此种恶意竞争行为予以坚决抵制的立场。在此，我们郑重承诺，并呼吁广大同行和我们一起做到：一、公平竞争，维护行业健康、良好的市场氛围；二、不与 360 发生任何形式的业务合作；三、共同推动及协助行业主管机构出台行业规范，有效约束市场竞争行为……联合声明企业名单(排名不分先后)：金山公司百度公司腾讯公司傲游天下可牛杀毒 2010 年10 月27 日。"

2. 在网址为 http://im. qq. com/qq. shtml 的网站登载的腾讯公司《致广大 QQ 用户的一封信》称:360 公司停止对 QQ 进行外挂侵犯和恶意诋毁之前,我们决定将在装有 360 软件的电脑上停止运行 QQ 软件。落款日期为 2010 年 11 月 3 日。该网页还记载以下内容:如果您选择 QQ,请选择以下任一方式卸载 360 软件:工具卸载:下载 360 软件下载工具,手工卸载:查看 360 软件卸载指引。在进入 QQ2010 网页后,会弹出一对话框:致 QQ 用户的一封信:在装有 360 软件的电脑上将停止运行 QQ 软件。

3. 在网址为 http://im. qq. com/qq. shtml 的网站登载的腾讯公司《难以承受之痛的背后——致 QQ 用户的第二封信》称:360 打着"安全"的名义,以"恐吓"的方式胁迫不明真相的用户卸载掉 360 的竞争对手。过去两年,国内几乎所有浏览器都遭到了 360"感染木马"名义的恐吓,国内几乎所有杀毒软件都遭到 360 发出的"过期""安全隐患"的打击,360 杀毒因此一家独大。360 作为安全软件控制了整个 QQ 的聊天入口。QQ 的所有数据包括登录账户、密码、好友、聊天信息都得被 360 过滤之后才送还给 QQ 用户。这相当于每个用户自家门口不请自来的"保镖",每次进门都被"保镖"强制搜身才能进自家门。而且这个非法"外挂"在 360 安全软件的包庇下像病毒一样快速蔓延。万般无奈,我们只能用躲避 360 的方式,才能保护 QQ 账号不被恶意劫持。

4. 进入腾讯 QQ2010 网页后,可见以下内容:尊敬的 QQ 空间用户,QQ 空间不支持 360 浏览器访问。并登载有"关于腾讯公司软件服务与 360 软件不兼容的声明",内容为:近期 360 软件强制推广并胁迫用户安装非法外挂"扣扣保镖",该外挂劫持了 QQ 的安全模块并严重破坏 QQ 的正常服务,近日来大量用户投诉反映 360 浏览器下 QQ 空间和空间应用无法正常使用,甚至空间内容被破坏。为保障用户利益,请您立即卸载 360 软件来保证 QQ 空间的正常运行。点击此处马上卸载。声明后附有《难以承受之痛的背后——致 QQ 用户的第二封信》以及《关于腾讯公司软件服务不兼容的声明全文》。

5. 在网址为 http://tech. sina. com. cn/i/2010 - 11 - 03/20164824450. shtml 的网页登载的《腾讯 QQ 空间的公告截图》称:新浪科技讯:11 月 3 日晚间消息,继腾讯宣布将在装有 360 软件的电脑上停止运行 QQ 软件后,腾讯 QQ 空间宣布不支持 360 浏览器访问……奇虎 360 董事长周鸿祎刚刚在新浪微博就此事表态,称对于腾讯举动早有预案,并推出 WEB QQ 客户端(下载)保证用户顺畅聊天。不过随后腾讯就关闭了 WEB QQ 入口。

6. 在百度输入"QQ 屏蔽 360 事件腾讯客服录音"进行搜索后,其中出现"QQ 屏蔽 360 事件腾讯客服录音鬼云天新浪播客"的搜索结果,点击该搜索结果,屏幕弹出 http//video. sina. com. cn/v/b/40940206 - 1781418604. htm - 1 新网页,该网页显示有“QQ 屏蔽 360 事件腾讯客服录音”,并载明上传时间:2010 - 11 - 03 22:34:37。录音的主要内容是用户没有使用扣扣保镖,但也遭到 QQ 屏蔽。

7. 在百度输入“QQ 强行卸载 360 电视台主持人爆骂腾讯无耻”进行搜索后,其中出现“QQ 强行卸载 360,电视台主持人爆骂腾讯无耻军事星期六新浪播客”的搜索结果,点击该搜索结果,屏幕弹出 http//video. sina. com. cn/v/b/40935181 - 1573653211. htm - 1 新网页,该网页显示有“QQ 强行卸载 360,电视台主持人爆骂腾讯无耻”,并载明上传时间:2010 - 11 - 04 00:10:43。

8. 在 http://service. qq. com/announce/53135. html 网站,登载有“关于 360 事件问题的服务延长申请登记”一文,上传时间为 2010 年 11 月 17 日。主要内容是:针对在 11 月 3 日到 11 月 4 日受影响的包月用户,您可以在现有开通的增值业务中任选一项,获得延长一个月的补偿。

9. 奇虎公司还提交了用户对腾讯限制交易进行批评的相关证据。

第二,腾讯公司和腾讯计算机公司存在搭售行为,依据是:

1. 安装腾讯 QQ2010 正式版 SP2 的过程显示:腾讯 QQ2010 安装向导:请选择自定义安装选项与快捷方式选项。其中自定义安装选项包括了安装 QQ 工具栏及中文搜搜、安装 QQ 拼音输入法、安装 QQ 音乐播放器,快捷方式选项包括桌面、快速启动栏,并没有 QQ 软件管理的提示,但 QQ 软件管理未经授权已经安装进入用户系统,该软件具有“系统清理、软件升级、卸载”等维护系统的功能。腾讯软件中心产品大全包括了 IM、QQ 电脑管家等软件。

2. 输入 http://tech. 163. com/special/360vsQQ2010. html 网址后,网页内容为:2010 年春节前后,腾讯利用假期在二、三线及更低级别的城市强行推出“QQ 医生”安全软件,界面及功能酷似 360,但是这次尝试未成功。QQ 电脑管家借力 QQ 捆绑,抢占桌面安全市场。2010 年中秋节假期,众多 QQ 用户发现 QQ 软件附带的“QQ 软件管理”和“QQ 医生”自动升级为“QQ 电脑管家”。

3. 下载运行“腾讯 QQ2010”“360 扣扣保镖”软件后,“QQ 软件管理”会自动进入了“腾讯 QQ2010”系统。

第三,腾讯公司和腾讯计算机公司的上述滥用市场支配地位行为不存在正当理由,依据是:

1. CNNIC 出具的《中国即时通信用户调研报告》(2009 年度)记载:外挂软件仍然存在较大的发展空间,数据显示,26. 1% 的用户正在使用外挂即时通信软件。

2. 艾瑞咨询《2003 年即时通信服务市场研究报告》记载:对于即时通信软件里播放网络广告的问题,53% 的用户表示不接受,而 40% 的用户则表示可以接受。

3. 2010 年 11 月 2 日 10:20 至 10:36 网址为 http://bbs. 360. cn/5470851/39923407. html? recommend = 1 的网页记载:北京市舜合律师事务所合伙人律师徐大圣认为,首先扣扣保镖是独立于 QQ 之外的产品,其目的是保护 QQ 用户的隐私不被侵犯,并且让 QQ 用户享有更安全更清爽的沟通体验;扣扣保镖与 360 安全软件的系列产品一样是永久免费的,不存在通过 QQ 来牟利的事实。360 扣扣保镖的行为是通过用户主动选择和触发才产生的,作为一款为用户所用的工具,其主动操作权在用户的手中。所以,腾讯公司指责 360 扣扣保镖为外挂实际上是偷换概念。此外,上海大邦律师事务所知识产权律师游云庭也认为,360 的行为和珊瑚虫有本质区别,360 只是提供了一个工具,并非像珊瑚虫 QQ 那样直接修改了 QQ 软件,因此不会涉及侵犯著作权的问题。上海泛洋律师事务所高级合伙人刘春泉同样也认为,360 的行为并不涉嫌侵犯著作权。360 只是提供一种工具,是否操作是由用户决定,因此并不涉及违法问题。

4. 下载运行"腾讯 QQ2010""360 扣扣保镖"软件后,360 扣扣保镖提供了"阻止 QQ 查看用户隐私文件"的功能,这是对 360 隐私保护器功能的进一步完善,用户开启这个隐私保护功能后,就能自动阻止 QQ 聊天程序对电脑硬盘隐私文件的强制扫描查看。扣扣保镖的另一个重要功能是给 QQ 加速,通过提供灵活的禁用和开启 QQ 各种插件的功能,可以让 QQ 启动程序变小,让 QQ 聊天加速。扣扣保镖主要功能包括:隐私保护、QQ 加速、清理垃圾、保护 QQ 安全、防止 QQ 账号被盗号、过滤 QQ 广告、QQ 体验、一切由您掌握。从安装后的界面来看,显示了 360 扣扣保镖的上述功能,并显示:总共有 31 个 QQ 插件,已禁用其中 0 个插件,每个插件"当前状态"栏均系"已启用",下面有"提示:重启 QQ 后,被禁用的 QQ 插件将失败,不会影响您正常聊天,如果您想使用某个您已经禁用的插件,点击恢复即可""如果您修改了 360 扣扣保镖的设置,请重启 QQ,即使退出扣扣保镖,这些设置依然有效"。而另外的界面则显示:总共有 31 个 QQ 插件,已禁用其中 11 个插件,对"当前状态"为"已启用"的插件"建议"一栏为"建议开启"。

(二)腾讯公司和腾讯计算机公司认为:奇虎公司在本案中指控腾讯公司和腾讯计算机公司实施的有关行为合理合法,不构成垄断,也没有给奇虎公司造成任何经济损失。依据是:

1. 北京市朝阳区人民法院(2010)朝民初字第 37626 号民事判决书记载,腾讯公司、腾讯计算机公司指控奇虎公司、奇智软件(北京)有限公司、北京三际无限网络科技有限公司实施不正当竞争。北京市朝阳区人民法院审理认为,奇虎公司等通过"360 隐私保护器"及网络言论对腾讯公司、腾讯计算机公司实施了不正当竞争行为,判决奇虎公司等侵权行为成立。奇虎公司、北京三际无限网络科技有限公司不服该一审判决,向北京市第二中级人民法院提起上诉,该院经审理后作出(2011)二中民终字第12237号民事判决,维持一审判决。该案系2012年1月6日《人民法院报》刊登的"2011年度人民法院十大典型案件"之一。

2. 安装"腾讯QQ2010"软件、"360安全卫士"软件,在网址为http://news.baike.360.cn/fw/bbs/3237987.html?recommend=1的网页登载的来源于360安全中心、发布于2010年10月27日的《360为保护用户隐私遭腾讯打击报复》的文章称:通过360隐私保护器和微软的ProcessMonitor,我们掌握了充足的证据,可以证明QQ"安全模块"主要不是用于查杀木马,而是以内置近700款软件的"超级黑名单"方式,非法扫描和获取竞争产品的各种信息,形成对竞争对手的精确打击。实际上,腾讯是中国互联网业不正当竞争的鼻祖。

3. 下载运行"腾讯QQ2010""360扣扣保镖"软件,在网址为http://360.cn/koukoubaobiao/index.html的网页登载的"360扣扣保镖简介"称:360扣扣保镖提供了"阻止QQ查看用户隐私文件"的功能,这是对360隐私保护器功能的进一步完善,用户开启这个隐私保护功能后,就能自动阻止QQ聊天程序对电脑硬盘隐私文件的强制扫描查看。扣扣保镖的另一个重要功能是给QQ加速,通过提供灵活的禁用和开启QQ各种插件的功能,可以让QQ启动程序变小,让QQ聊天加速。

4. 在网址为http://www.baidu.com的"百度网"首页页面的搜索栏中输入"360宣布扣扣保镖72小时内用户量突破千万",并进入相关页面,有一篇来源于2010年11月1日360安全中心的"360宣布扣扣保镖72小时内用户量突破千万"的文章称:11月1日消息,360安全中心今日发布消息称,刚刚推出72小时的360扣扣保镖软件下载量突破千万。

5. 在网址为http://www.360.cn的"360安全中心"网站首页页面,在360论坛中的360安全卫士版块中输入搜索关键词"高级工具扣扣保镖",输入完毕后再点击"帖子搜索"按键,进入"360论坛搜索结果页"相关页面,其中反映了360安全卫士软件中嵌入了扣扣保镖软件。

6. 网址为http://bbs.360.cn/3229787/39931625.html?page=、http://news.hsw.cn/system/2010/11/02/050669636.shtml、http://news.cnfol.com/10102/101,1587,8719193,00.shtml、http://economy.southcn.com/e/2010-11/02/content_17234082.htm的网页页面显示360安全卫士软件中嵌入了扣扣保镖软件。

7. 在网址为http://www.360.cn/的"360安全中心"网站首页页面,点击"360安全卫士",进入"360安全卫士"页面,在计算机中安装"360安全卫士"软件,弹出"360安全卫士"对话框,内容主要是:360隐私保护器曝光QQ涉嫌偷窥用户隐私后,腾讯谎称QQ是用"安全模块"进行安全扫描,同时用假新闻和多次QQ全网弹窗打击报复360。360为此公布最新证据:QQ所谓"安全模块"只是一个借口,实则是按"超级黑名单"方式,偷偷扫描用户硬盘,监控竞争对手,进而获取巨额利益。在"话题搜索新浪微博"页面,进入"cola_park的微博新浪微博"页面。其中cola_park评论:在我拒绝了2次之后,360还是坚持不懈的弹窗推荐扣扣保镖,而且这介绍,怎么看怎么都像是为了腾讯好。

8. 在网址为www.360.cn的网页,显示360安全卫士捆绑360软件管理。

9. 在"美股首页_新浪财经_新浪网"页面,点击页面左侧的"奇虎360",进入相应页面,点击"财务数据"中的"更多 > >",其中记载:奇虎360最新价17.11,涨跌额+0.03,涨跌幅+0.18%。

广东省高级人民法院一审认为,本案争议焦点主要是:相关市场如何界定;腾讯公司和腾讯计算机公司在相关市场上是否具有支配地位;腾讯公司和腾讯计算机公司是否滥用市场支配地位排除、限制竞争以及其应承担何种民事责任。

一、关于相关市场如何界定的问题

(一)关于相关商品市场

1. 本案界定相关商品市场应采用的方法。根据《国务院反垄断委员会关于相关市场界定的指南》的规定,一审法院认为本案相关商品市场的界定可以采取下列方法:根据需求者对QQ软件及其服务的功能用途需求、质量的认可、价格的接受以及获取的难易程度等因素,从需求者的角度定性分析不同商品之间的替代程度;同时亦结合考虑供给替代的影响。

关于是否可以采用假定垄断者测试分析方法的问题。一审法院认为,"免费"成为互联网产业通行的、基本的因而也才是可行的服务模式。本案证据显示,用户对即时通信产品及服务具有很高的价格敏感度。消费者在确定某类即时通信产品的使用量时,虽然会将获取该产品所消耗的机会成本作为考虑的因素之一,但是一旦该产品开始收费,他们的第一选择是改用其他免费产品,即使免费产品所消耗的机会成本比收费产品要高。即便在缺乏完美数据的实际情况下,本案依然可以考虑如果腾讯公司和腾讯计算机公司持久地(假定为一年)从零价格到小幅度收费后,是否有证据支撑需求者会转向那些具有紧密替代关系的其他商品,从而将这些商品纳入同一相关商品市场的商品集合。

2. 关于双方无异议认为属于同一相关市场商品集合的三类即时通信软件。奇虎公司在起诉状中确认:根据CNNIC提供的《中国即时通信用户调研报告》(2009年度),即时通信软件及服务可细分为综合性即时通信服务如腾讯QQ和微软的MSN、跨平台即时通信服务如中国移动推出的飞信产品、跨网络即时通信服务如Tom集团公司提供的Skype软件服务等三类。该三类产品彼此之间联系紧密,技术上、服务上可彼此替代。腾讯公司和腾讯计算机公司对该主张无异议,一审法院确认该三种类型的即时通信产品及服务属于同一相关商品市场的商品集合。

3. 关于综合性的即时通信与文字、音频以及视频即时通信之间的可替代性。一审法院认为,考虑到需求替代,消费者能够轻易、立刻、免费的在文字、音频和视频即时通信三种服务间转换;从供给替代出发,大部分服务商都能够同时提供该三种功能的服务。故不应当依据功能来区分文字即时通信、语音和视频通话,从而将该三种产品和服务分别视为独立的通信服务,而应当把它们作为更广阔市场的一部分。同时,本案证据显示消费者对即时通信产品及服务具有很高的价格敏感度,不愿意为使用即时通信的基础服务支出任何费用,如果腾讯公司和腾讯计算机公司持久地(假定为一年)从零价格改为小幅度收费的话,有理由相信需求者完全有可能转而选择免费的文字即时通信、音频或者视频通话中的任何一种服务,从而使腾讯公司和腾讯计算机公司的收费行为无利可图。综合性的即时通信与文字、音频以及视频等单一的即时通信之间具有紧密的可替代性,属于同一相关市场的商品集合。

4. 关于QQ与社交网站、微博服务之间的可替代性。

(1)从功能用途上来看,微博、SNS社交网站等产品均提供网页形式的即时通信服务和单独的即时通信软件服务。奇虎公司的专家辅助人认为微博和SNS社交网站提供的网页形式的即时通信服务和单独的即时通信软件服务与QQ之间构成很强的竞争关系和产品需求替代关系,属于同一相关市场的商品集合,腾讯公司和腾讯计算机公司对此无异议,一审法院予以确认。

(2)当微博和SNS社交网站提供网页形式的即时通信产品服务,即将即时通信产品作为其核心产品的一部分时,QQ与微博、SNS社交网站服务之间是否具有可替代性的问题,在本案中争议较大。奇虎公司的专家辅助人认为,即时通信产品与社交网站的关键区别是后者主要针对大量用户之间的群体交流,对即时的功能要求偏低,前者则专注于为相对少的用户群提供即时交流;两种产品有效使用时间的相关系数接近于零,故社交网站软件在中国被使用的方式不同于即时通信软件,可能不是一个有效的替代品。对此,一审法院认为:首先,RBB经济咨询作出上述结论所依据的数据中缺乏微博产品的数据,而本案证据显示正是在这个时间段内新浪、腾讯和搜狐等微博产品兴起并迅速发展,有合理的理由相信微博产品市场份额的迅速扩大对社交网站的每周或每月的有效使用时间会产生较大影响,从而最终影响社交网站与即时通信产品的相关性分析。其次,从功能和用途来看,当微博将即时通信产品作为其核心产品的一部分时,微博和QQ都具有传递信息的即时性和信息载体的多样性,均可实现少部分群体之间的点对点私密的即时通信,微博的微群和QQ群均可进行2人以上即时互动。而SNS社交网站所具有的即时通信工具服务于其社交功能,SNS 和 QQ 都具有社交属性,两者所具有的关系链均系锁定用户的重要手段,两者之间也具有紧密的替代性。再次,从价格因素出发考虑,有理由相信如果腾讯公司和腾讯计算机公司持久地(假定为 1 年)从零价格改为小幅度收费的话,需求者完全有可能转而选择微博和 SNS 社交网络服务,从而使腾讯公司和腾讯计算机公司的收费行为无利可图。最后,奇虎公司的专家辅助人认为本案仅需界定在“3Q 大战”发生的 2010 年年末包括即时通信产品在内的合适的相关市场,而当时的中国即时通信产品和社交网络、微博之间有很大区别,不属于一个相同的反垄断意义上的相关市场。一审法院认为,竞争是一个动态的过程,在一个滥用市场支配地位的反垄断诉讼中对相关市场进行界定时,必须考虑本案商品或者服务所在产业的发展现状及未来一段时间的趋势,总体上应当对那些有可能延续一段时间的滥用市场支配地位的行为予以制止,以有效维护市场竞争机制。在认定本案相关市场时,仅仅考虑 2010 年双方纠纷发生时一个较小周期内的情况来分析相关市场状况,并不能起到科学合理的、有效制止滥用市场支配地位的效果。对于奇虎公司专家辅助人的证言,不予采纳。综上,QQ 与社交网站、微博服务属于同一相关市场的商品集合。

5. 关于传统电话、传真与即时通信服务之间的可替代性。一审法院认为,QQ 产品服务本质上依然是一种通信服务,与传统的电话、手机、短信等通信服务之间存在一定的竞争关系。但其与传统的电话、手机、短信等通信服务相比,不仅在技术上存在较大差异,更为重要的是固定电话、手机及短信均进行收费服务,而即时通信则进行免费服务,因此 QQ 与传统的短信、手机通话、固定电话通话之间不存在较为紧密的产品替代关系,相互之间不构成可替代商品。

6. 关于 QQ 软件与电子邮箱是否属于同一相关商品市场的商品集合。一审法院认为电子邮箱产品虽然也以网络通信为核心功能,具备文本、图像、音频、视频文件的传输功能,但不具有即时性。虽然目前各电子邮箱服务商大多开发了好友聊天等即时通信功能并将其内嵌在电子邮箱界面上,但该功能在语音通信、视频通信、外挂游戏、截图等功能方面和工具操作的便捷性方面与即时通信软件还存在巨大差异。由于功能和用途的差异较大,即使后者开始长期小幅收费,消费者也很难转向选择使用前者,因此电子邮箱与 QQ 不属于同一相关商品市场的商品集合。

7. 关于应否将本案相关市场确定为互联网应用平台。一审法院认为:(1)互联网应用平台经营模式逐渐普及,导致客户资源、点击量和用户停留时间成为互联网竞争的主要焦点。以免费的服务吸引大量用户,再利用巨大的用户资源经营增值业务和广告以实现盈利,然后以增值业务和广告的盈利支撑免费服务的生存和发展,已经成为互联网行业目前典型的经营模式。在这种经营模式下,各服务商之间真正竞争的是客户数量、点击量和客户有效使用时间,以维持经营的生存和发展。(2)本案证据显示平台之间的竞争已不是未来的发展趋势,而是目前互联网企业之间客观存在的竞争状况。互联网行业发展至今,选择何种免费产品或服务吸引用户只是搭建平台的手段不同,但竞争的实质就是互联网企业相互之间在各自的应用平台上开展增值服务和广告业务的竞争。这也正是本案双方当事人虽然各自经营即时通信和安全杀毒产品,却会爆发"3Q大战"的真正原因所在。虽然在本案中尚不能确定安全软件平台与即时通信平台之间存在紧密的替代关系,但在界定本案的相关商品市场时,应充分考虑目前互联网行业的产品竞争状况和市场格局。(3)互联网行业是一个动态市场,行业内成功的产品、服务及商业模式很容易被其他企业模仿,市场进入门槛极低,因此除以需求替代来界定相关市场外,亦应从供给替代的因素出发,将其他企业的潜在产能考虑在相关市场范围内。

综上,一审法院认为奇虎公司关于综合性的即时通信产品及服务构成一个独立的相关商品市场的主张不能成立,不予支持。

(二)相关地域市场的界定

首先,即时通信服务的经营者及用户并不局限于中国大陆地区。由于互联网的开放性和互通性,经营者和用户均无国界,本案证据显示境外经营者可向中国大陆地区用户提供即时通信服务,腾讯公司和腾讯计算机公司也同时向世界各地的用户提供服务。有一定数量的境外中文用户和外文用户在使用腾讯公司和腾讯计算机公司提供的中文或者外文版本即时通信服务。其次,用户的语言偏好和产品使用习惯不能作为划分地域市场的唯一依据。经营者通常都会提供多个语言版本的即时通信软件来满足不同语言需求的使用者。中国大陆地区用户经常会选择境外经营者提供的即时通信服务(如MSN、ICQ、雅虎通、Skype等),用户语言偏好不会导致国外即时通信服务的经营者无法与中国大陆地区经营者进行竞争。在产品使用习惯上,由于全球范围内的用户在接受即时通信服务方面的习惯是相同的,故不会导致用户因使用习惯差异带来经营者产品和服务的地域局限。最后,即时通信产品和服务的市场参与者在全球范围内提供和获得即时通信服务时,并无额外运输成本、价格成本或者其他成本。目前也尚未出现法律或技术上的标准来限制这些服务在全球范围内的提供和使用。综上,一审法院认为本案相关地域市场应为全球市场。

二、关于腾讯公司和腾讯计算机公司在相关市场上是否具有支配地位的问题

(一)奇虎公司界定本案相关商品市场和地域市场过窄

一审法院认为,奇虎公司对本案相关商品市场和相关地域市场的界定过于狭窄,据此来计算腾讯公司和腾讯计算机公司的市场份额,不能客观、真实地反映该

两公司在相关市场的份额和地位。尤其是，艾瑞咨询报告统计的产品范围与一审法院认定的相关商品的范围有差异：(1)艾瑞咨询对于即时通信软件的监测只针对个人电脑端产品，并未包含手机和平板电脑产品即移动端即时通信软件。(2)将即时通信产品作为核心产品一部分的微博和SNS社交网站产品未计入相关市场商品集合；同时奇虎公司本身认为应当属于即时通信相关市场范围的微博和SNS社交网站以网页形式提供的即时通信产品也未列入。(3)艾瑞咨询和CNNIC研究的范围仅限于中国大陆地区，不包含港澳台地区和世界范围内其他使用QQ产品的国家，等等。因此，艾瑞咨询监测的腾讯在2010年中国即时通信整体市场的份额中占76.2%，并不能真实反映腾讯QQ在本案相关商品市场中的份额。综上，一审法院对奇虎公司以市场份额来推定腾讯公司和腾讯计算机公司在相关市场上具有垄断地位的主张，不予认可。

(二)市场份额不是认定是否具有市场支配地位的唯一依据

一审法院认为，即使在奇虎公司所主张的最窄的相关市场即中国大陆地区的综合性即时通信产品和服务市场上，亦不能仅凭腾讯公司和腾讯计算机公司在该相关市场上的市场份额超过50%而认定其具有市场支配地位。理由如下：

第一，腾讯公司和腾讯计算机公司不具有控制商品价格、数量或其他交易条件的能力。

1. 腾讯公司和腾讯计算机公司不具备控制商品价格的能力。几乎所有的即时通信软件及服务都是免费向用户提供的，用户不愿意为即时通信软件的基础服务支付任何费用，腾讯公司和腾讯计算机公司的市场领先地位不能使其拥有超越其他竞争者的产品定价权。

2. 腾讯公司和腾讯计算机公司不具备控制商品数量和其他交易条件的能力。互联网上的即时通信软件种类众多，用户选择余地较大。一旦一款即时通信软件出现问题，用户马上就可以用另一款即时通信软件替代，没有证据显示腾讯公司和腾讯计算机公司敢于轻易拒绝向用户提供产品和服务或改变交易条件。

3. 从其他经营者对腾讯公司和腾讯计算机公司的依赖程度来看，交易相对方可以轻易地选择与其他企业进行交易，对腾讯公司和腾讯计算机公司的依赖性较弱。

第二，腾讯公司和腾讯计算机公司不具备阻碍、影响其他经营者进入相关市场的能力。

1. 该市场的进入门槛低，扩张阻碍小。(1)经营者进入即时通信服务市场的门槛低。即时通信服务对资金和技术要求不高，无论是互联网厂商、终端厂商还是软件商，三大运营商都普遍看好该市场，每年都有大量经营者进入该领域。随着互联网其他服务用户规模的不断增长，一批依托于其他互联网服务的新兴即时通信工具得到迅速发展。(2)新进入者的市场扩张能力强,大量成功案例证明该市场扩张阻力小。如2006年中国移动推出的飞信、2007年阿里巴巴公司推出的阿里旺旺、2008年百度公司推出的百度Hi和2008年多玩游戏网推出的YY语音等即时通信软件,虽然进入市场运营时间不长,但均依靠各自的用户细分在短期内迅速地占领了一定的市场。

2. 关于"客户粘性"与网络效应。奇虎公司在本案中强调即时通信领域具有明显的网络效应和用户锁定效应,由于上述效应的存在,其他经营者一般难以进入这个市场,即使进入也难以生存下去。一审法院认为:(1)由于大多数用户都通过即时通信服务与亲朋好友即"核心圈"进行联系,网络效应的作用被大大减弱。根据脸书(Facebook)的数据,用户通常只与四到六人保持双向互动。(2)在Skype/Microsoft案中,欧盟委员会发现很多用户均在多家消费者通信服务供应商间自由地进行访问转换,本案中QQ软件的情形也与此相同。对用户而言QQ软件并非"必须具备"的产品,满足用户即时通信需求的替代产品多种多样,腾讯公司和腾讯计算机公司无法控制用户对即时通信软件的选择。同时,由于用户可以在数款即时通信软件中同时构建具有高度重合性的社交网络,如此他们就可以在更换即时通信软件时将用户锁定效应即"客户粘性"的影响减至最低。(3)在腾讯公司和腾讯计算机公司开发经营QQ产品之初,MSN是国内市场份额最大的即时通信服务提供商。但腾讯公司和腾讯计算机公司依靠具有特色的产品和优质的服务迅速扩大经营规模,吸引用户数量,最终在较短时间内在市场份额上超过MSN。由此可见,网络效应和用户锁定效应对于即时通信产品和服务来说并非不可逾越的壁垒。

3. 相关市场竞争充分。即时通信服务市场处于高度竞争和高度不稳定状态,新技术、新商业模式层出不穷,没有证据显示有任何一家企业可能长期操纵市场。即使没有外力介入,这个市场也能够很好地实现充分竞争和自我更新。(1)从本案证据来看,传统即时通信软件产品之间竞争激烈,飞信、阿里旺旺、YY语音等产品的用户量近几年来发展迅猛,用户规模均已过亿。(2)新兴的社交网站(SNS)、微博、电子邮箱等产品在整合了即时通信服务功能后,相关市场竞争进一步加剧,新兴的即时通信服务产品对传统的即时通信产品带来了巨大的竞争压力和市场冲击。(3)开心网、人人网等SNS网站的发展以及用户粘合度的增加,用户对于社交网站的信息传递使用频率增多,也对即时通信工具的使用造成一定的影响。因此,即时通信服务市场是一个高度创新、高度竞争的动态市场。经营者在该市场内要保持竞争优势,必须具有持续创新的能力。在这样的竞争状态下,经营者不敢降低产品质量,或者不顾消费者感受而肆无忌惮的投放影响用户体验的大量广告。因此,一审法院认为腾讯公司和腾讯计算机公司并不存在大量的、长期的如奇虎公司专家辅助人所称通过降低产品质量或非暂时性的小幅度提高产品的隐含价格而获取利润的情况。

4. 腾讯公司和腾讯计算机公司的财力和技术条件并不具有实质性地排除新的竞争者进入市场或者扩大产能的能力。(1)本案证据显示中国移动、中国联通、中国电信、阿里巴巴、百度等后于腾讯进入即时通信领域的竞争者财力和技术能力都很雄厚,这些大型企业都有足够实力对腾讯公司和腾讯计算机公司在该领域的领先地位造成巨大冲击。(2)在互联网领域存在大量的风险投资基金,只要有好的产品和用户,风险投资机构会积极进入市场为经营者提供强有力的资金支持,大多数互联网公司均依靠风险投资基金迅速扩大经营规模。

综上,腾讯公司和腾讯计算机公司在该市场不具有支配地位。

三、关于腾讯公司和腾讯计算机公司是否滥用市场支配地位,排除、限制竞争的问题

(一)关于腾讯公司和腾讯计算机公司实施的"产品不兼容"行为(用户二选一)的实质

本案中,腾讯公司和腾讯计算机公司强迫用户"二选一",表面上赋予用户选择权,但假如腾讯公司和腾讯计算机公司是一个具有市场支配地位的经营者的话,用户极有可能放弃360而选择QQ。腾讯公司和腾讯计算机公司采取"二选一"的目的不是要拒绝与用户交易,而在于逼迫用户只能与其进行交易而不与360进行交易。上述该行为实质上仍然属于限制交易的行为。

腾讯公司和腾讯计算机公司抗辩认为,QQ软件对360安全卫士采取不兼容措施是源于奇虎公司实施侵权行为所致。为了保证QQ的正常运作,腾讯公司和腾讯计算机公司不得已采取不兼容技术措施来阻止和排除奇虎公司产品对自身产品的破坏,是一种正当的自力救济行为。一审法院认为,我国民法上的自力救济不能超过必要限度。奇虎公司通过"360隐私保护器"及网络言论对腾讯公司、腾讯计算机公司实施了不正当竞争行为。由于互联网行业的特殊性,通过网络实施的侵权行为具有蔓延速度快、范围广、后果难以挽回等特点,因此腾讯公司和腾讯计算机公司的合法权益在当时的确处于危险状态之中。但即便如此,腾讯公司和腾讯计算机公司采取自力救济的直接反击对象也必须是不法侵害人即本案奇虎公司本身,而不得涉及网络用户。同时,我国知识产权侵权诉讼的诉前禁令制度赋予当事人权利,在其合法权益可能遭受紧急或无法逆转的侵害时,有权向人民法院申请采取临时措施,及时、快捷、有效地制止不法侵害行为发生或继续。在法有明文规定的情况下,腾讯公司和腾讯计算机公司没有依法行使诉讼权利寻求制止不法侵害行为的途径,转而单方面采取"二选一"的行为,致使"3Q大战"范围扩大波及用户,其行

为缺乏正当性。另外,腾讯公司和腾讯计算机公司强迫用户采取“二选一”的行为也超出了必要的限度。本案中,无论奇虎公司是否存在胁迫用户使用扣扣保镖的行为,是否劫持了QQ的安全模块并导致QQ失去相关功能,腾讯公司和腾讯计算机公司都无权逼迫用户对QQ账户安全采取行动,腾讯公司和腾讯计算机公司的权利范围在于对此作出相应的风险提示,是否卸除360软件是用户自身固有的权利,腾讯公司和腾讯计算机公司不能代替用户做出选择,强迫用户“二选一”的行为超出了必要的限度。

(二)关于腾讯公司和腾讯计算机公司是否存在反垄断法所禁止的无正当理由搭售的问题

一审法院认为,腾讯公司和腾讯计算机公司的行为不构成反垄断法所禁止的搭售行为。理由是:第一,腾讯公司和腾讯计算机公司在即时通信服务市场中不具有市场支配地位。第二,腾讯公司和腾讯计算机公司没有限制用户的选择权。腾讯公司和腾讯计算机公司在QQ软件打包安装QQ软件管理时,为用户提供了QQ软件管理的卸载功能。腾讯公司和腾讯计算机公司向用户提供QQ软件服务并非以用户必须使用QQ软件管理为先决条件,对用户没有强制性。另外,腾讯公司和腾讯计算机公司在将QQ软件管理与QQ医生升级为QQ电脑管家时,向用户发出了升级公告,已尽了明示用户并给予用户使用选择权的义务。第三,腾讯公司和腾讯计算机公司的相关行为具有经济合理性。QQ软件管理与QQ软件的打包安装作为产品的功能整合,有利于用户通过使用辅助性工具软件更好地管理QQ,保障用户QQ软件的账号安全。相反,若腾讯公司和腾讯计算机公司在提供QQ即时通信软件时不提供安全产品,则可能会有损于QQ软件产品的性能或使用价值。第四,腾讯公司和腾讯计算机公司的相关行为未产生限制或排除竞争的效果。奇虎公司没有任何证据证明腾讯公司和腾讯计算机公司相关的打包安装行为导致了奇虎公司同类商品的市场占有率显著下降;也无证据证明该行为对同一市场内其他竞争者产生了限制或排除竞争的后果。第五,奇虎公司没有提供证据证明腾讯公司和腾讯计算机公司QQ软件打包安装QQ软件管理以及QQ软件管理、QQ医生升级为QQ电脑管家的行为已经造成或者将会造成消费者的损害。因此,奇虎公司所诉腾讯公司和腾讯计算机公司实施了滥用市场支配地位的搭售行为不能成立。

综上所述,由于奇虎公司对本案相关商品市场界定错误,其所提供的证据不足以证明腾讯公司和腾讯计算机公司在相关商品市场上具有垄断地位,故依照《中华人民共和国民事诉讼法》第六十四条第一款的规定,一审法院判决:驳回奇虎公司的全部诉讼请求。一审案件受理费796800元,由奇虎公司负担。

奇虎公司不服一审判决,向本院提起上诉称:一审法院认定事实不清,适用法律错误，程序违法，请求本院撤销一审判决，将本案发回重审或者改判支持其诉讼请求；判令本案一、二审诉讼费均由腾讯公司和腾讯计算机公司承担。其主要上诉理由为：

一、一审判决对本案相关商品市场未作认定，属于案件基本事实认定不清。相关市场的界定通常是对竞争行为进行分析的起点。一审法院以“上诉人对相关商品市场界定错误”作为否认被上诉人具有市场支配地位的理由，却未对本案相关商品市场作出明确认定，属于对案件基本事实认定不清。

二、一审判决在分析相关商品市场时基本方法错误，本案相关商品市场应界定为综合了文字、语音、视频的个人电脑端即时通信软件和服务。（一）一审判决在本案中直接适用假定垄断者测试（SSNIP 测试）界定相关市场是错误的。假定垄断者测试是针对一般定价产品适用的测试方法。在本案中，由于产品是免费的，无法进行有效的“相对”价格比较。即使以 SSNIP 方法分析本案相关市场，也应该采用质量相对下降作为分析指标。（二）一审判决在运用 SSNIP 方法进行分析时也是错误的。1. 一审法院在运用 SSNIP 方法进行分析时，使用了从“零价格”到“小幅收费”的价格增长测试，这种方式在本案中是错误的。2. 一审判决在适用 SSNIP 方法时仅仅考察了 QQ 即时通信产品的价格变动，这种方法也是错误的。SSNIP 方法必须假定有一个垄断者垄断了全部目标产品，才能进一步分析是否有其他产品与其具有紧密替代关系。3. SSNIP 测试必须用假定垄断者的数据，而不能使用现有经营者在不充分竞争状况下形成的垄断价格数据，在此基础上实施小幅度的额外价格增长，会导致相关市场比实际界定得更加宽泛。一审判决将腾讯 QQ 的当前价格作为基准价格，必然导致相关市场界定的结果不合理。（三）本案相关商品市场应界定为综合了文字、语音、视频的个人电脑端即时通信软件和服务。1. 综合性即时通信产品与单一功能即时通信产品不构成同一产品市场。(1) 一审判决出发点错误。分析本案相关市场应以综合性即时通信产品作为出发点，并在此基础上分析其他产品与综合性即时通信产品之间的可替代性。对于用户而言，当其因某种原因无法使用某一综合性即时通信产品时，首先考虑的必然是转而使用其他综合性即时通信产品，而非单一功能的即时通信产品。(2) 一审判决认为，考虑到需求替代，消费者能够轻易、立刻、免费的在文字、音频和视频即时通信三种服务间转换，这一认定缺乏事实依据。(3) 一审法院关于综合性/单一功能即时通信产品的替代性分析，前后自相矛盾。2. 即时通信产品与社交网站、微博不构成同一产品市场。(1) 界定相关市场要以目标产品市场作为出发点，对可能存在替代关系的其他产品逐个进行分析。一审法院在分析过程中跳过上述步骤，直接把即时通信产品与社交网站、微博三种产品划入同一产品市场，没有考虑微博与社交网站之间是否具有紧密替代关系的问题。(2)微博、社交网站中提供了即时通信的功能,并不能理解为微博、社交网站整体与即时通信产品形成替代关系。从消费者角度来看,并不因为经营者一并提供了一系列产品,其中部分产品存在相互替代性,就认为经营者提供的全部产品之间均存在替代性。(3)考察时间市场应着重分析当时的情况,即发生诉争行为当时及此前的市场竞争态势,而非未来的市场变化。本案证据表明,诉争行为发生时,微博、社交网站并非即时通信产品最紧密的替代品,因而不应将上述几种产品划入同一相关市场。3.“互联网应用平台”与本案的相关商品市场无关。所谓“互联网应用平台”只是一个笼统的商业概念,无法构成反垄断法意义上的相关市场。

三、一审判决对相关地域市场的认定明显错误,本案中相关地域市场应为中国大陆地区。(一)一审判决在相关商品市场界定不清的情况下对相关地域市场进行了认定,颠倒了相关市场界定的顺序,导致一审判决对地域市场的界定明显错误。(二)一审判决对相关地域市场的认定不符合客观事实。如果本案相关地域市场为全球市场,那么现实中一定存在大量的中国大陆地区用户选择使用中国大陆地区之外的即时通信产品,客观事实恰恰相反。(三)一审判决分析相关地域市场的出发点错误,应从受到本案纠纷影响的消费者角度来分析地域市场。一审法院的分析是以海外消费者作为考察对象进行需求替代分析,明显脱离了本案应当考察的目标地域,存在方法错误。(四)一审判决没有考虑境外即时通信经营者进入中国市场的实际障碍。中国互联网产业的政治和社会环境与其他国家不尽相同,使用的法律架构也十分复杂,这对于境外即时通信供应商进入中国市场并进行业务扩张而言是一种显著的障碍。(五)本案相关地域市场应界定为中国大陆地区。主要根据是:2009～2011年间,被上诉人市场份额逐年上升,境外即时通信产品市场份额逐年下降;为保证通信质量,尤其是视频质量,要求即时通信经营者在中国大陆地区安装服务器;2010年中国大陆地区消费者使用国际即时通信产品的时间低于3%,2006～2013年间中国用户对中国公司提供的即时通信服务的需求逐年增长,对境外企业的需求逐年下降;受中国大陆地区的法律、政策限制,境外供应商在中国开展业务受到阻碍;中国大陆地区消费者使用即时通信产品的语言为中文,大多数中国大陆地区即时通信产品消费者的联系人身在中国。

四、一审判决认定被上诉人在相关市场不具有支配地位是错误的。(一)无论采用何种市场定义,被上诉人在相关市场的市场份额均超过二分之一,应当推定其具有市场支配地位。1.一审证据显示,2009～2011年,被上诉人在中国大陆地区综合性即时通信产品市场上的市场份额一直在88%～90%,应当推定其具有市场支配地位。2.即使按照一审法院的观点,认为相关商品市场包括即时通信、微博和社交网站,被上诉人的市场份额仍接近80%,应当推定其具有市场支配地位。(二)被上诉人没有提供相反证据证明其不具有市场支配地位。1. 一审判决关于被上诉人不具有控制商品价格或其他交易条件能力的认定缺乏证据支持。被上诉人的"零价格"策略,有效地阻碍了新晋企业进入即时通信服务市场,"零价格"实际上是一种极强的价格控制。2. 一审判决关于被上诉人没有阻碍竞争对手进入相关市场的能力的认定缺乏证据支持。即时通信服务市场是一个高度集中的市场,缺乏有效竞争约束和市场进入。同时,即时通信产品具有很高的客户粘性,消费者转换成本极高。(三)被上诉人有能力控制交易条件。被上诉人敢于并成功强迫其用户进行"二选一",原因就在于其明知自身的市场支配力很强,其相信绝大多数用户会选择腾讯QQ而放弃奇虎公司的安全软件。统计数据显示,在被上诉人实施"二选一"的时间段内,其用户数量并无显著下降,而其竞争对手的用户数量也没有显著上升。这表明被上诉人可以无视其他竞争对手的存在而控制交易条件,显然具有市场支配地位。

五、被上诉人实施了滥用市场支配地位的行为,依法应当承担法律责任。(一)被上诉人的"二选一"限制交易行为构成滥用市场支配地位。被上诉人没有正当理由,强制其用户停止使用并卸载上诉人的软件,否则便停止向用户提供QQ及相关软件服务。一审判决已经认定上述行为缺乏正当性,且被上诉人具有明显的市场支配地位,上述行为自然构成滥用市场支配地位的违法行为。(二)被上诉人的行为构成搭售且没有正当理由。1. 被上诉人在即时通信产品市场上具有支配地位,其将QQ软件管家与即时通信软件捆绑搭售,并且以升级QQ软件管家的名义安装QQ医生,没有提供任何证据证明这种搭售行为符合交易惯例、消费习惯或者商品的功能。2. 消费者选择权受到了限制。用户的选择权体现在安装软件时,而不是安装以后的卸载行为。用户的卸载行为属于购买产品后的抛弃行为,其不能否认用户已被强制安装了被搭售的软件产品的事实。3. 被上诉人的行为没有合理性。这种搭售只对被上诉人有利,使被上诉人以极低的成本将其在即时通信产品市场上的支配地位传导到安全软件市场,损害了安全软件市场上的竞争,且对消费者而言没有任何好处。4. 一审判决关于被诉搭售行为产生排除、限制竞争效果的举证责任分配错误。上诉人无须证明该行为是否具有排除、限制竞争效果,被上诉人提出行为正当性抗辩的,应当对此承担举证责任。5. 被上诉人如主张其搭售行为具有正当理由,其不仅应证明消费者没有受到损害,还应进一步证明其搭售行为使消费者获益。一审中被上诉人未提供证据证明上述主张,应承担不利后果。

六、被上诉人应该承担赔偿责任。被上诉人滥用市场支配地位的行为,尤其是"二选一"限制交易的行为,造成上诉人的软件产品被用户大量卸载、删除,给上诉人造成了巨大的经济损失,理应承担赔偿责任。

七、一审法院程序违法,损害了上诉人的合法权益。(一)一审法院未按照其重新界定的相关市场组织双方当事人重新计算市场份额,违反法定程序。(二)一审法院在认定被上诉人是否具有支配地位时,引入未经质证的证据,程序违法。(三)一审法院违背听证原则,大量认定未经质证的证据与事实,显属不公。(四)一审法院怠于履行《最高人民法院关于民事诉讼证据的若干规定》(以下简称《民事诉讼证据规定》)第三十五条规定的告知义务,存在程序错误。

被上诉人腾讯公司和腾讯计算机公司共同答辩称:一审法院认定事实清楚,程序合法,适用法律正确,判决结果公平公正,请求本院驳回上诉人的全部诉请,维持一审判决。其主要理由是:

一、上诉人奇虎公司应当对相关市场的界定承担举证责任。(一)一审判决已对本案相关商品市场进行了认定,认为上诉人关于综合性的即时通信产品及服务构成一个独立的相关商品市场的主张不能成立。(二)上诉人实际上混淆了"原告应界定本案相关市场"与"法院对原告所界定的相关市场是否成立进行认定"之间的区别。上诉人应当依法对本案相关市场的界定承担全部举证责任,法院的职责是对上诉人所界定的相关市场根据反垄断法进行认定。

二、一审判决严格依法分析界定本案相关商品市场。(一)上诉人关于"一审判决在本案中直接适用假定垄断者测试界定相关市场是严重错误的"主张没有法律依据,也与其自身陈述不符。1. 一审法院采用需求替代为主并适当结合供给替代的基本分析方法,通过定性适用假定垄断者测试方法,对需求替代和供给替代的分析结果进行了补充验证。上诉人对一审判决的这一审理思路视而不见,将假定垄断者测试曲解为本案认定相关市场的基本方法。2. 上诉人认为在免费产品上直接通过提高价格的方法来适用假定垄断者测试是错误的,这一主张没有法律根据。(二)一审判决运用 SSNIP 方法时的基本思路、运用方法和结论是正确的。1. 一审法院从 QQ 软件产品开始进行 SSNIP 测试是正确的。2. 上诉人认为,消费者所获取 QQ 软件产品及服务的零价格是偏离了竞争价格基础之上的垄断价格,这一主张是荒谬的。(三)上诉人所界定的相关商品市场缺乏事实和法律依据。1. 综合性即时通信产品和单一功能即时通信产品属于同一相关市场的商品集合。(1)只要能实现文字、语音或视频中的任何一种信息传输格式的实时在线沟通服务,就属于即时通信服务。(2)上诉人的主张自相矛盾。上诉人在一审证据中将 YY 语音、人人桌面列入即时通信产品范畴,然而证据显示当时 YY 语音不能进行视频聊天,人人桌面不能进行语音和视频聊天。上诉人一审中确认飞信产品属于本案同一产品市场,然而飞信从 2006 年产品上市到 2009 年还是一个文字聊天工具,没有视频及语音功能。2. 社交网站、微博属于本案同一相关市场的商品集合。(1)即时通信是一种以互联网或移动互联网为传输基础提供多人实时沟通的通信服务,既包括软件形式的即时通信服务,又包括网页形式的即时通信服务如微博及社交网站。微博和 SNS 社交网站提供的网页形式的即时通信服务与 QQ 之间存在很强的竞争关系和产品需求替代关系。(2)从需求替代的角度出发,大量证据表明,使用社交网站、微博中的聊天服务的用户比例非常高。从供给替代的角度出发,人人网等社交网站和新浪等微博都从2009 年、2010 年开始就推出了即时通信功能。(3)互联网的竞争是高度的、动态的竞争,区别于传统市场,对于本案的相关市场需要对动态竞争约束进行分析。3. 移动端即时通信服务、电子邮箱、手机及短信属于本案同一相关市场的商品集合。(1)移动端即时通信服务与个人电脑端使用习惯基本一致,价格均为零,获得渠道基本一致。移动即时通信随时可以方便使用,完全可以轻易替代个人电脑端即时通信。(2)QQ 软件具有收发离线消息和离线文件的异步通信功能,该功能与电子邮箱收发邮件的功能及用途并无差别,存在较为紧密的需求替代关系。(3)手机及短信属于本案同一相关市场的商品集合。QQ 软件的即时通信服务与手机通话及短信均属于通信服务。QQ 软件可以向手机发送短信及 QQ 语音的功能,与短信、电话的功能并无差异。根据 CNNIC 报告,即时通信用户中使用与手机进行通信功能的占 32.1%。4. QQ 软件是一款集成了各种互联网应用的综合服务平台,本案相关商品市场远远大于上诉人所界定的相关商品市场。

三、本案相关地域市场应为全球市场。(一)一审判决在对上诉人所界定的相关商品市场进行正确认定后,进一步认定本案的相关地域市场应为全球市场,完全正确。(二)上诉人关于一审判决对相关地域市场的认定不符合客观事实的主张缺乏依据。以境内外产品"使用时间"作为标准来确定相关地域市场没有法律依据。对于相关地域市场的界定应当充分考虑互联网产业动态竞争的特点,不能以某一孤立的时点进行判断。(三)一审判决从需求者获取较为紧密替代关系产品的角度出发,适用需求替代和供给替代的方法来界定相关地域市场,这与上诉人关于应从受到本案纠纷影响的消费者角度来分析地域市场的主张并无矛盾。(四)大量境外即时通信经营者早已进入中国开展竞争。上诉人关于中国的政治社会环境及法律架构的复杂是境外即时通信经营者进入中国互联网市场的障碍的主张没有任何证据支持。

四、被上诉人在相关市场不具有市场支配地位。(一)上诉人关于市场份额的理解与我国反垄断法的相关规定不符。1. 上诉人对相关市场界定错误,据此计算出的市场份额毫无意义。2. 上诉人无视互联网平台的双边性,直接将第三方机构针对免费端平台的"有效使用时间"替换为反垄断法上的市场份额,且对评估市场能力有重大意义的收费端平台没有进行任何举证和数据分析,这种方法是错误的。(二)本案大量证据证明被上诉人完全不具有市场支配地位。1.被上诉人不具有控制商品价格、数量或其他交易条件的能力。上诉人所称即时通信产品市场上现有的“零价格”是被上诉人的一种极强的价格控制没有事实依据。即时通信用户对即时通信产品及服务具有高度价格敏感度,几乎所有的即时通信软件及服务都是免费向用户提供的。2.被上诉人并不具有阻碍、影响其他经营者进入相关市场的能力。(1)即时通信软件及服务市场是一个完全开放且充满竞争活力的新兴行业,市场进入壁垒和扩张阻碍较小,市场参与者众多,市场竞争十分激烈。(2)上诉人所称“网络效应”也没有任何事实依据。新进入经营者完全可以通过在原有产品上增加即时通信功能等方式迅速转化、积累海量用户。用户也从来不会因为所谓“网络效应”被绑定在一款即时通信软件上。

五、被上诉人的行为不构成滥用市场支配地位。(一)被上诉人“二选一”行为并非限制交易的行为。1.被上诉人实施的“二选一”行为具有合理性。(1)被上诉人合法权益当时的确处于危险状态之中,通过公力救济手段无法及时防止损害的进一步扩大,有必要采取正当防卫手段。(2)被上诉人实施的“二选一”行为在合理的限度之内。“二选一”行为实际只有一天,被上诉人在上诉人召回其侵权产品的同时即恢复了产品的兼容。(3)被上诉人实施的“二选一”行为也是为了维护广大用户的权益。上诉人所推出的扣扣保镖是一个侵权软件,影响QQ用户正常使用QQ相关服务,且危及QQ软件安全。为了维护用户的权益,被上诉人不得不实施了“二选一”行为。2.被上诉人实施的“二选一”行为不会产生反垄断法下反竞争效果。如果一种行为在反垄断法下是反竞争的,那么它必须使得实施该行为的企业能够在市场中可以排斥其大部分竞争对手。被上诉人的“二选一”行为没有损害安全软件提供商之间的竞争,却客观上促进了即时通信服务提供商之间的竞争。3.“二选一”行为目的和实质是为了实现QQ用户的最终福祉、维护互联网产业的公共利益。(1)扣扣保镖具有多种破坏功能并影响软件安全,可通过底层功能和云计算功能快速扩散,如果不在短时间内实施“二选一”行为,扣扣保镖将会给广大用户造成无可挽回且难以估量的损失。(2)扣扣保镖系针对互联网平台竞争者所实施的不正当竞争行为,如果放任其存在,将会迅速毁掉QQ平台,并将严重破坏互联网平台的竞争秩序,最终导致互联网用户无从获取优质互联网服务。(二)被上诉人不存在反垄断法所禁止的无正当理由搭售行为。1.被上诉人没有限制用户的选择权。被上诉人在QQ软件打包安装QQ软件管理时,为用户提供了QQ软件管理的卸载功能,对用户没有强制性。QQ软件管理与QQ医生升级为QQ电脑管家的行为也不构成搭售,对用户电脑中已安装的软件进行功能升级,符合行业惯例,且被上诉人已经告知用户并给予了用户选择权。2. QQ 软件管理与 QQ 软件的打包安装作为产品的功能整合具有经济合理性,符合互联网平台竞争的特点,是业内通常做法。3. 上诉人没有任何证据可证明被上诉人相关的打包安装行为导致了上诉人同类商品的市场占有率显著下降,也无证据证明该行为对同一市场内其他竞争者产生了限制或排除竞争的后果。

六、上诉人没有任何证据证明其遭受了所谓的巨大损失。上诉人声称有 8.25 亿元的经济损失并主张 1.5 亿元的损失赔偿,却没有提交任何证据。

七、一审法院对本案的审理程序合法。上诉人对被诉“二选一”的行为属于《中华人民共和国反不正当竞争法》(以下简称《反不正当竞争法》)下的争议还是反垄断法下的争议理解混乱,错误指责一审法院没有履行告知义务。至于上诉人所主张的一审法院程序违法和违反听证原则,均没有任何事实和法律依据。

在本院二审期间,上诉人奇虎公司为支持其上诉主张,向本院提交了五组共 16 份证据。本院对这些新的证据,结合被上诉人质证意见,分别作如下认证:

第一组证据为证据 1~3,用以证明一审判决在界定相关商品市场时,运用假定垄断者测试的方法违背了经济学原理;一审判决关于本案相关商品市场的界定方法在理论上存在错误,本案相关商品市场应界定为个人电脑(PC)端综合性即时通信产品和服务;一审判决对本案相关地域市场界定错误,本案相关地域市场应界定为中国大陆地区;被上诉人具有市场支配地位。其中,证据 1 为《奇虎 360 诉腾讯:对广东省高级人民法院判决书的经济评论》。该证据系 RBB 经济咨询针对本案一审判决出具的经济分析报告,报告署名人为 Derek Ridyard。证据 2 为 RBB 经济咨询网页简介,用以证明 RBB 经济咨询具有出具经济分析报告的能力与资质。证据 3 为《关于 360 和腾讯反垄断诉讼案件的经济分析报告》。该报告的作者是 Charles River Associates(CRA)的特别顾问 David Stallibrass,并由 Sharon Pang、Weiye Li 协助完成。

对于证据 1,被上诉人质证认为:(1)该报告附件中,缺少附件 11、附件 12 及附件 14。对于该附件缺失部分以及对应在报告中所引用的部分,不予确认。(2)该报告名义上为经济分析报告,却多处涉及一审法院对中国反垄断法的法律适用及证据采信标准等法律问题,超越了经济分析范畴,明显属于提供法律服务,不具有合法性。(3)该报告并非建立在详实数据基础之上的严谨的经济学分析和论证,部分数据错误且忽略互联网基本事实,对本案没有任何经济学上的参考意义。对于证据 2,被上诉人对该证据的真实性、合法性、关联性均不予认可。对于证据 3,被上诉人质证认为,David Stallibrass 的最高学位是业余取得的伦敦大学理科硕士,其所谓的竞争法研究生是业余远程授课的,并没有取得学位,更没有在经济学领域权威刊物上发表过较有影响力的学术成果,其专业性和可信度缺乏保障。对于另外两位协助者的身份与资质,上诉人没有提供任何证据予以证明。该报告对中国反垄断法的解释和适用、证据采信、审判逻辑、审理思路等发表意见,显然超出经济分析范畴,属于提供法律服务,不具有合法性。该报告关于本案相关市场的认定混乱,结论不具有可靠性。

对于第一组证据(证据1~3),本院审查认定如下:证据1实为RBB经济咨询的Derek Ridyard出具的专家意见。作为专业经济咨询机构的专家,Derek Ridyard应根据自身的专业知识对本案所涉及的经济事实等专业问题发表意见,但是其却完全针对一审判决发表评论,认为一审判决的分析存在漏洞且相关举证不符合相关经济测试所要求的基本标准,实际上是提供法律意见。同时,Derek Ridyard未出庭接受质询,而RBB经济咨询的另一位专家余妍接受上诉人的委托出庭发表了专家意见。鉴此,本院以余妍当庭发表的专家意见为准,对证据1不再予以考虑。证据2系RBB经济咨询的宣传网页,通过公开渠道可以查询,真实性可以确认,并可反映RBB经济咨询的业务范围和专长,与本案有关联性,本院予以采纳。证据3实为CRA特别顾问David Stallibrass出具的专家意见,David Stallibrass本人也已经出庭接受质询,本院将结合证据3以及David Stallibrass的庭审发言对其专家意见予以考虑。对于被上诉人所提David Stallibrass的教育背景、工作经历、研究成果等问题,本院认为,对于专家意见应重点审查该意见是否具有充分的事实或者数据基础;是否运用了合理、可靠的市场调查或者经济分析方法;是否考虑了可能改变市场调查或者经济分析结果的相关事实;专家是否尽到了专业人员所应具有的谨慎和勤勉。因此,对于专家的教育背景、工作经历、研究成果应适当留意而不必苛求。

第二组证据为证据4~6,用以证明移动端即时通信软件不属于本案相关商品市场范围。其中,证据4为苹果公司iMessage官网截图,用以证明iMessage功能在本案纠纷发生时尚未推出。证据5为腾讯软件中心截图,用以证明腾讯QQ可以在Windows、Mac等不同操作系统上安装。证据6为三星ChatOn官网截图,用以证明ChatOn聊天软件在本案纠纷发生时尚未推出,且主要适用于移动终端。

对于证据4,被上诉人质证认为:该证据为网络打印件,未经公证,对其真实性、合法性和关联性均不予认可;即便该证据是真实的,恰恰证明苹果公司iMessage应纳入本案相关市场。对于证据5,被上诉人对其真实性和合法性予以认可,但对其关联性不予认可。对于证据6,被上诉人认为:该证据为网络打印件,未经公证,对其真实性、合法性和关联性均不予认可;即便其是真实的,恰恰证明ChatOn应纳入本案相关市场。

对于第二组证据(证据4~6),本院审查认定如下:证据4和证据6为网页打印件,可通过公开渠道获取和核实,被上诉人仅以未经公证为由否定其真实性,但未提供相反证据,其真实性可以确认。同时,该两份证据可以反映互联网即时通信领域的竞争情况,予以采纳。证据5亦为网页打印件,被上诉人对其真实性无异议,且可以反映QQ软件的相关情况,与本案具有关联性,予以采纳。

第三组证据为证据7~9,用以证明微博不属于本案相关商品市场范围。其中,证据7为新浪微博截图,证据8为搜狐微博截图,分别用以证明新浪微博和搜狐微博推出私信功能,仅能够即时传输有限长度的文字,而无法即时传输图片、文档、语音或视频。证据9为腾讯微博截图,用以证明腾讯微博推出私信功能,仅能够即时传输文字、图片、语音,无法即时传输文档或视频。

对于证据7和证据9,被上诉人认可其真实性与合法性,但对关联性不予认可,认为该两份证据恰恰证明新浪微博和腾讯微博推出的私信具有即时通信功能,应纳入本案相关市场。对于证据8,被上诉人质证认为:该证据为网络打印件,未经公证,对其真实性、合法性和关联性均不予认可;即便其是真实的,恰恰证明了搜狐微博推出的私信具有即时通信功能,应纳入本案相关市场。

对于第三组证据(证据7~9),本院审查认定如下:证据7和证据9为新浪微博和腾讯微博截图,被上诉人对其真实性无异议,且其可以反映新浪微博和腾讯微博的即时通信功能,与本案具有关联性,予以采纳。证据8为网页打印件,可通过公开渠道获取和核实,被上诉人仅以未经公证为由否定其真实性,但未提供相反证据,其真实性可以确认。同时,该证据可以反映搜狐微博的即时通信功能,与本案具有关联性,予以采纳。

第四组证据为证据10,该证据为人人网截图,用以证明截至2013年11月12日,人人网的聊天功能仅能传输文字与图片,因而社交网站不属于本案相关商品市场范围。

对于证据10,被上诉人质证认为:该证据为网络打印件,未经过公证,对其真实性、合法性和关联性不予认可;即便其是真实的,恰恰证明了人人网具有即时通信功能,应纳入本案相关市场。

对于第四组证据(证据10),本院审查认定如下:证据10为网页打印件,可通过公开渠道获取和核实,被上诉人仅以未经公证为由否定其真实性,但未提供相反证据,故其真实性可以确认。同时,该证据可以反映人人网的即时通信功能,与本案具有关联性,予以采纳。

第五组为证据11~13,用以证明新进入的即时通信产品所具有的导入、移植好友关系链的功能在本案纠纷发生时尚不存在。其中,证据11为易信发布会截图;证据12为陌陌官方网站截图;证据13为新浪微博WP客户端截图。

对于证据11~13,被上诉人质证认为:上述证据均为网络打印件,未经过公证,对其真实性、合法性和关联性均不予认可。

对于第五组证据(证据11~13),本院审查认定如下:上述证据均为网页打印件,可通过公开渠道获取和核实,被上诉人仅以未经公证为由否定其真实性,但未提供相反证据,其真实性可以确认。同时,上述证据可以反映互联网即时通信领域的竞争情况,与本案具有关联性,予以采纳。

第六组证据为证据14~16,用以证明全球经济咨询集团[Global Economics Group(GEG),以下简称全球经济咨询]的经济分析报告对于本案相关市场的界定、市场支配地位认定及滥用行为的评估均存在错误。其中,证据14为RBB经济咨询的Derek Ridyard出具的《奇虎360诉腾讯:RBB对GEG经济分析报告的评论》;证据15为CRA特别顾问David Stallibrass出具的《对GEG的反驳报告》;证据16为CRA简介,用以证明CRA具有出具经济分析报告的能力。

对于证据14和证据15,被上诉人质证认为:证据14形成于境外,未办理公证认证手续,对其真实性不予认可;证据15是否在中国大陆境内形成无法确认,未办理公证认证手续,对其真实性不予认可。该两份证据实为针对GEG的相关报告发表的质证意见,已超出了经济分析范畴,明显属于提供法律服务,不具有合法性。同时,该两份证据缺乏事实基础和严谨的经济学论证,不能实现上诉人的证明目的。对于证据16的真实性、合法性、关联性均不予认可,认为仅凭该证据无法证明CRA的能力及资质。

对于第六组证据(证据14~16),本院审查认定如下:证据14和证据15实为RBB经济咨询的Derek Ridyard和CRA的特别顾问David Stallibrass分别针对GEG出具的《关于奇虎360相关市场界定、市场力和滥用市场支配地位指控的经济报告》发表的专家质询意见。其中证据14形成于境外,虽未办理公证认证手续,但该报告与证据1均由RBB经济咨询的Derek Ridyard出具,两者的签名与印章一致,而证据1已经办理公证认证手续,因此证据14的真实性可以确认。办理公证认证手续的主要目的在于确认证据的真实性,在有其他渠道确认证据真实性的情况下,不必一律强求办理公证认证手续。鉴此,本院将该证据作为分析评估本案相关专业问题的参考。证据15系在中国境外形成,且David Stallibrass亦已出庭发表专家意见和接受质询,本院亦将把该证据作为分析评估本案相关专业问题的参考。证据16为网页打印件,可通过公开渠道获取和核实,被上诉人虽否认其真实性,但未提供相反证据,其真实性可以确认。该证据可以反映CRA的业务范围和专长,与本案有关联性,本院予以采纳。

在本院二审期间,被上诉人腾讯公司和腾讯计算机公司为支持其抗辩,向本院

提交了四组共37份证据。本院对这些新的证据,结合上诉人质证意见,分别作如下认证:

第一组证据为证据1~11,用以证明上诉人关于本案相关商品市场的主张错误。其中,证据1为(2013)京方圆内经证字第13355号公证书;证据2为(2013)京方圆内经证字第13356号公证书;证据3为(2013)京方正内经证字第10690号公证书;该三份证据用以证明移动端即时通信设备拥有庞大的用户基数,移动端即时通信应纳入本案相关商品市场;智能手机全球销售数量已超过个人电脑,上诉人关于相关商品市场及市场份额的数据不正确。证据4为(2013)京方正内经证字第10694号公证书;证据5为(2013)京方正内经证字第10691号公证书;该两份证据用以证明微博属于本案相关商品市场。证据6为(2013)京方正内经证字第10692号公证书,用以证明社交网站属于本案相关商品市场。证据7为(2013)深盐证字第3988号公证书;证据8为(2013)深证字第116573号公证书;证据9为(2013)深证字第3989号公证书;该三份证据用以证明QQ软件、电子邮件、电话、手机短信属于本案相关商品市场。证据10为(2013)深证字第115070号公证书;证据11为(2013)深证字第115067号公证书;该两份证据用以证明互联网行业的竞争实质为平台竞争,本案相关市场范围远远大于上诉人主张的相关市场。

针对证据1~3,上诉人质证认为:对证据1~2的真实性和合法性予以认可,对证据3的形式真实性和合法性予以认可,对其内容的真实性不予认可。该三份证据与本案不具有关联性,不能实现被上诉人的证明目的,移动端即时通信软件不属于本案相关市场范围。此外,证据3不具有证明力且与本案无关联性。该证据公证的是两篇网络媒体报道,其真实性与准确性存疑。《中国智能手机出货量超个人电脑对亚太地区影响力增强》发表时间晚于本案纠纷发生时间二年,且智能手机销量出货量超过个人电脑不能说明智能手机能够取代个人电脑,与本案相关市场界定不具有关联性。对于证据4~5,上诉人质证认为:对于证据4~5的真实性和合法性予以认可,但认为与本案不具有关联性,不能实现被上诉人的证明目的。对于证据6,上诉人质证认为:对证据6的形式真实性和合法性予以认可,对其内容的真实性和关联性不予认可,认为不能实现被上诉人的证明目的。对于证据7~9,上诉人质证认为:(1)一审法院已经认定QQ与电子邮件、电话及手机短信均不属于同一相关商品市场,被上诉人对此未提出上诉,上述事项不属于二审的审理范围。(2)对证据7~9的真实性与合法性予以认可,但认为与本案不具有关联性,不能实现被上诉人的证明目的。对于证据10~11,上诉人质证认为:(1)"平台竞争"属于商业概念,与反垄断法意义上的相关商品市场的概念不同。(2)对证据10的形式真实性和合法性予以认可,对其内容的真实性不予认可,对证据11的真实性和合法性予以认可。该两份证据与本案不具有关联性。

对于第一组证据(证据1~11),本院审查认定如下:证据1~2可以反映互联网即时通信领域的竞争情况,与本案具有关联性,上诉人认可其真实性,予以采纳。证据3系以公证方式固定的两篇网络媒体报道,分别来自于凤凰网和环球网。虽然该两篇报道均系转引域外媒体报道,但是该报道的消息主要涉及智能手机销量超过个人电脑销量的时间这一事实,且凤凰网和环球网作为业内知名网络媒体,具有一定可信度,在没有相反证据的情况下,予以采纳。证据4~6涉及微博和社交网站的功能与用户偏好,与本案相关市场界定具有关联性,且其真实性可以确认,予以采纳。证据7~9涉及腾讯QQ软件与电子邮箱、手机短信的功能对比,与本案相关市场界定具有关联性。虽然一审判决已经认定腾讯QQ软件与电子邮箱、手机短信不属于本案相关商品市场,且被上诉人并未对此提出上诉,但因相关市场的认定本质上是一个事实问题,对该事实的查明是本案的关键问题之一,故本院将此问题纳入事实查明范围。因证据7~9与本案具有关联性,当事人对其真实性无异议,故予以采纳。证据10系以公证方式固定的网络文章,该文章总体系作者对Facebook上市对互联网企业竞争的影响发表的个人观点,被上诉人并未提供作者身份及其能力、资质等方面的证据,本院对证据10不予考虑。证据11系以公证方式固定的网络报道,总体上是对姜奇平发表的关于互联网竞争问题的观点摘录。姜奇平已经作为被上诉人一方的专家证人出庭发表意见并接受质询,本院对证据11不再予以考虑。

第二组证据为证据12~21,用以证明本案相关地域市场应为全球市场。其中,证据12为(2013)深证字第115055号公证书;证据13为(2013)深证字第115064号公证书;证据14为(2013)深证字第115069号公证书;证据15为(2013)深证字第115068号公证书;该四份证据用以证明用户的母语以及即时通信服务商的国籍并不影响其在全球范围内获取或者提供即时通信服务。证据16为(2013)京方正内经证字第10928号公证书;证据17为(2013)京方正内经证字第10927号公证书;证据18为(2013)京方正内经证字第27562号公证书;证据19为(2013)京方正内经证字第27563号公证书;证据20为(2013)深盐证字第4102号公证书及中文翻译件;证据21为(2013)京方正内经证字第13817号公证书;该六份证据用以证明被上诉人多年来致力于推出并不断更新QQ国际版,向全球用户提供即时通信服务,QQ海外用户数量不断攀升。

对于证据12~15,上诉人质证认为:对证据12~15形式上的真实性、合法性予以认可,对内容的真实性和关联性不予认可。证据12仅为媒体报道,引用了OPSWAT的统计结论,但未提供OPSWAT的背景信息、数据来源及统计方法,不具有证明力。证据13所公证的网页资讯提到LINE从2011年6月开始提供服务,晚于本案纠纷发生时间，与本案无关联性。同时，该资讯显示 LINE 只能在智能手机上使用，且尚未进入中国大陆市场。证据 14～15 分别为 Facebook 和 Twitter 的用户情况，由于社交网站与即时通信产品之间不具有紧密替代性，该两份证据与本案不具有关联性。对于证据 16～18，上诉人质证认为：对证据 16～18 的真实性、合法性予以认可，对其关联性不予认可。对于证据 19～21，上诉人质证认为：对证据 19～21 形式上的真实性、合法性予以认可，对内容的真实性和关联性不予认可。证据 19～20 的网站来源不明，不具有公信力。证据 21 仅能证明境外用户使用腾讯 QQ 主要是用于与中国互联网用户进行即时通信。

对于第二组证据（证据 12～21），本院审查认定如下：证据 12 系以公证方式固定的网络资讯，其引用了市场调研机构 OPSWAT 的统计报告，但未提供 OPSWAT 的背景信息、数据来源及统计方法，其证明力较弱，本院将结合其他证据和事实对其证明力进行认定。证据 13～15 系以公证方式固定的网络新闻，主要内容涉及日本通信软件 LINE、社交网站 Facebook 以及 Twitter 的用户使用情况等事实，可以反映即时通信领域竞争状况，当事人对其真实性无异议，予以采纳。证据 16～18 主要涉及腾讯 QQ 推出专门针对港澳台地区用户的繁体版及针对外国用户的多个外文版本情况，与本案地域市场界定具有关联性，当事人对其真实性无异议，予以采纳。证据 19～20 系以公证方式固定的相关外文网站提供 QQ English 版的下载情况，证据 21 系以公证方式固定的关于腾讯 QQ 作为海外华人维系情感的纽带的通讯报道。证据 19～21 均未披露 QQ English 版的下载数量、用户数量以及海外华人使用数量，难以作为界定本案相关地域市场的依据，但是其可以辅助证明腾讯 QQ 外文版及海外用户情况，予以采纳。

第三组证据为证据 22～37，用以证明被上诉人在本案相关市场上不具有支配地位。其中，证据 22 为（2013）京方正内经证字第 10693 号公证书；证据 23 为（2013）深盐证字第 4101 号公证书；该两份证据用以证明即时通信用户十分关注即时通信产品的功能和创新，客户黏性并不会阻碍用户因用户体验下降、产品功能不佳等原因更换即时通信服务。证据 24 为（2013）京方正内经证字第 13816 号公证书，用以证明即时通信软件的好友关系链可通过多种方式导入、移植，互联网技术的发展为用户更换即时通信服务提供了诸多便利，客户黏性不构成即时通信服务进入和发展的壁垒。证据 25 为（2013）京方正内经证字第 13818 号公证书；证据 26 为（2013）深证字第 115062 号公证书；证据 27 为（2013）深证字第 115060 号公证书；证据 28 为（2013）深证字第 115059 号公证书；证据 29 为（2013）深证字第 115061 号公证书；证据 30 为（2013）深证字第 115065 号公证书；证据 31 为（2013）深证字第 115058 号公证书；证据 32 为（2013）深证字第 115057 号公证书；证据 33 为（2013）

深证字第115066号公证书;证据34为(2013)深证字第115056号公证书;该十份证据用以证明近三年来互联网经营者成功进入通信服务市场,并迅速获得远远高于中国互联网网民增长率的快速发展。证据35为(2013)京方正内经证字第13839号公证书;证据36和证据37分别为全球经济咨询出具的《关于奇虎360相关市场界定、市场力和滥用市场支配地位指控的经济报告》和《关于奇虎360和腾讯反垄断诉讼案件中STALLIBRASS先生对广东省高级人民法院判决结果批判的经济分析报告》;该三份证据用以证明上诉人主张的相关市场界定错误,被上诉人在上诉人所称的相关市场中不具有市场支配地位,被上诉人的行为并未限制相关市场的竞争。

对于证据22~23,上诉人质证认为:对证据22~23形式上的真实性、合法性予以认可,对内容的真实性和关联性不予认可。对于证据24,上诉人质证认为:对证据24的真实性、合法性予以认可,对其关联性不予认可。对于证据25~34,上诉人质证认为:对证据25~34的真实性、合法性予以认可,对其关联性不予认可。对于证据35,上诉人质证认为:对证据35的真实性、合法性予以认可,对其关联性不予认可。该报告的分析基于2012年6月至2013年6月的监测数据,不能反映本案纠纷发生时的相关市场竞争状况。对于证据36,上诉人质证认为:对证据36的真实性、合法性和关联性均予以认可,但认为其不具有证明力。该报告在本案相关市场界定、被上诉人市场支配地位认定、滥用市场支配地位行为的认定等问题上存在错误。对于证据37,上诉人质证认为:对证据37的真实性、合法性和关联性予以认可,但认为其不具有证明力。

对于第三组证据(证据22~37),本院审查认定如下:证据22系以公证方式固定的四篇网络资讯,主要涉及MSN在全球及中国的发展和变化历程的介绍,与本案即时通信领域的竞争状况有关联,予以采纳。证据23系以公证方式固定的腾讯QQ软件的更新情况,反映了被上诉人参与市场竞争的情况,予以采纳。证据24系以公证方式固定的易信、陌陌等即时通信软件以多种方式导入好友关系链的情况,与本案具有关联性,予以采纳。证据25~34系以公证方式固定的网络资讯,涉及中国互联网用户及部分即时通信软件用户数量,与本案具有关联性,予以采纳。证据35为以公证方式固定的艾瑞咨询发布的《中国即时通信年度监测及用户行为研究报告》(2012~2013年),与本案具有关联性,予以采纳。证据36和证据37系全球经济咨询的David Evans出具的专家意见,本院将结合案件具体事实对其予以考虑。

本院审理查明,一审法院查明的事实基本属实,本院予以确认。结合上述证据,本院补充查明如下事实:

（一）关于本案相关商品市场认定方面的事实

2011 年 6 月 6 日，苹果公司推出 iMessage 功能。iMessage 系苹果手机（iPhone）、平板电脑（iPad）及 iPod touch 的内置即时通信软件，激活后可发送 iMessage 信息，包括文字、照片、视频、位置信息和联系人信息等，且可实现与短信的灵活转换。2012 年 5 月 21 日三星公司的 ChatOn 在三星应用商店首次注册。ChatOn 系三星手机内置的即时通信软件，是一款用于移动设备和其他互联网设备的应用软件，用户可通过该软件发送/接收消息、信息和内容（包括图片、视频、语音、文件、联系人等），不仅支持三星的操作系统，同时也兼容 iPhone/iPad、Blackberry、Windows 手机、Windows8 个人电脑、Web 等。腾讯 QQ 有适用于 Windows、Mac 等系统的不同版本。

凤凰网《全球智能手机销量同比增长 97% 首次超过个人电脑》（2011－02－09）报道：据国外媒体报道，研究公司 IDC 近日发表研究报告称，去年（注：2010 年）四季度全球苹果 iPhone 等智能手机的销售数量首次超过个人电脑。IDC 公司称，去年四季度全球消费电子产品制造商共出货了 1 亿零 90 万部智能手机，比上年增长 87%。全球个人电脑出货数量则低于预测，同比增长率仅为 3%，共计 9210 万台。21CN 科技《中国智能手机出货量超个人电脑对亚太地区影响力增强》（2012－12－07）报道：来自美国媒体的消息，今年（注：2012 年）第三季度，中国智能手机的出货量已经轻易地超过了个人电脑。智能手机的出货量已经创下了历史新高，超过了 6000 万台。

2009 年 9 月，新浪微博推出私信功能，能够即时传输文字（300 字以内），用户可以在微博上聊天。之后，私信不断更新功能，可以即时传输文字、图片和文档等。搜狐微博、腾讯微博均具有私信功能，其中搜狐微博私信能够即时传输文字，腾讯微博私信能够即时传输文字、图片、语音。搜狐网《瑞信：新浪微博核心用户 70% 为女性盈利靠广告》（2011－05－19）报道：在功能的用户喜好方面，新浪核心用户最喜欢的功能是“获取最新消息”，占所有功能的 23.24%，排名第二位的是“状态更新”和“好友聊天”功能。这表明新浪的“私信”功能（类似于即时消息）策略是正确的。人人网在 2010 年 1 月前推出“网页即时聊天”功能，能够传输文字与图片。

根据中国互联网络信息中心（CNNIC）发布的《2012 年中国网民社交网站应用研究报告》，移动社交网站用户使用的功能中，使用率排名分别为：浏览好友的新鲜事物或动态（89.6%）；使用聊天功能和好友聊天（77.2%）；发布个人状态（74.4%）；发布日志或者日记（57.6%）；玩游戏（54.8%）；手机拍照并上传（52.7%）；发布个人所在位置（33.4%）；通过手机定位和附近的陌生人交友（28.7%）；寻找周边的优惠和团购信息（23.1%）。

2008年,腾讯QQ软件向普通用户推出免费使用向离线好友传文件的功能。腾讯QQ软件还具有进行语音聊天、发送QQ短信等功能。

(二)关于本案相关地域市场认定方面的事实

和讯科技《微软MSN占全球IM即时通信服务市场4成份额》(2011-6-16)报道:市场调研机构OPSWAT近日发布的统计报告显示,微软Windows Messenger(MSN)占据了全球即时通信服务市场40.67%的市场份额,Skype为27.39%紧随其后,雅虎的Yahoo Messenger则是名列第三。该报道附图显示,腾讯QQ占有4.35%的市场份额。

国际在线《日本通信软件LINE两年用户破2亿增速超脸谱推特》(2013-7-24)报道:国际在线专稿:据日本《朝日新闻》7月24日报道,日本通信软件LINE(连我)23日公布用户已突破2亿的消息。LINE是一款可以在智能手机进行免费通话的应用。该软件从2011年6月开始提供服务,短短的两年间就突破2亿用户,其增速超过了Skype和Facebook。2013年1月用户突破1亿,当时日本国内用户约4000万人,日本以外国家用户有约6000万人。现在,日本以外国家用户达到近80%,遍及全球约230个国家和地区。

新浪科技《三分之一法国人是Facebook用户》(2011-2-1)报道:法国《费加罗报》1日报道,社交网站Facebook在法国已拥有超过2000万用户,占法国总人口的近三分之一。报道说,法国的Facebook用户中,60%的人每天登录这一网站。

网易科技《调查称Twitter用户突破5亿多数位于美国之外》(2012-7-31)报道:截至2012年7月1日,Twitter上的账户数已达5.17亿,其中1.418亿位于美国本土。由于Twitter的用户大部分位于海外,所以调查得出结论,发布帖子条数最多的三大城市分别是雅加达、东京与伦敦。

腾讯公司和腾讯计算机公司推出了多个语言版本的QQ软件并不断更新,包括QQ 2009繁体版正式版、QQ2012Beta繁体版、QQ外文版。多语言腾讯QQ国际版可提供6种语言的版本:英语、法语、日语、德语、韩语、西班牙语。腾讯QQ国际版还加入了一个嵌入式实时翻译,使得用户可以使用超过50种语言聊天。eNet、LAWYERMENT等网站分别提供Tencent QQ2004II、QQ English 1.1等软件下载,上述软件均处于相应网站热门下载排行前列。

新浪网《QQ:海外华人维系情感的纽带》(2007-3-13)报道:腾讯QQ这种网上沟通平台凭借无可比拟的实用性,已经成为越来越多海外华人之间维系情感的纽带……现在,腾讯QQ已经不仅仅是普通的网络工具,它已经成为人们的一种生活方式,成为联系全球华人的一条火红的“中国结”。

中国经济网《腾讯QQ国际版上线外国人QQ上“聊”中国》(2009-10-19)报

道:QQ 海外用户注册数和活跃数一路攀升,越来越多的外籍人士通过 QQ 和中国人交朋友,QQ 正逐渐成为他们认知中国、了解中国的最好窗口。

美中国际《海外留学生家长谨防 QQ 诈骗》(2012－12－31)报道:由于电话等通信手段费用比较昂贵,QQ 等网络聊天工具是留学生与国内亲友保持联系的最常用手段。

(三)关于本案被上诉人在相关市场的支配力方面的事实

证券之星新闻《MSN 大败局:创业者应学到什么?》(2013－4－7)报道:MSN 在 2002 年、2003 年的时候就已经很流行,北上广深的白领都用 MSN,我感觉这个情况一直持续到 2008 年。后来它就没落了。它最明显的问题在于产品越来越僵化,停滞不前……最鼎盛的时候,QQ 还是承载一个备选工具的作用,后来所有人都用 QQ 传文件了,尤其是比较大的文件。这些都是用户体验的细节,但它们让 MSN 慢慢地丧失了白领用户群体。

人民网《MSN 遭 Skype 替代揭秘为何独存中国业务》(2012－11－10)报道:就在 11 月 7 日,美国微软公司证实,MSN 服务将在 2013 年第一季度停止使用(除中国内地外)。这意味着,这一用户量曾超过 3 亿、被誉为世界上最大的即时通信软件将成为历史……MSN 刚刚起步的时候,因为其与微软系统有着良好的兼容性,使用起来方便快捷,因而受到用户(特别是商务人士)的热捧,成为在全球 IM(即时通信)市场的霸主,占据了 40% 的份额。然而,由于微软的互联网业务一直停滞不前,面对 Facebook、Twitter 等社交网络的兴起,微软 MSN 的用户体验越来越差,很多海外用户纷纷选择用 Facebook、Twitter 取代 MSN,Facebook、Twitter 公司也因此成为互联网新贵……去年,市场调研机构 OPSWAT 发布的统计报告显示,微软 MSN 占据了全球 IM 即时通信服务市场 40.67% 的份额,Skype 为 27.39% 紧随其后。今年尚未结束,MSN 的活跃用户数量竟然下滑至 1 亿左右,远低于 Skype 的2.8亿月底活跃用户,而早在 2003 年时,MSN Messenger 的活跃用户就已经达到了 1 亿人。显然,这些消失的用户,正变成 Facebook、Twitter、Skype 的用户。

凤凰网《退市——MSN 无法承受之殇》(2011－11－8)报道:但理性分析 MSN 这几年的疲态,我们也许不得不说,MSN 真的是"自作孽、不可活",微软终于为其不重视中国市场和用户体验付出了沉重的代价。

新浪网《MSN 不说再见欲借 Win8 扩展市场空间》(2012－3－27)报道:市场份额的迅速流失是 Messenger 被取代的最大原因。这款曾经被命名为 MSN Messenger 的 IM 软件在高峰期曾一度占有全球超 60% 以上的市场份额。2012 年,MSN 的活跃用户数量竟然下滑至 1 亿左右,远低于 Skype 的 2.8 亿月度活跃用户,这一反差巨大的数字意味着已有数以亿计的用户从中流失……在 Windows8 时代,MSN 没有说再见,反而是脱胎换骨,以全新的面貌展现在中国众多新老用户面前。

QQWhatsnew记事本记载了腾讯QQ软件质量改进和功能更新的情况。根据该记事本的记载,自QQ2009 Preview至QQ2013 Beta6,腾讯QQ软件功能不断更新。2009年累计功能更新14次,涉及项目98项,包括全新的设计用户界面、全面优化的程序性能、新增查找联系人功能、个人形象功能、网络硬盘、个性化服务设置、离线文件传输、多人语音等方面。2010年累计功能更新8次,涉及项目39项,包括皮肤引擎、用户资料支持设置隐藏、划词搜索、消息记录同步、安全达人成长体系等。2011年累计功能更新5次,涉及项目44项,包括QQ短信、窗口截图和放大镜、多账号同时登陆、多人视频等。2012年累计功能更新4次,涉及项目27项,包括全新界面、会话窗口支持合并、巧遇卡、视频秀、视频留言等。2013年1月至7月累计功能更新8次,涉及项目63项,包括QQ闪登、视频道具、讨论组功能升级、支持删除离线文件、传文件助手等。

2013年8月19日,中国电信与网易公司发布新一代移动即时通信产品"易信"。通信世界网(CWW)《易信功能详解:免费给手机发短信电话留言》(2013-8-19)报道:易信可以与翼聊好友免费发送语音、图片、文字进行聊天……易信可以通过手机通讯录导入好友,支持查找手机号、易信号和二维码扫一扫添加。新华网《易信新版本正式上线称用户过千万》(2013-9-12)报道:9月11日消息,"易信"今日正式更新至V1.1版,目前用户已可在苹果AppStore和各大Android商店下载。与此同时网易称,易信的用户在8月底已经突破千万大关,并保持了日增百万的速度。

2011年8月,陌陌科技推出基于地理位置的移动社交产品"陌陌"。TechWeb《陌陌升级3.4版:支持多人语音群聊打通新浪微博关系》(2013-4-15)报道:陌陌3.4版本与新浪微博打通,陌陌用户可以绑定新浪微博,系统会给该用户推荐已经开通陌陌的微博好友,好友验证通过即可进行对话。此前,陌陌3.3版本引入添加手机通讯录功能,在原有陌生人交友的基础上加入了熟人关系链,此次陌陌3.4版本又引入了用户微博关系链,可以说进一步拓宽了陌陌用户交友的模式。

2011年6月29日,新浪微博推出WP版。网易《支持通讯录查找好友新浪微博WP版更新》(2012-9-24)报道:通讯录查找好友其实就是将通讯录中好友的电话与已绑定微博的电话号码进行比对,如果对方的微博已经绑定了手机号码,但微博中没有互加关注,这时对方的微博就会在列表中显示出来。

中国互联网络信息中心(CNNIC)发布的相关数据显示:中国互联网网民数量(以12月31日数据计算)2009年为3.84亿人,2010年为4.57亿人,2011年为5.13亿人,2012年为5.64亿人。据此可知,2010年比2009年增长19.01%,2011年比2010年增长12.25%,2012年比2011年增长9.94%。

新浪科技《欢聚时代第四季度净利润530万美元同比增730%》(2013-3-8)报道:在2012年第四季度中,公司净营收同比增长136%以上,注册用户账号增加至4.57亿人以上,比去年同期增长72%。此外,YY移动应用在第四季度中的下载次数超过980万次,比第三季度增长26%以上,将2012年的移动应用总下载量提高至2780万次以上。

凤凰网《神州泰岳:飞信未没落2012年活跃用户同比增42%》(2013-4-15)报道:最新数据显示,2012年飞信的活跃用户从7000多万增长到1亿左右(凤凰科技注:同比增长约42%),这是在去年一年内发生的事,所以说飞信"没落"非常牵强。

新浪网《新浪微博用户数量过亿》(2011-3-4)报道:2010年……新浪微博用户在2010年扩大了25倍多,注册用户总数超过1亿,已建成中国最大的社交媒体平台。新浪科技《新浪微博注册用户突破3亿2012年微博商业化提速》(2012-2-28)报道:新浪近日公布了截至2011年12月31日的第四季度及2011年度未经审计的财务报告。财报显示,新浪微博注册用户已经突破3亿大关,用户每日发博量超过1亿条,日活跃用户比例为9%。新浪首席执行官兼总裁曹国伟(微博)指出,过去一年内,新浪微博用户总量、每日发博量、日活跃用户总数等同比上一年增长了约300%。中国经济新闻网《去年新浪微博总收入6600万美元注册用户超5亿增74%》(2013-2-21)报道:新浪公布了微博用户的最新数据,截至2012年12月底,新浪微博注册用户已超5亿,同比大幅增长74%。

网易《人人网透露在校大学生用户占整体用户20%》(2012-3-16)报道:据人人最新的数据显示,人人公司激活用户由2010年12月31日的1.1亿增至2011年12月31日的1.47亿。月独立登录用户由2010年12月的2600万增至2011年12月的3800万。雅虎网《人人公司2012年净营收1.77亿美元》(2013-3-11)报道:用户数据方面,人人公司的激活用户由2011年12月31日的1.47亿增至2012年12月31日的1.78亿。月独立登录用户由2011年12月的3800万增至2012年12月的5600万。

网易《网易邮箱用户突破4.8亿同比增长33%》(2012-5-17)报道:网易发布2012财年第一季度未经审计的财务报告显示:在过去的一季度,网易邮箱有效用户总数已超过4.8亿,同比2011年一季度的3.6亿,用户增长达33%。网易邮箱在移动互联网领域持续发力,旗下的手机号码邮箱用户已突破5000万。网易《网易邮箱用户破5.1亿同比净增8000万》(2012-11-15)报道:截至2012财年第三季度,网易邮箱有效用户总数已超过5.1亿,环比2012年第二季度的4.95亿,净增1500万,增长率为3%;同比2011年第三季度的4.3亿用户,净增8000万,增长率为18.6%。

艾瑞咨询《中国即时通信年度监测及用户行为研究报告》(2012～2013年)调查显示:HTML5等网页技术的进步使即时通信服务实现网页化。社交网站的聊天功能与微博客中的私信、电子邮箱中的聊天(短消息)服务以及即时通信软件网页版等服务已在2009年起陆续出现,由于用户关系链的拓宽,也逐步改变用户依赖一款即时通信客户端的使用习惯。桌面向移动端迁移,电信运营商、终端厂商虎视眈眈,移动即时通信服务走向成熟。终端生产商、电信运营商的即时通信服务持续渗透,终端生产商随手机等终端出厂时深度植入自己的即时通信服务,企图绑定用户。电信运营商通过合作、外包等方式逐步推动自身即时通信业务的发展。新技术激发用户新需求,拓宽即时通信的应用范围及使用场景,为新进竞争者带来机遇。新进竞争者发展迅速,为行业带来新的局面与机遇。近年来,即时通信行业的迅速发展,用户的使用需求持续膨胀,同时只使用一款即时通信服务已不能满足用户互联网生活不同场景的需要。7成以上用户使用即时通信服务超过6年,超9成用户同时使用2款以上的即时通信服务。仅使用一个即时通信服务的用户占比为7.8%,只用一个即时通信服务已不能满足用户的需求。从月度覆盖人数同比增长来看,YY语音与阿里旺旺发展迅速。腾讯QQ增长速度放缓,发展较平稳。2013年5月,阿里旺旺月度覆盖人数为1.83亿,同比增长率为17.6%。YY语音同期月度覆盖人数达4800万,同比增长28.2%。根据欢聚时代官方数据,YY语音用户规模在2013年3月已突破5亿。YY语音目前已实现较好的盈利方式,并向多种互动模式发展,未来用户规模有望得到进一步提升。

结合当事人在一审过程中提交的证据及双方的质证意见,本院另查明如下事实:

(一)关于相关市场界定方面的事实

根据CNNIC统计,2006年年底中国互联网网民为1.37亿,2012年年底中国互联网网民为5.64亿。

CNNIC《中国即时通信用户调研报告》(2009年度)的调查显示,根据CNNIC第24次《中国互联网络发展状况统计报告》的调查,中国网民即时通信服务使用率达到72.2%,成为继网络音乐、网络新闻服务之后第三大网络服务。2009年即时通信用户主要使用的功能如下:文字聊天(93.2%)、语音聊天(57.2%)、视频聊天(54.1%)、聊天表情/窗口背景(52.7%)、文件传输(52.4%)、登录其他服务(50.2%)、多人群聊(42.2%)、聊天室(35.3%)、个性图像或角色装扮(34.7%)、与手机通信(32.1%)。该报告还显示,随着2007年前后一批新兴即时通信工具的发展,同时使用2～3款即时通信软件的用户比例逐步增大,已经超过了50%。半年内只使用1款即时通信软件的用户比例为36.6%。在即时通信好友添加方面,熟人(亲戚、朋友、同事、同学)告知最多,比例为94.7%。8.7%的即时通信用户在半年内更换过聊天工具,且更换用户多集中在新型即时通信工具。2009年即时通信调查显示,软件账号安全成为用户使用过程中最关注的因素,用户认可比例高达75.5%,软件性能以61.6%的比例成为第二关注因素,其他依次为:软件的功能多少(47.2%)、用户界面的友好性(44.0%)、常用联系人的多少(37.7%)、软件增值服务的多少(33.7%)。2009年即时通信用户调研数据显示,在即时通信方面有付费意愿的用户占到32.7%,6.7%的用户表示无所谓。

艾瑞咨询《中国即时通信用户行为研究报告简版》(2010~2011年)的调研显示,51.2%的中国即时通信用户不曾为即时通信软件提供的服务付费。该报告附图显示,2009年64.9%的中国即时通信用户不愿意为即时通信付任何费用。

艾瑞咨询《中国即时通信年度检测报告简版》(2010~2011年)的统计数据显示,2010年中国电脑端即时通信用户规模为3.5亿人,在整个互联网网民中占比77.2%;中国的移动即时通信用户规模超过2亿人,同比增长11%。艾瑞咨询预测,随着移动互联网技术的成熟、终端的普及,2011年至2014年移动即时通信的用户规模将加速增长,并在2013年超过个人电脑端。

艾瑞咨询《中国SNS和微博用户行为研究报告》(2011~2012年)的调查显示,2011年用户使用社交网站的主要目的为:了解朋友动态(74.3%)、联系老朋友(73.1%)、记录心情/生活经历(67.5%)、交流感兴趣的话题(60.0%)、用照片/日志等展示自我(52.0%)、结交新朋友(45.5%)、寻找兴趣相同的群体(39.8%)、玩游戏/应用(28.2%)、寻找打折促销信息(16.7%)、其他(0.7%)。用户使用微博的主要目的为:了解新信息(58.1%)、记录心情/生活经历(57.6%)、关注感兴趣的名人(53.2%)、讨论热点话题/个人心得(52.3%)、扩展知识面(48.8%)、结交新朋友/联系老朋友(41.0%)、同事/朋友/亲人都在用(38.7%)、消磨时间(33.6%)、寻求志趣相同的群体(31.9%)、分享/交流消费经历(30.2%)。

(二)关于被诉垄断行为方面的事实

360安全中心《360驳斥腾讯有关扣扣保镖的谣言》(2010-11-4)记载:在国家有关部门的强力干预下,目前QQ和360软件已经实现了完全兼容。

2010年1月,腾讯公司推出QQ医生3.2版本。2010年5月,QQ医生升级并更名为QQ电脑管家。2010年9月,腾讯QQ即时通信软件与QQ软件管理一起打包安装,安装过程中并未提示用户将同时安装QQ软件管理。2010年9月21日,腾讯发出公告称,电脑管家作为QQ软件管理和QQ医生整合后的产品,功能更强大,正在使用的QQ软件管理和QQ医生将自动升级为QQ电脑管家。

根据被上诉人所委托专家出具的《关于360和腾讯反垄断诉讼案件的经济分

析报告》所附的来源于艾瑞咨询的即时通信软件月数据,可以分析得出腾讯公司与奇虎公司发生纠纷前后相关即时通信软件每月覆盖人数变动情况。详见下表:

2010年8月~2011年2月相关即时通信软件每月覆盖人数变化表

月份	QQ		MSN		飞信		阿里旺旺	
	月覆盖人数(万人)	变化率%(相对上月)	月覆盖人数(万人)	变化率%(相对上月)	月覆盖人数(万人)	变化率%(相对上月)	月覆盖人数(万人)	变化率%(相对上月)
2010.8	34,111.07	-0.75%	4,083.32	-9.53%	7,775.75	-2.03%	11,876.58	3.73%
2010.9	34,381.24	0.79%	3,856.62	-5.55%	8,343.78	7.31%	11,511.97	-3.07%
2010.10	33,304.14	-3.13%	3,801.64	-1.43%	8,222.19	-1.46%	11,633.90	1.06%
2010.11	34,012.55	2.13%	6,155.88	61.93%	9,039.95	9.95%	12,233.49	5.15%
2010.12	34,408.88	1.17%	4,252.15	-30.93%	9,054.83	0.16%	12,807.60	4.69%
2011.1	34,925.61	1.50%	3,819.31	-10.18%	8,657.74	-4.39%	12,852.34	0.35%
2011.2	35,449.85	1.50%	3,692.07	-3.33%	8,881.41	2.58%	12,095.02	-5.89%

(三)关于其他事实

在本院审结的奇虎公司、奇智软件(北京)有限公司与被上诉人腾讯公司、腾讯计算机公司不正当竞争纠纷案[(2013)民三终字第5号]中,本院认定,奇虎公司、奇智软件(北京)有限公司专门针对腾讯QQ软件开发、经营扣扣保镖软件,以帮助、诱导等方式破坏QQ软件及其服务的安全性、完整性,贬损QQ软件及其服务,并借此推销自己产品,违反了诚实信用原则和公认的商业道德,构成不正当竞争行为。奇虎公司、奇智软件(北京)有限公司于2010年10月29日发布扣扣保镖软件,2010年11月4日宣布召回该软件,360安全卫士恢复与QQ软件兼容。

本院认为,综合上诉人的上诉请求、理由和被上诉人的答辩意见,并结合本案相关证据和事实,本案二审过程中的争议焦点集中在五个方面:第一,如何界定本案中的相关市场;第二,被上诉人是否具有市场支配地位;第三,被上诉人是否构成反垄断法所禁止的滥用市场支配地位行为;第四,一审法院审理程序是否违法;第五,本案相关民事责任的承担。

一、如何界定本案中的相关市场

该争议焦点可以进一步细化为九个具体问题,本院逐一分析如下:

(一)一审法院未对本案相关商品市场作出明确界定是否属于基本事实认定不清

第一,并非在任何滥用市场支配地位的案件中均必须明确而清楚地界定相关市场。竞争行为都是在一定的市场范围内发生和展开的,界定相关市场可以明确经营者之间竞争的市场范围及其面对的竞争约束。在滥用市场支配的案件中,合理地界定相关市场,对于正确认定经营者的市场地位、分析经营者的行为对市场竞争的影响、判断经营者行为是否违法以及在违法情况下需承担的法律责任等关键问题,具有重要意义。因此,在反垄断案件的审理中,界定相关市场通常是重要的分析步骤。尽管如此,是否能够明确界定相关市场取决于案件具体情况,尤其是案件证据、相关数据的可获得性、相关领域竞争的复杂性等。同时,本院认为,在滥用市场支配地位案件的审理中,界定相关市场是评估经营者的市场力量及被诉垄断行为对竞争的影响的工具,其本身并非目的。即使不明确界定相关市场,也可以通过排除或者妨碍竞争的直接证据对被诉经营者的市场地位及被诉垄断行为可能的市场影响进行评估。因此,并非在每一个滥用市场支配地位的案件中均必须明确而清楚地界定相关市场。

第二,在滥用市场支配地位案件中,主张他人滥用市场支配地位的当事人对相关市场的界定承担举证责任。法院根据案件证据、当事人主张及专家意见等对当事人所主张的相关市场是否合理作出判断。如果认定当事人所主张的相关市场界定并不合理,则应尽可能根据案件具体情况对相关市场进行重新界定。但是,受证据、数据以及竞争复杂性的局限,在某些具体案件中对相关市场作出清晰界定是极为困难的。

第三,关于一审法院对本案相关市场的界定。本案中,一审法院对本案相关市场进行了如下分析和界定:首先,认定综合性即时通信服务、跨平台即时通信服务、跨网络即时通信服务属于本案相关商品市场范围,单一的即时通信、社交网站、微博服务属于本案相关商品市场范围;其次,将传统电话、传真以及电子邮箱排除在本案相关商品市场之外;最后,考虑了互联网领域平台竞争的特点对本案相关商品市场界定的影响。在此基础上,一审法院认定上诉人奇虎公司关于综合性即时通信产品及服务构成一个独立的相关商品市场的主张不能成立。可见,一审法院实际上已经对本案相关商品市场进行了界定,只是由于本案相关市场的边界具有模糊性,一审法院仅对其边界的可能性进行了分析而没有对相关市场的边界给出明确结论。

有鉴于此,上诉人关于一审法院未对本案相关商品市场作出明确界定,属于本案基本事实认定不清的上诉理由不能成立,本院不予支持。

(二)关于本案是否适合运用“假定垄断者测试”方法界定相关市场以及一审法院对该方法的运用是否正确

第一,作为界定相关市场的一种分析思路,假定垄断者测试(HMT)具有普遍的适用性。假定垄断者测试的基本思路是,在假设其他条件不变的前提下,通过目标商品或者服务某个变量的变化来测试目标商品与其他商品之间的可替代程度。实践中,假定垄断者测试的分析方法有多种,既可以通过数量不大但有意义且并非短暂的价格上涨(SSNIP)的方法进行,又可以通过数量不大但有意义且并非短暂的质量下降(SSNDQ)的方法进行。同时,作为一种分析思路或者思考方法,假定垄断者测试在实际运用时既可以通过定性分析的方法进行,又可以在条件允许的情况下通过定量分析的方法进行。

第二,在实践中,选择何种方法进行假定垄断者测试取决于案件所涉市场竞争领域以及可获得的相关数据的具体情况。如果特定市场领域的商品同质化特征比较明显,价格竞争是较为重要的竞争形式,则采用数量不大但有意义且并非短暂的价格上涨(SSNIP)的方法较为可行。但是如果在产品差异化非常明显且质量、服务、创新、消费者体验等非价格竞争成为重要竞争形式的领域,采用数量不大但有意义且并非短暂的价格上涨(SSNIP)的方法则存在较大困难。特别是,当特定领域商品的市场均衡价格为零时,运用 SSNIP 方法尤为困难。在运用 SSNIP 方法时,通常需要确定适当的基准价格,进行 5% ~10% 幅度的价格上涨,然后确定需求者的反应。在基准价格为零的情况下,如果进行 5% ~10% 幅度的价格增长,增长后其价格仍为零;如果将价格从零提升到一个较小的正价格,则相当于价格增长幅度的无限增大,意味着商品特性或者经营模式发生较大变化,因而难以进行 SSNIP 测试。

第三,关于假定垄断者测试在本案中的可适用性问题。本案中,被诉垄断行为是腾讯公司与腾讯计算机公司滥用在网络即时通信服务市场上的支配地位,损害奇虎公司的利益;涉及的商品是 QQ 即时通信软件,被上诉人通过该软件、基于互联网提供免费网络即时通信服务。在被诉垄断行为发生之时,利用免费的基础服务吸引和凝聚大量用户,利用巨大的用户资源经营增值业务和广告以实现盈利,然后以增值业务和广告的盈利支撑免费服务的生存和发展,已经成为互联网服务提供商通行的商业模式。因此,互联网服务提供商在互联网领域的竞争中更加注重质量、服务、创新等方面的竞争而不是价格竞争。在这一商业模式下,如果互联网服务提供者针对广大用户提高基础服务价格即价格从免费提高到较小幅度收费,则可能引起大量用户的流失,进而影响其增值服务和广告服务的收入。在本案被诉垄断行为发生之时,腾讯 QQ、飞信、阿里旺旺、百度 Hi、MSN 等即时通信服务都是免费的。根据 CNNIC《中国即时通信用户调研报告》(2009 年度)的调查结果,不愿意为使用即时通信服务付费的用户比例高达 60.6%。根据艾瑞咨询《中国即时通信用户行为研究报告》(2010 ~2011 年)的调查结果,2009 年中国即时通信用户不愿意支付任何费用的比例为64.9%,2010年51.2%的中国即时通信用户从未支付任何费用。eNet的新闻调查也显示,如果腾讯QQ即时通信服务收费,只有6.69%的用户表示将付费并继续使用;81.71%的用户将转而使用其他即时通信软件。可见,在免费的互联网基础即时通信服务已经长期存在并成为通行商业模式的情况下,用户具有极高的价格敏感度,改变免费策略转而收取哪怕是较小数额的费用都可能导致用户的大量流失。同时,将价格由免费转变为收费也意味着商品特性和经营模式的重大变化,即由免费商品转变为收费商品,由间接盈利模式转变为直接盈利模式。在这种情况下,如果采取基于相对价格上涨的假定垄断者测试,很可能将不具有替代关系的商品纳入相关市场中,导致相关市场界定过宽。因此,基于相对价格上涨的假定垄断者测试并不完全适宜在本案中适用。一审法院在本案中未作变通而直接运用基于价格上涨的假定垄断者测试方法,有所不当,本院予以纠正。上诉人有关一审法院错误地运用假定垄断者测试的上诉理由部分成立,本院予以支持。应该说明的是,尽管基于相对价格上涨的假定垄断者测试难以在本案中完全适用,但仍可以采取该方法的变通形式,如基于质量下降的假定垄断者测试。由于质量下降程度较难评估以及相关数据难以获得,因此可以采用质量下降的假定垄断者测试进行定性分析而不是定量分析。

(三)关于文字、音频以及视频等非综合性即时通信服务是否应纳入本案相关商品市场范围

第一,关于相关市场界定的一般方法。相关市场的界定,主要从需求者角度进行替代分析,辅之以经营者角度的供给替代分析。在实践中,界定相关市场既可以采取定性分析的方法,又可以采取定量分析的方法。定性分析通常是相关市场界定的起点。在定性分析足以得出明确的结论时,不必要进行复杂的定量分析。下面,本院在对相关商品市场的界定中,首先从需求替代的角度出发,基于商品的特性、用途、质量、获取的难易程度等因素进行替代分析;在必要的时候,从供给替代的角度进行分析。

第二,关于非综合性即时通信服务是否应纳入本案相关商品市场范围。本案中,被诉垄断行为涉及的腾讯QQ即时通信服务是一种可以提供文字、音频以及视频三种通信功能的综合性即时通信服务。非综合性即时通信服务包括文字、音频、视频单一功能即时通信以及包括了文字、音频两种功能的即时通信。在即时通信服务领域,既存在只具有一种功能或者两种功能的即时通信服务,又存在集成了以上三种功能的综合性即时通信服务。例如,新浪微博桌面、人人桌面有文字聊天功能,但是没有视频和语音聊天功能;YY语音、翼聊、雅虎通有文字和语音通信功能,但没有视频聊天功能;腾讯QQ、百度Hi、网易泡泡、阿里旺旺等则同时具有文字、音

频和视频三种通信功能。首先,从商品特性的角度来看,只具有一种功能或者两种功能的即时通信服务与综合性即时通信服务具有几乎完全相同的特性:基于互联网、可以检测用户在线状态、即时交流、隐秘交流、免费等。其次,从商品的可获得性角度来看,三种服务均可以非常容易地从互联网上免费取得。再次,从商品功能用途的角度看,它们均具有至少一种完全相同的功能,但在能否实现音频或视频通信上存在区别通信。不过,用户对不同功能的使用频度或者偏好实际上可能弱化了综合性即时通信服务与非综合性即时通信服务的功能用途差异。CNNIC《中国即时通信用户调研报告》(2009年度)的调查显示,文字聊天是即时通信用户使用最多的功能,使用的用户数占到93.2%,语音聊天和视频聊天使用的用户数则分别为57.2%和54.1%。文字聊天的极高使用度说明用户对文字聊天功能的需求度更高,对音频或者视频聊天的需求度则相对低得多。最后,从供给替代的角度看,提供综合性即时通信服务并不存在较大的技术困难,提供非综合性即时通信服务的经营者可以非常容易地转而提供全方位、综合性的即时通信服务。基于上述理由,本院认为,单一文字、音频以及视频等非综合性即时通信服务应纳入本案相关商品市场范围。

上诉人委托的专家主张,仅提供文字聊天的即时通信服务比同时提供语音聊天的即时通信服务品质要低,仅提供文字和语音聊天的即时通信服务也比同时提供视频、语音和文字聊天的即时通信服务品质要低,用户只会用综合功能的即时通信软件替代单一功能的即时通信软件而非相反,因此单一文字、音频以及视频等非综合性即时通信服务很可能构成一个单独的、重叠的相关市场,且该市场仅可能是综合性即时通信产品市场之外的市场。对此,本院认为:首先,该分析忽视了用户对文字、音频、视频聊天功能的使用频度或者偏好实际上存在很大差异,进而夸大了因功能差异所形成的产品差异。其次,这一分析也没有从供给替代的角度考虑非综合性即时通信服务经营者对竞争因素变化的可能反应。最后,按照上述主张,则会存在单一文字、单一音频、单一视频即时通信服务市场、文字和音频即时通信服务市场、综合性即时通信市场等单独的相关市场,而这些市场却至少存在部分功能重叠。因这种过度细分的市场对本案分析并无益处,故对于上述专家意见,本院难以认同。

综上,一审法院对此问题的认定正确,上诉人关于文字、音频、视频单一功能即时通信服务不应纳入本案相关商品市场的主张不能成立,本院不予支持。

(四)关于移动端即时通信服务是否应纳入本案相关商品市场范围

即时通信服务可以在个人电脑、智能手机、平板电脑等各种平台上实现。判断智能手机、平板电脑等移动端即时通信服务是否应纳入本案相关商品市场范围,关键在于本案被诉垄断行为发生时,智能手机、平板电脑等移动端即时通信服务是否对个人电脑端即时通信服务构成紧密替代,并对个人电脑端即时通信服务的经营者形成有效的竞争约束。对此,本院分析如下:

第一,在本案被诉垄断行为发生时,移动端即时通信服务与个人电脑端即时通信服务在商品特性、质量、功能用途、获得渠道等方面已经趋向于基本一致。艾瑞咨询《中国即时通信年度检测报告简版》(2010~2011 年)指出,随着移动互联网技术的成熟,智能手机与平板电脑不断普及,用户终端平台系统多样化而且性能也在不断攀升,个人电脑已不再是唯一的联网设备,运营商加大对各种移动设备平台上即时通信应用的开发力度。而且,移动端即时通信使得沟通更加方便便捷,对个人电脑端即时通信服务具有较强的替代性。

第二,在本案被诉垄断行为发生时,移动端即时通信服务正在蓬勃发展并已经形成较大规模。艾瑞咨询《中国即时通信年度检测报告简版》(2010~2011 年)的统计数据显示,2010 年中国电脑端即时通信用户规模为 3.5 亿人,在整个互联网网民中占比 77.2%;中国的移动即时通信用户规模超过 2 亿人。CNNIC《中国即时通信用户调研报告》(2009 年度)记载,根据 CNNIC 第 24 次《中国互联网络发展状况统计报告》调查显示,中国网民即时通信服务使用率达到 72.2%。上述数据已经足以大致推算既使用移动端即时通信服务又使用个人电脑端即时通信服务的网民数量。根据上述数据可知,2010 年中国互联网网民数约为 4.5(3.5/0.772)亿人,电脑端和移动端即时通信用户合计为 5.5 亿人。假定 2010 年网民对即时通信服务的使用率比 2009 年提高 20% 左右,即以 2010 年使用率为 85% 计,那么既使用移动端即时通信服务又使用个人电脑端即时通信服务的网民数量为 1.7(5.5-4.5×0.85)亿人,占个人电脑端即时通信服务用户总数的约 48.6%。因此,已有近二分之一左右的用户可以用移动端即时通信服务替代个人电脑端即时通信服务。艾瑞咨询还预测,随着移动互联网技术的成熟、终端的普及,2011 年至 2014 年移动即时通信的用户规模将加速增长,并在 2013 年超过个人电脑端。IDC 的研究报告也指出,2010 年第四季度全球智能手机的销售数量首次超过个人电脑。可以合理预见,用户用移动端即时通信服务替代电脑端即时通信服务的可能性和比例将进一步增大。因此,本院认为,移动端即时通信服务应纳入本案相关商品市场范围。

上诉人主张,移动端即时通信服务是否属于本案相关商品市场的问题在一审过程中没有涉及,不属于二审审理范围。本院认为,相关市场的界定本质上属于案件事实认定问题,也是本案据以裁判的基础事实。对于一审法院没有查明的基本事实,当事人在二审过程中发生争议,本院理应予以补充查明。

上诉人还主张,个人电脑用户必须持有能够接入移动互联网的移动终端设备才能使用移动端即时通信服务。对于消费者而言,智能手机、平板电脑等移动终端设备的购置成本及移动上网的费用是显著的转换成本,且移动端即时通信服务在2010年仍是一个相对新的交流媒介,仅向用户提供有限功能,因此在本案被诉垄断行为发生时不可能是个人电脑端即时通信服务的紧密替代品。本院认为:首先,对于移动端即时通信服务是否应纳入本案相关商品市场范围这一问题,重要的是判断已经同时拥有移动终端设备和个人电脑设备的用户以移动端即时通信服务替代电脑端即时通信服务的可能性,而移动终端设备的购置成本并非需要考虑的因素。其次,移动上网费用对相关市场界定的分析亦无多大影响。众所周知,无线网络传输技术在本案纠纷发生之前早已发展和普及,可以方便地将有线网络信号转换为无线信号,供支持该技术的个人电脑、智能手机、平板电脑等终端接收,在此情况下利用移动终端设备不需要付出额外的流量费用。最后,本案证据显示,2010年中国的移动即时通信用户规模已经超过2亿人,且增长速度很快。上诉人关于移动端即时通信服务在当时尚是相对新的交流媒介等主张缺乏证据支持,本院难以认同。

(五)关于社交网站、微博服务是否应纳入本案相关商品市场范围

本案中,当事人对于一审法院认定的社交网站、微博单独提供的即时通信服务应纳入本案相关商品市场无争议,仅对社交网站、微博本身是否应纳入本案相关商品市场存在争议。对此,本院分析如下:

第一,社交网站、微博与即时通信在商品特性上存在明显差异。虽然社交网站、微博与即时通信具有一些共同的商品特性,如基于互联网、通知在线状态、用户档案管理、免费等,但是前两者与后者之间仍存在非常重要的特性差异。社交网站、微博主要针对大量用户之间的开放性的群体交流,对即时性的要求偏低,而即时通信更注重双边私密交流或者小群体的内部交流,具有一定封闭性且对即时性的要求很高。

第二,社交网站、微博与即时通信的主要使用功能不同。用户对不同商品的使用行为可以较为准确地反映不同商品之间的功能差异。根据CNNIC《中国即时通信用户调研报告》(2009年度)的调查结果,文字聊天(93.2%)、语音聊天(57.2%)、视频聊天(54.1%)是用户最关注和最经常使用的功能,其获取信息、交友等社交属性并不非常明显。而艾瑞咨询《中国SNS和微博用户行为研究报告》(2011~2012年)显示,了解朋友动态(74.3%)、联系老朋友(73.1%)、记录心情/生活经历(67.5%)、交流感兴趣的话题(60.0%)、用照片/日志等展示自我(52.0%)、结交新朋友(45.5%)等是用户使用社交网站的主要目的;了解新信息(58.1%)、记录心情/生活经历(57.6%)、关注感兴趣的名人(53.2%)、讨论热点话题/个人心得(52.3%)、扩展知识面(48.8%)、结交新朋友/联系老朋友(41.0%)是用户使用微博的主要目

的。可见,用户使用社交网站和微博的目的更加广泛,更加注重联系朋友、分享信息、展示自我、结识朋友等社交功能,社交网站和微博的社交属性更加突出。即时通信与社交网站、微博实际上满足了用户的不同需求。从需求者的角度看,即时通信与社交网站、微博之间更多的是互补关系,而非彼此替代关系。

被上诉人主张,根据 CNNIC《2012 年中国网民社交网站应用研究报告》,移动社交网站用户使用的功能中,聊天功能的使用率很高(77.2%),新浪微博的聊天功能也深受新浪微博用户喜欢,说明微博应纳入本案相关商品市场范围。本院认为,微博和社交网站单独提供的即时通信服务已经被纳入本案相关商品市场范围,用户对社交网站或者微博聊天功能的使用率并不能说明社交网站和微博本身应该被纳入本案相关商品市场范围。对于被上诉人的前述主张,本院不予支持。

第三,社交网站、微博与即时通信的相关性可以辅助说明社交网站、微博不太可能与即时通信形成较为紧密的替代关系。相关性分析是分析相关商品市场所可能包含的商品集合时常用的、直观的经验方法,其依赖于相互替代的商品的价格会一起变动这一经验假设。本院认为,尽管相关性分析由于多种原因有导致误判的可能性,但是只要对其应用环境保持足够的谨慎,其仍具有一定的参考价值。根据上诉人所委托专家的分析数据,自 2009 年至 2013 年上半年,即时通信的使用情况总体呈上升趋势,其总有效使用时间自 2011 年起普遍保持在每周 8~9 亿小时左右;而社交网站的使用时间在 2010 年年中达到顶峰,其后呈现不断下降的趋势;微博(数据从 2010 年 3 月开始)的使用时间自 2010 年开始呈上升趋势,但在 2012 年前后趋向平稳;社交网站和微博的每周有效使用时间之和约为 1 亿小时。上诉人所委托专家将社交网站和微博合计的每周有效使用时间与即时通信的每周有效使用时间的相关性进行了分析,结论为其相关系数是 -0.07。本院认为,这一分析选择了本案被诉垄断行为发生前后各 1~2 年的时间段进行考察,并无明显的不合理性。-0.07 的相关系数表明,至少没有明显迹象显示社交网络和微博与即时通信之间存在密切的关联性。

被上诉人所委托专家认为,应该在一个更长时间段里考虑社交网站与即时通信的相关性,并根据 2006 年 7 月至 2011 年 12 月期间中国所有即时通信和社交网站的月有效使用时间得出两者相关系数为 0.7574,进而认为社交网站应纳入本案相关商品市场范围。本院认为:首先,被上诉人所委托专家关于社交网站与即时通信相关度的分析可能存在更大的误差。根据 CNNIC 的统计数据计算,从 2006 年到 2012 年,中国的互联网用户增加了 312%。网民数量的巨大增长引发了对社交网站与即时通信的整体需求的快速增长,因而可能导致本不存在较密切关联性的社交网站与即时通信呈现出正相关性。其次,在远离被诉垄断行为所处时点的过长的时间段里考察商品的相关性,发生误判的可能性更大。故对于前述主张,本院不予认同。

第四,一审法院关于社交网络和微博与即时通信之间存在可替代性的分析存在欠妥之处。首先,一审法院在分析社交网络和微博与即时通信的功能与用途时,忽视了前两者针对大量用户之间的开放性的群体交流与后者针对双边私密交流或者小群体的内部交流的关键差异,夸大了即时通信的社交属性。其次,一审法院将社交网络和微博单独提供的即时通信功能对即时通信服务形成的替代威胁等同于社交网络和微博本身对即时通信服务的替代威胁,在一定程度上混淆了判断对象。再次,一审法院运用基于价格上涨的假定垄断者测试考察需求者在即时通信软件从零价格到小幅度收费后用户的市场反应,高估了社交网络、微博与即时通信之间的可替代性。最后,一审法院以个别商业人士或者机构缺乏严谨分析和证据支持的商业观点作为论据,有欠严谨。在相关市场界定方面,商业人士所谈论的相关市场或许可以为确定相关市场提供线索,但其不能替代对于相关市场界定的严谨分析。

综上,一审法院关于社交网络和微博应纳入本案相关商品市场范围的认定欠妥,上诉人的相应上诉理由成立,本院予以支持。

(六)关于手机短信、电子邮箱是否应纳入本案相关商品市场范围

一审法院认定手机短信、电子邮箱不应纳入本案相关商品市场范围,被上诉人对此提出异议。本院对此分析如下:

第一,手机短信与即时通信在商品特性、功能用途、价格等方面存在较大差异。即时通信的特点在于基于互联网、通知在线状态、用户档案管理,而手机短信并不基于互联网、无法通知在线状态,两者在技术上存在重大差异。更重要的是,即时通信是免费服务,而手机短信是收费服务。假定即时通信的假定垄断者一定程度地降低即时通信质量,恐怕也不会有足够的用户愿意改用付费的手机短信作为替代。因此,手机短信与即时通信之间不存在较为紧密的替代关系,不应纳入本案相关商品市场范围。

被上诉人主张,即时通信用户使用与手机进行通信功能的占了32.1%,手机短信与腾讯QQ短信之间具有很强的替代性,因而即时通信与手机短信之间存在较紧密的替代关系。本院认为:首先,相关商品市场界定关注的是商品之间的紧密替代性,即时通信与手机通信在技术上的互通并不意味着两者之间存在紧密替代性。其次,手机短信与腾讯QQ短信均是收费服务,而本案相关市场界定关注的是免费的基本即时通信被替代的可能性及其程度,作为收费增值服务的腾讯QQ短信与手机短信之间的替代性与本案相关商品市场界定并无实质关联性。因此,被上诉人

的上述主张不能成立。

第二,电子邮箱与即时通信在商品特性、功能用途等方面存在较大差异。虽然电子邮箱与即时通信具有某些类似的特性和功能,如基于互联网,具备文字、图像、音频、视频等文件传输功能,且均免费,但是在核心功能和特性上存在较大差异。电子邮箱不具有通信的即时性,也不具备通知用户在线状态的功能,而通信的即时性是即时通信服务最核心和最受用户关注的功能。假定即时通信的假定垄断者一定程度地降低即时通信质量,相信也不会有足够的用户转向电子邮箱作为替代。因此,电子邮箱与即时通信之间不存在较为紧密的替代关系,不应纳入本案相关商品市场范围。

被上诉人主张,电子邮箱的即时聊天功能对腾讯 QQ 具有很强的替代性;电子邮箱发送邮件和附件的功能和腾讯 QQ 发送离线消息和文件的异步通信功能具有很强的替代性,因而即时通信与电子邮箱之间存在较紧密的替代关系。本院认为:首先,一审法院已经指出,目前电子邮箱服务商在电子邮箱界面上内嵌的好友聊天功能在语音通信、视频通信、截图等功能方面以及工具操作的便捷性方面与即时通信存在巨大差异,且使用率较低,难以形成对即时通信的有效替代。其次,腾讯 QQ 所附加的异步通信功能与电子邮箱的紧密替代性不能等同于即时通信与电子邮箱之间的紧密替代性。因此,被上诉人的上述主张不能成立。

综上,一审法院关于手机短信、电子邮箱不应纳入本案相关商品市场范围的认定正确,本院予以确认。

(七)关于本案相关商品市场是否应确定为互联网应用平台

上诉人认为,互联网应用平台与本案的相关市场界定无关;被上诉人则认为,互联网竞争实际上是平台的竞争,本案的相关市场范围远远超出了即时通信服务市场。对此,本院分析如下:

第一,互联网竞争一定程度地呈现出平台竞争的特征。本案被诉垄断行为发生时,互联网的平台竞争特征已经比较明显。互联网经营者通过特定的切入点进入互联网领域,在不同类型和需求的消费者之间发挥中介作用,以此创造价值。在平台的一端,互联网经营者提供的服务通常是免费的,以此吸引用户的注意力;在平台的另一端,互联网经营者利用用户资源和注意力提供收费增值服务或者向广告主提供广告服务。中国大陆地区的大型互联网企业已经日益平台化。以被上诉人所在的即时通信领域为例,即时通信除了基本通信功能外,还逐渐集成了电子邮件、博客、音乐、电视、游戏和搜索等多种功能,成为具有交流、娱乐、商务办公、客户服务等特性的综合化信息平台。在这种环境下,互联网经营者为了获取广告业务和增值业务的盈利,既在争夺用户注意力方面存在竞争,又在争夺广告主方面存在竞争。

第二,判断本案相关商品市场是否应确定为互联网应用平台,其关键问题在于,网络平台之间为争夺用户注意力和广告主的相互竞争是否完全跨越了由产品或者服务特点所决定的界限,并给经营者施加了足够强大的竞争约束。这一问题的答案最终取决于实证检验。在缺乏确切的实证数据的情况下,本院注意到如下四个方面:首先,互联网应用平台之间争夺用户注意力和广告主的竞争以其提供的关键核心产品或者服务为基础。例如,本案中,上诉人提供的核心产品和服务是互联网安全服务,被上诉人则主要提供即时通信服务。其次,互联网应用平台的关键核心产品或者服务在属性、特征、功能、用途等方面上存在较大的不同。虽然广告主可能不关心这些产品或者服务的差异,只关心广告的价格和效果,因而可能将不同的互联网应用平台视为彼此可以替代,但是对于免费端的广大用户而言,其很难将不同平台提供的功能和用途完全不同的产品或者服务视为可以有效地相互替代。一个试图查找某个历史人物生平的用户通常会选择使用搜索引擎而不是即时通信,其几乎不会认为两者可以相互替代。再次,互联网应用平台关键核心产品或者服务的特性、功能、用途等差异决定了其所争夺的主要用户群体和广告主可能存在差异,因而在获取经济利益的模式、目标用户群、所提供的后续市场产品等方面存在较大区别。最后,本案中应该关注的是被上诉人是否利用了其在即时通信领域中可能的市场支配力量排除、限制互联网安全软件领域的竞争,将其在即时通信领域中可能存在的市场支配力量延伸到安全软件领域,这一竞争过程更多地发生在免费的用户端。如果把搜索引擎、新闻门户、互联网安全等平台均纳入本案相关商品市场范围,可能会夸大其他网络平台对被上诉人的即时通信所形成的潜在竞争约束,弱化被上诉人实际的市场力量。鉴于上述理由,本院在本案相关市场界定阶段将不主要考虑互联网平台竞争的特性。

第三,本案中对互联网企业平台竞争特征的考虑方式。相关市场界定的目的是为了明确经营者所面对的竞争约束,合理认定经营者的市场地位,并正确判断其行为对市场竞争的影响。即使不在相关市场界定阶段主要考虑互联网平台竞争的特性,但为了正确认定经营者的市场地位,仍然可以在识别经营者的市场地位和市场控制力时予以适当考虑。因此,对于本案,不在相关市场界定阶段主要考虑互联网平台竞争的特性并不意味着忽视这一特性,而是为了以更恰当的方式考虑这一特性。

第四,关于一审法院对此问题的处理。一审法院并未明确认定本案相关市场应界定为互联网应用平台,但其指出本案相关商品市场界定应考虑互联网领域平台竞争的特点。本院认为,这种一般性的分析思路对于互联网领域竞争问题的处理是适当的,但在本案的特定情况下,由于缺乏明确的实证数据,网络平台竞争在本案中的影响并不明显,在相关市场界定阶段过多地考虑互联网应用平台,可能放大其他网络平台对被上诉人所形成的竞争约束。

(八)关于本案的相关地域市场界定

上诉人主张,本案的相关地域市场是中国大陆地区的即时通信服务市场;被上诉人主张,本案的相关地域市场应为全球市场。对此,本院分析如下:

第一,关于相关地域市场界定的一般方法。相关地域市场的界定,同样遵循相关市场界定的一般方法。通常认为,在假定垄断者测试的框架下,相关地域市场界定需要考虑的主要因素是:在价格、质量等竞争因素发生变化的情况下,其他地区经营者对目标区域的假定垄断者是否会构成有效的竞争约束。从需求替代的角度,主要考虑需求者因商品价格或者其他竞争因素的变化而转向或考虑转向其他地域购买商品的证据、商品的运输成本和运输特征、多数需求者选择商品的实际区域和主要经营者商品的销售分布、地域间的贸易壁垒、特定区域需求者偏好等因素。从供给替代的角度,则主要考虑其他地域的经营者对商品价格等竞争因素的变化作出反应的证据、其他地域的经营者供应或销售相关商品的即时性和可行性等因素。

第二,关于本案相关地域市场的界定。本院将从中国大陆地区的即时通信服务市场这一目标地域开始,对本案相关地域市场进行考察。因为基于互联网的即时通信服务可以低成本、低代价到达或者覆盖全球,并无额外的、值得关注的运输成本、价格成本或者技术障碍,所以在界定相关地域市场时,本院将主要考虑多数需求者选择商品的实际区域、法律法规的规定、境外竞争者的现状及其进入的及时性等因素。由于每一个因素均不是决定性的,因此,本院将根据上述因素进行综合评估。首先,中国大陆地区境内绝大多数用户均选择使用中国大陆地区范围内的经营者提供的即时通信服务。上诉人所委托专家根据艾瑞咨询的数据计算得出,在2010年中国消费者花费在即时通信的时间中,用于国际即时通信产品的时间低于3%且呈逐步下降趋势,用于国内即时通信产品的时间则高于97%。这至少表明,中国大陆地区境内用户对于国际即时通信产品并无较高的关注度。其次,我国有关互联网的行政法规规章等对经营即时通信服务规定了明确的要求和条件。即时通信服务属于增值电信业务,经营即时通信服务需要遵守一系列行政法规或者规章的规定。《中华人民共和国电信条例》第七条规定,国家对电信业务经营按照电信业务分类,实行许可制度。经营电信业务,必须依照本条例的规定取得国务院信息产业主管部门或者省、自治区、直辖市电信管理机构颁发的电信业务经营许可证。未取得电信业务经营许可证,任何组织或者个人不得从事电信业务经营活动。

该条例第十三条规定,经营增值电信业务,应当具备下列条件:(一)经营者为依法设立的公司;(二)有与开展经营活动相适应的资金和专业人员;(三)有为用户提供长期服务的信誉或者能力;(四)国家规定的其他条件。工业和信息化部《电信业务经营许可管理办法》第六条进一步细化了许可条件,要求经营者具备一定的注册资本(在省、自治区、直辖市范围内经营的,注册资本最低限额为100万元人民币;在全国或者跨省、自治区、直辖市范围经营的,注册资本最低限额为1000万元人民币)、有必要的场地、设施及技术方案、公司及其主要出资者和主要经营管理人员三年内无违反电信监督管理制度的违法记录等。国务院《互联网信息服务管理办法》第六条规定,从事经营性互联网信息服务,除应当符合《中华人民共和国电信条例》规定的要求外,还应当具备下列条件:(一)有业务发展计划及相关技术方案;(二)有健全的网络与信息安全保障措施,包括网站安全保障措施、信息安全保密管理制度、用户信息安全管理制度;(三)服务项目属于本办法第五条规定范围的,已取得有关主管部门同意的文件。国务院《外商投资电信企业管理规定》对境外经营者进入中国电信市场的条件作了规定。该规定第二条规定,外商投资电信企业,是指外国投资者同中国投资者在中华人民共和国境内依法以中外合资经营形式,共同投资设立的经营电信业务的企业。该规定第五条规定,外商投资电信企业的注册资本应当符合下列规定:(一)经营全国的或者跨省、自治区、直辖市范围的基础电信业务的,其注册资本最低限额为10亿元人民币;经营增值电信业务的,其注册资本最低限额为1000万元人民币;(二)经营省、自治区、直辖市范围内的基础电信业务的,其注册资本最低限额为1亿元人民币;经营增值电信业务的,其注册资本最低限额为100万元人民币。由以上行政法规、规章等规定可知,我国对即时通信等增值电信业务实行行政许可制度,外国经营者通常不能直接进入我国大陆境内经营,需要以中外合资经营企业的方式进入并取得相应的行政许可。再次,位于境外的即时通信服务经营者的实际情况。在本案被诉垄断行为发生前,多数主要国际即时通信经营者如MSN、雅虎、Skype、谷歌等均已经通过合资的方式进入中国大陆地区市场。因此,在被诉垄断行为发生时,尚未进入我国大陆境内的主要国际即时通信服务经营者已经很少。如果我国大陆境内的即时通信服务质量小幅下降,已没有多少境外即时通信服务经营者可供境内用户选择。最后,境外即时通信服务经营者在较短的时间内(如一年)及时进入中国大陆地区并发展到足以制约境内经营者的规模存在较大困难。境外即时通信服务经营者首先需要通过合资方式建立企业、满足一系列许可条件并取得相应的行政许可,这在相当程度上延缓了境外经营者的进入时间。综上,本院认为,本案相关地域市场应为中国大陆地区市场。

第三,关于一审法院对本案相关地域市场的界定。一审法院以境外经营者可向中国大陆地区用户提供即时通信服务、被上诉人也向世界各地用户提供服务、有一定数量的境外用户在使用被上诉人提供的即时通信服务等作为重要论据,认定本案相关地域市场应为全球市场。对此,本院认为:首先,境外经营者可向中国大陆地区用户提供即时通信服务并不等于其能够及时进入并对境内经营者形成有力的竞争约束。其次,相关地域市场界定关注的是境外经营者能否及时进入并对境内经营者形成有力的竞争约束,境内经营者是否向境外用户提供服务以及境外用户是否使用境内经营者提供的服务与此并无直接关联性。况且,本案证据表明,境外用户使用腾讯QQ即时通信服务的数量较小且多为与国内亲友保持联系。因此,一审法院关于本案相关地域市场的界定欠妥,本院予以纠正。上诉人的相应上诉理由成立,本院予以支持。

(九)关于本案的相关市场界定是否应考虑本案诉争行为发生之后的相关市场状况及技术发展趋势

上诉人主张,界定相关市场应着重分析被诉垄断行为发生时的市场竞争态势,而非未来的市场变化,一审法院关于考虑被诉商品或者服务所在产业的发展现状及未来趋势的市场界定方法错误。被上诉人则认为,界定本案的相关市场应当考察一段时间内的相关市场状况,而不能仅仅界定一个时间点。本院认为,相关市场界定的目的是明确被诉垄断行为发生之时经营者所面对的竞争约束,合理评估被诉经营者的市场力量。由于竞争尤其是互联网领域的竞争呈现出动态竞争的特征,在界定相关市场时,需要考虑在可预见的未来具有现实可能性的市场反应和变化,例如,需要考虑假定垄断者的行为持续适当的一段时间后(如一年)的市场反应和变化,以正确判断其是否受到来自其他方面经营者的竞争制约。如果经营者缺乏一定时期内较为持久的市场支配力,难以对竞争产生影响。仅仅在某个时间点上考虑相关市场界定,而不在一个相对长的时间内考察市场反应和变化,则可能会过窄地界定相关市场,并夸大经营者在相关市场上的市场力量。如果这种市场反应和变化被事后发展所证实,则可以进一步证明这种考虑的正当性。本案中,一审法院在分析微博和社交网站是否属于本案相关商品市场范围时,考虑了微博和社交网站的发展现状及未来趋势,这种思路本身是合理的。上诉人的前述上诉理由不能成立,本院不予支持。

综上,本院认为,本案相关市场应界定为中国大陆地区即时通信服务市场,既包括个人电脑端即时通信服务,又包括移动端即时通信服务;既包括综合性即时通信服务,又包括文字、音频以及视频等非综合性即时通信服务。

二、关于被上诉人是否具有市场支配地位

上诉人主张,一审法院认定被上诉人在相关市场内不具有市场支配地位,认定

事实错误。对此,本院分析如下:

(一)关于市场支配地位认定的一般方法

第一,市场支配地位是经营者在相关市场内具有能够控制商品价格、数量或者其他交易条件,或者能够阻碍、影响其他经营者进入相关市场能力的市场地位。根据反垄断法第十八条的规定,市场支配地位的认定是综合评估多个因素的结果,包括但不限于如下因素:该经营者在相关市场的市场份额以及相关市场的竞争状况、该经营者控制销售市场或者原材料采购市场的能力、该经营者的财力和技术条件、其他经营者对该经营者在交易上的依赖程度、其他经营者进入相关市场的难易程度等。上述因素需要根据个案情况具体考量,每一个均不一定具有决定性作用。此外,反垄断法第十九条规定了市场支配地位的推定规则,即经营者在相关市场的市场份额达到二分之一的,可以推定其具有市场支配地位,但是这一推定可以被推翻。可见,市场支配地位是多因素综合评估的结果。

第二,市场份额在认定市场支配力方面的地位和作用必须根据案件具体情况确定。一般而言,市场份额越高,持续的时间越长,就越可能预示着市场支配地位的存在。尽管如此,市场份额只是判断市场支配地位的一项比较粗糙且可能具有误导性的指标。在市场进入比较容易,或者高市场份额源于经营者更高的市场效率或者提供了更优异的产品,或者市场外产品对经营者形成较强的竞争约束等情况下,高的市场份额并不能直接推断出市场支配地位的存在。特别是,互联网环境下的竞争存在高度动态的特征,相关市场的边界远不如传统领域那样清晰,在此情况下,更不能高估市场份额的指示作用,而应更多地关注市场进入、经营者的市场行为、对竞争的影响等有助于判断市场支配地位的具体事实和证据。

(二)关于被上诉人是否具有市场支配地位

结合上述思路,本院将从市场份额、相关市场的竞争状况、被诉经营者控制商品价格、数量或者其他交易条件的能力、该经营者的财力和技术条件、其他经营者对该经营者在交易上的依赖程度、其他经营者进入相关市场的难易程度等方面,对被上诉人是否具有市场支配地位进行考量和分析。

第一,关于被上诉人在相关市场的市场份额及其影响。由于互联网即时通信领域的竞争更多地是争夺用户注意力的竞争,经营者以免费的基础即时通信服务吸引用户,并利用用户资源和注意力通过增值服务和广告来获取收益,因此用户的有效使用时间、使用频度、活跃用户数等通常是考察市场份额较为恰当的指标。根据上诉人所委托专家的计算结果,在2009年至2011年间,以中国大陆地区用户的有效使用时间计算,被上诉人在中国大陆地区个人电脑端即时通信服务市场每年的份额均超过80%,与其最接近的竞争者同期的市场份额平均仅为4.2%。2010

年，以中国大陆地区用户的有效使用时间、使用频率计算，被上诉人在中国大陆地区个人电脑端即时通信服务市场的份额均分别为89.3%和80.2%，与其最接近的竞争对手阿里旺旺的市场份额则分别为4.4%和6.8%。在移动端即时通信服务市场中，2012年8月开始，以每月有效使用时间计算，被上诉人在中国大陆地区移动即时通信的每月市场份额均超过90%。同时，根据艾瑞咨询《中国即时通信年度监测报告》（2010~2011年度）的数据，使用过腾讯QQ移动即时通信的中国大陆地区用户的比率为91.9%。因此，被上诉人无论是在个人电脑端还是在移动端即时通信服务市场的市场份额均超过80%。但是，前已述及，高的市场份额并不当然意味着市场支配地位的存在，在动态竞争较为明显的即时通信领域更是如此。因此，仅仅依据市场份额证据还不能得出结论，尚需考察市场进入难易程度、被上诉人的市场行为、互联网平台竞争所形成的竞争约束等因素。

第二，关于中国大陆地区即时通信领域的竞争状况。首先，在被诉垄断行为发生时，中国大陆地区即时通信领域存在腾讯QQ、阿里旺旺、飞信、MSN、人人桌面、阿里旺旺－淘宝版、Skype、百度Hi、腾讯TM、天翼Live、彩虹、飞鸽传书、腾讯通、新浪UC、iSpeak、阿里旺旺－贸易通版、谷歌Talk、E话通、YY语音、Teamspeak、Globe7、51挂挂、校内通、网易泡泡等数十款即时通信工具。这些产品和服务的稳定性日趋成熟，用户可以利用其实现文字、音频或者视频即时通信功能。从发展速度上看，飞信、阿里旺旺、YY语音等的用户发展很快，用户规模均已过亿。其次，在被诉垄断行为发生前后，越来越多不同背景和技术的企业纷纷进入即时通信领域。传统的即时通信服务商如腾讯、MSN致力于产品更新换代，互联网商如盛大Youni、360口信也在利用互联网的背景积极开拓市场，手机厂商如苹果iMessage、三星ChatOn等也加入了竞争。特别是，移动即时通信发展迅猛，新的移动即时通信服务经营者不断进入，为即时通信产业带来了新的推动力。再次，即时通信领域的竞争呈现出创新竞争、动态竞争的显著特征。经营者为在市场竞争中站稳脚跟，需要在质量、服务、用户体验等方面持续创新，产品创新周期较短。以被上诉人为例，腾讯QQ软件功能不断更新，2009年累计功能更新14次，涉及项目近百项；2010年累计功能更新8次，涉及项目近40项；2011年累计功能更新5次，涉及项目40余项；2012年累计功能更新4次，涉及项目近30项；2013年1月至7月累计功能更新8次，涉及项目60余项。这些更新项目主要集中在提供新功能、提升用户体验、提高服务质量等方面。最后，即时通信领域平台化竞争日趋白热化。例如，被上诉人在腾讯QQ即时通信服务上整合了广告、资讯、交友、微博等服务；MSN的即时通信服务则整合了必应搜索、翻译、邮箱、网购、游戏等一系列互联网应用服务的平台；阿里旺旺、飞信等同样也整合包括即时通信在内的各种互联网应用。同时，一些社交网站和微博也在积聚大量用户的基础上提供即时通信、广告、游戏、微音乐、微数据等多种应用入口。可见,即时通信领域的竞争格局正在日渐多元化,创新较为活跃,正处于蓬勃发展时期,市场竞争比较充分。

第三,关于被上诉人控制商品价格、数量或者其他交易条件的能力。前已述及,由于即时通信服务经营者向广大用户提供的基础即时通信服务均为免费,用户也缺乏付费意愿,任何即时通信服务经营者均不可能具有控制用户端价格的能力。因此,需要重点考虑的是被上诉人是否具有控制质量、数量或者其他交易条件的能力。首先,关于被上诉人是否具有控制质量的能力。由于即时通信领域的竞争具有高度创新、动态竞争的显著特征且用户对于服务质量、用户体验等极为敏感,因此,如果被上诉人降低服务质量,则会有大量用户转而使用其他即时通信服务。MSN市场份额在短时间内的大幅下滑就说明了这一点。此外,互联网平台竞争的特点也制约了被上诉人控制质量的能力。为了获取广告业务和增值业务的盈利,即时通信服务经营者必须在用户端持续吸引大量的用户。为了吸引更多的用户,经营者必须不断提高服务质量,不断开发新的服务。其次,被上诉人也不具有控制商品数量以及其他交易条件的能力。互联网即时通信软件有数十种之多,均可免费便捷获得且占用空间较小,获取和转换即时通信服务不存在显著的经济和技术障碍,用户拥有较大的选择余地。由于随着新兴即时通信工具的发展,同时使用2~3款即时通信软件的用户比例逐步增大并在2009年即已超过50%,有8.7%的用户在半年内更换过聊天工具。由于功能用途差异不明显,即时通信产品的替代性较高,即时通信服务经营者通常不敢轻易拒绝提供服务或者变更交易条件。因此,被上诉人控制商品价格、质量、数量或者其他交易条件的能力较弱。

第四,关于被上诉人的财力和技术条件。首先,虽然被上诉人具有较为强大的财力和技术条件,但是在中国大陆地区即时通信领域的多个竞争者均有雄厚的财力和技术条件,如阿里巴巴、百度、微软、中国移动等。这些大型企业拥有足够的实力对被上诉人的市场领先地位形成冲击。其次,即时通信领域的创新活跃,对技术和成本的要求则相对较低,技术和财力条件对市场力量的影响并不显著。因此,被上诉人的财力和技术条件对其市场力量的影响非常有限。

第五,其他经营者对被上诉人在交易上的依赖程度。首先,被上诉人的腾讯QQ软件并非用户使用即时通信服务的必需品。用户可选择的即时通信软件种类较多,且获取即时通信软件和服务的成本很低,不存在妨碍用户选择和转换即时通信服务的显著经济和技术障碍。在此情况下,即使被上诉人拥有较高的市场份额,也难以形成用户对被上诉人的较大依赖。其次,即时通信领域的客户粘性并未显著增强用户对被上诉人的依赖程度。上诉人认为,即时通信服务具有明显的网络效应和客户黏性，用户越多，越能吸引其他用户使用该技术通信服务，且用户经过长期使用并建立社交圈后，形成很高的客户黏性，转换即时通信服务的成本极高。对此，本院认为：1. 前述主张预设的前提是错误的。前述主张预设的前提之一是用户转换即时通信服务时会一次性地涉及所有联系人。这一预设前提显然难以成立，因为用户在转换新的即时通信服务时完全可能仅涉及个别或者少数的联系人。前述主张预设的前提之二是用户的所有联系人都是重要的且经常联系。这一预设前提也是高度可疑的。2. 用户同时使用多款即时通信服务的现象非常明显。根据CNNIC的调查，半年内用户使用超过两款以上的即时通信软件的比例达到63.4%；根据艾瑞咨询的调查，超过90%的用户使用2款以上即时通信服务。用户可以在不同的即时通信服务上逐步建立具有高度重合性的社交网络，网络效应和客户黏性的影响被大大减弱了。3. 即时通信服务商可以通过手机通讯录导入、不同产品间用户互通导入等方式导入好友关系链，用户可以轻易地将更大范围的好友转移到其他即时通信软件上。可见，新技术的发展进一步减弱了客户粘性的影响力。4. MSN在短时间内经历的用户大量流失，进一步说明客户粘性并不足以形成对特定经营者的较强依赖。MSN在2011年的时候在全球占有40%的市场份额，但至2012年用户下滑至1亿人，多达数亿用户流失。5. 常用联系人的多少并非用户选择使用特定即时通信服务的主要考虑因素，网络效应和客户粘性所形成的对用户的吸引力极为有限。CNNIC报告显示，即时通信用户在使用过程中关注的要素排在前三位的是软件账号安全、软件的性能、软件的功能多少等产品质量因素，对常用联系人多少的关注度仅有37.7%。因此，网络效应和客户黏性等因素并没有显著提高用户对被上诉人提供的即时通信服务的依赖性。

第六，其他经营者进入相关市场的难易程度。一审法院已经指出，即时通信服务市场经营者进入的门槛较低，且进入该市场的途径多样化。上诉人对此未提出异议，但认为即时通信服务市场是一个高度集中的市场，新进入的即时通信服务商的市场份额较低，不足以对被上诉人形成有效竞争约束。本院认为：首先，对于认定是否具有市场支配地位而言，重要的是市场进入以及扩大市场占有率的容易性。低市场份额并不当然意味着较弱的市场竞争约束力，只要能够迅速进入并有效扩大市场，就足以对在位竞争者形成有效的竞争约束。其次，本案证据表明，在被上诉人占有较高市场份额的时间里，每年都有大量的符合行政许可条件的境内经营者进入即时通信领域，且不少经营者在短时间内就迅速建立起足以支撑其发展的市场份额。例如，2011年中国大陆地区共有盛大Youni、苹果iMessage、中国联通“沃友”、上诉人的“口信”、中国移动“飞聊”、中国电信“翼聊”、尚易imo、图度Talk 2.0Beta和“网易即时通”等即时通信产品进入市场。2007年6月5日，中国移动推出飞信,不到一年时间其每日用户数量就突破1亿。2012年飞信的活跃用户数同比增长42%。2012年1月,YY语音的用户超过1亿,其用户数量从0到1亿只花费了34个月,腾讯QQ则花费了37个月。2012年,YY移动应用总下载量超过2780万次。人人公司的激活用户由2011年12月31日的1.47亿增至2012年12月31日的1.78亿;月独立登录用户由2011年12月的3800万增至2012年12月的5600万。飞信、YY语音、人人桌面的用户增长率均远超同期中国互联网网民的增长率。这些实际发生的成功进入实例有力地证明,被上诉人所在的即时通信服务市场进入较为容易。

第七,关于被上诉人实施不兼容行为、迫使用户进行"二选一"行为本身是否意味着其具有市场支配地位。上诉人主张,被上诉人强迫其用户进行"二选一",是因为其相信绝大多数用户会选择腾讯QQ而放弃360;同时统计数据显示,在被上诉人实施"二选一"的时间段内,其用户数量并无显著下降,而其竞争对手的用户数量也没有显著上升。这表明被上诉人显然具有市场支配地位。对此,本院认为:首先,认定经营者是否具有市场支配地位需要结合具体事实和证据,经营者的主观认知如何对认定其是否具有市场支配地位并无直接关联性。其次,被上诉人实施"二选一"行为所造成的实际影响。被上诉人实施"二选一"行为仅仅持续了一天。腾讯公司于2010年11月3日发布《致广大QQ用户的一封信》,宣布实施"二选一"不兼容行为。根据360安全中心的消息,11月4日腾讯QQ和360软件在有关部门的干预下已经实现了完全兼容。虽然无法获知当日其竞争对手用户数量的变化,但是可以通过其竞争对手在当月用户数量的变化进行大致的推测。在被上诉人实施"二选一"行为当月,其主要竞争对手MSN、飞信和阿里巴巴等的用户数量均有较高增幅。以月覆盖人数计算,其中MSN较上月增长61.93%;飞信较上月增长9.95%;阿里巴巴较上月增长5.15%;均显著超出前三个月平均变化幅度。尤其是MSN,在月覆盖人数长期呈负增长的情况下,该月覆盖人数出现异乎寻常地增长,增长率高达61.93%,实际比上月增长2300多万人。移动飞信、新浪UC也开始争抢市场。新浪启用废弃多年的新浪UC,并在首页做大规模推广。中国移动推出新版飞信个人电脑客户端,3天内下载量猛增。上诉人关于在"二选一"的时间段内,被上诉人竞争对手的用户数量没有显著上升的主张与事实不符。最后,被上诉人实施"二选一"行为仅仅持续一天即导致其竞争对手MSN当月覆盖人数增长2300多万,多个竞争对手争抢即时通信服务市场。这一事实比较有力地说明被上诉人在即时通信服务市场上并不具备显著的市场支配地位。

综上,本案现有证据并不足以支持被上诉人具有市场支配地位的结论。一审法院认定被上诉人不具有市场支配地位,并无不当,上诉人的相应上诉理由不能成立，本院不予支持。

三、被上诉人是否构成反垄断法所禁止的滥用市场支配地位行为

原则上，如果被诉经营者不具有市场支配地位，则无须对其是否滥用市场支配地位进行分析，可以直接认定其不构成反垄断法所禁止的滥用市场支配地位行为。不过，在相关市场边界较为模糊、被诉经营者是否具有市场支配地位不甚明确时，可以进一步分析被诉垄断行为对竞争的影响效果，以检验关于其是否具有市场支配地位的结论正确与否。此外，即使被诉经营者具有市场支配地位，判断其是否构成滥用市场支配地位，也需要综合评估该行为对消费者和竞争造成的消极效果和可能具有的积极效果，进而对该行为的合法性与否作出判断。为此，本院认为有必要对被诉垄断行为对竞争的影响及其合法性与否进行分析认定。

（一）关于被上诉人实施的“产品不兼容”行为（用户二选一）是否构成反垄断法禁止的限制交易行为

根据反垄断法第十七条的规定，具有市场支配地位的经营者，没有正当理由，限定交易相对人只能与其进行交易或者只能与其指定的经营者进行交易的，构成滥用市场支配地位。上诉人主张，被上诉人没有正当理由，强制用户停止使用并卸载上诉人的软件，构成反垄断法所禁止的滥用市场支配地位限制交易行为。对此，本院分析如下：

第一，关于被上诉人实施的“产品不兼容”行为对消费者利益的影响。需要注意的是，被上诉人实施的“产品不兼容”行为是专门针对上诉人的产品和服务实施的。这一行为表面上是要求用户在使用腾讯 QQ 和 360 安全软件之间做出选择，实质上是被上诉人限定了自己的腾讯 QQ 软件的使用环境。虽然这一限制可能对消费者使用腾讯 QQ 或者 360 安全软件造成不便，但是由于在即时通信市场和安全软件市场均有充分的替代选择，腾讯 QQ 软件并非必需品，这种不便对消费者利益并无重大影响。当然，这并不意味着被上诉人实施“产品不兼容”行为无可指责。

第二，关于被上诉人实施“产品不兼容”行为的动机。在被上诉人实施“产品不兼容”行为之前，被上诉人的即时通信软件与上诉人的安全软件长期兼容共存。本案中，没有充分证据证明被上诉人实施“产品不兼容”行为是为了排除潜在的竞争对手进入被上诉人占有领先地位的即时通信服务市场。特别应注意的是，被上诉人实施“产品不兼容”行为的背景是，上诉人及其关联公司专门针对腾讯 QQ 软件开发、经营扣扣保镖软件，实施不正当竞争行为，被上诉人被迫对此作出回应。可见，被上诉人为排除、限制即时通信服务市场的竞争而采取“产品不兼容”行为的动机并不明显。

第三，关于被上诉人实施“产品不兼容”行为对竞争的实际影响。首先，对被上

诉人所在的即时通信服务市场的影响。尽管被上诉人实施“产品不兼容”行为仅持续一天,却给该市场带来了更活跃的竞争。在被上诉人实施“产品不兼容”行为后2~3周,其主要竞争对手MSN、飞信和阿里巴巴等的用户数量均有较高增幅。MSN更是在月覆盖人数长期负增长之后实现局势逆转,增长率高达61.93%,实际比上月增长2300多万人。新的竞争者移动飞信、新浪UC等乘机进入市场,下载量猛增。同时,根据被上诉人所委托专家的计算结果,被上诉人自身的市场份额降低了约1%。结合竞争对手的市场变化,有理由相信,如果“产品不兼容”行为持续更长时间,被上诉人的市场份额将大幅下滑。而被上诉人的市场份额实际未发生较大变化更可能是由于“二选一”行为持续时间太短、用户迅速回流所致。其次,对上诉人所在的安全软件市场的影响。被上诉人实施的“产品不兼容”行为的确对上诉人的市场份额造成一定程度的消极影响。但是,反垄断法所关注的重心并非个别经营者的利益,而是健康的市场竞争机制是否受到扭曲或者破坏。根据上诉人所委托专家的计算结果,在“二选一”行为期间,360安全卫士和360杀毒软件的周用户数量比上周降低了10%,360保险箱的周用户数量降低了12%。如果转换成市场份额,根据被上诉人专家的计算结果,则上诉人在安全软件中的市场份额下降了3.3个百分点,即从74.6%下降至71.3%。在同一时期,被上诉人的市场份额则仅仅增长了0.57个百分点,即从3.89%增长至4.46%。可见,被上诉人实施的“产品不兼容”行为对安全软件市场的影响是极其微弱的,并未显著排除或者限制安全软件市场的竞争。

综上,虽然被上诉人实施的“产品不兼容”行为对用户造成了不便,但是并未导致排除或者限制竞争的明显效果。这一方面说明被上诉人实施的“产品不兼容”行为不构成反垄断法所禁止的滥用市场支配地位行为,也从另一方面佐证了被上诉人不具有市场支配地位的结论。

(二)被上诉人是否构成反垄断法所禁止的搭售行为

根据反垄断法第十七条的规定,具有市场支配地位的经营者,没有正当理由搭售商品,或者在交易时附加其他不合理的交易条件的,构成滥用市场支配地位。上诉人主张,被上诉人将QQ软件管家与即时通信软件捆绑搭售,并且以升级QQ软件管家的名义安装QQ医生,不符合交易惯例、消费习惯或者商品的功能,消费者选择权受到了限制,不具有正当理由;一审判决关于被诉搭售行为产生排除、限制竞争效果的举证责任分配错误。对此,本院分析如下:

第一,关于反垄断法所禁止的搭售行为的构成要件及其对竞争的可能影响。搭售应当符合如下条件:搭售产品和被搭售产品是各自独立的产品;搭售者在搭售产品市场上具有支配地位;搭售者对购买者实施了某种强制,使其不得不接受被搭售产品;搭售不具有正当性,不符合交易惯例、消费习惯等或者无视商品的功能;搭售对竞争具有消极效果。搭售行为本身既可能产生积极效果,也可能造成消极效果。搭售的积极效果是在特定情况下可以提高产品质量、降低成本、促进销售、确保安全,从而提高效率,其消极效果是搭售可能使得在搭售产品上市场具有支配地位的经营者将其竞争优势延伸到被搭售产品市场上。

第二,本案没有可靠的证据表明被诉搭售行为使得被上诉人将其在即时通信市场上的领先地位延伸到安全软件市场。尽管被上诉人实施了所谓的"二选一"以及被诉搭售行为,上诉人在安全软件中仍是占领先地位的经营者,其市场份额不低于70%,而被上诉人的市场份额则没有超过5%,仅增加了0.57个百分点。本案没有证据显示被上诉人的被诉搭售行为导致上诉人在安全软件市场的市场份额发生显著下降,或者对安全软件市场内的其他经营者产生了排除或者限制竞争的效果。

第三,QQ即时通信软件与QQ软件管理打包安装具有一定的合理性。CNNIC的调查显示,软件的账号安全是即时通信用户使用过程中最关注的问题。通过将QQ即时通信软件与QQ软件管理打包安装,实现QQ即时通信软件的功能整合,用户可以更好地管理和使用QQ即时通信软件,保障账号安全,从而提高QQ即时通信软件的性能和价值。

第四,被诉搭售行为的强制性并不明显。首先,虽然QQ即时通信软件与QQ软件管理打包安装时并未提示用户将同时安装QQ软件管理,但是被上诉人提供了卸载QQ软件管理的功能。用户可以方便地自主选择卸载。这表明,被上诉人向用户提供即时通信服务并不以用户必须使用QQ软件管理为条件,对用户没有实质的强制性。其次,在将QQ软件管理和QQ医生升级为QQ电脑管家时,被上诉人通过公告的方式向用户告知了选择权。

第五,关于举证责任的分担问题。在滥用市场支配地位案件中,被诉垄断行为的受害人对被诉经营者具有市场支配地位承担举证责任,被诉经营者对其行为正当性承担举证责任。被诉垄断行为是否具有正当性与其是否具有排除、限制竞争的效果并不完全一致,两者既有联系,又存在区别。对正当性承担举证责任并不等同于对行为不具有排除、限制竞争的效果承担举证责任。还需说明的是,被诉垄断行为排除、限制竞争效果的存在有助于证明被诉经营者具有市场支配地位。一审法院在现有证据不能证明被上诉人具有市场支配地位的情况下,要求上诉人举证证明被诉搭售行为产生了排除、限制竞争的后果,并无明显不当。

综上,上诉人关于被上诉人实施了滥用市场支配地位行为的上诉理由不能成立,本院不予支持。

四、一审法院审理程序是否违法

(一)一审法院未按照其重新界定的相关市场组织双方当事人重新计算市场份额是否违反法定程序

上诉人主张,一审法院重新界定相关市场后,未组织双方当事人按照重新界定的相关市场计算市场份额,违反法定程序。本院认为:

第一,并非任何滥用市场支配地位案件均需要确定被诉经营者在相关市场的市场份额。滥用市场地位案件的关键在于确定被诉经营者是否在相关市场内具有市场支配地位。市场支配地位的认定是综合评估多个因素的结果,需要根据个案情况具体考量,每一个因素均不一定具有决定性作用。在特定情况下,即使不确定市场份额,仍可以基于其他证据认定经营者是否具有市场支配地位。因此,在认定经营者是否具有市场支配地位时,确定其在相关市场的市场份额并非必经步骤。

第二,关于一审法院对此问题的处理是否正确。一审法院在认定上诉人所界定的相关市场不正确后,未组织当事人重新计算市场份额。由于确定被诉经营者在相关市场的市场份额并非本案审理的必经步骤,一审法院的上述作法并不违反法定程序。还应注意到,一审法院虽未组织当事人重新计算市场份额,但其从被上诉人是否具有控制商品价格、数量或其他交易条件的能力以及是否具备阻碍、影响其他经营者进入相关市场的能力两个方面进行分析,得出被上诉人不具有市场支配地位的结论。这一处理并无不当。

综上,上诉人的相应上诉理由不能成立,本院不予支持。

(二)一审法院在认定被上诉人是否具有支配地位时,是否违背证据规则而引入未经质证的证据

上诉人主张,被上诉人没有引用欧盟委员会 Skype/Microsoft 案决定中有关即时通信工具用户核心圈的结论和 Facebook 用户通常只与四到六人保持双向互动的结论,一审法院在判决中将其作为论据使用,违反证据规则。一审卷宗中有全球经济咨询出具的《关于奇虎相关市场界定和滥用市场支配地位指控的经济分析报告》,一审法院大量采纳与该报告相同的观点和事实,但未组织质证,违反证据规则。本院认为:

第一,关于欧盟委员会 Skype/Microsoft 案的决定。该份决定在一审中由被上诉人提交,并经双方当事人质证。对于已经质证的证据,根据当事人的质证意见,结合证据本身对其整体内容予以审查判断,并将之运用于裁判之中,属于审理法院的职权范围。上诉人的上述主张过分机械地理解证据的质证与认定,本院不予支持。

第二,关于全球经济咨询出具的《关于奇虎相关市场界定和滥用市场支配地位指控的经济分析报告》。被上诉人在一审过程中将该份报告提交审理法院作为参

考,并非作为证据使用。一审法院亦未援引该份报告作为裁判依据。一审判决的部分事实和观点与该份报告有相同之处,并不能说明一审法院采信该报告。由于一审法院并未将该份报告作为裁判依据加以采信,对于该份报告无须组织双方当事人质证。

综上,上诉人的相应上诉主张不能成立,本院不予支持。

(三)一审法院是否违反听证原则而大量认定未经质证的证据与事实

上诉人主张,一审过程中当事人并未就相关市场界定中使用假定垄断者测试方法进行辩论、质证,一审法院自行决定适用该方法;在判定QQ与社交网站、微博之间存在替代性时,一审法院认为微博产品的出现会否定上诉人所委托专家对腾讯QQ与社交网站的相关性分析,该观点并未在法庭上提出,亦未经双方辩论;一审法院以腾讯QQ成功进入MSN占较高市场份额的早期即时通信服务市场为例,证明网络效应和用户黏性并非不可逾越的障碍,但是即时通信服务市场的竞争环境已经发生重大改变且MSN在QQ进入市场之初是否具有支配地位没有证据支持,上述做法直接影响判决结果,违反了听证原则。本院认为:

第一,假定垄断者测试是界定相关市场的一种分析思路,法院可以根据案件具体情况决定采用何种分析思路,并不必然需要当事人辩论。

第二,一审法院以微博产品的出现作为依据,否定上诉人所委托专家对腾讯QQ与社交网站的相关性分析,实质上是一审法院根据具体证据认定相关案件事实,属于法院职权范围,无须在对相关证据进行质证之外再行听取当事人意见。

第三,一审法院以腾讯QQ成功进入MSN占较高市场份额的即时通信服务市场为例,论证网络效应和用户粘性对于市场进入的阻碍并不明显。本案一审证据中,并无相关证据可以直接证明MSN在腾讯QQ进入市场时在中国大陆地区即时通信市场具有市场支配地位,且与当时的市场状况相比,市场环境已经发生变化。因此,一审法院的这一论证缺乏扎实的事实基础和说服力。但是,一审法院并非仅以此认定即时通信服务市场的进入比较容易,而是综合分析多种因素作出最终判断。这一论据本身存在的问题并不影响其最终结论的正确性。

综上,上诉人的上述主张不能成立,本院不予支持。

(四)一审法院是否怠于履行《民事诉讼证据规定》第三十五条规定的告知义务

上诉人主张,一审法院认定了被上诉人实施的"产品不兼容"(用户二选一)行为属于限制交易行为,该行为即使不构成反垄断法下的违法行为,亦应构成反不正当竞争法下的不正当竞争行为。一审法院应履行《民事诉讼证据规定》第三十五条规定的告知义务而未履行,违反法定程序。本院认为:反垄断法和反不正当竞争法各有其不同的规制对象和法律要件。被上诉人实施的"产品不兼容"行为是否违反反垄断法或者反不正当竞争法，需要根据相关法律规定分别判断，并不是非此即彼。况且，一审法院在认定被上诉人实施的“产品不兼容”行为不违反反垄断法之后，并未认定该行为构成不正当竞争，因此不属于《民事诉讼证据规定》第三十五条规定的情形。

鉴于被上诉人的行为不构成反垄断法所禁止的滥用市场支配地位行为，本院对本案的法律责任问题不再进行评述。

综上，本院认为，一审判决认定事实基本属实，适用法律正确，裁判结果适当。上诉人的上诉理由虽部分成立，但不足以影响本案裁判结果。依照《中华人民共和国反垄断法》第十七条、第十八条、第十九条，《中华人民共和国民事诉讼法》第一百七十条第一款第(一)项之规定，判决如下：

驳回上诉，维持原判。

一审案件受理费人民币796800元，按照原判决执行；二审案件受理费人民币796800元，由上诉人北京奇虎科技有限公司负担。

本判决为终审判决。

审 判 长 王 闯
审 判 员 王艳芳
代理审判员 朱 理
二〇一四年十月八日
书 记 员 刘海珠
书 记 员 曹佳音

指导案例79号《吴小秦诉陕西广电网络传媒(集团)股份有限公司捆绑交易纠纷案》的理解与参照

——认定反垄断法中捆绑交易行为的构成要件

2017年3月6日,最高人民法院首次以专题形式发布了第16批指导性案例(知识产权专题),包括第78号至第87号共10件指导性案例,总结了知识产权审判实践中普遍的疑难复杂法律适用问题,有利于进一步明确裁判规则,统一司法尺度。其中,第79号为《吴小秦诉陕西广电网络传媒(集团)股份有限公司捆绑交易纠纷案》。为了正确理解和准确参照适用该指导案例,现对该指导案例的选编过程、裁判要点、参照适用等有关情况予以解释和说明。

一、选编过程及指导意义

该案为最高人民法院提审审理的案件,审理过程中,因涉及法律问题典型并具有普遍性社会意义,经审判委员会讨论通过并按照该决议作出裁判。在审判委员会讨论过程中,与会委员建议将该案作为指导性案例。2016年10月28日,最高人民法院案例指导工作办公室收到民三庭推荐的该案例后,对其进行初审、修改。2017年1月10日,研究室室务会经讨论,同意推荐该案例,建议提交审委会予以复核。2月21日,该案例经最高人民法院民专会第261次会议讨论通过,确定可以作为指导性案例。3月6日,最高人民法院以法〔2017〕53号文件将该案例列在第16批指导案例中予以发布。

该指导案例旨在明确经营有线电视传输业务的经营者利用市场支配地位,将数字电视基本收视维护费和数字电视付费节目费捆绑在一起向消费者收取,侵害了消费者的消费选择权,不利于其他服务提供者进入数字电视服务市场。经营者即使存在两项服务分别收费的例外情形,也不足以否认其构成反垄断法所禁止的搭售。该案虽然标的小,但意义重大,阐明了经营者市场支配地位的认定标准、搭售的构成要素及反垄断法与消费者权益保护法之间的法律适用关系。

二、关于本案例的相关情况

原告吴小秦诉称:2012 年 5 月 10 日,其前往陕西广电网络传媒(集团)股份有限公司(以下简称广电公司)缴纳数字电视基本收视维护费得知,该项费用每月由 25 元调至 30 元,吴小秦遂缴纳了 90 元,其中数字电视基本收视维护费 75 元、数字电视节目费 15 元。之后,吴小秦获悉节目升级增加了收费节目,最低套餐基本收视费每年 360 元;付费频道供用户自由选择,自愿订购。根据陕西省物价局规定的数字电视基本收视维护费收费标准,城市居民用户每主终端每月 25 元。吴小秦认为,广电公司属于公用企业,在数字电视市场内具有支配地位,其收取数字电视节目费的行为剥夺了自己的自主选择权,构成搭售,故诉至陕西省西安市中级人民法院,请求判令:确认被告 2012 年 5 月 10 日收取原告数字电视节目费 15 元的行为无效;被告返还原告 15 元。

被告广电公司辩称:广电公司作为陕西省内唯一电视节目集中播控者,向选择收看基本收视节目之外的消费者收取费用,符合反垄断法的规定;广电公司具备陕西省有线电视市场支配地位,鼓励用户选择有线电视套餐,但并未滥用市场支配地位,强行规定用户在基本收视业务之外必须消费的服务项目,用户有自主选择权;广电公司虽然推出了一系列满足用户进行个性化选择的电视套餐,但从没有进行强制搭售的行为,其保证了绝大多数群众收看更多电视节目的选择权利。故请求驳回原告要求确认广电公司增加节目并收取费用无效的请求;愿意积极解决原告的第二项诉讼请求。

一审法院经审理查明:2012 年 5 月 10 日,吴小秦前往广电公司缴纳数字电视基本收视维护费时获悉,数字电视基本收视维护费每月最低标准由 25 元上调至 30 元。吴小秦缴纳了 2012 年 5 月 10 日至 8 月 9 日的数字电视基本收视维护费 90 元。广电公司向吴小秦出具的收费专用发票载明:数字电视基本收视维护费 75 元及数字电视节目费 15 元。之后,吴小秦通过广电公司客户服务中心(服务电话 96766)咨询,广电公司节目升级增加了不同的收费节目,有不同的套餐,其中最低套餐基本收视费每年 360 元,用户每次最少应缴纳 3 个月费用。广电公司是经陕西省政府批准,陕西境内唯一合法经营有线电视传输业务的经营者和唯一电视节目集中播控者。广电公司承认其在有线电视传输业务中在陕西省占有支配地位。

另查明,2004 年 12 月 2 日国家发展改革委、国家广电总局印发的《有线电视基本收视维护费管理暂行办法》规定:有线电视基本收视维护费实行政府定价,收费标准由价格主管部门制定。2005 年 7 月 11 日国家广电总局关于印发《推进试点单位有线电视数字化整体转换的若干意见(试行)》的通知规定,各试点单位在推进整体转换过程中,要重视付费频道等新业务的推广,供用户自由选择,自愿订购。陕西省物价局于2006年5月29日出台的《关于全省数字电视基本收视维护费标准的通知》规定,数字电视基本收视维护费收费标准为:以居民用户收看一台电视机使用一个接收终端为计费单位。全省县城以上城市居民用户每主终端每月25元;有线数字电视用户可根据实际情况自愿选择按月、按季度或按年度缴纳基本收视维护费。国家发展改革委、国家广电总局于2009年8月25日出台的《关于加强有线电视收费管理等有关问题的通知》指出:有线电视基本收视维护费实行政府定价;有线电视增值业务服务和数字电视付费节目收费,由有线电视运营机构自行确定。

二审中,广电公司提供了四份收费专用发票复印件,证明在5月10日前后,广电公司的营业厅收取过25元的月服务费,因无原件,吴小秦不予质证。庭后广电公司提供了其中三张的原件,双方进行了核对与质证。该票据上均显示一年交费金额为300元,即每月25元。广电公司提供了五张票据的原件,包括一审提供过原件的三张,交易地点均为咸阳市。由此证明广电公司在5月10日前后,提供过每月25元的收费服务。

再审中,广电公司提交了其2016年网站收费套餐截图、关于印发《2016年大众业务实施办法(试行)的通知》、2016年部分客户收费发票。

陕西省西安市中级人民法院于2013年1月5日作出(2012)西民四初字第438号民事判决:(1)确认陕西广电网络传媒(集团)股份有限公司2012年5月10日收取吴小秦数字电视节目费15元的行为无效;(2)陕西广电网络传媒(集团)股份有限公司于本判决生效之日起十日内返还吴小秦15元。陕西广电网络传媒(集团)股份有限公司不服提起上诉,陕西省高级人民法院于2013年9月12日作出(2013)陕民三终字第38号民事判决:(1)撤销一审判决;(2)驳回吴小秦的诉讼请求。吴小秦不服二审判决,向最高人民法院提出再审申请。最高人民法院于2016年5月31日作出(2016)最高法民再98号民事判决:(1)撤销陕西省高级人民法院(2013)陕民三终字第38号民事判决;(2)维持陕西省西安市中级人民法院(2012)西民四初字第438号民事判决。

本案系陕西省第一起涉及垄断纠纷的案件,西安市中级人民法院宣判后该案被认为是中国第一起消费者状告公用企业胜诉的垄断案件,后该案在二审期间,被陕西省高级院人民法院改判。原告吴小秦申诉至最高人民法院,最高人民法院经审查后裁定提审,提审后经最高人民法院审理后作出判决。该案涉及的问题是如何界定市场支配地位?垄断者是否滥用市场支配地位?捆绑交易的构成要件?是否适用反垄断法?本案对《中华人民共和国反垄断法》第十七条第一款第(五)项的适用进行了深度诠释,对理解法律本意有一定的意义。该案虽然标的小,但意义重大。法律问题非常具有典型性,涉及行政垄断企业滥用市场支配地位问题。该案将在客观上促进相关垄断行业改进服务,有利于维护广大消费者的权益。

三、裁判要点的理解与说明

该指导案例的裁判要点确认:(1)作为特定区域内唯一合法经营有线电视传输业务的经营者及电视节目集中播控者,在市场准入、市场份额、经营地位、经营规模等各要素上均具有优势,可以认定该经营者占有市场支配地位。(2)经营者利用市场支配地位,将数字电视基本收视维护费和数字电视付费节目费捆绑在一起向消费者收取,侵害了消费者的消费选择权,不利于其他服务提供者进入数字电视服务市场。经营者即使存在两项服务分别收费的例外情形,也不足以否认其构成反垄断法所禁止的搭售。现围绕与该裁判要点相关的问题逐一解释和说明如下:

垄断的概念来自于经济学。在法学领域,对垄断存在广义、狭义两种理解,其中狭义理解与经济学的理解基本相同,即是从市场结构对垄断予以界定;而广义理解包括垄断状态和垄断行为两个方面。垄断状态就是垄断性的市场结构,垄断状态一般形成于合法、公平的竞争过程中,是公平竞争的结果。垄断行为是指经营者违反法律的强制性规定,在特定市场内滥用市场支配地位或者与其他经营者合谋,排除或限制竞争,损害消费者的权益,违反公共利益的行为。反垄断法的目的在于维护自由竞争的市场经济,保障市场发挥最优化的资源配置作用,促进社会的进步。反垄断法最早出现于美国,1890年联邦政府通过了第一个全国性的反垄断法《保护贸易和商业不受非法限制与垄断之危害法》,即《谢尔曼法》,通过多年的发展,已形成的法律除《谢尔曼法》外,还有《反垄断诉讼程序改进法》等。《中华人民共和国反垄断法》于2007年8月30日通过,自2008年8月1日起施行。之后,最高人民法院颁布了《关于审理因垄断行为引发的民事纠纷案件应用法律若干问题的规定》。为便于对本案裁判要点的理解,进行以下说明:

(一)相关市场的界定

市场是交易机会和交易地点的集合。而相关市场的界定是反垄断诉讼案件的起点,只有界定了相关市场,才能进一步界定是否具备市场支配地位,以及讼争行为是否妨碍了市场竞争、构成垄断。可以认为,相关市场的界定是各国反垄断法的难点问题。在垄断案件中,一般而言,界定"相关市场"是认定市场支配地位的前提和基础。相关市场界定的目的在于界定对相关产品供应商的竞争约束。如果供应商把价格提高到竞争水平以上或降低产品质量,这种市场力量会使其利润降低。如商品甲的购买者在制造甲的企业显著提价时只能转向商品乙,那么乙就是甲唯一的竞争约束。一般情况下,竞争约束的强度决定了我们考虑的商品供应商的行为是否会损害竞争和消费者。[①] 对此,应从以下几方面分析:首先,相关市场的内涵。相关市场又称为特定市场,确定相关市场需要考虑产品和地区两个核心要素。[②] 我国《中华人民共和国反垄断法》第十二条规定:本法所称相关市场,是指经营者在一定时期内就特定商品或者服务(以下统称商品)进行竞争的商品范围和地域范围。《国务院反垄断委员会关于相关市场界定的指南》第三条规定:在反垄断执法实践中,通常需要界定相关商品市场和相关地域市场。相关商品市场,是根据商品的特性、用途及价格等因素,由需求者认为具有较为紧密替代关系的一组或一类商品所构成的市场。这些商品表现出较强的竞争关系,在反垄断执法中可以作为经营者进行竞争的商品范围。相关地域市场,是指需求者获取具有较为紧密替代关系的商品的地理区域。这些地域表现出较强的竞争关系,在反垄断执法中可以作为经营者进行竞争的地域范围。也有学者指出:从经济学的角度,特别是从生产者或者经营者的角度来看,市场一般是指企业销售其产品的场所。竞争法中的市场,一般指的是相关市场。[③] 美国《横向合并指南》规定:"一个市场可以定义为一种产品和一个地域,该地域生产或销售产品的厂商以利润最大化为逻辑前提。包括产品市场和地域市场。"其次,产品市场界定的出发点。产品市场界定的出发点是产品的可替代性。确定产品市场,需要从消费者的角度去衡量,所有与经营者的产品存在替代性的产品均应包括在内,即相互间的竞争产品或因该产品的存在而使某一经营者随意定价的能力受到限制。[④] 由此可以推出,相关产品市场是指根据产品的特征、价格及其使用目的,从消费者的角度可以相互交换或者相互替代的所有产品和服务。对于产品是否具有可替代性的判定,欧共体委员会提出了一系列方法,明确将经济分析法引入了欧共体竞争法。根据欧共体的司法实践,决定几个产品之间是否具有可替代性,主要考虑以下因素:(1)产品的性能和使用目的;(2)产品价格;(3)消费者的喜好。[⑤] 最后,界定相关市场主要是通过考察不同商品或服务的价格、物理特征、用途以及需求者的消费习性和偏好等因素,并注意考虑需求和供给这两个方面的交叉弹性。[⑥] 可以说,相关市场的确定在世界范围内都是一个非

---

① 国际竞争网络(ICN)2008 年单边行为工作组报告《在评估市场支配地位/显著市场力量时的推荐方法》第 2 页,载 http://www. internationalcompetitionnetwork. org/uploads/library/doc317. pdf。

② 黄勇、董灵:《反垄断法经典判例解析》,人民法院出版社 2002 年版,第 67 页。

③ 尚明主编:《反垄断法理论与中外案例评析》,北京大学出版社 2008 年版,第 163 页。

④ 黄勇、董灵:《反垄断法经典判例解析》,人民法院出版社 2002 年版,第 67 页。

⑤ 王晓晔:《欧共体竞争法》,中国法制出版社 2001 年版,第 77 ~79 页。

⑥ 商务部条法司编:《中国企业并购反垄断审查相关法律制度研究》,北京大学出版社 2008 年版,第 20 页。

常疑难的问题,对于反垄断执法尚处于初步阶段的中国法院更是如此。而本案中,由于本案诉争服务的特殊性及地域的集中性界定相关市场较为容易,也就是说,本案被诉垄断行为所涉的相关服务市场是有线电视传输服务市场,相关服务市场的地域范围是陕西省地区。

(二)具有支配地位的界定

司法实践中,有专家认为,对于市场支配地位的分析方法有三种标准,即市场行为标准、市场效果标准及市场结构标准。市场行为标准认为,如果经营者在指定产品的价格或者在作出经营决策之时,可以不考虑其他竞争者的定价行为或者经营决策的相关影响,就可以判断该经营者具有市场支配地位。市场效果标准就是依据经营者经营效果来判断是否具有市场支配地位。市场结构标准是认定经营者市场地位最直接的标准,其含义是从经营者的市场份额、市场占有率来判断市场地位。① 我国采用了多种考量因素的判定标准。反垄断法第十七条第二款规定:本法所称市场支配地位,是指经营者在相关市场内具有能够控制商品价格、数量或者其他交易条件,或者能够阻碍、影响其他经营者进入相关市场能力的市场地位。具体到本案中,根据《最高人民法院关于审理因垄断行为引发的民事案件应用法律若干问题的规定》第九条"被诉垄断行为属于公用企业或者其他依法具有独占地位的经营者滥用市场支配地位的,人民法院可以根据市场结构和竞争状况的具体情况,认定被告在相关市场内具有支配地位,但有相反证据足以推翻的除外"之规定,由于有线电视传输服务市场实行省级专营,广电公司是经陕西省政府批准、陕西境内唯一合法经营有线电视传输业务的经营者和唯一的电视节目集中播控者,广电公司在有线电视传输服务市场上在市场准入、市场份额、经营地位、经营规模等各要素上均具有优势;同时,有线电视传输服务市场实行省级专营,市场进入本身存在很大的障碍。考虑到有线电视传输服务需要建立大规模的传输网络,投入成本较高,即使不存在专营,市场进入也较为困难,且其在诉讼中亦自认具有市场支配地位,故认定广电公司在陕西省境内的有线电视传输服务市场上占有支配地位。

(三)滥用市场支配地位的界定

我国反垄断法规定了滥用市场支配地位的情形,其中搭售即捆绑交易是其中的一种。捆绑交易行为是指经营者在提供商品或者服务的交易过程中利用自己取得的市场支配地位,违反购买者的意愿搭配销售或者提供购买者不需要的另一种商品或者服务的行为。而附加不合理条件的行为是指经营者在提供商品或者服务的过程中,违反购买者的意愿,强行附加其他不合理的条件要求购买者接受,购买

---

① 尚明主编:《反垄断法理论与中外案例评析》,北京大学出版社2008年版,第159~161页。

者因为经营者的市场支配地位而不得不接受上述不合理条件的行为。我国《反垄断法》第十七条第一款规定：禁止具有市场支配地位的经营者从事下列滥用市场支配地位的行为：……（五）没有正当理由搭售商品，或者在交易时附加其他不合理的交易条件。由此规定说明，构成反垄断法所禁止的搭售行为，需要满足以下条件：经营者在相关市场内具有支配地位；经营者利用在相关市场内的支配地位进行搭售或者在交易时附加其他不合理的交易条件；经营者搭售商品，或者在交易时附加其他不合理的交易条件缺乏正当理由。国家工商总局《工商行政管理机关禁止滥用市场支配地位行为的规定》第六条对搭售行为的界定是搭售行为是指具有市场支配地位的经营者违背交易惯例、消费习惯等或者无视商品的功能，将不同商品强制捆绑销售或者组合销售。换言之，搭售是指卖方与买方签订合同时，要求买方购买与合同标的相独立的产品或服务的行为；也即经营者销售一种商品时以买方购买另一种商品为条件，限制了用户的选择权。搭售行为具有"强迫性"及"产品独立性"的特征。首先，卖方"要求"买方购买搭售的产品（以下简称搭卖品）具有一定的强迫性，也即因为卖方具有的结卖品市场支配地位而使得买方不得不接受搭卖品。[①] 搭售关键在于，是否实质性地抑制了相对方选择的自由。也就是说，是否强制相对方放弃对"其他商品"的独立判断。其次，搭售行为的构成要求结卖品与搭卖品是两种不同的产品[②]。当然，是否不同的产品，可从消费者的需求、产品性质、商业习惯、产品用途、产品价格等方面来判断。此外，是否为"其他商品"，并不只是从商品的客观特征等来判断。按社会常理，不认为是搭配销售"其他商品"的场合，就应当作为一个商品来看待（如钢笔和插笔筒）。[③] 再次，搭售商品必须同时购买。最后，就是法律规定的没有正当理由。至于构成《反垄断法》上的附加不合理的条件，必须满足：交易对方当事人进行交易时被附加条件；所附加的条件要求对方当事人在进行交易时必须同时接受；所附加的条件违背了交易对方当事人的真实意愿；附件条件没有合理理由。在对搭售和附加不合理交易条件的法律适用原则上，有过本身违法性原则和合理原则的争议。现在学界通说赞成采用合理原则。[④] 本案中，广电公司在与吴小秦进行市场交易时，未向吴小秦告知其有相关电视节目服务的选择权，而直接要求吴小秦缴纳包含数字电视基本收视维护费和数字电视付费节目费在内的全部费用，实际上是将数字电视基本收视服务和数字电视付费节

---

① 许光耀：《欧共体竞争法通论》，武汉大学出版社 2006 年版，第 405 页。

② 许光耀：《欧共体竞争法通论》，武汉大学出版社 2006 年版，第 404 页。

③ [日]根岸哲、舟田正之：《日本禁止垄断法概论》，王为农、陈杰译，中国法制出版社 2007 年版，第 245 ~ 246 页。

④ 尚明主编：《反垄断法理论与中外案例评析》，北京大学出版社 2008 年版，第 233 ~ 234 页。

目提供服务捆绑在一起向吴小秦销售,且以其在陕西省境内有线电视传输服务市场上的支配地位迫使吴小秦接受数字电视付费节目提供服务,违反了吴小秦的意愿,吴小秦因为广电公司的市场支配地位而不得不接受上述不合理条件,因此广电公司的行为属于反垄断法所禁止的搭售或者附加其他不合理交易条件的行为。需要指出的是搭售要求捆绑在一起进行交易的商品或服务是在性质上和交易习惯上相互独立;当两种商品或者服务被认为是相互不独立的商品或者服务时,这种销售不能被视为是搭售。本案中,广电公司向吴小秦提供了基本收视节目服务与增值业务付费节目服务两项服务,收看基本收视节目属于基本消费范畴,而收看增值业务付费节目则属于基本消费之外的范畴。二者在形式上看均为电视节目,但属于两个各自独立的产品,可以分别消费,且每种产品各有自己的不同需求,因此基本收视节目服务与增值业务付费节目服务在性质上和交易习惯上都是可分产品。还需说明的是广电公司在二审中虽然提交了向其他用户单独收取数字电视基本收视维护费的票据,但此仅能说明广电公司存在套餐之外的例外情形,且其并未对套餐之外的例外情形作出合理解释;同时该单独收取相关费用的票据亦发生在本案诉讼之后,不足以证明诉讼时的情形。因此,套餐之外的例外情形并不足以否认广电公司将数字电视基本收视维护费和数字电视付费节目费一起收取的普遍做法。此外,广电公司提供的证据不能证明普通消费者可以仅缴纳电视基本收视维护费或者数字电视付费节目费,即不能证明消费者选择权的存在。换言之,经营者利用市场支配地位,将数字电视基本收视维护费和数字电视付费节目费捆绑在一起向消费者收取,客观上影响消费者选择其他服务提供者提供相关数字付费节目,不利于其他服务提供者进入数字电视服务市场,侵害了消费者的选择权。

(四)被诉垄断行为是否具有正当理由的界定

《最高人民法院关于审理因垄断行为引发的民事纠纷案件应用法律若干问题的规定》第八条规定,被诉垄断行为属于反垄断法第十七条第一款规定的滥用市场支配地位的,原告应当对被告在相关市场内具有支配地位和其滥用市场支配地位承担举证责任。被告以其行为具有正当性为由进行抗辩的,应当承担举证责任。由此规定说明,被告认为其行为具有正当性,应当承担举证责任。具体到本案中,数字电视基本收视维护费和数字电视付费节目费属于两项单独的服务。广电公司既未有证据证明将两项服务一起提供符合数字电视服务的交易习惯,亦无证据证明将数字电视基本收视维护费和数字电视付费节目费分别收取,会损害该两种服务的性能和使用价值。在此情形下,广电公司利用其市场支配地位,将数字电视基本收视维护费和数字电视付费节目费一起收取,客观上影响消费者选择其他服务提供者提供相关数字付费节目,也不利于其他服务提供者进入电视服务市场,对市场竞争具有不利的效果。广电公司并未对其搭售或者附加其他不合理的交易条件的正当性提供任何证据,仅仅主张其有责任向用户提供更多的电视节目,有权在基本收视节目之外进行收费,以保障网络的正常维护和升级。故吴小秦指控广电公司具有垄断行为,广电公司不能说明其进行搭售行为具有正当理由。

(五)本案应适用法律的界定

民事法律关系是民法调整的具有民事权利内容的平等主体之间的财产关系和人身关系,民法确认的民事法律关系具有特定的范围。民事法律关系的要素包括主体、客体和内容,其中内容是指民事法律关系的主体依法享有的民事权利和承担的民事义务。民事权利包括请求权,请求权是权利主体根据法律规定或者合同约定请求义务主体为一定行为或不为一定行为的权能。《最高人民法院关于适用〈中华人民共和国民事诉讼法〉的解释》第二百二十六条、第二百二十八条规定,人民法院应当根据当事人的诉讼请求、答辩意见以及证据交换的情况,归纳争议焦点,并就归纳的争议焦点征求当事人的意见。法庭审理应当围绕当事人争议的事实、证据和法律适用等焦点问题进行。由此规定说明,当事人提起民事诉讼的法律关系是由其自己根据法律规定提出的,人民法院审理案件应当依据当事人争议的事实适用法律。当然,在诉讼过程中,当事人主张的法律关系的性质或者民事行为的效力与人民法院根据案件事实作出的认定不一致的,人民法院应当告知当事人可以变更诉讼请求。具体到本案中,吴小秦在其诉状中明确主张"被告收取原告数字电视节目费,实际上是为原告在提供上述服务范围外增加提供服务内容,对此原告应当具体自主选择权。被告属于公用企业或者其他依法具有独占地位的经营者,在数字电视市场内具有支配地位。被告的行为违反了我国反垄断法第十七条第一款第(五)项关于'禁止具有市场支配地位的经营者从事没有正当理由搭售商品,或者在交易时附加其他不合理的交易条件的滥用市场支配地位行为',侵害了原告的合法权益;同时依据《最高人民法院关于审理因垄断行为引发的民事纠纷案件应用法律若干问题的规定》第一条'本规定所称因垄断行为引发的民事纠纷案件,是指因垄断行为受到损失以及因合同内容、行业协会的章程等违反反垄断法而发生争议的自然人、法人或者其他组织,向人民法院提起的民事诉讼案件'。请求人民法院依法确认被告的捆绑交易行为无效,判令其返还原告 15 元"。在该案中,吴小秦并未主张其消费者权益受到损害,因此一审法院根据吴小秦的诉讼请求适用反垄断法进行审理,适用法律并无不当。本案应适用垄断法是不争的事实。广电公司认为本案的发生实质上是吴小秦基于消费者权益保护法所应当享受的权利是否被侵犯的纠纷,而与垄断行为无关,不应当依照反垄断法规定进行裁判,显然与吴小秦起诉的民事法律关系不同,因而当然得不到人民法院的支持。

四、参照适用时应注意的问题

本案系因公用企业在有线电视传输服务市场滥用市场支配地位为由引发的垄断纠纷案件,参照本案例时首先应注意并非公用企业与消费者之间的民事法律关系都是垄断纠纷,审理法院应根据当事人提起诉讼的民事法律关系来确定是否适用反垄断法。其次,参照适用本案例时应注意判定公用企业是否在市场上占有支配地位,如西安市中级人民法院审理的李卫国与中国电信股份有限公司陕西分公司、中国电信股份有限公司西安分公司捆绑交易纠纷案,虽然案情与本案相近似,但法院最终以公用企业并不必然在市场上占有支配地位为由将当事人的诉讼请求予以驳回。因为随着市场经济的不断发展,市场经营主体多元化是不争的事实,因此判断公用企业是否具有市场支配地位,应根据相关事实与法律进行判定,即认定经营者是否在市场占有支配地位,应根据经营者在市场准入、市场份额、经营地位、经营规模等各要素上综合判断。再次,参照适用本案例时应注意判定经营者是否利用市场支配地位,侵害了消费者的选择权。若未侵害消费者的选择权,则当然不构成垄断。最后,参照适用本案例时应注意审查公用企业是否以其所实施的行为具有正当性为由进行抗辩,若其提出抗辩则应根据公用企业的举证责任进行判断是否构成捆绑交易。

(执笔人:最高人民法院民三庭　王艳芳
陕西省西安市新城区人民法院　姚建军
最高人民法院案例指导工作办公室　石　磊)

指导案例79号　吴小秦诉陕西广电网络传媒(集团)股份有限公司捆绑交易纠纷案

最高人民法院案例指导工作办公室编选人:石磊

1. 案例推荐单位:最高人民法院民三庭
2. 案例编写人:最高人民法院民三庭　王艳芳
3. 案件裁判法院:陕西省西安市中级人民法院(一审)、最高人民法院(再审)
4. 案件承办人:姚建军(一审)、王艳芳(再审)

相关规定

《中华人民共和国反垄断法》(2007年8月30日)

第十七条　禁止具有市场支配地位的经营者从事下列滥用市场支配地位的行为:

(一)以不公平的高价销售商品或者以不公平的低价购买商品;

（二）没有正当理由，以低于成本的价格销售商品；

（三）没有正当理由，拒绝与交易相对人进行交易；

（四）没有正当理由，限定交易相对人只能与其进行交易或者只能与其指定的经营者进行交易；

（五）没有正当理由搭售商品，或者在交易时附加其他不合理的交易条件；

（六）没有正当理由，对条件相同的交易相对人在交易价格等交易条件上实行差别待遇；

（七）国务院反垄断执法机构认定的其他滥用市场支配地位的行为。

本法所称市场支配地位，是指经营者在相关市场内具有能够控制商品价格、数量或者其他交易条件，或者能够阻碍、影响其他经营者进入相关市场能力的市场地位。

中华人民共和国最高人民法院民事判决书

(2016)最高法民再98号

再审申请人(一审原告、二审被上诉人):吴小秦,男,1969年1月12日出生,汉族,陕西省咸阳市工商行政管理局渭城分局职工。

委托代理人:郭晖,陕西五功律师事务所律师。

被申请人(一审被告、二审上诉人):陕西广电网络传媒(集团)股份有限公司。住所地:陕西省西安市高新一路15号。

法定代表人:吕晓明,该公司董事长。

委托代理人:禄子文,陕西海普睿诚律师事务所律师。

委托代理人:黄世岭,陕西海普睿诚律师事务所律师。

再审申请人吴小秦因与被申请人陕西广电网络传媒(集团)股份有限公司(以下简称广电网络)捆绑交易纠纷一案,不服陕西省高级人民法院(2013)陕民三终字第38号民事判决,向本院申请再审。本院经审理后于2015年9月7日作出(2014)民申字第278号民事裁定提审本案。提审后本院依法组成合议庭,于2016年4月7日公开开庭审理了本案。再审申请人吴小秦及其委托代理人郭晖,被申请人广电网络的委托代理人禄子文到庭参加诉讼,本案现已审查终结。

吴小秦申请再审称:1.二审判决适用法律错误。(1)广电网络在向吴小秦销售商品时没有告知基本收视节目与增值付费节目属于可以分开购买的两种商品,进而将两种商品放在一起销售给吴小秦,属于反垄断法所规制的搭售行为。二审判决认为"在本案中,广电网络在销售时并未采取不分别销售的方式,不仅提供了组合服务,也提供了基本服务,存在两种以上的选择。尤其是其中的基本收视维护费实行的是政府定价,而事实上同一时间段也存在过单独购买的交易,意味着消费者可以不选择组合销售的商品,选择权本身是存在的。选择权既然存在,就不符合搭售行为的构成要件"属于适用法律错误。(2)本案中不存在举证不能或者举证不足的情形。二审判决适用《最高人民法院关于民事诉讼证据的若干规定》不符合该法条的立法本意,属于适用法律错误。2.二审程序审判组织组成不合法。在二审程序中,向吴小秦签发传票的法官是冯炬,开庭审理时合议庭的组成人员是同惠会、冯炬和常宝堂。但是二审判决书署名的合议庭成员是同惠会、宋小敏和常宝堂。此种“被告知的合议庭组成人员已经开庭后,但在法律文书的署名上出现不同的署名”的情形属于《中华人民共和国民事诉讼法》第二百条第一款第(七)项规定的“审判组织的组成不合法”。二审判决适用法律错误,审判组织组成不合法,故请求撤销二审判决,维持一审判决。

广电网络提交答辩意见称:1.二审法院适用法律正确。(1)本案从案件事实以及法律适用来看均与垄断行为没有任何关系。吴小秦在一审时诉称,纠纷的发生是由于广电网络侵犯了其“自主选择权”,从而导致其被迫交纳15元收视费的事实。而根据《中华人民共和国消费者权益保护法》(以下简称消费者权益保护法)第九条:“自主选择权”就是消费者享有自主选择商品或者服务的权利。因此本案是吴小秦基于消费者权益保护法所应当享受的权利是否被侵犯的纠纷,与垄断行为无关。(2)吴小秦主张广电网络隐瞒事实真相与其市场支配地位相结合构成了反垄断法规制的搭售行为,不合逻辑。广电网络并未隐瞒真相,对于收费构成是在消费的同时便明确告知了吴小秦。广电网络从未强制吴小秦消费,广电网络的销售行为属于正常销售行为,不构成搭售。此外,为了查明事实真相,广电网络在二审时向法院提交了同时期广电网络按照每月仅收取基本收视费标准收取的缴费票据,该情况非个例,二审法院已经查清。吴小秦主观猜测这些人员均是我公司的熟人朋友没有任何事实依据和相关证据佐证。2.第二审程序审判组织组成合法有效。二审程序合法有效,合议庭组成人员依法参加了整个庭审程序。请求本院依法驳回吴小秦再审申请,维持二审判决。

本案原由吴小秦向陕西省西安市中级人民法院提起诉讼,吴小秦向该院诉称:其是广电网络的数字电视用户。2012年5月10日其在向广电网络缴纳数字电视基本收视维护费时,广电网络工作人员告知其每月最低收费标准已从2012年3月起由25元上调为30元,每次最少缴纳一个季度。吴小秦按照上述收费标准缴纳了2012年5月10日至2012年8月9日的收视费后,发现收视费发票上载明的收费项目和金额分别为数字电视基本收视维护费75元和数字电视节目费15元。经询问得知,收视费上调的原因是系统进行了升级,系统升级后将给用户增加播放若干节目。吴小秦随即拨打广电网络的客服电话,得到的是同样的答复。

吴小秦经查询陕西省物价局《关于全省数字电视基本收视维护费标准的通知》,了解到陕西省县城以上城市居民用户数字电视基本收视维护收费标准为每主终端每月25元,有线数字电视用户可根据实际情况自愿选择按月、按季或按年度交纳基本收视维修费。用户交纳数字电视基本收视维护费后,可以接受广电网络提供的以下服务:(1)标准清晰度数字电视节目不少于58套;(2)数字音频广播业务

(20套);(3)电子节目指南业务;(4)频道列表自动更新业务;(5)信息服务业务,包括政府信息(省、市、县及各职能部门的政府报告、政务动态、政府采购、政策信息等)、生活信息(天气预报、新闻、交通、旅游、房产、市民公告、医疗保健等)。吴小秦认为,广电网络收取吴小秦数字电视节目费15元,实际上是为吴小秦在提供上述服务范围外增加提供服务内容,对此,吴小秦应具有自主选择权。

广电网络属于公用企业或者其他依法具有独占地位的经营单位,在数字电视市场内具有支配地位。广电网络的上述行为违反了《中华人民共和国反垄断法》(以下简称反垄断法)第十七条第一款第五项关于"禁止具有市场支配地位的经营者从事没有正当理由搭售商品,或者在交易时附加其他不合理的交易条件的滥用市场支配地位行为",侵害其合法权益。故诉至法院,请求:(1)确认广电网络2012年5月10日收取吴小秦数字电视节目费15元的行为无效;(2)广电网络返还吴小秦15元;(3)诉讼费用由被告承担。

广电网络一审辩称:首先,广电网络有责任向用户提供更多的电视节目。广电网络是经陕西省政府批准,陕西境内唯一合法经营有线电视传输业务的经营者。作为陕西省内唯一电视节目集中播控者,为满足广大用户对电视节目的多样化需求,有责任和义务针对市场需求提供日益丰富多彩的除基本收视节目外的电视节目,这完全符合绝大多数群众的利益。因多数有特色的电视节目采取购买方式引进,广电网络为满足用户多样化消费需求并扩大企业经营规模,向选择收看基本收视节目之外的消费者,增加收取相应的费用,符合反垄断法鼓励国有企业扩大经营规模、提高市场竞争能力的规定,得到各级政府的积极认可和支持。其次,广电网络没有滥用市场支配地位。广电网络具备陕西省有线电视市场支配地位,鼓励用户选择更丰富的有线电视套餐,但并未滥用市场支配地位,也未强行规定用户在基本收视业务之外必须消费的服务项目。广电网络现有450万用户多数选择高于基本收视费的多样化个性化的有线套餐,愿意在国家核准的基本收视节目之外购买更丰富的电视节目,以满足自身精神文化的需要,但广电网络也大量存在只收看基本节目的用户,广大用户有充分的自主选择权。再次,吴小秦没有请求认定垄断行为无效的权利。垄断行为的认定和出发,属于行政权力,而不是司法权利。吴小秦具有因垄断行为受损而提起民事赔偿的诉讼权利,没有直接请求人民法院确认垄断行为是否成立的行政诉讼权利,吴小秦的第一项诉讼请求,没有法律依据。最后,广电网络合法的经营活动应该受到保护。为保证国家信息安全,党和政府对宣传行业实行严格监管,形成了有线电视业务国有控制地位,实行省级专营,并依法实施监管和调控。同时,党和政府也要求有线电视经营者为满足广大人民群众日益增长的文化需求,在符合经济规律的条件下,增加节目并在基本收视节目之外收取费用;反之,如其不能在基本收视节目之外进行收费,网络正常的维护和升级将会受到干扰,也不能满足不同层次用户的多样性选择,实质上是间接损害了绝大多数群众收看更多电视节目的选择权利。因此,广电网络虽然推出了一系列满足用户进行个性化选择的电视套餐,但从没有进行强制搭售的行为,其依法经营,保证了绝大多数群众收看更多电视节目的选择权利,故请求驳回吴小秦要求确认广电网络增加节目并收取费用无效的请求;表示愿意积极解决吴小秦的第二项诉讼请求。

一审法院经审理查明:2012 年 5 月 10 日吴小秦前往广电网络缴纳数字电视基本收视维护费。广电网络告知吴小秦数字电视基本收视维护费每月最低标准已从 2012 年 3 月起由 25 元上调至 30 元,每次最少缴纳一个季度。吴小秦遂按广电网络的要求缴纳了 2012 年 5 月 10 日至 2012 年 8 月 9 日的数字电视基本收视维护费 90 元。广电网络向吴小秦出具了收费专用发票,发票载明:客户名称吴小秦;地址咸阳市东风路木材公司名仕雅居×楼×××;用户编码 c10002389×××;收费项目数字电视基本收视维护费 75 元及数字电视节目费 15 元,合计 90 元;收费时段 2012 年 5 月 10 日至 2012 年 8 月 9 日。之后,吴小秦通过广电网络客户服务中心(服务电话号码 96766)咨询获悉,广电网络节目升级,增加了不同的收费节目,有不同的套餐,其中最低套餐基本收视费为每年 360 元,每月 30 元,用户每次最少应缴纳 3 个月费用。

另查明,2004 年 12 月 2 日国家发展改革委、国家广电总局印发了《有线电视基本收视维护费管理暂行办法》(发改价格〔2004〕2787 号),该办法规定:有线电视基本收视维护费实行政府定价,收费标准由价格主管部门制定;该办法还对有线电视基本收视维护费的收费性质、收费标准的制定、制定或调整有线电视基本收视维护费标准应遵循原则和依据等进行了规定。2005 年 7 月 11 日国家广播电影电视总局《关于印发〈推进试点单位有线电视数字化整体转换的若干意见(试行)〉的通知》,其中第三项规定:各试点单位在推进整体转换过程中,要重视付费频道、视频点播、交互电视、高清晰度电视等新业务的推广,供用户自由选择,自愿订购。2006 年 5 月 29 日陕西省物价局《关于全省数字电视基本收视维护费标准的通知》(陕价经发〔2006〕84 号)规定:数字电视基本收视维护费收费标准为:以居民用户收看一台电视机使用一个接收终端为计费单位。全省县城以上城市居民用户每主终端每月 25 元;有线数字电视用户可根据实际情况自愿选择按月、按季或按年度缴纳基本收视维护费。有线数字电视网络经营者不得强制用户一次性缴纳全年费用。陕西省有限数字电视基本收视服务标准清晰度数字电视节目不少于 58 套。2009 年 8 月 25 日国家发展改革委、国家广电总局《关于加强有线电视收费管理等有关问题的通知》(发改价格〔2009〕2201 号)指出:有线电视基本收视维护费实行政府定价;

有线电视增值业务服务和数字电视付费节目收费,由有线电视运营机构自行确定。

再查明,广电网络是经陕西省政府批准,陕西境内唯一合法经营有线电视传输业务的经营者和唯一电视节目集中播控者。广电网络承认其在有线电视传输业务中在陕西省占有支配地位。

一审法院经审理认为,本案争议的主要焦点问题是:1. 广电网络是否实施了反垄断法所禁止的搭售或者附加其他不合理交易条件的行为;2. 广电网络收取吴小秦数字电视付费节目费用的行为是否有效。

(一)关于广电网络是否实施了反垄断法所禁止的搭售或者附加其他不合理交易条件的行为

所谓搭售行为是指经营者在提供商品或者服务的交易过程中利用自己取得的市场支配地位,违反购买者的意愿搭配销售或者提供购买者不需要的另一种商品或者服务的行为。而附加不合理条件的行为是指经营者在提供商品或者服务的过程中,违反购买者的意愿,强行附加其他不合理的条件要求购买者接受,购买者因为经营者的市场支配地位而不得不接受上述不合理条件的行为。

反垄断法第十七条第一款规定:禁止具有市场支配地位的经营者从事下列滥用市场支配地位的行为:……(五)没有正当理由搭售商品,或者在交易时附加其他不合理的交易条件。由此规定说明,构成反垄断法所禁止的搭售行为,需要满足以下条件:经营者在相关市场内具有支配地位;经营者利用在相关市场内的支配地位进行搭售或者在交易时附加其他不合理的交易条件;经营者搭售商品,或者在交易时附加其他不合理的交易条件缺乏正当理由。本案中,广电网络在提供数字电视服务时,是否符合上述搭售或者附加其他不合理交易条件行为的构成要件,是本案吴小秦诉讼理由能否成立的关键。

首先,本案相关市场的界定。相关市场的界定是反垄断诉讼案件的起点,只有界定了相关市场,才能进一步界定是否具备市场支配地位,以及讼争行为是否构成垄断。反垄断法第十二条第二款规定:本法所称相关市场,是指经营者在一定时期内就特定商品或者服务(以下统称商品)进行竞争的商品范围和地域范围。由此说明,确定相关市场需要考虑商品和地区两个核心要素。根据本案查明的事实,本案被诉垄断行为所涉的相关服务市场是有线电视传输服务市场,该相关服务市场的地域范围是陕西省地区。

其次,广电网络在相关市场内是否具有支配地位。反垄断法第十七条第二款规定:本法所称市场支配地位,是指经营者在相关市场内具有能够控制商品价格、数量或者其他交易条件,或者能够阻碍、影响其他经营者进入相关市场能力的市场地位。根据本案查明的事实,吴小秦指控的行为是广电网络利用其在陕西省境内有线电视传输服务市场上的支配地位,在提供数字电视基本收视服务的同时,强制搭售其所增加的服务内容。由于有线电视传输服务市场实行省级专营,广电网络是经陕西省政府批准,陕西境内唯一合法经营有线电视传输业务的经营者和唯一的电视节目集中播控者,因此广电网络当前在陕西省境内的有线电视传输服务市场上占有百分之百的份额。同时,有线电视传输服务市场实行省级专营,市场进入本身存在很大的障碍。一审法院考虑到有线电视传输服务需要建立大规模的传输网络,投入成本较高,即使不存在专营,市场进入也较为困难。故广电网络在答辨时称其在陕西省境内的有线电视传输服务市场上占有支配地位,该院依法予以认定。

再次,广电网络是否滥用了市场支配地位,即广电网络是否利用其在相关市场内的支配地位进行搭售或者附加其他不合理的交易条件。判定滥用市场支配地位的前提条件是被控侵权人是否具有市场支配地位。因为反垄断法所禁止的无正当理由搭售行为或者交易时附加其他不合理的交易条件,以行为人占有市场支配地位为基础条件。搭售是卖方与买方签订合同时,强迫买方购买从性质上或者交易习惯上均与合同无关的产品或服务的行为。反垄断法上的附加不合理的交易条件,必须满足:交易对方当事人进行交易时被附加条件;所附加的条件要求对方当事人在进行交易时必须同时接受;所附加的条件违背了交易对方当事人的真实意愿;附加条件没有合理理由。本案中,广电网络在与吴小秦进行市场交易时,未向吴小秦告知其有相关电视节目服务的选择权,而直接要求吴小秦缴纳包含数字电视基本收视维护费和数字电视付费节目费在内的全部费用,实际上是将数字电视基本收视服务和数字电视付费节目提供服务捆绑在一起向吴小秦销售,且以其在陕西省境内有线电视传输服务市场上的支配地位迫使吴小秦接受数字电视付费节目提供服务,违反了吴小秦的意愿,吴小秦因为广电网络的市场支配地位而不得不接受上述不合理条件,因此广电网络的行为属于反垄断法所禁止的搭售或者附加其他不合理交易条件的行为。广电网络辩称其没有滥用市场支配地位,与事实不符,该院依法不予采纳。广电网络庭审期间称,搭售是两种产品的捆绑销售,广电网络提供的节目套餐,实质上是同一商品的不同数量组合,不属于搭售。该院注意到搭售要求捆绑在一起进行交易的商品或服务是在性质上和交易习惯上相互独立,当两种商品或者服务被认为是相互不独立的商品或者服务时,这种销售不能被视为是搭售。本案中,广电网络向吴小秦提供了基本收视节目服务与增值业务付费节目服务两项服务,收看基本收视节目属于基本消费范畴,而收看增值业务付费节目则属于基本消费之外的范畴。二者从形式上看均为电视节目,但属于两个各自独立的产品,可以分别消费,且每种产品各有自己的不同需求,因此基本收视节目服务与增值业务付费节目服务在性质上和交易习惯上都是可分产品。故广电网络的此项辨称理由,事实依据不足,该院依法不予支持。

最后,广电网络的搭售或者附加其他不合理的交易条件是否具有正当理由。《最高人民法院关于审理因垄断行为引发的民事纠纷案件应用法律若干问题的规定》第八条规定,被诉垄断行为属于反垄断法第十七条第一款规定的滥用市场支配地位的,原告应当对被告在相关市场内具有支配地位和其滥用市场支配地位承担举证责任。被告以其行为具有正当性为由进行抗辩的,应当承担举证责任。本案中,广电网络并未对其搭售或者附加其他不合理的交易条件的正当性提供任何证据,仅仅主张其有责任向用户提供更多的电视节目,有权在基本收视节目之外进行收费,以保障网络的正常维护和升级。广电网络当然可以在基本收视节目之外提供增加节目服务并收取费用,但是增加节目服务的提供不能违反反垄断法。广电网络的上述主张不能构成其进行搭售或者附加其他不合理交易条件的正当理由。因此,应该认为广电网络实施了反垄断法所禁止的搭售或者附加其他不合理的交易条件行为。

(二)关于广电网络收取吴小秦数字电视付费节目费用的行为是否有效

《最高人民法院关于审理因垄断行为引发的民事纠纷案件应用法律若干问题的规定》第十五条规定,被诉合同内容、行业协会的章程等违反反垄断法或者其他法律、行政法规的强制性规定的,人民法院应当依法认定其无效。本案中,广电网络利用其在陕西省境内有线电视传输服务市场上的支配地位,在提供数字电视基本收视服务的同时,搭售提供数字电视付费节目服务,违反了反垄断法第十七条第一款第(五)项的规定。需要强调的是反垄断法第十七条第一款第(五)项的规定属于强制性规定,根据《中华人民共和国合同法》(以下简称合同法)第五十二条"有下列情形之一的,合同无效:……(五)违反法律、行政法规的强制性规定"及第五十六条"无效的合同或者被撤销的合同自始没有法律约束力。合同部分无效,不影响其他部分效力的,其他部分仍然有效"的规定,吴小秦请求确认其与广电网络的数字电视服务合同中被搭售的数字电视付费节目服务部分无效,该院依法予以支持。

综上,吴小秦是本案的适格原告,广电网络将数字电视基本收视服务和数字电视付费节目服务捆绑在一起向吴小秦销售,以其在陕西省境内有线电视传输服务市场上的支配地位迫使吴小秦接受数字电视付费节目提供服务,构成搭售或者附加其他不合理的交易条件,违反了《中华人民共和国反垄断法》第十七条第一款第(五)项的规定。吴小秦关于确认广电网络收取其数字电视节目费15元的行为无效和请求判令返还15元的诉讼请求成立,该院依法予以支持。根据《中华人民共和国反垄断法》第十七条、第五十条,《中华人民共和国合同法》第五十二条、第五十六条、第五十八条,《最高人民法院关于审理因垄断行为引发的民事纠纷案件应用法律若干问题的规定》第一条、第二条、第三条、第四条、第八条和第十五条,《中华人民共和国民事诉讼法》第一百零八条的规定,判决:一、确认被告陕西广电网络传媒(集团)股份有限公司2012年5月10日收取原告吴小秦数字电视节目费15元的行为无效;二、被告陕西广电网络传媒(集团)股份有限公司于本判决生效之日起十日内返还原告吴小秦15元。如果未按本判决指定的期间履行给付金钱义务,应当依照《中华人民共和国民事诉讼法》第二百二十九条之规定,加倍支付迟延履行期间的债务利息。案件受理费50元,由被告陕西广电网络传媒(集团)股份有限公司负担。

广电网络不服该判决,向陕西省高级人民法院提起上诉,其上诉请求为:1.依法撤销一审判决,改判确认广电网络2012年5月10日收取吴小秦数字电视节目费15元的行为有效;2.一、二审全部诉讼费用由吴小秦承担。其上诉理由为:1.一审判决认定事实错误。(1)关于支配地位的认定。在陕西省境内享有相关市场竞争关系的数字电视服务提供商至少应当有三家:中国电信、中国移动和广电网络。仅从此点来讲,广电网络根本不是一审法院所认定的占有支配地位的数字电视服务商。因此,一审法院以广电网络自认为理由认定广电网络在相关市场内具有支配地位,属明显的认定事实错误。(2)关于违法搭售行为的认定。广电网络的行为符合搭售的惯例,属于合法的搭售。广电网络是在国家政策的支持之下搭售数字电视付费节目,而非私自行为。因此,广电网络的搭售行为完全可认定为正常销售行为,甚至不构成搭售。2.一审判决认定事实证据不足。吴小秦没有提供证据证明广电网络在相关市场内具有支配地位,因此一审法院在认定广电网络在相关市场内具有支配地位这一事实时,证据不足。

吴小秦二审答辩称:1.原判决认定事实清楚。2.原判决适用法律正确。(1)在本案中无须界定相关市场。(2)如果在本案中一定要界定相关市场,那么数字电视构成一个相关的商品市场。(3)广电网络在这个相关市场具有市场支配地位。(4)广电网络滥用了市场支配地位,实施了反垄断法所规制的搭售行为。二审经审理查明,一审庭审中,广电网络提供了四份收费专用发票复印件,证明在5月10日前后,广电网络的营业厅收取过25元的月服务费,因无原件,吴小秦不予质证。庭后,广电网络提供了其中三张的原件,双方进行了核对与质证。该票据上均显示一年交费金额为300元,即每月25元。二审中,广电网络提供了五张票据的原件,包括一审提供过原件的三张,交易地点均为咸阳市。由此,可以认定,广电网络在5月10日前后,提供过每月25元的收费服务。二审法院同时确认一审法院查明的其他案件事实属实。

二审法院认为,反垄断法第十七条规定:"禁止具有市场支配地位的经营者从事下列滥用市场支配地位的行为:……(五)没有正当理由搭售商品,或者在交易时附加其他不合理的交易条件……”吴小秦一审正是依据该条提起诉讼。一审法院经过审理,认为广电网络的行为符合该条禁止行为之特征,因此,判决支持吴小秦之诉请。但根据二审查明的事实,在吴小秦购买服务的前后时间,广电网络也曾向不特定对象提供过每月25元的基本收费服务。因此,可以认定广电网络不仅在向顾客提供每月30元的增值服务,也在向顾客提供每月25元的基本服务。由于本案并不存在在交易时限定销售对象等附加其他不合理的交易条件的情形,而吴小秦一审起诉的诉讼请求为请求确认广电网络收取其每月5元的数字电视节目费的行为因违反反垄断法而无效并返还相应收费,因此广电网络向吴小秦提供的30元的月收费服务是否构成了反垄断法所禁止的具有市场支配地位的经营者没有正当理由搭售商品的行为便成为本案的关键问题。

反垄断法规制三种垄断行为:“(一)经营者达成垄断协议;(二)经营者滥用市场支配地位;(三)具有或者可能具有排除、限制竞争效果的经营者集中。”本案涉及的是第二种行为,即经营者是否滥用了市场支配地位。需要注意的是,单独的市场支配地位并不在法律禁止之列,只有当市场支配地位被滥用时——在本案中,意味着市场支配地位与无正当理由搭售商品结合起来——才是反垄断法需要禁止的行为。那么,从这两点进行考量,才是区分正常的组合销售行为与反垄断法禁止的搭售行为的区别所在。

首先,关于广电网络是否具有市场支配地位。反垄断法第十八条规定:“认定经营者具有市场支配地位,应当依据下列因素:(一)该经营者在相关市场的市场份额,以及相关市场的竞争状况;(二)该经营者控制销售市场或者原材料采购市场的能力;(三)该经营者的财力和技术条件;(四)其他经营者对该经营者在交易上的依赖程度;(五)其他经营者进入相关市场的难易程度;(六)与认定该经营者市场支配地位有关的其他因素。”一审法院对此进行了详细地查明,同时,广电网络之代理人一审时对此亦予以认可。二审中,广电网络虽对此不予认可,但根据查明的事实,可以认定在有线电视传输市场中,广电网络在市场准入、市场份额、经营地位、经营规模等各要素上均具有优势,占有支配地位。

其次,广电网络的销售行为是否滥用了市场支配地位,亦即是否构成了没有正当理由的搭售。搭售行为之所以违法,是由于其对市场竞争秩序的妨碍,规制搭售行为的立法目的之一便是维护购买者的选择权。现实生活中,两种以上商品的组合销售并不少见,这种销售方式,可能构成搭售,也可能是正常的组合销售行为。单纯的组合销售行为并不为法律所禁止,如果组合销售可以使消费者获得比单独购买更经济的商品或服务,消费者也不一定会拒绝该销售行为。只有当组合销售违反了消费者的意愿,且令消费者由于经营者的支配地位无从另行选择时,才会构成反垄断法所禁止的搭售行为。对二者进行区分,需要根据搭售行为的特点进行分析。

搭售是指销售者要求交易相对人就两项以上的商品或服务一并交易的行为,构成搭售的前提应当是:(1)在该销售行为中存在两种以上可以分别销售的独立产品;(2)销售者在销售时采取了不分别销售的方式。2009年8月25日,国家发展和改革委员会、国家广电总局《关于加强有线电视收费管理等有关问题的通知》(发改价格〔2009〕2201号)指出:"有线电视基本收视维护费实行政府定价;有线电视增值业务服务和数字电视付费节目收费,由有线电视运营机构自行确定。"该通知明确了基本服务的收费由政府定价,而有线电视运营机构也可以自行确定增值业务与付费节目的收费。由此可见,有线电视的基本服务与增值服务或付费节目虽然同属电视节目,但由于两者可以分别消费,属于可分的商品或服务,其中,基本服务由政府定价,增值业务与付费节目的定价由运营机构自行确定。诚然,由于有线电视服务的产品特性、公用性特点及定价方式,消费者一般是在购买基本服务后才得以享有对增值服务的选择购买权,但由于基本服务与增值服务是分别计价和收费的,事实上两者也对应着不同的消费需求,两者的分别销售并不影响其使用价值,吴小秦之诉亦未对经过政府定价的基本收视维护费的价格与收取方式提出异议,因此在本案中两者构成可分的产品或服务。搭售的不法性表现在消费者不同时购买被搭售产品就无法取得搭售产品,如果加上支配地位的条件,意味着消费者除了接受经营者提供的组合销售外,别无选择,违反了消费者的购买意愿;而且凭借剥夺购买人自由选择的权利来排除竞争,具有反竞争性;因此,立法才会予以禁止。换言之,对单买商品或服务的选择权是否存在,是区分搭售与正常组合销售行为的关键要素。该选择权不是不同组合销售方式之间的选择,而是单独销售与组合销售之间的选择。在本案中,广电网络在销售时并未采取不分别销售的方式,不仅提供了组合服务,也提供了基本服务,存在两种以上的选择,尤其是其中的基本收视维护费实行的是政府定价,而事实上同一时间段也存在过单独购买的交易,意味着消费者可以不选择组合销售的商品,选择权本身是存在的。选择权既然存在,就不符合搭售行为的构成要件。而搭售行为不能认定,也就无须再延伸地判断该销售行为是否是反垄断法需要规制的没有正当理由的搭售行为。因此,二审法院认为,广电网络的销售行为并未构成反垄断法所规制的没有正当理由的搭售,不能判定该公司存在滥用市场支配地位的行为。

同时,该院也注意到,选择权是否存在与选择权如何行使是两个完全不同的法律问题。并非所有对选择权造成影响的行为都能够适用反垄断法进行规制。如果广电网络在向吴小秦提供服务时,并未如实告知尚有基本服务可以选择,导致消费者对消费项目和价格产生误判,侵犯的是吴小秦的知情权等其他权利,应当适用消费者权益保护法或合同法进行保护,而非适用反垄断法进行规制。而该问题属另一法律关系,举证责任与适用法律亦与本诉不同,故本案中不予着重关注。

综上,广电网络对吴小秦的销售行为,并不构成反垄断法所禁止的搭售行为,其上诉理由部分成立,上诉请求二审法院予以支持。

据此,经二审法院审判委员会讨论决议,根据《中华人民共和国民事诉讼法》第一百七十条第一款第(二)项、《最高人民法院关于民事诉讼证据的若干规定》第二条、《中华人民共和国反垄断法》第十七条之规定,判决如下:一、撤销西安市中级人民法院(2012)西民四初字第00438号民事判决;二、驳回吴小秦的诉讼请求。一、二审诉讼费各50元,均由吴小秦承担。二审判决为终审判决。

本院经审理查明,原审法院查明的事实基本属实,本院予以确认。在本院诉讼过程中,广电网络向本院提交了其2016年网站收费套餐截图、《关于印发〈2016年大众业务实施办法(试行)〉的通知》、2016年部分客户收费发票。

本院另查明,陕西省高级人民法院(2013)陕民三终字第38号民事判决书载明合议庭成员为审判长同惠会、代理审判员宋小敏、代理审判员常宝堂,书记员张慧颖。该院于2014年3月12日发出补正裁定,该裁定载明:"本院2013年9月12日对陕西广电网络传媒(集团)股份有限公司与吴小秦捆绑交易纠纷一案作出的(2013)陕民三终字第38号民事判决书中,文字上有笔误,应予补正。现裁定如下:(2013)陕民三终字第38号民事判决书第20页:'代理审判员宋小敏'补正为'代理审判员冯炬'。"

本院认为,根据再审申请人再审申请理由和被申请人答辩意见,本案争议焦点为:(1)本案诉争行为是否违反了反垄断法第十七条第一款第五项之规定;(2)一审法院适用反垄断法是否适当的问题;(3)二审法院审理本案时是否存在程序违法。

一、关于本案诉争行为是否违反了反垄断法第十七条第一款第(五)项之规定的问题

反垄断法第十七条第一款第(五)项规定,禁止具有市场支配地位的经营者没有正当理由搭售商品或者在交易时附加其他不合理的交易条件。本案中,广电网络在一审答辩中明确认可其"是经陕西省政府批准,陕西境内唯一合法经营有线电视传输业务的经营者。作为陕西省内唯一电视节目集中播控者,广电网络具备陕西省有线电视市场支配地位,鼓励用户选择更丰富的有线电视套餐,但并未滥用市场支配地位,也未强行规定用户在基本收视业务之外必须消费的服务项目"。二审中,广电网络虽对此不予认可,但并未举出其不具有市场支配地位的相应证据。本

院再审审查过程中，广电网络对一、二审法院认定其具有市场支配地位的事实并未提出异议。本院认为，鉴于广电网络作为陕西境内唯一合法经营有线电视传输业务的经营者，陕西省内唯一电视节目集中播控者，一、二审法院在查明事实的基础上认定在有线电视传输市场中，广电网络在市场准入、市场份额、经营地位、经营规模等各要素上均具有优势，占有支配地位，并无不当。

关于广电网络在向吴小秦提供服务时是否构成搭售的问题。《反垄断法》第十七条第一款第（五）项规定禁止具有市场支配地位的经营者没有正当理由搭售商品。本案中，根据原审法院查明的事实，广电网络在提供服务时其工作人员告知吴小秦每月最低收费标准已从2012年3月起由25元上调为30元，每次最少缴纳一个季度，并未告知吴小秦可以单独缴纳数字电视基本收视维护费或者数字电视付费节目费。吴小秦通过广电网络客户服务中心（服务电话号码96766）咨询获悉，广电网络节目升级，增加了不同的收费节目，有不同的套餐，其中最低套餐基本收视费为每年360元，每月30元，用户每次最少应缴纳3个月费用。根据前述事实并结合广电网络给吴小秦开具的收费专用发票记载的收费项目——数字电视基本收视维护费75元及数字电视节目费15元的事实，可以认定广电网络实际上是将数字电视基本收视节目和数字电视付费节目捆绑在一起向吴小秦销售，并没有告知吴小秦是否可以单独选购数字电视基本收视服务的服务项目。此外，从广电网络客户服务中心（服务电话号码96766）的答复中亦可佐证广电网络在提供此服务时，是将数字电视基本收视维护费和数字电视付费节目费一起收取并提供。虽然广电网络在二审中提交了其向其他用户单独收取数字电视基本收视维护费的相关票据，但该证据仅能证明广电网络在收取该费用时存在客户服务中心说明的套餐之外的例外情形。在本院诉讼过程中，广电网络并未对客户服务中心说明的套餐之外的例外情形作出合理解释，其向本院提交的单独收取相关费用的票据亦发生在本案诉讼之后，不足以证明诉讼时的情形，本院对此不予采信。因此，存在客户服务中心说明的套餐之外的例外情形并不足以否认广电网络将数字电视基本收视维护费和数字电视付费节目费一起收取的普遍做法。二审法院认定广电网络不仅提供了组合服务，也提供了基本服务，证据不足，本院予以纠正。因此，现有证据不能证明普通消费者可以仅缴纳电视基本收视维护费或者数字电视付费节目费，即不能证明消费者选择权的存在。二审法院在不能证明是否有选择权的情况下直接认为本案属于未告知消费者有选择权而涉及侵犯消费者知情权的问题，进而在此基础上，认定为广电网络的销售行为未构成反垄断法所规制的没有正当理由的搭售，事实和法律依据不足，本院予以纠正。

根据本院查明的事实，数字电视基本收视维护费和数字电视付费节目费属于两项单独的服务。在原审诉讼及本院诉讼中,广电网络未证明将两项服务一起提供符合提供数字电视服务的交易习惯;同时,如将数字电视基本收视维护费和数字电视付费节目费分别收取,现亦无证据证明会损害该两种服务的性能和使用价值;广电网络更未对前述行为说明其正当理由,在此情形下,广电网络利用其市场支配地位,将数字电视基本收视维护费和数字电视付费节目费一起收取,客观上影响消费者选择其他服务提供者提供相关数字付费节目,同时也不利于其他服务提供者进入此电视服务市场,对市场竞争具有不利的效果。因此一审法院认定其违反了反垄断法第十七条第一款第(五)项之规定,并无不当。吴小秦部分再审申请理由成立,本院予以支持。

二、关于一审法院适用反垄断法是否适当的问题

在本案诉讼中,广电网络在答辩中认为本案的发生实质上是一个有关吴小秦基于消费者权益保护法所应当享受的权利是否被侵犯的纠纷,而与垄断行为无关,认为一审法院不应当依照反垄断法及相关规定,认为其处于市场支配地位,从而确认其收费行为无效。本院认为,根据《最高人民法院关于适用〈中华人民共和国民事诉讼法〉的解释》第二百二十六条及第二百二十八条的规定,人民法院应当根据当事人的诉讼请求、答辩意见以及证据交换的情况,归纳争议焦点,并就归纳的争议焦点征求当事人的意见。在法庭审理时,应当围绕当事人争议的事实、证据和法律适用等焦点问题进行。根据本院查明的事实,吴小秦在其诉状中明确主张"被告收取原告数字电视节目费,实际上是为原告在提供上述服务范围外增加提供服务内容,对此原告应当自主选择权。被告属于公用企业或者其他依法具有独占地位的经营者,在数字电视市场内具有支配地位。被告的上述行为违反了《中华人民共和国反垄断法》第十七条第一款第(五)项关于'禁止具有市场支配地位的经营者从事没有正当理由搭售商品,或者在交易时附加其他不合理的交易条件的滥用市场支配地位行为',侵害了原告的合法权益。原告依照《最高人民法院关于审理因垄断行为引发的民事纠纷案件应用法律若干问题的规定》,提起民事诉讼,请求人民法院依法确认被告的捆绑交易行为无效,判令其返还原告15元"。在该诉状中,吴小秦并未主张其消费者权益受到损害,因此一审法院根据吴小秦的诉讼请求适用反垄断法进行审理,并无不当。广电网络此答辩理由不能成立,本院不予支持。

三、关于本案的程序问题

吴小秦申请再审称二审法院审理本案时,开庭后更换合议庭成员,属于《中华人民共和国民事诉讼法》第二百条第一款第(七)项规定的"审判组织不合法"的情形。本院经审理查明,二审法院合议庭组成人员为同惠会、常宝堂、冯炬法官,参加案件合议的亦为该合议庭。虽然当事人签收的裁判书记载的合议庭法官是同惠

会、宋小敏、常宝堂,但该院已于2014年3月12日发出补正裁定,该裁定载明:“本院2013年9月12日对陕西广电网络传媒(集团)股份有限公司与吴小秦捆绑交易纠纷一案作出的(2013)陕民三终字第38号民事判决书中,文字上有笔误,应予补正。先裁定如下:(2013)陕民三终字第38号民事判决书第20页:‘代理审判员宋小敏’补正为‘代理审判员冯炬’”,并不存在开庭后更换合议庭成员之情形,因此吴小秦此再审申请理由不能成立。本院不予支持。

综上,广电网络在陕西省境内有线电视传输服务市场上具有市场支配地位,其将数字电视基本收视服务和数字电视付费节目服务捆绑在一起向吴小秦销售,违反了《中华人民共和国反垄断法》第十七条第一款第(五)项之规定。吴小秦关于确认广电网络收取其数字电视节目费15元的行为无效和请求判令返还15元的再审请求成立,本院予以支持。一审判决认定事实清楚,适用法律正确,本院予以维持,二审判决认定事实依据不足,适用法律有误,本院予以纠正。依据《中华人民共和国反垄断法》第十七条第一款第(五)项、《中华人民共和国民事诉讼法》第二百条第(七)项、第二百零七条之规定,判决如下:

一、撤销陕西省高级人民法院(2013)陕民三终字第38号民事判决;

二、维持陕西省西安市中级人民法院(2012)西民四初字第438号民事判决。

本案一审、二审诉讼费各50元,由陕西广电网络传媒(集团)股份有限公司承担。

本判决为终审判决。

审 判 长　王艳芳
审 判 员　钱小红
代理审判员　杜微科
二〇一六年五月三十一日
书 记 员　胡 凯

指导案例80号《洪福远、邓春香诉贵州五福坊食品有限公司、贵州今彩民族文化研发有限公司著作权侵权纠纷案》的理解与参照

——作者对民间文艺衍生作品的独创性部分享有著作权

2017年3月6日,最高人民法院首次以知识产权专题形式发布了第16批指导性案例(第78~87号,共10件)。其中,第80号为《洪福远、邓春香诉贵州五福坊食品有限公司、贵州今彩民族文化研发有限公司著作权侵权纠纷案》。为了正确理解和准确参照适用该指导案例,现对该指导案例的推选过程、裁判要点、参照适用等有关情况予以解释和说明。

一、推选过程及指导意义

本案由贵州省贵阳市中级人民法院2015年9月18日作出一审判决,各方当事人均未上诉,判决已发生法律效力。该案例曾获评2015年中国法院50件典型案例之一。2016年10月8日,贵州省高级人民法院推荐为备选指导性案例。10月28日,经最高人民法院民三庭审判长联席会议讨论通过,建议推选为指导性案例。最高人民法院案例指导工作办公室对其进行了初审和修改。2017年1月10日,研究室室务会经讨论,同意推荐该案例,建议提交最高人民法院审委会讨论。2月21日,最高人民法院民专会第261次会议讨论通过了该案例。3月6日,最高人民法院以法〔2017〕53号文件将该案例列在第16批指导案例予以发布。

该指导案例旨在明确,作者对于民间文学艺术衍生作品的独创性部分享有著作权。这样不仅区分了民间文学艺术衍生作品的共有部分和创新部分,符合著作权法规定的立法精神,弥补了立法疏漏之处,统一了裁判标准,而且激励了作者的创作热情和活力,有利于民间文学艺术的延续、传承、发展、创新与繁荣。

二、关于本案例的相关情况

(一)本案例的基本案情

2009年8月,原告洪福远创作完成的《和谐共生十二》作品发表在《福远蜡染艺术》一书中,该作品色彩以靛蓝为主,描绘了一幅花、鸟共生的和谐图景。2010年8月1日,原告洪福远与原告邓春香签订《作品使用权转让合同》,合同约定洪福远将涉案作品的使用权(蜡染上使用除外)转让给邓春香,由邓春香维护受让权利范围内的著作财产权。被告贵州五福坊食品有限公司(以下简称五福坊公司)委托第三人贵州今彩民族文化研发有限公司(以下简称今彩公司)进行产品的品牌市场形象策划设计服务。根据第三人今彩公司的设计,五福坊公司在其生产销售部分产品的外包装礼盒上使用了蜡染花鸟图案和如意图案边框。洪福远认为五福坊公司抄袭了其创作的《和谐共生十二》作品,一方面侵犯了洪福远的署名权,另一方面侵犯了邓春香的著作财产权。经比对查明,五福坊公司生产销售的三种产品外包装礼盒和产品手册上使用的蜡染花鸟图案与洪福远创作的《和谐共生十二》作品,在鸟与花图形的结构造型、线条的取舍与排列上一致,只是图案的底色和线条的颜色存在差别。

贵州省贵阳市中级人民法院于2015年9月18日作出(2015)筑知民初字第17号民事判决:一、被告贵州五福坊食品有限公司于本判决生效之日起10日赔偿原告邓春香经济损失10万元;二、被告贵州五福坊食品有限公司在本判决生效后,立即停止使用涉案《和谐共生十二》作品;三、被告贵州五福坊食品有限公司于本判决生效之日起5日内销毁涉案产品贵州辣子鸡、贵州小米渣、贵州猪肉干的包装盒及产品宣传册页;四、驳回原告洪福远和邓春香的其余诉讼请求。一审宣判后,各方当事人均未上诉,并积极主动地履行裁判确定的义务,裁判效果良好。

(二)本案例解决的主要问题和创新之处

我国拥有56个特色各异的民族,地域辽阔,在几千年的发展史中创造和保有了丰富多彩的民间文化。众所周知,民间文化是一个民族的文化根基,而民间文学艺术则是民间文化的主体部分,它是活态的非物质文化遗产,其存亡关系到人类非物质文化是否可以传承并保持可持续性发展。自新中国成立以来,尤其是20世纪90年代以来,我国政府投入了大量的人力、物力和财力,采取措施保护和弘扬民间文学艺术。然而,尽管我国各层级的法律法规均不同程度地涉及了民间文学艺术保护问题,但我国民间文学艺术保护尤其是其衍生作品的保护立法方面存在不足。表现在:其一,缺乏保护民间文学艺术的全面而具体的法律。我国宪法和民族区域自治法只是确定了保护民间文学艺术的基本原则,但缺乏相关专门法律的具体规定;其他法律如教育法、体育法等,只涉及民间文学艺术的一小部分内容;《传统工艺美术保护条例》只涉及民间文学艺术中的传统工艺美术部分,都不能全面地保护民间文学艺术。其二,现有立法的效力范围有限。虽然我国云南、贵州、福建、淮南等地制定了保护民间文学艺术的地方性法规或相关规定,但其只在一个区域内实施,缺乏统一性和权威性,且效力层级较低,无法在全国范围内实施,不利于民间文学艺术的保护。其三,民间文学艺术知识产权保护的相关规定欠缺。我国对民间文学艺术保护的相关立法整体上属于行政法序列,缺乏知识产权方面的规定,这直接影响到民间文学艺术的保护和利用。我国著作权法第六条规定"民间文艺作品的著作权保护办法由国务院另行规定",但著作权法历经两次修改,第六条规定却从未改动,至今国务院的相关保护办法也没有颁行。这无疑不利于民间文学艺术的传承和可持续发展。

民间文学艺术衍生作品是在民间文艺作品基础上衍生创作而成的作品,创作思想、灵感和表达形式源于传统民间文学艺术作品。衍生作品不仅借鉴了传统民间艺术作品的部分表达方式,而且又融入了作者个人的构思或独创,对于具有独创性的部分应认定是对民间艺术作品的发展和创新,符合著作权法保护的作品特征,在作者创新的范围内受著作权法保护。虽然民间文学艺术作品的著作权应予保护,但民间文学艺术作品具有不同于一般文学艺术作品的特点,适用著作权法对民间文学艺术作品及衍生作品进行保护,不仅要厘清保护作品的条件和范围,而且应兼顾民间文学艺术作品保护需要考量因素的特殊性。在法律规定尚不清晰明确的情况下,该案例直面问题并提出合法合理的解决办法,各方反应和效果良好。

该案例界定了如何判断民间文学艺术作品的保护对象和范围,首次提出审查民间文学艺术衍生作品的传承与创新,厘清衍生作品与民间传统艺术作品的共性和个性,明确对民间文学艺术衍生作品的创新部分依据著作权法保护;该案例明确了知识产权保护的民间文学艺术衍生作品的宽度和深度,裁判侵犯民间文学艺术衍生作品著作权案件时,应注意著作权人的创新客观存在一定的限度和相对局限的空间,应着重考虑侵权行为发生在民间文学艺术传承区域内与外对侵权责任方式和赔偿数额的影响。

三、裁判要点的理解与说明

该指导案例的裁判要点确认:民间文学艺术衍生作品的表达系独立完成且有创作性的部分,符合著作权法保护的作品特征的,应当认定作者对其独创性部分享有著作权。现围绕与该裁判要点相关的问题逐一解释和说明如下:

(一)民间文学艺术作品的特征及其著作权保护的国内外考察

民间文学艺术(expressions of folklore)是我国著作权法第六条规定的受著作权

保护的特殊作品类型。它是指在一国国土上,由该国某个民族或地区的社会群体经过世代相传而逐渐创作出的、反映本民族或本地区的生活历史、自然环境、风俗习惯、心理特征等的文学艺术形式。一般分为民间文学和民间艺术两大类,其范围十分广泛,如民间流传的故事、诗歌、传说、歌谣、器乐、戏剧、造型艺术品、服饰、建筑艺术风格等。与民间文学艺术相对应的是精英艺术或上层艺术、专家们的艺术。历史证明,正是民间文学艺术滋育了精英艺术,在欧洲,民间音乐是莫扎特、贝多芬等所有音乐大师创作灵感的源泉;民族民间舞蹈赋予所有国家的专业舞蹈以永远的生命。总之,民间文学艺术是人类文化艺术的母体,是精英艺术永不枯竭的生命之源,而精英艺术恰恰是各国著作权法所保护的对象和客体。毋庸置疑,民间文学艺术与著作权法上的文学、艺术和科学作品是"源"与"流"的关系。

与一般的知识产品相比,民间文学艺术有其自身的内在规定性,从而使其与其他艺术区分开来。首先,民族性。民间文学艺术的突出特征是其民族性,它是一种通过某个社会群体几代人甚至几十代人的不断模仿而进行的非个人的、连续的、缓慢的创造活动过程的结果。以我国的龙文化为例,中国传统文化中的龙肇始于仰韶文化的鱼纹龙,而后演进到西周的蛇纹龙,历经两汉、明朝和清朝,龙的创作、表达及其造型经过几千年的历史沉淀而发展到今日的龙。必须指出的是,民间文学艺术的历史并不是一部反映某个社会群体或民族的科学技术进步、发展的历史,而是一部反映这个社会群体或民族的思想、价值观念和意识形态演进、变化的历史。在人类悠久的历史中,民间文学艺术与民族、民俗生活相互依靠、休戚与共,与其生存的自然地理和人文环境相互依靠、相互影响、相互作用,形成了独具特色的文化环境和氛围。其次,群体创作性。民间文学艺术从总体上讲属于集体创作,是社会群体智慧与贡献的结晶。这个社会群体既可能是一个民族,也可能是本民族的某个氏族或村落,还可能是几个民族。民间文学艺术的集体性创作具体体现为两种方式:一是由某个人完成民间文学艺术的雏形,然后在大众的流传中进行加工、修改,逐渐形成脍炙人口的文学和艺术表达。民间文学艺术一旦形成,就会成为一种集体的习惯,并在广泛的时空环境中流动。这种流动,不是机械复制,而是集体再加工、集体再创作的过程。二是由某群体在长期集体劳动与生活中共同创作产生,如在远古时代,集体性创作体现在全民参与的自然崇拜和图腾崇拜的民俗活动中。进而言之,作为民间文学艺术之基础的"传统",虽然更多地属于人文要素,但它不是任何特定的人刻意安排而形成的结果,而是一定数量或规模的群体经过长期的生产实践活动与生活沉淀积累过程在基本无意识或潜移默化的情形下逐渐培养起来的。最后,民间文学艺术就其资源价值实现预期在时间上也具有不确定性。传统知识产权保护的时间性是建立在对受保护客体可利用价值实现的时间预期基础之上的法律设计。这正是导致工业产权与版权作品受保护时间长短不同的根本原因所在。就大多数受知识产权保护的客体而言,保护期限的届满也就是意味着其自身生命的终结。然而,民间文学艺术则不同,它从某一人类群体起源后,并非静止不变,而是随着时间的推移被继承并不断发展,代代相传。每一历史单元都是文化的传播时期,也是再创作时期,因此很难认定它的保护期起始点和终结点。由此可见,对民间文学艺术设定保护期间都是不现实的,也是不可能的。

考察国外已有的相关立法,绝大部分欧洲国家著作权法未涉及民间文学艺术保护问题。苏联的所有国家以及希腊、匈牙利、阿美尼亚、保加利亚、黎巴嫩、斯洛文尼亚和也门,将民间文学艺术明确排除在著作权保护的作品清单范围之外。阿尔及利亚、喀麦隆、刚果、肯尼亚、莱索托、尼日尔、尼日利亚、巴布亚新几内亚、巴拉圭、斯里兰卡、多哥、突尼斯、坦桑尼亚,则通过一个特殊的制度规定而非参照著作权法来保护民间文学艺术。

大多数阿拉伯国家的著作权法虽未在著作权保护的作品中明确提及民间文学艺术,但赋予国家保护民间文学艺术的权利。安哥拉、贝宁、象牙海岸、吉布提、加蓬、几内亚、马达加斯加、马拉雅、摩洛哥、莫桑比克、阿曼、中非共和国、塞内加尔、扎伊尔,将民间文学艺术纳入提供特别规定的文化和艺术作品范围,或者纳入能够获得著作权保护的作品范围。布基纳法索、蒙古、卢旺达通过著作权方式建立保护民间文学艺术的原则,但在这些国家的相关规定中,即使提及著作权,往往仅是规定对民间文学艺术表达的商业利用需经国家的著作权行政主管机构的事先授权,因而无法清楚地确定是否可以归入严格意义上的著作权。2005 年修订的加纳著作权法与修订前法律一样在同样的条款规定了民间文学艺术的保护,但是在民间文学艺术上不再提任何著作权问题,仅是规定"本法保护民间文学艺术表达不被复制,通过表演向公众传播,通过有线或其他任何方式发行,改编、翻译或者其他变相使用"。2005 年修订的摩洛哥著作权法也对民间文学艺术表达的保护规定进行了调整,规定保护民间文学艺术表达,禁止出于商业目的或超出传统的或习惯范围进行复制、向公众传播、改编和录制。[①] 将民间文学艺术表达完全纳入著作权保护的作品范围,予以绝对排他的著作权专有权保护,显然不符合民间文学艺术作品本身的特征,也不符合著作权保护制度的要求,客观上也难以实际操作执行。

(二)民间文学艺术的衍生作品的著作权保护

在著作权法意义上,民间文学艺术表达区别于民间文学艺术的衍生作品。民

---

① [德]Silke von Lewinski 博士编著:《原住民遗产与知识产权:遗传资源、传统知识和民间文学艺术》,廖冰冰、刘硕、卢璐译,中国民主法制出版社 2011 年版,第 341 ~351 页。

间文学艺术作品是来自民间集体创作,代代相传,经历史积淀和不断发展的,属于文学、艺术领域的智力成果。民间文学艺术的衍生作品则是指对民间文学艺术作品进行收集、记录、整理、翻译、改编等再创作而形成的作品。这种作品是区别于民间文学艺术表达母型作品的子型作品,它们可以被再细分为两类:一是原生态衍生作品,是指在保持民间文学艺术原始表达形态下以记录、翻译、整理、汇集等方式固定民间文学艺术表达而形成的作品;二是对民间文学艺术表达进行利用并经再次创作而形成的作品。其中,前者属于民间文学艺术保护制度调整范围内的保护对象,适用民间文学艺术保护专门立法,同时可以按照著作权法关于"汇编作品"的规定主张权利保护;后者则属于现代一般作品,适用著作权法一般性规定。如无其他相反的证据,民间文学艺术传承人不仅依法享有传承人的权利,而且在传承活动中进行记录、整理等的,其传承成果可以被视为民间文学艺术衍生作品。民间文学艺术衍生作品具有确定的权利人的,享有著作人身权和著作财产权保护,但是这类作品的著作权人行使著作权时必须尊重民间文学艺术表达母型作品的价值及保有者的合法权益。同时,还应当将民间文学艺术衍生作品区别于具有民间文学艺术风格或者仅是包含民间文学艺术元素的民间文学艺术题材作品。民间文学艺术题材作品虽借用或融入某种特定的民间文学艺术风格、题材或元素,则不宜认定为民间文学艺术衍生作品,而属于纯粹的文学艺术原创作品。

民间文学艺术的衍生作品是在民间文艺作品基础上衍生创作而成的作品,创作思想、灵感和表达形式源于传统民间文学艺术作品。衍生作品不仅借鉴了传统民间艺术作品的部分表达方式,而且又融入了作者个人的构思或独创,对于具有独创性的部分应认定为对民间艺术作品的发展和创新,符合著作权法保护的作品特征,在作者创新的范围内受著作权法保护。民间文学艺术衍生作品的独创性应从以下几个方面进行理解把握:一是独立创作完成。民间文学艺术衍生作品脱离了民间文学艺术则没有生命力,但创作过程中融入了作者自己独创性的构思,凝聚了作者个人色彩的技能、判断、思维等。二是体现智力劳动。作品必须体现作者的智力活动,民间文学艺术衍生作品的独创体现的智力活动必须是独一无二的投入个人思考去认知而形成的。三是表达作者个性。《伯尔尼公约》及各国版权法理论、立法与司法实践都一致认同著作权保护的是具有独创性的表达而非独创性的思想。民间文学艺术的衍生作品,是作者将其对民间文学艺术的个性感知及思考进行分析、加工并整理形成具有个性创作特征的作品。

民间文学艺术衍生作品来源于公共领域,自身存在浓重的摹仿痕迹,其独创性的界定比一般作品更难。虽然著作权在保护作者个人特色作品的同时并不限制借用他人的作品,但独创与抄袭的程度划分将是存在于作品独创性认定中的难题。

民间文学艺术衍生作品根源于民间文学艺术之中,其不可避免地在某些方面会从早期的作品中吸取主题及灵感,对其独创性的认定必然离不开与民间文学艺术作品的比较。作者在创作的过程中不可避免地对前人有所继承,独创与抄袭的程度则是明晰独创与抄袭的最好界限。而该程度的把握可以从主观与客观两个方面标准来进行认定。从主观标准来看,目前存在一般消费者标准与专业技术人员标准。民间文学艺术衍生作品独创性程度的标准应适用前者。从其来源于公共领域,本身从一般公众的利益中寻求个人利益的特性来看,只有由一般消费者进行认定才符合利益平衡。用普通者观察法来判断是否具有实质相似性操作性不强,若采用“专家证人”代表普通消费者进行判断将能较好地弥补这一不足。从客观上来看,要严格依据实质相似加接触原则,看其相似性存在主要部分还是次要部分,从而断定衍生作品的独创性存在与否。若存在实质相似,则还要通过接触与否,进一步来断定雷同是否具有偶然性,从而避免偶然雷同而被独创性所排斥。

四、其他需要说明的问题

(一)委托第三人设计的民间文学艺术衍生作品发生著作权侵权纠纷的,如何确定实际受托设计人的责任

作为委托方,未尽到合理的注意义务,且是侵权作品的最终使用者和实际受益者,根据著作权法第四十八条第二款第(一)项、《最高人民法院关于审理著作权民事纠纷案件适用法律若干问题的解释》(以下简称《著作权法解释》)第十九条、第二十条第二款的规定,委托人依法应承担侵权的民事责任。如果受害人选择起诉委托人与受托设计人为共同被告,受托方作为直接故意侵权人,判令其承担赔偿责任符合一般侵权责任的构成,并可以判决受托人在其注意义务范围内承担相应的补充赔偿责任。也就是说,处理该类型案件,受害人方具有向谁主张权利的选择权。本指导案例中,原告在法院释明后,明确书面表示不追加设计者为被告,故法院仅判决被告即委托方承担侵权的民事责任。

(二)处理民间文学艺术衍生作品著作权侵权纠纷,确定责任方式及赔偿数额应考量的具体因素

该类型案件具有自身的特殊性,判赔金额应综合考虑民间文学艺术衍生作品创作空间的局限性、作者的艺术成就和影响、作品本身的艺术价值、侵权规模以及是否超越民间文学艺术的传承地域范围等因素。特别是民间文学艺术作品创作空间的局限性和是否超越民间文学艺术的传承地域范围两项酌定因素,对如赔礼道歉等责任方式的承担和赔偿数额的最终确定有较大影响。

本指导案例中,关于责任方式,根据著作权法第四十七条、第四十八条规定,侵

犯著作权或与著作权有关的权利的,应当根据案件的实际情况,承担停止侵害、消除影响、赔礼道歉、赔偿损失等民事责任。本案中,第一,原告方的部分著作人身权和财产权受到侵害,客观上产生相应的经济损失,对于原告方的第一项赔偿损失的请求,依法应当获得相应的支持;第二,无论侵权人有无过错,为防止损失的扩大,责令侵权人立即停止正在实施的侵犯他人著作权的行为,以保护权利人的合法权益,也是法律实施的目的,对于原告方第二项要求被告停止使用涉案图案,销毁涉案包装盒及产品册页的诉请,依法应予支持;第三,五福坊公司事实上并无主观故意,也没有重大过失,只是没有尽到合理的审查义务而基于法律的规定承担侵权责任,洪福远也未举证证明被告侵权行为造成其声誉的损害,故对于洪福远要求五福坊公司在《贵州都市报》综合版面刊登声明赔礼道歉的第三项诉请,不予支持。

关于赔偿数额,原告方并未主张为制止侵权行为所支出的合理费用,也没有举证证明为制止侵权行为所支出的任何费用。庭审中,原告方没有提交任何证据以证明其实际损失的多少,也没有提交任何证据以证明五福坊公司因侵权行为的违法所得。事实上,原告方的实际损失本身难以确定,被告方因侵权行为的违法所得也难以查清。根据《著作权法解释》第二十五条第一款、第二款"权利人的实际损失或者侵权人的违法所得无法确定的,人民法院根据当事人的请求或者依职权适用著作权法第四十八条第二款(现为第四十九条第二款)的规定确定赔偿数额。人民法院在确定赔偿数额时,应当考虑作品类型、合理使用费、侵权行为性质、后果等情节综合确定"的规定,结合本案的客观实际,主要考量以下5个方面对侵犯著作权赔偿数额的影响:第一,洪福远的涉案《和谐共生十二》作品属于贵州传统蜡染艺术作品的衍生作品,著作权作品的创作是在传统蜡染艺术作品基础上的传承与创新,涉案作品中鸟图形的轮廓与对称的美感来源于传统艺术作品,作者构思的创新有一定的限度和相对局限的空间;第二,贵州蜡染有一定的区域特征和地理标志意义,以花、鸟、虫、鱼等为创作缘起的蜡染艺术作品在某种意义上属于贵州元素或贵州符号,五福坊公司作为贵州的本土企业,其使用贵州蜡染艺术作品符合民间文学艺术作品作为非物质文化遗产固有的民族性、区域性的基本特征要求;第三,根据洪福远与邓春香签订的《作品使用权转让合同》,洪福远已经将其创作的涉案《和谐共生十二》作品的使用权(蜡染上使用除外)转让给邓春香,即涉案作品的大部分著作财产权转让给了传统民间艺术传承区域外的邓春香,由邓春香维护涉案作品著作财产权,基于本案著作人身权与财产权的权利主体在传统民间艺术传承区域范围内外客观分离的状况,传承区域范围内的企业侵权行为产生的后果与影响并不显著;第四,洪福远几十年来执着于民族蜡染艺术的探索与追求,在创作中将传统的民族蜡染与中国古典文化有机地揉和,从而使蜡染艺术升华到一定高度,对区域文化的发展起到一定的推动作用。尽管涉案作品的大部分著作财产权已经转让给了传统民间艺术传承区域外的邓春香,但洪福远的创作价值以及其在蜡染艺术业内的声誉应得到尊重;第五,五福坊公司涉案产品贵州辣子鸡、贵州小米渣、贵州猪肉干的生产经营规模、销售渠道等应予以参考,根据五福坊公司提交的五福坊公司与广州卓凡彩色印刷有限公司的采购合同,尽管上述证据不一定完全客观反映五福坊公司涉案产品的生产经营状况,但在原告方无任何相反证据的情形下,被告的证明主张在合理范围内应为法律所允许。综合考量上述因素,参照贵州省当前的经济发展水平和人们的生活水平,酌情确定由五福坊公司赔偿邓春香经济损失10万元。

(执笔人:贵州省贵阳市中级人民法院　唐有临
最高人民法院案例指导工作办公室　吴光侠、石磊)

指导案例80号　洪福远、邓春香诉贵州五福坊食品有限公司、贵州今彩民族文化研发有限公司著作权侵权纠纷案

最高人民法院案例指导工作办公室编选人:吴光侠、石磊

1. 案例推荐单位:最高人民法院民三庭

2. 案例编写人:贵州省贵阳市中级人民法院　唐有临

3. 案件裁判法院:贵州省贵阳市中级人民法院(一审)

4. 案件承办人:唐有临(一审)

相关规定

1.《中华人民共和国著作权法》(2010年2月26日修正)

第三条　本法所称的作品,包括以下列形式创作的文学、艺术和自然科学、社会科学、工程技术等作品:

(一)文字作品;

(二)口述作品;

(三)音乐、戏剧、曲艺、舞蹈、杂技艺术作品;

(四)美术、建筑作品;

(五)摄影作品;

(六)电影作品和以类似摄制电影的方法创作的作品;

(七)工程设计图、产品设计图、地图、示意图等图形作品和模型作品;

（八）计算机软件；

（九）法律、行政法规规定的其他作品。

第六条　民间文学艺术作品的著作权保护办法由国务院另行规定。

第十条　著作权包括下列人身权和财产权：

（一）发表权，即决定作品是否公之于众的权利；

（二）署名权，即表明作者身份，在作品上署名的权利；

（三）修改权，即修改或者授权他人修改作品的权利；

（四）保护作品完整权，即保护作品不受歪曲、篡改的权利；

（五）复制权，即以印刷、复印、拓印、录音、录像、翻录、翻拍等方式将作品制作一份或者多份的权利；

（六）发行权，即以出售或者赠与方式向公众提供作品的原件或者复制件的权利；

（七）出租权，即有偿许可他人临时使用电影作品和以类似摄制电影的方法创作的作品、计算机软件的权利，计算机软件不是出租的主要标的的除外；

（八）展览权，即公开陈列美术作品、摄影作品的原件或者复制件的权利；

（九）表演权，即公开表演作品，以及用各种手段公开播送作品的表演的权利；

（十）放映权，即通过放映机、幻灯机等技术设备公开再现美术、摄影、电影和以类似摄制电影的方法创作的作品等的权利；

（十一）广播权，即以无线方式公开广播或者传播作品，以有线传播或者转播的方式向公众传播广播的作品，以及通过扩音器或者其他传送符号、声音、图像的类似工具向公众传播广播的作品的权利；

（十二）信息网络传播权，即以有线或者无线方式向公众提供作品，使公众可以在其个人选定的时间和地点获得作品的权利；

（十三）摄制权，即以摄制电影或者以类似摄制电影的方法将作品固定在载体上的权利；

（十四）改编权，即改变作品，创作出具有独创性的新作品的权利；

（十五）翻译权，即将作品从一种语言文字转换成另一种语言文字的权利；

（十六）汇编权，即将作品或者作品的片段通过选择或者编排，汇集成新作品的权利；

（十七）应当由著作权人享有的其他权利。

著作权人可以许可他人行使前款第（五）项至第（十七）项规定的权利，并依照约定或者本法有关规定获得报酬。

著作权人可以全部或者部分转让本条第一款第（五）项至第（十七）项规定的权利，并依照约定或者本法有关规定获得报酬。

第四十七条　有下列侵权行为的，应当根据情况，承担停止侵害、消除影响、赔礼道歉、赔偿损失等民事责任：

（一）未经著作权人许可，发表其作品的；

（二）未经合作作者许可，将与他人合作创作的作品当作自己单独创作的作品发表的；

(三)没有参加创作,为谋取个人名利,在他人作品上署名的;

(四)歪曲、篡改他人作品的;

(五)剽窃他人作品的;

(六)未经著作权人许可,以展览、摄制电影和以类似摄制电影的方法使用作品,或者以改编、翻译、注释等方式使用作品的,本法另有规定的除外;

(七)使用他人作品,应当支付报酬而未支付的;

(八)未经电影作品和以类似摄制电影的方法创作的作品、计算机软件、录音录像制品的著作权人或者与著作权有关的权利人许可,出租其作品或者录音录像制品的,本法另有规定的除外;

(九)未经出版者许可,使用其出版的图书、期刊的版式设计的;

(十)未经表演者许可,从现场直播或者公开传送其现场表演,或者录制其表演的;

(十一)其他侵犯著作权以及与著作权有关的权益的行为。

第四十八条　有下列侵权行为的,应当根据情况,承担停止侵害、消除影响、赔礼道歉、赔偿损失等民事责任;同时损害公共利益的,可以由著作权行政管理部门责令停止侵权行为,没收违法所得,没收、销毁侵权复制品,并可处以罚款;情节严重的,著作权行政管理部门还可以没收主要用于制作侵权复制品的材料、工具、设备等;构成犯罪的,依法追究刑事责任:

(一)未经著作权人许可,复制、发行、表演、放映、广播、汇编、通过信息网络向公众传播其作品的,本法另有规定的除外;

(二)出版他人享有专有出版权的图书的;

(三)未经表演者许可,复制、发行录有其表演的录音录像制品,或者通过信息网络向公众传播其表演的,本法另有规定的除外;

(四)未经录音录像制作者许可,复制、发行、通过信息网络向公众传播其制作的录音录像制品的,本法另有规定的除外;

(五)未经许可,播放或者复制广播、电视的,本法另有规定的除外;

(六)未经著作权人或者与著作权有关的权利人许可,故意避开或者破坏权利人为其作品、录音录像制品等采取的保护著作权或者与著作权有关的权利的技术措施的,法律、行政法规另有规定的除外;

(七)未经著作权人或者与著作权有关的权利人许可,故意删除或者改变作品、录音录像制品等的权利管理电子信息的,法律、行政法规另有规定的除外;

(八)制作、出售假冒他人署名的作品的。

第四十九条　侵犯著作权或者与著作权有关的权利的,侵权人应当按照权利人的实际损失给予赔偿;实际损失难以计算的,可以按照侵权人的违法所得给予赔偿。赔偿数额还应当包括权利人为制止侵权行为所支付的合理开支。

权利人的实际损失或者侵权人的违法所得不能确定的,由人民法院根据侵权行为的情节,判决给予五十万元以下的赔偿。

2.《中华人民共和国著作权法实施条例》(2013年1月30日修订)

第二条　著作权法所称作品,是指文学、艺术和科学领域内具有独创性并能以某种有形形式复制的智力成果。

第四条　著作权法和本条例中下列作品的含义:

(一)文字作品,是指小说、诗词、散文、论文等以文字形式表现的作品;

(二)口述作品,是指即兴的演说、授课、法庭辩论等以口头语言形式表现的作品;

(三)音乐作品,是指歌曲、交响乐等能够演唱或者演奏的带词或者不带词的作品;

(四)戏剧作品,是指话剧、歌剧、地方戏等供舞台演出的作品;

(五)曲艺作品,是指相声、快书、大鼓、评书等以说唱为主要形式表演的作品;

(六)舞蹈作品,是指通过连续的动作、姿势、表情等表现思想情感的作品;

(七)杂技艺术作品,是指杂技、魔术、马戏等通过形体动作和技巧表现的作品;

(八)美术作品,是指绘画、书法、雕塑等以线条、色彩或者其他方式构成的有审美意义的平面或者立体的造型艺术作品;

(九)建筑作品,是指以建筑物或者构筑物形式表现的有审美意义的作品;

(十)摄影作品,是指借助器械在感光材料或者其他介质上记录客观物体形象的艺术作品;

(十一)电影作品和以类似摄制电影的方法创作的作品,是指摄制在一定介质上,由一系列有伴音或者无伴音的画面组成,并且借助适当装置放映或者以其他方式传播的作品;

(十二)图形作品,是指为施工、生产绘制的工程设计图、产品设计图,以及反映地理现象、说明事物原理或者结构的地图、示意图等作品;

(十三)模型作品,是指为展示、试验或者观测等用途,根据物体的形状和结构,按照一定比例制成的立体作品

3.《最高人民法院关于审理著作权民事纠纷案件适用法律若干问题的解释》(2002年10月12日　法释〔2002〕31号)

第十五条　由不同作者就同一题材创作的作品,作品的表达系独立完成并且有创作性的,应当认定作者各自享有独立著作权。

第十九条　出版者、制作者应当对其出版、制作有合法授权承担举证责任,发行者、出租者应当对其发行或者出租的复制品有合法来源承担举证责任。举证不能的,依据著作权法第四十六条、第四十七条的相应规定承担法律责任。

第二十条　出版物侵犯他人著作权的,出版者应当根据其过错、侵权程度及损害后果等承担民事赔偿责任。

出版者对其出版行为的授权、稿件来源和署名、所编辑出版物的内容等未尽到合理注意义务的,依据著作权法第四十八条的规定,承担赔偿责任。

出版者尽了合理注意义务,著作权人也无证据证明出版者应当知道其出版涉及侵权的,

依据民法通则第一百一十七条第一款的规定，出版者承担停止侵权、返还其侵权所得利润的民事责任。

出版者所尽合理注意义务情况，由出版者承担举证责任。

第二十五条　权利人的实际损失或者侵权人的违法所得无法确定的，人民法院根据当事人的请求或者依职权适用著作权法第四十八条第二款的规定确定赔偿数额。

人民法院在确定赔偿数额时，应当考虑作品类型、合理使用费、侵权行为性质、后果等情节综合确定。

当事人按照本条第一款的规定就赔偿数额达成协议的，应当准许。

4.《传统工艺美术保护条例》(2013年7月18日修订，国务院令第217号)

第二条　本条例所称传统工艺美术，是指百年以上，历史悠久，技艺精湛，世代相传，有完整的工艺流程，采用天然原材料制作，具有鲜明的民族风格和地方特色，在国内外享有声誉的手工艺品种和技艺。

第三条　国家对传统工艺美术品种和技艺实行保护、发展、提高的方针。

地方各级人民政府应当加强对传统工艺美术保护工作的领导，采取有效措施，扶持和促进本地区传统工艺美术事业的繁荣和发展。

第四条　国务院负责传统工艺美术保护工作的部门负责全国传统工艺美术保护工作。

第五条　国家对传统工艺美术品种和技艺实行认定制度。符合本条例第二条规定条件的工艺美术品种和技艺，依照本条例的规定认定为传统工艺美术品种和技艺。

贵州省贵阳市中级人民法院民事判决书

(2015)筑知民初字第 17 号

原告洪福远,男,1940 年 3 月 27 日出生,汉族。

原告邓春香,女,1951 年 3 月 1 日出生,汉族。

上列二原告共同委托代理人李俊,上海市协力律师事务所律师。

被告贵州五福坊食品有限公司,住所地贵州省贵阳市乌当高新路 278 号。

法定代表人王怀平,该公司董事长。

委托代理人孟庆云,贵州天一致和律师事务所律师。

第三人贵州今彩民族文化研发有限公司,住所地贵州省贵阳市南明区蟠桃宫 251 号蟠桃园小区一楼。

法定代表人王来坤,该公司董事长。

委托代理人刘一意,男,1969 年 12 月 25 日出生,布依族,贵州今彩民族文化研发有限公司设计主管。

原告洪福远、邓春香诉被告贵州五福坊食品有限公司(以下简称五福坊公司)著作权侵权纠纷一案,本院于 2015 年 4 月 13 日立案受理后,经被告方申请,本院为查明案情依法通知贵州今彩民族文化研发有限公司(以下简称今彩文化公司)作为第三人参与诉讼,并依法组成合议庭于 2015 年 5 月 21 日公开开庭进行了审理。原告洪福远、邓春香共同委托代理人李俊,被告贵州五福坊公司委托代理人孟庆云,今彩文化公司委托代理人刘一意到庭参加了诉讼。本案现已审理终结。

原告洪福远、邓春香诉称:原告洪福远从事蜡染艺术设计 40 余年,曾荣获中国十大民间艺术家和世界杰出华人艺术家称号。2003 年其创作完成《和谐共生十二》作品,发表在 2009 年 8 月贵州人民出版社出版的《福远蜡染艺术》一书中,该作品色彩以靛蓝为主,深浅有度,图案造型精美,繁复对称,描绘了一幅花、鸟共生的和谐图景。原告洪福远为支持老区文化发展,曾将涉案作品的使用权(蜡染上使用除外)转让给原告邓春香,由邓春香维护著作财产权。被告五福坊公司以促销为目的,擅自在其销售的商品上裁切性的使用了原告洪福远的上述画作。原告认为被告的行为一方面侵犯原告洪福远的署名权,割裂了作者与作品的联系,另一方面侵犯了原告邓春香的著作财产权,包括复制权、发行权和获得报酬权。故诉至法院,请求判令:(1)被告就侵犯著作财产权赔偿原告邓春香经济损失20万元;(2)被告停止使用涉案图案,销毁涉案包装盒及产品册页;(3)被告就侵犯原告洪福远著作人身权在《贵阳日报》中缝以外版面刊登声明赔礼道歉;(4)诉讼费用由被告五福坊公司承担。庭审准备中,原告请求变更上述第三项诉请为:被告就侵犯原告洪福远著作人身权在《贵州都市报》综合版面刊登声明赔礼道歉。

被告五福坊公司答辩称:第一,原告起诉其拥有著作权的作品与今彩文化公司为五福坊公司设计的产品外包装上的部分图案均借鉴了贵州黄平革家传统蜡染图案,被告使用今彩公司设计的产品外包装不构成侵权;第二,五福坊公司的产品外包装是委托本案第三人今彩公司设计的,被告五福坊公司在使用产品外包装时已尽到合理注意义务;第三,本案所涉作品在产品包装中位于右下角,整个作品面积也只占产品外包装面积的二十分之一左右,涉案作品对于产品销售的促进作用影响较小,所有涉案产品的营业额大约为190万元而利润大约为15万元,原告起诉的赔偿数额20万元也显然过高。总之,原告主张拥有著作权的作品与被告公司设计的产品外包装的部分图案皆借鉴了贵州黄平革家传统蜡染图案,本案不构成侵权,原告起诉的赔偿损失、停止使用涉案图案、销毁涉案包装和产品册页、赔礼道歉等请求没有事实和法律依据,故请求驳回原告的诉讼请求。

第三人今彩文化公司述称:从2006年至今第三人即与被告五福坊公司合作,为被告五福坊公司进行广告设计、策划。第三人公司于2006年12月已经创作完成"四季如意"的手绘原稿,直到2011年10月五福坊公司开发针对旅游市场的礼品,才重新截取该图案的一部分使用,图中的鸟纹、如意纹、铜鼓纹均来源于贵州黄平革家蜡染的"原形",原告作品中的鸟纹图案来源于贵州传统蜡染,原告方主张的作品不具有独创性,本案不存在侵权的事实基础,故原告的诉请不应当得到支持。

原告洪福远、邓春香为证明其主张,向本院提交了如下证据:

第一组证据是2009年8月贵州人民出版社出版的《福远蜡染艺术》一书的第72页、第73页,拟证明洪福远创作了《和谐共生十二》作品并享有著作权;被告五福坊公司对该证据的真实性和书籍的发行无异议,但对原告主张的证明目的有异议,原告洪福远创作的上述作品是借鉴了传统蜡染图案,第三人今彩公司创作的也是借鉴传统蜡染图案,所以被告使用没有侵权。第三人今彩公司表示同意被告五福坊公司的质证意见。

第二组证据是《作品使用权转让合同》,拟证明原告洪福远把作品转让给了原告邓春香,原告邓春香是合法的权利人,具有原告资格;被告五福坊公司对此没有异议;第三人今彩公司也没有异议。

第三组证据是涉案产品包装盒、产品手册，拟证明被告五福坊公司擅自在其产品贵州辣子鸡、贵州猪肉干、贵州小米渣外包装盒上裁切性地使用了原告洪福远创作的《和谐共生十二》，且没有标注原告洪福远的姓名，侵犯了原告的著作权；被告五福坊公司对该证据的真实性、合法性无异议，上述产品是其公司生产的，但是对原告主张的证明目的不予认可，被告是委托第三人今彩公司设计的外包装、产品手册，被告已经尽到了合理注意义务，无从知晓该产品是否侵权，而根据第三人今彩公司提供的材料，该作品是借鉴传统蜡染图案，被告使用今彩公司创作的产品外包装不构成侵权；第三人今彩公司表示认可被告的意见。

第四组证据是产品价目表，三件产品的价格共计444元，根据价目表的相关介绍，一个配方价值1.61亿元，拟证明被告的生产规模，上述价目表中企业介绍也载明被告五福坊公司是龙头企业，同样说明被告的生产规模很大；被告五福坊公司对上述证据的真实性和合法性没有异议，但对原告主张的证明目的有异议，被告确实是龙头企业，也有较大的规模，但根据产品手册、价目表不能说明涉案三款产品的销售状况，我们获奖的产品并不是涉案的三款产品，工艺配方价值1.61亿元也不是证据目录中提到的涉案三款产品；第三人今彩公司表示认可被告的意见。

第五组证据是2009年8月贵州人民出版社出版的《福远蜡染艺术》中关于原告洪福远艺术造诣的简介，证明原告洪福远的艺术成就，被评为中国十大民间艺术家等；被告五福坊公司对该证据的真实性表示认可，但对证明目的有异议，原告洪福远是艺术家，但是否侵犯著作权与个人声誉没有关系，赔偿数额只和涉案著作权的许可费用等相关；第三人今彩公司表示认可被告的意见。

第六组证据是浙江省杭州市中级人民法院的调解书复印件一份，拟证明安徽某企业在未经授权的情况下，使用一幅画作，法院调解赔偿30万元；被告五福坊公司、第三人今彩公司均认为该调解书与本案没有关联性。

被告五福坊公司为证明自己的答辩主张，向本院提交了如下证据：

第一组证据为营业执照、组织机构代码证、法定代表人证明等各一份，拟证明被告的主体资格合法；原告洪福远、邓春香均表示认可；第三人今彩公司也未有异议。

第二组证据为被告与今彩公司签订的、履行期限自2011年9月28日至2015年9月29日的四份合同书，拟证明被告五福坊公司与第三人今彩公司签订的合同约定，由今彩公司为被告提供“黔五福和有点意思品牌市场策划设计服务”，该服务的内容包含了“黔五福和有点意思产品包装及配套设计”“产品平面广告设计”“产品广告创意设计及文案编辑，产品手册以及促销宣传品的设计”。因此，被告生产的所有产品的外包装、广告文案、宣传品等皆由今彩公司设计，原告起诉被告涉嫌著作权侵权的被告生产的三款产品的外包装亦为今彩公司设计。合同第八条约定,如今彩公司提交的内容有侵权行为,造成的后果由今彩公司全部承担。即被告作为产品包装的委托方,已尽到了合理的注意义务。即便被告的部分产品外包装侵犯了原告的著作权,由此产生的侵权责任也应该由今彩公司承担;原告洪福远、邓春香对上述证据的真实性表示认可,被告和第三人是委托法律关系,根据相关法律规定,第三人设计图案侵权的后果由委托人即被告五福坊公司承担,所以本案的赔偿责任主体是被告,根据合同的相对性原理,被告五福坊公司承担侵权责任后可以向第三人追偿,再者从合同内容分析,被告并没有尽到合理的注意义务,没有约定第三人应该向被告提供设计稿,没有尽到合理义务,被告存在过错,合同约定的设计费高达50万元,恰好证明原告的诉讼请求应该得到支持;第三人今彩公司对该证据的真实性没有异议,并表示50万元是整体服务费用,不仅仅是外包装设计一项的费用。

第三组证据为被告五福坊公司与广州卓凡彩色印刷有限公司分别于2011年11月、2012年10月、2013年签订的三份采购合同,证明从2011年11月至今,被告共生产涉案贵州辣子鸡礼盒11300套,贵州小米渣礼盒5000套,贵州猪肉干礼盒6500套。该三款涉案礼盒在被告整个产品体系中所占比例很小;原告洪福远、邓春香对上述证据的真实性表示认可,但表示上述证据不能全面反应整体的订购量,我们认可仅仅是一部分的订购量;第三人今彩公司对上述证据没有表示异议。

第三人今彩公司为证明自己陈述的事实,向本院提交了如下证据:

第一组证据为传统蜡染图案的画册一本(当庭质证后,复印7张与案件相关的贵州少数名族背扇图存卷),拟证明原告洪福远的作品图案没有原创性,作品就是对民间传统图案的拼凑,作品元素来源于民间传统,原告洪福远的作品与传统的绘制方式是一样的,图案中鸟的眼睛、内部构造、外轮廓也是一样的;原告洪福远、邓春香对该证据的真实性表示认可,但认为这个证据图案和原告作品的并不相同,线条、细节都不相同,鸟的构图和线条都不一样。被告五福坊公司对证据的真实性、合法性、关联性没有异议,对第三人主张的证明目的也表示认可。

第二组证据为设计的手绘原稿图,拟证明涉案图形是第三人在参考民间传统元素的情形下自己的独立创作成果;原告洪福远、邓春香认为该证据的形成时间没有注明,这个图的创作时间无法确定,经初步比对,被告产品上的图案来源于原告的作品图案而不是来源于第三人创作的图案;被告五福坊公司对证据的真实性、合法性、关联性没有异议,对第三人主张的证明目的也表示认可。

经过庭审质证,当事人各方另就具体问题进行了相互的询问和答复,合议庭也组织当事人各方就原告主张的著作权作品,被告的产品图案以及第三人设计的作

品当庭进行专门比对。据此,本院确认如下事实:

原告洪福远从事蜡染艺术设计创作多年,先后被文化部授予"中国十大民间艺术家""非物质文化遗产保护工作先进个人"等荣誉称号。2009 年 8 月其创作完成的《和谐共生十二》作品发表于贵州人民出版社出版的《福远蜡染艺术》一书中,该作品借鉴了传统蜡染艺术的自然纹样和几何纹样的特征,色彩以靛蓝为主,描绘了一幅花、鸟共生的和谐图景。2010 年 8 月 1 日,原告洪福远与原告邓春香签订《作品使用权转让合同》,合同约定原告洪福远将涉案作品的使用权(蜡染上使用除外)转让给原告邓春香,由邓春香维护受让权利范围内的著作财产权。

被告五福坊公司以促销产品为目的,委托第三人今彩公司进行产品的品牌市场形象策划设计服务,包括进行产品包装及配套设计、产品平面广告设计、产品创意广告设计及文案编辑、产品手册以及促销宣传品的设计等。根据第三人今彩公司的设计服务,被告五福坊公司在其生产销售的贵州辣子鸡、贵州小米渣、贵州猪肉干外包装礼盒的左上角、右下角使用了蜡染花鸟图案和如意图案边框。原告洪福远认为被告五福坊公司使用了其创作的《和谐共生十二》作品,一方面侵犯原告洪福远的署名权,割裂了作者与作品的联系,另一方面侵犯了原告邓春香的著作财产权,包括复制权、发行权和获得报酬权,故诉至本院,请求判令如前。

另查明,对被告五福坊公司生产销售的贵州辣子鸡、贵州小米渣、贵州猪肉干外包装礼盒和产品手册上使用的蜡染花鸟图案与原告洪福远创作的《和谐共生十二》作品在鸟与花图形的结构造型、线条的取舍与排列上一致,只是图案的底色和线条的颜色存在差别。

本案的争议焦点:一是本案所涉《和谐共生十二》作品是否受著作权法保护;二是本案所涉产品的包装图案是否侵犯原告的著作权;三是本案的责任主体如何确定;四是本案的侵权责任种类如何判定;五是本案的赔偿数额如何确定。

本院认为,文学、艺术和科学作品的著作权以及与著作权有关的权益受法律保护。根据著作权法第六条"民间文学艺术作品的著作权保护办法由国务院另行规定"的规定,尽管国务院的相关保护办法仍未颁行,但从著作权法第六条规定的文义解释分析,民间文学艺术作品的著作权应予保护,但民间文学艺术作品具有不同于一般作品的特点,适用著作权法对民间文学艺术作品进行保护,不仅仅要厘清保护作品的条件,同时应兼顾民间文学艺术作品保护需要考量因素的特殊性。

关于第一个争议焦点,传统蜡染绘画图案纹样朴实生动,变化多样,主要取材于自然界的花、鸟、虫、鱼等物,但却又不仅仅是对自然物的真实刻画,而是蜡染艺术传承人通过对自然事物的观察、体验、提炼,并融入自己的思想创作出来。本案所涉原告洪福远的《和谐共生十二》画作中两只鸟尾部重合,中间采用铜鼓纹花连接而展示对称的美感,而这些正是传统蜡染艺术的自然纹样和几何纹样的主题特征,根据本案现有的证据,可以认定涉案作品显然借鉴了传统蜡染艺术的表达方式,创作灵感直接来源于黄平革家蜡染背扇图案。但涉案作品对鸟的外形进行了补充,对鸟的眼睛、嘴巴丰富了线条使得鸟图形更加传神,对鸟的脖子、羽毛融入了作者个人的独创使得鸟图形更为生动,对中间的铜鼓纹花作者也融合了自己的构思而有别于传统的蜡染艺术图案,著作权制度从来并不禁止他人适度的模仿,但不能抄袭他人具有独创性的表达。根据《中华人民共和国著作权法实施条例》(以下简称《实施条例》)第二条"著作权法所称作品,是指文学、艺术和科学领域内具有独创性并能以某种有形形式复制的智力成果"的规定,本案所涉原告洪福远创作的《和谐共生十二》画作属于传统蜡染艺术作品的衍生作品,是对传统蜡染艺术作品的传承与创新,符合著作权法保护的作品特征,在原告洪福远创新的范围内受著作权法的保护。

关于第二个争议焦点,绘画是美术作品最普遍的形式,本案所涉的作品即为绘画美术作品。根据《实施条例》第四条第(八)项"美术作品,是指绘画、书法、雕塑等以线条、色彩或者其他方式构成的有审美意义的平面或者立体的造型艺术作品"的规定,绘画作品主要是以线条、色彩等方式构成的有审美意义的平面造型艺术作品。经过庭审比对,本案所涉产品贵州辣子鸡、贵州小米渣、贵州猪肉干包装礼盒和产品手册中使用的花鸟图案与涉案《和谐共生十二》画作在鸟与花图形的结构造型、线条的取舍与排列上一致,只是图案的底色和线条的颜色存在差别,就比对的效果来看图案的底色和线条的颜色差别已然成为侵权的掩饰技巧或手段而已,并非独创性的智力劳动;第三人今彩公司主张其设计、使用在被告五福坊公司产品包装礼盒和产品手册中的作品创作于2006年,但其没有提交任何证据可以佐证,而原告洪福远的涉案作品于2009年发表在《福远蜡染艺术》一书中,且书中画作直接注明了作品创作日期为2003年,由此可以认定原告洪福远的涉案作品创作并发表在先。在被告五福坊公司生产、销售涉案产品之前,原告洪福远即发表了涉案《和谐共生十二》作品,被告五福坊公司有机会接触到原告的作品。据此,可以认定第三人今彩公司有抄袭原告洪福远涉案作品的故意,被告五福坊公司在生产、销售涉案产品包装礼盒和产品手册中部分使用原告的作品,侵犯了原告对涉案绘画美术作品的复制权。

关于第三个争议焦点,庭前准备过程中,经本院向原告洪福远释明是否追加今彩公司为被告参加诉讼,是否需要变更诉讼请求,原告洪福远的特别授权委托代理人以书面形式表示不同意追加今彩公司为被告,并认为被告五福坊公司与今彩公司属于另一法律关系,不宜与本案合并审理。事实上,被告五福坊公司与今彩公司签订了合同书，合同约定被告生产的所有产品的外包装、广告文案、宣传品等皆由今彩公司设计，合同也约定如今彩公司提交的设计内容有侵权行为，造成的后果由今彩公司全部承担。但被告五福坊公司作为产品包装的委托方，并未举证证明其公司已尽到了合理的注意义务，且也是侵权作品的最终使用者和实际受益者，根据著作权法第四十八条第二款第（一）项"有下列侵权行为的，应当根据情况，承担停止侵害、消除影响、赔礼道歉、赔偿损失等民事责任……（一）未经著作权人许可，复制、发行、表演、放映、广播、汇编、通过信息网络向公众传播其作品的，本法另有规定的除外"、《最高人民法院关于著作权民事纠纷案件适用法律若干问题的解释》第十九条、第二十条第二款的规定，被告五福坊公司依法应承担本案侵权的民事责任。被告五福坊公司与第三人今彩公司之间属另一法律关系，不属于本案的审理范围，当事人可另行主张解决。

关于第四个争议焦点，根据著作权法第四十七条、第四十八条之规定，侵犯著作权或与著作权有关的权利的，应当根据案件的实际情况，承担停止侵害、消除影响、赔礼道歉、赔偿损失等民事责任。本案中，第一，原告方的部分著作人身权和财产权受到侵害，客观上产生相应的经济损失，对于原告方的第一项赔偿损失的请求，依法应当获得相应的支持；第二，无论侵权人有无过错，为防止损失的扩大，责令侵权人立即停止正在实施的侵犯他人著作权的行为，以保护权利人的合法权益，也是法律实施的目的，对于原告方第二项要求被告停止使用涉案图案，销毁涉案包装盒及产品册页的诉请，依法应予支持；第三，被告人五福坊公司事实上并无主观故意，也没有重大过失，只是没有尽到合理的审查义务而基于法律的规定承担侵权责任，原告洪福远也未举证证明被告侵权行为造成其声誉的损害，故对于原告洪福远要求被告人五福坊公司在《贵州都市报》综合版面刊登声明赔礼道歉的第三项诉请，本院不予支持。

关于第五个争议焦点，著作权法第四十九条明确规定了著作权侵权损害赔偿原则。关于赔偿数额的确定，一是按权利人的实际损失给予赔偿；二是在实际损失难以计算的情况下，按侵权人的违法所得给予赔偿；三是当权利人的实际损失和侵权人的违法所得都不能确定时，适用法定赔偿。同时，赔偿数额还应当包括权利人为制止侵权行为所支出的合理费用。本案中，原告方并未主张为制止侵权行为所支出的合理费用，也没有举证证明为制止侵权行为所支出的任何费用。庭审中，原告方没有提交任何证据以证明其实际损失的多少，也没有提交任何证据以证明被告五福坊公司因侵权行为的违法所得。事实上，原告方的实际损失本身难以确定，被告方因侵权行为的违法所得也难以查清。根据《最高人民法院关于审理著作权民事纠纷案件适用法律若干问题的解释》第二十五条第一款、第二款"权利人的实际损失或者侵权人的违法所得无法确定的,人民法院根据当事人的请求或者依职权适用著作权法第四十八条第二款(第四十九条第二款)的规定确定赔偿数额。人民法院在确定赔偿数额时,应当考虑作品类型、合理使用费、侵权行为性质、后果等情节综合确定"的规定,结合本案的客观实际,本院主要考量以下五个方面对侵犯著作权法定赔偿数额的影响:第一,原告洪福远的涉案《和谐共生十二》作品属于贵州传统蜡染艺术作品的衍生作品,著作权作品的创作是在传统蜡染艺术作品基础上的传承与创新,涉案作品中鸟图形的轮廓与对称的美感来源于传统艺术作品,作者构思的创新有一定的限度和相对局限的空间。第二,几千年来,蜡染是贵州高原文化传承的标志之一,凝聚并展示贵州各兄弟民族情感与志趣,其丰富的文化内涵,与世界各门类的艺术无有高下。贵州蜡染有一定的区域特征和地理标志意义,以花、鸟、虫、鱼等为创作缘起的蜡染艺术作品在某种意义上属于贵州元素或贵州符号,被告五福坊公司作为贵州的本土企业,其使用贵州蜡染艺术作品符合民间文学艺术作品作为非物质文化遗产固有的民族性、区域性的基本特征要求。第三,根据原告洪福远与原告邓春香签订的《作品使用权转让合同》,原告洪福远已经将其创作的涉案《和谐共生十二》作品的使用权(蜡染上使用除外)转让给原告邓春香,即涉案作品的大部分著作财产权转让给了传统民间艺术传承区域外的原告邓春香,由邓春香维护涉案作品著作财产权。基于本案著作人身权与财产权的权利主体在传统民间艺术传承区域范围内外客观分离的状况,传承区域范围内的企业侵权行为产生的后果与影响并不显著。第四,本案原告洪福远几十年来执着于民族蜡染艺术的探索与追求,在创作中将传统的民族蜡染与中国古典文化有机地揉和,从而使蜡染艺术升华到一定高度,对区域文化的发展起到一定的推动作用。原告洪福远先后被文化部授予"中国十大民间艺术家""非物质文化遗产保护工作先进个人"等荣誉称号。尽管涉案作品的大部分著作财产权已经转让给了传统民间艺术传承区域外的原告邓春香,但原告洪福远的创作价值以及其在蜡染艺术业内的声誉应得到尊重。第五,被告五福坊公司涉案产品贵州辣子鸡、贵州小米渣、贵州猪肉干的生产经营规模、销售渠道等应予以参考,根据被告五福坊公司提交的被告五福坊公司与广州卓凡彩色印刷有限公司的采购合同,尽管上述证据不一定完全客观反映被告五福坊公司涉案产品的生产经营状况,但在原告方无任何相反证据的情形下,被告的证明主张在合理范围内应当为法律所允许。综合上述考量因素,参照贵州省当前的经济发展水平和人们的生活水平,本院酌情确定由被告五福坊公司赔偿原告邓春香经济损失10万元。

综上,依照《中华人民共和国民法通则》第一百一十八条;《中华人民共和国著作权法》第三条,第十条第一款第(四)项、第(五)项、第(六)项,第四十八条第(一)

项、第五十三条;《中华人民共和国著作权法实施条例》第二条、第四条第(九)项,《最高人民法院关于审理著作权民事纠纷案件适用法律若干问题的解释》第十九条、第二十条;《中华人民共和国民事诉讼法》第六十四条之规定,判决如下:

一、被告贵州五福坊食品有限公司于本判决生效之日起10日赔偿原告邓春香经济损失10万元;

二、被告贵州五福坊食品有限公司在本判决生效后,立即停止使用涉案《和谐共生十二》作品;

三、被告贵州五福坊食品有限公司于本判决生效之日起5日内销毁涉案产品贵州辣子鸡、贵州小米渣、贵州猪肉干的包装盒及产品宣传册页;

四、驳回原告洪福远的其余诉讼请求;

五、驳回原告邓春香的其余诉讼请求。

如果未按本判决指定期间履行给付金钱义务,应当按照《中华人民共和国民事诉讼法》第二百五十三条之规定,加倍支付迟延履行期间的债务利息。

案件受理费4300元,由被告贵州五福坊食品有限公司负担。

如不服本判决,可在判决书送达之日起15日内,向本院递交上诉状,并按对方当事人人数提出副本,上诉于贵州省高级人民法院。

审　判　长　唐有临
代理审判员　刘永菊
代理审判员　袁波文
二〇一五年九月十八日
书　记　员　居丽卿

指导案例81号《张晓燕诉雷献和、赵琪、山东爱书人音像图书有限公司著作权侵权纠纷案》的理解与参照

——根据同一历史题材创作的作品中具有唯一性或有限性的表达形式不受著作权法保护

2017年3月6日,最高人民法院首次以知识产权专题形式发布了第16批指导性案例(第78~87号,共10件)。其中,第81号指导案例为《张晓燕诉雷献和、赵琪、山东爱书人音像图书有限公司著作权侵权纠纷案》。为了正确理解和准确参照适用该指导案例,现对其推选过程、裁判要点、参照适用等有关情况予以解释和说明。

一、推选过程及指导意义

该案为最高人民法院裁定驳回再审申请的案件,涉及影视作品侵权的裁判标准等典型法律适用问题。该案例经最高人民法院民三庭审判长联席会议讨论后推荐。2016年10月28日,最高人民法院案例指导工作办公室收到该案例,经初审认为该案例符合指导性案例的要求,并对裁判要点做了修改。2017年1月10日,研究室室务会经讨论,同意推荐该案例,建议提交最高人民法院审委会讨论。2月21日,该案例经最高人民法院审委会讨论通过。3月6日,最高人民法院以法〔2017〕53号文件将该案例列在第16批指导案例予以发布。

该案例曾被评为最高人民法院2014年知识产权典型案例。该指导案例旨在明确,根据同一历史题材创作的作品中的题材主线及整体线索脉络是社会的共同财富,任何人都可以对此加以利用并创作作品;作品是否构成侵权,应从被诉侵权作品的作者是否"接触"过权利人的作品、被诉侵权作品与权利人的作品之间是否构成"实质相似"两方面进行判断;创意、素材或公有领域的信息、创作形式、必要场景或表达唯一或有限的表达形式,不在著作权法的保护范围。这就阐明了历史题材的影视作品侵权判断的要件及保护范围,统一了裁判标准,有利于鼓励不同作者在

同一历史题材的基础上创作出不同的作品,促进优秀作品的创作和传播,从而给社会公众提供丰富多彩的精神财富,促进文学艺术的发展和繁荣。

二、关于本案例的相关情况

《最高人民法院关于审理著作权民事纠纷案件适用法律若干问题的解释》第十五条规定:“由不同作者就同一题材创作的作品,作品的表达系独立完成并且有创造性的,应当认定作者各自享有独立著作权。”在81号指导案例中,张晓燕与雷献和等各创作了一部以20世纪80年代中期精简整编中骑兵部分撤(缩)编为主线展开的军旅、历史题材作品。张晓燕主张雷献和等创作的剧本及电视连续剧(以下简称“雷剧”)在作品题材、故事主线、人物设置、人物关系、故事情节及相关语言表达方面,与其创作的作品(以下简称“张剧”)存在大量相同或相似,构成对其作品的侵犯。经鉴定,“雷剧”与“张剧”的主要人物设置及关系部分相似;主要线索脉络相似;情节部分相同或者近似,但除一处语言表达基本相同之外,这些情节的具体表达基本不同。作品题材、故事主线属于思想、创意的范畴,是社会的共同财富,不能为个别人所垄断,不受著作权法保护。三角恋爱、部队搭档、官兵上下关系等人物设置与人物关系属于特定历史时期的军旅题材作品不可避免地采取的必要场景,表达方式有限,属于公有领域范畴,亦不受著作权法保护。在情节内容相同或相似的部分极少且微不足道的情况下,应认定两部作品不构成实质近似。

因此,法院认定“雷剧”与“张剧”属于前述司法解释规定由不同作者就同一题材创作的作品,两剧均具有独创性,各自享有独立著作权。该案例涉及影视作品侵权的裁判标准问题,尤其从作品侵权判断的要件、思想表达二分法的界定、作品的保护对象及保护范围,以及在审理此类案件时应考虑的因素和应掌握的标准,法律问题典型且突出,具有典型性和规则意义。

三、裁判要点的理解与说明

该指导案例的裁判要点确认:(1)根据同一历史题材创作的作品中的题材主线、整体线索脉络,是社会共同财富,属于思想范畴,不能为个别人垄断,任何人都有权对此类题材加以利用并创作作品。(2)判断作品是否构成侵权,应当从被诉侵权作品作者是否接触过权利人作品、被诉侵权作品与权利人作品之间是否构成实质相似等方面进行。在判断是否构成实质相似时,应比较作者在作品表达中的取舍、选择、安排、设计等是否相同或相似,不应从思想、情感、创意、对象等方面进行比较。(3)按照著作权法保护作品的规定,人民法院应保护作者具有独创性的表达,即思想或情感的表现形式。对创意、素材、公有领域信息、创作形式、必要场景,以及具有

唯一性或有限性的表达形式,则不予保护。现围绕与该裁判要点相关的问题逐一解释和说明如下:

(一)影视作品侵权的判断要件及影视作品的保护对象与范围

影视作品侵权判断应当遵从一般作品侵权的判断标准,即应当从被诉侵权作品作者是否接触过权利人作品、被诉侵权作品与权利人作品之间是否构成实质相似等方面进行判断。该指导案例中,双方当事人对雷献和接触"张剧"的剧本及电视剧无争议,该案的核心问题在于"雷剧"与"张剧"是否构成实质相似。

著作权法只保护作品具有独创性的表达,不保护作品所反映的思想和情感本身。这里指的思想,包括对物质存在、客观事实、人类情感、思维方法的认识,是被描述、被表现的对象,属于主观范畴。思想者借助物质媒介,将构思诉诸形式表现出来,将意象转化为形象、将抽象转化为具体、将主观转化为客观、将无形转化为有形,为他人感知的过程即为创作,①通过创作而形成的具有独创性的表达才成为受著作权法保护的作品。因此我们将两部影视作品进行比对时,应将思想和情感部分剔除出去,仅比对两部作品的表达部分是否构成实质相似。即应比对作者在作品表达中的取舍、选择、安排、设计等,而不比对思想、情感、创意、对象等方面。

(二)影视作品保护中应考虑的因素

著作权法保护的表达不仅指文字、色彩、线条等符号的最终形式,当作品的内容被用于体现作者的思想、情感时,内容也属于受著作权法保护的表达,但创意、素材或公有领域的信息、创作形式、必要场景或表达唯一或有限的表达形式,则被排除在著作权法的保护范围。必要场景,指处理某一类小说主题时,不可避免而必须采取某些事件、角色、布局、布景,这种处理特定主题不可或缺或标准的处理方式不受著作权法保护;表达唯一或有限,指一种思想只有唯一一种或有限的表达形式,这些表达视为思想,也不给予保护②。

在该指导案例中,"张剧""雷剧"以及《骑马挎枪走天涯》《天苍茫》四部作品均系以20世纪80年代中期精简整编中骑兵部队撤(缩)编为主线展开的军旅题材作品,因题材主线不受著作权法保护,故四部作品的作者都有权以自己的方式对此类题材加以表现和利用,且"雷剧"题材主线及整体线索脉络来自更早发表的《骑马挎枪走天涯》而非"张剧"。因此,即便"雷剧"与"张剧"题材主线存在一定的相似性,也不构成侵权。四部作品均系特殊历史背景的军旅题材作品,除了《骑马挎枪走天涯》受短篇小说篇幅的限制,没有三角恋爱关系或军民关系外,其他三部作品中都

---

① 刘春田:《知识产权法》,中国人民大学出版社2009年版,第51页。

② 陈锦川:《著作权审判原理解读与实务指导》,法律出版社2014年版,第12~13页。

包含三角恋爱关系、部队搭档关系、官兵上下关系、军民关系等人物设置和人物关系,这样的处理方式属于军旅题材作品不可避免地采取的必要场景,表达方式有限,亦不应受著作权法保护。

(三)影视作品保护中应掌握的标准

影视作品的语言表达及故事情节属于表达的范畴。我们在进行相似性比对时,应将属于公有领域的素材或缺乏独创性的素材剔除。

在该指导案例中,从语言表达看,"雷剧"中"做个自由的'牧马人'"与"张剧"中"做个牧马人"语言表达基本相同,因该部分表达来自电影《牧马人》,故不属于"张剧"具有独创性的表达。从故事情节看,用于体现作者的思想与情感的故事情节属于表达的范畴,具有独创性的故事情节应受著作权法保护,但是,故事情节中仅部分元素相同相似并不能当然得出故事情节相同相似的结论。经分别观看"张剧"与"雷剧"两部电视连续剧,并阅读《骑马挎枪走天涯》及《天苍茫》两部小说,结合张晓燕提交的111个具体内容摘要及78处相同相似对比表,"雷剧"与"张剧"除故事情节完全不同的部分外,其相同相似的部分多属于公有领域素材或缺乏独创性的素材,有的仅为故事情节中的部分元素相同,但情节所展开的具体内容和表达的意义并不相同。情节内容相同相似的部分极少且微不足道。整体而言,"雷剧"与"张剧"具体情节展开不同、描写的侧重点不同、主人公性格不同、结尾不同,二者相同相似的故事情节在"雷剧"中所占比例极低,且在整个故事情节中处于次要位置,不构成"雷剧"中的主要部分,不会导致读者和观众对两部作品产生相同或相似的欣赏体验,不能得出两部作品实质相似的结论。因此,法院作出了两剧不构成实质相似的结论。

四、其他需要说明的问题

十多年前,考虑到我国著作权法颁布时间不长,社会公众的版权意识淡薄,如果从严把握,会有大量的作品被认定构成侵权,不利于促进作者创作作品的积极性,因此法院在认定影视作品是否构成侵权时,采取从宽的态度。如北京市高级人民法院2004年审理北京九歌泰来影视文化有限公司诉中国人民解放军总政治部话剧团等侵害著作权纠纷案中,在电视连续剧《激情燃烧的岁月》存在与小说《我是太阳》有63处相同的情况下,认定《激情燃烧的岁月》不构成侵害《我是太阳》的著作权。

近年来,我国影视产品发展迅猛,著作权法也已颁布二十多年,人们版权法律意识的不断增强,在影视作品侵害原创作者著作权情况越来越突出的情况下,我们有必要加强对原创作品著作权的保护。实践中,在认定两部作品是否构成实质近似时,可以采取较为严格的方式。例如,北京市高级人民法院审理的陈喆(琼瑶)与余征侵害著作权纠纷案,陈喆主张的剧本《梅花烙》的21个情节前后衔接、逻辑顺序均可映射在剧本《宫锁连城》的情节推演中。如果以剧本《宫锁连城》中的所有情节来计算,上述情节所占比例不高,但是其包含的情节设置已经占到了《宫锁连城》足够充分的比例,以至于受众足以感知到来源于涉案作品,且上述情节是《梅花烙》的绝大部分内容。因此,法院认定剧本《宫锁连城》与《梅花烙》整体构成实质性相似,即构成侵权。

(执笔人:最高人民法院民三庭　李嵘

最高人民法院案例指导工作办公室　吴光侠、石磊)

指导案例81号　张晓燕诉雷献和、赵琪、山东爱书人音像图书有限公司著作权侵权纠纷案

最高人民法院案例指导工作办公室编选人:吴光侠、石磊

1. 案例推荐单位:最高人民法院民三庭
2. 案例编写人:最高人民法院民三庭　李嵘
3. 案件裁判法院:山东省济南市中级人民法院(一审)、山东省高级人民法院(二审)、最高人民法院(再审)
4. 案件承办人:王俊河(一审)、刘晓梅(二审)、李嵘(再审)

相关规定

1.《中华人民共和国著作权法》(2010年2月26日修正)

第二条第一款　中国公民、法人或者其他组织的作品,不论是否发表,依照本法享有著作权。

2.《中华人民共和国著作权法实施条例》(2013年1月30日修订)

第二条　著作权法所称作品,是指文学、艺术和科学领域内具有独创性并能以某种有形形式复制的智力成果。

3.《最高人民法院关于审理著作权民事纠纷案件适用法律若干问题的解释》(2002年10月12日　法释〔2002〕31号)

第十五条　由不同作者就同一题材创作的作品,作品的表达系独立完成并且有创作性的,应当认定作者各自享有独立著作权。

中华人民共和国最高人民法院民事裁定书

(2013)民申字第1049号

再审申请人(一审原告、二审上诉人):张晓燕,女,汉族,1960年10月11日出生,济南军区政治部宣传部干事。

委托代理人:于维敏,北京市齐致律师事务所律师。

被申请人(一审被告、二审被上诉人):雷献和,男,1956年11月27日出生,汉族,兰州军区政治部电视艺术中心职员。

被申请人(一审被告、二审被上诉人):赵琪,男,1960年11出生,汉族,广州军区政治部宣传部创作室职员。

一审被告、二审被上诉人:山东爱书人音像图书有限公司。住所地:山东省济南市山大南路10-18号。

法定代表人:杜松,该公司总经理。

委托代理人:张健,该公司副总经理。

委托代理人:张予,该公司法律顾问。

张晓燕因与雷献和、赵琪、山东爱书人音像图书有限公司侵害著作权纠纷一案,不服山东省高级人民法院(以下简称二审法院)

(2011)鲁民三终字第194号民事判决,向本院申请再审。本院依法组成合议庭对本案进行了审查,现已审查终结。

张晓燕申请再审称:二审法院认定事实不清。在雷献和、赵琪对创作来源无客观证据证实且二审法院也未认定《最后的骑兵》剧本及电视剧(以下简称《雷剧》)存在其他创作来源的情况下,以赵琪单方陈述否认《雷剧》改编系抄袭自张晓燕的《高原骑兵连》剧本及电视剧(以下简称《张剧》)存在明显错误。雷献和称其创作的《雷剧》系改编自师永刚的小说《天苍茫》,赵琪称其在看过《天苍茫》及雷献和根据《天苍茫》改编的剧本后重新创作《雷剧》,除此之外,二审法院无权认定《雷剧》还存在其他创作来源。从一审期间鉴定机构作出的《中国版权保护中心版权鉴定委员会关于〈高原骑兵连〉剧本、电视剧与〈最后的骑兵〉剧本、电视剧异同的鉴定报告》(以下简称《鉴定报告》)可知:《雷剧》除骑兵部队缩编的线索与《天苍茫》相同、相似外,在人物设置、人物关系、内容梗概、故事情节和语言表达等方面均不存在与《张剧》《雷剧》相同或者相似的内容,故雷献和、赵琪所称的《雷剧》改编自《天苍茫》且重新创作违背事实。《雷剧》和《张剧》的题材相同,均反映骑兵部队生活,故事主线也一致,均描写了骑兵部队撤(缩)编背景下,男、女主人公之间的爱情、工作和生活故事,《雷剧》系对《张剧》的改编和抄袭。故事情节及相关语言表达方面,两剧故事情节有78处存在相同、相似点,《鉴定报告》认定仅"有18处存在相同、相似,但这些情节的展开表达不相同"不全面。一部作品是由作品题材、故事主线、人物设置、人物关系、故事情节及相关语言表达方面组合而成,《雷剧》与《张剧》在上述几个方面存在大量相同、相似的情况下,应认定两部作品实质相同、相似。二审法院以"公有领域的素材,或在表达上缺乏独创性,不应为张晓燕所专有"来否认《雷剧》对《张剧》的改编与抄袭错误。将任何一部作品的上述几个方面切割开来看,几乎都取材于公有领域的素材,表达上都缺乏独创性,但公有领域的素材经过作者的创造性劳动组合在一起即构成了一部完整的作品,受著作权法保护。二审法院用分割认定的方式,否认《张剧》的独创性,有失偏颇。著作权法对作品独创性并不要求"作品内容是前所未有的",但必须经过作者的创造性劳动将相关素材(既可取材于现实,也可想象创造)进行独立创作完成。即使该作品与已有作品相似,只要该作品是作者独立创作产生的,也具备独创性。《张剧》取材于公有领域素材经张晓燕改编创作后完成的作品具有独创性,受著作权法的保护。二审法院认为获得法律保护只有作品的文字表达,其他内容被排除在著作权法保护范围之外是对立法精神的误读。我国著作权法所保护的对象包括作品的故事主线、人物设置和人物关系、作为故事的框架结构和线索脉络的总体表达。在文学作品的创作中,人物需要通过叙事来刻画,叙事又要以人物为中心,无论是人物的特征,还是人物关系,都是通过相关联的故事情节来塑造和体现,故上述几个方面必然构成作品的表达。《雷剧》不可排除来源于《张剧》,且《雷剧》与《张剧》又存在整体相同、相似性,雷献和作为《张剧》的制片人之一全面接触过《张剧》,因此,雷献和的《雷剧》构成对张晓燕《张剧》的侵权,二审法院作出的判决错误。请求:撤销二审判决,改判雷献和、赵琪停止侵权,停止发行、播放电影剧《雷剧》,销毁库存侵权产品及其剧本;雷献和、赵琪连带赔偿张晓燕剧本稿酬损失、剧本出版发行损失及向《雪域河源》(《张剧》改编自该小说)的作者张冠林支付改编费损失等共计80万元及张晓燕为制止侵权行为所支付的合理费用86000元;雷献和在山东齐鲁晚报上向张晓燕公开发表致歉声明;本案一审、二审及再审的诉讼费用及鉴定费用由雷献和、赵琪负担。

本院经审查,二审法院查明的事实属实,本院予以确认。

张晓燕在本院再审复查期间提交了如下证据:1. 张晓燕与《天苍茫》作者师永

刚的通话录音及整理,用于证明雷献和购买了《天苍茫》的改编权,但改编的不是师永刚的作品;2.法律意见书,用于证明专家针对本案提出的意见,应认定《雷剧》构成对《张剧》的抄袭;3.张晓燕与一审法官的电话录音,证明一审法官打电话建议鉴定《天苍茫》。雷献和、赵琪对上述证据未予质证。本院对张晓燕提交的上述证据认证如下:证据1、3均为电话录音,本院无法确认其真实性;证据2为学者出具的法律意见,不能作为认定本案事实的依据。本院对张晓燕提交的上述三份证据的证明力不予确认。

本院另查明:《张剧》《雷剧》《骑马挎枪走天涯》《天苍茫》,均系以20世纪80年代中期精简整编中骑兵部队撤(缩)编为主线展开的军旅、历史题材作品。短篇小说《骑马挎枪走天涯》发表于《解放军文艺》1996年第12期总第512期;长篇小说《天苍茫》于2001年4月由解放军文艺出版社出版发行;《张剧》于2004年5月17日至5月21日由中央电视台第八套节目在上午时段以每天四集的速度播出;《雷剧》于2004年5月19日至5月29日由中央电视台第一套节目在晚上黄金时段每天两集播出。

《骑马挎枪走天涯》通过对骑兵连被撤销前后连长、指导员和一匹神骏的战马的描写,叙述了骑兵在历史上的辉煌、骑兵连被撤销、骑兵连官兵特别是骑兵连长对骑兵、战马的痴迷。《骑马挎枪走天涯》存在如下描述:神马(15号军马)出身来历中透着的神秘、连长与军马的水乳交融、指导员孔越华的人物形象、连长作诗、父亲当过骑兵团长、骑兵在未来战争中发挥的重要作用、连长为保留骑兵连所做的努力、骑兵连最后被撤销、结尾处连长与神马的悲壮。《雷剧》中天马的来历也透着神秘,除了连长常问天的父亲曾为骑兵师长外,上述情节内容与《骑马挎枪走天涯》基本相似。此外,《骑马挎枪走天涯》有"最后一点骑兵也不要了""最后一名真正的骑兵和最后一匹神骏的战马就这样被天意安排在一起了""最后一支骑兵就要散向无际的天涯了"等表达。

《天苍茫》讲述中国军队最后一支骑兵连充满传奇与神秘历史的书,书中展示草原与骑兵的生活,如马与人的情感、最后一匹野马的基因价值,以及研究马语的老人,神秘的预言者,最后的野马在香港赛马场胜出的传奇故事。《天苍茫》中连长成天的父亲是原骑兵师的师长,司令员是山南骑兵连的第一任连长、成天父亲的老部下,成天从小暗恋司令员女儿兰静,指导员王青衣与兰静相爱,并促进成天与基因学者刘可可的爱情。《天苍茫》第52页,将名叫"忠实"的性情温和的战马给指导员当坐骑,《天苍茫》第137页,描写了1950年拍摄的纪录片,记录了当年的骑兵师,成为新兵入伍的教育片。《天苍茫》第94页,连长说:"骑兵消亡的那一天也是我的灵魂死亡的时候,我是为骑兵而活着的人,我将会随骑兵而去。"最后连长成天为救被困沼泽的研究人员牺牲。《雷剧》剧本第36页,高波将前指导员跑得又快又稳性子好的"大喇嘛"牵来交给常问天作为临时坐骑。《雷剧》结尾连长常问天为完成抓捕任务而牺牲。此外,《雷剧》中有关指导员孔越华与连长常问天之间关系的描述与《天苍茫》中指导员王青衣与连长成天关系的情节内容有相似之处。

本院认为,双方当事人再审复查期间的争议焦点是:《雷剧》剧本及电视剧是否侵害《张剧》剧本及电视剧的著作权。

判断作品是否构成侵权,应当从被诉侵权作品的作者是否"接触"过要求保护的权利人作品、被诉侵权作品与权利人的作品之间是否构成"实质相似"两个方面进行判断。本案各方当事人对雷献和接触《张剧》剧本及电视剧并无争议,本案的核心问题在于两部作品是否构成实质相似。

我国著作权法所保护的是作品中作者具有独创性的表达,即思想或情感的表现形式,不包括作品中所反映的思想或情感本身。这里指的思想,包括对物质存在、客观事实、人类情感、思维方法的认识,是被描述、被表现的对象,属于主观范畴。思想者借助物质媒介,将构思诉诸形式表现出来,将意象转化为形象、将抽象转化为具体、将主观转化为客观、将无形转化为有形,为他人感知的过程即为创作,创作形成的有独创性的表达属于受著作权法保护的作品。著作权法保护的表达不仅指文字、色彩、线条等符号的最终形式,当作品的内容被用于体现作者的思想、情感时,内容也属于受著作权法保护的表达,但创意、素材或公有领域的信息、创作形式、必要场景或表达唯一或有限则被排除在著作权法的保护范围之外。必要场景,指选择某一类主题进行创作时,不可避免而必须采取某些事件、角色、布局、场景,这种表现特定主题不可或缺的表达方式不受著作权法保护;表达唯一或有限,指一种思想只有唯一一种或有限的表达形式,这些表达视为思想,也不给予著作权保护。在判断《雷剧》与《张剧》是否构成实质相似时,应比较两部作品中对于思想和情感的表达,将两部作品表达中作者的取舍、选择、安排、设计是否相同或相似,而不是离开表达看思想、情感、创意、对象等其他方面。结合张晓燕的主张,本院从以下几个方面进行分析判断:

关于张小燕提出《雷剧》与《张剧》题材主线相同的主张。首先,通过对《雷剧》与《骑马挎枪走天涯》比对,两作品都通过紧扣"英雄末路、骑兵绝唱"这一主题和情境描述了"最后的骑兵"在撤编前后发生的故事,可以认定《雷剧》题材主线及整体线索脉络来自《骑马挎枪走天涯》。其次,通过对《张剧》《雷剧》以及《骑马挎枪走天涯》《天苍茫》的比对可以看出,四部作品均系以20世纪80年代中期精简整编中骑兵部队撤(缩)编为主线展开的军旅历史题材作品,是社会的共同财富,不能为个别人所垄断,故四部作品的作者都有权以自己的方式对此类题材加以利用并创作作品。因此,即便《雷剧》与《张剧》题材主线存在一定的相似性,因题材主线不受著作权法保护,不能认定《雷剧》侵害《张剧》剧本及电视剧的著作权,且《雷剧》的题材主线系来自最早发表的《骑马挎枪走天涯》,张晓燕关于《雷剧》的题材主线抄袭自《张剧》构成侵权的再审主张不能成立,本院不予支持。

关于张晓燕提出《雷剧》与《张剧》人物设置与人物关系相同、相似的主张。鉴于《张剧》《雷剧》《骑马挎枪走天涯》《天苍茫》均系以特定历史时期骑兵部队撤(缩)编为主线展开的军旅题材作品,除了《骑马挎枪走天涯》受短篇小说篇幅的限制,没有三角恋爱关系或军民关系外,其他三部作品中都包含三角恋爱关系、官兵上下关系、军民关系等人物设置和人物关系,这样的表现方式属于军旅题材作品不可避免地采取的必要场景,因表达方式有限,不应受著作权法保护。张晓燕关于《雷剧》的人物设置、人物关系抄袭自《张剧》构成侵权的主张不成立,本院不予支持。

关于张晓燕提出《雷剧》与《张剧》语言表达及故事情节相同、相似的主张。从语言表达看,如《雷剧》中"做个自由的'牧马人'"与《张剧》中"做个牧马人"语言表达基本相同,但该语言表达属于特定语境下的惯常用语,非独创性表达。从故事情节看,用于体现作者的思想与情感的故事情节属于表达的范畴,具有独创性的故事情节应受著作权法保护,但是,故事情节中仅部分元素相同、相似并不能当然得出故事情节相同、相似的结论。从《张剧》与《雷剧》两剧、《骑马挎枪走天涯》及《天苍茫》两部小说的具体内容看,结合张晓燕一审提交的《雷剧》涉嫌侵害《张剧》的111个具体内容摘要及二审提交的《雷剧》与《张剧》78处相同、相似对比表,本院认为,《雷剧》与《张剧》除故事情节完全不同的部分外,其相同、相似的部分多属于公有领域素材或缺乏独创性的素材,有的仅为故事情节中的部分元素相同,但情节所展开的具体内容和表达的意义并不相同。二审法院认定《雷剧》与《张剧》六处相同、相似的故事情节,其中老部下关系、临时指定马匹等在《天苍茫》中也有相似的情节内容,其他部分虽在情节设计方面存在相同、相似之处,但有的仅为情节表达中部分元素的相同、相似,情节内容相同、相似的部分少且微不足道。整体而言,《雷剧》与《张剧》具体情节展开不同、描写的侧重点不同、主人公性格不同、结尾不同,《雷剧》与《张剧》相同、相似的故事情节在《雷剧》中所占比例极低,且在整个故事情节中处于次要位置,不构成《雷剧》中的主要部分,不会导致读者和观众对两部作品产生相同、相似的欣赏体验,不能得出两部作品实质相似的结论。

因此,《雷剧》与《张剧》属于《最高人民法院关于审理著作权民事纠纷案件适用法律若干问题的解释》第十五条规定由不同作者就同一题材创作的作品,两剧都有独创性,各自享有独立著作权。一审、二审法院认定《雷剧》不构成侵害《张剧》剧本和电视剧的著作权并无不当。

综上,张晓燕的再审申请不符合《中华人民共和国民事诉讼法》第二百条规定的情形。依照《中华人民共和国民事诉讼法》第二百零四条第一款之规定,裁定如下:

驳回张晓燕的再审申请。

审 判 长　于晓白
审 判 员　骆　电
代理审判员　李　嵘
二〇一四年十一月二十八日
书 记 员　王　晨

指导案例82号《王碎永诉深圳歌力思服饰股份有限公司、杭州银泰世纪百货有限公司侵害商标权纠纷案》的理解与参照

——恶意取得并行使商标权的行为不受法律保护

2017年3月6日，最高人民法院首次以专题形式发布了第16批指导性案例（知识产权专题），包括第78号至第87号共10件指导性案例，总结了知识产权审判实践中普遍的疑难复杂法律适用问题，有利于进一步明确裁判规则，统一司法尺度。其中，第82号为《王碎永诉深圳歌力思服饰股份有限公司、杭州银泰世纪百货有限公司侵害商标权纠纷案》。为了正确理解和准确参照适用该指导案例，现对该指导案例的选编过程、裁判要点、参照适用等有关情况予以解释和说明。

一、选编过程及指导意义

该案为最高人民法院提审审理的案件，涉及在侵害商标权行为判断的过程中，对诚实信用原则的运用和权利滥用行为的认定。本案曾被评为2014年中国法院五十个典型知识产权案例之一。经最高人民法院民三庭审判长联席会议讨论研究，建议推选为指导性案例。2016年10月28日，最高人民法院案例指导工作办公室收到该案例后，对其进行初审、修改。2017年1月22日，研究室室务会经讨论，同意推荐该案例，建议提交最高人民法院民专会予以讨论。2月21日，该案例经民专会第261次会议讨论通过。3月6日，最高人民法院以法〔2017〕53号文件将该案例列在第16批指导案例予以发布。

该指导案例旨在明确当事人违反诚实信用原则，损害他人合法权益，扰乱市场正当竞争秩序，恶意取得、行使商标权并主张他人侵权的，人民法院应当以构成权利滥用为由，判决对其诉讼请求不予支持。这充分体现了人民法院在商标审判领域倡导诚实信用原则的司法导向，对净化市场环境、规范市场竞争秩序、遏制商标恶意抢注现象，具有重要的价值导向作用。

二、关于本案例的相关情况

深圳歌力思服装实业有限公司成立于1999年6月8日。2008年12月18日，该公司通过受让方式取得第1348583号“歌力思”商标，该商标核定使用于第25类的服装等商品之上，核准注册于1999年12月。2009年11月19日，该商标经核准续展注册，有效期自2009年12月28日至2019年12月27日。深圳歌力思服装实业有限公司还是第4225104号“ELLASSAY”的商标注册人。该商标核定使用商品为第18类的(动物)皮；钱包；旅行包；文件夹(皮革制)；皮制带子；裘皮；伞；手杖；手提包；购物袋。注册有效期限自2008年4月14日至2018年4月13日。2011年11月4日，深圳歌力思服装实业有限公司更名为深圳歌力思服饰股份有限公司(以下简称歌力思公司，即本案一审被告人)。2012年3月1日，上述“歌力思”商标的注册人相应变更为歌力思公司。

一审原告人王碎永于2011年6月申请注册了第7925873号“歌力思”商标，该商标核定使用商品为第18类的钱包、手提包等。王碎永还曾于2004年7月7日申请注册第4157840号“歌力思及图”商标。后因北京市高级人民法院于2014年4月2日作出的二审判决认定，该商标损害了歌力思公司的关联企业歌力思投资管理有限公司的在先字号权，因此不应予以核准注册。

自2011年9月起，王碎永先后在杭州、南京、上海、福州等地的“ELLASSAY”专柜，通过公证程序购买了带有“品牌中文名：歌力思，品牌英文名：ELLASSAY”字样吊牌的皮包。2012年3月7日，王碎永以歌力思公司及杭州银泰世纪百货有限公司(以下简称杭州银泰公司)生产、销售上述皮包的行为构成对王碎永拥有的“歌力思”商标、“歌力思及图”商标权的侵害为由，提起诉讼。

杭州市中级人民法院于2013年2月1日作出(2012)浙杭知初字第362号民事判决，认为歌力思公司及杭州银泰公司生产、销售被诉侵权商品的行为侵害了王碎永的注册商标专用权，判决歌力思公司、杭州银泰公司承担停止侵权行为、赔偿王碎永经济损失及合理费用共计10万元及消除影响。歌力思公司不服，提起上诉。浙江省高级人民法院于2013年6月7日作出(2013)浙知终字第222号民事判决，驳回上诉、维持原判。歌力思公司及王碎永均不服，向最高人民法院申请再审。最高人民法院裁定提审本案，并于2014年8月14日作出(2014)民提字第24号判决，撤销一审、二审判决，驳回王碎永的全部诉讼请求。

据统计，2016年中国的商标申请量达369.1万件，已经连续15年位居世界第一。在拥有庞大申请量的同时，以违反诚实信用原则抢注他人商标、待价而沽，并恶意起诉他人的现象却屡见不鲜、令人堪忧，社会公众对商标领域的不诚信行为更是诟病已久。本案是人民法院在商标民事审判领域大力倡导诚实信用原则、制止滥用商标权行为的典型案例。在原告虽仍享有商标权,但现有证据显示其取得和行使权利的行为明显缺乏正当性基础的情况下,人民法院没有拘泥于机械地对比商标标识是否近似,而是在综合考虑原告的权利基础、被诉侵权行为等多项因素的情况下,驳回原告的诉讼请求,实现了法律效果与社会效果的有机统一。

三、裁判要点的理解与说明

该指导案例的裁判要点确认:当事人违反诚实信用原则,损害他人合法权益,扰乱市场正当竞争秩序,恶意取得、行使商标权并主张他人侵权的,人民法院应当以构成权利滥用为由,判决对其诉讼请求不予支持。现围绕与该裁判要点相关的问题逐一解释和说明如下:

(一)关于诚实信用原则对侵害商标权案件的价值指引作用

《中华人民共和国民事诉讼法》第十三条规定,民事诉讼应当遵循诚实信用原则。2013 年修正的商标法第七条亦明确规定,申请注册和使用商标,应当遵循诚实信用原则。具体而言,诚实信用原则是一切市场活动参与者所应遵循的基本准则。一方面,它鼓励和支持人们通过诚实劳动积累社会财富和创造社会价值,并保护在此基础上形成的财产性权益,以及基于合法、正当的目的支配该财产性权益的自由和权利;另一方面,它又要求人们在市场活动中讲究信用、诚实不欺,在不损害他人合法利益、社会公共利益和市场秩序的前提下追求自己的利益。民事诉讼活动同样应当遵循诚实信用原则。一方面,它保障当事人有权在法律规定的范围内行使和处分自己的民事权利和诉讼权利;另一方面,它又要求当事人在不损害他人和社会公共利益的前提下,善意、审慎地行使自己的权利。任何违背法律目的和精神,以损害他人正当权益为目的,恶意取得并行使权利、扰乱市场正当竞争秩序的行为均属于权利滥用,其相关权利主张不应得到法律的保护和支持。

在民事诉讼法已经对诚实信用原则作出明确规定的情况下,商标法在第三次修改的过程中,又再次强调了诚实信用原则对商标注册与使用行为的重要价值指引作用,无疑是对目前社会公众反映比较强烈的、以“囤积居奇”等方式抢注商标、滥用商标权现象的一种积极回应。我国遵循商标的先申请注册制度,制度本身对于提高商标注册效率、稳定法律秩序都具有积极的作用。但注册制度可能导致的问题是,没有实际使用行为或使用需求的申请人,以先申请的方式抢先注册可能损害他人合法权益的商标,并在获得商标权后待价而沽,或以对在先权益享有者提起诉讼的方式不正当地行使商标权。

本案正是人民法院在商标审判领域贯彻诚实信用原则的一个创新性案例,也是积极回应社会反映强烈的不诚信获得和行使商标权行为的典型案件。从基本案情看,本案只是一起普通的侵害商标权案件。原告是核定使用在“皮包”等商品上的“歌力思”商标的权利人,被告歌力思公司在其销售的皮包商品的吊牌上使用了“歌力思”文字。如果仅从2001年修正的商标法第五十二条第(一)项规定的字面含义上分析,被告的行为无疑已经构成对原告商标权的侵害,严格意义上而言,一审、二审法院的裁判遵循了条文本身的规定。但进入再审程序后,最高人民法院提审后改判驳回原告的全部诉讼请求,主要是基于以下几方面的考虑:

第一,原告的商标注册和使用行为是否有违诚实信用原则。

根据法院已经查明的事实,首先,歌力思公司及其关联企业最早将“歌力思”作为企业字号使用的时间为1996年,最早在服装等商品上取得“歌力思”注册商标专用权的时间为1999年。经长期使用和广泛宣传,作为企业字号和注册商标的“歌力思”已经具有了较高的市场知名度,歌力思公司对前述商业标识享有合法的在先权利。其次,歌力思公司在本案中的使用行为系基于合法的权利基础,使用方式和行为性质均具有正当性。从销售场所来看,歌力思公司对被诉侵权商品的展示和销售行为均完成于杭州银泰公司的歌力思专柜,专柜通过标注歌力思公司的“ELLASSAY”商标等方式,明确表明了被诉侵权商品的提供者。在歌力思公司的字号、商标等商业标识已经具有较高的市场知名度,而王碎永未能举证证明其“歌力思”商标同样具有知名度的情况下,歌力思公司在其专柜中销售被诉侵权商品的行为,不会使普通消费者误认该商品来自于王碎永。从歌力思公司的具体使用方式来看,被诉侵权商品的外包装、商品内的显著部位均明确标注了“ELLASSAY”商标,而仅在商品吊牌之上使用了“品牌中文名:歌力思”的字样。由于“歌力思”本身就是歌力思公司的企业字号,且与其“ELLASSAY”商标具有互为指代关系,故歌力思公司在被诉侵权商品的吊牌上使用“歌力思”文字来指代商品生产者的做法并无明显不妥,不具有攀附王碎永“歌力思”商标知名度的主观意图,亦不会为普通消费者正确识别被诉侵权商品的来源制造障碍。在此基础上,杭州银泰公司销售被诉侵权商品的行为亦不为法律所禁止。

第二,歌力思公司本身的使用行为是否有违诚实信用原则。

“歌力思”商标由中文文字“歌力思”构成,与歌力思公司在先使用的企业字号及在先注册的“歌力思”商标的文字构成完全相同。“歌力思”本身为无固有含义的臆造词,具有较强的固有显著性,依常理判断,在完全没有接触或知悉的情况下,因巧合而出现雷同注册的可能性较低。作为地域接近、经营范围关联程度较高的商品经营者,王碎永对“歌力思”字号及商标完全不了解的可能性较低。在上述情形之下,王碎永仍在手提包、钱包等商品上申请注册“歌力思”商标,其行为难谓正当。

王碎永以非善意取得的商标权对歌力思公司的正当使用行为提起的侵权之诉,构成权利滥用。

诚如判决中已经分析的,无论是从双方标识的知名度、被告的使用场所、使用方式等方面来看,都很难认定被告具有攀附原告知名度的主观恶意,其使用行为也有其权利来源上的正当性基础。因此,综合以上多方面因素的考虑,最高人民法院并未仅仅停留在法律规定的字面意义去对原被告的行为进行分析判断,而是从权利基础的正当性、使用行为的正当性等多个角度作出了综合考量,从而在最大程度上探寻了实体公正。

(二)关于民事行政交叉案件争议的实质性解决问题

在我国知识产权法律制度的框架之下,设置了商标和专利的确权制度,在符合一定条件的情况下,当事人可以启动相关的行政和司法程序,对已经授予的专利和商标权的效力提出挑战。由此带来的结果是,在很多专利和商标的侵权案件中,启动确权程序以期从根本上推翻原告的权利基础,成为被告的一项重要的诉讼策略。基于“本案须以另案的审理结果为依据”是我国《民事诉讼法》第一百五十条明确规定的中止事由,加之实践中专利权和商标权最终被无效的情况并不鲜见,因此,一旦被告提出无效申请并请求法院中止侵权案件的审理,法院即面临是否中止审理的两难境地:一旦中止,由于确权程序的复杂和漫长,侵权案件的审理可能被搁置多年;如不中止,又将面临认定侵权后权利又被无效的风险。

对此,最高人民法院于 2016 年 7 月全国法院知识产权审判工作座谈会中即明确提出,进一步发挥司法在知识产权保护中发挥的主导作用的重要环节,就是要进一步处理好知识产权民事程序和行政程序的关系。既要依法保障权利人的合法权益,又要注意提高民事案件的审理效率,致力于实质解决纠纷,确保当事人及早获得公正结果。合理强化特定情形下民事程序的优先和决定地位,促进民行交织的知识产权民事纠纷的实质性解决,保障民事案件处理的公正和效率,并对后续行政纠纷的正确解决形成引导。对于违反诚实信用原则或者侵犯他人合法在先权利而取得的知识产权,权利人指控他人侵权的,可以根据案件具体情况以构成权利滥用为由对其诉请不予支持。①

本案中,双方当事人之间就涉案商标也存在商标确权纠纷,但法院并未消极地观望和等待确权案件的审理结果,而是在综合考虑本案和部分生效判决查明事实的基础上,直接认定原告王碎永注册涉案商标的行为难谓正当,具体理由在于:涉

---

① 陶凯元:《充分发挥司法保护知识产权的主导作用 为建设知识产权强国和世界科技强国提供坚强有力的司法保障与服务》,载《全国法院知识产权审判工作座谈会暨全国法院知识产权审判“三合一”推进会上的讲话》,2016 年 7 月 7 日。

案“歌力思”商标由中文文字“歌力思”构成,与歌力思公司在先使用的企业字号及在先注册的“歌力思”商标的文字构成完全相同。“歌力思”本身为无固有含义的臆造词,具有较强的固有显著性,依常理判断,在完全没有接触或知悉的情况下,因巧合而出现雷同注册的可能性较低。作为地域接近、经营范围关联程度较高的商品经营者,王碎永对“歌力思”字号及商标完全不了解的可能性较低。在上述情形之下,王碎永仍在手提包、钱包等商品上申请注册“歌力思”商标,其行为难谓正当。王碎永以非善意取得的商标权对歌力思公司的正当使用行为提起的侵权之诉,构成权利滥用。

司法在知识产权保护中发挥主导作用,是司法本质属性和知识产权保护规律的内在要求。本案的裁判,以诚实信用原则为价值指引,对违反诚实信用原则取得知识产权的权利人提起的诉讼,充分考虑了案件当中的具体情况,最终以沟通权利滥用为由对其诉讼主张予以驳回。充分体现了司法裁判的价值引导作用,提高了社会公众对裁判的认同和信赖。

四、参照适用时应注意的问题

在参照适用本案例时,还需要注意以下问题:

一是要坚持诚实信用原则的指引,也要尊重商标法律制度的基本价值。根据2013年修正的商标法第三十二条的规定,申请商标不得损害他人现有的在先权利,也不得以不正当手段抢先注册他人已经使用并有一定影响的商标。在商标民事侵权案件中,违反诚实信用原则或者侵犯他人合法在先权利而取得的知识产权,权利人指控他人侵权的,可以根据案件具体情况,以构成权利滥用为由对其诉讼请求不予支持。在商标确权行政程序中,损害他人在先权利的商标,即使获得注册,仍可能被在后启动的无效审查及诉讼程序予以撤销。但需要注意的是,在商标民事案件审理过程中,人民法院尚不能对商标权的法律效力直接进行审查或宣告商标权无效。本案系基于权利人违反诚实信用原则、滥用权利的行为,而于个案中作出驳回其诉讼请求的认定,而并未直接对商标权的效力作出审查和判断。

二是要坚持在侵害商标权案件中贯彻“比例协调”原则。2016年7月,最高人民法院明确提出了“司法主导、严格保护、分类施策、比例协调”的知识产权司法政策。其中,“比例协调”原则的重要内涵,就是要使知识产权的保护范围和强度与其创新和贡献程度相协调。对此,最高人民法院在“奥普”商标侵权案①中明确指出,基于知识产权保护激励创新的目的及比例原则,知识产权的保护范围和强度,要与

---

① 参见最高人民法院(2016)最高法民再216号民事判决书。

特定知识产权的创新和贡献程度相适应。对于商标权的保护强度,应当与其应有的显著性和知名度相适应。因此,在尊重商标注册制度基本价值的前提下,考虑到先申请原则可能引发的商标抢注、符号圈地等现象,应当充分认识到,商标法所要保护的是商标所具有的识别和区分商品及服务来源的功能,而非仅是注册行为所固化的商标标识本身。因此,在个案审查和裁判的过程中,应避免机械地将商标标识本身的近似作为认定侵权与否的决定性因素,而应综合考虑被诉侵权行为是否损害了涉案商标的识别和区分功能,以及是否因此而导致市场混淆的结果。此外,在缺乏明确法律依据的情况下,亦应避免通过引入尚存争议的域外概念,突破“比例原则”而不适当地扩张商标禁用权的范围。

(执笔人:最高人民法院民三庭　佟姝
最高人民法院案例指导工作办公室　李兵)

指导案例 82 号　王碎永诉深圳歌力思服饰股份有限公司、杭州银泰世纪百货有限公司侵害商标权纠纷案

最高人民法院案例指导工作办公室编选人:李兵

1. 案例推荐单位:最高人民法院民三庭
2. 案例编写人:最高人民法院民三庭　佟姝
3. 案件裁判法院:最高人民法院(再审)
4. 案件承办人:佟姝(再审)

相关规定

1.《中华人民共和国民事诉讼法》(2017 年 6 月 27 日修正)

第十三条第一款　民事诉讼应当遵循诚实信用原则。

2.《中华人民共和国商标法》(2001 年 10 月 27 日修正)

第五十二条　有下列行为之一的,均属侵犯注册商标专用权:

(一)未经商标注册人的许可,在同一种商品或者类似商品上使用与其注册商标相同或者近似的商标的;

(二)销售侵犯注册商标专用权的商品的;

(三)伪造、擅自制造他人注册商标标识或者销售伪造、擅自制造的注册商标标识的;

(四)未经商标注册人同意,更换其注册商标并将该更换商标的商品又投入市场的;

(五)给他人的注册商标专用权造成其他损害的。

3.《中华人民共和国商标法》(2013年8月30日修正)

第五十七条　有下列行为之一的,均属侵犯注册商标专用权:

(一)未经商标注册人的许可,在同一种商品上使用与其注册商标相同的商标的;

(二)未经商标注册人的许可,在同一种商品上使用与其注册商标近似的商标,或者在类似商品上使用与其注册商标相同或者近似的商标,容易导致混淆的;

(三)销售侵犯注册商标专用权的商品的;

(四)伪造、擅自制造他人注册商标标识或者销售伪造、擅自制造的注册商标标识的;

(五)未经商标注册人同意,更换其注册商标并将该更换商标的商品又投入市场的;

(六)故意为侵犯他人商标专用权行为提供便利条件,帮助他人实施侵犯商标专用权行为的;

(七)给他人的注册商标专用权造成其他损害的。

中华人民共和国最高人民法院民事判决书

(2014)民提字第24号

再审申请人(一审被告、二审上诉人):深圳歌力思服饰股份有限公司。住所地:广东省深圳市福田区车公庙天安创新科技广场A栋1901-1905。

法定代表人:夏国新,该公司董事长。

委托代理人:徐进,该公司法律顾问。

再审申请人(一审原告、二审被上诉人):王碎永,男,汉族,1981年9月18日出生。

委托代理人:应振芳,浙江君安世纪律师事务所律师。

委托代理人:胡尊峰,北京市京师律师事务所律师。

一审被告:杭州银泰世纪百货有限公司。住所地:浙江省杭州市江干区景昙路18-26号。

法定代表人:沈国军,该公司董事长。

委托代理人:亢楠楠,该公司法务部总经理助理。

委托代理人:王莉,该公司法务部助理。

再审申请人深圳歌力思服饰股份有限公司(以下简称歌力思公司)、再审申请人王碎永及一审被告杭州银泰世纪百货有限公司(以下简称杭州银泰公司)因侵害商标权纠纷一案,不服浙江省高级人民法院(2013)浙知终字第222号民事判决,向本院申请再审。本院于2013年11月30日作出(2013)民申字第1320号民事裁定,决定提审本案。本院依法组成合议庭,于2014年2月12日对本案公开开庭进行了审理。再审申请人歌力思公司的委托代理人徐进,再审申请人王碎永及其委托代理人应振芳、胡尊峰,一审被告杭州银泰公司的委托代理人亢楠楠、王莉到庭参加诉讼。本案现已审理终结。

2012年3月7日,王碎永向杭州市中级人民法院提起诉讼称:王碎永长期从事女包生产和销售,一直使用“歌力思”作为女包的品牌。歌力思公司明知王碎永拥有第4157840号“歌力思 GLEAS”商标(以下简称第4157840号商标)、第7925873号“歌力思"商标(以下简称第7925873号商标),仍在女包等商品上使用王碎永的上述注册商标,其侵权范围广、数量大,严重损害了王碎永的合法权益。杭州银泰公司销售了侵犯注册商标专用权的商品。综上,歌力思公司与杭州银泰公司的行为构成对王碎永享有的第4157840号、第7925873号商标权的侵害,请求法院判令:1. 歌力思公司与杭州银泰公司停止侵权;2. 歌力思公司与杭州银泰公司消除影响并负担费用在《中国企业报》和歌力思公司网站首页上连续15日刊登声明,声明内容为:使用在手提包等商品上的"歌力思"商标属于王碎永所有,歌力思公司在手提包等商品上使用"歌力思"商标属侵权行为;3. 歌力思公司赔偿王碎永人民币600万元;4. 歌力思公司承担王碎永维权的合理费用人民币11万元;5. 本案诉讼费由歌力思公司与杭州银泰公司承担。

歌力思公司辩称:1. 歌力思公司是注册于第25类商品上的第1348583号"歌力思"商标权人,歌力思公司取得上述权利的时间早于第7925873号商标核准注册的时间,且王碎永公证购买被诉侵权商品的歌力思公司店铺的开设时间均在王碎永申请注册涉案商标之前。2. 歌力思公司在第18类女式手袋上使用的是第4225104号"ELLASSAY"注册商标,在吊牌上标注中文品牌"歌力思"并不是作为商标使用,且在被诉侵权商品的显著位置(内壁、外壁、拉链头、扣丁)均没有使用"歌力思"标识而只是使用"ELLASSAY"注册商标。3. 歌力思公司从1995年起从事女装设计、生产和销售,在全国各地大中型城市均有专卖店、专柜或加盟店,这些店铺将"ELLASSAY"商标作为主商标使用,均以女装销售为主,其中有少量商品是作为配饰商品用于服装搭配,相关公众不可能对此与王碎永销售的商品产生混淆或误认。4. 王碎永恶意抄袭、复制歌力思公司已有十六年历史并为相关公众广为知晓的、享有较高声誉的第1348583号"歌力思"商标,其恶意注册和使用第7925873号商标的行为将直接误导公众,致使歌力思公司的合法权益受到损害。王碎永恶意提起本案诉讼,侵犯了歌力思公司的注册商标专用权等合法利益。综上,请求法院驳回王碎永的全部诉讼请求。

杭州银泰公司辩称:杭州银泰公司与歌力思公司签订联营专柜合同,并提供场地给歌力思公司设置专柜经营商品。杭州银泰公司一直遵守合同并履行合同项下义务,并未侵害王碎永的商标权,其诉讼主张没有事实和法律依据。理由如下:1. 歌力思公司使用"歌力思"商标的行为不构成侵权。2. 杭州银泰公司没有实施侵权行为且无过错。杭州银泰公司与歌力思公司之间为联营关系,杭州银泰公司并未销售被诉侵权商品,销售者是歌力思公司,且杭州银泰公司已经对歌力思公司销售的商品尽到了合理的注意和审查义务。3. 即使歌力思公司的侵权行为成立,承担侵权责任的也应为歌力思公司。4. 王碎永要求杭州银泰公司承担停止侵权、消除影响的法律责任于法无据。综上,请求法院驳回王碎永的诉讼请求。

浙江省杭州市中级人民法院一审查明:

一、第7925873号商标的注册人为王碎永,注册有效期自2011年6月21日至2021年6月20日,核定使用商品(第18类):仿皮;钱包;手提包;旅行包(箱);护照夹(皮革制);兽皮(动物皮);皮带(马具);背包;公文包。

第4157840号商标的注册人亦为王碎永,注册有效期自2008年6月28日至2018年6月27日,核定使用商品(第18类):手提袋;钱包;公文包;公文箱;皮帽盒;卡片盒;(动物)皮;乐谱盒;背包。2012年8月16日,国家工商行政管理总局商标评审委员会(以下简称商标评审委员会)就申请人深圳市歌力思服饰设计有限公司对该商标的异议复审申请发出商标评审申请受理通知书。

二、根据浙江省杭州市钱塘公证处出具的(2011)浙杭钱证民字第7318号、第7317号、第7316号公证书,应王碎永申请,该公证处公证员李冰与工作人员王宇航会同王碎永的委托代理人应振芳于2011年9月26日上午,进行了如下证据保全事项:在杭州市银泰百货庆春店三楼标有“ELLASSAY”字样的专柜,应振芳以2682元的价格购包一个,并取得货物名称为歌力思包、盖有“杭州银泰世纪百货有限公司发票专用章”的机打发票一张;在杭州市银泰百货武林店三楼标有“ELLASSAY”字样的专柜,应振芳以1881元的价格购包一个,并取得货物名称为ELLASSAY包、盖有“浙江银泰百货有限公司发票专用章”的机打发票一张;在杭州市银泰百货西湖店A区四楼标有“ELLASSAY”字样的专柜,应振芳以3116元的价格购包一个,并取得货物名称为箱包、盖有“杭州银泰百货有限公司发票专用章”的机打发票一张。上述所购之包均为女式手提包,吊牌上均显示“品牌中文名:歌力思,品牌英文名:ELLASSAY”。王碎永支付公证费5700元。

根据江苏省南京市钟山公证处(2011)宁钟证经内字第5762号公证书,2011年10月11日下午,该公证处公证员李建、公证人员刘琨现场监督王碎永实施了如下证据保全行为:王碎永在南京市东方商城三楼标有“ELLASSAY”字样区域,以2534元的价格购得一只皮包,并取得品名为歌力思包的盖有“南京东方商城有限责任公司发票专用章”的机打发票一张。该皮包吊牌上显示“品牌中文名:歌力思,品牌英文名:ELLASSAY”。王碎永于同日支付公证费2000元。

根据上海市东方公证处(2011)沪东证字第21029号公证书,应王碎永的申请,2011年10月12日上午,该公证处公证员黄欣、工作人员虞颖超与王碎永在位于上海市肇家浜路1000号的汇金百货三楼以1980元的价格购包一个,并取得盖有“上海汇金百货有限公司发票专用章”的发票一张。该皮包吊牌上显示“品牌中文名:歌力思,品牌英文名:ELLASSAY”。王碎永于同日支付公证费2500元。

根据福建省福州市公证处(2011)榕公证内民字第13012号公证书,2011年10月19日上午,该公证处公证员梁国华、陈莉莉及王碎永在位于福州市八一七北路福州东百百货四楼歌力思女装专柜,以2682元的价格购买一款女式手提包,并取得品名为包、盖有"福建东百集团股份有限公司发票专用章"的商业零售普通发票。该皮包吊牌上显示"品牌中文名:歌力思,品牌英文名:ELLASSAY"。王碎永于同日支付公证费900元。

根据湖南省长沙市长沙公证处(2011)湘长证民字第6315号公证书,2011年10月24日,该公证处公证员祖千里、工作人员陈姿颖及王碎永在位于长沙市黄兴中路27号王府井百货三楼一间悬挂ELLASSAY字样的门店内,以2412元的价格购买一女士皮包,并取得品名为歌力思包、盖有"长沙王府井百货有限责任公司发票专用章"的机打发票一张。该皮包吊牌上显示"品牌中文名:歌力思,品牌英文名:ELLASSAY"。王碎永于同日支付公证费1500元。

根据湖北省武汉市洪兴公证处(2011)鄂洪兴内证字第4648号公证书,2011年10月25日下午,该公证处公证员李安枝、工作人员刘齐及王碎永在位于武汉市洪山区珞瑜路6号群光广场3楼的歌力思专柜以2592元的价格购买了女式手提包一个,并取得商品名称为歌力思包、盖有"群光实业(武汉)有限公司发票专用章"的机打发票一张。该皮包吊牌上显示"品牌中文名:歌力思,品牌英文名:ELLASSAY"。同日,王碎永支付公证费900元。

根据北京市海诚公证处(2011)京海诚内民证字第07274号公证书,2011年10月26日,该公证处公证员李戈苏、工作人员王洋现场监督王碎永实施了如下证据保全行为:王碎永从北京市海淀区北三环西路38号双安商场二层歌力思专柜以1512元的价格购买了"歌力思"女士皮包一个,并取得盖有"北京王府井百货集团双安市场有限责任公司发票专用章"的手工发票一张。皮包吊牌上显示"品牌中文名:歌力思,品牌英文名:ELLASSAY"。同日,王碎永支付公证费2600元。一审庭审中,打开该公证处封存的被诉侵权产品,可见该被诉侵权产品的外包装袋、产品内部及其中的一吊牌显示的标识均为ELLASSAY加三撇图形。

根据广东省广州市南方公证处(2011)南公证内字第46459号公证书,2011年11月14日,该处公证员高怡南、公证员助理李舒及王碎永在位于广州市越秀区北京路295号广百百货新翼三楼歌力思专柜,以2682元的价格购买了皮包一个,并取得品名为包、盖有"广州市广百股份有限公司发票专用章"的机打发票一张。王碎永支付公证费2600元。

根据广东省深圳公证处(2012)深证字第20103号公证书,2012年2月16日,该处公证员成熙、工作人员苏鹏在位于深圳市福田区华强茂业百货二楼歌力思专柜，以2356元的价格购买皮包一个，并取得商品名称为歌力思包、盖有“深圳市茂业东方时代百货有限公司发票专用章”的机打发票一张。王碎永于同日支付公证费2000元。

三、2007年4月17日，王碎永以个体工商户的身份，成立广州市白云区三元里休歌皮具商行，该企业的经营范围：批发、零售皮革制品。该企业因经营不善于2011年6月17日注销。

四、深圳市歌力思服饰设计有限公司成立于1996年11月18日，2011年5月9日，该公司更名为深圳市歌力思投资管理有限公司。深圳歌力思服装实业有限公司成立于1999年6月8日，2011年11月4日，该公司更名为歌力思服饰股份有限公司（本案中的歌力思公司）。深圳市歌力思服饰设计有限公司为本案歌力思公司的股东（发起人）之一。

第1348583号“歌力思”商标的注册人为深圳市歌力思服饰设计有限公司，核定使用商品为第25类的衬衣；服装；皮衣（服装）；裤子；裙子；内衣；童装；大衣；睡衣；外套。有效期限自1999年12月28日至2009年12月27日。2008年12月18日，深圳歌力思服装实业有限公司受让取得第1348583号“歌力思”商标。2009年11月19日，该商标经核准续展注册有效期自2009年12月28日至2019年12月27日。2012年3月1日，该商标经核准变更后的注册人为歌力思公司。

第4225104号“ELLASSAY”商标注册人为深圳歌力思服装实业有限公司，核定使用商品为第18类的（动物）皮；钱包；旅行包；文件夹（皮革制）；皮制带子；裘皮；伞；手杖；手提包；购物袋。注册有效期限自2008年4月14日至2018年4月13日。

广东省服装服饰行业协会出具给商标评审委员会的证明载明：歌力思公司是中国服装协会副会长单位，是一家集设计、生产、营销为一体的大型企业。其品牌“ELLASSAY（歌力思）”在行业中具有较高知名度和影响力。2008年入选中国500最具价值品牌排行榜，品牌价值达8.9亿元；2010年，在《福布斯》中国潜力企业榜中首度上榜列22位，成为唯一入选榜单的女装品牌。

五、歌力思公司与杭州银泰公司自2008年11月起即存在联营专柜合同关系，歌力思公司在杭州银泰公司设专柜经营其生产的注册商标为“歌力思”与“ELLASSAY”的女装。歌力思公司向杭州银泰公司提供了其经营产品的相关商标证明，并在双方签订的合同中承诺确保其专柜销售商品的质量、计量、物价及标识等符合我国产品质量法、商标法等国家有关法律、法规及各类标准的要求。2012年4月，歌力思公司向银泰百货（集团）有限公司出函承诺：如本案导致杭州银泰公司承担赔偿责任或遭致任何其他损失均由其承担。

一审庭审中，杭州银泰公司称歌力思公司在其商场专柜中的包只是作为摆设，在摆放商场的一年多时间里,仅王碎永购买了1只,没有第2只销售记录,歌力思公司认可杭州银泰公司销售的被诉侵权商品系其提供。

六、2011年9月14日,王碎永为本案诉讼支付浙江君安世纪律师事务所律师费5万元。

浙江省杭州市中级人民法院一审认为:根据各方当事人的诉讼主张,本案争议焦点在于:一、歌力思公司与杭州银泰公司是否侵害王碎永的商标权;二、如歌力思公司侵权事实成立,其应赔偿王碎永经济损失及维权合理费用的数额。

关于焦点一。王碎永系本案所涉第7925873号、第4157840号商标注册人,现该两商标尚在注册有效期限内,根据2013年修正前的《中华人民共和国商标法》(以下简称商标法)第三条第一款之规定,王碎永享有的商标专用权应受法律保护。歌力思公司在其手提包商品的吊牌上标注"品牌中文名:歌力思"标识的行为应认定为将该标识作为商标在商品上的使用,歌力思公司关于被诉侵权商品吊牌上的"歌力思"字样是作为字号使用而不是作为商标使用的抗辩主张不能成立。经庭审比对,被诉侵权商品使用的"歌力思"商标与王碎永第7925873号商标的中文文字完全一致,为相同商标,被诉侵权商品所使用的"歌力思"商标与王碎永第4157840号商标构成近似商标。因本案被诉侵权的女式手提包与王碎永第7925873号、第4157840号商标核定使用的手提包、手提袋属相同种类商品,被诉侵权商标"歌力思"与第7925873号商标相同、与第4157840号商标相近似,极易造成相关公众混淆,且歌力思公司与杭州银泰公司无法证明在生产、销售的被诉侵权商品上使用"歌力思"商标已经获得王碎永的许可或授权,歌力思公司未经许可擅自使用与第7925873号商标相同、与第4157840号商标近似商标的行为侵害了王碎永的注册商标专用权,杭州银泰公司销售上述商品的行为亦构成对上述商标专用权的侵害。王碎永的诉讼请求具有事实依据并符合法律规定,应当予以支持。歌力思公司关于王碎永恶意注册和使用涉案商标的抗辩主张依据不足,不能成立。

关于焦点二。根据商标法第五十六条第一款、第二款之规定,因王碎永没有提供其因侵权所受损失或歌力思公司因侵权所获利益的相关证据,且其主张的计算方式并无依据,故一审法院根据歌力思公司侵权行为的性质、主观过错程度,并结合被诉侵权商品的销售数量、价格以及涉案商标知名度等因素,对歌力思公司应赔偿王碎永经济损失及维权合理费用的金额酌情予以确定,对其中的合理部分予以支持。同时,一审法院还注意到与确定本案赔偿金额相关的如下事实:1.歌力思公司为第1348583号"歌力思"商标的注册人,该商标经歌力思公司及其关联企业在长期经营使用中所累积的商誉和品牌知名度远高于王碎永请求保护的涉案注册商标;2.被诉侵权商品除吊牌上标注"品牌中文名:歌力思"外,在商品的外包装、商品内的醒目位置及其他吊牌上均标注了歌力思公司在该类商品上享有注册商标专用权的“ELLASSAY”商标;3.杭州银泰公司关于歌力思公司在其商场专柜中的包仅作为专柜摆设,在摆放一年多时间里只有一只销售记录的陈述;4.王碎永在本案中仅提供了使用涉案商标的实物样品,并未提供其他实际使用的证据;5.王碎永为本案诉讼支付的律师代理费、公证保全等相关费用。

综上,一审法院依据《中华人民共和国侵权责任法》第十五条;商标法第三条第一款,第五十一条,第五十二条第(一)项、第(二)项,第五十六条第一款、第二款;《中华人民共和国商标法实施条例》(2002年施行,以下简称商标法实施条例)第三条;《最高人民法院关于审理商标民事纠纷案件适用法律若干问题的解释》第九条第二款、第十条、第十六条;《中华人民共和国民事诉讼法》(2007年修订,以下简称民事诉讼法)第六十四条之规定,判决:一、歌力思公司、杭州银泰公司立即停止侵害王碎永享有的第7925873号、第4157840号商标专用权的行为,即歌力思公司立即停止使用侵害王碎永商标专用权的商标标识、杭州银泰公司立即停止销售侵害王碎永商标专用权商品的行为;二、歌力思公司于判决生效之日起十日内赔偿王碎永经济损失及维权合理费用共计10万元;三、歌力思公司于判决生效之日起三十日内在《中国企业报》刊登声明消除影响(声明内容须经该院审核确定),费用由歌力思公司负担;四、驳回王碎永的其他诉讼请求。案件受理费54570元,由王碎永负担22647元,歌力思公司负担31923元。

歌力思公司不服一审判决,向浙江省高级人民法院提起上诉称:1.歌力思公司在被诉侵权商品及其包装袋、宣传册上使用的均系该公司注册商标“ELLASSAY”,仅在女式手提包的吊牌上标注“中文品牌:歌力思”,作为英文商标“ELLASSAY”的补充表述,并非商标使用,且歌力思公司的商品全部在具有显著标志“ELLASSAY”的专卖店或专柜销售,不可能发生消费者误认误购的情形。歌力思公司并没有使用王碎永的涉案商标,不构成侵权。2.歌力思公司的企业名称登记注册在先,应当受法律保护。经过长期的使用和宣传,“歌力思”在公众眼中已具有较高的知名度和美誉度。王碎永以牟取不正当利益为目的,恶意抄袭、复制作为知名商号、著名服装商标及知名商品特有名称的“歌力思”,误导公众,构成不正当竞争,侵犯了歌力思公司的合法利益,一审判决歌力思公司赔偿其经济损失10万元明显不当。3.王碎永没有任何广告宣传投入和实体门店销售,其网店经销的商品没有知名度,歌力思公司没有给其造成声誉及商誉损害,一审判决歌力思公司在《中国企业报》上刊登声明以消除影响不当。4.一审程序不当。商标评审委员会于2012年8月29日作出的《商标评审申请受理通知书》表明,第4157840号商标并未授权,但一审法院对王碎永在超出举证期限后就该商标提出的诉讼请求变更申请仍予准许,不仅违反了民事诉讼程序规定,而且出现“两案合一”及“司法越权”的程序错误。一审法院对歌力思公司提出的调查取证申请未作调查也无回复,属于程序不当。请求二审法院改判驳回王碎永的诉讼请求,并由王碎永负担本案诉讼费用。

王碎永辩称:在商品吊牌上使用“歌力思”标识属于商标使用,歌力思公司未经商标注册人许可,在相同的商品上使用与王碎永的注册商标相同或近似的标识,构成商标侵权。此外,一审程序并无不当。歌力思公司的上诉请求缺乏事实依据,请求二审法院驳回上诉。

二审中,各方当事人均无新证据提交。二审判决认定事实与一审判决一致。

浙江省高级人民法院二审认为:

一、关于是否构成侵权。权利人享有权利是侵权之诉的基础和前提。本案中,王碎永提供了第7925873号、第4157840号商标注册证等证据,用以证明其享有商标专用权。歌力思公司对第7925873号商标注册证并无异议,但认为第4157840号商标仍在异议复审中并未确权,商标证书系误发。二审法院认为,商标注册证作为由国家商标行政主管部门依照商标法的有关规定颁发给商标注册人用以证明商标专用权范围的法律文书,是注册商标的法定凭证。歌力思公司虽称该商标尚未确权,但对商标注册证的真实性并无异议,其亦未举证证明该证书已被确认无效或撤销,故该商标注册证可以证明王碎永享有第4157840号注册商标专用权的事实。歌力思公司在二审中申请就第4157840号商标是否授权的事实进行调查取证,其理由不能成立,对此不予准许。歌力思公司所称商标注册证系误发的实质是对第4157840号商标的授权存在争议,该问题应当通过行政程序予以解决,不属于本案的审理范围。王碎永享有的第7925873号、第4157840号注册商标专用权受法律保护,未经许可,任何人均不得擅自使用。首先,歌力思公司在商品吊牌上的“歌力思”文字之前标明“中文品牌名”,是将“歌力思”作为商标使用的明确意思,歌力思公司所称该标注系对英文商标的补充表述,理由显然不能成立。其次,根据《商标法实施条例》第三条的规定,在吊牌上印刷的企业名称、地址、电话等,可以起到识别商品或服务来源的作用,故在吊牌上标注商标标识亦属商标的使用行为。综上,被诉侵权商品吊牌上标注的“歌力思”文字与第7925873号注册商标“歌力思”相同、与第4157840号注册商标近似,易使相关公众对商品的来源产生误认或认为与使用上述商标的商品有特定联系,侵犯了王碎永的注册商标专用权。歌力思公司关于王碎永恶意抄袭、复制“歌力思”知名商号、著名服装商标及知名商品特有名称,已构成不正当竞争的主张,并非本案的审查范围,对此不予审理。

二、关于侵权责任承担。歌力思公司的被诉侵权行为构成商标侵权,应当承担停止侵害、消除影响、赔偿损失等民事责任。歌力思公司作为一家大型服装生产、销售企业，其侵权行为在较大范围内给王碎永造成了影响，一审判决其在《中国企业报》上刊登声明以消除影响，并无不当。因侵权获利及权利人所受损失均难以确定，一审法院根据侵权行为的性质、主观过错程度，并考虑到歌力思公司的商标使用情况等因素，酌定赔偿数额为10万元亦为合理。

三、关于一审程序问题。国家工商行政管理总局商标局对第4157840号商标已核准注册，一审法院在权利人提供商标注册证的前提下保护其注册商标专用权符合法律的规定，歌力思公司称一审司法越权的主张显然与事实不符。王碎永就该注册商标提出的主张与此前就第7925873号商标提起的侵权之诉，系由同一侵权行为在相同主体间引起的法律关系相同的诉讼，可一并审理，且一审法院在王碎永提出变更诉讼请求申请后，曾当庭询问歌力思公司的意见，并应该公司要求再次给予一个月的举证期限，已充分保障了当事人的诉讼权利和实体权利，不存在民事诉讼法规定的严重违反法定程序的情形，歌力思公司与此有关的上诉理由不能成立。对歌力思公司所称一审法院对其申请调查取证申请未予回应的问题，经查，歌力思公司所提申请系为支持其反诉主张，由于歌力思公司已于其后撤回反诉，无须再对该问题单独作出处理。

综上，二审法院判决驳回上诉，维持原判。二审案件受理费2300元，由歌力思公司负担。

歌力思公司向本院申请再审称：1.一审、二审法院程序违法，具体表现在：对于歌力思公司因客观原因不能自行收集，书面申请人民法院调查收集的证据未予调查收集；王碎永在一审庭审过程中增加关于第4157840号商标的诉讼请求，违反了民事诉讼法关于变更诉讼请求的明确规定。而且，第4157840号商标并未获得授权，一审、二审法院以此作为权利基础并进行相应的侵权判定也是错误的。2.王碎永在本案中主张权利的依据，是侵犯歌力思公司在先字号权及在服装商品上的知名商标而获得的商标权，王碎永的恶意注册行为是一种典型的不正当竞争行为，应当根据与权利冲突有关的法律规定，以诚实信用、保护在先权利、禁止混淆为原则进行处理。歌力思公司没有对王碎永造成任何损害，一审、二审法院判决歌力思公司承担相应的法律责任明显不当。3.歌力思公司在服饰商品吊牌上使用"歌力思"字样是正当行使自身权利的行为，不构成对他人权利的侵犯。"歌力思"是歌力思公司独创并在先使用的知名字号，已经持续使用十七年。歌力思公司在被诉侵权商品上使用"ELLASSAY"商标的同时使用"歌力思"字样，是为了方便消费者以中文称呼，也是对歌力思字号的正当使用，不构成对王碎永商标权的侵害。歌力思公司所有的销售行为均在自己的专卖店或专柜内完成，统一使用了自己的注册商标，不会造成消费者混淆。综上，一审、二审判决认定事实有误，适用法律错误，程序违法,请求本院依法撤销一审、二审判决,驳回王碎永的全部诉讼请求。

王碎永辩称:1. 一审、二审判决认定事实基本正确。王碎永是第 7925873 号、第 4157840 号商标的权利人,歌力思公司未经许可在手提包等商品上使用"歌力思"商标,构成对王碎永权利的侵犯。2. 一审、二审判决适用法律有误,赔偿数额明显偏低。3. 一审、二审判决不存在重大程序问题。请求驳回歌力思公司的再审申请。

王碎永向本院申请再审称:一审、二审判决认定事实基本正确,但在确定赔偿数额的过程中存在错误。王碎永主张按照侵权人获利计算赔偿数额,考虑到歌力思公司的侵权时间、销售额及王碎永的维权成本,一审、二审判决确定的赔偿数额明显偏低,请求改判歌力思公司赔偿王碎永经济损失 600 万元。

歌力思公司辩称:一审、二审判决认定事实不清,适用法律错误,歌力思公司未侵犯王碎永的商标权,故本案中不存在赔偿数额明显偏低的问题,请求驳回王碎永全部诉讼请求。

杭州银泰公司述称:杭州银泰公司根据与歌力思公司签订的《联营专柜合同》,提供场地给歌力思公司设置专柜并经营商品,自身不涉及商品销售行为,且杭州银泰公司已经对歌力思公司的资质及所售商品质量进行了严格的审查,没有主观过错,亦不应承担赔偿责任。

本院经审理查明:第 4157840 号商标于 2004 年 7 月 7 日提出注册申请,指定使用在第 18 类的手提袋、钱包、公文包、皮帽盒、卡片盒、书包、(动物)皮、乐谱盒、背包等商品上。经初步审定公告后,深圳市歌力思服饰设计有限公司(系深圳市歌力思投资管理有限公司的前身)在法定异议期内提出异议。2011 年 3 月 2 日,国家工商行政管理总局商标局作出(2011)商标异字第 03817 号商标异议裁定(以下简称第 3817 号裁定),对被异议商标予以核准注册。深圳市歌力思服饰设计有限公司不服该裁定,于 2011 年 4 月 11 日向商标评审委员会提出异议复审申请。商标评审委员会于 2013 年 8 月 13 日作出商评字〔2013〕第 34678 号《关于第 4157840 号"歌力思 GLEAS 及图"商标异议复审裁定书》(以下简称第 34678 号裁定),对被异议商标予以核准注册。深圳市歌力思投资管理有限公司不服该裁定,于 2013 年 10 月 11 日向北京市第一中级人民法院提起行政诉讼。北京市第一中级人民法院于 2013 年 12 月 13 日作出(2013)一中知行初字第 3609 号行政判决书,该判决认为:第 4157840 号商标与引证的第 1348583 号"歌力思"商标构成类似商品上的近似商标,违反了《商标法》第二十八条的规定,不应予以核准注册。此外,第 4157840 号商标指定使用在与服装密切相关的钱包、公文包等类似商品上,损害了歌力思投资管理有限公司针对"歌力思"所享有的在先商号权。据此,判决撤销第 34678 号裁定,并责令商标评审委员会针对第 4157840 号商标重新作出裁定。王碎永不服该判决,向北京市高级人民法院提起上诉，北京市高级人民法院于2014年4月2日作出(2014)高行终字第466号行政判决书，认为："歌力思"品牌服装早在第4157840号商标申请日之前即已开始广泛宣传，并已具有一定知名度，此后仍进行长期、持续的宣传，且"歌力思"品牌所指向的服装商品与第4157840号商标指定使用的"手提袋、(动物)皮、钱包"等商品之间关联程度较高，构成类似商品。一审法院认定第4157840号商标损害了歌力思投资管理有限公司享有的在先商号权并无不当。据此，该院判决：驳回上诉，维持原判。

本案由本院提审后，于2014年1月14日向王碎永发出《受理通知书》，其中载明：你方应当自收到受理通知书之日起十五日内提交书面意见、证据材料。王碎永于2014年1月18日签收该通知书。

另查，在本院再审审查及提审审理过程中，歌力思公司为证明第4157840号商标权利状况及歌力思公司的经营情况和品牌知名度，向本院补充提交了三组共10份证据。王碎永为证明其实际经营情况、商标注册情况等，当庭向本院提交了九组共23份证据。对于当事人提交的上述证据，结合对方当事人的质证意见，本院认证意见如下：

歌力思公司提交的第一组证据为证据1～6，用以证明第4157840号商标未被核准注册。分别为：证据1即第3817号裁定；证据2即《商标评审申请受理通知书》；证据3即《商标评审案件证据交换通知书》；证据4即第34678号裁定；证据5即北京市第一中级人民法院(2013)一中知行初字第3609号行政判决书；证据6即北京市高级人民法院(2014)高行终字第466号行政判决书。王碎永对上述六份证据的真实性未提出异议，但认为与本案缺乏关联性。杭州银泰公司认为上述六份证据与其无关，故不发表质证意见。

歌力思公司提交的第二组证据为证据7～9，用以证明"歌力思"商标及字号的知名度。分别为：证据7即中国服装协会中服协函〔2013〕068号《关于推荐"ELLASSAY/歌力思"商标为中国驰名商标的函》；证据8即歌力思公司宣传图册复印件，《现代服装》《深圳特区报》等媒体对其商品进行宣传报道的复印件以及"歌力思"品牌获"第九届中国服装品牌年度价值大奖"奖杯照片复印件；证据9即深圳市福田区地方税务局和国家税务局出具的《纳税证明》复印件。对于上述三份证据，王碎永陈述质证意见称：对证据7的出具机构不了解，不认可其真实性、关联性；对证据8中宣传图册的真实性、关联性不予认可，对《现代服装》的真实性予以认可，但不认可与本案的关联性，亦不能证明歌力思公司使用行为的正当性；对《深圳特区报》复印件及奖杯照片的真实性、关联性均不予认可。对证据9的真实性无异议，但不足以证明歌力思公司的主张。对于上述三份证据，杭州银泰公司认为与其无关,故不发表质证意见。

歌力思公司于庭审后向本院补充提交的第三组证据为证据10,即(2012)深中法知民初字第976号民事判决书,用以证明歌力思公司对作为商业标识的“歌力思”享有合法的在先权利。对于该份证据,王碎永提交质证意见称,认可上述判决的真实性,但该判决因王碎永提出上诉而尚未发生法律效力,且判决内容不能证明歌力思公司的主张。杭州银泰公司认为该判决的内容与其无关,故不发表质证意见。

关于歌力思公司提交的第一组证据,本院认为,当事人提交此组证据的目的是为证明第4157840号商标未被核准注册这一事实,由于该事实直接关系到本案中的部分权利基础是否存在,且各方当事人未对其真实性提出异议,因此本院对该组证据予以采信。关于歌力思公司提交的第二组证据,本院认为,中国服装协会出具的函件、《现代服装》等媒体的宣传报道以及深圳市福田区地方税务局和国家税务局出具的《纳税证明》等内容,王碎永已当庭核对了证据原件,且上述证据与“歌力思”品牌的使用情况具有关联性,本院对此予以采信。歌力思公司提交的“第九届中国服装品牌年度价值大奖”奖杯照片复印件及部分宣传图册复印件,因无原件核对,其真实性无法确认,本院对此不予采信。关于歌力思公司提交的第三组证据,本院认为,鉴于各方当事人并无异议,故本院对其真实性予以确认。由于该判决内容尚未发生法律效力,不能直接作为认定事实的依据,本院对其不予采信。

王碎永提交的第一组证据为证据1~3,用以证明第4157840号、第3903043号商标系王碎永受让取得,而非抢注。分别为:证据1即《注册商标转让合同》;证据2即(2006)穗花证内经字第5338号公证书;证据3即转让申请受理通知书、注册申请受理通知书。第二组证据为:证据4即《厂房租赁合同》,用以证明王碎永进行生产经营活动的情况。第三组证据为证据5~7,用以证明王碎永从事“歌力思”品牌皮具的生产销售活动。分别为:证据5即中通、韵达、宅急送等多家公司的快递单,寄件人为叶'S,其上标明的产品信息为“歌力思皮具”;证据6即产品销售清单、送货单、出货单等;证据7即广东省地方税收通用发票多张,付款方为王碎永,收款方为广州市白云区圣嘉皮具商贸中心,开票项目为租金、水电费、综合服务费等。第四组证据为证据8即广州市白云区三元里宝玉皮具商行工商登记信息,用以证明王碎永从事“歌力思”品牌皮具的生产销售活动。第五组证据为证据9~13,用以证明王碎永申请、注册其他商标的情况。分别为:证据9即第4157840号“歌力思及图”商标注册信息;证据10即第5669816号“歌力思及图”商标注册信息;证据11即第6524306号“GLEAS”商标注册信息;证据12即第7925873号“歌力思”商标注册信息;证据13即第9911786号“歌力思及图”商标申请信息;第9911785号“歌力思

GELEASAY”商标申请信息。第六组证据为证据 14 即法国歌力思(香港)国际有限公司公司档案信息,用以证明王碎永从事“歌力思”皮具的生产销售情况。第七组证据为证据 15 即第 5812634 号“张曼玉 ZHANGMANYU”商标注册信息,用以证明国家工商行政管理总局商标局认可此种商标注册形式。第八组证据为证据 16～22,用以证明歌力思公司的生产经营状况不佳。分别为:证据 16 即深圳东华会计师事务所验资报告;证据 17 即股权转让见证书;证据 18 即股权转让协议书;证据 19 即 2006 年股东会决议;证据 20 即深圳市歌力思服饰设计有限公司企业法人营业执照复印件;证据 21 即 2011 年股东会决议;证据 22 即深圳市歌力思投资管理有限公司营业执照复印件。第九组证据为:证据 23 即佛山歌力思陶瓷有限公司及霸州歌力思家具有限公司基本情况打印页,用以证明“歌力思”商号并非歌力思公司所独有。

对王碎永当庭提交的上述九组证据,歌力思公司表示,因上述证据的提交时间超出举证期限,且不属于可被再审程序采信的新证据,故拒绝对此发表质证意见。杭州银泰公司认为上述证据与其无关,故不发表质证意见。本院对王碎永提交的上述九组证据的原件进行了核对,除证据 23 无原件外,其他证据的复印件与原件相符。

对于王碎永提交的九组证据,本院认为,第一,就提交证据的时间而言,根据《最高人民法院关于民事诉讼证据的若干规定》第三十四条的规定,当事人应当在举证期限内向人民法院提交证据材料,当事人在举证期限内不提交的,视为放弃举证权利。此外,《最高人民法院关于适用〈中华人民共和国民事诉讼法〉审判监督程序若干问题的解释》第十条规定,再审程序中的新证据是指原审庭审结束前已客观存在庭审结束后新发现的证据,或者原审庭审结束前已经发现,但因客观原因无法取得或在规定的期限内不能提供的证据。本院认为,当事人在民事诉讼活动中应当遵循诚实信用原则,善意、审慎地行使自己的诉讼权利。王碎永当庭提交的上述 23 份证据,均属于由其自行保存或经简单查询即可获得的资料,且上述证据在形式上记载的形成时间多远远早于一审判决的作出时间。作为提起本案诉讼的原告,王碎永既不在一审、二审法院审理期间提交,亦未在本院明确指定的举证期限内提交上述证据,而是在庭审当日进行证据突袭,根据上述司法解释的规定,对于这种违反诚实信用原则、滥用诉讼权利的行为,本院不予支持。第二,就提交证据的内容而言,第一组证据中第 4157840 号商标的申请和转让文件虽可以证明第 4157840 号商标申请权的转让过程,但不足以证明该商标的注册行为具有合法性基础或已被核准注册。第 3903043 号商标的注册情况与本案无关,本院对其真实性、合法性不再予以评述。第二组证据的《厂房租赁合同》未显示与本案有关的内容。第三组证据中的快递单、产品销售清单、送货单、出货单中或未显示使用人的具体情况,或未显示商标或其他商业标识的使用情况。第四组证据中的工商登记信息未显示与“歌力思”商标使用有关的内容。第五组证据中第5669816号、第6524306号、第9911785号、第9911786号商标的申请或注册情况与本案无关。第六组证据未显示与王碎永及涉案商标使用有关的信息,且根据北京市高级人民法院(2014)高行终字第466号判决查明的内容,该公司已于2008年11月7日根据《香港公司条例》的规定,从登记册中删除并于当日解散。第七组证据的“张曼玉”商标注册情况与本案无关。第八组证据中歌力思公司关联企业进行的股权转让等经营活动的情况与本案无关。综上,王碎永提交的第一组证据中与第3903043号商标有关的内容,第二组至第四组证据,第五组证据中的证据10、证据11、证据13以及第八组证据因均与本案缺乏关联性,故本院对其真实性、合法性不再予以评述。第五组证据中的证据9即第4157840号商标注册证,王碎永虽然提供了证据原件,但由于该注册证的内容与北京市高级人民法院(2014)高行终字第466号行政判决的内容存在明显矛盾,故本院对其合法性、关联性均不予认可。第九组证据因王碎永未能提供原件予以核对,本院对其真实性、合法性、关联性均不予确认。

本院认为,根据当事人申请再审的理由、对方当事人的答辩意见以及查明的事实,本案争议焦点如下:

一、关于一审、二审法院的行为是否违反法定程序

首先,关于一审、二审法院对歌力思公司调查收集证据的申请未予准许的作法是否违反法定程序。根据《最高人民法院关于民事诉讼证据的若干规定》第十七条的规定,相关证据属于国家有关部门保存并须人民法院依职权调取的档案材料,或涉及国家秘密、商业秘密、个人隐私的材料以及当事人因客观原因不能自行收集的其他材料,当事人及其诉讼代理人可以申请人民法院调查收集证据。经查明,歌力思公司在一审、二审诉讼过程中申请法院收集的证据主要涉及两方面内容:一是关于第4157840号商标的注册情况。由于第4157840号商标是否获准注册的事实关系到本案中的部分权利基础是否存在,在歌力思公司已经对此提出异议且提交了初步证据的情况下,一审、二审法院未根据歌力思公司的申请进一步调查核实的做法确有不当,本院予以纠正。二是关于王碎永在淘宝网店销售情况的证据。经查明,歌力思公司申请调查王碎永销售情况的证据,系为支持其原在本案中提出的反诉主张,在歌力思公司已经撤回反诉的情况下,一审、二审法院对与本案事实无关的调查取证申请不予支持的做法并无不当。其次,在庭审过程中,一审法院对王碎永增加第4157840号商标作为权利基础的主张予以受理和审理的做法是否违反法定程序。经查明,王碎永在一审庭审过程中确曾提出增加第4157840号商标作为权利基础,但并未变更诉讼请求,且一审法院对此曾当庭询问歌力思公司的意见,并

根据其要求重新指定了举证期限。上述做法已经充分保障了当事人的诉讼权利，歌力思公司所提一审法院违反法定程序的再审理由不能成立，本院不予支持。

二、关于歌力思公司、杭州银泰公司在本案中的行为是否构成侵害商标权

根据商标法第五十二条的规定，未经商标注册人的许可，在同一种或者类似商品上使用与其注册商标相同或者近似商标的，或者销售侵犯注册商标专用权商品的，属于侵犯注册商标专用权的行为。本案中，王碎永主张，第4157840号、第7925873号商标为其在本案中的权利基础，歌力思公司、杭州银泰公司生产、销售未经许可使用上述注册商标的女士皮包为其在本案中主张的侵权行为。结合法律明确规定以及当事人的诉辩主张，本院认为，本焦点问题可具体分解为以下两个问题。

第一，关于歌力思公司、杭州银泰公司的行为是否侵害第4157840号商标权的问题。根据商标法第三十七条的规定，注册商标的有效期自核准注册之日起计算。第4157840号商标经初步审定公告后，即因歌力思公司的关联企业提出异议申请而进入商标确权行政和司法审查程序。2014年4月2日，北京市高级人民法院作出(2014)高行终字第466号判决，认定第4157840号商标违反了商标法第二十八条和第三十一条的规定，判决维持北京市第一中级人民法院(2013)一中知行初字第3609号行政判决，即撤销商标评审委员会对第4157840号商标予以核准注册的异议复审裁定，并责令其针对第4157840号商标重新作出异议复审裁定。由此可见，第4157840号商标迄今为止尚未被核准注册，无从产生注册商标专用权，王碎永持有的商标注册证显然系商标行政管理机关误发，王碎永无权据此对他人提起侵害商标权之诉。一审、二审法院在未查明第4157840号商标真实权利状态的情况下认定歌力思公司、杭州银泰公司的行为构成对该商标权的侵害，属于认定事实不清，本院予以纠正。对王碎永与第4157840号商标有关的诉讼请求，本院不予支持。

第二，关于歌力思公司、杭州银泰公司的行为是否侵害第7925873号商标权的问题。本院认为，诚实信用原则是一切市场活动参与者所应遵循的基本准则。一方面，它鼓励和支持人们通过诚实劳动积累社会财富和创造社会价值，并保护在此基础上形成的财产性权益，以及基于合法、正当的目的支配该财产性权益的自由和权利；另一方面，它又要求人们在市场活动中讲究信用、诚实不欺，在不损害他人合法利益、社会公共利益和市场秩序的前提下追求自己的利益。民事诉讼活动同样应当遵循诚实信用原则。一方面，它保障当事人有权在法律规定的范围内行使和处分自己的民事权利和诉讼权利；另一方面，它又要求当事人在不损害他人和社会公共利益的前提下，善意、审慎地行使自己的权利。任何违背法律目的和精神，以损害他人正当权益为目的，恶意取得并行使权利、扰乱市场正当竞争秩序的行为均属于

权利滥用,其相关权利主张不应得到法律的保护和支持。

有鉴于此,对于歌力思公司、杭州银泰公司的行为是否构成侵害第7925873号商标权的问题,本院认为:首先,歌力思公司拥有合法的在先权利基础。根据已经查明的事实可知,歌力思公司及其关联企业最早将“歌力思”作为企业字号使用的时间为1996年,歌力思公司最早在服装等商品上取得“歌力思”注册商标专用权的时间为1999年。此后,经歌力思公司及其关联企业的长期使用和广泛宣传,“歌力思”品牌于2008年即已入选中国500最具价值品牌,作为企业字号和注册商标的“歌力思”已经具有了较高的市场知名度,对前述商业标识享有合法的在先权利。其次,歌力思公司在本案中的使用行为系基于合法的权利基础,使用方式和行为性质均具有正当性。王碎永认为,歌力思公司在被诉侵权商品的吊牌上使用“品牌中文名:歌力思”字样的行为构成对第7925873号商标权的侵害。本院认为,商标的基本功能是区分商品和服务的来源。本案中,从销售场所来看,歌力思公司对被诉侵权商品的展示和销售行为均完成于杭州银泰公司的歌力思专柜,专柜通过标注歌力思公司的“ELLASSAY”商标等方式,明确表明了被诉侵权商品的提供者。在歌力思公司的字号、商标等商业标识已经具有较高的市场知名度,而王碎永未能举证证明其申请注册的第7925873号商标同样具有知名度的情况下,歌力思公司在其专柜中销售被诉侵权商品的行为,不会使普通消费者误认该商品来自于王碎永。从歌力思公司的具体使用方式来看,歌力思公司在被诉侵权商品的外包装、商品内的显著部位均明确标注了歌力思公司在第18类女士手袋等商品上享有商标专用权的“ELLASSAY”商标,而仅是在商品吊牌之上使用了“品牌中文名:歌力思”的字样。由于“歌力思”本身就是歌力思公司的企业字号,且与其“ELLASSAY”商标具有互为指代关系,故歌力思公司在被诉侵权商品的吊牌上使用“歌力思”文字来指代商品生产者的作法并无明显不妥,不具有攀附第7925873号商标知名度的主观意图,亦不会为普通消费者正确识别被诉侵权商品的来源制造障碍。在此基础上,杭州银泰公司销售被诉侵权商品的行为亦不为法律所禁止。最后,王碎永取得和行使第7925873号商标权的行为难谓正当。第7925873号商标由中文文字“歌力思”构成,与歌力思公司在先使用的企业字号以及在先于服装商品上注册的“歌力思”商标的文字构成完全相同。“歌力思”本身为无固有含义的臆造词,具有较强的固有显著性,依常理判断,在完全没有接触或知悉的情况下,因巧合而出现雷同注册的可能性较低。歌力思公司地处广东省深圳市,王碎永曾长期在广东省广州市经营皮具商行,作为地域接近、经营范围关联程度较高的商品经营者,王碎永对“歌力思”字号及商标完全不了解的可能性较低。在上述情形之下,王碎永仍于2009年在与服装商品关联性较强的手提包、钱包等商品上申请注册第7925873号商标,其行为难谓正当。据此,王碎永以非善意取得的商标权对歌力思公司的正当使用行为提起的侵权之诉,构成权利滥用,其与此有关的诉讼请求不应得到法律的支持。综上所述,综合考虑歌力思公司的在先权利状况、使用行为的正当性以及王碎永取得和行使权利的正当性等因素,对王碎永所提歌力思公司、杭州银泰公司侵害其第7925873号商标权的诉讼主张,本院不予支持。

三、关于王碎永所提赔偿数额明显偏低的再审理由能否成立

鉴于本院已经认定歌力思公司、杭州银泰公司的行为不构成侵害商标权,歌力思公司、杭州银泰公司亦无须在本案中承担相应的法律责任,故对王碎永所提赔偿数额明显偏低的再审理由,本院不予支持。

综上,一审、二审判决认定事实和适用法律均有错误,歌力思公司再审申请的理由成立,本院予以支持。依据2013年修正前的《中华人民共和国商标法》第五十二条,《中华人民共和国民事诉讼法》第十三条、第一百七十条第一款第(二)项、第二百零七条之规定,判决如下:

一、撤销浙江省杭州市中级人民法院(2012)浙杭知初字第362号民事判决;

二、撤销浙江省高级人民法院(2013)浙知终字第222号民事判决;

三、驳回王碎永的全部诉讼请求。

本案一审案件受理费54570元,二审案件受理费2300元,均由王碎永负担。

本判决为终审判决。

审　判　长　王艳芳
代理审判员　朱　理
代理审判员　佟　姝
二〇一四年八月十四日
书　记　员　刘海珠

指导案例83号《威海嘉易烤生活家电有限公司诉永康市金仕德工贸有限公司、浙江天猫网络有限公司侵害发明专利权纠纷案》的理解与参照

——网络服务提供者未对权利人有效投诉及时采取合理措施的应当承担相应的侵权责任

2017年3月6日,最高人民法院首次以专题形式发布了第16批指导性案例(知识产权专题),包括第78号至第87号共10件指导性案例,总结了知识产权审判实践中普遍的疑难复杂法律适用问题,有利于进一步明确裁判规则,统一司法尺度。其中,第83号为《威海嘉易烤生活家电有限公司诉永康市金仕德工贸有限公司、浙江天猫网络有限公司侵害发明专利权纠纷案》。为了正确理解和准确参照适用该指导案例,现对该指导案例的选编过程、裁判要点、参照适用等有关情况予以解释和说明。

一、选编过程及指导意义

该案一审由浙江省金华市中级人民法院于2015年8月12日作出(2015)浙金知民初字第148号民事判决后,被告浙江天猫网络有限公司不服,提起上诉。浙江省高级人民法院于2015年11月17日作出(2015)浙知终字第186号生效判决。本案曾被评为2015年中国法院十大知识产权案件,经最高人民法院民三庭审判长联席会议讨论,建议作为指导性案例推荐。2016年10月28日,最高人民法院案例指导工作办公室收到该案例后,对其进行初审、修改。2017年1月22日,研究室室务会经讨论,同意推荐该案例,建议提交最高人民法院民专会予以讨论。2月21日,民专会第261次会议讨论通过了该案例。3月6日,最高人民法院以法〔2017〕53号文件将该案例列在第16批指导案例予以发布。

该指导案例旨在明确网络平台服务中,被侵权人依据侵权责任法向网络服务提供者发出要求其采取必要措施的通知,包含被侵权人身份情况、权属凭证、侵权

人网络地址、侵权事实初步证据等内容的,即属有效通知。网络服务提供者自行设定的投诉规则,不得影响权利人依法维护其自身合法权利。上述必要措施包括但并不限于删除、屏蔽、断开链接。随着电子商务产业的蓬勃发展,网店销售侵权产品的事件也频频发生,正确界定网络服务提供者的知识产权侵权责任,既关系到电商平台本身的健康有序发展,也关系到权利人(投诉人)与被投诉人之间的利益平衡。此案例对于类似案件侵权责任的正确认定,多方利益主体权利的平衡具有明显的指导价值。

二、关于本案例的相关情况

近年来,"互联网的发展已经渗透到我国社会的各个方面,成为极其复杂的生态系统,多种利益相关者在系统中共生共存"。以"互联网 +"为先导的新经济形态给知识产权司法保护带来了前所未有的新挑战。网络服务提供者知识产权侵权责任界定即为诸多疑难问题中的典例。《中华人民共和国侵权责任法》第三十六条第二款规定,网络用户利用网络服务实施侵权行为的,被侵权人有权通知网络服务提供者采取删除、屏蔽、断开链接等必要措施。网络服务提供者接到通知后未及时采取必要措施的,对损害的扩大部分与该网络用户承担连带责任。实践中,网络服务提供者往往通过制定有关规则处理网络交易中的纠纷,充分发挥了行业自治的功能,较为有效地解决了大量的网络交易纠纷。但其纠纷解决规则往往带有格式条款的性质,解释不当便很容易沦为自我保护的工具,可能影响其他市场主体依法维权。例如,在本案例中,被告天猫公司即根据企业自行制定的规则对嘉易烤公司投诉材料作出审核不通过的处理,其在回复中表明审核不通过原因是:烦请在实用新型、发明的侵权分析对比表表二中详细填写被投诉商品落入贵方提供的专利权利要求的技术点,建议采用图文结合的方式一一指出(需注意,对比的对象为卖家发布的商品信息上的图片、文字),并提供购买订单编号或双方会员名。天猫公司作为网络服务提供者自行设定的投诉规则,是否符合侵权责任法的有关规定,是否限制了权利人依法维护其自身合法权利就成为了本案争议的焦点问题。因此,如何有效处理网络服务提供者制定的自治规则与法律法规的关系,学界和实务界对上述问题仍存在较大的争议。本案对于该条文的适用进行了有益的探索。

三、裁判要点的理解与说明

该指导案例的裁判要点确认:1. 网络用户利用网络服务实施侵权行为,被侵权人依据侵权责任法向网络服务提供者所发出的要求其采取必要措施的通知,包含被侵权人身份情况、权属凭证、侵权人网络地址、侵权事实初步证据等内容的,即属有效通知。网络服务提供者自行设定的投诉规则,不得影响权利人依法维护其自身合法权利。2.《侵权责任法》第三十六条第二款所规定的网络服务提供者接到通知后所应采取的必要措施包括但并不限于删除、屏蔽、断开链接。“必要措施”应遵循审慎、合理的原则,根据所侵害权利的性质、侵权的具体情形和技术条件等来加以综合确定。现围绕与该裁判要点相关的问题逐一解释和说明如下:

1. 天猫公司投诉规则的效力。《中华人民共和国侵权责任法》第三十六条第二款所规定网络服务提供者就其本质而言属平等的民事主体,相对于其他民事主体而言,并不享有法外特权,也不承担法外义务。本案中,天猫公司重要的抗辩理由之一即为嘉易烤公司提交的投诉材料明显不符合其公司的格式要求。网络服务提供者所确定的投诉规则,系单方制定并向社会公布,必须从民法的视野来审视权利人维权是否应该受制于网络服务提供者所确定的投诉规则。显然此类投诉规则只体现了网络服务提供者的单方意思表示,缺乏相关权利人的合意,并不必然对权利人维权产生当然的法律约束力。如果商事主体制定的规则对权利人更有利,则权利人当然可以按照商事主体的规则进行投诉;但如果商事主体制定的规则对权利人而言比法律的规定更加严格,则权利人只需按照法律的规定进行维权即可。本案中,天猫公司自身制定的投诉规则比法律规定更加严格,则嘉易烤公司只需按照法律规定的投诉规定进行投诉即可,这样才有利于保护权利人的合法权益。本案中,网络服务提供者就其本质而言属普通的商事主体,天猫公司所提抗辩理由之一即为嘉易烤公司提交的投诉材料明显不符合其公司的格式要求。

2. 有效“通知”的认定。《中华人民共和国侵权责任法》第三十六条第二款所涉及的“通知”应该包括权利人身份情况、权属凭证、证明侵权事实的初步证据以及指向明确的被诉侵权人网络地址等材料。权利人向网络服务提供者发出有效通知是认定网络服务提供者是否存在过错及应否就危害结果的不当扩大承担连带责任的条件。“通知”是指被侵权人就他人利用网络服务商的服务实施侵权行为的事实向网络服务提供者所发出的要求其采取必要技术措施,以防止侵权行为进一步扩大的法律行为。通知内容应当明确包括权利人身份情况、权属凭证、证明侵权事实的初步证据以及指向明确的被诉侵权人网络地址等材料。符合上述条件的,即应视为有效通知。嘉易烤公司涉案投诉通知符合侵权责任法规定的“通知”的基本要件,属有效通知。

3. 网络服务提供者采取的措施的必要性、及时性和合理性认定。《中华人民共和国侵权责任法》第三十六条第二款所规定的网络服务提供者接到通知后所应采取必要措施包括但并不限于删除、屏蔽、断开链接。对于网络服务提供者采取的措施的必要性、及时性和合理性认定,一方面要考量被侵害权利的性质、侵权的具体情形和技术条件等涉案客观因素，另一方面要兼顾利益平衡；既要注重知识产权严格保护的理念，又不能损及网络用户和网络服务提供者的合法权益。

不同属性的知识产权权种，其权利边界及保护范围界定的难易程度不一，网络服务提供者在接到权利人维权投诉的通知后所应采取的必要措施也应有所区别。就著作权侵权行为而言，相当部分的侵权行为是显而易见的。在此情形下，要求网络服务提供者在接到通知后采取删除、屏蔽、断开链接措施既是必要的，也是合理的。但是，就专利侵权行为而言，网络服务提供者基于对专利侵权判断的主观识别能力、侵权投诉胜诉概率以及利益平衡等因素的考量，在难易识别行为性质的情况下，并不必然要求其在接受投诉后对被投诉商品立即采取删除、屏蔽和断开链接等措施。其采取必要措施时应当秉承审慎、合理原则，以免损害被投诉人的合法权益。值得指出的是，人民法院在采取作出删除、屏蔽、断开链接措施等行为禁令决定时尚且需要经过相关的司法审查，如果绝对要求网络服务提供者在接到投诉以后一律采取删除、屏蔽、断开链接措施并不可取。如前所述，网络服务者毕竟是平等的民事主体而非行政执法者或者司法裁判者。而且“必要措施”的绝对理解和片面解释会助长网络不正当竞争行为与恶意投诉行为，损及立法原意。

虽然在网络服务提供者难以识别被投诉行为性质的情况下，并不必然要求其在接受投诉后对被投诉商品立即采取删除、屏蔽和断开链接措施，但是这并不意味着可以对权利人的有效维权投诉置之不理，否则权利人投诉行为将失去意义。将权利人的维权有效投诉通知材料转达被投诉人并通知被投诉人申辩当属网络服务提供者应当采取的必要措施之一。如果网络服务提供者未履行上述基本义务，而导致被投诉人未收到任何警示，并最终造成损害后果的扩大，则应承担相应的侵权责任。

四、参照适用时应注意的问题

需要说明的是，网络环境下的知识产权保护既要坚持“严格保护”的价值导向，又要注重“分类施策、比例协调”，实现激励创新的目的。界定特定民事主体的注意义务和法律责任，应该将该主体放置于其实际参与的具体民事行为模式，或者说微观的市场特定模式下加以考量。电子商务是互联网环境下的新型市场交易模式，在界定该领域网络服务提供者知识产权注意义务和法律责任时，司法裁判的价值导向不是削弱这种“互联网＋”模式的正能量，而是应该引导创新商业模式健康有序发展，激活电子商务知识产权的自我净化机制。

本案在裁判过程中将网络服务提供者的主体属性、权利人维权通知的效力识别、特定种类知识产权权利属性与特征、网络服务提供者对侵权判断的主观识别能力以及所应采取的"必要措施"的合理性等整体纳入裁判视野。在坚持"严格保护"价值导向的同时,充分尊重电子商务市场自生性规则,在不同规则选择难以取舍时,优先选择对于各方利益有最大容忍度和包容度的规则,实现了法律效果与包括市场效果在内的社会效果统一,为同类案件的处理提供了可资借鉴的规则。

(执笔人:浙江省高级人民法院　应向健、杨治
最高人民法院案例指导工作办公室　石磊)

指导案例83号　威海嘉易烤生活家电有限公司诉永康市金仕德工贸有限公司、浙江天猫网络有限公司侵害发明专利权纠纷案

最高人民法院案例指导工作办公室编选人:石磊

1. 案例推荐单位:最高人民法院民三庭
2. 案例编写人:浙江省高级人民法院　应向健、周平
3. 案件裁判法院:浙江省金华市中级人民法院(一审)、浙江省高级人民法院(二审)
4. 案件承办人:应帅(一审)、周平(二审)

相关规定

《中华人民共和国侵权责任法》(2009年12月26日)

第三十六条　网络用户、网络服务提供者利用网络侵害他人民事权益的,应当承担侵权责任。

网络用户利用网络服务实施侵权行为的,被侵权人有权通知网络服务提供者采取删除、屏蔽、断开链接等必要措施。网络服务提供者接到通知后未及时采取必要措施的,对损害的扩大部分与该网络用户承担连带责任。

网络服务提供者知道网络用户利用其网络服务侵害他人民事权益,未采取必要措施的,与该网络用户承担连带责任。

浙江省高级人民法院民事判决书

(2015)浙知终字第186号

上诉人(原审被告):浙江天猫网络有限公司,住所地:浙江省杭州市余杭区五常街道五常大道168号3号楼三楼。

法定代表人:陆兆禧,董事长。

委托代理人:滕卫兴,浙江泽厚(绍兴)律师事务所律师。

委托代理人(特别授权代理):周多,男,1982年12月7日出生,汉族,系浙江天猫网络有限公司员工。

被上诉人(原审原告):威海嘉易烤生活家电有限公司,住所地:山东省威海市高技术产业开发区沈阳中路39-5号。

法定代表人:李琎熙,董事长。

委托代理人(特别授权代理):徐浩,北京商专律师事务所律师。

原审被告:永康市金仕德工贸有限公司,住所地:浙江省永康市城西新区李一村309号。

法定代表人:李严挺,总经理。

上诉人浙江天猫网络有限公司(以下简称天猫公司)因侵害发明专利权纠纷一案,不服浙江省金华市中级人民法院(2015)浙金知民初字第148号民事判决,向本院提起上诉。原审被告永康市金仕德工贸有限公司(以下简称金仕德公司)虽在上诉期内向本院提起上诉,但既未在指定期限内交纳诉讼费亦未提交司法救助申请,依照《中华人民共和国民事诉讼法》《诉讼费用交纳办法》的规定,按其自动撤回上诉处理。本院于2015年9月24日受理本案后,依法组成合议庭,并于同年10月30日公开开庭进行了审理。上诉人天猫公司的委托代理人滕卫兴、周多,被上诉人威海嘉易烤生活家电有限公司(以下简称嘉易烤公司)的委托代理人徐浩,原审被告金仕德公司的法定代表人李严挺到庭参加诉讼。本案现已审理终结。

原判认定:2009年1月16日,嘉易烤公司及其法定代表人李琎熙共同向国家知识产权局申请了名称为"红外线加热烹调装置"的发明专利,并于2014年11月5日获得授权,专利号为ZL200980000002.8。该发明专利的权利要求书记载:"1.一种红外线加热烹调装置,其特征在于,该红外线加热烹调装置包括:托架,在其上部中央设有轴孔,且在其一侧设有控制电源的开关;受红外线照射就会被加热的旋转盘,作为在其上面可以盛食物的圆盘形容器,在其下部中央设有可拆装地插入上述轴孔中的突起;支架,在上述托架的一侧纵向设置;红外线照射部,其设在上述支架的上端,被施加电源就会朝上述旋转盘照射红外线;上述托架上还设有能够从内侧拉出的接油盘;在上述旋转盘的突起上设有轴向的排油孔。"2015年1月26日,涉案发明专利的专利权人变更为嘉易烤公司。涉案专利年费缴纳至2016年1月15日。

2015年1月29日,嘉易烤公司的委托代理机构北京商专律师事务所向北京市海诚公证处申请证据保全公证,其委托代理人王永先、时寅在公证处的监督下,操作计算机登入天猫网(网址为 http://www.tmall.com),在一家名为"益心康旗舰店"的网上店铺购买了售价为388元的3D烧烤炉,并拷贝了该网店经营者的营业执照信息。同年2月4日,时寅在公证处的监督下接收了寄件人名称为"益心康旗舰店"的快递包裹一个,内有韩文包装的3D烧烤炉及赠品、手写收据联和中文使用说明书、保修卡。公证员对整个证据保全过程进行了公证并制作了(2015)京海诚内民证字第01494号公证书。

2015年2月10日,嘉易烤公司委托案外人张一军向淘宝网知识产权保护平台上传了包含专利侵权分析报告和技术特征比对表在内的投诉材料,但淘宝网最终没有审核通过。

2015年5月5日,天猫公司向浙江省杭州市钱塘公证处申请证据保全公证,由其代理人刁曼丽在公证处的监督下操作电脑,在天猫网益心康旗舰店搜索"益心康3D烧烤炉韩式家用不粘电烤炉无烟烤肉机电烤盘铁板烧烤肉锅",显示没有搜索到符合条件的商品。公证员对整个证据保全过程进行了公证并制作了(2015)浙杭钱证内字第10879号公证书。

2015年4月7日,嘉易烤公司以金仕德公司未经其许可,在天猫商城等网络平台上宣传并销售侵犯其ZL200980000002.8号专利权的产品,构成专利侵权;天猫公司在嘉易烤公司投诉金仕德公司侵权行为的情况下,未采取有效措施,应与金仕德公司共同承担侵权责任为由,向原审法院起诉,请求判令:1.金仕德公司立即停止销售被诉侵权产品;2.金仕德公司立即销毁库存的被诉侵权产品;3.天猫公司撤销金仕德公司在天猫平台上所有的侵权产品链接;4.两原审被告连带赔偿嘉易烤公司50万元;5.本案诉讼费用由两原审被告承担。

金仕德公司答辩称:其只是卖家,并不是生产厂家,50万元的赔偿数额太高。

天猫公司答辩称:1.其作为交易平台,并不是生产销售侵权产品的主要经营方或者销售方;2.涉案产品是否侵权不能确定;3.涉案产品是否使用在先也不能确定;4.在不能证明其为侵权方的情况下,由其连带赔偿50万元缺乏事实和法律依据,且其公司业已删除了涉案产品的链接,嘉易烤公司关于撤销金仕德公司在天猫平台上所有的侵权产品链接的诉讼请求亦不能成立。

一审庭审中,嘉易烤公司主张将涉案专利权利要求1作为本案要求保护的范围。经比对,嘉易烤公司认为除了开关位置的不同,被控侵权产品的技术特征完全落入了涉案专利权利要求1记载的保护范围,而开关位置的变化是业内普通技术人员不需要创造性劳动就可解决的,属于等同特征。两原审被告对比对结果不持意见。

原审法院另查明,嘉易烤公司为本案支出公证费4000元,代理服务费81000元。

原审法院认为,嘉易烤公司依法取得的专利号为ZL200980000002.8发明专利权在有效期限内,法律状态稳定,并已履行了缴纳专利年费的义务,故该专利为有效专利,依法应受国家法律的保护。本案的争议焦点在于:1.被控侵权产品是否落入本案发明专利权利要求1的保护范围;2.金仕德公司销售被诉侵权产品关于合法来源的抗辩能否成立;3.天猫公司是否应对金仕德公司的侵权行为承担连带责任;4.两原审被告所应承担的民事责任。

关于争议焦点1,根据《最高人民法院关于审理侵犯专利权纠纷案件应用法律若干问题的解释》第七条第二款的规定,被诉侵权技术方案包含与权利要求记载的全部技术特征相同或者等同的技术特征的,人民法院应当认定其落入专利权的保护范围;被诉侵权技术方案的技术特征与权利要求记载的全部技术特征相比,缺少权利要求记载的一个以上的技术特征,或者有一个以上技术特征不相同也不等同的,人民法院应当认定其没有落入专利权的保护范围。经庭审比对,被诉侵权产品的开关设置在红外线照射部的一侧,与涉案专利权利要求1载明的"该红外线加热烹调装置包括:托架,在其上部中央设有轴孔,且在其一侧设有控制电源的开关"的技术特征不相同。除此之外,被诉侵权产品包含了涉案专利权利要求1中其他全部技术特征。故被诉侵权产品是否落入涉案专利权利要求的保护范围,关键在于开关位置的变化是否属于等同技术特征。从涉案专利的权利要求看,该技术特征限定的是实施该发明专利必须要有开关,否则将无法控制电源的开启或关闭,导致无法给红外线照射部持续施加电源,或者无法断开施加给红外线照射部的电源的后果。涉案专利将开关设置在托架的一侧,本领域的普通技术人员在阅读权利要求后,很轻易就能联想到将开关设置在烹调装置的其他部位,且开关位置的变化并不会产生新的技术效果,其功能仍然是控制该烹调装置的电源。综上,被控侵权产品的开关与涉案发明专利的开关,属于以基本相同的手段,实现基本相同的功能,达到基本相同的效果,并且本领域普通技术人员在被诉侵权行为发生时无须经过创造性劳动就能够联想到的特征,两者构成等同。因此,该院认为被诉侵权产品已落入涉案专利权利要求1的保护范围。

关于争议焦点2,被控侵权产品的外包装为韩文字体印刷,无法识别生产厂商,其内附的中文说明书、保修卡也没有该产品的生产商信息。金仕德公司提供收货单可识别收货单位为“青青”,左上角有“程征宇”的签字,但品名及经手人无法识别。单据上记载的信息与本案没有直接关联,也缺乏对交付货物的描述,无法确定交货单经手的货物与涉案产品为同一物品,金仕德公司也没有提供其他证据佐证,故该院对金仕德公司关于合法来源的抗辩不予支持。

关于争议焦点3,嘉易烤公司提交的投诉材料符合天猫公司的格式要求,在其上传的附件中也以图文并茂的形式对技术要点进行比对,但天猫公司仅对该投诉材料作出审核不通过的处理。天猫公司提供的(2015)浙杭钱证内字第10879号公证书仅能证明涉案产品在2015年5月5日已经下架,无法得知具体下架时间,天猫公司声称于2015年4月29日对涉案产品进行下架及删除链接的处理,是在嘉易烤公司向原审法院起诉之后,显然其行为并未尽到合理的审查义务,也未采取必要的措施防止损害扩大,根据《中华人民共和国侵权责任法》第三十六条第二款的规定,应当对损害扩大的部分与金仕德公司承担连带责任。

关于争议焦点4,原审法院认为,因被诉侵权产品已落入涉案专利的保护范围,金仕德公司应当承担停止侵权、赔偿损失的民事责任,故嘉易烤公司要求金仕德公司停止销售被控侵权产品请求,应予以支持。嘉易烤公司要求金仕德公司销毁库存的侵权产品的请求,因其没有提供直接的证据证明,该院不予支持。嘉易烤公司要求天猫公司撤销金仕德公司在天猫平台上的产品链接,由于侵权产品链接已不存在,该请求已无事实依据,该院不予支持。关于具体的赔偿数额,由于嘉易烤公司没有提供证据证明其因侵权所受到的具体损失或金仕德公司因侵权所获得的具体利益,该院综合考虑金仕德公司侵权的范围、时间、性质以及原告专利权的类别、维权的合理费用等因素,酌情确定赔偿数额为150000元。关于天猫公司所应承担责任的份额,由于嘉易烤公司没有提交其因天猫公司未采取必要的措施而扩大的损失的数额,该院综合考虑侵权持续的时间及天猫公司应当知道侵权事实的时间,确定天猫公司对金仕德公司赔偿数额的50000元承担连带赔偿责任。综上,依照《中华人民共和国民法通则》第一百一十八条,《中华人民共和国专利法》第十一条第一款、第五十九条第一款、第六十五条,《最高人民法院关于民事诉讼证据的若干规定》第二条之规定,原审法院于2015年8月12日判决:一、金仕德公司立即停止销售侵犯专利号为ZL200980000002.8的发明专利权的产品的行为;二、金仕德公司于判决生效之日起十日内赔偿嘉易烤公司经济损失150000元(含嘉易烤公司为制止侵权而支出的合理费用);三、天猫公司对上述第二项中金仕德公司赔偿金额的50000元承担连带赔偿责任;四、驳回嘉易烤公司的其他诉讼请求。如未按判决指定的期间履行给付金钱义务,应当依照《中华人民共和国民事诉讼法》第二百五十三条之规定,加倍支付迟延履行期间的债务利息。案件受理费8800元,由嘉易烤公司承担3080元,金仕德公司、天猫公司共同承担5720元。

宣判后,天猫公司不服,向本院提起上诉称:1. 原审判决就嘉易烤公司的投诉行为所作的以下事实认定不清:(1)由于嘉易烤公司在投诉中并未提供"购买订单编号"及"交易双方会员名",天猫公司根本无法确认投诉方在对比表中用于比对侵权的对象实际为从涉案店铺购买的商品,而天猫公司从被投诉链接的商品信息中也无法看到涉案商品的内部构造,因此无法认定涉案商品存在专利侵权行为。(2)嘉易烤公司为证明涉案商品链接地址中的商品侵犯了其专利权而进行了公证购买,其在能够提供包括交易日期、交易双方会员名、订单编号等购买行为的信息的情况下却故意不提供。(3)天猫公司为了确保投诉方的合法权益,特地在"审核不通过原因"中要求投诉方进一步提供"购买订单编号"及"双方会员名",但是投诉方却一直未予提供。(4)嘉易烤公司在向天猫公司投诉后不久就直接向原审法院提起诉讼。天猫公司根据嘉易烤公司提交的公证书,在确认涉案商品的卖家和订单编号后,对涉案商品链接及时进行了删除处理,尽到了合理的注意义务。2. 原审判决适用《中华人民共和国侵权责任法》第三十六条第二款的规定判决天猫公司应当对损害扩大的部分与金仕德公司承担连带责任属于法律错误:(1)嘉易烤公司提交的投诉材料明显不符合天猫公司的格式要求,也未能合理说明进行技术比对的商品来源于涉案店铺购买的商品。(2)天猫公司在收到原审诉讼材料后及时采取了必要措施防止损害扩大,尽到了事后合理的注意义务。(3)"知道"作为网络服务提供者承担侵权责任的主观要件,而"知道"的前提往往是知识产权权利人的"有效通知",权利人除了要提供身份证明和权属证明之外,还需要提供"侵权成立"的初步证据材料。3. 天猫公司对卖家所售商品是否侵犯发明专利权判断能力有限。平台方接到权利人通知后,不需要进行侵权与否的审查就直接删除商品,显然没有平等保护平台卖家的合法权益。本案中,被诉侵权产品是否侵权产品天猫公司难以确定,天猫公司也是在诉讼过程中,通过庭审和法庭组织的专业技术比对,认为涉案商品确实存在侵权可能之后才对涉案商品采取了删除和屏蔽措施。天猫公司尽到了最大的审慎义务,主观上没有任何过错。请求二审法院撤销原审判决第三项,依法改判,并判决嘉易烤公司承担本案诉讼费用。

嘉易烤公司答辩称:1.购买者信息实际上对于侵权与否的认定并不必要,从其投诉材料中可以清楚看到的产品就是金仕德公司在天猫网站上销售的侵权产品。天猫公司要求提供商品信息与天猫网站上销售的商品进行比对,是对侵权行为的纵容与保护。2.嘉易烤公司的投诉是合理的有效投诉,天猫公司未经妥善处理即草率拒绝,故应对其实施的纵容行为承担相应侵权责任。3.即使天猫公司对商品的侵权判断存在困难,其也应将投诉情况转达给实际的卖家。综上,天猫公司的上诉存在错误和自相矛盾的地方。请求二审法院驳回上诉,维持原判。

金仕德公司认为:其公司既不知道也没有能力去判断涉案产品是否侵权。原判判赔金额过高,请求改判。

二审中,各方当事人均没有新的证据向法庭提交,二审查明的其他事实与原审判决认定的事实一致。

根据天猫公司的上诉及嘉易烤公司的答辩意见,本院认为本案的二审争议焦点是:天猫公司在本案中是否构成共同侵权,原审法院判决天猫公司承担实体责任是否恰当。

本院认为,二审中,各方当事人对于金仕德公司销售的被诉侵权产品落入嘉易烤公司涉案专利权利要求1的保护范围,均不持异议,原审判决认定金仕德公司涉案行为构成专利侵权正确。关于天猫公司在本案中是否构成共同侵权,本院认为,《中华人民共和国侵权责任法》第三十六条第二款规定,网络用户利用网络服务实施侵权行为的,被侵权人有权通知网络服务提供者采取删除、屏蔽、断开链接等必要措施。网络服务提供者接到通知后未及时采取必要措施的,对损害的扩大部分与该网络用户承担连带责任。上述规定系针对权利人发现网络用户利用网络服务提供者的服务实施侵权行为后"通知"网络服务提供者采取必要措施,以防止侵权后果不当扩大的情形,同时还明确界定了此种情形下网络服务提供者所应承担的义务范围及责任构成。本案中,天猫公司涉案被诉侵权行为是否构成侵权应结合对天猫公司的主体性质、嘉易烤公司"通知"的有效性以及天猫公司在接到嘉易烤公司的通知后是否应当采取措施及所采取的措施的必要性和及时性等加以综合考量。

首先,天猫公司依法持有增值电信业务经营许可证,系信息发布平台的服务提供商,其在本案中为金仕德公司经营的"益心康旗舰店"销售涉案被诉侵权产品提供网络技术服务,符合《中华人民共和国侵权责任法》第三十六条第二款所规定网络服务提供者的主体条件。

其次,天猫公司在本院二审庭审中确认嘉易烤公司已于2015年2月10日委托案外人张一军向淘宝网知识产权保护平台上传了包含被投诉商品链接及专利侵权分析报告、技术特征比对表在内的投诉材料,且根据上述投诉材料可以确定被投诉主体及被投诉商品。

本院认为,《中华人民共和国侵权责任法》第三十六条第二款所涉及的“通知”是认定网络服务提供者是否存在过错及应否就危害结果的不当扩大承担连带责任的条件。“通知”是指被侵权人就他人利用网络服务商的服务实施侵权行为的事实向网络服务提供者所发出的要求其采取必要技术措施,以防止侵权行为进一步扩大的法律行为。通知既可以是口头的,也可以是书面的。通常,通知内容应当包括权利人身份情况、权属凭证、证明侵权事实的初步证据以及指向明确的被诉侵权人网络地址等材料。符合上述条件的,即应视为有效通知。嘉易烤公司涉案投诉通知符合侵权责任法规定的“通知”的基本要件,属有效通知。

再次,经查,天猫公司对嘉易烤公司投诉材料作出审核不通过的处理,其在回复中表明审核不通过原因是:烦请在实用新型、发明的侵权分析对比表表二中详细填写被投诉商品落入贵方提供的专利权利要求的技术点,建议采用图文结合的方式一一指出。(需注意,对比的对象为卖家发布的商品信息上的图片、文字),并提供购买订单编号或双方会员名。

本院认为,发明或实用新型专利侵权的判断往往并非仅依赖表面或书面材料就可以作出,因此专利权人的投诉材料通常只需包括权利人身份、专利名称及专利号、被投诉商品及被投诉主体内容,以便投诉接受方转达被投诉主体。在本案中,嘉易烤公司的投诉材料已完全包含上述要素。至于侵权分析比对,天猫公司一方面认为其对卖家所售商品是否侵犯发明专利判断能力有限,另一方面却又要求投诉方“详细填写被投诉商品落入贵方提供的专利权利要求的技术点,建议采用图文结合的方式一一指出”,本院认为,考虑到互联网领域投诉数量巨大、投诉情况复杂的因素,天猫公司的上述要求基于其自身利益考量虽也具有一定的合理性,而且也有利于天猫公司对于被投诉行为的性质作出初步判断并采取相应的措施。但就权利人而言,天猫公司的前述要求并非权利人投诉通知有效的必要条件。况且,嘉易烤公司在本案的投诉材料中提供了多达5页的以图文并茂的方式表现的技术特征对比表,天猫公司仍以官僚格式化的回复将技术特征对比作为审核不通过的原因之一,处置失当。至于天猫公司审核不通过并提出提供购买订单编号或双方会员名的要求,本院认为,本案中投诉方是否提供购买订单编号或双方会员名并不影响投诉行为的合法有效。而且,天猫公司所确定的投诉规制并不对权利人维权产生法律约束力,权利人只需在法律规定的框架内行使维权行为即可,投诉方完全可以根据自己的利益考量决定是否接受天猫公司所确定的投诉规制。更何况投诉方可能无须购买商品而通过其他证据加以证明,也可能可以根据他人的购买行为发现可能的侵权行为,甚至投诉方既使存在直接购买行为,但也可以基于某种经济利益或商业秘密的考量而拒绝提供。

最后,《中华人民共和国侵权责任法》第三十六条第二款所规定的网络服务提供者接到通知后所应采取必要措施包括但并不限于删除、屏蔽、断开链接。"必要措施"应根据所侵害权利的性质、侵权的具体情形和技术条件等来加以综合确定。

本案中,在确定嘉易烤公司的投诉行为合法有效之后,需要判断天猫公司在接受投诉材料之后的处理是否审慎、合理。本院认为,本案系侵害发明专利权纠纷。天猫公司作为电子商务网络服务平台的提供者,基于其公司对于发明专利侵权判断的主观能力、侵权投诉胜诉概率以及利益平衡等因素的考量,并不必然要求天猫公司在接受投诉后对被投诉商品立即采取删除和屏蔽措施,对被诉商品采取的必要措施应当秉承审慎、合理原则,以免损害被投诉人的合法权益。但是将有效的投诉通知材料转达被投诉人并通知被投诉人申辩当属天猫公司应当采取的必要措施之一。否则权利人投诉行为将失去任何意义,权利人的维权行为也将难以实现。网络服务平台提供者应该保证有效投诉信息传递的顺畅,而不应成为投诉信息的黑洞。被投诉人对于其或生产、或销售的商品是否侵权,以及是否应主动自行停止被投诉行为,自会作出相应的判断及应对。而天猫公司未履行上述基本义务的结果导致被投诉人未收到任何警示从而造成损害后果的扩大。至于天猫公司在嘉易烤公司起诉后即对被诉商品采取删除和屏蔽措施,当属审慎、合理。综上,天猫公司在接到嘉易烤公司的通知后未及时采取必要措施,对损害的扩大部分应与金仕德公司承担连带责任。天猫公司就此提出的上诉理由不能成立。关于天猫公司所应承担责任的份额,原审法院综合考虑侵权持续的时间及天猫公司应当知道侵权事实的时间,确定天猫公司对金仕德公司赔偿数额的50000元承担连带赔偿责任,并无不当。

综上,本院认为,天猫公司提出的上诉理由和请求不能成立,本院不予支持。原判认定事实清楚,适用法律正确,依法应予维持。依照《中华人民共和国民事诉讼法》第一百七十条第一款第(一)项之规定,判决如下:

驳回上诉,维持原判。

二审案件受理费1050元,由天猫公司承担。

本判决为终审判决。

审 判 长 周 平
代理审判员 陈 宇
代理审判员 刘 静
二〇一五年十一月十七日
书 记 员 王莉莉

指导案例84号《礼来公司诉常州华生制药有限公司侵害发明专利权纠纷案》的理解与参照

——被诉侵权药品制备工艺的技术事实查明及确定

2017年3月6日,最高人民法院首次以专题形式发布了第16批指导性案例(知识产权专题),包括第78号至第87号共10件指导性案例,总结了知识产权审判实践中普遍的疑难复杂法律适用问题,有利于进一步明确裁判规则,统一司法尺度。其中,第84号为《礼来公司诉常州华生制药有限公司侵害发明专利权纠纷案》。为了正确理解和准确参照适用该指导案例,现对该指导案例的选编过程、裁判要点、参照适用等有关情况予以解释和说明。

一、选编过程及指导意义

本案由江苏省高级人民法院一审,最高人民法院二审,首次指派技术调查官参与诉讼,于2015年4月22日全国知识产权宣传周期间公开开庭审理,2016年6月16日公开宣判。本案是最高人民法院第一件技术调查官出庭并庭审直播的案件,所涉问题技术性较强,文书论证说理充分,具有较强的典型性和指导作用。经最高人民法院民三庭审判长联席会议讨论,建议推荐为指导性案例。2016年10月28日,最高人民法院案例指导工作办公室收到该案例后,对其进行初审、修改。2017年1月22日,研究室室务会经讨论,原则同意推荐该案例,并要求就裁判要点和该案例社会效果、国际影响等方面再征求民三庭意见。该案例经过修改和评估后提交民专会讨论。2月21日,该案例经最高人民法院民专会第261次会议讨论原则通过,民专会提出调整裁判要点,加强技术调查官方面内容,缩减文字篇幅等修改意见。此案例经民三庭、研究室修改后报经院领导审核签发。3月6日,最高人民法院以法〔2017〕53号文件将该案例列在第16批指导案例予以发布。

该指导案例旨在明确药品制备方法专利侵权纠纷中,在无其他相反证据情形下,应当推定被诉侵权药品在药监部门的备案工艺为其实际制备工艺;有证据证明被诉侵权药品备案工艺不真实的,应当充分审查被诉侵权药品的技术来源、生产规程、批生产记录、备案文件等证据,依法确定被诉侵权药品的实际制备工艺。另外,对于被诉侵权药品制备工艺等复杂的技术事实,可以综合运用技术调查官、专家辅助人、司法鉴定以及科技专家咨询等多种途径进行查明。本案的审理明确了药品制备方法发明专利侵权纠纷的审判思路,对侵权判定中的难点问题——被诉侵权药品制备工艺的确定提供了明确的裁判方法和裁判标准,在全国法院率先引入技术调查官参与诉讼,较好地解决了专利案件技术性和专业性强所带来的技术事实查明困难的问题,具有重要的指导意义,对医药行业的研发和仿制等发展方向起到指引和规范作用。

二、关于本案例的相关情况

本案双方当事人的纠纷由来已久,在礼来公司2003年提起的侵权诉讼中,法院以被诉侵权人常州华生制药有限公司(以下简称华生公司)未能就其被诉侵权药品奥氮平的实际生产工艺进行举证为由认定礼来公司的侵权指控成立。基于此,礼来公司于2013年提起本案诉讼,就前案起诉日之后华生公司的持续侵权行为主张损害赔偿。本案一审判决基于与前案相同的判理认定华生公司侵权成立,判令其赔偿礼来公司经济损失人民币350万元。礼来公司、华生公司均不服一审判决,向最高人民法院提起上诉。最高人民法院经过审理,在准确解释涉案方法发明专利权利要求的基础上,划定涉案专利权的保护范围,对在案证据进行充分审查,依法确定华生公司被诉侵权药品奥氮平实际制备工艺的反应路线,认定被诉侵权技术方案未落入涉案专利权保护范围,判决撤销一审判决,驳回礼来公司诉讼请求。

本案中,被诉侵权药品的制备工艺见于药品注册备案资料、司法鉴定报告、批生产记录、生产规程等证据,技术性和专业性较强,双方当事人就华生公司实际生产奥氮平的制备工艺产生较大争议。为准确查明案件所涉技术事实,最高人民法院首次指派技术调查官参与案件诉讼。技术调查官出庭协助法官向双方当事人及其专家辅助人就技术问题展开调查成为公开庭审的一大亮点,引起社会各界的广泛关注,具有很好的示范意义。在案件的审理过程中,对于涉案专利和被诉侵权技术方案所涉及的技术问题,技术调查官充分发挥其专业特长,提出了客观专业的参考意见,对技术事实的准确认定起到了积极作用。

三、裁判要点的理解与说明

该指导案例的裁判要点确认:1. 药品制备方法专利侵权纠纷中,在无其他相反证据情形下,应当推定被诉侵权药品在药监部门的备案工艺为其实际制备工艺;有证据证明被诉侵权药品备案工艺不真实的,应当充分审查被诉侵权药品的技术来源、生产规程、批生产记录、备案文件等证据，依法确定被诉侵权药品的实际制备工艺。2. 对于被诉侵权药品制备工艺等复杂的技术事实，可以综合运用技术调查官、专家辅助人、司法鉴定以及科技专家咨询等多种途径进行查明。现围绕与该裁判要点相关的问题逐一解释和说明如下：

（一）关于被诉侵权药品制备工艺的确定

药品制备方法发明专利侵权纠纷的一般审理思路，首先是确定涉案发明专利权的保护范围，然后查明被诉侵权药品的制备工艺，最后是侵权比对，对被诉侵权药品的制备工艺是否落入涉案发明专利权保护范围作出认定。在这类案件的审理过程中，由于专利授权文本的存在和专利权人的积极举证，涉案发明专利权的保护范围较为容易确定。但是，对于被诉侵权药品的制备工艺，其通常表现为药品注册备案资料、生产纪录、生产规程等形式，或者需要进行生产现场勘验，专业性和技术性较强，各种证据显示出来的制备工艺可能还会出现差异，并且这些证据多为被诉侵权人所掌握，作为被指控侵权方，其缺乏举证积极性。因此，被诉侵权药品制备工艺的事实查明常常陷入困境。

药品作为关系人类生命和健康的特殊产品，其生产和销售受到严格的制度监管。药品上市的前提是获得相应的行政许可，药品生产商在提交注册申请时，必须提交其申请注册药品的研制和试生产资料，其中记载了该药品的制备工艺。对于获准生产的药品，其注册备案资料经过药监部门的严格审批，包括研制和生产现场核查、试生产药品抽样等程序，因此，药品注册备案资料中记载的制备工艺具有较高的公信力，一般可以认定为被诉侵权药品的实际制备工艺。但是，由于历史的问题、监管的疏漏等原因，药品生产商的实际生产可能不按照或者不完全按照其在药监部门备案的工艺进行。本案中，华生公司 2003 年的奥氮平备案工艺在前案二审中经鉴定为不可行，前案生效判决因此认定华生公司在实际生产过程中未采用该备案工艺制备奥氮平。为此，华生公司在本案一审中进一步提交了其奥氮平批生产记录、生产规程等证据。真实的药品生产记录、生产规程形成于药品的实际生产过程中，是药品实际制备工艺最直接的证据，但是，由于时过境迁，应当结合其他在案证据对其真实性和证明力进行审查。另外，对于药品的生产记录，还有一个从其相关记载中还原出药品的原料药、反应路线、制备步骤、制备参数等技术事实的过程。具体而言，应当结合药品注册备案资料对生产记录、生产规程进行审查，考察备案资料中记载的技术来源、原料药、制备工艺等与生产记录、生产规程相关记载的异同。另外，要同时审查多年的生产记录和生产规程，明确其技术积累和技术改进过程，考查相关记载的承继性和连续性，从而准确认定被诉侵权药品实际生产的原料药、反应路线、制备步骤、制备参数等，为后面的侵权判断打下良好基础。本案中，通过对华生公司多年批生产记录、生产规程和注册备案资料的审查,二审判决依法确认华生公司2003年至涉案专利权到期日期间一直使用其2008年补充备案工艺的反应路线生产奥氮平,只是在保持该基本反应路线不变的基础上对反应条件、溶剂等生产细节进行了调整,从而认定华生公司的奥氮平制备工艺未落入涉案专利权保护范围。

(二)关于技术事实的查明机制

专利、植物新品种、集成电路布图设计等技术类案件具有专业性和技术性较强的特点,技术事实的查明成为此类案件的审理难点。为提高技术事实查明的科学性、专业性和中立性,司法实践中探索出包括引入具有技术背景的人民陪审员、技术调查官、专家辅助人、司法鉴定以及科技专家咨询等在内的技术事实查明机制。技术调查官制度在我国正式建立始于2014年12月31日发布的《最高人民法院关于知识产权法院技术调查官参与诉讼活动若干问题的暂行规定》,虽然该制度是知识产权法院的配套制度,但是其中第十条规定:"其他人民法院审理本规定第二条所列案件时,可以参照适用本规定。"因此,其他人民法院在审理技术类案件时根据审理需要也可以指派技术调查官参与诉讼。技术调查官属于司法辅助人员,不具有审判权,但是可以参与调查取证、勘验、保全,可以出庭协助法官查明技术事实,经法官许可,就案件有关技术问题向当事人、诉讼代理人、证人、鉴定人、勘验人、专家辅助人发问,并就案件涉及的技术问题撰写技术审查意见供法官认定技术事实参考。技术调查官的回避,参照适用诉讼法关于审判人员回避的规定。本案涉案专利属于医药化学领域,涉及复杂的技术问题,如涉案专利权利要求的解释,被诉侵权药品制备工艺的确定等。为准确认定技术事实,本案指派了技术调查官参与诉讼,并在公开庭审中出庭协助法官对案件涉及的技术问题进行调查,保证了案件的公正高效审理。专家辅助人制度见于民事诉讼法第七十九条关于"当事人可以申请法院通知有专门知识的人出庭,就鉴定人作出的鉴定意见或者专业问题提出意见"的规定,此处"有专门知识的人"即为专家辅助人。根据《最高人民法院关于适用〈中华人民共和国民事诉讼法〉的解释》第一百二十二条、第一百二十三条的规定,专家辅助人只能参与专业问题的庭审活动,其在法庭上对案件事实涉及的专业问题提出的意见,视为当事人的陈述。经法庭准许,当事人可以对出庭的专家辅助人进行询问。根据礼来公司的申请,本案通知了其专家辅助人出庭就涉案专利保护范围、被诉侵权药品制备工艺等专业问题提出意见,保证了相关技术事实认定的客观和公正。

四、参照适用时应注意的问题

对于被诉侵权药品制备工艺的确定,本案强调在依法确定举证责任承担的基础上,结合涉案专利权利要求,以在案证据为依据,综合考虑药品注册备案资料、批生产记录、生产规程、技术来源和积累过程等，确定其相应技术特征。这里还有一个证据来源的问题。对于被诉侵权药品实际制备工艺的举证责任分配，《专利法》第五十七条第二款规定："专利侵权纠纷涉及新产品制造方法的发明专利的，制造同样产品的单位或者个人应当提供其产品制造方法不同于专利方法的证明。"即在被诉侵权药品为新产品的情况下，适用举证责任倒置规则，由被诉侵权人就其被诉侵权药品的制备工艺不落入涉案发明专利权的保护范围承担举证责任。本案中，双方当事人对于奥氮平为专利法中所称的新产品不持异议，华生公司应就其奥氮平制备工艺不同于涉案专利方法承担举证责任。前案判决即是因华生公司未能提交其被诉侵权药品实际制备工艺的证据，构成举证不能而认定其侵权成立。但是，在药品制备方法发明专利侵权纠纷中，如果涉案药品不是新产品，根据"谁主张，谁举证"的一般证据规则，仍然应当由专利权人就被诉侵权药品的实际制备工艺落入专利权的保护范围承担举证责任。然而，现实的情况是，被诉侵权药品的注册备案资料在药监部门存档，生产记录、生产规程等证据由被诉侵权人掌握，如果一味要求专利权人提供这些证据，显然不利于事实的查明。在这种情况下，专利权人可以申请法院依职权调取被诉侵权药品的注册备案资料。在专利权人能够证明被诉侵权人生产了与其涉案专利相同的药品，并就被诉侵权人生产该药品的制备工艺的举证尽到了合理努力，结合已知事实及日常生活经验，能够认定该该药品经由专利方法制造的可能性很大的，可以根据民事诉讼证据司法解释有关规定，适用举证责任转移，不再要求专利权人提供进一步的证据，而由被诉侵权人提供其药品制备工艺不同于专利方法的证据。另外，在被诉侵权药品的实际制备工艺不同于药监部门注册备案工艺的情况下，以实际制备工艺进行侵权比对，被诉侵权人是否应当为此承担相关行政责任，并不影响民事诉讼中的侵权判断。

还需要说明的是，前述事实查明机制中的各种具体方式在一定程度上均存在不同的局限性和优越性：陪审员和科技咨询专家的参与程度受到时间等因素的限制，但是其客观性和中立性能够得到保证，并且可以适用于广泛的技术领域；专家辅助人的技术意见缺乏中立性，但是可以充分保障诉讼当事人的合法权益；司法鉴定成本较高且时间较长，但是其证明力较强；技术调查官对案件的参与程度较深，技术意见的可采信程度较高，但是其选任、管理等尚处于探索阶段。因此，在事实查明机制的具体适用中，上述各种方式互为补充，形成有机整体。具体到个案审理，应当根据案件的实际情况选择其中一种或者几种方式，准确认定技术事实。

（执笔人：最高人民法院民三庭　吴蓉
最高人民法院案例指导工作办公室　石磊）

指导案例84号　礼来公司诉常州华生制药有限公司侵害发明专利权纠纷案

最高人民法院案例指导工作办公室编选人:石磊

1.案例推荐单位:最高人民法院民三庭

2.案例编写人:最高人民法院民三庭　吴蓉

3.案件裁判法院:最高人民法院(二审)

4.案件承办人:吴蓉(二审)

相关规定

1.《中华人民共和国专利法》(2000年8月25日修正)

第五十六条第一款　发明或者实用新型专利权的保护范围以其权利要求的内容为准,说明书及附图可以用于解释权利要求。

第五十七条第二款　专利侵权纠纷涉及新产品制造方法的发明专利的,制造同样产品的单位或者个人应当提供其产品制造方法不同于专利方法的证明。

第六十二条第一款　侵犯专利权的诉讼时效为二年,自专利权人或者利害关系人得知或者应当得知侵权行为之日起计算。

2.《中华人民共和国专利法》(2008年12月27日修正)

第五十九条第一款　发明或者实用新型专利权的保护范围以其权利要求的内容为准,说明书及附图可以用于解释权利要求的内容。

第六十一条　专利侵权纠纷涉及新产品制造方法的发明专利的,制造同样产品的单位或者个人应当提供其产品制造方法不同于专利方法的证明。

专利侵权纠纷涉及实用新型专利或者外观设计专利的,人民法院或者管理专利工作的部门可以要求专利权人或者利害关系人出具由国务院专利行政部门对相关实用新型或者外观设计进行检索、分析和评价后作出的专利权评价报告,作为审理、处理专利侵权纠纷的证据。

第六十八条第一款　侵犯专利权的诉讼时效为二年,自专利权人或者利害关系人得知或者应当得知侵权行为之日起计算。

3.《中华人民共和国民事诉讼法》(2017年6月27日修正)

第七十八条　当事人对鉴定意见有异议或者人民法院认为鉴定人有必要出庭的,鉴定人应当出庭作证。经人民法院通知,鉴定人拒不出庭作证的,鉴定意见不得作为认定事实的根据;支付鉴定费用的当事人可以要求返还鉴定费用。

第七十九条　当事人可以申请人民法院通知有专门知识的人出庭,就鉴定人作出的鉴定意见或者专业问题提出意见。

4.《最高人民法院关于审理侵犯专利权纠纷案件应用法律若干问题的解释》(2009年12月28日 法释〔2009〕21号)

第七条 人民法院判定被诉侵权技术方案是否落入专利权的保护范围,应当审查权利人主张的权利要求所记载的全部技术特征。

被诉侵权技术方案包含与权利要求记载的全部技术特征相同或者等同的技术特征的,人民法院应当认定其落入专利权的保护范围;被诉侵权技术方案的技术特征与权利要求记载的全部技术特征相比,缺少权利要求记载的一个以上的技术特征,或者有一个以上技术特征不相同也不等同的,人民法院应当认定其没有落入专利权的保护范围。

5.《最高人民法院关于审理专利纠纷案件适用法律问题的若干规定》(2015年1月29日 法释〔2015〕4号)

第十七条第二款 等同特征是指与所记载的技术特征以基本相同的手段,实现基本相同的功能,达到基本相同的效果,并且本领域的普通技术人员无需经过创造性劳动就能够联想到的特征。

6.《最高人民法院关于知识产权法院技术调查官参与诉讼活动若干问题的暂行规定》(2014年12月31日)

第二条 知识产权法院审理有关专利、植物新品种、集成电路布图设计、技术秘密、计算机软件等专业技术性较强的民事和行政案件时,可以指派技术调查官参与诉讼活动。

第三条第二款 技术调查官参与诉讼活动的,应当在裁判文书首部的案件来源部分列明其身份和姓名。

第七条 技术调查官参与询问、听证、庭审活动时,经法官许可,可以就案件有关技术问题向当事人、诉讼代理人、证人、鉴定人、勘验人、有专门知识的人发问。

第十条 其他人民法院审理本规定第二条所列的案件时,可以参照适用本规定。

中华人民共和国最高人民法院民事判决书

(2015)民三终字第1号

上诉人(一审原告):礼来公司(Eli Lilly and Company)(又称伊莱利利公司)。住所地:美国印第安纳州印第安纳波利斯市礼来公司中心46285。

法定代表人:陈安慧(Ann Whei Chen),该公司助理专利律师。

委托代理人:姬军,北京市世泽律师事务所律师。

委托代理人:韩冬梅,北京市世泽律师事务所律师。

上诉人(一审被告):常州华生制药有限公司。住所地:中华人民共和国江苏省常州市新北区河海路98号。

法定代表人:钟海涛,该公司董事长。

委托代理人:杨璞,上海市方达律师事务所律师。

委托代理人:祁放,上海市方达(北京)律师事务所律师。

上诉人礼来公司、常州华生制药有限公司(以下简称华生公司)因侵害发明专利权纠纷一案,不服江苏省高级人民法院于2014年10月14日作出的(2013)苏民初字第0002号民事判决,向本院提起上诉。本院依法组成合议庭,并指派技术调查官葛永奇参与诉讼,于2015年4月10日、4月22日公开开庭审理本案,于2015年10月23日组织双方当事人对本院依华生公司申请调查收集的证据进行质证。上诉人礼来公司的法定代表人陈安慧、委托代理人姬军、韩冬梅及专家辅助人Liu Bin(只参加了第二次公开开庭审理),华生公司委托代理人杨璞、祁放及证人徐云根、李飞、周辉(只参加了第一次公开开庭)到庭参加诉讼。本案现已审理终结。

2013年7月25日,礼来公司向江苏省高级人民法院(以下简称江苏高院)诉称,礼来公司拥有涉案91103346.7号方法发明专利权,涉案专利方法制备的药物奥氮平为新产品。华生公司使用落入涉案专利权保护范围的制备方法生产药物奥氮平并面向市场销售,(2008)苏民三终字第0241号(以下简称前案)判决认定华生公司侵权成立,判令其停止侵权并赔偿礼来公司经济损失人民币50万元。但是,在前案起诉日(2003年9月29日)至涉案专利权有效期届满日(2011年4月24日)期间,华生公司的侵权行为一直在持续。为此,礼来公司提起本案诉讼,请求法院判令:1. 华生公司赔偿礼来公司经济损失人民币151060000元、礼来公司为制止侵权所支付的调查取证费和其他合理开支人民币28800元;2. 华生公司在其网站及《医药经济报》刊登声明,消除因其侵权行为给礼来公司造成的不良影响;3. 华生公司承担礼来公司因本案发生的律师费人民币1500000元;4. 华生公司承担本案的全部诉讼费用。

江苏高院一审查明:

一、前案审理情况

2003年9月29日,伊莱利利公司向江苏省南京市中级人民法院(以下简称南京中院)起诉华生公司侵害本案涉案专利权,该院于2008年4月7日作出(2004)宁民三初字第029号民事判决,驳回伊莱利利公司的诉讼请求。伊莱利利公司不服,提起上诉。江苏高院于2011年12月19日作出(2008)苏民三终字第0241号终审判决,撤销一审判决,判令华生公司停止使用涉案专利权利要求1中的方法(a)生产奥氮平,并赔偿伊莱利利公司经济损失人民币50万元。

前案中,江苏高院查明以下事实:

1991年4月24日,英国利利工业公司向原国家专利局申请了名称为"制备一种噻吩并苯二氮杂草化合物的方法"的第91103346.7号中国发明专利申请(即涉案专利),授权公告日为1995年2月19日,涉案专利权因期满而于2011年4月24日终止。1998年3月17日,涉案专利的专利权人变更为英国伊莱利利有限公司;2002年2月28日专利权人变更为伊莱利利公司。

涉案专利授权公告的权利要求为:

一种制备2-甲基-10-(4-甲基-1-哌嗪基)-4H-噻吩并[2,3,-b][1,5]苯并二氮杂草,或其酸加成盐的方法,

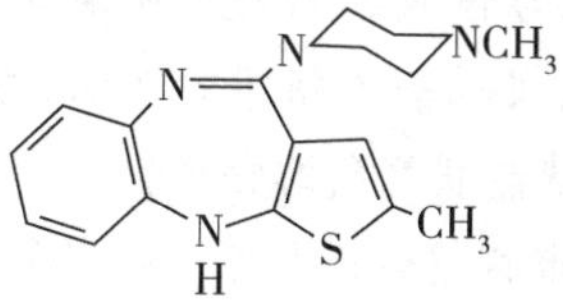

所述方法包括:

(a)使N-甲基哌嗪与下式化合物反应,

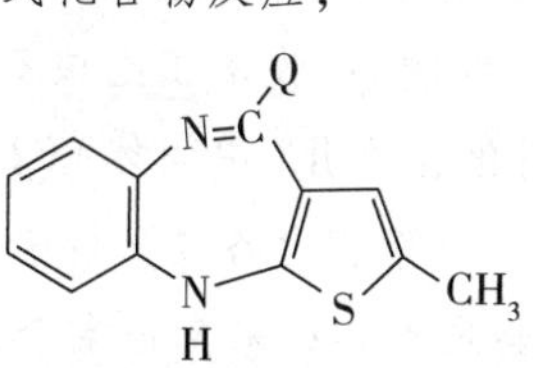

式中Q是一个可以脱落的基团,或

(b)使下式的化合物进行闭环反应

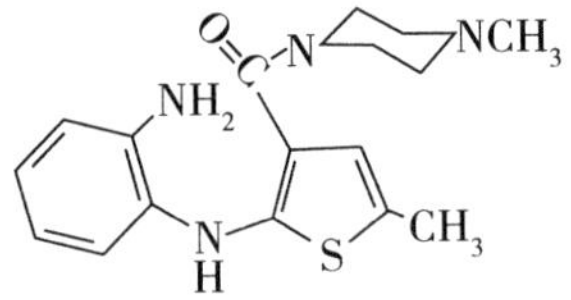

2001年7月，中国医学科学院药物研究所(以下简称医科院药物所)和华生公司向国家药品监督管理局(以下简称国家药监局)申请奥氮平及其片剂的新药证书。2003年5月9日，医科院药物所和华生公司获得国家药监局颁发的奥氮平原料药和奥氮平片《新药证书》，证书编号分别为国药证字H20030376和H20030377。华生公司获得奥氮平和奥氮平片《药品注册批件》。新药申请资料中《原料药生产工艺的研究资料及文献资料》记载了制备工艺，即加入4-氨基-2-甲基-10-苄基-噻吩并苯并二氮杂草，盐酸盐，甲基哌嗪及二甲基甲酰胺搅拌，得粗品，收率94.5%；加入2-甲基-10-苄基-(4-甲基-1-哌嗪基)-4H-噻吩并苯并二氮杂草、冰醋酸、盐酸搅拌，然后用氢氧化钠中和后得粗品，收率73.2%；再经过两次精制，总收率为39.1%。从反应式分析，该过程就是以式四化合物与甲基哌嗪反应生成式五化合物，再对式五化合物脱苄基，得式一化合物。2003年8月，华生公司向青岛市第七人民医院推销其生产的"华生-奥氮平"5mg-新型抗精神病药，其产品宣传资料记载，奥氮平片主要成份为奥氮平，其化学名称为2-甲基-10-(4-甲基-1-哌嗪)-4H-噻吩并苯并二氮杂草。

前案二审中，根据查明案件事实的需要及伊莱利利公司的申请，江苏高院委托上海市科技咨询服务中心就华生公司向国家药监局申报备案资料中记载的奥氮平的制备工艺进行技术鉴定。鉴定内容为两项：1. 通过实验，重复华生公司备案资料中记载的生产奥氮平的中试工艺，以确定该生产工艺是否真实可行。2. 如果该生产工艺真实可行，则该生产工艺与伊莱利利公司涉案专利的相应技术特征是否相同或者属于以基本相同的手段、实现基本相同的功能、达到基本相同的结果，本领域技术人员不通过创造性劳动就能联想到的特征。

2011年8月25日，上海市科技咨询服务中心出具(2010)鉴字第19号《技术鉴定报告书》。该鉴定报告称，按华生公司备案的"原料药生产工艺的研究资料及文献资料"中记载的工艺进行实验操作，可以实现化合物Ⅰ(中间体)(2-[2-硝基苯胺基]-5-甲基噻吩-3-腈)的制备，收率相比该备案资料中记载的工艺略有降低；继续按步骤实验，能够得到化合物Ⅱ(中间体)(2-[2-硝基苯-(N-苄基)胺]-5-甲基噻吩-3-腈)，但收率相比备案资料中记载的工艺降低16%~18%；继续按步骤制备化合物Ⅲ，实验现象和结果与备案资料的记载有显著差异；继续制备化合物Ⅳ(中间体)和最终产物Ⅴ时，其实验现象和结果均与备案资料中记载的工艺不符，不能获得原料药奥氮平。鉴定结论为：华生公司备案资料中记载的生产原料药奥氮平的关键反应步骤缺乏真实性,该备案的生产工艺不可行。

经质证,伊莱利利公司认可该鉴定报告,华生公司对该鉴定报告亦不持异议,但是其坚持认为采取两步法是可以生产出奥氮平的,只是因为有些内容涉及商业秘密没有写入备案资料中,故专家依据备案资料生产不出来。

前案中,江苏高院认为:

(一)华生公司生产奥氮平的方法落入涉案方法专利权的保护范围

一审中伊莱利利公司主张涉案方法专利涉及的奥氮平属于新产品,并对此作出了说明。在此情形下,应当由华生公司就该产品不是新产品承担举证责任,而华生公司在一审法院指定的期限内未能提供证据证明涉案奥氮平在专利申请日前在中国市场上出现过。据此,在没有相反证据的情况下,可以认定奥氮平属于我国专利法所规定的新产品,华生公司依法应当就其生产奥氮平的方法不同于涉案专利方法承担举证责任。

华生公司主张其是按照向国家药监局申报备案资料中记载的工艺方法进行生产,但是上海市科技咨询服务中心出具的鉴定报告书却证明使用该备案方法无法生产出奥氮平,该备案的生产工艺不可行,因此华生公司依法应当承担举证不能的法律后果。据此,推定伊莱利利公司关于华生公司生产奥氮平的方法落入其涉案专利权保护范围的主张成立。

(二)华生公司应当承担的民事责任

涉案方法专利申请日为1991年4月14日,应当适用方法发明专利权不延及产品的规定。据此,伊莱利利公司只能请求禁止华生公司使用被诉侵权方法生产奥氮平,而不能禁止华生公司生产、销售依照该方法直接获得的产品。伊莱利利公司关于禁止华生公司生产、销售依照专利方法获得的产品的诉讼请求,缺乏法律依据,不予支持。关于赔偿数额,由于本案依法适用方法发明专利权不延及产品的规定,因此不能将华生公司销售奥氮平产品的获利情况作为确定赔偿损失的依据。伊莱利利公司没有提供证据证明其损失以及华生公司因侵权所获利益情况,亦没有提供可资参照的专利许可使用费,而是直接主张赔偿包括但不限于为保护专利而支付的律师费、调查费和其他合理开支共计50万元的损失。综合考虑涉案专利权的性质、伊莱利利公司专利被侵权所造成的损失,以及伊莱利利公司为保护涉案专利支出的合理律师费、调查费以及华生公司的侵权时间等因素,伊莱利利公司主张50万元损失并无不当,应予支持。

二、礼来公司在前案二审中要求增加赔偿额的事实

伊莱利利公司在前案起诉状中关于赔偿数额的诉讼请求为"判令被告支付因其侵权行为给原告造成的损失,包括但不限于原告为保护其中国专利而支付的律

师费、调查费和其他合理支出,暂计人民币50万元”。

2011年11月9日,即前案二审庭审结束后,伊莱利利公司向二审法院提交书面代理意见,就华生公司在前案诉讼期间的持续侵权行为要求增加赔偿数额,请求华生公司赔偿礼来公司共计人民币1.7亿元。

三、礼来公司在本案中指控华生公司侵权的相关事实

礼来公司认为华生公司自前案起诉之日2003年9月29日至2011年4月24日之间持续侵权,已被前案二审判决所确认。同时,2011年9月28日,华生公司在前案二审庭审中陈述,其一直使用2003年向国家药监局备案的制备工艺生产奥氮平。

本案中,(2012)京中信内经证字第01737号公证书载明,2012年2月27日,登录华生公司网站(www. watsonpharma. com. cn),进入“产品一览”栏目,显示公司主要产品包括:悉敏(Olanzapine奥氮平片)、每素玉(盐酸曲唑酮片)、优克(盐酸氟西汀胶囊)。(2012)京中信内经证字第03141号、第03140号、第03139号、第03138号公证书主要内容为:2013年3月15日,登录互联网,相关网站信息显示,华生公司生产的奥氮平片(规格5mg×7片×4板),以单价280.87元/盒中标上海市2006年第二期药品集中招标目录,以单价280.86元/盒入围2007~2008年广西壮族自治区药品网上竞价限价采购入围品种目录,以单价280元/盒中标2009年山东省药品集中采购挂网药品,以单价276.08元/盒中标2010年湖南省县及县以上公立医疗机构药品集中采购中标药品。

四、礼来公司在本案中主张赔偿数额的相关事实

本案中,礼来公司主张赔偿额有两种计算方法:1.根据华生公司于2004年3月16日在前案提交的《奥氮平停产给华生造成的损失评估》中的自认,华生公司潜在的销售收入约为2000万元/年,据此可以计算出华生公司的潜在毛利润为166万元/月,从2003年9月29日至2011年4月24日共计91个月,华生公司的获利应为人民币151060000元。2.依据艾美仕市场调查(上海)有限公司就华生公司的市场数据所出具的证明,自2005年1月至2011年4月华生公司在全国100张床位以上医院的奥氮平销售金额为人民币186914143元;根据《2011年度中国医药市场发展蓝皮书》及《冲破慢周期——创新提效与全资源整合》中描述的2001~2011年中国药品零售终端市场占比数据,可以计算出2003年至2011年,药店每年的药物销售收入占医院的药物销售收入的比值,从而计算出华生公司在侵权期间通过药店销售奥氮平的收入为64975343元;根据网上查询华生公司所用原料的市场价格,计算出华生公司的原料成本为0.04元/毫克,其自2003年9月至2011年4月的原料生产成本为86522830元。用上述华生公司的销售收入减去其成本,华生公司侵权期间的获利为165366656元。礼来公司在本案中仅向华生公司主张按照第一种方法

计算出的赔偿数额人民币151060000元。

礼来公司为本案支付律师费人民币150万元,支付公证费及信息费人民币28800元。

五、华生公司主张不构成侵权的相关事实

华生公司认为其未侵害涉案专利权,理由是:2003年至今,华生公司一直使用2008年补充报批的奥氮平备案生产工艺,该备案文件已于2010年9月8日获国家药监局批准,具备可行性。在礼来公司未提供任何证据证明华生公司的生产工艺的情况下,应以华生公司2008年奥氮平备案工艺作为认定侵权与否的比对工艺。

华生公司提交的2010年9月8日国家药监局《药品补充申请批件》中"申请内容"栏为:"(1)改变影响药品质量的生产工艺;(2)修改药品注册标准。""审批结论"栏为:"经审查,同意本品变更生产工艺并修订质量标准。变更后的生产工艺在不改变原合成路线的基础上,仅对其制备工艺中所用溶剂和试剂进行调整。质量标准所附执行,有效期24个月。"

上述2010年《药品补充申请批件》所附《奥氮平药品补充申请注册资料》中5.1原料药生产工艺的研究资料及文献资料章节中5.1.1说明内容为:"根据我公司奥氮平原料药的实际生产情况,在不改变原来申报生产工艺路线的基础上,对奥氮平的制备工艺过程做了部分调整变更,对工艺进行优化,使奥氮平各中间体的质量得到进一步的提高和保证,其制备过程中的相关杂质得到有效控制。……由于工艺路线没有变更,并且最后一步的结晶溶剂亦没有变更,故化合物的结构及晶型不会改变。"5.1.5工艺变更前后的具体变化及变更解释中记载:仲胺化反应中,原料之一的钠氢变更为氢氧化钠,变更理由是可以增加生产安全性;溶剂四氢呋喃变更为丙酮,变更理由为可以节约成本;反应24小时,变更为4~5小时,变更理由为溶剂改变后相应的反应时间也缩短了。

江苏高院一审认为:

一、本案不属于重复诉讼

首先,前案侵权诉讼一审、二审审理期间自2003年9月28日至2011年12月19日,前后长达八年,审理时间较长,要求礼来公司在前案一审起诉时就赔偿请求计算到2011年4月24日,超出了权利人的正常预期,过于苛求,而且礼来公司已在前案二审判决前提交的书面代理词中提出了增加赔偿额的请求,只是由于礼来公司是在闭庭后提出的增加赔偿额的请求,故前案未予理涉。其次,前案判决赔偿额是基于华生公司2003年9月28日之前的侵权行为,前案中礼来公司关于赔偿数额诉讼请求是暂计人民币50万元,而礼来公司提起本案赔偿之诉是基于华生公司自2003年9月29日至2011年4月24日的持续侵权行为,与前案相比系针对相同侵权行为在不同时间段给其造成的损失提出的诉讼请求，故礼来公司提起本案之诉不属于重复诉讼。

二、本案未超过诉讼时效

礼来公司在2003年9月向南京中院提起侵犯专利权诉讼，该院一审判决认定华生公司不构成侵权，礼来公司不服，提起上诉，并在二审终审判决作出前提出增加赔偿额的诉讼请求，而二审法院于2011年12月19日就前案作出终审判决认定华生公司构成专利侵权。因此，应当认定礼来公司在前案二审判决生效之后，才确切知道华生公司构成侵权，本案诉讼时效应自前案二审判决生效之日起计算，故礼来公司在2013年7月15日提起本案诉讼并未超过诉讼时效。

三、华生公司构成侵权

首先，华生公司在本案与前案中关于其实际使用生产工艺的陈述存在矛盾。华生公司在前案中先是主张其是按照2003年向国家药监局备案资料中记载的工艺方法进行生产；在上海市科技咨询服务中心作出“华生公司备案资料中记载的生产原料药奥氮平的关键反应步骤缺乏真实性，该备案的生产工艺不可行”的鉴定结论之后，华生公司主张，因为有些内容涉及商业秘密没有写入2003年备案资料中，故鉴定专家系仅依据备案资料得出的生产不出奥氮平的结论；而在本案中华生公司又主张其自2003年至今一直使用2008年补充报备工艺进行生产，并非按照2003年备案工艺进行生产。对于华生公司前后不一致的陈述，不予采纳。其次，前案中上海市科技咨询服务中心依据华生公司2003年备案工艺所作(2010)鉴字第19号《技术鉴定报告书》鉴定结论为：华生公司备案资料中记载的生产原料药奥氮平的关键反应步骤缺乏真实性，该备案的生产工艺不可行。本案中，从华生公司提交的国家药监局2010年《药品补充申请批件》的审批结论、《奥氮平药品补充申请注册资料》中关于变更工艺的说明及解释内容看，2010年《药品补充申请批件》中溶剂、试剂等的改变主要目的是增加生产安全性、节约成本、降低杂质等，并未表明系生产工艺的实质性变更。同时，华生公司虽提交了生产记录、生产规程及《药品补充申请批件》等证据证明其是使用2008年备案工艺进行生产，一方面，其并未明确指出何种具体工艺的变更克服了2003年备案工艺中的哪些缺陷，从而导致其生产工艺发生实质性变更，进而证明其2008年备案工艺具有可行性；另一方面，华生公司亦未证明其提交的生产记录、生产规程与2008年备案工艺相一致。因此，根据现有证据，华生公司关于其不侵权的抗辩主张不能成立。

四、华生公司应承担赔偿数额的确定

涉案方法发明专利的申请日为1991年4月24日，应当适用关于方法发明专利权不延及产品的规定。华生公司使用涉案方法发明专利构成侵权，但销售奥氮平的行为不构成侵权。因此,华生公司销售奥氮平药品的获利并不能完全视为使用涉案方法专利所获利益,仅可以作为确定赔偿数额的酌定因素,礼来公司请求按照华生公司销售奥氮平药品的获利来计算赔偿数额,于法无据,不予支持。综合考虑涉案专利权的性质、被控侵权行为的持续时间、华生公司销售奥氮平药品的数量和价格、可能的获利情况以及礼来公司为维权所支付的律师代理费用、公证费等开支中的合理部分等因素,酌定华生公司赔偿数额为人民币350万元。江苏高院特别认为,礼来公司虽在前案庭审结束后向法院主张要求增加赔偿额至1.7亿元,但毕竟该增加赔偿额的诉讼请求并未告知华生公司。礼来公司提起本案诉讼时虽未过诉讼时效,但距前案终审判决作出已超过1年7个月,且本案涉案专利已于2011年4月24日到期,至礼来公司于2013年7月提起本案诉讼时已逾期2年,而华生公司之后生产奥氮平并不构成专利侵权。因此,在本案中如果支持礼来公司过高的赔偿请求额,将使早已稳定的社会关系遭到破坏,对华生公司亦不公平。

综上,江苏高院一审判决:1.华生公司于判决生效之日起十日内一次性赔偿礼来公司经济损失及为制止侵权支出的合理费用人民币计350万元;2.驳回礼来公司的其他诉讼请求。案件受理费人民币809744元,由礼来公司负担161950元,华生公司负担647794元。

礼来公司和华生公司均不服一审判决,向本院提起上诉。

礼来公司上诉称:1.一审法院错误地以"方法不延及产品"为由认定华生公司销售获利并不完全视为侵权所得,导致礼来公司可以获得的赔偿远远低于实际损失,损害了礼来公司的合法权益。在适用"方法不延及产品"的情形下,华生公司的销售获利即等同于其使用涉案方法专利的侵权获益,可以以此作为赔偿损失的依据。2.一审法院以将破坏早已稳定的社会关系,对华生公司不公平为由,不支持礼来公司的赔偿请求数额,没有事实和法律基础。3.一审法院在认定侵权赔偿数额时,未综合考虑华生公司经营规模大、侵权行为持续时间长、侵权获利高、主观恶性强等因素,导致判决的损害赔偿数额过低,不足以弥补礼来公司的损失。据此,请求本院:1.撤销一审判决主文第一项,改判华生公司赔偿礼来公司经济损失人民币151060000元、礼来公司为制止侵权所支付的调查取证费和其他合理开支人民币28800元、礼来公司因本案发生的律师费人民币1500000元;2.华生公司承担本案一审、二审全部诉讼费用。

华生公司上诉称:1.一审法院关于华生公司所使用的奥氮平生产工艺不可行并构成专利侵权的认定错误。(1)前案所审理的事实至多是2007年10月23日一审最后一次开庭之前的侵权行为,与本案涉及的事实范围不一致,其事实认定不能直接在本案中适用。(2)华生公司提交的奥氮平批准备案资料、批生产记录、生产规程以及实验记录,证明2003年至今其使用的是国家药监局2010年批准备案工艺生产奥氮平,该工艺具备可行性。(3)参照前案一审鉴定报告,华生公司实际使用的奥氮平生产工艺的反应初始物、反应步骤及中间产物与涉案专利方法均不同,技术效果也不同,不构成专利侵权。2.本案与前案构成重复诉讼,一审法院审理本案违反一事不再理原则。3.本案法定诉讼时效已过,礼来公司丧失胜诉权并无权获得任何赔偿。4.一审法院关于赔偿数额的认定超出法定赔偿范围,不符合法律规定。据此,请求本院:1.撤销一审判决;2.驳回礼来公司一审全部诉讼请求;3.礼来公司承担本案一审、二审全部诉讼费用。

礼来公司二审中向本院提交了以下申请:

财产保全申请:请求本院查封、扣押或者冻结华生公司价值人民币152588800元的财产;

证据保全申请:请求本院保全华生公司2003~2011年度的财务账册、业务合同、税务及统计报表、对外宣传资料、本案被诉侵权期间生产的奥氮平产品;

调查取证申请:请求本院向江苏省发展和改革委员会或者国家发展和改革委员会调取截至2012年度华生公司提交的奥氮平定价、调价的全部申请文件;向各省药品集中采购平台的管理部门卫生行政部门调取本案被诉侵权期间华生公司奥氮平的全部采购数量和价格数据;

追加前案证据申请:请求本院追加前案华生公司2003年备案工艺资料(5.原料药生产工艺的研究资料及文献资料)作为本案证据;

司法鉴定申请:请求本院对华生公司2008年备案工艺相比涉案专利是否具有减少副反应产物的技术效果进行司法鉴定;

专家辅助人出庭申请:请求本院准许礼来公司研究实验室研究人员Liu Bin出庭就相关问题发表意见。

本院经审查认为,本案中,尚无证据表明存在华生公司转移、隐匿财产的行为或者其他使判决难以执行的情形,亦无证据表明礼来公司申请保全的证据存在灭失或者今后难以取得的情形,对于礼来公司的财产保全和证据保全申请,本院未予准许;礼来公司在起诉状中明确其主张的151060000元人民币损害赔偿额是以华生公司在前案提交的《奥氮平停产给华生造成的损失评估》中自认的潜在销售收入计算得出,本案尚无向有关部门调取华生公司奥氮平采购数量和价格数据资料的必要,对于礼来公司的调查取证申请,本院未予准许;礼来公司申请追加的华生公司2003年备案工艺资料,前案判决明确记载了相关内容,礼来公司和华生公司在前案中对该记载均无异议,在本案中亦未主张该记载有误,故在本案审理过程中涉及华生公司2003年备案工艺的内容,以前案判决的相关记载为准,本院对礼来公司的追加前案证据申请予以准许；等同特征的构成涉及技术手段、功能和效果等多种因素的比较，对于礼来公司单独比较技术效果的司法鉴定申请，本院未予准许；为准确查明本案所涉技术事实，根据《中华人民共和国民事诉讼法》第七十九条、《最高人民法院关于适用〈中华人民共和国民事诉讼法〉的解释》（以下简称《民事诉讼法司法解释》）第一百二十二条之规定，本院对礼来公司的专家辅助人出庭申请予以准许，其专家辅助人经本院通知于2015年4月22日到庭参加了诉讼，代表礼来公司接受法庭和各方当事人询问，并就本案所涉技术问题发表了意见。

华生公司二审中向本院提交了以下申请：

调查勘验申请：请求本院对华生公司奥氮平生产现场、设备、工艺技术、生产记录、备案文件等进行调查和勘验；

证人出庭申请：请求本院准许（2014）司鉴定第02号《技术鉴定报告》的鉴定专家组成员徐云根、李飞出庭作证。

本院经审查认为，本案被诉侵权期间为2003年9月29日至2011年4月24日，华生公司现在的生产现场不能直接对应被诉侵权期间其奥氮平生产现场的情况，对于华生公司的勘验申请，本院未予准许；华生公司在本案一审中提交了批生产记录、生产规程、补充申请注册资料等证据证明其实际使用的奥氮平生产工艺，礼来公司对此存在质疑，为准确确定被诉侵权技术方案，本院对华生公司的备案文件调查申请予以准许；为准确查明本案所涉技术事实，根据《民事诉讼法司法解释》第一百一十七条之规定，本院对华生公司的证人出庭申请予以准许，其证人经本院通知于2015年4月10日到庭参加了诉讼，就（2014）司鉴定第02号《技术鉴定报告》相关问题接受了法庭和各方当事人的询问。另外，因礼来公司对上述《技术鉴定报告》的形成过程存在质疑，出具该报告的江苏省科技咨询中心工作人员周辉作为证人当庭就相关问题接受了礼来公司的询问。

礼来公司二审中向本院提交了以下证据：

证据1：2007年10月23日前案一审庭审笔录复印件。

证据2：2009年4月13日华生公司向前案二审法院提交的民事答辩状复印件。

证据3：2009年4月17日前案二审庭审笔录复印件。

证据4：2009年5月31日礼来公司向前案二审法院提交的《2009年4月17日庭后代理意见》复印件。

证据1～4拟证明华生公司始终承认其使用的是同一技术生产奥氮平，华生公司在本案中的不侵权抗辩与前案相同，前案法院已经审理。

证据5：华生公司已被宣告全部无效的第03136388.1号专利说明书复印件。

证据6：国家知识产权局专利复审委员会针对华生公司第03136388.1号专利

作出的第11065号无效宣告请求审查决定打印件。

证据7:国家知识产权局专利复审委员会针对涉案专利作出的第16258号无效宣告请求审查决定打印件。

证据5~7拟证明华生公司所称的其生产工艺与涉案专利的不同点为相关技术领域的公知常识,其不侵权主张不成立。

华生公司对礼来公司提交的上述证据的质证意见为:对上述证据的关联性均不予认可。

华生公司二审中向本院提交了以下证据:

证据1:江苏省科技咨询中心2015年3月5日出具的(2014)司鉴字第02号《技术鉴定报告》,拟证明华生公司2008年向国家药监局备案的奥氮平生产工艺是可行的,且不落入涉案专利权的保护范围。

证据2:上海市高级人民法院(2006)沪高民三(知)终字第11号民事判决书打印件,拟证明华生公司奥氮平生产工艺与涉案专利方法不相同也不等同。

证据3:最高人民法院(2009)民提字第84号民事判决书复印件,拟证明华生公司奥氮平生产工艺是可行的。

证据4:北京市高级人民法院(2011)高民终字第1711号民事判决书打印件,拟证明本案赔偿数额不应当以华生公司生产的奥氮平产品销量为基础计算。

证据5:国家食品药品监督管理局药品审评中心《申请药品生产现场检查通知书》复印件。

证据6:江苏省食品药品监督管理局药品注册处《药品生产现场检查通知书》复印件。

证据7:江苏省食品药品监督管理局药品注册处《委托对常州华生制药有限公司进行生产现场检查和产品抽样的函》复印件。

证据8:华生公司《药品注册生产现场检查申请表》复印件。

证据9:《药品注册生产现场检查报告》复印件。

证据5~9拟证明华生公司实际使用的奥氮平生产方法与其向国家食品药品监督管理局药品评审中心申报的方法一致,且不落入涉案专利权保护范围。

礼来公司对华生公司提交的上述证据的质证意见为:对证据1的真实性和关联性均不予认可,认为该鉴定报告系华生公司单方委托鉴定,鉴定过程违反相关程序性要求,鉴定时间过长,不应采信;对证据2的真实性认可,关联性不予认可;对证据3的关联性不予认可;对证据4的真实性认可,但认为不能证明其拟证明事项;对证据5~9的关联性不予认可。

本院经审理,对双方当事人提交的上述证据作出如下认证:

礼来公司提交的证据1~4为前案相关诉讼材料,可以核对查实,华生公司未对其真实性和合法性提出质疑,前案与本案系针对同一专利的侵权行为分别提起的诉讼,本院对证据1~4的真实性、合法性和关联性均予确认。证据5~7为华生公司无效专利和涉案专利相关的说明书及无效宣告审查决定,可以核对查实,华生公司未对其真实性和合法性提出质疑,本院对证据5~7的真实性和合法性予以确认。华生公司认为其实际生产工艺与证据5、6所涉专利不同,亦无证据表明华生公司的实际生产工艺即为证据5、6所涉专利方法,本院对证据5、6的关联性不予认可。证据7可以用于解释涉案专利权利要求,本院对证据7的关联性予以确认。对于礼来公司提交的证据1~4、证据7的证明力,本院将在判理部分一并论述。

华生公司提交的证据1为上海市方达(北京)律师事务所委托江苏省科技咨询中心就华生公司2008年向国家药监局备案的奥氮平生产工艺的可行性、与涉案专利的技术比对所作的技术鉴定报告,其鉴定专家组的两名成员及鉴定机构工作人员出庭就鉴定报告的相关问题接受了询问,本院对证据1的真实性、合法性和关联性予以确认。证据2~4为人民法院作出的专利侵权判决书,可以核对查实,但是其具体内容均不涉及本案被诉侵权的技术方案,本院对证据2~4的真实性、合法性予以确认,关联性不予认可。证据5~9为华生公司2008年奥氮平备案工艺的相关文件,经核对,与本院依华生公司申请向药监部门调取的相关证据内容一致,本院对证据5~9的真实性、合法性、关联性予以确认。对于华生公司提交的证据1、证据5~9的证明力,本院将在判理部分一并论述。

根据华生公司的申请,本院自国家食品药品监督管理总局(即国家药监局)、江苏省食品药品监督管理局(即江苏省药品监督管理局,以下简称江苏药监局)调取了以下证据:

调取证据1:医科院药物所(京99)药申临字第082号新药临床研究申请表。

调取证据2:北京市卫生局针对医科院药物所奥氮平临床阶段所作的新药研制现场考核报告表,盖章日为1999年11月9日。

调取证据3:医科院药物所和华生公司联合提交的(2001)京申产字第019号新药证书、生产申请表。

调取证据4:江苏药监局针对华生公司奥氮平生产、证书阶段所作的新药研制现场考核报告表,盖章日为2001年10月22日。

调取证据5:持有者为医科院药物所和华生公司的国药证字H20030376新药证书,颁发日为2003年5月9日。

调取证据6:江苏药监局针对华生公司奥氮平所作的药品注册生产现场检查报告,受理号为CXHB0800159,检查日期为2009年8月25日。

2015年10月23日,本院组织双方当事人对上述证据进行了质证。礼来公司认可上述证据的真实性、合法性,对关联性不予认可;华生公司对上述证据的真实性、合法性、关联性均予以认可。

另外,华生公司在一审中提交了其与医科院药物所1999年10月28日签订的《技术合同书》(一审补充证据2),一审法院组织双方当事人对该证据进行了质证,但以该证据与本案不具有关联性为由未予采纳。本院认为,该证据能够证明华生公司奥氮平制备工艺的来源,与本案具有关联性,本院予以确认。

本院另查明,1999年10月28日,华生公司与医科院药物所签订《技术合同书》,约定医科院药物所将其研制开发的抗精神分裂药奥氮平及其制剂转让给华生公司,医科院药物所负责完成临床前报批资料并在北京申报临床;验收标准和方法按照新药审批标准,采用领取临床批件和新药证书方式验收;在其他条款中双方对新药证书和生产的报批作出了约定。

医科院药物所1999年10月填报的(京99)药申临字第82号《新药临床研究申请表》中,"制备工艺"栏绘制的反应路线如下:

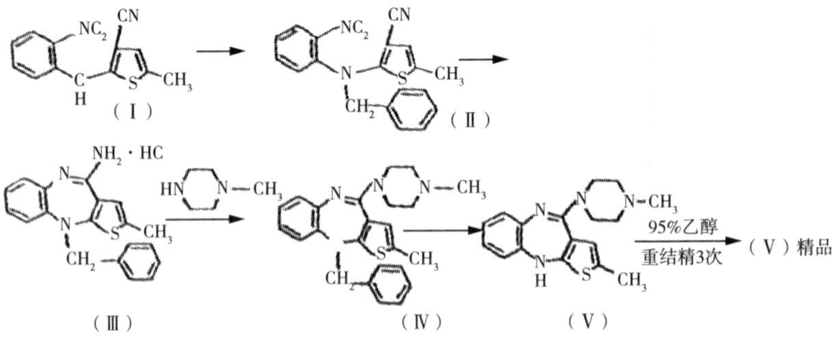

1999年11月9日,北京市卫生局针对医科院药物所的新药临床研究申请作出《新药研制现场考核报告表》,"现场考核结论"栏记载:"该所具备研制此原料的条件,原始记录、实验资料基本完整,内容真实。"

2001年6月,医科院药物所和华生公司共同向国家药监局提交《新药证书、生产申请表》[(2001)京申产字第019号]。针对该申请,江苏省药监局2001年10月22日作出《新药研制现场考核报告表》,"现场考核结论"栏记载:"经现场考核,样品制备及检验原始记录基本完整,检验仪器条件基本具备,研制单位暂无原料药生产车间,现申请本品的新药证书。"

根据华生公司申请,江苏药监局2009年5月21日发函委托江苏省常州市食品药品监督管理局药品安全监管处对华生公司奥氮平生产现场进行检查和产品抽样,江苏药监局针对该检查和抽样出具了《药品注册生产现场检查报告》(受理号

CXHB0800159),其中"检查结果"栏记载:"按照药品注册现场检查的有关要求,2009年7月7日对该品种的生产现场进行了第一次检查,该公司的机构和人员、生产和检验设施能满足该品种的生产要求,原辅材料等可溯源,主要原料均按规定量投料,生产过程按申报的工艺进行。2009年8月25日,按药品注册现场核查的有关要求,检查了70309001、70309002、70309003三批产品的批生产记录、检验记录、原料领用使用、库存情况记录等,已按抽样要求进行了抽样。""综合评定结论"栏记载:"根据综合评定,现场检查结论为:通过。"

国家药监局2010年9月8日颁发给华生公司的《药品补充申请批件》所附《奥氮平药品补充申请注册资料》中,5.1"原料药生产工艺的研究资料及文献资料"之5.1.2"工艺路线"中绘制的反应路线如下:

5.1.2 工艺路线

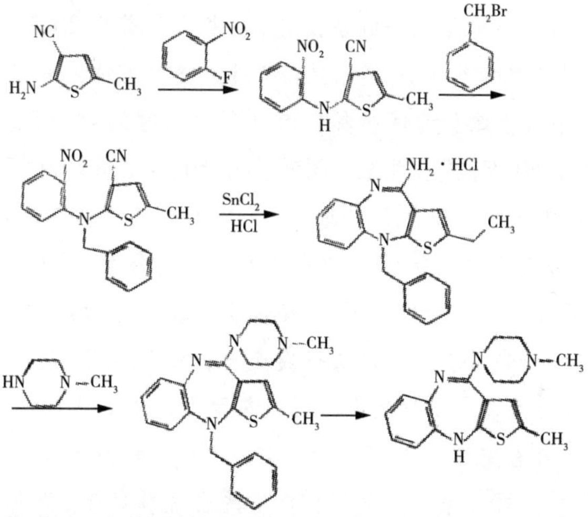

2015年3月5日,江苏省科技咨询中心受上海市方达(北京)律师事务所委托出具(2014)司鉴字第02号《技术鉴定报告》,其"鉴定结论"部分记载:"1.华生公司2008年向国家药监局备案的奥氮平制备工艺是可行的。2.对比华生公司2008年向国家药监局备案的奥氮平制备工艺与礼来公司第91103346.7号方法专利,两者起始原料均为仲胺化物,但制备工艺路径不同,具体表现在:(1)反应中产生的关键中间体不同;(2)反应步骤不同:华生公司的是四步法,礼来公司是二步法;(3)反应条件不同:取代反应中,华生公司采用二甲基甲酰胺为溶媒,礼来公司采用二甲基亚砜和甲苯的混合溶剂为溶媒。"

二审庭审中,礼来公司明确其在本案中要求保护涉案专利权利要求1中的方法(a)。

以上事实,有双方当事人提交的证据、国家药监部门备案审批资料、庭审笔录在案佐证。

本院认为,本案的争议焦点在于:一、本案是否为重复诉讼;二、本案是否已过诉讼时效;三、华生公司奥氮平制备工艺是否落入涉案专利权保护范围;四、损害赔偿额和诉讼费用承担如何确定。

一、本案是否为重复诉讼

《民事诉讼法司法解释》第二百四十七条规定:"当事人就已经提起诉讼的事项在诉讼过程中或者裁判生效后再次起诉,同时符合下列条件的,构成重复起诉:(一)后诉与前诉的当事人相同;(二)后诉与前诉的诉讼标的相同;(三)后诉与前诉的诉讼请求相同,或者后诉的诉讼请求实质上是否定前诉的裁判结果。当事人重复起诉的,裁定不予受理;已经受理的,裁定驳回起诉,但法律、司法解释另有规定的除外。"

本案中,针对华生公司奥氮平制备工艺,礼来公司曾于2003年9月29日提起侵害本案涉案专利权的前案诉讼,请求法院"判令被告支付因其侵权行为给原告造成的损失,包括但不限于原告为保护其中国专利而支付的律师费、调查费和其他合理支出,暂计人民币50万元"。礼来公司称上述50万元系针对前案起诉日之前的被诉侵权行为所主张的损害赔偿。对此,本院认为,前案诉讼审理期间自2003年至2011年,礼来公司确实难以在起诉之时就预见到被诉侵权行为的持续进行并将损害赔偿数额计算至八年后的涉案专利权到期日。基于此,2011年11月9日,前案二审庭审结束后,礼来公司曾向二审法院提交书面代理意见,就华生公司在前案诉讼期间的持续侵权行为请求增加损害赔偿数额至人民币1.7亿元。对此,前案二审判决的认定为:"综合考虑涉案专利权的性质、伊莱利利公司专利被侵权所造成的损失,以及伊莱利利公司为保护涉案专利支出的合理律师费、调查费以及华生公司的侵权时间等因素,本院认为伊莱利利公司主张50万元损失并无不当,应予支持。"即,前案二审法院对礼来公司在闭庭后提出的增加损害赔偿数额的诉讼请求未予理涉,前案二审判决判令华生公司赔偿礼来公司的"经济损失50万元"仅为针对前案起诉日之前的被诉侵权行为所作的裁判。现礼来公司就前案起诉日至涉案专利权到期日期间的被诉侵权行为提起本案侵权诉讼,两案的诉讼请求不同,礼来公司对前案裁判结果也不持异议,故本案不属于重复诉讼。对于华生公司关于本案与前案构成重复诉讼,本案的审理违反一事不再理原则的上诉理由,本院不予支持。

二、本案是否已过诉讼时效

2008年修正前的《中华人民共和国专利法》(以下简称专利法)第六十二条第一款规定:"侵犯专利权的诉讼时效为二年,自专利权人或者利害关系人得知或者应当得知侵权行为之日起计算。"本案系礼来公司针对华生公司在前案起诉日2003

年9月29日至涉案专利权到期日2011年4月24日期间持续生产销售奥氮平的行为提起的侵害涉案专利权诉讼,在此期间,礼来公司指控华生公司生产销售奥氮平的行为侵害同一专利权的纠纷一直处于前案的诉讼之中。《中华人民共和国民法通则》第一百四十条规定:“诉讼时效因提起诉讼、当事人一方提出要求或者同意履行义务而中断。从中断时起,诉讼时效期间重新计算。”因此,礼来公司的前案诉讼行为使得本案诉讼时效中断,本案诉讼时效自前案诉讼结束之日2011年12月19日起重新计算,至本案起诉日2013年7月15日,未超过专利法规定的两年诉讼时效期间。对于华生公司关于本案诉讼时效已过的上诉理由,本院不予支持。

三、华生公司奥氮平制备工艺是否落入涉案专利权保护范围

《最高人民法院关于审理侵犯专利权纠纷案件应用法律若干问题的解释》第七条规定:“人民法院判定被诉侵权技术方案是否落入专利权的保护范围,应当审查权利人主张的权利要求所记载的全部技术特征。被诉侵权技术方案包含与权利要求记载的全部技术特征相同或者等同的技术特征的,人民法院应当认定其落入专利权的保护范围;被诉侵权技术方案的技术特征与权利要求记载的全部技术特征相比,缺少权利要求记载的一个以上的技术特征,或者有一个以上技术特征不相同也不等同的,人民法院应当认定其没有落入专利权的保护范围。”本案中,华生公司被诉生产销售的药品与涉案专利方法制备的产品相同,均为奥氮平,判定华生公司奥氮平制备工艺是否落入涉案专利权保护范围,涉及以下三个问题:

(一)关于涉案专利权的保护范围

专利法第五十九条第一款规定:“发明或者实用新型专利权的保护范围以其权利要求的内容为准,说明书及附图可以用于解释权利要求。”本案中,礼来公司要求保护涉案专利权利要求1中的方法(a),该权利要求采取开放式的撰写方式,其中仅限定了参加取代反应的三环还原物及N-甲基哌嗪以及发生取代的基团,其保护范围涵盖了所有采用所述三环还原物与N-甲基哌嗪在Q基团处发生取代反应而生成奥氮平的制备方法,无论采用何种反应起始物、溶剂、反应条件,均在其保护范围之内。基于此,判定华生公司奥氮平制备工艺是否落入涉案专利权保护范围,关键在于两个技术方案反应路线的比对,而具体的反应起始物、溶剂、反应条件等均不纳入侵权比对范围,否则会不当限缩涉案专利权的保护范围,损害礼来公司的合法权益。

(二)关于华生公司实际使用的奥氮平制备工艺

专利法第五十七条第二款规定:“专利侵权纠纷涉及新产品制造方法的发明专利的,制造同样产品的单位或者个人应当提供其产品制造方法不同于专利方法的证明。”本案中,双方当事人对奥氮平为专利法中所称的新产品不持异议,华生公司

应就其奥氮平制备工艺不同于涉案专利方法承担举证责任。具体而言,华生公司应当提供证据证明其实际使用的奥氮平制备工艺反应路线未落入涉案专利权保护范围,否则,将会如前案二审判决所述因其举证不能而承担推定礼来公司侵权指控成立的法律后果。

本案中,华生公司主张其自2003年至今一直使用2008年向国家药监局补充备案工艺生产奥氮平,并提交了其2003年和2008年奥氮平批生产记录(一审补充证据6)、2003年、2007年和2013年生产规程(一审补充证据7)、《药品补充申请批件》(一审补充证据12)等证据证明其实际使用的奥氮平制备工艺。如前所述,本案的侵权判定关键在于两个技术方案反应路线的比对,华生公司2008年补充备案工艺的反应路线可见于其向国家药监局提交的《奥氮平药品补充申请注册资料》,其中5.1"原料药生产工艺的研究资料及文献资料"之5.1.2"工艺路线"图显示该反应路线为:先将"仲胺化物"中的仲氨基用苄基保护起来,制得"苄基化物"(苄基化),再进行闭环反应,生成"苄基取代的噻吩并苯并二氮杂䓬"三环化合物(还原化物)。"还原化物"中的氨基被N-甲基哌嗪取代,生成"缩合物",然后脱去苄基,制得奥氮平。本院认为,现有在案证据能够形成完整证据链,证明华生公司2003年至涉案专利权到期日期间一直使用其2008年补充备案工艺的反应路线生产奥氮平,主要理由如下:

首先,华生公司2008年向国家药监局提出奥氮平药品补充申请注册,在其提交的《奥氮平药品补充申请注册资料》中,明确记载了其奥氮平制备工艺的反应路线。针对该补充申请,江苏省药监部门于2009年7月7日和8月25日对华生公司进行了生产现场检查和产品抽样,并出具了《药品注册生产现场检查报告》(受理号CX-HB0800159),该报告显示华生公司的"生产过程按申报的工艺进行",三批样品"已按抽样要求进行了抽样",现场检查结论为"通过"。也就是说,华生公司2008年补充备案工艺经过药监部门的现场检查,具备可行性。基于此,2010年9月8日,国家药监局向华生公司颁发了《药品补充申请批件》,同意华生公司奥氮平"变更生产工艺并修订质量标准"。对于华生公司2008年补充备案工艺的可行性,礼来公司专家辅助人在二审庭审中予以认可,江苏省科技咨询中心出具的(2014)司鉴字第02号《技术鉴定报告》在其鉴定结论部分也认为"华生公司2008年向国家药监局备案的奥氮平制备工艺是可行的"。因此,在无其他相反证据的情形下,应当推定华生公司2008年补充备案工艺即为其取得《药品补充申请批件》后实际使用的奥氮平制备工艺。

其次,一般而言,适用于大规模工业化生产的药品制备工艺步骤烦琐,操作复杂,其形成不可能是一蹴而就的。从研发阶段到实际生产阶段,其长期的技术积累过程通常是在保持基本反应路线稳定的情况下,针对实际生产中发现的缺陷不断优化调整反应条件和操作细节。华生公司的奥氮平制备工艺受让于医科院药物所,双方于1999年10月28日签订了《技术转让合同》。按照合同约定,医科院药物所负责完成临床前报批资料并在北京申报临床。在医科院药物所1999年10月填报的(京99)药申临字第82号《新药临床研究申请表》中,“制备工艺”栏绘制的反应路线显示,其采用了与华生公司2008年补充备案工艺相同的反应路线。针对该新药临床研究申请,北京市卫生局1999年11月9日作出《新药研制现场考核报告表》,确认“原始记录、实验资料基本完整,内容真实。”在此基础上,医科院药物所和华生公司按照《技术转让合同》的约定,共同向国家药监局提交新药证书、生产申请表[(2001)京申产字第019号]。针对该申请,江苏省药监局2001年10月22日作出《新药研制现场考核报告表》,确认“样品制备及检验原始记录基本完整”。通过包括前述考核在内的一系列审查后,2003年5月9日,医科院药物所和华生公司获得国家药监局颁发的奥氮平原料药和奥氮平片《新药证书》。由此可见,华生公司自1999年即拥有了与其2008年补充备案工艺反应路线相同的奥氮平制备工艺,并以此申报新药注册,取得新药证书。因此,华生公司在2008年补充备案工艺之前使用反应路线完全不同的其他制备工艺生产奥氮平的可能性不大。

最后,国家药监局2010年9月8日向华生公司颁发的《药品补充申请批件》“审批结论”栏记载:“变更后的生产工艺在不改变原合成路线的基础上,仅对其制备工艺中所用溶剂和试剂进行调整”,即国家药监局确认华生公司2008年补充备案工艺与其之前的制备工艺反应路线相同。华生公司在一审中提交了其2003年、2007年和2013年的生产规程,2003年、2008年的奥氮平批生产记录,华生公司主张上述证据涉及其商业秘密,一审法院组织双方当事人进行了不公开质证,确认其真实性和关联性。本院经审查,华生公司2003年、2008年的奥氮平批生产记录是分别依据2003年、2007年的生产规程进行实际生产所作的记录,上述生产规程和批生产记录均表明华生公司奥氮平制备工艺的基本反应路线与其2008年补充备案工艺的反应路线相同,只是在保持该基本反应路线不变的基础上对反应条件、溶剂等生产细节进行调整,不断优化,这样的技术积累过程是符合实际生产规律的。

综上,本院认为,华生公司2008年补充备案工艺真实可行,2003年至涉案专利权到期日期间华生公司一直使用2008年补充备案工艺的反应路线生产奥氮平。

(三)关于礼来公司的侵权指控是否成立

对比华生公司奥氮平制备工艺的反应路线和涉案方法专利,二者的区别在于反应步骤不同,关键中间体不同。具体而言,华生公司奥氮平制备工艺使用的三环还原物的胺基是被苄基保护的,由此在取代反应之前必然存在苄基化反应步骤以生成苄基化的三环还原物,相应的在取代反应后也必然存在脱苄基反应步骤以获得奥氮平。而涉案专利的反应路线中并未对三环还原物中的胺基进行苄基保护,从而不存在相应的苄基化反应步骤和脱除苄基的反应步骤。

《最高人民法院关于审理专利纠纷案件适用法律问题的若干规定》第十七条第二款规定:"等同特征,是指与所记载的技术特征以基本相同的手段,实现基本相同的功能,达到基本相同的效果,并且本领域普通技术人员在被诉侵权行为发生时无需经过创造性劳动就能够联想到的特征。"本案中,就华生公司奥氮平制备工艺的反应路线和涉案方法专利的区别而言,首先,苄基保护的三环还原物中间体与未加苄基保护的三环还原物中间体为不同的化合物,两者在化学反应特性上存在差异,即在未加苄基保护的三环还原物中间体上,可脱落的Q基团和胺基均可与N-甲基哌嗪发生反应,而苄基保护的三环还原物中间体由于其中的胺基被苄基保护,无法与N-甲基哌嗪发生不期望的取代反应,取代反应只能发生在Q基团处;相应地,涉案专利的方法中不存在取代反应前后的加苄基和脱苄基反应步骤。因此,两个技术方案在反应中间物和反应步骤上的差异较大。其次,由于增加了加苄基和脱苄基步骤,华生公司的奥氮平制备工艺在终产物收率方面会有所减损,而涉案专利由于不存在加苄基保护步骤和脱苄基步骤,收率不会因此而下降。故两个技术方案的技术效果如收率高低等方面存在较大差异。最后,尽管对所述三环还原物中的胺基进行苄基保护以减少副反应是化学合成领域的公知常识,但是这种改变是实质性的,加苄基保护的三环还原物中间体的反应特性发生了改变,增加反应步骤也使收率下降。而且加苄基保护为公知常识仅说明华生公司的奥氮平制备工艺相对于涉案专利方法改进有限,但并不意味着两者所采用的技术手段是基本相同的。

综上,华生公司的奥氮平制备工艺在三环还原物中间体是否为苄基化中间体以及由此增加的苄基化反应步骤和脱苄基步骤方面,与涉案专利方法是不同的,相应的技术特征也不属于基本相同的技术手段,达到的技术效果存在较大差异,未构成等同特征。因此,华生公司奥氮平制备工艺未落入涉案专利权保护范围。

四、损害赔偿额和诉讼费用承担如何确定

本案中,华生公司的奥氮平制备工艺未落入涉案专利权的保护范围,故华生公司不对礼来公司承担损害赔偿责任。

《诉讼费用交纳办法》第二十九条第一款规定:"诉讼费用由败诉方负担,胜诉方自愿承担的除外。"通常情况下,民事案件是由于一方当事人违反法律规定或者不履行义务引发的,理应由其负担案件诉讼费用。本案的发生,主要原因在于华生公司在前案中应当并且有能力提交其实际使用的奥氮平制备工艺证据却不提交,并且对此作出不诚信的陈述，从而导致前案因其举证不能而认定礼来公司的侵权指控成立，引发礼来公司提起本案诉讼。因此，华生公司应当负担本案大部分诉讼费用。

综上所述，华生公司奥氮平制备工艺未落入礼来公司所有的涉案专利权的保护范围，一审判决认定事实和适用法律存在错误，本院依法予以纠正。依照2008年修正前的《中华人民共和国专利法》第五十六条、第六十二条，《最高人民法院关于审理侵犯专利权纠纷案件应用法律若干问题的解释》第七条，《最高人民法院关于审理专利纠纷案件适用法律问题的若干规定》第十七条，以及《中华人民共和国民事诉讼法》第一百七十条第一款第（二）项之规定，判决如下：

一、撤销江苏省高级人民法院（2013）苏知民初字第0002号民事判决；

二、驳回礼来公司的诉讼请求。

一审、二审案件受理费各人民币809744元，由礼来公司负担323897元，常州华生制药有限公司负担1295591元。

本判决为终审判决。

审　判　长　周　翔
代理审判员　吴　蓉
代理审判员　宋淑华
二〇一六年五月三十一日
书　记　员　周睿隽
书　记　员　张　博

指导案例85号《高仪股份公司诉浙江健龙卫浴有限公司侵害外观设计专利权纠纷案》的理解与参照

——外观设计创新性和功能性设计特征的认定及其在侵权判断中的考量

2017年3月6日,最高人民法院首次以专题形式发布了第16批指导性案例(知识产权专题),包括第78号至第87号共10件指导性案例,总结了知识产权审判实践中普遍的疑难复杂法律适用问题,有利于进一步明确裁判规则,统一司法尺度。其中,第85号为《高仪股份公司诉浙江健龙卫浴有限公司侵害外观设计专利权纠纷案》。为了正确理解和准确参照适用该指导案例,现对该指导案例的选编过程、裁判要点、参照适用等有关情况予以解释和说明。

一、选编过程及指导意义

本案由浙江省台州市中级人民法院一审,浙江省高级人民法院二审,再审审查阶段为最高人民法院首次外国驻华使节专题开放活动的旁听案件,提审判决被评为最高人民法院十大精品裁判文书,入选2015年度中国法院十大知识产权案件和2015年度最高人民法院知识产权案件年度报告。经最高人民法院民三庭审判长联席会议讨论,建议推荐作为指导性案例。2016年10月28日,最高人民法院案例指导工作办公室收到该案例后,对其进行初审、修改。2017年1月22日,研究室室务会经讨论,同意推荐该案例,建议提交民专会予以讨论。2月21日,该案例经最高人民法院民专会第261次会议讨论通过。3月6日,最高人民法院以法〔2017〕53号文件将该案例列在第16批指导案例予以发布。

该指导案例旨在明确如果被诉侵权设计未包含授权外观设计区别于现有设计的全部设计特征,一般可以推定被诉侵权设计与授权外观设计不近似;对设计特征的认定,应当由专利权人对其所主张的设计特征进行举证,并允许第三人提供反证予以推翻;对功能性设计特征的认定,取决于外观设计产品的一般消费者看来该设计是否仅仅由特定功能所决定,而不需要考虑该设计是否具有美感。该案例对外观设计专利创新性设计特征的意义、证明、确定以及在侵权判断中的考量进行了系统阐述,同时明确了功能性设计特征的认定标准等问题,对外观设计专利侵权判断裁判标准的统一具有重要的指导意义。

二、关于本案例的相关情况

本案涉及外观设计的创新性设计特征和功能性设计特征的认定标准及其在侵权判断中的考量。对于外观设计的创新性设计特征,在2008年专利法第三次修正之前,并不作为外观设计专利的授权条件。2008年专利法修正,提高了外观设计专利的实质性授权条件,在原有新颖性要件的基础上加入创新性要件,明确要求授权外观设计既不属于现有设计也不存在抵触申请,并且与现有设计或者现有设计特征的组合相比具有明显区别,体现了外观设计专利制度保护具有美感的创新性工业设计方案的立法目的,大大提高了外观设计专利的授权质量。作为授权外观设计获得专利权保护的基础,创新性设计特征对外观设计产品的整体视觉效果具有显著影响,由此在外观设计专利的侵权判断中成为重点考虑因素。但是,司法实践中对该特征的确定及其在侵权判断中的考量,存在认识不足和标准不一的问题。本案中,专利权人高仪股份公司(以下简称高仪公司)主张跑道状出水面为涉案“手持淋浴喷头”外观设计专利区别于现有设计的创新性设计特征,被诉侵权设计采用了与之高度相似的出水面设计,落入涉案专利权的保护范围。对此,一审、二审判决作出了不同的认定。另外,本案被诉侵权设计缺少涉案外观设计专利手柄上所具有的类跑道状推钮,该推钮的设置与否是由是否需要在淋浴喷头产品上实现控制水流开关的功能所决定的,但是在实现控制水流开关功能的基础上,基于不同的审美需求,该推钮可以有多种形状设计。被诉侵权人浙江健龙卫浴有限公司(以下简称健龙公司)对二审判决关于涉案授权外观设计中与其跑道状出水面相协调的类跑道状推钮为功能性设计特征,在侵权比对时不予考虑的认定提出异议,反映出司法实践中对于外观设计中功能性设计特征以及兼具功能性和装饰性的设计特征的认定难题。由于上述问题的存在,2014年12月18日,最高人民法院裁定提审本案,并于2015年8月11日以提审判决的形式对上述司法实践中的疑难问题作出回应,厘清相关认识和理解,统一裁判标准,取得了较好的法律效果和社会效果。

三、裁判要点的理解与说明

该指导案例的裁判要点确认:(1)授权外观设计的设计特征体现了其不同于现

有设计的创新内容,也体现了设计人对现有设计的创造性贡献。如果被诉侵权设计未包含授权外观设计区别于现有设计的全部设计特征,一般可以推定被诉侵权设计与授权外观设计不近似。(2)对设计特征的认定,应当由专利权人对其所主张的设计特征进行举证。人民法院在听取各方当事人质证意见基础上,对证据进行充分审查,依法确定授权外观设计的设计特征。(3)对功能性设计特征的认定,取决于外观设计产品的一般消费者看来该设计是否仅仅由特定功能所决定,而不需要考虑该设计是否具有美感。功能性设计特征对于外观设计的整体视觉效果不具有显著影响。功能性与装饰性兼具的设计特征对整体视觉效果的影响需要考虑其装饰性的强弱,装饰性越强,对整体视觉效果的影响越大,反之则越小。现围绕与该裁判要点相关的问题逐一解释和说明如下:

(一)关于授权外观设计的设计特征问题

如前所述,2008 年专利法修正之后,被授予专利权的外观设计必须具备创新性设计内容,即专利法第二十三条第二款所述的"与现有设计或者现有设计特征的组合相比,应当具有明显区别"的设计特征,在本案中称为授权外观设计的设计特征。设计特征体现了设计人对现有设计的创造性贡献,是其外观设计获得专利权保护的基础。对于设计特征在专利侵权判断中的考量,2010 年 1 月 1 日施行的《最高人民法院关于审理侵犯专利权纠纷案件应用法律若干问题的解释》(以下简称《专利侵权司法解释》)第十一条第二款第(二)项规定,授权外观设计区别于现有设计的设计特征相对于授权外观设计的其他设计特征通常对外观设计的整体视觉效果更具有影响。究其原因,是因为设计特征是授权外观设计不同于现有设计或者现有设计特征组合的明显区别部分,其存在使一般消费者容易将授权外观设计与现有设计区分开来,故设计特征对外观设计产品的整体视觉效果具有较为显著的影响。据此,如果被诉侵权设计中未包含授权外观设计区别于现有设计的全部设计特征,那么其未包含的那部分设计特征就会使得其与授权外观设计在整体视觉效果上存在较为明显的区别,在这种情形下,一般可以推定被诉侵权设计与授权外观设计不构成近似。

正是由于授权外观设计的设计特征在侵权判断中具有较大的权重,外观设计专利侵权纠纷中,设计特征的确定往往成为各方当事人的争议焦点之一。一般而言,专利权人对其授权外观设计的设计特征最为了解,其常常会主张被诉侵权设计采用了授权外观设计的设计特征。对此,根据"谁主张谁举证"的一般证据规则,专利权人首先应当对授权外观设计的设计特征是什么承担举证责任。另外,授权外观设计的设计特征可能会记载于专利授权确权程序的相关申请和审查文件中,如专利申请文件的简要说明部分或者无效宣告请求审查决定等文档中,该记载对设计特征的确定具有重要的参考意义。与此同时,由于检索数据库的限制、检索能力的局限等原因,该记载所确定的设计特征,可能不是在穷尽整个现有设计的检索基础上得出的,因此,在对方当事人提出异议的情况下,应当允许其提供反证予以推翻。本案中,高仪公司主张跑道状出水面为其涉案外观设计专利的设计特征,针对涉案外观设计专利的无效宣告请求审查决定在与最接近的对比文件所记载的现有设计对比的基础上,也认定该特征为涉案外观设计专利的设计特征之一,对此,健龙公司不予认可。但是,经法院一再释明,健龙公司仍未能提交跑道状出水面为现有设计的证据,故法院在听取各方当事人质证意见基础上,对在案证据进行了充分审查,依法确定跑道状出水面为涉案外观设计专利的设计特征。

(二)关于外观设计的功能性设计特征的问题

专利法意义上的外观设计以工业产品为载体,工业产品首先必须满足特定功能需求,因此,外观设计会受制于工业产品所需实现的特定功能的考虑,由此产生功能性设计特征。对于功能性设计特征,《专利侵权司法解释》第十一条第一款规定,人民法院认定外观设计是否相同或者近似时,对于主要由技术功能决定的设计特征应当不予考虑。据此,外观设计专利侵权纠纷中,被诉侵权人往往会主张被诉侵权设计与涉案授权外观设计的某一个区别设计特征为功能性设计特征,在侵权比对中不予考虑。通常情况下,外观设计的功能性设计特征存在两种形式:一种是仅由特定功能唯一决定的设计,该设计与美学因素无关,在装饰性上不具有可选择性。另一种是可以实现特定功能的多种设计之一,该设计虽然在装饰性上具有可选择性,但是在外观设计产品的一般消费者看来,其是由产品所要实现的特定功能所决定的,同样与美学因素无关。因此,功能性设计特征的认定不在于该设计是否因功能或者技术条件的限制而不具有可选择性,而在于其在外观设计产品的一般消费者看来不具有装饰性上的考虑。根据上述司法解释,上述两种形式的功能性设计特征均不纳入侵权比对范围。

司法实践中,还存在另一种与功能性设计特征密切相关的设计特征,其是由设计者在实现产品特定功能的多种设计中,根据一定的审美需求选择的最具美感的设计。该设计特征在外观设计产品的一般消费者看来,既实现了产品的特定功能,又满足了视觉上的审美需求,因此,该设计特征与美学因素有关,不属于功能性设计特征。这种功能性和装饰性兼具的设计特征,应当纳入侵权比对的范围。在认定功能性和装饰性兼具的设计特征对外观设计产品整体视觉效果的影响时,需要考虑其装饰性的强弱:装饰性越强,对整体视觉效果的影响越大;装饰性越弱,对整体视觉效果的影响越小。本案中,二审法院将涉案授权外观设计产品手柄上设置的类跑道状推钮认定为功能性设计特征,在侵权比对时不予考虑,忽略了淋浴喷头的一般消费者在看到该推钮时,对其装饰性的关注。涉案授权外观设计的设计者选择将手柄位置的推钮设计为类跑道状,其目的也在于与其跑道状的出水面相协调,增加产品整体上的美感。因此,应当将该推钮认定为功能性和装饰性兼具的设计特征,在侵权比对中,根据其装饰性的强弱,判断其对淋浴喷头产品整体视觉效果的影响。

四、参照适用时应注意的问题

《专利侵权司法解释》第十一条规定,人民法院认定外观设计是否相同或者近似时,应当根据授权外观设计、被诉侵权设计的设计特征,以外观设计的整体视觉效果进行综合判断。被诉侵权设计与授权外观设计在整体视觉效果上无差异的,人民法院应当认定两者相同;在整体视觉效果上无实质性差异的,应当认定两者近似。据此,在外观设计专利侵权纠纷的审理中,应当严格秉持"整体观察、综合判断"的侵权比对原则。前述对外观设计的创新性设计特征和功能性设计特征在侵权判断中的考量,意义在于确定该特征对外观设计产品整体视觉效果影响的权重,在被诉侵权设计与授权外观设计是否构成相同或者近似的判断中仍然应当立足于"整体观察、综合判断"的原则。

还需说明的是,外观设计侵权比对原则中,"整体观察"的对象是外观设计的全部设计特征,包括创新性设计特征和非创新性设计特征。对于专利权人没有主张的创新性设计特征,以及非创新性设计特征之外的被诉侵权设计与授权外观设计相比的区别设计特征均应予以考虑,只是不同的设计特征在"综合判断"中所占的权重不同,如创新性设计特征对外观设计产品的整体视觉效果就具有更为显著的影响,而基于外观设计专利保护的是授权图片所显示的产品外观,功能性设计特征就被排除在"综合判断"的考虑因素之外。最后,在考察全部设计特征对外观设计整体视觉效果影响程度的基础上,综合判断不同外观设计的整体视觉效果有无差异或者实质性差异,从而做出侵权与否的认定。本案二审判决重点考虑了涉案授权外观设计跑道状出水面的创新性设计特征,但是对于涉案授权外观设计的其他创新性设计特征,以及淋浴喷头产品正常使用时其他容易被直接观察到的部位上被诉侵权设计与涉案授权外观设计的区别设计特征未予考虑,是其适用法律错误的主要原因。另外,还需指出,由于外观设计以工业产品为载体,其设计水平的提高除了美学因素的影响,还有赖于工业技术的进步。随着科技水平的提高,为实现特定功能可以选择的设计方案会越来越多,设计空间会越来越大。因此,对特定产品的特定设计特征,在不同的技术条件下,可能会由功能性技术特征向兼具功能性和装饰性的设计特征转变,在考虑其对外观设计产品整体视觉效果的影响时,会作出不同的认定。

（执笔人：最高人民法院民三庭　吴蓉
最高人民法院案例指导工作办公室　石磊）

指导案例85号　高仪股份公司诉浙江健龙卫浴有限公司侵害外观设计专利权纠纷案

最高人民法院案例指导工作办公室编选人：石磊

1. 案例推荐单位：最高人民法院民三庭

2. 案例编写人：最高人民法院民三庭　吴蓉

3. 案件裁判法院：浙江省台州市中级人民法院（一审）、最高人民法院（再审）

4. 案件承办人：项炯（一审）、吴蓉（再审）

相关规定

1.《中华人民共和国专利法》（2008年12月27日修正）

第五十九条第二款　外观设计专利权的保护范围以表示在图片或者照片中的该产品的外观设计为准，简要说明可以用于解释图片或者照片所表示的该产品的外观设计。

2.《最高人民法院关于审理侵犯专利权纠纷案件应用法律若干问题的解释》（2009年12月28日　法释〔2009〕21号）

第八条　在与外观设计专利产品相同或者相近种类产品上，采用与授权外观设计相同或者近似的外观设计的，人民法院应当认定被诉侵权设计落入专利法第五十九条第二款规定的外观设计专利权的保护范围。

第十条　人民法院应当以外观设计专利产品的一般消费者的知识水平和认知能力，判断外观设计是否相同或者近似。

第十一条　人民法院认定外观设计是否相同或者近似时，应当根据授权外观设计、被诉侵权设计的设计特征，以外观设计的整体视觉效果进行综合判断；对于主要由技术功能决定的设计特征以及对整体视觉效果不产生影响的产品的材料、内部结构等特征，应当不予考虑。

下列情形，通常对外观设计的整体视觉效果更具有影响：

（一）产品正常使用时容易被直接观察到的部位相对于其他部位；

（二）授权外观设计区别于现有设计的设计特征相对于授权外观设计的其他设计特征。

被诉侵权设计与授权外观设计在整体视觉效果上无差异的，人民法院应当认定两者相同；在整体视觉效果上无实质性差异的，应当认定两者近似。

中华人民共和国最高人民法院民事判决书

(2015)民提字第23号

再审申请人(一审被告、二审被上诉人):浙江健龙卫浴有限公司。住所地:中华人民共和国浙江省玉环县科技工业园区(清港段)。

法定代表人:蔡贤良,该公司董事长。

委托代理人:郑才微,浙江常青藤律师事务所律师。

委托代理人:顾王建,男,汉族,1985年8月12日出生,北京科亿知识产权代理事务所(普通合伙)专利代理人。

被申请人(一审原告、二审上诉人):高仪股份公司(Grohe AG)。住所地:德意志联邦共和国杜塞尔多夫菲尔特米勒广场15号。

诉讼代表人:雷纳·穆厄斯(RainerMues),该公司财务副总裁。

诉讼代表人:托马斯·齐格勒(Thomas Ziegler),该公司法律与专利部主任。

委托代理人:王珂,北京市万慧达律师事务所律师。

委托代理人:王蕊,女,汉族,1980年7月19日出生,北京市万慧达知识产权代理有限公司专利代理人。

再审申请人浙江健龙卫浴有限公司(以下简称健龙公司)因与被申请人高仪股份公司(以下简称高仪公司)侵害外观设计专利权纠纷一案,不服中华人民共和国浙江省高级人民法院(2013)浙知终字第255号民事判决,向本院申请再审。本院于2014年12月18日作出(2014)民申字第277号民事裁定,提审本案。提审后,本院依法组成合议庭,于2015年2月10日公开开庭审理本案,健龙公司委托代理人郑才微,高仪公司委托代理人王珂、王蕊到庭参加诉讼。本案现已审理终结。

2012年11月29日,高仪公司向中华人民共和国浙江省台州市中级人民法院(以下简称一审法院)提起诉讼称,健龙公司生产、销售和许诺销售的GL062、S8008等型号的丽雅系列卫浴产品,与其所有的"手持淋浴喷头(NO. A4284410X2)"(专利号ZL200930193487. X)外观设计专利产品相同或近似,侵犯了其专利权,请求法院判令健龙公司:1. 立即停止生产、销售、许诺销售侵犯ZL200930193487. X号外观设计专利权的商品;2. 销毁库存的侵权产品及专用于生产侵权产品的模具;3. 赔偿高仪公司经济损失20万元,其中包括高仪公司为制止侵权所支付的合理费用;4.承担本案全部诉讼费用。

一审法院经审理查明:高仪公司系依德国法律成立并存续的公司,经营范围为研发、制造和销售洁具配件、附件和组件,水暖器材方面各类产品的贸易。2009年6月23日,高仪公司向中华人民共和国国家知识产权局(以下简称国家知识产权局)申请了名称为"手持淋浴喷头(NO. A4284410X2)"的外观设计专利,即本案涉案专利,并于2010年5月19日获得授权,专利号为ZL200930193487.X。现该外观设计专利合法有效。

健龙公司成立于1998年4月15日,注册资本为585万元,经营范围为卫生洁具、水暖管件、阀门、建筑及家具用金属配件、塑胶工艺品、照明灯具、电力电子元器件制造、货物进出口、技术进出口。

2012年9月19日,高仪公司委托柴益玲向中华人民共和国浙江省宁波市永欣公证处申请证据保全公证,该公证处对健龙公司在其公司网站(网站地址:www.gllon.com)上宣传一款丽雅系列GL062手持花洒产品的事实进行了记录,并出具了(2012)浙甬永证民字第2298号公证书。同月28日,高仪公司委托案外人陈迎慧向中华人民共和国北京市东方公证处申请证据保全公证。公证人员依申请与案外人毛清令来到位于浙江省玉环清港科技工业园区的健龙公司处,向健龙公司的工作人员购买了淋浴喷头十个,取得了编号为0024942的收款收据一张、宣传册两本及名片两张,并对上述取得物品进行了拍照记录和封存。

2012年12月3日,根据高仪公司的证据保全申请,一审法院工作人员前往健龙公司处,对高仪公司指认的涉案产品进行了拍照记录。

涉案外观设计专利公告图片上的淋浴喷头包括喷头头部和手柄两部分,喷头头部呈扁椭圆体,正面看为圆角矩形,侧边呈圆弧状,下端平滑收缩过渡形成一体连接的手柄,相对于手柄,喷头头部向正面倾斜,喷头头部的正面设有长椭圆形区域,该区域内呈放射状分布出水孔。手柄下端为圆柱体,向与喷头连接处方向逐步收缩压扁呈扁椭圆体。经一审庭审比对,健龙公司被诉侵权产品与高仪公司涉案外观设计专利的相同之处为:二者属于同类产品,从整体上看,二者均是由喷头头部和手柄两个部分组成,被诉侵权产品头部出水面的形状与涉案专利相同,均表现为出水孔呈放射状分布在两端圆、中间长方形的区域内,边缘呈圆弧状。两者的不同之处为:1.被诉侵权产品的喷头头部四周为斜面,从背面向出水口倾斜,而涉案专利主视图及左视图中显示其喷头头部四周为圆弧面;2.被诉侵权产品头部的出水面与面板间仅由一根线条分隔,涉案专利头部的出水面与面板间由两条线条构成的带状分隔;3.被诉侵权产品头部出水面的出水孔分布方式与涉案专利略有不同;

4. 涉案专利的手柄上有长椭圆形的开关设计，被诉侵权产品没有；5. 涉案专利中头部与手柄的连接虽然有一定的斜角，但角度很小，几乎为直线形连接，被诉侵权产品头部与手柄的连接产生的斜角角度较大；6. 从涉案专利的仰视图看，手柄底部为圆形，被诉侵权产品仰视的底部为曲面扇形，涉案专利手柄下端为圆柱体，向与头部连接处方向逐步收缩压扁呈扁椭圆体，被诉侵权产品的手柄下端为扇面柱体，且向与喷头连接处过渡均为扇面柱体，过渡中的手柄中段有弧度的突起；7. 被诉侵权产品的手柄底端有一条弧形的装饰线，将手柄底端与产品的背面连成一体，涉案专利的手柄底端没有这样的设计；8. 涉案专利头部和手柄的长度比例与被诉侵权产品有所差别，两者的头部与手柄的连接处弧面亦有差别。

一审法院认为，本案一方当事人高仪公司系德意志联邦共和国法人，本案为涉外民事诉讼。根据《中华人民共和国民事诉讼法》第二十一条第二款“对法人或者其他组织提起的民事诉讼，由被告住所地人民法院管辖”、第二百五十九条“在中华人民共和国领域内进行涉外民事诉讼，适用本编规定。本编没有规定的，适用本法其他有关规定”的规定，以及《中华人民共和国民法通则》第一百四十六条“侵权行为的损害赔偿，适用侵权行为地法律”的规定，健龙公司在其公司住所地制造并销售被诉侵权产品，其住所地在一审法院管辖范围内，庭审中双方当事人也一致同意由一审法院适用中国法律审理双方的侵权纠纷，故一审法院享有本案的管辖权，并适用中华人民共和国法律审理本案。

涉案外观设计专利在有效期限内，法律状态稳定，应受法律保护。本案争议焦点为健龙公司生产、销售及许诺销售的被诉侵权产品是否与涉案外观设计专利构成近似，是否侵害高仪公司涉案外观设计专利权。根据《最高人民法院关于审理侵犯专利权纠纷案件应用法律若干问题的解释》(以下简称《专利侵权司法解释》)第十条“人民法院应当以外观设计专利产品的一般消费者的知识水平和认知能力，判断外观设计是否相同或者近似。”以及第十一条“人民法院认定外观设计是否相同或者近似时，应当根据授权外观设计、被诉侵权设计的设计特征，以外观设计的整体视觉效果进行综合判断”之规定，结合庭审比对结果，涉案专利与被诉侵权产品虽然在喷头的出水面设计上存在高度近似，但在喷头头部周边设计、喷头头部周边与出水面的分隔方式、手柄整体形状及细节设计、手柄与头部的连接方式及大小长度比例上均存在差别。高仪公司认为头部出水孔呈放射状分布在两端圆、中间长方形的区域内，边缘呈圆弧状的设计为涉案专利的设计特征部分，被诉侵权产品的头部设计与其相同，便应认定构成对涉案外观设计专利权的侵害。但是，高仪公司涉案专利的设计特征部分是否为喷头头部出水处的设计并未能在其简要说明中予以体现，且根据一般消费者的知识水平和认知能力，淋浴喷头产品应包括头部和手柄两个主要部分，两者各自的设计特征以及两者的连接方式和比例大小，在产品使用时均容易被直接观察到，是构成淋浴喷头产品整体视觉效果的基础，赋予该类产品设计美感。因此，应认定被诉侵权产品与涉案外观设计专利在整体视觉效果上存在实质性差异，两者并不构成近似。综上，健龙公司生产、销售及许诺销售的被诉侵权产品的行为未侵害高仪公司涉案专利权，高仪公司的诉讼请求不符合法律的相关规定，一审法院不予支持。该院判决：驳回高仪公司的诉讼请求。案件受理费人民币4300元，由高仪公司承担。

高仪公司不服一审判决，向中华人民共和国浙江省高级人民法院（以下简称二审法院）提起上诉。

二审法院另查明，一审法院根据高仪公司的申请，系于2012年12月13日前往健龙公司进行证据保全，一审判决对保全日期的记载有误，应予纠正。

二审法院认为，本案二审争议焦点为被诉侵权产品采用的外观设计是否落入了高仪公司涉案专利权的保护范围，以及健龙公司可能承担的民事责任。

《中华人民共和国专利法》（以下简称专利法）第五十九条第二款规定，外观设计专利权的保护范围以表示在图片或者照片中的该产品的外观设计为准，简要说明可以用于解释图片或者照片所表示的该产品的外观设计。故在外观设计侵权比对中，一般不宜将被诉侵权产品与专利产品实物进行比对，否则实物产品的颜色配置、握持的手感等与比对无关的因素都可能对判断主体产生误导，进而影响侵权与否的判断。即使专利产品的外观系严格按照专利视图制作，仍应以被诉侵权产品实物与涉案专利视图进行比对，以作出侵权与否的最终判断。本案中，经比对，虽然一审判决归纳的被诉侵权设计与涉案专利设计的区别点大致存在，但侵权比对并非是区别点的简单罗列和累加，而应严格秉承"整体观察、综合判断"的比对原则。对此，《专利侵权司法解释》第十一条规定，人民法院认定外观设计是否相同或者近似时，应当根据授权外观设计、被诉侵权设计的设计特征，以外观设计的整体视觉效果进行综合判断。授权外观设计区别于现有设计的设计特征相对于授权外观设计的其他设计特征，通常对外观设计的整体视觉效果更具有影响。被诉侵权设计与授权外观设计在整体视觉效果上无差异的，人民法院应当认定两者相同；在整体视觉效果上无实质性差异的，应当认定两者近似。本案中，首先，关于涉案专利的设计特征，该专利申请之时所适用的专利法并未要求外观设计专利的授权文本需附有简要说明，一项外观设计所具备的区别于其他外观设计的具有一定识别度的设计要点，即可确定为其设计特征，而非以是否在专利的简要说明中予以记载为确定设计特征的前提。就涉案专利而言，高仪公司明确其跑道状的出水面为专利的设计特征和视觉要部，而该部分确为涉案专利最具可识别度的设计，且占据了主要的视域面积,并能带来较为独特的设计美感;况且,二审法院在审理过程中明确要求健龙公司作进一步检索,确认在涉案专利申请日前,有无喷头出水面为跑道状的现有设计存在,健龙公司未能提供相应的现有设计以供比对。故涉案专利中跑道状的喷头出水面设计,应作为区别于现有设计的设计特征予以重点考量,而被诉侵权设计正是采用了与之高度相似的出水面设计,具备了涉案专利的该设计特征。其次,被诉侵权设计与涉案专利设计相比,在淋浴喷头的整体轮廓、喷头与把手的长度分割比例等方面均非常相似。再者,被诉侵权设计与涉案专利设计的主要区别在于前者缺乏后者在手柄位置具有的一类跑道状推钮设计。推钮固然可有不同的形状设计,但其在手柄上设置主要仍系基于功能性的设计,对产品的整体视觉效果并未产生显著影响。至于一审判决归纳的其他区别点,如喷头头部的周边设计及与出水面的分隔方式、手柄形状、手柄与头部的连接方式等存在的差别均较为细微,亦未能使被诉侵权设计与涉案专利设计在产品的整体视觉效果上产生实质性差异,综上,二审法院认定被诉侵权设计与涉案专利设计构成近似,落入了涉案外观设计专利权保护范围。因健龙公司对其实施了制造、许诺销售、销售被诉侵权产品的行为并无异议,故其应承担相应的侵权责任。

关于侵权责任的确定问题。按照专利法第六十五条之规定,因侵权人获益和权利人损害都没有证据证实,亦无合理专利许可使用费可供参照,本案按照法定赔偿方式确定赔偿数额。二审法院认为,综合考虑到涉案专利为外观设计专利,具有一定的设计美感,并有多次受司法保护记录;健龙公司的注册资本为人民币585万元,具有一定的生产规模和营销能力;健龙公司实施了制造、许诺销售、销售被诉侵权产品的行为;高仪公司为制止侵权支出了相应的维权费用等因素,酌情确定赔偿额为人民币10万元。健龙公司的库存产品亦应予以销毁,对高仪公司的该项诉请,予以支持。但因高仪公司并未证明健龙公司现持有被诉侵权产品的制造模具,故对高仪公司要求销毁健龙公司生产被诉侵权产品专用模具的诉请,不予支持。该院判决:一、撤销一审判决;二、健龙公司立即停止制造、许诺销售、销售侵害涉案外观设计专利权的产品的行为,并于二审判决送达之日即时销毁库存的侵权产品;三、健龙公司赔偿高仪公司经济损失(含高仪公司为制止侵权行为所支出的合理费用)人民币10万元;四、驳回高仪公司的其他诉讼请求。一审、二审案件受理费各人民币4300元,均各由健龙公司承担3225元,高仪公司承担1075元。

健龙公司不服二审判决,向本院申请再审称:1. 二审判决主要事实认定错误。(1)二审法院对涉案专利的设计特征和视觉要部归纳错误,并错误地认定被诉侵权设计与之高度相似。首先,二审法院认定涉案专利的设计特征和视觉要部为其跑道状的出水面,该出水面设计在涉案专利申请之前就被专利号为200630113512.5的外观设计专利所公开，属于现有设计。淋浴喷头产品包括头部与手柄两个部分，两部分各自的设计特征及其连接方式和比例大小，在产品使用时均容易被直接观察到，是构成淋浴喷头产品整体视觉效果的基础，并赋予该类产品设计美感。而喷头头部，由于其功能决定了其必然用于出水，一般不会引起消费者的特别注意，二审法院根据高仪公司的片面陈述，将之确定为设计特征与视觉要部，违反基本常识。其次，二审法院认定被诉侵权设计采用了与涉案专利高度相似的出水面设计，具备了涉案专利的该设计特征，事实上，涉案专利为跑道状的出水面，且为平面设计；而被诉侵权设计采用弧线设计，出水面与弧线并不处于同一平面。弧线设计是设计行业中的常用设计，并不能为任何人所垄断，更不能将涉案专利平面的跑道状出水面与被诉侵权设计的弧线构成的立体出水面混为一谈。(2)二审法院错误认定被诉侵权设计与涉案专利近似。关于被诉侵权设计与涉案专利的区别，一审法院全面概括了二者在手柄形状、喷头头部的周边设计、出水面的分隔方式、手柄与头部的连接方式等八个方面的区别，足以使一般消费者迅速清楚地将二者区分开来。淋浴器喷头产品就整体而言，均是由手柄与喷头出水面构成，手柄的长度是基于一般人手掌宽度而定，而喷头出水面的长宽则建立在手柄的长度之上，二者本应保持适当的比例以维持基本的美感。二审法院认定“被诉侵权设计与涉案专利设计相比，在淋浴喷头的整体轮廓、喷头与把手的长度分割比例等方面均非常相似”，错误地将二者的整体构成及分割比例完全归之于涉案专利的特有设计。事实上，二者在整体轮廓、喷头与把手的长度分割比例等方面完全不同。(3)二审法院对被诉侵权设计与涉案专利设计的主要区别归纳错误。如前所述，被诉侵权设计与涉案专利的区别有八个方面之多，二审法院却错误认定两者的主要区别在于前者缺乏后者在手柄位置具有的一类跑道状推钮设计。同时，二审法院将手柄上的推钮归之于功能性设计的说法是自相矛盾，如果推钮真的是功能性的设计，那么被诉侵权设计亦应当在手柄上设置推钮，事实上被诉侵权设计在手柄上根本就没有设置推钮。2. 二审法院适用法律错误。本案中，被诉侵权设计与涉案专利在整体视觉效果上存在实质性差异，在细节上存在显著差别，两者并不构成近似，二审法院判决健龙公司对高仪公司承担侵权赔偿责任错误。综上，健龙公司依据《中华人民共和国民事诉讼法》第二百条第(一)项、第(二)项、第(六)项的规定申请再审，请求本院撤销二审判决，驳回高仪公司的诉讼请求，判决高仪公司承担本案一、二审诉讼费用。

高仪公司提交意见认为：1. 健龙公司的再审申请理由不成立。(1)健龙公司以专业人员的视角对涉案专利和被诉侵权设计进行严格仔细的比对，但是对于淋浴喷头产品的一般消费者而言，其比对结果属于细微差别，不会对产品的整体视觉效果产生实质性差异。(2)专利号 200630113512.5 外观设计的淋浴喷头产品出水面部分为矩形出水面,与涉案专利既不相同也不近似,涉案专利出水面设计不属于现有设计。(3)涉案专利与被诉侵权设计出水面部分都是出水孔呈放射状分布在两端圆、中间长方形的区域内,边缘呈圆弧状,显然高度相似。从涉案专利左视图看,涉案专利出水面也并非是平面的。2.被诉侵权设计落入涉案专利保护范围。(1)涉案专利设计要点为出水面部分,与被诉侵权设计出水面部分高度相似。高仪公司提交的二审证据以及涉案专利检索报告,能够证明该设计要点具有较高的新颖性。(2)对于使用淋浴喷头的一般消费者而言,其在正常使用被诉侵权设计产品和涉案专利产品时容易直接观察到的部位显然都是喷头头部出水部分,手柄部分要么手持要么挂在支架上使用,本案淋浴喷头出水面部分相对于其他部位对外观设计的整体视觉效果更具有影响,应当认定被诉侵权设计与涉案专利构成近似。3.淋浴喷头设计空间很大,判断是否近似的尺度应当放宽。

健龙公司在本案再审审查阶段向本院提交了以下证据:

1.一审庭审笔录复印件,拟证明高仪公司在一审时主张喷头头部、手柄及其连接方式均为涉案专利的区别设计特征。

2.国家知识产权局网站200630113512.5号淋浴喷头外观设计专利视图打印件,拟证明涉案外观设计专利“跑道状出水面”为现有设计。

3.针对涉案外观设计专利的第17086号无效宣告请求审查决定(以下简称第17086号决定)及高仪公司在该无效宣告程序中的意见陈述书复印件,拟证明高仪公司及国家知识产权局专利复审委员会(以下简称专利复审委员会)均认为喷头类产品的喷头、手柄及其连接方式的差别足以对整体视觉效果产生显著影响,可以区别出不同设计。

经质证,高仪公司对健龙公司提交的证据1的真实性、合法性没有异议,不认可其关联性,认为高仪公司主张的区别设计特征包括喷头、手柄和连接方式,涵盖了二审中主张的区别设计特征,在二审中对出水面区别设计特征的强调并没有否认一审中提到的区别设计特征。对证据2的真实性、合法性没有异议,不认可其关联性,认为证据2的出水面为矩形,与涉案专利的出水面不相同也不近似。对证据3真实性、合法性没有异议,不认可其关联性,认为高仪公司无效宣告程序意见陈述书中对于区别特征的陈述与其二审中的相关陈述并不矛盾,只是参照物不同,前者是针对无效宣告请求人提出的单个现有设计的区别进行的,后者是针对二审中提交的12份现有设计进行比对得出的。

高仪公司在本案再审审查阶段向本院提交了以下证据:

1.中华人民共和国北京市方圆公证处出具的(2014)京方圆内经证字第14124号公证书,主要内容是对健龙公司相关网页的屏幕截屏,拟证明健龙公司在二审判决后继续生产、许诺销售被诉侵权产品。

2. 国家知识产权局专利检索咨询中心出具的外观设计检索报告(编号为GW10393),拟证明涉案专利具有较高的新颖性。

3. 涉案专利年费缴纳收据网络打印件,拟证明涉案专利合法有效。

经质证,健龙公司对高仪公司提交的证据1的真实性、合法性没有异议,不认可其关联性,认为该公证书上显示的产品图片与涉案专利不相同也不近似。对证据2的真实性、合法性没有异议,不认可其关联性,认为检索报告有可能会漏掉与涉案专利相同或相近似的专利。对证据3的真实性、合法性没有异议,不认可其关联性。

本院经审查认为,健龙公司和高仪公司提交的上述证据经查证属实,双方当事人对对方提交的证据的真实性、合法性均无异议,因此,对于上述证据,本院予以确认。至于上述证据是否能证明其拟证明事项,本院将在判理部分一并论述。

本院认为,本案的争议焦点在于被诉侵权产品外观设计是否落入涉案外观设计专利权的保护范围。

专利法第五十九条第二款规定:"外观设计专利权的保护范围以表示在图片或者照片中的该产品的外观设计为准,简要说明可以用于解释图片或者照片所表示的该产品的外观设计。"《专利侵权司法解释》第八条规定:"在与外观设计专利产品相同或者相近种类产品上,采用与授权外观设计相同或者近似的外观设计的,人民法院应当认定被诉侵权设计落入专利法第五十九条第二款规定的外观设计专利权的保护范围";第十条规定:"人民法院应当以外观设计专利产品的一般消费者的知识水平和认知能力,判断外观设计是否相同或者近似。"本案中,被诉侵权产品与涉案外观设计专利产品相同,均为淋浴喷头类产品,因此,本案的关键问题是对于一般消费者而言,被诉侵权产品外观设计与涉案授权外观设计是否相同或者近似,具体涉及以下四个问题:

一、关于涉案授权外观设计的设计特征

本院认为,外观设计专利制度的立法目的在于保护具有美感的创新性工业设计方案,一项外观设计应当具有区别于现有设计的可识别性创新设计才能获得专利授权,该创新设计即是授权外观设计的设计特征。通常情况下,外观设计的设计人都是以现有设计为基础进行创新。对于已有产品,获得专利权的外观设计一般会具有现有设计的部分内容,同时具有与现有设计不相同也不近似的设计内容,正是这部分设计内容使得该授权外观设计具有创新性,从而满足专利法第二十三条所规定的实质性授权条件:不属于现有设计也不存在抵触申请,并且与现有设计或者现有设计特征的组合相比具有明显区别。对于该部分设计内容的描述即构成授权外观设计的设计特征,其体现了授权外观设计不同于现有设计的创新内容,也体现了设计人对现有设计的创造性贡献。由于设计特征的存在,一般消费者容易将授权外观设计区别于现有设计,因此,其对外观设计产品的整体视觉效果具有显著影响,如果被诉侵权设计未包含授权外观设计区别于现有设计的全部设计特征,一般可以推定被诉侵权设计与授权外观设计不近似。

对于设计特征的认定,一般来说,专利权人可能将设计特征记载在简要说明中,也可能会在专利授权确权或者侵权程序中对设计特征作出相应陈述。根据"谁主张,谁举证"的证据规则,专利权人应当对其所主张的设计特征进行举证。另外,授权确权程序的目的在于对外观设计是否具有专利性进行审查,因此,该过程中有关审查文档的相关记载对确定设计特征有着重要的参考意义。理想状态下,对外观设计专利的授权确权,应当是在对整个现有设计检索后的基础上确定对比设计来评判其专利性,但是,由于检索数据库的限制、无效宣告请求人检索能力的局限等原因,授权确权程序中有关审查文档所确定的设计特征可能不是在穷尽整个现有设计的检索基础上得出的,因此,无论是专利权人举证证明的设计特征,还是通过授权确权有关审查文档记载确定的设计特征,如果第三人提出异议,都应当允许其提供反证予以推翻。人民法院在听取各方当事人质证意见的基础上,对证据进行充分审查,依法确定授权外观设计的设计特征。

本案中,专利权人高仪公司主张跑道状的出水面为涉案授权外观设计的设计特征,健龙公司对此不予认可。对此,本院认为,首先,涉案授权外观设计没有简要说明记载其设计特征,高仪公司在二审诉讼中提交了12份淋浴喷头产品的外观设计专利文件,其中7份记载的公告日早于涉案专利的申请日,其所附图片表示的外观设计均未采用跑道状的出水面。在针对涉案授权外观设计的无效宣告请求审查程序中,专利复审委员会作出第17086号决定,认定涉案授权外观设计与最接近的对比设计证据1相比:"从整体形状上看,与在先公开的设计相比,本专利喷头及其各面过渡的形状、喷头正面出水区域的设计以及喷头宽度与手柄直径的比例具有较大差别,上述差别均是一般消费者容易关注的设计内容",即该决定认定喷头出水面形状的设计为涉案授权外观设计的设计特征之一。其次,健龙公司虽然不认可跑道状的出水面为涉案授权外观设计的设计特征,但是在本案一、二审诉讼中其均未提交相应证据证明跑道状的出水面为现有设计。本案再审审查阶段,健龙公司提交200630113512.5号淋浴喷头外观设计专利视图拟证明跑道状的出水面已被现有设计所公开,经审查,该外观设计专利公告日早于涉案授权外观设计申请日,可以作为涉案授权外观设计的现有设计,但是其主视图和使用状态参考图所显示的出水面两端呈矩形而非呈圆弧形,其出水面并非跑道状。因此,对于健龙公司关于跑道状出水面不是涉案授权外观设计的设计特征的再审申请理由,本院不予支持。

二、关于涉案授权外观设计产品正常使用时容易被直接观察到的部位

认定授权外观设计产品正常使用时容易被直接观察到的部位,应当以一般消费者的视角,根据产品用途,综合考虑产品的各种使用状态得出。本案中,首先,涉案授权外观设计是淋浴喷头产品外观设计,淋浴喷头产品由喷头、手柄构成,二者在整个产品结构中所占空间比例相差不大。淋浴喷头产品可以手持,也可以挂于墙上使用,在其正常使用状态下,对于一般消费者而言,喷头、手柄及其连接处均是容易被直接观察到的部位。其次,第17086号决定认定在先申请的设计证据2与涉案授权外观设计采用了同样的跑道状出水面,但是基于涉案授权外观设计的"喷头与手柄成一体,喷头及其与手柄连接的各面均为弧面且喷头前倾,此与在先申请的设计相比具有较大的差别,上述差别均是一般消费者容易关注的设计内容",认定二者属于不相同且不相近似的外观设计。可见,淋浴喷头产品容易被直接观察到的部位并不仅限于其喷头头部出水面,在对淋浴喷头产品外观设计的整体视觉效果进行综合判断时,其喷头、手柄及其连接处均应作为容易被直接观察到的部位予以考虑。

三、关于涉案授权外观设计手柄上的推钮是否为功能性设计特征

本院认为,外观设计的功能性设计特征是指那些在外观设计产品的一般消费者看来,由产品所要实现的特定功能唯一决定而不考虑美学因素的特征。通常情况下,设计人在进行产品外观设计时,会同时考虑功能因素和美学因素。在实现产品功能的前提下,遵循人文规律和法则对产品外观进行改进,即产品必须首先实现其功能,其次还要在视觉上具有美感。具体到一项外观设计的某一特征,大多数情况下均兼具功能性和装饰性,设计者会在能够实现特定功能的多种设计中选择一种其认为最具美感的设计,而仅由特定功能唯一决定的设计只有在少数特殊情况下存在。因此,外观设计的功能性设计特征包括两种:一是实现特定功能的唯一设计;二是实现特定功能的多种设计之一,但是该设计仅由所要实现的特定功能决定而与美学因素的考虑无关。对功能性设计特征的认定,不在于该设计是否因功能或技术条件的限制而不具有可选择性,而在于外观设计产品的一般消费者看来该设计是否仅仅由特定功能所决定,而不需要考虑该设计是否具有美感。一般而言,功能性设计特征对于外观设计的整体视觉效果不具有显著影响;而功能性与装饰性兼具的设计特征对整体视觉效果的影响需要考虑其装饰性的强弱,装饰性越强,对整体视觉效果的影响相对较大,反之则相对较小。

本案中,涉案授权外观设计与被诉侵权产品外观设计的区别之一在于后者缺乏前者在手柄位置上具有的一类跑道状推钮设计。推钮的功能是控制水流开关,是否设置推钮这一部件是由是否需要在淋浴喷头产品上实现控制水流开关的功能

所决定的,但是,只要在淋浴喷头手柄位置设置推钮,该推钮的形状就可以有多种设计。当一般消费者看到淋浴喷头手柄上的推钮时,自然会关注其装饰性,考虑该推钮设计是否美观,而不是仅仅考虑该推钮是否能实现控制水流开关的功能。涉案授权外观设计的设计者选择将手柄位置的推钮设计为类跑道状,其目的也在于与其跑道状的出水面相协调,增加产品整体上的美感。因此,二审判决认定涉案授权外观设计中的推钮为功能性设计特征,适用法律错误,本院予以纠正。

四、关于被诉侵权产品外观设计与涉案授权外观设计是否构成相同或者近似

《专利侵权司法解释》第十一条规定,认定外观设计是否相同或者近似时,应当根据授权外观设计、被诉侵权设计的设计特征,以外观设计的整体视觉效果进行综合判断;对于主要由技术功能决定的设计特征,应当不予考虑。产品正常使用时容易被直接观察到的部位相对于其他部位、授权外观设计区别于现有设计的设计特征相对于授权外观设计的其他设计特征,通常对外观设计的整体视觉效果更具有影响。

本案中,被诉侵权产品外观设计与涉案授权外观设计相比,其出水孔分布在喷头正面跑道状的区域内,虽然出水孔的数量及其在出水面两端的分布与涉案授权外观设计存在些许差别,但是总体上,被诉侵权产品采用了与涉案授权外观设计高度近似的跑道状出水面设计。关于两者的区别设计特征,一审法院归纳了八个方面,对此双方当事人均无异议。对于这些区别设计特征,首先,如前所述,第17086号决定认定涉案外观设计专利的设计特征有三点:一是喷头及其各面过渡的形状,二是喷头出水面形状,三是喷头宽度与手柄直径的比例。除喷头出水面形状这一设计特征之外,喷头及其各面过渡的形状、喷头宽度与手柄直径的比例等设计特征也对产品整体视觉效果产生显著影响。虽然被诉侵权产品外观设计采用了与涉案授权外观设计高度近似的跑道状出水面,但是,在喷头及其各面过渡的形状这一设计特征上,涉案授权外观设计的喷头、手柄及其连接各面均呈圆弧过渡,而被诉侵权产品外观设计的喷头、手柄及其连接各面均为斜面过渡,从而使二者在整体设计风格上呈现明显差异。另外,对于非设计特征之外的被诉侵权产品外观设计与涉案授权外观设计相比的区别设计特征,只要其足以使两者在整体视觉效果上产生明显差异,也应予以考虑。其次,淋浴喷头产品的喷头、手柄及其连接处均为其正常使用时容易被直接观察到的部位,在对整体视觉效果进行综合判断时,在上述部位上的设计均应予以重点考查。具体而言,涉案授权外观设计的手柄上设置有一类跑道状推钮,而被诉侵权产品无此设计,因该推钮并非功能性设计特征,推钮的有无这一区别设计特征会对产品的整体视觉效果产生影响;涉案授权外观设计的喷头与手柄连接产生的斜角角度较小,而被诉侵权产品的喷头与手柄连接产生的斜

角角度较大,从而使两者在左视图上呈现明显差异。正是由于被诉侵权产品外观设计未包含涉案授权外观设计的全部设计特征,以及被诉侵权产品外观设计与涉案授权外观设计在手柄、喷头与手柄连接处的设计等区别设计特征,使两者在整体视觉效果上呈现明显差异,两者既不相同也不近似,被诉侵权产品外观设计未落入涉案外观设计专利权的保护范围。二审判决仅重点考虑了涉案授权外观设计跑道状出水面的设计特征,而对于涉案授权外观设计的其他设计特征,以及淋浴喷头产品正常使用时其他容易被直接观察到的部位上被诉侵权产品外观设计与涉案授权外观设计专利的区别设计特征未予考虑,认定两者构成近似,适用法律错误,本院予以纠正。

综上,健龙公司生产、许诺销售、销售的被诉侵权产品外观设计与高仪公司所有的涉案授权外观设计既不相同也不近似,未落入涉案外观设计专利权保护范围,健龙公司生产、许诺销售、销售被诉侵权产品的行为不构成对高仪公司涉案专利权的侵害。二审判决适用法律错误,本院依法应予纠正。依照《中华人民共和国专利法》第五十九条第二款,《最高人民法院关于审理侵犯专利权纠纷案件应用法律若干问题的解释》第八条、第十条、第十一条,以及《中华人民共和国民事诉讼法》第二百零七条第一款、第一百七十条第一款第(二)项之规定,判决如下:

一、撤销中华人民共和国浙江省高级人民法院(2013)浙知终字第255号民事判决;

二、维持中华人民共和国浙江省台州市中级人民法院(2012)浙台知民初字第573号民事判决。

一审、二审案件受理费各人民币4300元,均由高仪股份公司承担。

本判决为终审判决。

审　判　长　周　翔
代理审判员　吴　蓉
代理审判员　宋淑华
二〇一五年八月十一日
书　记　员　周睿隽

附图:

专利主要视图

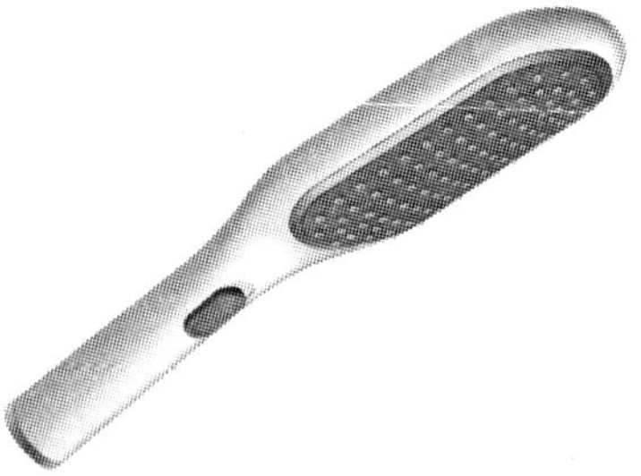

立体图

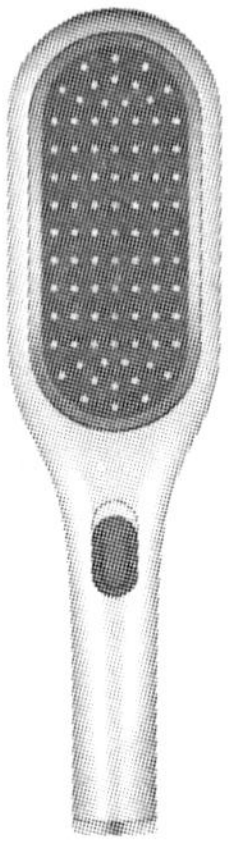

主视图

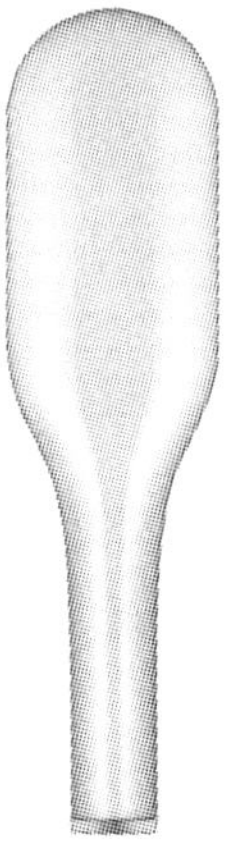

后视图

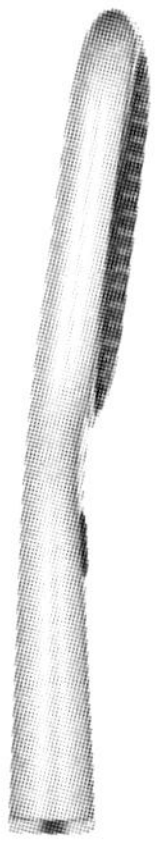

左视图

指导案例86号《天津天隆种业科技有限公司与江苏徐农种业科技有限公司侵害植物新品种权纠纷案》的理解与参照

——基于公共利益原则考量的品种权行使限制

2017年3月6日，最高人民法院首次以专题形式发布了第16批指导性案例（知识产权专题），包括第78号至第87号共10件指导性案例，总结了知识产权审判实践中普遍的疑难复杂法律适用问题，有利于进一步明确裁判规则，统一司法尺度。其中包括指导案例86号《天津天隆种业科技有限公司与江苏徐农种业科技有限公司侵害植物新品种权纠纷案》。为了正确理解和准确参照适用该指导性案例，现对该指导性案例的推选经过、裁判要点和需要说明的问题等予以解释、论证和说明。

一、选编过程及其指导意义

该案例系天津天隆种业科技有限公司（以下简称天隆公司）与江苏徐农种业科技有限公司（以下简称徐农公司）相互以对方为被告，分别向法院提起的两起植物新品种侵权诉讼案件。其中，天隆公司诉徐农公司侵犯植物新品种权纠纷案，南京市中级人民法院于2011年9月8日作出（2009）宁民三初字第63号民事判决；徐农公司诉天隆公司、淮安市高新种业科技有限公司侵犯植物新品种权纠纷案，南京市中级人民法院于2011年8月31日作出（2010）宁知民初字第069号民事判决。两案一审宣判后，天隆公司和徐农公司均不服判决，分别提起上诉。鉴于天隆公司、徐农公司在两一审案中互为原告与被告，在两二审案中又互为上诉人与被上诉人，且两案诉讼标的具有事实与法律上的实质关联，经征得当事人同意，江苏高院将两上诉案合并开庭审理，并基于两案特殊情形，于2013年12月29日以并列两个案号（2011）苏知民终字第0194号、（2012）苏知民终字第0055号合并作出二审民事判决。

该案曾获评2014年中国法院十大知识产权创新案件。经最高人民法院民三庭审判长联席会议讨论通过,建议推选为指导性案例。2016年10月28日,最高人民法院案例指导工作办公室收到该案例后,对其进行初审、修改。2017年1月22日,研究室室务会经讨论,同意推荐该案例,建议提交最高人民法院民专会予以讨论。2月21日,民专会第261次会议讨论通过了该案例。3月6日,最高人民法院以法〔2017〕53号文件将该案例列在第16批指导案例予以发布。

该指导案例旨在明确品种权行使与社会公共利益的关系,即当品种权人行使品种独占权与国家粮食安全的公共利益发生冲突时,应当如何准确界定品种权行使的权利边界。该案例通过裁判父本、母本品种权的相互许可,妥善解决了涉案品种权争议,有利于指导品种权人正确行使权利,对于促进实现《中华人民共和国植物新品种保护条例》(以下简称《植物新品种保护条例》)规定的"鼓励培育和使用植物新品种,促进农业、林业的发展"的立法目的,具有指导意义。

二、关于本案例的相关情况

本案例所涉三系杂交粳稻9优418水稻品种,系由北方杂交粳稻工程技术中心(该中心与辽宁省稻作研究所为一套机构两块牌子,主管部门均为辽宁省农业科学院)与江苏徐淮地区徐州农业科学研究所(以下简称徐州农科所)共同培育成功,并于2000年11月10日通过国家农作物品种审定,品种来源:9201A/C418,审定编号:国审稻20000009。2003年9月25日,徐州农科所就其选育的三系杂交粳稻不育系徐9201A水稻品种向国家农业部申请植物新品种权保护,该品种于2007年1月1日获得授权,品种权号为CNA20030344.9。徐州农科所于2008年1月3日授权许可徐农公司独占实施徐9201A植物新品种权;2003年12月30日,辽宁省稻作研究所向国家农业部提出杂交粳稻恢复系C418水稻品种植物新品种权申请,该品种于2007年5月1日获得授权,品种权号为CNA20030544.1。辽宁省稻作研究所于2007年5月1日授权许可天隆公司独占实施C418植物新品种权。法院经审理查明,徐9201A在审定之前命名为"9201A",简称"9A",审定时命名为"徐9201A";徐农公司和天隆公司生产9优418水稻品种使用的配组完全相同,均使用母本徐9201A和父本C418。简言之,9优418水稻品种本身并不享有品种权,但因该品种系杂交粳稻,其父本和母本分别享有品种权,故9优418水稻品种的生产事实上受到限制。一般品种权纠纷案件主要发生在品种权人与被诉侵权人之间,而本案纠纷则发生在享有父本独占实施许可权的天隆公司和享有母本独占实施许可权的徐农公司之间,双方当事人为了独占生产9优418水稻品种而相互指控对方侵权,且在整个诉讼过程中无法达成妥协,导致司法裁判面临难题。

三、裁判要点的理解与说明

指导案例86号裁判要点确认:分别持有植物新品种父本与母本的双方当事人,因不能达成相互授权许可协议,导致植物新品种不能继续生产,损害双方各自利益,也不符合合作育种的目的。为维护社会公共利益,保障国家粮食安全,促进植物新品种转化实施,确保已广为种植的新品种继续生产,在衡量父本与母本对植物新品种生产具有基本相同价值基础上,人民法院可以直接判令双方当事人相互授权许可并相互免除相应的许可费。现围绕与该裁判要点相关的问题解释和说明如下:

(一)关于植物新品种权及权利行使的限制

植物新品种权,简称品种权,是指选育植物新品种的单位和个人,依法享有在一定时期内生产销售和使用所选育品种繁殖材料的独占性专有权利。品种权是一种类似于专利权的法定授权性权利。根据《植物新品种保护条例》第三条规定,国务院农业、林业行政部门属于品种权的审批机关,按照职责分工共同负责品种权申请的受理和审查,并对符合条例规定的植物新品种授予品种权。第十三条规定,申请品种权的植物新品种应当属于由审批机关确定和公布的、属于国家植物品种保护名录中列举的植物属或者种。第十四条至第十七条规定,授予品种权的植物新品种应当具备新颖性、特异性、一致性和稳定性。新颖性,是指申请品种权的植物新品种在申请日前该品种繁殖材料未被销售,或者经育种者许可,在中国境内销售该品种繁殖材料没有超过1年;在中国境外销售藤本植物、林木、果树和观赏树木品种繁殖材料未超过6年,销售其他植物品种繁殖材料没有超过4年。特异性,是指申请品种权的植物新品种应当明显区别于在递交申请以前已知的植物品种。一致性,是指申请品种权的植物新品种经过繁殖,除可以预见的变异外,其相关的特征或者特性一致。稳定性,是指申请品种权的植物新品种经过反复繁殖后或者在特定繁殖周期结束时,其相关的特征或者特性保持不变。

品种权权能包括排他性独占权、使用权、许可使用权和转让权,而排他性独占权是品种权的核心权能。《植物新品种保护条例》第六条规定:"完成育种的单位或者个人对其授权品种,享有排他的独占权。任何单位或者个人未经品种权所有人许可,不得为商业目的生产或者销售该授权品种的繁殖材料,不得为商业目的将该授权品种的繁殖材料重复使用于生产另一品种的繁殖材料。"根据以上规定,任何单位或者个人如为商业目的生产或者销售授权品种的繁殖材料,或将该授权品种的繁殖材料重复使用于生产另一品种的繁殖材料,都必须经过品种权所有人的授权许可。

但是,任何权利的行使都有一定的边界。为了促进科技进步、文化传播,各类知识产权制度均构建了相应的权利实施限制制度,以寻求权利人、使用者和公众利益三者之间的平衡,品种权也不例外。《植物新品种保护条例》明确规定了以下权利行使的限制:一是合理使用,是指利用授权品种进行育种及其他科研活动或者农民自繁自用授权品种的繁殖材料,可以不经品种权人许可,不向其支付使用费,但是不得侵犯品种权人依照条例享有的其他权利(第十条规定)。这里包括两种情形:(1)育种与研究免责。育种研发本身属于科学研究的一部分,但"育种者免责"是品种权独有的免责制度,是指为促进育种科学研究和创新,凡以育种为目的,未经品种权人许可,使用授权品种进行育种用于育种研究或者其他科研活动,不构成侵权。"考虑到育种研发的特殊性,亲本即育种材料的使用是育种过程中不可缺少的基础,而杂交育种方法的有限性也决定了可供选择的亲本范围的有限性,如杂交育种只能是使用野生的或已有的品种进行杂交,然后再进一步选育,因此,植物品种权制度中,更侧重于保护育种者能以培育新品种为目的、自由地使用授权品种。"①值得一提的是,"育种者免责"作为品种权限制的基本形式之一,早在《国际植物新品种保护公约》(UPOV)1961年文本中即获得了认可。(2)农民免责。农民免责是品种权制度中另一项特有免责制度,是指农民自繁自用授权品种的繁殖材料,未经品种权人许可,不构成侵权。农民享有的该项权利又称为农民留种权,其意义在于,通过允许农民自行留种,给历代农民长期培育或传承植物遗传资源予以一定回馈,同时也为农民来年继续农业种植活动维持生计留下空间。②《最高人民法院关于审理侵犯植物新品种权纠纷案件具体应用法律问题的若干规定》第八条将"农民"范围界定为"以靠农业或林业种植维持生计的个人、农村承包经营户"为限。③ 二是强制许可,是指为维护国家利益或者公共利益,审批机关可以不经品种权人同意,通过行政申请程序作出强制许可决定,直接允许具备实施条件的申请者生产使用授权品种。《植物新品种保护条例》第十一条规定:取得实施强制许可的单位或者个人应当付给品种权人合理的使用费,其数额由双方商定;双方不能达成协议的,由审批机关裁决。至于何种条件下可以对品种权实施强制许可,《中华人民共和国植物新品种保护条例实施细则(农业部分)》(2007年9月19日修订)第十二条明确规定:"有下列情形之一的,农业部可以作出实施品种权的强制许可决定:(一)为了国家利益或者公共利益的需要;(二)品种权人无正当理由自己不

---

① 牟萍:《植物品种权研究》,法律出版社2011年版,第184页。

② 牟萍:《植物品种权研究》,法律出版社2011年版,第187页。

③ 蒋志培、李剑、罗霞:《加强植物新品种的司法保护——〈最高人民法院关于审理侵犯植物新品种权纠纷案件具体应用法律问题的若干规定〉的理解与适用》,载《人民法院报》2007年1月31日。

实施,又不许可他人以合理条件实施的;(三)对重要农作物品种,品种权人虽已实施,但明显不能满足国内市场需求,又不许可他人以合理条件实施的。”从上述规定可知,我国品种权强制许可除国家利益或者公共利益外,还包括不实施或不充分实施品种权的强制许可。

(二)关于公共利益原则的适用

如上所述,强制许可的本质是强制授权。对专有权而言,强制许可是比较严厉的权利限制形式,而基于“国家利益或者公共利益”考量,则是最为首要的强制许可实施理由,当然必须保证权利人能够从中获得合理的报酬。在知识产权法中,“国家利益或者公共利益”可统称为公共利益原则。需关注的是,长期以来,我国植物新品种强制许可制度如同专利强制许可制度一样,至今尚无行政强制许可实施的先例。这足以表明,在知识产权法实施过程中,公共利益原则是一项极为昂贵的制度资源,而知识产权领域极少适用强制许可制度的原因主要在于,防止任意突破规则擅自利用“公共利益”以限制私权。

所谓公共利益原则,是指一定社会条件下或特定范围内不特定多数主体的利益一致性,具有主体数量的不确定性、实体上的共享性等特征。知识产权法上的公共利益,主要是通过知识产权权利限制与例外制度实现。尊重公共利益是知识产权制度的历史传统。在几百年的知识产权立法设计和司法实践中,知识产权法的价值目标始终体现在满足公共利益基本前提下,促进知识产权权利实现,实现利益平衡。当然,如何识别社会公共利益则是理论与实践中的重要问题。要注意区别社会公共利益与相关公众利益,而后者属于特定利害关系群体的利益,如市场竞争者的利益,因此在判断社会公共利益时,要结合知识产权法的立法宗旨、权利类型、权利义务的具体内容等进行整体综合考量。

就品种权而言,哪些情况能够满足符合“公共利益原则”的强制许可,我国法律对此并没有作出明确规定,可资借鉴的是《欧盟植物品种保护条例》序言所提及的“在一定条件下可以导致强制许可的公共利益,包括向市场供应具有特定品质繁殖材料的需要或者为继续培育已改善品种提供激励的需要等”,而该条例实施细则进一步解释:“下列理由在特定情况下可以构成公共利益:(a)保护人类、动物或植物的生命或健康;(b)向市场供应具有特定品质的品种繁殖材料的需要,或者(c)向继续培育已改善品种提供激励的需要。”①从总体上看,品种权强制许可制度是防止品种权滥用的一项重要手段,而本指导案例所体现的促进国家粮食战略实施以及维护国家粮食生产安全司法价值导向,显然属于社会公共利益的应有之义。

---

① 李菊丹:《欧盟品种权强制许可制度及其借鉴意义》,载《知识产权》2011年第7期。

(三)本案例裁判思路体现公共利益原则对品种权行使的限制

如前所述,植物新品种一旦获得授权,未经许可他人不得为商业目的之使用。本案的现实困境是,由于父本与母本品种权不能相互授权许可,可能导致已经广为种植的9优418水稻品种无法继续生产,这不仅是当事人的损失,更直接影响国家粮食安全战略的实施,有损公共利益,显然本案具有适用公共利益原则的基础。然而从审判实践看,无论何种类型的知识产权案件,因本身符合适用公共利益原则的案件少之又少,因而长期以来公共利益原则事实上已基本搁置不用。本案一审因反复调解未果,依照《植物新品种保护条例》第六条规定,认定徐农公司、天隆公司的行为均构成侵权,分别判决双方各自停止侵权,并认定母本徐9201A的价值高于父本C418,判令徐农公司赔偿天隆公司损失50万元,天隆公司赔偿徐农公司损失200万元。从形式上看,一审裁判有明确的法律依据,体现了对品种权的绝对保护,但是9优418水稻无法继续种植生产,不仅法院不愿意看到,实际也并非当事人的本意,因为双方在二审中均表达了希望法院调解继续生产的意愿,而仅仅因为一审判决双方互赔金额折抵后尚有150万元差额,对此双方无法达成妥协,导致二审调解失败。最终,二审基于公共利益原则的考量,调整裁判思路,从品种权保护的立法宗旨出发,参照《植物新品种保护条例》规定的行政强制许可制度,撤销两案一审判决,改判双方当事人生产9优418水稻品种均不构成侵权,且互免许可费,同时判令天隆公司给予徐农公司50万元的经济补偿,以体现公平合理,从而妥善解决了争议。

从二审判决可见,本案在适用公共利益原则时考虑了以下因素:首先,9优418品种系辽宁省稻作研究所与徐州农科所合作选育。该合作选育源于20世纪90年代国内杂交水稻科研大合作,本身系无偿配组,在合作之初以及9优418水稻品种通过审定后,合作双方就后续权利及获得授权的亲本品种权如何行使,并没有作出特别约定。正是基于本案特殊的历史背景,在合作双方没有特别约定的情况下,应当视为双方均有权利使用对方亲本生产9优418品种。其次,9优418水稻品种性状优良,在江苏、安徽、河南等地广泛种植,受到广大种植农户的普遍欢迎,已成为中粳杂交水稻的当家品种,而本案中双方当事人相互指控对方侵权,本身也足以表明9优418水稻品种具有较高的经济价值和市场前景,既涉及双方的重大经济利益,更关涉国家粮食生产安全等社会公共利益,因此双方在行使权利时均应当受到限制。再次,9优418水稻品种是三系杂交组合,综合双亲优良性状,杂种优势显著,其中母本不育系徐9201A作用重要,而父本C418的选育也成功解决了三系杂交粳稻配套的重大问题,因此,在9优418配组中父本与母本至少具有相同的地位及作用。最后,因徐农公司为推广9优418水稻品种付出了许多商业努力并进行种植技术攻关,而天隆公司是在9优418水稻品种已获得市场广泛认可的情况下进入该生产领域,其明显减少了推广该品种的市场成本,为体现公平合理,天隆公司应当给予徐农公司一定的经济补偿。当然,考虑到双方当事人各自生产9优418水稻品种,事实上存在一定的市场竞争和利益冲突,故二审法院在判决中告诫"双方当事人应当遵守我国反不正当竞争法的相关规定,诚实经营,有序竞争,确保质量,尤其应当清晰标注各自的商业标识,防止发生新的争议和纠纷,共同维护好9优418品种的良好声誉。"上述二审裁判思路,显然既兼顾了品种权人辽宁稻作研究所和徐州农科所合作双方的利益以及本案双方当事人各自独占实施品种权的共同利益,亦兼顾了广大种植农户的利益,更维护了国家粮食生产安全,体现出品种权行使应当符合社会公共利益原则的根本要求。

四、其他相关问题的说明

1. 关于司法强制许可。《植物新品种保护条例》规定行政机关依行政程序作出强制许可决定,其性质属于行政强制许可,而条例本身并没有就司法裁判强制许可作出规定。正是由于我国知识产权领域行政强制许可几无先例,制度空置,导致一些本可以寻求行政强制许可的争议转而寻求民事司法救济。以专利领域为例。目前涉及标准必要专利的争议寻求司法途径解决已日益成为当事人的重要选择,诉讼类型既包括标准必要专利实施者请求法院裁决许可费,也包括实施者针对专利权人的侵权指控提出强制许可抗辩等,且在国内外司法实践中已形成一些有重大影响的判决。例如,在华为公司诉IDC公司标准必要专利使用费纠纷案①中,华为公司请求法院"按照FRAND条件判决IDC公司就其中国标准必要专利许可华为公司的许可费率或费率范围",广东两级法院就华为公司应当支付IDC公司涉案标准必要专利许可费率作出了裁决。在此类诉讼中,法院拒绝判令停止侵权,实施者可以继续实施专利并支付相应的许可费,与专利行政强制许可在性质上并无不同。

就品种权而言,我国《植物新品种保护条例》第十一条第三款规定:"品种权人对强制许可决定或者强制许可使用费的裁决不服的,可以自收到通知之日起三个月内向人民法院提起诉讼。"可见,如果品种权人就行政强制许可决定提起行政诉讼,对该行政强制许可决定是予以维持还是撤销,最终将由法院行使司法审查权作出判断。至于当事人寻求民事司法途径解决品种权许可争议,即使法律并无明确

① 一审:深圳市中级人民法院(2011)深中法知民初字第857号民事判决;二审:广东省高级人民法院(2013)粤高法民三终字第305号民事判决书。

规定,法院仍可结合个案案情,运用法律解释和法律精神,参照行政强制许可制度的相关规定,作出判决。总体而言,当事人无论是申请行政强制许可还是寻求民事司法救济,尽管处理机关和处理程序不同,但案件裁判结果所体现的法律精神和价值指引则应当完全一致,这也是司法最终裁决原则的必然体现。当然,本案特殊性在于,由于9优418水稻品种系辽宁稻作研究所与徐州农科所合作选育,且系无偿配组,而合作双方对该品种特别是父母本的后续权利如何行使并没有特别约定,因此,二审法院系从不侵权入手作出裁判,即合作双方均有权使用对方亲本生产9优418水稻品种,互免许可费,且该权利延及合作双方品种权的独占实施许可权人即本案天隆公司和徐农公司,这与一般案件中品种权人与使用者之间的关系有所不同。

2. 关于许可费的裁判问题。法院审理涉及许可争议的案件,往往需要根据个案情形和当事人的诉请确定许可费、许可费率或许可费率范围。例如,上述华为公司诉IDC公司标准必要专利使用费纠纷案中,广东法院最终对华为公司应付的许可费率范围作出了裁判。当然,此类案件的利益平衡点在于许可费是否公平合理,而这恰恰是审判实践中面临的最大难题。本案系品种权许可争议,与一般案件可能仅涉及单方品种权不同,本案涉及双方父母本品种权的市场价值判断,故更为复杂。一审认为母本不育系的价值高于父本且母本用种量多于父本,故对双方当事人分别判以不同的赔偿额。但二审认为:"C418具有特异亲和性,抗病性强、配合力高、穗大粒多,结实性好。C418含有1/3籼稻遗传成分,杂种F1,籼粳遗传成分搭配适度,实现了籼粳有利基因集团与本地优势生态群相结合,使杂种优势达到新水平。9优418综合双亲优良性状,杂种优势显著,在江苏、安徽、河南种植面积逐年扩大,受到广泛好评。试验表明,9优418竞争优势强,产量显著高于常规中粳和原有杂粳组合。这说明,对于9优418而言,虽然母本不育系的作用重要,而C418的选育成功因解决了三系杂交粳稻配套的重大问题,故在9优418配组中父本与母本至少具有相同的地位及作用。"二审正是基于上述判断,判决双方互免许可费,这显然具有个案特性。因此,在参考适用本指导案例时,应注意考察双方授权品种的特点,如果经审理,父母本的市场价值确实差异较大,亦可以由双方协商确定各自应付的许可费数额,在当事人协商不成时,再由法院基于公平作出差异性的许可费判决。

(执笔人:江苏省高级人民法院　宋健
最高人民法院案例指导工作办公室　石磊)

指导案例86号　天津天隆种业科技有限公司与江苏徐农种业科技有限公司侵害植物新品种权纠纷案

最高人民法院案例指导工作办公室编选人:石磊

1.案例推荐单位:最高人民法院民三庭

2.案例编写人:江苏省高级人民法院　宋健

3.案件裁判法院:江苏省高级人民法院(二审)

4.案件承办人:宋健(二审)

相关规定

1.《中华人民共和国合同法》(1999年3月15日)

第五条　当事人应当遵循公平原则确定各方的权利和义务。

2.《中华人民共和国植物新品种保护条例》(1997年3月20日起)

第二条　本条例所称植物新品种,是指经过人工培育的或者对发现的野生植物加以开发,具备新颖性、特异性、一致性和稳定性并有适当命名的植物品种。

第六条　完成育种的单位或者个人对其授权品种,享有排他的独占权。任何单位或者个人未经品种权所有人(以下称品种权人)许可,不得为商业目的生产或者销售该授权品种的繁殖材料,不得为商业目的将该授权品种的繁殖材料重复使用于生产另一品种的繁殖材料;但是,本条例另有规定的除外。

第三十九条　未经品种权人许可,以商业目的生产或者销售授权品种的繁殖材料的,品种权人或者利害关系人可以请求省级以上人民政府农业、林业行政部门依据各自的职权进行处理,也可以直接向人民法院提起诉讼。

省级以上人民政府农业、林业行政部门依据各自的职权,根据当事人自愿的原则,对侵权所造成的损害赔偿可以进行调解。调解达成协议的,当事人应当履行;调解未达成协议的,品种权人或者利害关系人可以依照民事诉讼程序向人民法院提起诉讼。

省级以上人民政府农业、林业行政部门依据各自的职权处理品种权侵权案件时,为维护社会公共利益,可以责令侵权人停止侵权行为,没收违法所得,可以并处违法所得5倍以下的罚款。

3.《中华人民共和国植物新品种保护条例》(2014年7月29日修订)

第三十九条　未经品种权人许可,以商业目的生产或者销售授权品种的繁殖材料的,品种权人或者利害关系人可以请求省级以上人民政府农业、林业行政部门依据各自的职权进行处理,也可以直接向人民法院提起诉讼。

省级以上人民政府农业、林业行政部门依据各自的职权,根据当事人自愿的原则,对侵权所造成的损害赔偿可以进行调解。调解达成协议的,当事人应当履行;调解未达成协议的,品种权人或者利害关系人可以依照民事诉讼程序向人民法院提起诉讼。

省级以上人民政府农业、林业行政部门依据各自的职权处理品种权侵权案件时,为维护社会公共利益,可以责令侵权人停止侵权行为,没收违法所得和植物品种繁殖材料;货值金额5万元以上的,可处货值金额1倍以上5倍以下的罚款;没有货值金额或者货值金额5万元以下的,根据情节轻重,可处25万元以下的罚款。

4.《最高人民法院关于审理侵犯植物新品种权纠纷案件具体应用法律问题的若干规定》(2007年1月12日　法释〔2007〕1号)

第一条　植物新品种权所有人(以下称品种权人)或者利害关系人认为植物新品种权受到侵犯的,可以依法向人民法院提起诉讼。

前款所称利害关系人,包括植物新品种实施许可合同的被许可人、品种权财产权利的合法继承人等。

独占实施许可合同的被许可人可以单独向人民法院提起诉讼;排他实施许可合同的被许可人可以和品种权人共同起诉,也可以在品种权人不起诉时,自行提起诉讼;普通实施许可合同的被许可人经品种权人明确授权,可以提起诉讼。

第二条　未经品种权人许可,为商业目的生产或销售授权品种的繁殖材料,或者为商业目的将授权品种的繁殖材料重复使用于生产另一品种的繁殖材料的,人民法院应当认定为侵犯植物新品种权。

被控侵权物的特征、特性与授权品种的特征、特性相同,或者特征、特性的不同是因非遗传变异所致的,人民法院一般应当认定被控侵权物属于商业目的生产或者销售授权品种的繁殖材料。

被控侵权人重复以授权品种的繁殖材料为亲本与其他亲本另行繁殖的,人民法院一般应当认定属于商业目的将授权品种的繁殖材料重复使用于生产另一品种的繁殖材料。

第六条　人民法院审理侵犯植物新品种权纠纷案件,应当依照民法通则第一百三十四条的规定,结合案件具体情况,判决侵权人承担停止侵害、赔偿损失等民事责任。

人民法院可以根据被侵权人的请求,按照被侵权人因侵权所受损失或者侵权人因侵权所得利益确定赔偿数额。被侵权人请求按照植物新品种实施许可费确定赔偿数额的,人民法院可以根据植物新品种实施许可的种类、时间、范围等因素,参照该植物新品种实施许可费合理确定赔偿数额。

依照前款规定难以确定赔偿数额的,人民法院可以综合考虑侵权的性质、期间、后果,植物新品种实施许可费的数额,植物新品种实施许可的种类、时间、范围及被侵权人调查、制止侵权所支付的合理费用等因素,在50万元以下确定赔偿数额。

江苏省高级人民法院民事判决书

(2011)苏知民终字第0194号

(2012)苏知民终字第0055号

(2011)苏知民终字第0194号案当事人基本情况:

上诉人(原审被告):江苏徐农种业科技有限公司,住所地江苏省徐州市东郊农科所院内。

法定代表人:陈萍,该公司董事长。

委托代理人:潘小龙,江苏博士达律师事务所律师。

被上诉人(原审原告):天津天隆种业科技有限公司,住所地天津市天津开发区睦宁路7号办公楼2楼。

法定代表人:杨飞,该公司总经理。

委托代理人:刘忠民,天津汇滨律师事务所律师。

委托代理人:谢辉,国家粳稻工程技术中心科研管理处副处长。

(2012)苏知民终字第0055号案当事人基本情况:

上诉人(原审被告):天津天隆种业科技有限公司,住所地天津市天津开发区睦宁路7号办公楼2楼。

法定代表人:杨飞,该公司总经理。

委托代理人:刘忠民,天津汇滨律师事务所律师。

委托代理人:谢辉,国家粳稻工程技术中心科研管理处副处长。

被上诉人(原审原告):江苏徐农种业科技有限公司,住所地江苏省徐州市城东大道徐州农科所院内。

法定代表人:陈萍,该公司董事长。

委托代理人:潘小龙,江苏博士达律师事务所律师。

原审被告:淮安市高新种业科技有限公司,住所地江苏省淮安市军营路2-162号。

法定代表人:陈金梅,该公司经理。

天津天隆种业科技有限公司(以下简称天隆公司)起诉江苏徐农种业科技有限

公司(以下简称徐农公司)侵犯植物新品种权纠纷一案,江苏省南京市中级人民法院于2011年9月8日作出(2009)宁民三初字第63号民事判决。徐农公司不服向本院提起上诉,本院于2011年11月3日以(2011)苏知民终字第0194号立案受理;徐农公司起诉天隆公司、淮安市高新种业科技有限公司(以下简称淮安高新公司)侵犯植物新品种权纠纷一案,江苏省南京市中级人民法院于2011年8月31日作出(2010)宁知民初字第069号民事判决。天隆公司亦不服一审判决,向本院提起上诉,本院于2012年2月6日以(2012)苏知民终字第0055号立案受理。因两上诉案件中徐农公司、天隆公司互为原审两案件中的原告与被告,且两案诉讼标的具有事实与法律上的实质关联,本院依法组成合议庭,经征得当事人同意后合并开庭审理,并基于本案特殊情形决定合并作出判决。本院于2012年3月27日和4月19日、2013年4月16日三次公开开庭进行审理,并于2013年9月6日、9月27日组织双方当事人质证并进行调解。徐农公司委托代理人潘小龙,天隆公司委托代理人刘忠民、谢辉(参加2013年4月16日庭审)到庭参加诉讼。原审被告淮安高新公司经本院传票传唤未到庭参加诉讼,本院依法对其缺席审理。两上诉案件现已审理终结。

经归纳(2009)宁民三初字第63号、(2010)宁知民初字第069号民事判决,一审查明事实如下:

一、关于涉案9优418水稻品种

2000年11月10日,全国农作物品种审定委员会颁发审定证书,确认北方杂交粳稻工程技术中心(以下简称北方杂粳中心)、江苏徐淮地区徐州农业科学研究所(以下简称徐州农科所)共同培育的9优418水稻品种,经第三届全国农作物品种审定委员会第四次会议审定通过,农业部第136号公告公布。9优418水稻品种来源:9201A/C418,审定编号:国审稻20000009。

北方杂粳中心与辽宁省稻作研究所(以下简称辽宁稻作所)为一套机构两块牌子,主管部门均为辽宁省农业科学院。

二、关于涉案父本C418

1998年《杂交水稻》第13卷第3期刊登北方杂粳中心杨振玉等人撰写的《粳型特异亲和恢复系C418的选育及其特性》一文,文中记载:1987年辽宁稻作所在海南育种基地,按照"籼粳架桥"制恢思路选用晚轮422与密阳23杂交配组后,经多次海南加代及本地选择,于1992年冬F8代稳定,因海南田间号为418,故定名C418。

2003年12月30日,辽宁稻作所向国家农业部提出C418水稻品种植物新品种权申请,2007年5月1日获得授权,品种权号为CNA20030544.1,品种权人杨振玉、张忠旭、华泽田,该品种权保护期限为15年。辽宁稻作所在品种权申请请求书中说明:申请品种C418在申请日前未曾销售过。

2007年5月1日,辽宁稻作所(甲方)与天隆公司(乙方)签订了《杂交粳稻恢复系"C418"植物新品种权独占实施许可合同》。双方约定:C418是辽宁稻作所选育的杂交粳稻恢复系。辽宁稻作所授权天隆公司独占(辽宁省除外)实施三系粳稻恢复系C418植物新品种生产、收购、运输、加工、包装以及销售等有关业务。在合同有效期限内甲方不得将C418植物新品种权转让或授权给任何第三方单位或个人开展粳稻恢复系C418任何相关的开发经营行为;甲方允许乙方向第三方实施C418种子生产等的再许可行为;甲方允许乙方以自己的名义开展C418植物新品种权的维权工作;独占实施许可费:乙方向甲方支付本合同期前三年的三系粳稻恢复系C418植物新品种权独占实施许可费人民币350万元,三年后的独占实施许可费由双方另行协商约定。支付时间:第一年种子生产结束后支付首期20%独占实施许可费,以后逐年支付。如有特殊情况乙方不能按期支付,双方另行协商解决。双方还就合同的有效期限等事项进行了约定。同时辽宁稻作所还出具了一份授权书,授权天隆公司对其他单位或个人实施的侵权行为行使权利。

天隆公司成立于2005年12月28日,注册资金为3990万元,经营范围为农作物新品种研究及产业化;农作物种子生产;农产品深加工技术的产业化及其产品销售;畜牧养殖技术的研究和畜牧产品的生产、销售;生物肥料、农药、水稻种子批发、零售等。国有专营、专项规定的按专营专项规定办理。

三、关于涉案母本徐9201A

2003年9月25日,徐州农科所就其选育的徐9201A水稻品种向国家农业部申请植物新品种权保护,2007年1月1日获得授权,培育人刘超、王健康等6人,品种权号为CNA20030344.9,该品种权保护期限为15年。

2006年4月3日,徐州农科所水稻室与天隆公司订立《关于"徐9201A"引种使用协议》,约定:"徐9201A已申请国家品种权保护,按照知识产权保护要求,外单位引用仅可用于测交配组,不得用于商业开发,并保证不向第三方扩散;使用期间未经同意不得自行繁殖,否则追究侵权责任。"

2008年1月3日,徐州农科所与徐农公司订立《技术转让合同书》,约定:徐9201A是徐州农科所选育的三系杂交粳稻不育系。徐州农科所将徐9201A植物新品种权许可徐农公司以独占方式实施;实施范围包括生产、包装和销售;合同有效期自2008年1月1日至2010年12月30日;许可使用费为每年200万元;对涉嫌侵犯徐9201A植物新品种权的行为,徐农公司有权以自己的名义行使索赔、请求相关行政机关予以查处、向人民法院提起诉讼等权利。

徐农公司成立于2001年9月3日,注册资金为1000万元,经营农作物种子生产销售(凭许可证经营)。

四、关于涉案被控侵权情况及其一审诉辩与争议焦点

(一)天隆公司起诉徐农公司案[(2009)宁民三初字第63号]

2009年3月4日,天津市泰达公证处根据天隆公司申请,指派公证员王鸿刚、公证人员郭佳会同天隆公司代理人徐根明来到江苏省徐州市城东大道徐州农科所院内的江苏省徐州市农科院种子门市购买三袋种子,种子包装袋均标有"国审杂交中粳品种9优418"、生产日期2008年12月31日。同时取得《产品销售证明单》一张(编号为8020142),其上盖有"江苏徐农种业科技有限公司发票专用章"印鉴。天隆公司代理人徐根明购得上述种子后,将其中一袋交公证员封存于公证处,其余两袋取回自行保管。2009年3月5日,天津市泰达公证处出具了(2009)津泰达证经字第956号公证书。

2009年6月3日,天隆公司向一审法院起诉称,其系C418品种独占实施许可权利人,徐农公司未取得天隆公司同意,也未取得品种权人辽宁稻作所同意,擅自将植物新品种C418种子重复使用于生产9优418杂交粳稻种子,并在市场上进行销售。天隆公司屡次发函要求徐农公司停止侵权,但徐农公司仍然实施侵权行为,其行为构成侵权。请求依法判令:1.徐农公司侵犯了天隆公司对C418植物新品种享有的独占实施许可权;2.徐农公司停止侵权行为,立即停止销售9优418杂交粳稻种子并不得将植物新品种C418种子重复使用于生产9优418杂交粳稻种子;3.徐农公司赔偿天隆公司人民币116.6万元(2008年度);4.本案全部诉讼费用由徐农公司承担。

徐农公司一审辩称,1.徐农公司未侵犯C418植物新品种权。徐州农科所在选育9优418杂交粳稻品种的过程中,并未使用辽宁稻作所选育的被授予植物新品种权的C418作为恢复系,而是使用辽宁稻作所提供的性状仍在分离的高世代C418育种材料经系统选育的品系作为恢复系,与被授予植物新品种权的C418不是同一品种。2.天隆公司向法庭提交的公证被控侵权种子实际生产日期为2006年10月,而非2008年12月31日。3.天隆公司主张的赔偿额没有法律依据。庭审中,徐农公司还提出涉案品种C418在申请日前已进入公有领域,被种子生产经营企业广泛使用于生产杂交水稻种子进行市场销售,丧失了新颖性。

该案一审争议焦点为:徐农公司的行为是否侵犯了天隆公司享有的C418植物新品种独占实施许可权。

(二)徐农公司起诉天隆公司案[(2010)宁知民初字第069号]

2009年3月13日,案外人段玉合在正阳县种子公司大门南侧正阳胜利种业有限公司购买9优418水稻种子2袋;案外人张述华在正阳县种子公司第十七门市部

购买9优418水稻种子3袋。以上每袋均70元/3斤,外包装上标注生产商为天隆公司。河南省正阳县公证处于2009年3月14日分别出具(2009)正证民字第44号公证书和(2009)正证民字第45号公证书。

2009年3月16日,徐州农科所在淮安高新公司购买9优418水稻种子1袋,价格为16元/斤。江苏省淮安市淮安公证处于2009年3月17日出具(2009)淮安证民内字第1047号公证书。

2009年12月2日,根据举报并由江苏省农业委员会督办,江苏省淮安市农业局对存放在江苏省盱眙县古桑原种场(天隆公司住所地)内的9优418水稻种子情况进行调查和抽样,并制作笔录,封存样品。天隆公司副总经理乔治陈述:所存放9优418水稻种子共计11万公斤,系从天津市原种场运来,为天隆公司所有。

2010年5月13日,徐农公司委托代理人在江苏省淮安市淮阴区的一个经营部购买9优418水稻种子2袋,价格为20元/斤,外包装袋上标注有"天津天隆种业科技有限公司"等。江苏省徐州市徐州公证处于2010年5月19日出具(2010)徐证民内字第1697号公证书。

2010年1月21日,徐农公司向一审法院起诉称,徐州农科所许可徐农公司独占实施徐9201A植物新品种权。天隆公司未经徐农公司或者品种权人徐州农科所许可,擅自使用徐9201A生产杂交水稻种子,其行为构成侵权。请求判令:1. 天隆公司停止侵犯徐农公司对徐9201A植物新品种享有的独占实施许可权;2. 天隆公司赔偿徐农公司经济损失200万元。

天隆公司一审辩称,天隆公司生产9优418使用的母本是9201A,可以通过鉴定确定9201A与徐9201A的关系。徐农公司提交的现有证据不能证明天隆公司侵权,其诉讼请求没有事实和法律依据,应当予以驳回。

淮安高新公司未出庭应诉和发表答辩意见,亦未提交相关证据。

该案一审争议焦点为:1. 农业部转基因生物成分监督检验测试中心(合肥)(以下简称农业部合肥测试中心)出具的《检验报告》能否作为认定本案侵权事实的证据使用;2. 天隆公司提出的鉴定申请应否予以准许;3. 淮安高新公司和天隆公司的行为是否侵犯了徐农公司享有的徐9201A植物新品种独占实施许可权。

五、关于一审审理情况

(一)天隆公司诉徐农公司案[(2009)宁民三初字第63号]

1. 2009年8月6日,一审法院派员去天津市泰达公证处调取封存于该处的种子实物(证物袋)。该证物袋上边沿由透明胶带封住,封口处有公证员王鸿刚印鉴。经当庭拆封公证处封存的证物袋,该证物袋内原包装稻种处于拆封状态,该种子外包装袋正面显示:全国50强——江苏徐淮地区徐州农科所育成;国审杂交中粳品种

9优418(净含量1.5kg);江苏徐农种业科技有限公司生产;安徽天禾农业科技股份有限公司总经销;生产日期见包装袋底部封口处为2008年12月31日。袋内种子标签为,作物种类:水稻;品种名称:9优418;品种审定证号:国审稻20000009;种子生产许可证号:(苏)农种生许字(2007)第0187号;种子经营许可证号:(农)农种经许字(2004)第0162号;产地检疫证明编号:苏(徐州)产检(08)字(水稻)第015号;种子批号:徐种2008418-01及产地、生产商、经销商等信息。天隆公司对上述庭审拆封公证证物袋、核对袋内实物及种子标签无异议;徐农公司认为天津市泰达公证处封存的种子实物在封存前已被拆封,虽该袋内种子标签内容与公证书记载内容相同,但该种子实物已不是完整的实物。

2. 2009年8月5日,一审法院依据当事人申请派员前往农业部植物新品种保护办公室调取C418水稻种子(品种权号CNA20030544.1)20粒。

3. 2010年11月14日,一审法院根据天隆公司申请,委托农业部合肥测试中心对被控侵权9优418与授权品种C418是否存在亲子关系进行DNA鉴定。该中心出具了编号为:NZJH-2010-124的《检验报告》。检验结论:利用国家标准GB/T20396-2006中的48个水稻SSR标记,对9优418和C418的DNA进行标记分析,结果显示,在测试的所有标记中,9优418完全继承了C418的带型,可以认定9优418与C418存在亲子关系。

一审法院依法通知鉴定人员出庭接受法庭质询,鉴定人员未到庭参加诉讼。鉴定机构提交了一份书面说明,详细介绍了其检测结论的理论依据及标准三联体亲子鉴定PI值计算依据。

天隆公司对《检验报告》及说明均无异议。徐农公司认为依据"国家标准GB/T20396-2006",受检样品为杂交稻种,应将其双亲标准种子也设为对照,否则杂交种中出现的遗传带型可能来自一个未知亲本,因而编号为NZJH-2010-124《检验报告》的结论是不准确的,不应被采信。

一审中,徐农公司还申请专家证人江苏省徐州甘薯研究中心遗传育种研究室主任李强出庭,以证明仅凭单亲本不能做出亲子鉴定结论。李强在庭审中陈述,其仅就《检验报告》附图的带型发表意见,认为附图的带型与结论并不完全符合,说明实验质量有问题。一审法院认为,鉴定结论只是证据材料的一种,没有预定的证明力。根据法律规定,鉴定人应当出庭接受法庭质询。本案鉴定人经法院书面通知应到庭参加庭审,其虽出具了书面意见,但未依法出庭;且本案检验所用三系杂交水稻及真实性和品种纯度鉴定DNA分析方法未完全依国家标准(GB/T20396-2006)中的技术要求进行,故本案NZJH-2010-124《检验报告》不予采纳。

(二)徐农公司诉天隆公司案[(2010)宁知民初字第069号]

1. 在一审诉讼前,徐农公司对被控侵权种子进行检测,认为侵犯了徐9201A植物新品种权。天隆公司认为,该检测系徐农公司单方面进行,且检测报告没有描述检测的具体过程,在程序上存在瑕疵,故对该鉴定结论不予认可。

2. 徐农公司向一审法院申请重新鉴定,法院认为符合法律规定,予以准许。天隆公司拒绝就徐农公司提出的鉴定申请进行协商。一审法院依据相关法律和国家标准规定,在徐农公司提供多家鉴定机构基础上,由法院指定并委托农业部合肥测试中心进行鉴定。

2010年8月5日,一审法院依法通过农业部植物新品种保护办公室从其下属国家种质保藏中心调取徐9201A和C418种子各20粒。2010年11月26日,一审法院将上述样本送至鉴定机构。对于需要测试的SSR标记对数,鉴定机构认为,根据国家标准GB/T20396－2006,测试24对可以达到鉴定要求,若当事人有特殊要求,可以测试48对。为确保鉴定结论的客观性和准确性,法院商鉴定机构确定测试48对。

2010年12月15日,鉴定机构出具《检验报告》(NZJH－2010－276)。该检验报告正页内容为:样品等级、状态:籽粒饱满无霉变;样品数量:被控侵权品种种子为175克(包括包装),C418和徐9201A分别为20粒;检验依据:三系杂交水稻及亲本真实性和品种纯度鉴定DNA分析方法(GB/T20396－2006);检验项目:确定被控侵权品种与C418和徐9201A是否存在亲子关系;检验结论:利用国家标准GB/T20396－2006中的48个水稻SSR标记,对被控侵权品种与C418和徐9201A的DNA进行标记分析,结果显示:在测试的所有标记中,被控侵权品种完全继承了C418和徐9201A的带型,可以认定被控侵权品种与C418和徐9201A存在亲子关系。检验报告附页中包括来样照片、实验过程、SSR标记结果汇总和部分位点图谱。

一审法院组织双方当事人进行质证。徐农公司认为,该检验报告从程序和实体两个方面都符合法律规定,应当作为定案依据。天隆公司则认为该报告没有法律和科学依据,鉴定结论不能成立。双方当事人均未申请鉴定人员出庭作证。

一审法院认为,《检验报告》(NZJH－2010－276)在程序和实体上符合相关法律的规定和国家标准的要求,可以作为认定本案侵权事实的证据使用。主要理由是:(1)鉴定机构农业部合肥测试中心系经由农业部批准设立,获得了中国国家认证认可监督管理委员会颁发的《资质认定计量认证证书》和国家农业部颁发的《审查认可证书》。三位鉴定人具有研究员或者助理研究员职称。虽然该鉴定机构从事的是转基因成分检测,但是国家标准GB/T20396－2006中的DNA水平测试与之相比,技术上具有相通性,对于检测条件的要求亦具有相同性。从鉴定资质、实验设备的认证、鉴定人员的职称等方面看,鉴定机构虽然不具备司法鉴定资质认定证书,但是主观上具备了对鉴定过程的把握和控制能力,客观上具备了从事本次鉴定工作的条件,同时亦符合全国人大常委会《关于司法鉴定管理问题的规定》和《最高人民法院关于审理侵犯植物新品种权纠纷案件具体应用法律问题的若干规定》的相关要求。(2)采用DNA分析方法,一方面为《最高人民法院关于审理侵犯植物新品种权纠纷案件具体应用法律问题的若干规定》和国家标准GB/T20396-2006所确认;另一方面为徐农公司所选择和认可;虽然天隆公司持有异议,但是其在法院审理(2009)宁知民初字第063号案件中对此方法亦予以认可。(3)《检验报告》依据的国家标准有GB/T20396-2006和GB/T3541.1。国家标准GB/T20396-2006“三系杂交水稻及亲本真实性和品种纯度鉴定DNA分析方法”,该方法所要解决的问题中包含了进行品种对比以确定是否存在一致性,与本案所要解决问题一致,该国家标准中规定采用双亲本对比测试,在实际检测中亦依此进行。关于鉴定中适用国家标准GB/T3541.1问题,因为鉴定过程涉及培育幼苗、从稻苗中提取DNA、分析试验结果等步骤,而该标准中规定了培育幼苗的程序,故适用该国家标准为鉴定程序所必需。(4)鉴定报告记载了鉴定过程和试验结果,并附有部分图谱。鉴定过程符合所适用的国家标准的规定;鉴定结果是对鉴定过程进行分析所得出的结论,所附图谱有利于当事人对该过程进行实质性了解和监督,增强了鉴定结论的客观性和可采性。

3.一审中,天隆公司申请对其所生产、销售的9优418是否为审定的9优418品种进行鉴定,一审法院未予准许。其一,天隆公司申请对其所生产、销售的9优418是否为审定的9优418品种进行鉴定,其意在确定9201A和徐9201A之间的关系,即如系同一品种,徐9201A一方面不符合法律规定的命名条件,另一方面结合申请保护前已经公开销售的证据可以证明亦不符合法律规定的新颖性条件;其二,基于申请保护前已经公开销售等证据,可以证明在品种权人申请保护之前该品种所包含的生命信息已为社会所公知,任何人均可自由使用该品种的繁殖材料,故天隆公司的相关行为亦不构成侵权。

一审法院认为,根据《植物新品种保护条例》和《农业部植物新品种复审委员会审理规定》的相关规定,育种者申请植物新品种保护,审批机关主要审查植物新品种是否具备新颖性、特异性、稳定性、一致性以及适当的名称,具备上述特性和名称要求,则予以授权。任何单位和个人认为不符合授权条件的,均可向农业部植物新品种复审委员会提出无效宣告请求,由农业部植物新品种复审委员会负责审理品种权无效宣告和新品种更名等案件。因此,天隆公司认为徐9201A品种授权不符合法律规定,应该向农业部植物新品种复审委员会提出无效宣告请求,而非向法院提出。天隆公司向法院提出鉴定申请,其所要解决的问题并非法院职权之所在,因此缺乏基于此目的进行司法鉴定之必要。庭审中,合议庭亦就此多次向天隆公司进行释明,但是至本案审理结束,亦未见天隆公司向农业部植物新品种复审委员会提出无效宣告请求以及向法院提出中止审理请求,且根据现有的证据,尚不能认定该品种丧失新颖性。天隆公司申请鉴定不能实现其证明目的,故没有鉴定之必要。此外,目前亦无法获取用于对比分析试验的9201A检材。9优418品种在申请和通过全国品种审定过程中并没有留存标准样品,目前尚无法客观、真实地获取9优418或者9201A种子,即使准许鉴定,亦缺乏鉴定之可行性。

六、关于一审就赔偿数额查明事实情况

(一)天隆公司诉徐农公司案[(2009)宁民三初字第63号]

2009年2月23日,天隆公司向辽宁稻作所支付C418植物新品种权独占实施许可费140万元。

(二)徐农公司诉天隆公司案[(2010)宁知民初字第069号]

1. 一审庭审中,天隆公司陈述,其在2008年生产9优418所使用亲本和2009年是一致的。此外,天隆公司还要求重新确定举证期限,以便提交2008年生产、销售及2009年销售2008年生产(简称2008~2009年度,下同)的9优418水稻种子的数量、价格等证据。法院予以准许,并重新确定举证期限。但是天隆公司最终没有提交相关证据。

2. 2006~2007年度,徐农公司委托生产9优418水稻种子的收购价格为13.6~15元/公斤,销售价格在36~40元/公斤。在江苏地区,对于杂交粳稻种子的市场销售价格,政府未作特别限制,一般由企业自行定价,销售价格一般比杂交籼稻种子稍贵。

经审理,一审法院认为:

(一)天隆公司诉徐农公司案[(2009)宁民三初字第63号]

天隆公司依据合同获得植物新品种C418独占实施许可权依法应受保护。

徐农公司认为从天津市泰达公证处调取的种子实物,在封存前已被拆开,原包装袋中的种子可能被人为调换,故认为公证书的证明力不具有可信性。根据法律规定,经过法定程序公证证明的法律行为、法律事实和文书,人民法院应当作为认定事实的根据。但有相反证据足以推翻公证证明的除外。徐农公司虽然认为公证书的证明力不具有可信性,但其并未提交足以推翻公证书的相关证据,故此项抗辩理由无事实和法律依据,法院不予采纳。

徐农公司提出授权品种C418在申请日前已被销售、进入公有领域,丧失新颖性。根据法律规定,新颖性是指申请品种权的植物新品种在申请日前该品种繁殖材料未被销售,或者经育种者许可,在中国境内销售该品种繁殖材料未超过1年。本案育种人北方杂粳中心提供C418与徐州农科所9201A进行科研交流,而非用于商业开发与销售。且徐农公司提供的相关证据不能证明所谓销售行为经育种者许可,没有破坏育种者申请品种权的新颖性,且新颖性问题亦不属本案理涉范围。故徐农公司上述抗辩理由缺乏事实和法律依据,不予采纳。

根据本案现有证据,9优418水稻品种审定证书、被控9优418水稻种子标签、徐农公司致天津市种子站的函件等均证明被控侵权品种9优418的配组采用了C418作为恢复系。徐农公司既没有提供证据以推翻公证证据,亦未提交证据证明其所生产9优418使用的恢复系C418与授权植物新品种C418性状特征有何区别。故徐农公司提出其使用从辽宁稻作所提供的性状仍在分离的高世代C418育种材料作为恢复系,与被授予植物新品种权的C418不是同一品种的抗辩理由缺乏事实和法律依据,不予采信。徐农公司还提出其销售的9优418杂交粳稻种子为2006年生产亦无证据证明。

综上,徐农公司以商业目的重复以授权品种的繁殖材料为亲本与其他亲本另行繁殖生产被控侵权品种9优418的行为构成侵权,应承担相应的民事责任。天隆公司提出要求徐农公司停止侵权的主张于法有据,予以支持。天隆公司还提出116.6万元的赔偿请求,同时还向法庭提交了其与辽宁稻作所签订的独占实施许可合同、中国农业银行支付凭证作为本案赔偿依据。法院认为,天隆公司的赔偿请求应予支持,但其计算方法缺乏事实依据。天隆公司未按其与辽宁稻作所约定的期限、数额支付许可费,而于2009年2月23日实际支付140万元。法院将根据植物新品种实施许可的种类、时间、范围等因素,以天隆公司实际支付的许可费数额为参考,合理确定赔偿数额。依照《中华人民共和国植物新品种保护条例》第二条、第六条、第三十九条,《最高人民法院关于审理侵犯植物新品种权纠纷案件具体应用法律问题的若干规定》第一条、第二条、第六条之规定,一审法院判决:一、徐农公司立即停止销售9优418杂交粳稻种子,未经权利人许可不得将植物新品种C418种子重复使用于生产9优418杂交粳稻种子;二、徐农公司于判决生效之日起十五日内赔偿天隆公司经济损失50万元;三、驳回天隆公司的其他诉讼请求。一审案件受理费15294元,由徐农公司负担。如徐农公司未按判决所指定的期间履行给付金钱义务,则应依据《中华人民共和国民事诉讼法》(2012年修正前)第二百二十九条之规定,加倍支付延迟履行期间的债务利息。

(二)徐农公司诉天隆公司案[(2010)宁知民初字第069号]

徐农公司依法享有徐9201A植物新品种独占实施许可权,任何人未经权利人许可,不得为商业目的将该授权品种的繁殖材料重复使用于生产另一品种的繁殖材料。鉴定机构出具的《检验报告》(NZJH－2010－276)结果显示,在测试的所有标记中,被控侵权品种完全继承了C418和徐9201A的带型,可以认定被控侵权品种与C418和徐9201A存在亲子关系。根据现有证据可以认定天隆公司于2008~2009年度、2009~2010年度生产、销售的9优418水稻种子中使用了徐9201A亲本。天隆公司未经徐农公司许可,且系为商业目的,其行为构成侵权。徐农公司要求天隆公司停止侵权、赔偿损失的诉讼请求,有事实和法律依据,予以支持。

天隆公司庭审中述称,其所生产的11万公斤9优418水稻种子已经转商。法院认为,一方面徐农公司举证证明天隆公司已在市场上销售了该批种子,另一方面天隆公司没有向法院提交其已经将涉案稻种转商的证据。故在天隆公司没有提交相关证据予以证明的情况下对该抗辩理由不予采信。

关于赔偿责任的范围,法院认为,可以考虑亲本在组合中的价值、天隆公司生产、销售品种(组合)的数量、利润、侵权行为的性质、徐农公司所支付的合理费用等因素综合予以确定。1. 关于涉案品种的价值。虽然在生物学意义上,母本和父本的价值是相同的,但是在经济和应用价值上则是不同的。首先,徐9201A品种是不育系,其价值通过市场销售价格、数量、利润等不能得到完全体现,更多地是作为用于生产另一品种(组合)的繁殖材料,并通过该品种(组合)之特性和价值体现出来。天隆公司将涉案徐9201A用于生产另一品种(组合)9优418的繁殖材料,其价值更多地是通过9优418的市场价值得以体现。其次,在繁殖过程中母本和父本的用种量是不同的,一般为10~12行母本,配2行父本,或者类似的配比,母本的用种量明显大于父本,其应用价值更高。再次,亲本的选育难度也是不同的。杂交水稻新品种选育工作中最重要、最困难的是不育系的选育,需要克服育种材料种质资源来源少,不育基因导入难、性状不易稳定、杂交亲和力差等诸多困难,不育系的育成一般要付出更多的时间和物力。因此,涉案徐9201A作为不育系相对于C418具有更大的经济和实用价值,其稀缺性和可获取难度更大,在考虑其对于组合品种的贡献时应当占据更大的比例。根据涉案组合品种的情况,一审法院确定9优418组合品种销售所产生的利润由徐9201A和C418分享,比例为6∶4。2. 关于涉案9优418种子的利润。本案中缺乏直接证据证明天隆公司所获利润,徐农公司亦较难获取相关证据。考虑到杂交粳稻种子的市场销售情况和相关主管部门掌握的情况,法院将综合考虑江苏省高级人民法院(2009)苏民三终字第0137号民事判决查明和认定的2006~2007年9优418种子的收购价格、市场销售价格、大致的利润范围;2008~2009、2009~2010年度9优418种子的市场销售价格;9优418水稻种子合理的加工成本等因素,确定利润为20元/公斤。

天隆公司2009~2010年度生产、销售9优418种子的数量为11万公斤,其所获利润为11万公斤×20元/公斤=220万元。根据利润分享比例,可分配到徐9201A品种上的利润为220万元×6/10=132万元。对于2008~2009年度的生产、销售数量,没有证据证明,法院将结合2009~2010年度生产、销售的数量、侵权行为的性质和对证据的占有及其提交便利程度以及抗辩权的行使等因素作一个合理推定。

天隆公司曾从徐9201A品种权人处引种使用,对徐9201A品种的基本性状和所包含的生命信息等应当是明知的,对于在实际制种过程中使用了徐9201A也是明知的。因此侵权的性质和情节较为严重。徐农公司为本案诉讼支付了合理费用,应当在赔偿责任中予以考虑。

淮安高新公司销售9优418种子,系国家审定品种,为天隆公司生产,种子包装上信息标注清楚,且有合法的进货渠道,其已尽到合理的注意义务。徐农公司认为淮安高新公司的销售行为构成侵权,缺乏事实和法律依据,法院不予支持。

依照《中华人民共和国植物新品种保护条例》第六条,《最高人民法院关于审理侵犯植物新品种权纠纷案件具体应用法律问题的若干规定》第二条、第三条、第四条、第六条,《中华人民共和国民事诉讼法》第一百三十条的规定,一审法院判决:一、天隆公司于判决生效之日起立即停止对徐农公司涉案徐9201A植物新品种权之独占实施权的侵害;二、天隆公司于判决生效之日起10日内赔偿徐农公司经济损失200万元;三、驳回徐农公司的其他诉讼请求。一审案件受理费22800元,鉴定费6000元,合计28800元,由天隆公司负担。如天隆公司未按判决所指定的期间履行给付金钱义务,则应依据《中华人民共和国民事诉讼法》(2012年修正前)第二百二十九条之规定,加倍支付延迟履行期间的债务利息。

徐农公司、天隆公司均不服一审判决,向本院提起上诉。

(一)徐农公司上诉案[(2011)苏知民终字第0194号]

徐农公司不服(2009)宁民三初字第63号民事判决,向本院上诉请求撤销一审判决,驳回天隆公司的诉讼请求,并由其承担一、二审案件受理费。其上诉理由仍同于一审抗辩理由,即徐农公司未使用授权C418,并认为一审未作有效鉴定,仅凭品种名称就认定徐农公司侵权,系事实不清。徐农公司请求二审重新按照国家标准对其使用的父本C418进行双亲本鉴定。

天隆公司二审答辩称,徐农公司的上诉请求与理由没有事实和法律依据。

该案二审争议焦点为:徐农公司是否侵犯了天隆公司享有的C418植物新品种独占实施许可权。

双方当事人二审均未提供证据。

(二)天隆公司上诉案[(2012)苏知民终字第0055号]

天隆公司不服(2010)宁知民初字第069号民事判决,向本院上诉请求撤销一审判决,驳回徐农公司的诉讼请求,一、二审案件受理费由徐农公司承担。其主要上诉理由是,天隆公司在一审中要求鉴定被控侵权产品是否与9优418为同一品种,目的是如果两者为同一品种,则其亲本来源就与徐9201A无任何关系,不构成侵权;一审认定母本徐9201A的作用大于父本C418,缺乏依据。

徐农公司二审答辩称,天隆公司的上诉请求与理由没有事实和法律依据。

该案二审争议焦点为:1.天隆公司是否侵犯徐农公司享有的徐9201A植物新品种独占实施许可权;2.如构成侵权,一审判决200万元赔偿额是否适当。

二审中,徐农公司未提供证据。天隆公司提供以下主要证据:

证据1:农业部合肥测试中心网站信息、水稻品种DNA指纹数据库中9优418信息、水稻亲本DNA指纹及性状数据库中9201A和C418信息,用以证明目前已具备对9优418进行鉴定的条件。

证据2:2010年、2011年水稻品种区域试验品种表,用以证明一审认为参试单位无法落实的说法不正确。

证据3:农业部合肥测试中心于2013年3月20日出具的《检验报告》,用以证明天隆公司自行委托该鉴定机构对徐农公司和天隆公司分别生产的9优418进行了检验,检验报告结论是徐农公司和天隆公司生产的9优418为相同品种。

证据4:《杂交水稻》杂志2004年第19期刊登徐州农科所孙克新、刘超《高产杂交粳稻9优418亲本特征特性及配套制种技术》一文,该文表述:"9优418(徐9201A/C418)"。

证据5:《杂交水稻》杂志2007年第22期刊登徐州农科所丁伟成、刘超、王健康等人署名文章《杂交粳稻9优418高产栽培技术》,该文表述:"9优418(9201A/C418)"。

证据4、5用以证明徐9201A与9201A是相同品种,徐农公司指控天隆公司侵权不能成立。

证据6:天隆公司提交C418第一培育人杨振玉的书面证词《关于9优418的相关情况说明》,该证词称:9优418系北方杂粳中心配组成功,在进行品种审报时,考虑到该组合的母本是徐州农科所培育,因此北方杂粳中心为第一育成单位,徐州农科所为第二育成单位。鉴于当时知识产权保护意识不强,在品种权和市场开发等方面没有具体约定。在粳稻杂交稻育种中培育一个优良恢复系的难度远大于一般的不育系。自1997年恢复系C418育成及配组应用以来,以它为父本配组审定的组合十几个,应用区域包括辽宁、华北、黄淮,涵盖稻区面积近3000万亩,目前仍没有新的粳型骨干恢复系可以完全取代之。作为9优418培育人,希望能充分发挥这个优良组合的增产增收作用,造福农民。

证据7:天隆公司提交C418第三培育人华泽田在本院所作的谈话笔录,其称:9优418品种审定后,徐州农科所即进行推广,而当时北方杂粳中心在辽宁推广不方便,故找到天隆公司。C418是恢复系,能应用的程度肯定是基因已经纯合,就不会再变了,子代与亲代一样,才可代代相传,与高世代C418无区别。

对于天隆公司提供的上述证据,徐农公司认为农业部合肥测试中心是以转基因为研究对象,未获得种子行政机构授权,其指纹数据库不具有权威性和授权性,且其从未向徐州农科所征集过9优418和徐9201A不育系种子,其测试的种子来源不明;天隆公司自行送检的9优418检验报告,没有证明力;徐农公司还提供了徐州农科所于2012年4月10日出具的一份"情况说明",称:《高产杂交粳稻9优418亲本特征特性及配套制种技术》一文纯属该所工作人员孙克新的个人行为,其本人对徐9201A与9201A的姐妹系关系及选育过程、性状表现等均不知情,而刘超副所长对文章起草、修改、审稿、投稿并不知情;徐农公司对于杨振玉的书面情况说明和华泽田的谈话笔录等均表示异议,认为在20世纪90年代全国育种大协作、相互无偿提供育种材料进行穿梭育种的背景下,辽宁稻作所向徐州农科所提供了性状尚未稳定的C418高世代材料,徐州农科所从中选育出稳定的材料,并以徐9201A的姐妹系9201A与其配组选育出9优418。徐州农科所报送审定9优418时,辽宁稻作所以部分工作人员晋升职称需要,要求以两家单位名义共同报请审定,故徐州农科所将辽宁稻作所列为第一育成人。

对于上述证据的真实性本院予以确认,而对于关联性及证明力,本院将在裁判理由部分予以综合认定。

对于一审两案查明的事实,徐农公司、天隆公司除与其各自上诉请求相关事实外,其他未提出异议,本院二审予以确认。

本院二审另查明:

1. 9优418水稻品种系由徐州农科所向全国农作物品种审定委员会提出审定申请。该品种于2000年通过审定后,辽宁稻作所与徐州农科所对该品种的后续商业化开发未作约定。

徐州农科所在该品种通过审定后即组织进行商业化推广,徐州明天种业科技有限公司(徐农公司的前身)在2003年即获得了9优418水稻品种的生产许可证;因9优418水稻品种不适于在北方推广,辽宁稻作所在2007年取得C418植物新品种权后,将C418品种权独占许可给天隆公司实施,自此天隆公司开始介入9优418品种的生产和销售。

2. 一审中,天隆公司提交C418品种权申请请求书。本院摘要其说明书内容如下:C418是北方杂粳中心国际首创"籼粳架桥"制恢技术,和利用籼粳中间材料构建籼粳有利基因集团培育出形态倾籼且有特异亲和力的粳型恢复系。C418具有较好的特异亲和性，这是通过"籼粳架桥"方法培育出来的恢复系所具有的一种性能，体现在杂种一代更好的协调籼粳两大基因组生态差异和遗传差异，因而较好地解决了通常籼粳杂种存在的结实率偏低，籽粒充实度差，对温度敏感、早衰等障碍。C418具有籼粳综合优良性状，所配制的杂交组合一般都表现较高的结实率和一定的耐寒性。1996~1997年在辽宁东港、营口的屉优418示范田在遇到低温冷害的情况下，结实率均稳定在90%~95%。中国农业大学分子研究结果，C418 TDJ值为13/41，证明其籼型遗传成分约占1/3，粳型遗传成分占2/3，C418在生产应用上所具有高配合力，能够配制出强势组合，如屉优418、泗优418、培矮64S/418是因其具有籼粳有利基因位点互作及遗传成份搭配适度的遗传成份，C418对籼稻表现为弱亲和。它虽不具备像02428的广亲和性，却能在籼粳杂种F1代中克服通常籼粳杂种存在的遗传障碍，表现稳定的结实率和良好的籽粒充实度，从而体现了它的特异亲和性。C418与屉锦A、秀A、培矮64S、泗稻8号A、028S、N422S、34-1A、9A、3A等多个不育系配组均表现高的配合力和较强的杂种优势，比对增产幅度达12.3%~31.8%。

3. 2008年5月30日，徐农公司和徐州农科所共同致函天津市种子管理站，称："我所自主选育的中粳不育系徐9201A于1996年通过，在审定之前命名为'9201A'，简称'9A'，审定时命名为'徐9201A'。以徐9201A为母本先后选配出9优138、9优418、9优24等三系杂交粳稻组合，其中9优418是我所与北方杂交粳稻工作技术中心联合选育的杂交粳稻组合……在2000年填报全国农作物品种审定申请书时关于亲本的内容仍延用1995年配组时的品种来源9201A×C418。徐9201A于2003年7月申请农业部新品种权保护，在品种权申请请求书的品种说明中已注明徐9201A配组育成了9优138、9优418、9优24、9优686、9优88等杂交组合，有关其转育亲本名称也与报请江苏省品种审定时填写一致，即为'黎明A/9201'。9201的亲本来源为'南粳32×南粳11'。综合以上情况，徐9201A与9201A是同一个中粳稻不育系……天隆公司侵权使用9201A就是侵权使用徐9201A，请贵站予以查处。"

4. 在二审期间，徐州农科所水稻室主任王健康（徐9201A植物新品种培育人之一）受徐州农科所指派参与本院组织的调解，其称："徐9201A与9201A在性状上有差异，在配种后代上也有差异"，"现在已无法鉴定，因为已经没有9201A的鉴定样本。同时，9201A目前已经停止使用且已被徐州农科所封存不再外流，故现在生产9优418只能使用徐9201A"。

5. 徐农公司系徐州农科所全资设立的国有种子公司，是徐州农科所实施农作物育种科技成果转化的重要平台。

本院认为:

综合分析两上诉案件查明的事实,徐农公司、天隆公司在生产9优418水稻品种时相互指控对方侵权,缺乏事实与法律依据。主要理由如下:

第一,9优418品种系辽宁稻作所与徐州农科所合作选育,双方具有合作的历史渊源。经查,9优418品种选育始于20世纪90年代的国内穿梭合作育种,本案合作双方系相互无偿提供品种供对方使用、培育和繁殖,即辽宁稻作所与徐州农科所分别提供父本C418和母本9201A合作培育成功9优418水稻品种,并由徐州农科所向全国农作物品种审定委员会提出品种审定申请。在合作之初以及品种通过审定后,双方的后续权利及之后获得授权的亲本植物新品种权如何行使,合作双方并没有特别约定。事实上,自2000年该品种通过审定开始,徐州农科所即开始通过各种方式组织种植推广9优418品种,而辽宁稻作所亦在2007年获得C418植物新品种授权后,独家授权许可天隆公司使用C418生产9优418品种,直至在本案双方当事人发生争议且相互提起诉讼后,9优418品种亦从未停止过种植生产。正是基于本案特殊的历史背景,在合作双方没有特别约定的情况下,本院认为,应当视为合作双方均有权利使用对方亲本生产9优418品种,即辽宁稻作所应当允许徐农公司使用父本C418,反之徐农公司也应当允许天隆公司使用并提供母本9201A。

第二,合作双方均面临着限制对方也被对方限制的法律障碍。经查,双方均认可9优418品种本身并无植物新品种权,该品种已进入公有领域,但之后辽宁稻作所与徐州农科所又分别通过各自的行为使得9优418品种间接获得法律保护。

具体而言,一方面,辽宁稻作所于2003年申请了父本C418的植物新品种权,即生产9优418使用父本C418需获得品种权人辽宁稻作所的授权许可;另一方面,徐州农科所亦于2003年申请了母本徐9201A的植物新品种权。本院二审查明,徐农公司在诉讼中认可,其目前已将未获品种权保护的母本9201A全部封存,这意味着只要天隆公司生产9优418就只能使用母本徐9201A。目前徐农公司和天隆公司生产9优418使用的配组完全相同,都是使用父本C418和母本徐9201A。

尽管天隆公司在诉讼中一直主张其使用的母本是9201A,并认为徐9201A就是9201A。对此,本院认为,一审法院已通过司法鉴定认定天隆公司使用的母本是徐9201A,且天隆公司系以科研配组的名义直接从徐农公司获得了徐9201A,故天隆公司的抗辩本院不予采纳。而徐农公司亦主张其使用的父本C418与辽宁稻作所获得授权的C418不是同一品种,本院亦认为,徐农公司并没有提供任何证据对其主张加以证明,且被控侵权物包装上注明的品种名是“9优418(C418/9201A)”,故一审据此直接推定徐农公司使用的父本就是受到保护的C418并无不当。既然双方当事人均使用对方获得保护的亲本材料用于生产9优418,且双方生产的9优418均标注审定品种名为“9优418(C418/9201A)”,故双方当事人在二审中再行提出相关司法鉴定的申请,既无实际意义也无必要。因为二审中徐农公司申请鉴定其使用的C418与获得授权的C418品种不相同,而根据现有证据已经可以作出判断;天隆公司申请鉴定徐9201A与9201A是相同品种,涉及授权条件问题,本院在本案中无意对此作出进一步判断,且本院同时亦认为这并非双方各自利益最大化的理性选择。

本院认为,在通常情况下,植物新品种权作为一种重要的知识产权应当受到尊重和保护。《植物新品种保护条例》第六条明确规定:“完成育种的单位或者个人对其授权品种,享有排他的独占权。任何单位或者个人未经品种权所有人许可,不得为商业目的生产或者销售该授权品种的繁殖材料,不得为商业目的将该授权品种的繁殖材料重复使用于生产另一品种的繁殖材料”,但需要指出的是,该规定并不适用于本案情形。因为9优418的合作培育源于20世纪90年代国内杂交水稻科研大合作,本身系无偿配组。9优418品种性状优良,在江苏、安徽、河南等地广泛种植,受到广大种植农户的普遍欢迎,已成为中粳杂交水稻的当家品种,而双方当事人相互指控对方侵权,本身也足以表明9优418品种具有较高的经济价值和市场前景,涉及辽宁稻作所与徐州农科所合作双方以及本案双方当事人的重大经济利益。在二审期间,本院做了大量调解工作,希望双方当事人能够相互授权许可,使9优418这一优良品种能够继续获得生产,双方当事人也均同意就涉案品种权相互授权许可,但仅因一审判令天隆公司赔偿徐农公司200万元,徐农公司赔偿天隆公司50万元,就其中的150万元赔偿差额双方当事人不能达成妥协,故调解不成。本院认为,天隆公司与徐农公司不能达成妥协,致使9优418品种不能继续生产,不能认为仅关涉双方的利益,实际上已经损害了国家粮食安全战略的实施,有损公共利益,且不符合当初辽宁稻作所与徐州农科所合作育种的根本目的,也不符合促进植物新品种转化实施的根本要求。从表面上看,双方当事人的行为系维护各自的知识产权,但实际结果是损害知识产权的运用和科技成果的转化。鉴于该两案已关涉国家粮食生产安全等公共利益,影响9优418这一优良品种的推广,双方当事人在行使涉案植物新品种独占实施许可权时均应当受到限制,即在生产9优418水稻品种时,均应当允许对方使用己方的亲本繁殖材料,这一结果显然有利于辽宁稻作所与徐州农科所合作双方及本案双方当事人的共同利益,也有利于广大种植农户的利益,故一审判令该两案双方当事人相互停止侵权并赔偿对方损失不当,应予纠正。

第三,在9优418配组生产中,父本与母本至少具有相同的地位和价值。一审认为,杂交水稻新品种选育工作中最重要、最困难的是不育系的选育,需要克服育种材料种质资源来源少,不育基因导入难、性状不易稳定、杂交亲和力差等诸多困难,不育系的育成一般要付出更多的时间和物力。一审法院正是基于这一认识,并根据母本与父本在实际生产中使用数量的差异,认定涉案9优418品种销售所产生的利润,按6:4的比例由母本徐9201A与父本C418分享。

天隆公司在诉讼中主张,三系杂交粳稻之所以发展缓慢,是由于粳稻中缺乏恢复基因,不能进行三系配套。C418的选育首先要把籼稻中的恢复基因转到粳稻中,又要解决籼稻和粳稻杂交不亲和的问题,是世界性育种难题。正是C418的选育成功解决了三系杂交粳稻配套的重大问题。C418具有特异亲和性、抗病性、米质较好等性状,杂种一代更好地协调籼粳两大基因组生态差异和遗传差异,较好地解决了通常籼粳杂种存在的结实率偏低,籽料充实度差,对温度敏感、早衰等障碍。且C418的配合力好,不仅配组出9优418(9201A/C418),还配组出屉优418(棉A/C418),秀优418(秀A/C418)、3优18(3A/C418)、泗优418(泗稻8号A/C418)、辽优5218、辽优1518等组合,均通过国家或省级审定。也正是因为C418等粳型恢复系的选育成功,才促进了粳型杂交水稻的快速发展。天隆公司主张9优418的培育成功,其父本C418的作用明显大于母本9201A,而一审法院以籼稻培育理论适用于杂交粳稻领域,认定在9优418的培育过程中母本作用大于父本作用不符合客观事实。

本院认为,9优418是三系杂交组合。在品种审定时,其母本是徐州农科所育成的早中熟中粳不育系9201A,父本是辽宁稻作所育成的C418。根据本院查明的事实以及相关资料显示,9201A性状优良,米质好、配合力高、适应力强、灌浆速度快,是目前大面积应用为数不多的优良不育系;而C418具有特异亲和性,抗病性强、配合力高、穗大粒多,结实性好。C418含有1/3籼稻遗传成分,杂种F1,籼粳遗传成分搭配适度,实现了籼粳有利基因集团与本地优势生态群相结合,使杂种优势达到新水平。9优418综合双亲优良性状,杂种优势显著,在江苏、安徽、河南种植面积逐年扩大,受到广泛好评。试验表明,9优418竞争优势强,产量显著高于常规中粳和原有杂粳组合。这说明,对于9优418而言,虽然母本不育系的作用重要,而C418的选育成功因解决了三系杂交粳稻配套的重大问题,故在9优418配组中父本与母本至少具有相同的地位及作用。因此,一审认定涉案9优418品种销售所产生的利润按6:4的比例在母本徐9201A与父本C418之间进行分配,缺乏科学依据,应予纠正。

综合以上三个方面的分析,本院认为,基于辽宁稻作所与徐州农科所就9优418品种的合作渊源及合作目的,以及双方各自生产9优418面临的法律障碍,又鉴于父本与母本在配组生产9优418过程中地位及作用至少基本相当,本院判令合作双方及本案双方当事人均有权使用对方获得授权的亲本繁殖材料,而且应当相互免除许可使用费,但仅限于生产和销售9优418这一水稻品种,不得用于其他商业目的。

当然,本院亦注意到,徐农公司二审中主张为推广9优418品种,其付出了许多商业努力并进行种植技术攻关,而目前9优418在江苏、安徽、河南等地为农户广泛接受并种植,正是徐州农科所和徐农公司多年不懈努力的结果,天隆公司对此亦予以认可。由于天隆公司是在9优418品种已获得市场广泛认可的情况下进入该生产领域,其明显减少了推广该品种的市场成本,故天隆公司给予徐农公司一定的经济补偿具有公平合理性。

综上,本院认为,无论是工业产权还是植物新品种权,知识产权的价值在于运用。司法保护知识产权的目的,是为了通过保护权利,推动知识产权的转化实施,实现知识产权的市场价值。正是基于以上认识,本院认定辽宁稻作所与徐州农科所合作双方及获得独占实施许可权的双方当事人在生产9优418水稻品种时,互相不构成侵权,不仅符合双方的共同利益,更符合公共利益,亦体现了公平原则和鼓励植物新品种转化实施的基本司法价值导向。但同时本院亦需要指出,双方当事人各自生产9优418,事实上存在一定的市场竞争和利益冲突,故本院告诫双方当事人应当遵守我国反不正当竞争法的相关规定,诚实经营,有序竞争,确保质量,尤其应当清晰标注各自的商业标识,防止发生新的争议和纠纷,共同维护好9优418品种的良好声誉。依照《中华人民共和国合同法》第五条,《中华人民共和国植物新品种保护条例》第二条、第六条、第三十九条,《最高人民法院关于审理侵犯植物新品种权纠纷案件具体应用法律问题的若干规定》第一条、第二条、第六条,《中华人民共和国民事诉讼法》第一百七十条第一款第(二)项之规定,判决如下:

一、撤销江苏省南京市中级人民法院(2009)宁民三初字第63号、(2010)宁知民初字第069号民事判决。

二、天津天隆种业科技有限公司于本判决生效之日起十五日内补偿江苏徐农种业科技有限公司50万元整。

三、驳回天津天隆种业科技有限公司、江苏徐农种业科技有限公司的其他诉讼请求。

天隆公司起诉徐农公司侵犯植物新品种权纠纷一案,一审案件[(2009)宁民三初字第63号]受理费15294元由天隆公司负担;二审案件[(2011)苏知民终字第0194号]受理费8800元天隆公司负担。

徐农公司起诉天隆公司侵犯植物新品种权纠纷一案,一审案件[(2010)宁知民初字第069号]受理费22800元,鉴定费6000元,合计28800元,由徐农公司负担;二审案件[(2012)苏知民终字第0055号]受理费22800元由徐农公司负担。

本判决为终审判决。

审　判　长　宋　健
审　判　员　顾　韬
代理审判员　袁　滔
二〇一三年十二月二十九日
书　记　员　张晓阳

指导案例87号《郭明升、郭明锋、孙淑标假冒注册商标案》的理解与参照

——网络销售假冒注册商标产品非法经营数额的认定

2017年3月6日,最高人民法院首次以专题形式发布了第16批指导性案例(知识产权专题),包括第78号至第87号共10件指导性案例,总结了知识产权审判实践中普遍的疑难复杂法律适用问题,有利于进一步明确裁判规则,统一司法尺度。其中,第87号为《郭明升、郭明锋、孙淑标假冒注册商标案》。为了正确理解和准确参照适用该指导案例,现对该指导案例的选编过程、裁判要点、参照适用等有关情况予以解释和说明。

一、选编过程及指导意义

本案由江苏省宿迁市中级人民法院民三庭(知识产权审判庭)作出一审判决,宣判后被告人均未提起上诉。该案例曾被评为2015年度江苏省法院知识产权司法保护十大案例。经江苏省高级人民法院推荐,该案例被最高人民法院评为全国法院2015年度知识产权司法保护50件典型案例。经最高人民法院民三庭审判长联席会议讨论,推荐为备选指导性案例。2016年10月28日,最高人民法院案例指导办公室收到民三庭推荐的该案例后,对其进行初审、修改。2017年1月10日,最高人民法院研究室室务会经讨论,同意推荐该案例,并提出了修改意见。2月22日,最高人民法院刑专会第287次会议原则通过该案例。3月6日,最高人民法院以法〔2017〕53号文件将该案例列在第16批指导案例予以发布。

该案涉及《最高人民法院、最高人民检察院关于办理侵犯知识产权刑事案件具体应用法律若干问题的解释》(法释〔2004〕19号,以下简称"两高关于侵犯知识产权司法解释")第十二条关于"非法经营数额"的具体认定问题。该司法解释明确了一般情况下侵犯知识产权犯罪刑事案件中"非法经营数额"的认定原则。随着电子商务的发展,知识产权犯罪也不断从线下向线上发展,利用网络实施知识产权犯罪行为逐渐增多。由于网络经营中存在刷信誉的现象,对被告人辩解其网络销售记

录中存在部分刷信誉的情形下非法经营数额的认定,实践中存在争议和困难。该指导案例旨在明确假冒注册商标犯罪中,对于非法经营数额、违法所得数额,应当综合被告人供述、证人证言、被害人陈述、网络销售电子数据、被告人银行账户往来记录、送货单、快递公司电脑系统记录、被告人等所作记账等证据认定。被告人辩解称网络销售记录存在刷信誉的不真实交易,但无证据证实的,对其辩解不予采纳。该案例对于此类案件证据如何认定,明确网络销售记录中是否存在刷信誉的事实的举证责任在被告人,从而打消犯罪分子企图通过辩解称网络销售记录存在刷信誉的情况以否认非法经营数额和非法所得的目的,具有积极的意义。

二、关于本案例的相关情况

本案的基本案情是:被告人郭明升等三人在未经三星(中国)投资有限公司授权许可的情况下,从他人处批发假冒三星手机裸机及配件进行组装,利用其在淘宝网上开设的"三星数码专柜"网店进行"正品行货"宣传,并以明显低于市场价格公开对外销售,至2014年6月共计销售假冒的三星手机20000余部,销售金额2000余万元,非法获利200余万元。被告人郭明升等三人对假冒注册商标的犯罪事实予以认可,但对非法经营额、非法获利提出异议,辩解称其淘宝网店存在刷信誉的行为,真实交易量只有10000多部。

本案值得关注的问题在于:在网络交易的情况下,确实存在为提高网店销售记录而委托他人进行虚假交易的刷信誉行为(也称刷单)。本案审理中争议焦点也在于:在被告提出其网店网络销售记录存在刷信誉的行为,对其非法经营额提出异议的情况下,应当如何认定被告人的非法经营数额,这是司法实践中争议较大的一个问题。

关于侵犯知识产权犯罪中非法经营数额,两高关于侵犯知识产权司法解释第十二条规定,本解释所称"非法经营数额"是指行为人在实施侵犯知识产权行为过程中,制造、储存、运输、销售侵权产品的价值。已销售的侵权产品的价值,按照实际销售的价格计算。制造、储存、运输和未销售的侵权产品的价值,按照标价或者已经查清的侵权产品的实际销售平均价格计算。侵权产品没有标价或者无法查清其实际销售价格的,按照被侵权产品的市场中间价格计算。按此解释,侵犯知识产权犯罪中侵权产品已经销售的,非法经营数额按实际销售价格计算。

关于本案被告人非法经营数额的认定,审理中有两种观点。一种观点认为,在刑事诉讼中,根据无罪推定原则,举证责任由控诉方承担,即对于被告人有罪的举证责任,由提出这一事实主张的控诉方来承担,这是刑事诉讼中举证责任分配的一般原则。具体到本案,公诉机关指控被告人非法经营数额2000多万元,应当由公诉机关举证证明。依两高关于侵犯知识产权司法解释的规定,非法经营数额应当是指实际销售的侵权产品的价格,网络销售记录中刷信誉的部分并不是实际交易,不应当认定为非法经营数额,公诉机关不能证明网络记录全部为真实交易的,根据无罪推定原则,被告人辩解刷信誉部分应当从非法经营数额中予以剔除。

另一种观点认为:在刑事诉讼中,由控诉方承担举证责任,被告人不承担举证责任是一般原则,但在特殊案件中或者特别情况下,原本由控方承担的举证责任就要转移给辩方承担,即在举证责任的分配时,就产生了举证责任转移的例外。如控方指控被告人犯有故意杀人罪,被告人承认了杀人事实,但提出其属于正当防卫的辩护理由,在这种情况下,被告人对其正当防卫的主张就需承担举证责任。此外,在我国刑事诉讼中,对部分犯罪,法律直接规定被告人承担相应举证责任,即实行举证责任的倒置,如巨额财产来源不明罪(《刑法》第三百九十五条第一款的规定)的被告人就需要对其明显超过合法收入的财产部分承担举证责任,如果其不能就此举证证明则要承担败诉的后果。本案合议庭最终采纳了此种情形下应当实行举证责任转移的观点,将被告人网络销售记录存在刷信誉事实的举证责任确定由被告人承担。江西省南昌市东湖区人民法院审理的郭某宏、郭某惠、刘某圆假冒注册商标罪(2015)东刑初字第607号案中也作出了同样的认定。

该案判决明确了网络销售中刷信誉的证明责任分配问题,解决了电子商务交易中被告人提出网络交易电子数据存在刷信誉时非法经营数额的认定问题,有利于打消犯罪分子通过辩解网络销售记录存在刷信誉的情况以否认非法经营数额的目的,有利于准确、有效地打击知识产权犯罪。

三、裁判要点的理解与说明

该指导案例的裁判要点确认:假冒注册商标犯罪的非法经营数额、违法所得数额,应当综合被告人供述、证人证言、被害人陈述、网络销售电子数据、被告人银行账户往来记录、送货单、快递公司电脑系统记录、被告人等所作记账等证据认定。被告人辩解称网络销售记录存在刷信誉的不真实交易,但无证据证实的,对其辩解不予采纳。现围绕与该裁判要点相关的问题逐一解释和说明如下:

(一)关于刑事诉讼中举证责任的转移问题

本案涉及刑事诉讼中举证责任的转移问题,在此就刑事诉讼举证责任的转移作几点论述。

1. 刑事诉讼中举证责任转移的含义。所谓举证责任的转移,是指在特殊案件中或者特别情况下,原本有控方承担的举证责任转移给辩方承担。[①] 在刑事诉讼中,

---

① 参见南英、何家弘主编:《刑事证据制度改革研究》,法律出版社2003年版,第274页。

根据无罪推定原则,举证责任由控诉方承担。但由于案件情况的纷繁复杂,案件的事实和情节的千变万化,如果所有案件都按照此项原则来分配举证责任,就可能会导致在诉讼中的不公正,不利于查明案件的真实情况,有悖诉讼的价值。所以在特殊案件中或者特别情况下,原本由控方承担的举证责任就要转移给辩方承担,即在举证责任的分配时,就产生了举证责任转移的例外情形。广义上的举证责任转移包括两种类型,即狭义上的举证责任的转移和举证责任的倒置。狭义上的举证责任的转移是指当控方基于其主张的某项事实所提供的证据具有表面上的证明效力,即可认定该事实成立,这时被告方若要推翻该事实,就必须提供相反的证据,举证责任在这时发生转移,因此此种转移又被称为举证责任的自然转移。如前所述被告人对正当防卫负的举证责任即属自然转移。举证责任的倒置又可称为举证责任的法定转移,是法律根据当事人举证的难易以及是否有利于实体法的立法宗旨,将原本属于一方当事人的举证责任,规定由对方当事人承担。如前所述巨额财产来源不明罪的举证责任即属于法定转移。

2. 举证责任转移与无罪推定的关系。关于无罪推定原则最早最经典的表述,当属意大利著名刑法学家贝卡利亚在其名著《论犯罪与刑罚》所指出的:"在法官判决之前,一个人是不能被称为罪犯的。只要还不能断定他已经侵犯了给予他公共保护的契约,社会就不能取消对他的公共保护。"①无罪推定原则直接明确了被告人在刑事诉讼中的诉讼主体地位,其功能主要是明确刑事诉讼中举证责任的分配,即公诉方承担举证责任,被告人不负担举证责任。在公诉方举出的证据未能达到法定证明标准的情况下,法院应该宣布被告人无罪。无罪推定的目标是要保护被告人的合法权利,保障司法的公正,从而把"无罪者被错判有罪"的可能性限制到最低的水平,这就是无罪推定原则的价值取向。但刑事诉讼中的举证责任也不是完全绝对的都由控方承担,有关案件中具体事实或情节的举证责任,应当考虑诉讼活动中证明的需要和举证的便利,将某些事实的举证责任从控方转移到更为方便证明该事实成立与否的被告人方。因此,举证责任的转移实际上是"无罪推定原则"的例外,并不是对无罪推定的否定,而是基于刑事诉讼中司法证明的需要、各方举证的便利、诉讼效率、反映一定价值取向的社会政策性考虑等在特殊情况下对举证责任的非常规性配置。

对被告人承担的举证责任,有学者认为是一种举证责任的转移,如何家弘老师认为,在刑事诉讼中,对于被告人承担的举证责任是一种转移。其常见的转移的情况有四类:关于被告人责任能力的事实主张:关于被告人行为合法性或正当性的事实主张;关于侦查人员或者执法人员的行为违法性的事实主张;关于被告人根本不

---

① 参见[意]贝卡利亚:《论犯罪与刑罚》,黄风译,中国大百科全书出版社1993年版,第40页。

可能实施指控犯罪行为的事实主张。[1] 也有学者认为被告方承担的举证责任不是转移,而是规则的例外,如汪建成教授。其实这两种认识并不矛盾,汪建成教授认为被告承担的举证责任是法律对“控诉方承担举证责任”一般规则的例外规定,其针对的是举证责任的法定转移,即举证责任倒置而言的,虽是规则的例外,但也属于广义上的举证责任的转移。

3. 刑事诉讼举证责任转移的历史及发展考察。在历史上,被告人的举证责任问题发生过诸多变迁。罗马法时代,由于民刑不分,民事诉讼中“谁主张,谁举证”这一总的举证责任原则同样适用刑事诉讼。在封建纠问式诉讼中,司法机关可以主动追究犯罪,原告和被告都负举证责任。随着诉讼现代化、民主化、科学化的发展,不论是大陆法系还是英美法系的立法、司法以及理论界在刑事诉讼举证责任上均奉行一项原则,即证明犯罪是否发生及被告有罪无罪、罪轻罪重的责任在控方,这是绝对的,而被告人不负证明自己无罪的责任是相对的、有条件的。不论在英美法系还是大陆法系法律都对被告人的举证责任作出了相应的规定。如在英国,法律规定在以下的场合中,被告人必须负一定的举证责任:根据1883年爆炸物品法,如果一个人夜晚被发现持有入室作案的工具,必须说明理由。德国对证明责任倒置也作出了明确的法律规定,如德国20世纪90年代颁布的《反有组织犯罪法》,在举证责任上,要求被告人就某些辩护主张举证,否则就被推定有罪。比如被告贩卖1000马克的海洛因被认定,又在其家中查出上万马克的现金或同其收入不相称的大量财富,就被推定也是犯罪所得,予以定罪没收,如想免除罪责,被告人必须举证说明其钱财来源是合法的。[2] 从现代刑事诉讼证明责任制度的国际化潮流看,不论是明确的规定,还是司法实践所形成的不成文的规则,特定情形下被告对特定事项负有举证责任已经为各国诉讼所遵循。

4. 关于举证责任转移的适用情形。综观不同学者及司法实践中的意见,刑事诉讼中包括但不限于下列情形,举证责任应当转移由被告方承担:(1)法律明确规定应由被告人承担证明责任的情形,此即举证责任的法定转移,即举证责任的倒置。比较典型的有巨额财产来源不明罪、非法持有型犯罪。(2)阻却违法性及有责性的事实。在构成犯罪的事实已被证明存在的情况,一般对被告人的违法性及有责性予以认定,被告人认为其行为具有不违法性的,必须提出反证。(3)被告方的某些积极抗辩主张。被告方提出积极抗辩主张的目的在于动摇法官内心逐渐形成的被告人有罪的心证,对此,被告人不能只是提出抗辩事由,还必须同时提供一定的证

---

① 参见何家弘:《刑事诉讼中的举证责任之我见》,载《政治与法律》2002年第1期。

② 参见周密:《德国刑事法律制度的新变化》,载《中国法学》1996年第3期。

据加以证明,如主张不在犯罪现场,主张具有“但书规定”的事实,应当由被告方承担举证责任。(4)被告方独知的事实。被告方所独知的事实,若与案件的查明有密切的关系,被告人没有正当理由,根据经验法则、证据距离以及举证难易的考虑,理应由被告方对此承担举证责任。(5)被告方主张的程序性事实。如证据的可采性、法官及陪审员是否应当回避等事实,已经超过诉讼时效的事实、不适于受审的事实等,由于举证难度不大,且程序性活动通常不会直接影响到被告方的实体性权益,其举证责任主要由被告人承担。(6)严格责任犯罪。此类犯罪法律不要求控方在审判中证明被告人有犯罪的故意和过失,只要证明了被告人实施了该犯罪行为并造成了损害后果,就完成了证明责任。被告方主张其没有主观罪过或不应承担刑事责任的,对此被告方应当承担举证责任。如果举证不能,被告人就要承担不利的诉讼后果。(7)刑讯逼供的案件。由于刑讯逼供案件的特殊性,应当由被指控有刑讯逼供行为的警察或执法人员承担证明自己没有刑讯逼供的举证责任。如果其不能证明自己没有刑讯逼供,就应认定其有刑讯逼供行为并让其承担相应的法律责任或后果。

(二)关于知识产权犯罪中非法经营数额的认定问题

关于知识产权犯罪中非法经营数额的认定问题,历来是此类案件审理的难点。两高关于侵犯知识产权司法解释第十二条对此作了一般性规定。该解释解决了传统交易中此类犯罪非法经营数额的认定问题。依该司法解释规定,侵犯知识产权犯罪中侵权产品已经销售的,非法经营数额按实际销售价格计算。对此情形下非法经营数额的计算,要从两个方面来把握:一是侵权产品有多个价格的,按实际的销售价格来计算;二是要按实际销售的侵权产品来计算,虚拟或虚假的交易不应当计入非法经营数额。那么,网络销售构成犯罪的情况下,被告人非法经营数额如何认定,举证责任如何分配,就成为问题的关键,对此:

第一,控方应当对被告非法经营数额承担举证责任。即此时仍需遵循刑事诉讼一般举证责任原则,由控方对被告人非法经营数额进行举证。具体而言,控方可以通过提供被告人供述、证人证言、被害人陈述、网络销售电子数据、被告人银行账户往来记录、送货单、快递公司电脑系统记录、被告人所作记账等证据,证明被告人非法经营数额。法院应当综合上述证据对被告人的非法经营数额进行认定。当控方提供的上述证据能够互相印证时,即可视为控方已经完成了举证责任,法院能够依上述证据对被告人的非法经营数额作出认定。

第二,被告方有权利提出对其有利的辩解意见,但需要举证证明。被告方辩解其网络交易存在刷信誉行为,从而部分否认非法经营数额的,此时举证责任则发生转移,即应当由被告方对网络销售记录存在刷信誉的事实承担举证责任,被告无证据证实其辩解的,对其辩解不予采纳。主要理由:

首先,符合便利举证、举证可能、诉讼效率的要求。依据电子商务的常识,刷信誉是网店卖家请人假扮顾客用虚假购物方式提高网店商品的销量及获取好评,从而提高网店排名吸引顾客,由于该行为既侵害了消费者的知情权,也对同类经营者构成不正当竞争,因而为电子交易平台所禁止。而为了完成刷信誉行为,刷信誉的整个流程,包括下单、支付货款、发货等在网上显示均与真实交易完全相同,因此刷信誉形成的电子数据与真实交易数据从网络上无法区分,刷信誉情况仅为被告人所掌握。侦查机关对此难以调查,客观上也不能提供相关证据,而相关证据由被告人掌握,由被告人提供相关证据较为容易,将此事实的举证责任分配给被告人承担,不仅有益于发现案件事实,而且有利于提高诉讼效率。在此情况下,如果依然强调控诉方负举证责任,审理案件的成本就会大大增加,而且会导致诉讼效率的低下。此时,从举证便利、举证可能、诉讼效率等考虑,理应由被告方对此承担举证责任。

其次,符合阻却其违法性及有责性的事实由被告人承担举证责任的情形。被告人辩解网络销售记录存在刷信誉行为,是在控方已经证明其非法经营数额的情况下,提出的其具有不违法事实的辩解,从理论上来说,该辩解所涉事实属于阻却其违法性及有责性的事实,在公诉机关举证证明其犯罪事实存在的情况下,一般对被告人违法性及有责性应当予以事实上推定,被告要证明阻却违法性事由的存在,就应当由被告人提供证据予以证明。

最后,符合刑事诉讼过程的本质要求。刑事诉讼的过程就是控辩双方对抗和互动的过程。在这个过程中,法官处于居中裁判的地位,其心证处于不断摇摆的过程,从起诉到完成证明的说服责任即达到排除合理怀疑标准或法官内心确信标准的庭审阶段,控方承担证明被告人有罪的举证责任。在这一阶段,控方的证明活动处于一种积极、主动的态势,此时被告人有权辩解和反驳,但无举证责任。而随着控方举证责任履行的不断强化和量的积累,即通过其举证使法官逐渐排除合理怀疑而确信控方的控诉主张成立时,控方阶段性的举证责任即完成。与此同时,被告人证明自己无罪或因罪轻的证明责任也就相应产生,此时被告人须提供有效的证据以支持自己的辩解和反驳。具体到网络销售中,在控方已经提供能够互相印证的相关证据,证明被告人非法经营数额的情况下,控方的举证责任即已经完成,被告方提出其销售记录存在刷信誉的,被告方应当提供相应证据证明其辩解能够成立。

四、参照适用时应注意的问题

在参照适用本案例时,有以下几点需要注意:

1. 关于被告方提供有关刷信誉的证据或证据线索后,控方对证据及线索的调查核实问题。由于刷信誉并不是真实销售数量,此部分不应当记入被告人的非法经营数额,故对能够查实的刷信誉部分,应当予以剔除。因此,被告方提供了有关网络销售记录中存在刷信誉的证据或证据线索后,控方应当对被告方的证据或线索进行调查核实。能够调查核实的,应当将核实的部分从非法经营数额中予以剔除,根据被告方证据或线索仍然无法查证的,应当视为被告方证据不充分,对其此辩解仍应不予采纳。

2. 关于网络销售记录与其他证据的关系。网络销售记录是认定被告人非法经营数额证据之一,但并不是唯一证据。当网络销售记录数据与被告人供述、证人证言、被害人陈述、被告人银行账户往来记录、送货单、快递公司电脑系统记录、被告人所作记账等其他证据不能相互印证时,且其他证据综合显示被告人的非法经营数额明显低于网络销售记录,被告人辩解其网络销售记录存在刷信誉的,应当视为被告人已经提供了相关证据证明其辩解主张,此时应当按利于被告人的原则,以其他证据能够认定的数额作为被告人的非法经营数额,而不宜简单以网络销售记录数据来认定被告人的非法经营数额。

3. 关于其他经济犯罪案件的参照适用问题。虽然本案例确立的是假冒注册商标罪中被告人非法经营数额的认定规则,但在其他经济犯罪案件中,仍然会存在通过网络销售侵权产品或赃物的现象,其中涉及到非法经营数额认定时,被告人仍然可能会提出刷信誉的辩解,对此,本案确立的非法经营数额认定规则也能够适用其他刑事案件中相同的问题。

(执笔人:江苏省宿迁市中级人民法院　程黎明
最高人民法院案例指导工作办公室　石磊)

指导案例 87 号　郭明升、郭明锋、孙淑标假冒注册商标案

最高人民法院案例指导工作办公室编选人:石磊

1. 案例推荐单位:最高人民法院民三庭
2. 案例编写人:江苏省宿迁市中级人民法院　程黎明
3. 案件裁判法院:江苏省宿迁市中级人民法院(一审)
4. 案件承办人:程黎明(一审)

相关规定

1.《中华人民共和国刑法》(2017 年 11 月 4 日修正)

第二百一十三条　未经注册商标所有人许可,在同一种商品上使用与其注册商标相同的商标,情节严重的,处三年以下有期徒刑或者拘役,并处或者单处罚金;情节特别严重的,处三年以上七年以下有期徒刑，并处罚金。

2.《最高人民法院、最高人民检察院关于办理侵犯知识产权刑事案件具体应用法律若干问题的解释》(2004年12月8日　法释〔2004〕19号)

第一条　未经注册商标所有人许可，在同一种商品上使用与其注册商标相同的商标，具有下列情形之一的，属于刑法第二百一十三条规定的"情节严重"，应当以假冒注册商标罪判处三年以下有期徒刑或者拘役，并处或者单处罚金：

(一)非法经营数额在五万元以上或者违法所得数额在三万元以上的；

(二)假冒两种以上注册商标，非法经营数额在三万元以上或者违法所得数额在二万元以上的；

(三)其他情节严重的情形。

具有下列情形之一的，属于刑法第二百一十三条规定的"情节特别严重"，应当以假冒注册商标罪判处三年以上七年以下有期徒刑，并处罚金：

(一)非法经营数额在二十五万元以上或者违法所得数额在十五万元以上的；

(二)假冒两种以上注册商标，非法经营数额在十五万元以上或者违法所得数额在十万元以上的；

(三)其他情节特别严重的情形。

第十二条　本解释所称"非法经营数额"，是指行为人在实施侵犯知识产权行为过程中，制造、储存、运输、销售侵权产品的价值。已销售的侵权产品的价值，按照实际销售的价格计算。制造、储存、运输和未销售的侵权产品的价值，按照标价或者已经查清的侵权产品的实际销售平均价格计算。侵权产品没有标价或者无法查清其实际销售价格的，按照被侵权产品的市场中间价格计算。

3.《最高人民法院、最高人民检察院关于办理侵犯知识产权刑事案件具体应用法律若干问题的解释(二)》(2007年4月5日　法释〔2007〕6号)

第三条　侵犯知识产权犯罪，符合刑法规定的缓刑条件的，依法适用缓刑。有下列情形之一的，一般不适用缓刑：

(一)因侵犯知识产权被刑事处罚或者行政处罚后，再次侵犯知识产权构成犯罪的；

(二)不具有悔罪表现的；

(三)拒不交出违法所得的；

(四)其他不宜适用缓刑的情形。

第四条　对于侵犯知识产权犯罪的，人民法院应当综合考虑犯罪的违法所得、非法经营数额、给权利人造成的损失、社会危害性等情节，依法判处罚金。罚金数额一般在违法所得的一倍以上五倍以下，或者按照非法经营数额的50%以上一倍以下确定。

江苏省宿迁市中级人民法院刑事判决书

(2015)宿中知刑初字第0004号

公诉机关:江苏省宿迁市人民检察院。

被告人:郭明升,男,1987年4月21日出生,汉族,小学文化。因涉嫌销售假冒注册商标的商品罪于2014年6月28日被泗洪县公安局刑事拘留,同年8月1日经泗洪县人民检察院批准逮捕,现羁押于泗洪县看守所。

辩护人:董永斌,江苏义科律师事务所律师。

辩护人:高维梁,江苏律典律师事务所律师。

被告人:孙淑标,男,1981年5月13日出生,汉族,小学文化。因涉嫌销售假冒注册商标的商品罪于2014年6月28日被泗洪县公安局刑事拘留,同年8月1日经泗洪县人民检察院批准逮捕,现羁押于泗洪县看守所。

辩护人:侯亚伟,江苏剑辉律师事务所律师。

被告人:郭明锋,男,1994年1月24日出生,汉族,初中文化。因涉嫌销售假冒注册商标的商品罪于2014年6月28日被泗洪县公安局刑事拘留,同年8月1日经泗洪县人民检察院批准逮捕,现羁押于泗洪县看守所。

辩护人:杨周军,江苏向天律师事务所律师。

江苏省宿迁市人民检察院于2015年4月9日以宿检诉刑诉(2015)13号起诉书指控被告人郭明升、郭明锋、孙淑标犯假冒注册商标罪,向本院提起公诉。本院依法组成合议庭,公开开庭审理了本案。江苏省宿迁市人民检察院指派代理检察员刘李鹏出庭支持公诉,被告人郭明升及其辩护人董永斌、高维梁,被告人郭明锋及其辩护人杨周军,被告人孙淑标及其辩护人侯亚伟到庭参加诉讼。本案现已审理终结。

江苏省宿迁市人民检察院指控:2013年11月底至2014年6月期间,被告人郭明升为谋取非法利益,伙同被告人孙淑标、郭明锋在未经三星(中国)投资有限公司授权许可的情况下,从张上昭、沈允谋等人手中批发假冒的三星I8552手机裸机及配件进行组装,利用其在淘宝网上开设的“三星数码专柜”网店进行“正品行货”宣传,并以明显低于市场价格公开对外销售,共计销售假冒的三星I8552手机20000

余部，销售金额2000余万元，非法获利200余万元。

公诉机关认为，被告人郭明升、郭明锋、孙淑标未经注册商标权利人许可，在同一种商品上使用与其注册商标相同的商标，情节特别严重，其行为违反了《中华人民共和国刑法》第二百一十三条的规定，应当以假冒注册商标罪追究其刑事责任。被告人郭明升、郭明锋、孙淑标共同故意实施犯罪，系共同犯罪，其中被告人郭明升在共同犯罪中起主要作用，系主犯，应当按其所参与、组织、指挥的全部犯罪处罚。被告人郭明锋、孙淑标在共同犯罪中起辅助作用，系从犯，应当从轻处罚。

被告人郭明升、孙淑标、郭明锋对其未经“SΛMSUNG”商标注册人授权许可，从深圳市华强北远望数码城、深圳福田区通天地手机市场批发假冒的三星I8552手机裸机及配件组装假冒的三星I8552手机，并通过淘宝网店进行销售的犯罪事实无异议，但辩解称其淘宝网店存在请人刷信誉的行为，真实交易量只有10000多部。辩护人辩称三被告人淘宝网店销售记录存在刷信誉行为，真实销售数量没有20000余部，假冒“三星”手机应当在10000部到20000部之间，有自首的情节，其犯罪行为得到三星公司的谅解，认罪悔罪态度积极，并且通过家属积极退赔违法所得，应当从轻、减轻处罚。

经审理查明：“SΛMSUNG”是三星电子株式会社在中国注册的商标，该商标有效期至2021年7月27日；三星（中国）投资有限公司是三星电子株式会社在中国投资设立，并经三星电子株式会社特别授权负责三星电子株式会社名下商标、专利、著作权等知识产权管理和法律事务的公司。2013年11月，被告人郭明升通过网络中介购买店主为“汪亮”、账号为play2011－1985的淘宝店铺，并改名为“三星数码专柜”，在未经三星（中国）投资公司授权许可的情况下，从深圳市华强北远望数码城、深圳福田区通天地手机市场张上昭、沈允谋等人手中批发假冒的三星I8552手机裸机及配件进行组装，并通过“三星数码专柜”在网上以“正品行货”进行宣传、销售。2013年年底，被告人郭明锋开始帮助郭明升负责该网店的客服工作及客服人员的管理。2014年3月，被告人孙淑标开始帮助郭明升经营该网店，负责假冒的三星I8552手机裸机及配件的进货、包装及联系快递公司发货。从2013年年底，被告人郭明升等还先后雇佣李进武、张颖、吴强、张奇灵等人从事客服销售工作，雇佣吴林鹏、郑伟国、郑华庚等负责假冒手机的包装、发货。至2014年6月，共计销售假冒三星I8552手机20000余部，非法经营额2000余万元，非法获利200余万元。在案件侦查期间，泗洪县公安局已经扣押三被告人非法所得634100元。

认定上述事实的主要证据如下：

（一）被告人的供述与辩解

1. 被告人郭明升的供述与辩解。被告人郭明升在公安机关共有五次供述，其中第二次供述从2013年12月开始其在自己经营的“三星数码专柜”淘宝店销售假冒三星I8552型号手机的。并雇佣了郭明锋、孙淑标分别负责客服和转账、核对支付宝账目,管理员工、进货和发货,还雇用了普通员工负责包装手机、客服、打印快递单等具体事务。每次进货都是其负责联系好,然后安排孙淑标和吴林鹏去拿货,大部分是现金支付,银行转账的比较少。每部手机进价大约480元,销售价600多元到800多元,每部净利润在70元左右,共卖了10000多部。第三次供述开始卖手机的时候有找专门刷淘宝销售记录的团队帮助刷记录,到了2014年1月之后,信誉度大增,基本上就没有刻意安排刷流量了,淘宝网销售记录大部分都是真实销售情况。

2. 被告人郭明锋的供述与辩解。被告人郭明锋在公安机关供述共有六次。其中,第二次供述2013年12月,郭明升给钱让其在网上买一个淘宝店铺,更换联系电话,绑定其在平安银行开的银行卡,在淘宝网上销售假冒三星手机。其主要负责客服,孙淑标负责拿货、发货。销售价格从900多元慢慢往下降,一天大约销售100多部。第四次供述其姐姐郭萍君负责管理支付宝所绑定的银行卡,仓库里面的账本也是郭萍君记的。这几个月来真实交易大约在20000部左右。机头从沈允谋、张上昭、“大目”等手里拿货,购买机头和配件都是通过网银直接转给对方。第五次供述其记过一个账本,是每个月郭萍君和郭明升在一起算账,由其将每个月利润的最后计算结果单独抄下来的,2014年1月到2014年5月利润加起来是2159688元。第六次供述2014年春节前后刷信誉的就很少了,每天真实交易量在100部以上,有时候搞活动也得卖到200部以上,估计几个月真实销售量大约20000部。

3. 被告人孙淑标的供述。被告人孙淑标在公安机关供述共有五次。其中第一次供述2013年年底就在郭明升手下干活,负责包装手机和进货,知道手机是组装的,主要是其到市场里去进货,有时打电话让送货的送到楼下。平均每天要包装七八十部手机发出去,进货价400多元;第四次供述多的一天发货100多部,少的一天也发货几十部。第五次供述郭明升带其熟悉市场后,需要货其就直接联系了。一共进了多少机头,公安机关查获的送货单据上都有,其记不清。收货单位没写名字的那部分是“张”送来的,写着“明生”的是“大目”送来的,写着“孙哥”的是“陆丰仔”送的货。

(二)证人证言

1. 证人张颖证言。主要内容为2015年2月其受雇于郭明锋卖三星8552型号手机。2月到5月,四个客服每天能卖300部,最近一个月生意不好,每天130部左右。按照郭明锋的安排,有人问真假,就说是真的。

2. 证人郑伟国证言。主要内容为:2014年5月受雇于郭明锋卖三星8552型号手机,负责包装手机。我们最多一天包装138部,一般100部左右。

3. 证人吴强证言。主要内容:2014年2月其在三星数码专柜上当客服卖三星8552型号手机,平时每天销售130~140部这样,搞活动等情况每天220部。没有刷信誉情况,都是真实交易。

4. 证人张奇灵证言。主要内容为:其主要负责打印快递单,偶尔兼职一下客服。孙淑标主要负责跑市场、寻找货源。

5. 证人郑华庚证言。主要内容为:2014年3月,孙淑标叫我来“三星数码专柜”工作,负责包装手机、收退货、试机,是假冒三星牌子的,多的时候每天能卖四五百部,正常每天二百多部。没有发现刷信誉的情况。

6. 证人李进武证言。主要内容为:其负责客服,只销售三星I8552型号手机,对买家都说是正品。手机是买来配件自己组装的。郭明锋偶尔也做客服,孙淑标做包装。网店一天平均销售都在100部以上,都是实际销售没有刷信誉的。

7. 证人吴林鹏证言。主要内容为:其负责打好包到顺丰快递公司投寄。旺季每天能寄200多部,淡季也有100多部。

8. 证人郭萍君证言。主要内容为:我弟弟郭明升卖手机,我帮他记账的,主要是记每天开支的情况,还有银行提现、转账、付款的一些情况,店是郭明升开的,郭明锋负责电脑方面的东西,孙淑标负责包装、打包、邮寄。

9. 泗洪县公安局及受泗洪县公安局委托全国各地公安机关调查的885部假冒手机买受人的证言。证实他们从淘宝网“三星数码专柜”网店购买三星I8552型号手机,价格多为800~1000元,均为真实交易。

(三)书证

1. 泗洪县公安局民警从宏图大厦1305室孙淑标的住宅搜查出来送货单260张。显示2013年12月31日至2014年6月26日,“三星数码专柜”接收机头24914部,总价1487万余元。

2. 银行交易流水。显示从2013年10月开始,支付宝向郭明锋平安银行账户(账号100141489×××××,卡号62305820000056×××××)大额付款至2014年6月16日达22694303元。从2013年10月开始,郭明锋上述平安银行账户对外大额付款明显增多,仅向手机机头提供者沈允谋、张上昭二人付款即达840万元以上。从2013年10月开始,顺丰快递多次向郭明升建设银行卡内打入销售手机的代收款40万元左右。

3. 广州盛祥知识产权服务有限公司出具的授权书、鉴定书、鉴定资质、公证书等。证明“SAMSUNG”是三星电子株式会社在中国注册的商标,该商标有效期至2021年7月27日;三星(中国)投资有限公司是三星电子株式会社在中国投资设立,并经三星电子株式会社特别授权负责三星电子株式会社名下商标、专利、著作权等知识产权管理和法律事务的公司;三星(中国)投资有限公司委托广州盛祥知识产权服务有限公司代表三星(中国)投资有限公司负责对侵犯其商标专用权及其他不法活动进行调查和收集证据、办理侵犯三星电子株式会社知识产权的证据保全公证事宜、依法对侵权人进行索赔、接受调解和解、代领侵权赔偿金及其他相关维权事宜。同时证明被告人郭明升等未经许可授权生产销售三星 I8552 手机。公安机关查获的 147 部手机市场参考价均为每部 1398 元,公安机关查获的 147 部手机均为假冒三星 I8552 型号手机。

4. 货代合同暨月结协议。证明郭明升与顺丰速运有限公司福星营业部签订货物运输合同。

5. 现场查获的打印好的快递单若干。

6. 现场扣押的笔记本。该笔记本第一页为郭明升所写,其余为郭明锋所抄写,笔记本记录显示从 2014 年 1 月到 5 月总利润 2159688 元。

7. 收据、缴款书。证实泗洪县公安局已经扣押三被告人违法所得 634100 元。

8. 三星(中国)投资有限公司出具的谅解书。证明三星(中国)投资有限公司对三名犯罪嫌疑人表示谅解,建议从轻处罚。

(四)物证照片

泗洪县公安局及受泗洪县公安局委托全国各地公安机关调查的 885 部假冒手机买受人提供的手机照片。

(五)电子数据

1. "三星数码专柜"淘宝交易记录。显示 2013 年 11 月 26 日至 2014 年 6 月 6 日期间,交易成功、买家已付、卖家已发共 23163 部手机,交易金额 21263452 元。

2. 韵达快递系统记录,接受号码 13430678335 客户物流 62 件次。

3. 中通快递系统记录,接受号码 13430678335 客户物流 2 件次。

4. 申通快递系统记录,接受号码 13430678335 客户物流 460 件次。

5. 顺丰快递系统记录,接受号码 13430678335 客户物流 23844 件次。

(六)搜查、辨认、检查笔录

1. 公安机关制作的搜查证、搜查笔录、扣押清单、发还清单。

2. 对案涉电脑硬盘进行检查取证的记录。

上述证据经庭审质证,均合法有效,能够作为认定本案事实的依据。

本院认为,被告人郭明升、孙淑标、郭明锋在未经"SAMSUNG"商标注册人授权许可的情况下,通过购进假冒"SAMSUNG"手机机头及配件,包装假冒"SAMSUNG"手机对外销售,属于在同一种商品上使用与"SAMSUNG"注册商标相同的商标,且非法经营数额达2000余万元,非法获利200余万元,属情节特别严重,其行为已构成假冒注册商标罪。公诉机关指控三被告人假冒注册商标罪的事实清楚,证据确实、充分,指控的罪名成立。

三被告人郭明升、孙淑标、郭明锋对假冒三星注册商标的犯罪事实予以供认,但对假冒三星I8552手机数量及非法经营额、非法获利数额提出异议,对此,本院认为公诉机关关于三被告人共计销售假冒的三星I8552手机20000余部,销售金额2000余万元,非法获利200余万元的指控能够成立。1.关于三被告人共计销售涉案手机20000余部、销售金额2000余万元的指控,虽然被告人供述与辩解之间不完全不一致,庭审中只认可假冒手机10000余部,淘宝交易记录中包含刷信誉的虚假交易部分,但被告人之前的供述能够与有关证人证言、书证、电子数据等证据相印证。被告人郭明升在公安机关供述2014年1月后基本就没有刻意安排刷信誉,被告人郭明锋在公安机关供述真实交易量20000部以上;李进武、张颖、吴强、张奇灵、吴林鹏、郑伟国、郑华庚等证人的证言表明,该淘宝网店每日销售数量较少的也在100多部以上,日销售量多的达200部以上,以日销售100部计算,从2013年11月至2014年6月销售量也达20000余部;公安机关查获的送货单显示2013年12月31日至2014年6月26日,"三星数码专柜"接收机头达24914部;支付宝向被告人郭明锋银行账户大额付款至2014年6月16日达22694303元,从2013年10月开始郭明锋银行账户对外大额付款明显增多,仅向提供手机机头的沈允谋、张上昭二人付款即达840万元以上,而手机机头进价仅为400多元;2013年11月26日至2014年6月6日期间"三星数码专柜"淘宝记录显示的交易成功的成交数量23163部手机,交易金额21263452元;快递公司电脑系统记录,仅顺丰快递系统记录显示接受三被告寄出的物流达23844件次。上述证据能够互相佐证,共同证明三被告人利用淘宝网店"三星数码专柜"销售假冒三星I8552手机20000余部,销售金额2000余万元的事实。2.公安机关现场扣押的笔记本与郭明锋的供述能够相互印证,证明三被告人违法所得200多万元。虽然郭明升、郭明锋辩解称其不是专业财会人员,没有做过精确统计,笔记本记录不能反映准确的经营及获利情况,但该笔记本为郭明升、郭明锋所记录,清楚记录了2014年1月到5月每个月的获利情况,记录显示2014年1月到5月总获利2159688元,这与被告人郭明锋在公安机关的供述一致。3.关于该网店存在刷信誉的问题,被告人郭明升的供述和辩解与孙淑标的供述和辩解及证人证言等证据之间互相矛盾。郭明升供述和辩解称该网店刷信誉是其或郭明锋在网上通过QQ联系雇人进行的,并由其负责寄发刷信誉的空包裹,其他人不知道有刷信誉的情况,在公安机关供述2014年1月后没有刻意安排刷信誉,而在庭审中又供述2014年3月后刷信誉就比较少。而孙淑标供述和辩解称其知道刷信誉的情况,也负责寄发刷信誉的空包裹,并且负责发货的工作人员都知道有刷信誉的情况,且该网店一直都有刷信誉的行为,这与郭明升的供述与辩解存在矛盾。而证人郑华庚、吴强、李进武证言中则陈述没有发现刷信誉的情况,这与孙淑标的供述存在矛盾。此外,被告人郭明升、郭明锋、孙淑标自己也无法识别淘宝网销售记录中哪些为刷信誉的虚假交易,哪些为真实交易,也提供不了帮助刷信誉者的具体的信息或线索。另外,各地公安机关调查的885部假冒手机买受人的证言及其提供的购买的假冒二星I8552手机照片,均反映没有刷信誉的交易,而公安机关调查的885部假冒手机买受人分布在全国各地,具有一定的抽样调查效力。综合被告人的供述和辩解、证人证言,三被告人关于他们网店存在刷信誉行为实际销售量只有10000余部的辩解不能成立。综上所述,公诉机关提供的证据之间能够互相印证,共同证明公诉机关关于三被告人共计销售假冒的三星I8552手机20000余部,销售金额2000余万元,非法获利200余万元的指控能够成立。

被告人郭明升、郭明锋、孙淑标共同实施假冒注册商标犯罪,系共同犯罪。在共同犯罪中,被告人郭明升起主要作用,是主犯,应当按照其所参与、组织、指挥的全部犯罪处罚;被告人孙淑标、郭明锋在共同犯罪中起辅助作用,是从犯,依法应予以从轻、减轻处罚。被告人郭明升、郭明锋、孙淑标并不是自动投案后如实供述自己的犯罪行为,不构成自首,辩护人关于三被告人构成自首的意见,不予采纳;关于被告人郭明升、孙淑标检举他人违法犯罪问题,其提供的检举线索经侦查机关核查,暂未能查实,故被告人郭明升、孙淑标立功不能成立。被告人郭明升、孙淑标、郭明锋虽然对非法经营额等犯罪数额有异议,但对假冒注册商标犯罪主要事实能够如实供述,且认罪态度较好,有悔罪表现,在侦查期间退出部分违法所得,可以从轻处罚。被告人孙淑标、郭明锋在本案中属从犯,犯罪情节较轻,能够认罪悔罪、没有再犯罪的危险,宣告缓刑对所居住社区没有重大不良影响,可以对其宣告缓刑。据此,依照《中华人民共和国刑法》第二百一十三条,第二十五条第一款,第二十六条第一款、第四款,第二十七条,第六十七条第一款、第三款,第七十二条第一款、第三款,第七十三条第二款、第三款,第六十四条和《最高人民法院、最高人民检察院关于办理侵犯知识产权刑事案件具体应用法律若干问题的解释》第一条第一款第(二)项,《最高人民法院、最高人民检察院关于办理侵犯知识产权刑事案件具体应用法律若干问题的解释(二)》第四条之规定,判决如下:

一、被告人郭明升犯假冒注册商标罪,判处有期徒刑五年,并处罚金人民币160万元。

(刑期从判决执行之日起计算。判决执行以前先行羁押的,羁押一日折抵刑期一日,即自二〇一四年六月二十八日起至二〇一九年六月二十七日止。罚金已缴纳30万元,剩余罚金于判决生效后一个月内缴纳。)

被告人孙淑标犯假冒注册商标罪,判处有期徒刑三年,缓刑五年,并处罚金人民币20万元。

(缓刑考验期限,从判决确定之日起计算。罚金已经缴纳。)

被告人郭明锋犯假冒注册商标罪,判处有期徒刑三年,缓刑四年,并处罚金人民币20万元。

(缓刑考验期限,从判决确定之日起计算。罚金已经缴纳。)

二、追缴被告人郭明升、郭明锋、孙淑标的全部违法所得,上缴国库;泗洪县公安局扣押的涉案假冒手机147部、手机电池500块、手机皮套500个、耳机600条、贴标500个、手机后盖130个予以销毁。

如不服本判决,可在接到判决书的第二日起十日内,通过本院或者直接向江苏省高级人民法院提出上诉。书面上诉的,应当提交上诉状正本一份,副本两份。

审 判 长 程黎明
代理审判员 朱 庚
代理审判员 白 金
二〇一五年九月八日
书 记 员 王桂禄

【参考案例】

辽宁省高级人民法院参考案例

沈阳市大东区鹏利花园AB区业主委员会诉沈阳凯莱物业管理有限公司不当得利纠纷案[①]

（辽宁省高级人民法院审判委员会讨论通过 2017年7月12日发布）

关键词 民事 不当得利 公共设施 经营收益 共有 无权擅自使用 返还责任

裁判要点

1. 住宅小区公共区域的经营收益权及收益作为《物权法》第七十条和《最高人民法院关于审理建筑物区分所有权纠纷案件具体应用法律若干问题的解释》第十四条规定的建筑物共有部分所有权的延伸内容和衍生利益，应属全体业主，物业服务公司无权擅自使用该项经营收益。

2. 未经住宅小区全体业主或者业主委员会同意，物业公司将擅自经营共有部分的收益用于物业服务支出，又不能证明支出包括擅自经营共有部分成本的合理支出或者补充专项维修资金的，物业公司应当承担经营所得收益的返还责任。

相关法条

《中华人民共和国物权法》第七十条

《物业管理条例》第五十五条

《最高人民法院关于审理建筑物区分所有权纠纷案件具体应用法律若干问题的解释》第十四条

---

① 此案例为辽宁省高级人民法院于2017年7月12日发布的第五批参考性案例辽高法〔2017〕53号中的参考案例20号。

基本案情

原告沈阳市大东区鹏利花园AB区业主委员会(以下简称业主委员会)诉称:沈阳凯莱物业管理有限公司(以下简称凯莱物业公司)系开发商安排的物业公司,在未经业主同意的情况下,擅自将广告费私自使用。在业主委员会多次催要无果的情况下,要求法院判令凯莱物业公司退还全部业主的广告费(以财务账为准),并赔偿业主的房产损失费45万元。

凯莱物业公司辩称:(1)业主委员会无起诉资格。由于该委员会所有成员及顾问,全部欠缴物业服务费,所以该委员会资格已终止。(2)凯莱物业公司一直亏损运营,公共区域广告费已用来补充业主物业费收入严重不足的部分。(3)业主委员会要求赔偿房产损失的请求与事实不符。综上,请求驳回原告诉讼请求。

法院经审理查明:凯莱物业公司系业主委员会所在小区AB区的前期物业服务公司,A区服务期间从2008年3月11日至2012年11月15日,B区从2004年7月至2012年11月15日。两份物业服务合同第四章第六条均有关于经营性补贴的约定:在合同期内,由于管理费标准是从市场及有利销售角度制定,其低于实际物业运行成本,故为保持园区良好运作,管理费收入与实际支出不足部分的缺口由大悦城房产开发公司支付。此部分补贴按月支付。2012年11月16日至今,A、B区住宅由中粮地产集团深圳物业管理有限公司沈阳分公司进行物业服务。2012年1月11日,沈阳市大东区房产局向业主委员会出具了备案通知书,业主委员会成立时间为2011年12月14日,任期5年。2013年10月28日,沈阳市大悦城房产开发有限公司出具了一份说明及补贴明细表,内容包括从2004年9月凯莱物业公司接管鹏利广场花园项目至2012年12月共补贴12475158.29元。从凯莱物业公司为鹏利花园AB区进行物业服务以来共收到设置在一楼大堂墙壁上的广告费266,100元。从2004年至2012年,每年凯莱物业公司的财务报表包括资产负债表、利润表、所有者权益变动表及现金流量表均由相关会计师事务所进行审计,并出具审计报告,证明凯莱物业公司每年均处于亏损状态。

裁判结果

辽宁省沈阳市大东区人民法院于2013年11月6日(2013)大东民二初字第2392号民事判决:驳回原告业主委员会的诉讼请求。宣判后,原告业主委员会提出上诉。辽宁省沈阳市中级人民法院于2014年1月22日作出(2014)沈中民二终字第37号民事判决:驳回上诉,维持原判。业主委员会向辽宁省高级人民法院申请再审,该院于2014年11月3日作出(2014)辽审一民申字第981号民事裁定:指令沈阳市中级人民法院再审本案。

辽宁省沈阳市中级人民法院于2015年1月26日作出(2014)沈中审民终再字

第136号民事判决:一、撤销该院(2014)沈中民二终字第37号民事判决和沈阳市大东区人民法院(2013)大东民二初字第2392号民事判决。二、沈阳凯莱物业管理有限公司于本判决发生法律效力后十五日内返还沈阳市大东区鹏利花园AB区业主委员会园区公共区域广告费收入266100元。三、驳回沈阳市大东区鹏利花园AB区业主委员会的其他诉讼请求。

裁判理由

法院生效裁判认为:本案的主要争议焦点为凯莱物业公司收取的公共区域广告费用的性质和归属,业主委员会主张的房屋价值损失能否得到支持。

一、关于凯莱物业公司收取的公共区域的广告费用的性质和归属的问题

根据《中华人民共和国物权法》第七十条规定:"业主对建筑物内的住宅、经营性用房等专有部分享有所有权,对专有部分以外的共有部分享有共有和共同管理的权利。"凯莱物业公司在一楼大堂墙壁上设置广告并收取广告费,而鹏利花园住宅、经营性用房等专有部分以外的楼道、大堂、电梯内等公共区域,属于业主的共有部分,应由全体业主共同管理。收益权是所有权的重要权能之一,权利人基于其享有的所有权而取得所有物的收益权,进而利用业主共同共有的公共区域设立广告所取得的收益,依法亦应属于全体业主共有。

二、关于凯莱物业公司是否应向业主委员会返还其收取的公共区域广告费用的问题

本案所涉公共区域广告费用属于全体业主共有,并由全体业主享有共同管理的权利。关于凯莱物业公司提出该笔广告费用已经用于园区物业服务,不应当返还的主张。首先,凯莱物业公司是业主委员会所在园区的物业服务单位,根据前期物业管理合同第四章的约定其服务费用应从物业服务资金中支取相应的管理酬金及物业服务开支,而物业服务资金仅包括业主缴纳的物业管理费及开发商支付的经营缺口补贴。据此,公共区域的广告费用并不属于物业管理合同中所约定物业服务资金,且对于管理费收入与实际支出不足部分的缺口依据合同应由开发单位支付。故凯莱物业公司擅自使用该广告费用用以弥补其物业经营不足无合同依据。其次,根据《最高人民法院关于审理建筑物区分所有权纠纷案件具体应用法律若干问题的解释》第十四条第二款"属于前款所称擅自进行经营性活动的情形,权利人请求行为人将扣除合理成本之后的收益用于补充专项维修资金或者业主共同决定的其他用途的,人民法院应予支持。行为人对成本的支出及其合理性承担举证责任"的规定,物业公司可以从经营收入中扣除合理成本或者用所得收益补充专项维修资金,并视为物业公司的正当支付。但本案中,凯莱物业公司始终未能提供证据证明使用经营所得广告费用的正当性,因此凯莱物业公司擅自使用公共区域广告费用用于园区服务没有法律依据。综上,对于凯莱物业公司的该项主张,不予支持。根据《最高人民法院关于审理建筑物区分所有权纠纷案件具体应用法律若干问题的解释》第十四条第一款“建设单位或者其他行为人擅自占用、处分业主共有部分、改变其使用功能或者进行经营性活动,权利人请求排除妨害、恢复原状、确认处分行为无效或者赔偿损失的,人民法院应予支持”的规定,现业主委员会要求凯莱物业公司返还其收取的公共区域广告费用,理由正当,应予以支持。

三、关于业主委员会要求凯莱物业公司赔偿业主房屋损失的问题

本案中,因业主的房屋属于物权法规定的业主专有部分,由业主各自享有所有权,因此其房屋是否贬损属于业主个人主张权利范畴,业主委员会无权代替业主行使权利,且业主委员会也未提供充分的证据证明凯莱物业公司的物业服务造成了业主房屋的贬损,因此对于业主委员会的该项主张,不应支持。

综上,再审法院依法做出如上判决。

(再审合议庭成员:吴波、韩鹏(主审法官)、吴锡
案例编写人:李钢、韩鹏)

四川省高级人民法院参考案例

陈芳与薛运友、四川省恒宾房地产开发有限责任公司、四川蜀安恒宾实业发展有限责任公司申请执行人异议之诉纠纷案

——投资经营行为取得的抵押权不能对抗消费者合法权益*

(四川省高级人民法院审判委员会2017年第38次会议讨论后发布)

关键词 消费者权益 生存权 优先 抵押权

裁判规则

基于生存权高于债权的原则,在消费者已经支付了购买不动产全部价款后,即使未完成过户登记,因投资经营的商行为取得的抵押权不能对抗消费者合法权益。

相关法条

1.《中华人民共和国消费者权益保护法》第二条

2.《最高人民法院关于建设工程价款优先受偿权问题的批复》

案例索引

一审:四川省成都市中级人民法院(2013)成民初字第1872号(2014年6月16日)

二审:四川省高级人民法院(2015)川民终字第33号(2015年5月12日)

基本案情

2000年8月21日,陈芳、四川省恒宾房地产开发有限责任公司(以下简称恒宾公司)签订《商品房买卖合同》,购买了"恒宾园"住宅房1套,并于2002年4月11

* 此案例选自四川省高级人民法院《审判指导》2017年第2期(总第51期)。

日取得《房屋所有权证》。

2002年10月28日，陈芳与恒宾公司再次签订《售房补充协议》，购买"恒宾园"地下车位1个，于2003年2月20日付清了车位购买价款，并在入驻"恒宾园"所购房屋后，一直占有、使用车位。但在陈芳购买车位后，恒宾公司以待出售完毕后再统一办理分户产权证为由，一直未办理车位的产权证，后恒宾公司下落不明。截至纠纷发生时，陈芳尚未取得车位的产权证，车位仍登记在恒宾公司名下。

2003年9月16日，恒宾公司以包含陈芳所购车位在内的13个车位为四川蜀安恒宾实业发展有限责任公司（以下简称蜀安公司）向中国工商银行成都市锦江支行（以下简称工行锦江支行）的1484万元债务提供了抵押担保，并办理了抵押登记。此后，因蜀安公司未按期偿还债务，工行锦江支行向四川省成都市中级人民法院提起诉讼，要求蜀安公司偿还主债务，恒宾公司以其提供的抵押物承担抵押担保责任。

2004年10月10日，四川省成都市中级人民法院作出（2004）成民初字第604号民事判决，支持了工行锦江支行的诉请。判决生效后，经工行锦江支行申请，四川省成都市中级人民法院于2005年3月24日立案执行，并于2005年5月17日作出（2005）成执字第474－1号民事裁定，依法查封了包括陈芳所购车位在内的13个车位。

此后，工行锦江支行与中国长城资产管理公司成都办事处（以下简称长城资产管理公司）签订金融不良债权转让协议，将前述债权转让给长城资产管理公司。长城资产管理公司于2010年将债权转让给第三人薛运友后，向四川省成都市中级人民法院提交了《变更执行主体申请书》《债权转让情况说明》等材料，申请将本案申请执行人变更为薛运友。四川省成都市中级人民法院经审查后认为，长城资产管理公司与薛运友签订的《债权转让协议》是双方真实意思表示，长城资产管理公司提出的变更执行主体申请，符合有关法律规定，应予支持，遂裁定本案申请执行人变更为薛运友，并作出（2013）成执字第98－1号公告，拟对依法查封的包括陈芳所购车位在内的涉案抵押财产予以处置。随后，陈芳向四川省成都市中级人民法院提出执行异议，要求停止执行。四川省成都市中级人民法院支持了陈芳的异议，裁定停止执行。随后，薛运友提起诉讼，要求确认其对陈芳所购车位享有抵押权，并恢复对陈芳所购车位的执行。

裁判结果

四川省成都市中级人民法院于2014年6月16日作出（2013）成民初字第1872号民事判决：薛运友对"恒宾园"1栋2号30号地下车位享有抵押权，并许可对车位的执行。

一审宣判后，陈芳不服，向四川省高级人民法院提起上诉。

四川省高级人民法院于2015年5月12日作出（2015）川民终字第33号民事判

决:撤销四川省成都市中级人民法院(2013)成民初字第1872号民事判决;驳回薛运友的诉讼请求。

裁判理由

法院生效裁判认为,陈芳不仅支付了全部价款并实际占有车位,且对车位产权分户登记未完成的原因作出了合理的解释,车位产权分户登记未完成办理并非陈芳的过错,其作为善意不动产买受人的合法权益应当得到保护。同时,陈芳购买、使用地下车位的行为本质上是一种生活消费行为,业主对车位享有的消费者权益与其生活联系程度密切,涉及业主的生活性民事权益。而薛运友受让金融不良债权的行为本质上是一种投资经营的商行为,且其承继的抵押权的成立时间系在陈芳全额支付车位价款之后。当薛运友因投资经营的商行为取得抵押权势必损害陈芳的消费者权益时,应当优先保护买受人的消费者权益。

(推荐单位:四川省法院民二庭
承 办 人:四川省法院民二庭　蒲杨
编 写 人:四川省法院研究室　林薇)

陕西省高级人民法院参考案例

闫熙诉商洛市人力资源和社会保障局不予认定工伤案

(陕西省高级人民法院审判委员会2017年第22次会议讨论通过
2017年10月26日)

关键词　工伤认定　交通事故　责任不明　举证责任

裁判要点

交通管理部门对事故成因及责任认定无法确定,仅出具事故证明时,工伤认定部门不能以事故责任无法确定为由,不予认定工伤。

相关法条

《中华人民共和国行政诉讼法》第七十条第(一)项、第(二)项

《工伤保险条例》第十四条第(六)项

《最高人民法院关于审理工伤保险行政案件若干问题的规定》第一条第一款、第二款

案例索引

一审:陕西省商洛市洛南县人民法院(2016)陕1021行初9号行政判决书(2016年9月2日)

二审:陕西省商洛市中级人民法院(2016)陕10行终26号行政判决书(2016年12月16日)

基本案情

原告(二审被上诉人):闫熙

被告(二审上诉人):商洛市人力资源和社会保障局(以下简称商洛市人社局)

第三人:商洛市商州区金陵寺镇刘村小学(以下简称刘村小学)

原告闫熙系闫永齐之子。闫永齐系第三人刘村小学老师。2015年4月17日12时许,闫永齐驾驶两轮摩托车去刘村小学上班途中,行至商州区金陵寺镇刘村一组通村公路路段时,发生交通事故,导致当场死亡。2015年5月28日,商洛市公安局交通警察大队商州大队(以下简称商州交警大队)委托陕西商洛秦源机动车物证司法鉴定所作出(2015)年车鉴字第16号道路交通事故鉴定后,出具了商公交证字〔2015〕01号《道路交通事故证明》,载明:2015年4月17日,闫永齐驾驶无号牌两轮摩托车,沿商州区金陵寺镇刘村通村公路由东向西行至一组路段,发生交通事故,致闫永齐当场死亡,车辆受损。现有证据及客观原因使该起事故的成因分析及责任认定工作无法进行。

2016年12月28日,闫熙向商洛市人社局提出工伤认定申请,2016年2月19日,商洛市人社局作出不予认字〔2016〕002号《不予认定工伤决定书》。闫熙不服,于2016年3月15日向法院提起行政诉讼,请求撤销商洛市人社局作出的《不予认定工伤决定书》,责令商洛市人社局重新认定闫永齐为工伤。

裁判结果

商洛市洛南县人民法院于2016年9月2日作出(2016)陕1021行初9号行政判决:1.撤销被告商洛市人力资源和社会保障局2016年2月19日对申请人闫熙作出的不予认字〔2016〕002号《不予认定工伤决定书》;2.限被告在判决生效之日起60日内重新作出工伤认定结论。一审宣判后,商洛市人社局不服,提出上诉。商洛市中级人民法院于2016年12月16日作出(2016)陕10行终26号行政判决:驳回

上诉,维持原判。

裁判理由

法院生效裁判认为,《工伤保险条例》第十四条规定:“职工有下列情形的,应当认定为工伤……(六)在上下班途中,受到非本人主要责任的交通事故或者城市轨道交通、客运轮渡、火车事故伤害的。”对于如何认定“本人主要责任”,《最高人民法院关于审理工伤保险行政案件若干问题的规定》第一条规定:“人民法院审理工伤认定行政案件,在认定是否存在《工伤保险条例》第十四条第六项‘本人主要责任’……等情形时,应当以有权机构出具的事故责任认定书、结论性意见和人民法院生效裁判等法律文书为依据,但有相反证据足以推翻事故责任认定书和结论性意见的除外。”本案中商州交警大队作为闫永齐交通事故的处理机构,依据陕西商洛秦源机动车物证司法鉴定所出具的(2015)年车鉴字第16号道路交通事故鉴定,作出了商公交证字〔2015〕01号道路交通事故证明,该交通事故证明是商州交警大队在勘验现场、委托鉴定后综合现有证据作出的证明,该证明是因事故认定无法进行而作出的结论性意见。在没有有权机构出具的结论性意见认定闫永齐是否负事故主要责任的情况下,对闫永齐是否认定工伤应从《工伤保险条例》的立法目的和立法精神出发,符合保护劳动者的社会保障立法价值取向。《工伤保险条例》第十九条规定:“社会保险行政部门受理工伤认定申请后,根据审核需要可以对事故伤害进行调查核实”,这里的调查核实权并不意味着社保部门在交通事故责任无法认定的情况下有权直接对交通事故责任予以认定、划分。根据《道路交通事故处理办法》第十七条的规定:“公安机关在查明交通事故原因后,应当根据当事人的违章行为与交通事故之间的关系,以及违章行为在交通事故中的作用,认定当事人的交通事故责任。当事人有违章行为,其违章与交通事故有因果关系的,应当负交通事故责任。当事人没有违章行为或者虽有违章行为,但违章行为与交通事故无因果关系的,不负交通事故责任。”可见,交通事故责任的认定要依据多方面的因素,发生单方事故并不意味着当事人就要负全部责任。上诉人在没有相反证据推翻交警部门“责任认定工作无法进行”的结论性意见的情况下,直接认定闫永齐应当负事故的主要责任,进而作出不予认定闫永齐为工伤的决定,依据不足。上诉人称其有权对交通事故责任予以认定、划分,认为闫永齐应负事故的全部责任,但其并未提交相关证据加以证明,故商洛市人社局作出的不予认定为工伤的具体行政行为没有事实及法律依据,其上诉理由不能成立,不予支持。

案例注解

《工伤保险条例》第十四条第(六)项规定:“在上下班途中,受到非因本人主要责任的交通事故伤害的,应当认定为工伤。”但在交通事故责任无法查明的情况下,工伤认定部门能否以事故责任不明为由不予认定工伤，已经成为实践中一个反复争议的问题，亟待予以明确。本案生效裁判认为工伤认定部门无权以事故责任不明为由不予认定工伤，具有保护劳动者权益的积极社会意义，也符合相关法律法规司法解释的规定要求，评述如下：

一、认定受害职工的事故责任应有充分证据证实

责任是法律赋予的一种消极义务，公民承担法律责任，应当具有相应的归责原因，并得到证实。公民无法律上的归责原因或者归责原因无法证实的，除法律另有规定外，不应承担责任。因此，受害职工是否应当承担事故责任，应当由要求其承担责任的一方予以证明，受害职工本身并不负有证明自身不负事故责任的举证义务。没有证据证明的，受害人不因此而承担消极后果，导致不能认定工伤。本案中，《道路交通事故证明》已经说明根据现有证据无法认定事故责任，工伤认定部门在没有新的证据能够证明受害人承担事故主要责任的情况下，应当认定受害人的事故责任因缺乏证据证明而不成立，从而不影响工伤认定。工伤认定部门在缺乏结论性意见且无必要证据证明的情况下，直接作出不予认定工伤的决定，等同于认定了受害人事故主要责任，不符合责任承担的基本举证规则，属于法律适用不当。《最高人民法院关于审理工伤保险行政案件若干问题的规定》第一条第一款、第二款规定："人民法院审理工伤认定行政案件，在认定是否存在《工伤保险条例》第十四条第六项'本人主要责任'……等情形时，应当以有权机构出具的事故责任认定书、结论性意见和人民法院生效裁判等法律文书为依据，但有相反证据足以推翻事故责任认定书和结论性意见的除外。前述法律文书不存在或者内容不明确，社会保险行政部门就前款事实作出认定的，人民法院应当结合其提供的相关证据依法进行审查。"本案中交通事故证明对于责任未作出认定，且又无其他证据证明，不符合该司法解释关于认定"本人主要责任"的规定要求。

二、工伤认定应当遵循保护劳动者的立法价值取向

从相关劳动立法和工伤保险立法来看，保护劳动者是其主要立法目的。《劳动法》第一条规定："保护劳动者的合法权益。"《工伤保险条例》第一条和《工伤认定办法》第一条中，也均体现了该立法目的。工伤认定属于劳动法律关系的范畴，在劳动法律关系中，双方具有主体的隶属性和不平等性，劳动者往往主要依赖于工资收入作为主要生活来源，劳动法律规范的适用需要以保护劳动者为基本立场，从而实现社会的公平正义。工伤认定部门在适用法律的过程中，按照有利于保护劳动者的原则，在事故责任不明的情况下，不应将事实不明的不利后果归由劳动者承担，从而加重了劳动者的责任。相反，按照工伤保险的基本宗旨，对于符合条件的劳动者，应当尽可能纳入保险范围，从而实现保护劳动者合法权益、促进劳动者基本生活保障、平复社会关系、维护社会秩序的价值和作用。因此,事故责任无法查明,不能成为认定工伤的障碍。当然,事后如果有充分证据证实受害人确应负担事故主要责任的,则可以撤销已经做出的工伤认定,按照法律规定不予认定工伤。

(一审法院合议成员:闵西尧、周梦琳、刘延洛
二审法院合议成员:李军宏、张瑞、林圩垚
编写人:陕西省商洛市洛南县人民法院　周梦琳
陕西省高级人民法院　袁辉根　常媛媛)

江苏省高级人民法院参考案例

王克忠与天平保险苏州公司机动车驾驶人肇事逃逸保险公司主张交强险追偿权被驳回案

(2017年4月18日江苏省高级人民法院第六次审判委员会讨论通过
〔2017〕参阅案例6号)

裁判摘要

《机动车交通事故责任强制保险条例》(以下简称《交强险条例》)第二十二条规定,以下三种情形造成的道路交通事故,由保险公司在交强险责任限额内承担垫付责任,并有权向致害人追偿:(1)驾驶人未取得驾驶资格或者醉酒的;(2)被保险机动车被盗抢期间肇事的;(3)被保险人故意制造道路交通事故的。上述规定中并不包括机动车驾驶人逃逸的情形,立法者在已经预见肇事逃逸情形存在的情况下(《交强险条例》第二十四条的规定可以印证),未将该情形纳入第二十二条规定的调整范围,说明立法者有意将该情形排斥在第二十二条规定之外。此时,不应再运用类推解释方法,将肇事逃逸情形参照适用第二十二条的规定处理。主张肇事逃逸情形应类推适用《交强险条例》第二十二条规定,保险公司有权向肇事方追偿的观点,违背了《交强险条例》的立法本意,亦与《侵权责任法》第五十三条的规定相悖,人民法院不予支持。

相关法条

1.《机动车交通事故责任强制保险条例》

第二十一条　被保险机动车发生道路交通事故造成本车人员、被保险人以外的受害人人身伤亡、财产损失的，由保险公司依法在机动车交通事故责任强制保险责任限额范围内予以赔偿。

道路交通事故的损失是由受害人故意造成的，保险公司不予赔偿。

第二十二条　有下列情形之一的，保险公司在机动车交通事故责任强制保险责任限额范围内垫付抢救费用，并有权向致害人追偿：

（一）驾驶人未取得驾驶资格或者醉酒的；

（二）被保险机动车被盗抢期间肇事的；

（三）被保险人故意制造道路交通事故的。

有前款所列情形之一，发生道路交通事故的，造成受害人的财产损失，保险公司不承担赔偿责任。

第二十四条　国家设立道路交通事故社会救助基金（以下简称救助基金）。有下列情形之一时，道路交通事故中受害人人身伤亡的丧葬费用、部分或者全部抢救费用，由救助基金先行垫付，救助基金管理机构有权向道路交通事故责任人追偿：

（一）抢救费用超过机动车交通事故责任强制保险责任限额的；

（二）肇事机动车未参加机动车交通事故责任强制保险的；

（三）机动车肇事后逃逸的。

2.《中华人民共和国侵权责任法》

第五十二条　盗窃、抢劫或者抢夺的机动车发生交通事故造成损害的，由盗窃人、抢劫人或者抢夺人承担赔偿责任。保险公司在机动车强制保险责任限额范围内垫付抢救费用的，有权向交通事故责任人追偿。

第五十三条　机动车驾驶人发生交通事故后逃逸，该机动车参加强制保险的，由保险公司在机动车强制保险责任限额范围内予以赔偿；机动车不明或者该机动车未参加强制保险，需要支付被侵权人人身伤亡的抢救、丧葬等费用的，由道路交通事故社会救助基金垫付。道路交通事故社会救助基金垫付后，其管理机构有权向交通事故责任人追偿。

基本案情

再审申请人（一审被告、二审上诉人）：王克忠，男，1971 年 9 月 8 日出生。

被申请人（一审原告、二审被上诉人）：天平汽车保险股份有限公司苏州中心支公司，住所地在江苏省苏州工业园区东环路 1408 号 1 幢 1206 – 1209 室。

天平汽车保险股份有限公司苏州中心支公司（以下简称天平保险苏州公司）因

与王克忠追偿权纠纷一案,向江苏省苏州市吴江区人民法院提起诉讼,该院于2013年8月13日作出(2013)吴江商初字第0660号民事判决。宣判后,王克忠不服,向苏州市中级人民法院提起上诉,该院于2013年12月9日作出(2013)苏中商终字第0754号民事判决。王克忠仍不服,向江苏省高级人民法院申请再审,该院经审查,作出(2014)苏审二商申字第0191号民事裁定,提审本案。

天平保险苏州公司诉称:王克忠为苏EU7Z××小型轿车在天平保险苏州公司处投保交强险。2012年4月28日,王克忠因交通肇事致人受伤并逃逸,受害人诉至法院主张赔偿。苏州市吴江区人民法院作出(2013)吴江开民初字第0007号民事判决,判决天平保险苏州公司在交强险范围内赔偿受害人76700元,天平保险苏州公司根据生效判决于2013年4月2日支付了上述款项。根据法律规定,天平保险苏州公司在交强险范围内垫付相关费用后,有权向肇事方追偿。因王克忠拒绝付款,故诉至法院要求王克忠向天平保险苏州公司返还垫付的赔偿款76700元。

王克忠辩称:天平保险苏州公司并无追偿的权利。《机动车交通事故责任强制保险条例》及《最高人民法院关于审理道路交通事故损害赔偿案件适用法律若干问题的解释》并未将驾车肇事逃逸行为列为保险公司可以追偿的情形,故本案交通事故属于保险公司理赔范围,因此天平保险苏州公司在支付赔偿款后不享有对王克忠的追偿权。综上,请求驳回天平保险苏州公司的诉讼请求。

苏州市吴江区人民法院一审审理查明:王克忠为其所有的苏EU7Z××小型轿车在天平保险苏州公司处投保了交强险,保险期间自2011年9月21日零时起至2012年9月20日二十四时止。2012年4月28日16时25分左右,王克忠驾驶苏EU7Z××小型轿车在苏州市吴江区松陵镇笠泽路、吴模路路口与张怀华驾驶的号牌为A0590××电动自行车发生碰撞,造成张怀华受伤、车辆损坏的交通事故。根据交警大队出具的交通事故责任认定书,王克忠负该起事故的全部责任,张怀华无责任。同时,交通事故责任认定书中还对事故经过做了以下描述:"事故发生后,王克忠驾车离开现场。次日下午王克忠到公安机关投案。"2012年12月21日,张怀华向法院提起诉讼,要求王克忠、天平保险苏州公司赔偿其因交通事故造成的各项损失。吴江区人民法院作出的(2013)吴江开民初字第0007号民事判决,判令天平保险苏州公司在交强险范围内赔偿张怀华医疗费等各项损失共计76700元。后天平保险苏州公司向张怀华履行了该赔付义务。

另查明,2012年6月5日,苏州市吴江区公安局交警巡逻警察大队向被告王克忠作出行政处罚决定书一份,对王克忠造成交通事故后逃逸,尚不构成犯罪的违法行为,决定给予其罚款1000元的处罚。王克忠在规定的期限内未对该行政处罚申请行政复议或者提起行政诉讼。

以上事实,有天平保险苏州公司提供的保险单、道路交通事故责任认定书、(2013)吴江开民初字第0007号民事判决书、支付凭证,法院调取的公安交通管理行政处罚决定书(吴公交决字[2012]第320584－2200091154)和告知笔录、张怀华询问笔录、王克忠询问笔录、潘宏亮询问笔录,以及双方当事人的当庭陈述等证据予以证实。

吴江区人民法院一审审理认为:王克忠在肇事后逃逸,违反了我国相关法律的规定,导致部分事故证据灭失,致使公安机关对王克忠事故发生时的精神、生理状态无法查证。该行为的危险性质较之未取得驾驶资格、醉酒驾车等情形,其主观恶性更大,对社会的危害后果更甚。国家设立交强险的目的系使受害人依法得到赔偿,促进道路交通安全,并非让存在违法行为的事故责任人免于承担责任。《中华人民共和国侵权责任法》及《机动车交通事故责任强制保险条例》都已明确,机动车肇事后逃逸的,由社会救助基金对受害人人身伤亡的抢救、丧葬等费用先行垫付,然后向道路交通事故责任人追偿。故对于肇事后逃逸行为,应参照《机动车交通事故责任强制保险条例》第二十二条的规定,保险公司对抢救费用等承担先行垫付责任后,有权向致害人进行追偿,由致害人承担终局赔偿责任。综上,双方当事人之间的交通事故责任强制保险合同关系依法成立并有效,天平保险苏州公司已按照法院生效判决在交强险责任限额内向受害人予以赔付。在王克忠肇事后逃逸的情形下,天平保险苏州公司有权就其垫付的款项向王克忠进行追偿。

据此,吴江区人民法院依照《中华人民共和国保险法》第五条、第二十三条第一款,《机动车交通事故责任强制保险条例》第一条、第二十二条的规定,于2013年8月13日作出(2013)吴江商初字第0660号民事判决:王克忠应于本判决生效后十日内返还天平保险苏州公司垫付款76700元。

王克忠不服一审判决,向苏州市中级人民法院提起上诉称:一审判决曲解法律,适用法律错误。首先,双方之间的交强险合同中未将机动车发生交通事故逃逸后,保险公司拒赔或赔偿后追偿列为约定范围,不可人为造法,推导出交通肇事逃逸后保险公司可以拒赔或追偿。其次,根据交强险条例的规定,并未将交通肇事逃逸列为可以追偿的范围,且第二十二条的规定仅涉及就垫付的抢救费用追偿,本案中保险公司未垫付任何抢救费用,诉争的是构成伤残后的各项赔偿费用,因此无权向王克忠追偿。最后,交强险条例第二十四条规定的是救助基金与交通事故责任人之间的关系,而不是保险公司与投保人之间的关系,不能作为保险公司向投保人行使请求权的法律依据。综上,请求撤销一审判决,依法改判。

天平保险苏州公司二审辩称:一审判决事实清楚,法律依据正确,请求二审法院依法维持。

苏州市中级人民法院二审查明的事实与一审查明的事实一致。

苏州市中级人民法院二审审理认为:交通事故发生后逃逸是严重违反道路交通法规的行为,根据《机动车交通事故责任强制保险条例》第二十四条的规定,道路交通事故中受害人人身伤亡的丧葬费用、部分或者全部抢救费用,由救助基金先行垫付,救助基金管理机构有权向道路交通事故责任人追偿,也就是说受害人损失费用的终局赔偿责任主体系机动车肇事逃逸方。因此,天平保险苏州公司向交通事故受害人履行赔偿义务后,有权向保险事故的致害人王克忠进行追偿,一审法院判决王克忠返还天平保险苏州公司垫付款76700元并无不当。综上,一审法院认定事实清楚,适用法律正确,实体处理亦无不当。

据此,苏州市中级人民法院依照《中华人民共和国民事诉讼法》第一百七十条第一款第(一)项的规定,于2013年12月9日作出(2013)苏中商终字第0754号民事判决:驳回上诉,维持原判。

王克忠不服二审判决,向江苏省高级人民法院申请再审称:原判决认定的主要事实缺乏证据证明,适用法律错误。交强险的赔付并不考虑交通事故的责任划分,法律并未规定保险公司承担了交强险赔付责任后,享有对肇事人的追偿权,本案中双方当事人保单中亦无相应约定,故即使王克忠构成了交通肇事逃逸,天平保险苏州公司亦不享有追偿权。据此,依据《中华人民共和国民事诉讼法》第二百条的规定,请求对本案进行再审。

江苏省高级人民法院经审查,于2014年8月19日作出(2014)苏审二商申字第0191号民事裁定,提审本案。

江苏省高级人民法院经再审审理,对一、二审查明的事实予以确认。

江苏省高级人民法院再审审理认为:天平保险苏州公司主张因王克忠在交通肇事后逃逸,故参照国务院《机动车交通事故责任强制保险条例》第二十二条、第二十四条的规定,其有权在承担保险赔偿责任后向王克忠追偿。对此,第一,《机动车交通事故责任强制保险条例》第二十二条规定保险公司享有追偿权的情形并不包括交通肇事后逃逸,亦未规定其他情形可以参照适用;第二十四条仅规定了社会救助基金的追偿权,未规定保险公司享有追偿权,故天平保险苏州公司主张适用上述条款,理由不能成立。第二,《中华人民共和国侵权责任法》第五十三条规定:"机动车驾驶人发生交通事故后逃逸,该机动车参加强制保险的,由保险公司在机动车强制保险责任限额范围内予以赔偿;机动车不明或者该机动车未参加强制保险,需要支付被侵权人人身伤亡的抢救、丧葬等费用的,由道路交通事故社会救助基金垫付。道路交通事故社会救助基金垫付后,其管理机构有权向交通事故责任人追偿。"该条款对于保险公司和社会救助基金权利与义务作出了不同的规定,表明了国家立法对保险公司和社会救助基金区别对待的态度。第三,社会救助基金管理机构的经费来源于行政拨款或社会捐助，支付交通事故受害人抢救等费用系无偿垫付，而保险公司的经费来源于投保人的缴费，保险公司向受害人支付费用属于履行保险合同义务，系有偿赔付，故保险公司不应享有救助基金管理机构的追偿权。事实上，肇事逃逸系发生在交通事故之后，没有增加保险事故发生的概率和风险，与事故的发生本身并没有关联，因此，其与《机动车交通事故责任强制保险条例》第二十二条中规定的保险公司享有追偿权的情形存在本质区别。原判决依据《机动车交通事故责任强制保险条例》第二十四条的规定，判决支持天平保险苏州公司追偿的诉讼请求，违背了交强险条例的立法本意，亦与侵权责任法第五十三条的规定相悖，属适用法律错误，依法应予纠正。

据此，依照《中华人民共和国民事诉讼法》第一百四十四条、第一百七十条第一款第（二）项、第一百七十四条、第二百零七条第一款之规定，江苏省高级人民法院于2014年12月9日作出（2014）苏民再提字第00136号民事判决：

一、撤销江苏省苏州市中级人民法院（2013）苏中商终字第0754号民事判决及苏州市吴江区人民法院（2013）吴江商初字第0660号民事判决；

二、驳回天平汽车保险股份有限公司苏州中心支公司的诉讼请求。

（案例报送单位：江苏省法院审判监督第二庭
再审合议庭成员：褚红军、王蕴、张继军
报送人：王蕴、司继宾
审稿人：吕娜、孙烁犇）

重庆市高级人民法院参考案例

朱永海要求撤销
重庆市公安局北碚区分局《出警经过》案

（重庆市高级人民法院审判委员会讨论通过　2017年9月11日发布）

关键词　行政诉讼　出警经过　权益影响　受案范围

裁判要旨

1. 当事人持公安机关出具的《出警经过》在民事诉讼中作为证据使用的，其真实性、合法性、关联性应由人民法院根据《民事诉讼法》和相关司法解释予以判定。

2. 公安机关在出警时出具的对当事人权益不产生实际影响的《出警经过》，其性质为公安机关履行出警职责过程中对发生事情经过的记载，不具有可诉性。

相关法条

《中华人民共和国行政诉讼法》第二条

基本案情

吴文松系原告朱永海雇工。2015 年 5 月 21 日，经吴文松报警后，重庆市公安局北碚区分局黄桷派出所向吴文松出具《出警经过》。该《出警经过》载明：2015 年 5 月 21 日 14 时许吴文松到派出所报称，因自己不愿意搬出修理厂宿舍被伍志颖打了。接到报警后民警与吴文松一道到修理厂，经了解系去年 8 月吴文松在修理厂上班时受伤要求老板解决一直未果，因吴文松受伤后未上班，现老板多次要求吴文松搬出宿舍，吴文松一直不搬，伍志颖便将吴文松的东西从宿舍内搬了出来，在搬的过程中吴文松进行阻挡并与伍志颖发生拉扯，现场工作人员证实没有人打吴文松，只是将他拉开，民警告知吴文松如系工伤可向劳动部门或法院申请仲裁。后吴文松以该《出警经过》为证据向法院提起诉讼，要求朱永海等人连带支付人身损害赔偿金。朱永海认为该《出警经过》中阐述的"……在修理厂上班时受伤要求老板解决一直未果……"的内容与事实不符、损害了其权益，遂起诉至法院要求撤销该《出警经过》。

裁判结果

重庆市北碚区人民法院于 2015 年 11 月 30 日作出(2015)碚法行初字第 00154 号行政裁定：驳回原告朱永海的起诉。一审宣判后，朱永海不服，提起上诉。重庆市第一中级人民法院于 2016 年 5 月 24 日作出(2016)渝 01 行终 114 号行政裁定：驳回上诉，维持原裁定。

裁判理由

法院生效裁判认为：原告朱永海的诉讼请求是撤销被告重庆市公安局北碚区分局向案外人吴文松出具的《出警经过》。经审查，《出警经过》载明的内容是北碚区分局民警在履行出警职责过程中对发生事情经过的叙述，并非北碚区分局对外行使行政职权而作出的能够产生行政法律效果的行为，且对当事人权益不产生实际影响。故原告的起诉不符合《中华人民共和国行政诉讼法》第二条规定，不属于人民法院行政诉讼案件受案范围。

【典型案例】

最高人民法院发布环境资源刑事、民事、行政典型案例

（2017年6月22日）

1. 宁夏回族自治区中卫市沙坡头区人民检察院诉宁夏明盛染化有限公司、廉兴中污染环境案

基本案情

2007年以来，宁夏明盛染化有限公司（以下简称明盛公司）在废水处理措施未经环境影响评估，未经申报登记、验收的情况下，擅自在厂区外东侧腾格里沙漠采用“石灰中和法”处置工业废水。2009年6月18日，廉兴中任明盛公司法定代表人，负责公司的全面工作并决定继续使用“石灰中和法”处置工业废水。经廉兴中同意由朱生余安排工人处置工业废水。明盛公司于2011年5月11日取得排放污染物许可证，有限期限至2014年4月30日。该公司在排放污染物许可证到期后，仍继续非法排污。至2014年9月被责令关闭停产时，该公司厂区外东侧腾格里沙漠渗坑内存有大量工业废水。经宁夏环境监测中心站对现场废水取样检测认定，废水中多项监测因子超过国家排放标准。案发后，明盛公司、廉兴中为防止污染扩大，及时采取措施，消除污染。明盛公司支付因采取合理必要措施所产生的费用626640元。

裁判结果

宁夏回族自治区中卫市沙坡头区人民法院一审认为，明盛公司违反国家有关环境保护的规定，非法排放、处置有毒物质，严重污染环境，廉兴中系被告单位直接负责的主管人员，对污染环境的行为负有直接责任，明盛公司和廉兴中的行为均已

触犯刑律，构成污染环境罪。公诉机关的指控成立，予以支持。廉兴中归案后，能如实供述自己的犯罪事实，可以从轻处罚；案发后，明盛公司、廉兴中及时采取措施，消除污染，可以酌情从宽处罚。明盛公司排污时间相对较长，且在排放污染物许可证到期后，仍非法排污，严重污染环境，结合明盛公司的具体犯罪事实，决定对其判处罚金人民币500万元。根据廉兴中的犯罪事实、性质、情节和对社会的危害程度，对廉兴中可以适用缓刑，依法实行社区矫正。一审法院判决明盛公司犯污染环境罪，判处罚金人民币500万元；廉兴中犯污染环境罪，判处有期徒刑一年六个月，缓刑二年，并处罚金人民币5万元。

典型意义

本案系腾格里沙漠污染事件发生后首例宣判的环境污染刑事案件。环境是社会健康发展的重要因素，也是刑法保护的重要法益。本案审理法院正确适用《最高人民法院、最高人民检察院关于办理环境污染刑事案件适用法律若干问题的解释》，依法惩治私设暗管排放、倾倒有毒、有害废物，严重污染腾格里沙漠生态环境的犯罪行为，充分贯彻宽严相济的刑事政策，依法保障社会公共利益和人民群众环境权益。该案的审理也为正确处理经济发展与环境保护之间的关系敲响了警钟，警醒政府在发展经济与保护环境、当前利益和长远利益等问题发生矛盾时应当如何取舍。该案的审理和判决对于教育和促进企业依法生产，依托科技手段提升清洁生产工艺和排放控制技术，实现绿色发展具有较好推动和示范作用。

点评专家

竺效，中国人民大学法学院教授

点评意见

本案最大的亮点在于法院采用了“双罚制”，即对涉案企业明盛公司判处刑事罚金500万元，让涉案企业在经济上“得不偿失”，今后不敢再犯，较好地威慑了那些不依法办理环评手续、超标排污、无排污许可证排污或“超(许可)证”排污、偷排污染物的潜在的类似环境污染危害行为人。同时，法院对涉案企业的法定代表人、污染行为直接负责的企业主管人员廉兴中，判处有期徒刑1年6个月，并处罚金5万元。那些心存侥幸的污染企业的法定代表人应该以此为戒，环保警钟时时敲响，环境守法谨记于心，依法经营，保护环境，避免犯罪入狱“自由和财产两失”。

此外，该案也结合案发后明盛公司、廉兴中及时采取措施，支付因采取合理必要的环境处置措施所产生的费用626640元，以积极消除污染行为对环境的不利影响等具体案件情节，对企业法定代表人廉兴中适用了缓刑，即判处有期徒刑1年6个月，缓刑2年，并依法对其实行社区矫正。环境损害后果往往具有不可逆性，该案中,法院的这一做法对于引导类似环境危害行为人在案发后积极预防环境危害后果的发生或扩大,修复被破坏的生态或恢复被污染的环境,具有良好的示范效果。

2. 江苏省连云港市连云区人民检察院诉尹宝山等人非法捕捞水产品刑事附带民事诉讼案

基本案情

2012年6月初至7月30日,尹宝山召集李至友、秦军、秦波涛、李明明、秦新波等人,在伏季休渔期间违规出海作业捕捞海产品,捕捞的海产品全部由尹宝山收购。至2012年7月30日,尹宝山收购上述另五人捕捞的水产品价值828784元人民币。连云港市连云区人民检察院以上述六人犯非法捕捞水产品罪向连云港市连云区人民法院提起公诉,同时根据相关职能部门出具的修复方案,提起刑事附带民事诉讼,要求六人采取一定方式修复被其犯罪行为破坏的海洋生态环境。

裁判结果

江苏省连云港市连云区人民法院一审认为,尹宝山召集李至友、秦军、秦波涛、李明明、秦新波等人违反保护水产资源法规,在禁渔期、禁渔区非法捕捞水产品,情节严重,六人的行为均已构成非法捕捞水产品罪。六人主动退缴部分违法所得,确有悔罪表现,还主动交纳了海洋生态环境修复保证金,同意以实际行动修复被其犯罪行为损害的海洋生态环境,量刑时可酌情从轻处罚。六人在禁渔期、禁渔区非法捕捞海产品的犯罪行为,影响海洋生物休养繁殖,给海洋渔业资源造成严重破坏。为了保护国家海洋渔业资源,改善被六人犯罪行为破坏的海洋生态环境,六人应当根据《中华人民共和国侵权责任法》的规定,采取科学、合理的方式予以修复。根据专业机构出具的修复意见,采取增殖放流的方式,放流中国对虾苗可以有效的进行修复。遂对六人分别判处一年至二年三个月不等的有期徒刑,部分适用缓刑,没收全部违法所得。同时判决六人以增殖放流1365万尾中国对虾苗的方式修复被其犯罪行为破坏的海洋生态环境。一审判决作出后,尹宝山以一审量刑过重为由,上诉至江苏省连云港市中级人民法院,该院经审理后裁定驳回上诉,维持原判。

典型意义

本案系江苏省首例由检察机关提起刑事附带民事诉讼的环境资源刑事案件。

该案在审判及执行方式上的探索创新,对环境资源案件审理具有较好的借鉴价值。一审法院在依法受理检察机关提起的刑事附带民事起诉后,查明案件事实并充分听取了各被告对修复方案的意见,将生态修复方案向社会公开,广泛征求公众的意见,在汇总、审查社会公众意见后,确认了相关职能部门出具的根据产出比1:10增殖放流中国对虾苗的修复方案的科学性、合理性,开创了引导社会公众参与环境司法的新机制。本案对环境资源审判贯彻恢复性司法理念,引导社会公众参与审判和审理海洋生态环境破坏案件具有较好的示范意义。

点评专家

罗丽,北京理工大学法学院教授

点评意见

本案是由检察机关在提起公诉追究犯罪行为人非法捕捞水产品罪刑事责任时提起的附带民事诉讼案件。本案的典型意义在于:第一,本案充分发挥了刑事附带民事诉讼制度在维护环境公共利益方面的功能。我国设立刑事附带民事诉讼制度的主要目的在于,通过使民事赔偿与刑事制裁一体化,实现服务于预防与控制犯罪、救济被害人的刑事政策目标。根据我国现行立法规定,在追究破坏环境资源保护罪犯罪行为人刑事责任时,检察机关通过提起刑事附带民事诉讼,能够有效实现保护国家财产、集体财产等生态环境公共利益之目的。因此,针对犯罪嫌疑人构成破坏环境资源保护罪的案件,检察机关除提起公诉追究行为人刑事责任外,还应通过提起刑事附带民事诉讼途径维护国家财产、集体财产等生态环境公共利益。例如,在本案中,检察机关通过提起附带民事诉讼请求依法判令六名被告人修复被其犯罪行为损害的海洋生态环境或赔偿生态环境修复费用81900元的请求得到了法院支持,法院最终判决六名被告以增殖放流中国对虾苗1365万尾的方式修复被其破坏的海洋生态环境,实现了维护海洋生态环境公共利益之目的。第二,本案在审判和执行方式方面引入了信息公开和公众参与机制,有利于制定科学、合理的生态修复方案。由于生态环境损害调查、鉴定评估、修复方案编制等工作会涉及生态环境公共利益,法院在审判和执行过程中对相关重大事项向社会公开,并推行公众参与机制,便于公众监督,有利于制定科学、合理的生态环境修复方案。如在本案中,人民法院充分听取了各被告对修复方案的意见,并将生态修复方案通过地方新闻媒体、法院官方微博、微信公众号等方式向社会公开,广泛征求公众的意见。这种在生态环境损害赔偿司法裁判过程中引导社会公众参与民主科学决策的创新方式,具有积极的借鉴价值。

3. 湖南省岳阳楼区人民检察院诉何建强等非法杀害珍贵、濒危野生动物罪，非法狩猎罪刑事附带民事诉讼案

基本案情

2014 年 11 月至 2015 年 1 月期间，何建强、钟德军在湖南省东洞庭湖国家级自然保护区收鱼时，与养鱼户及帮工人员方建华、龙雪如、龙启明和涂胜保、余六秋、张连海、任小平等人商定投毒杀害保护区内野生候鸟，由何建强提供农药并负责收购。此后，何建强等人先后多次在保护区内投毒杀害野生候鸟，均由何建强统一收购后贩卖给李强介绍的汪前平。2015 年 1 月 18 日，何建强、钟德军先后从方建华及余六秋处收购了 8 袋共计 63 只候鸟，在岳阳市君山区壕坝码头被自然保护区管理局工作人员当场查获。经鉴定，上述 63 只候鸟均系中毒死亡；其中 12 只小天鹅及 5 只白琵鹭均属国家二级保护野生动物；其余苍鹭、赤麻鸭、赤颈鸭、斑嘴鸭、夜鹭等共计 46 只，均属国家"三有"保护野生动物。查获的 63 只野生候鸟核定价值为人民币 44617 元。

湖南省岳阳楼区人民检察院以何建强等七人犯非法猎捕、杀害珍贵濒危野生动物罪，向岳阳市岳阳楼区人民法院提起公诉。岳阳市林业局提起刑事附带民事诉讼，请求七名被告人共同赔偿经济损失 53553 元，湖南省岳阳楼区人民检察院支持起诉。

裁判结果

湖南省岳阳市岳阳楼区人民法院一审认为：何建强伙同钟德军、方建华在湖南东洞庭湖国家级自然保护区内，采取投毒方式非法杀害国家二级保护动物小天鹅、白琵鹭及其他野生动物，李强帮助何建强购毒并全程负责对毒杀的野生候鸟进行销售，何建强、钟德军、方建华、李强的行为均已构成非法杀害珍贵、濒危野生动物罪，属情节特别严重。龙雪如、龙启明、龙真在何建强的授意下，采取投毒方式，分别在国家级自然保护区内猎杀野生候鸟，破坏野生动物资源，情节严重，其行为均已构成非法狩猎罪。何建强、钟德军的犯罪行为同时触犯非法杀害珍贵、濒危野生动物罪和非法狩猎罪，应择一重罪以非法杀害珍贵、濒危野生动物罪定罪处罚。此外，因何建强等七人的犯罪行为破坏了国家野生动物资源，致使国家财产遭受损失，各

方应承担赔偿责任。相应损失以涉案63只野生候鸟的核定价值认定为44617元,根据各人在犯罪过程中所起的具体作用进行分担,判决何建强、钟德军、方建华、李强犯非法杀害珍贵、濒危野生动物罪,判处有期徒刑六年至十二年不等,并处罚金。龙雪如、龙真、龙启明犯非法狩猎罪,判处有期徒刑一年至二年不等,其中二人缓刑二年。由何建强等七人共同向岳阳市林业局赔偿经济损失人民币44617元。

典型意义

本案系非法猎捕、杀害珍贵、濒危野生动物刑事附带民事诉讼案件。刑罚是环境治理的重要方式,面对日趋严峻的环境资源问题,运用刑罚手段惩治和防范环境资源犯罪,加大环境资源刑事司法保护力度,是维护生态环境的重要环节。本案发生于东洞庭湖国家级自然保护区内,在检察机关提起公诉的同时,由环境资源主管部门提起刑事附带民事诉讼、检察机关支持起诉,依法追究行为人刑事责任和民事责任,具有较高借鉴价值。一审法院在认定七名被告人均具有在自然保护区内投毒杀害野生候鸟的主观犯意前提下,正确区分各自的客观行为,根据主客观相一致原则对七名被告人分别以杀害珍贵、濒危野生动物罪和非法狩猎罪定罪;并根据共同犯罪理论区分主从犯,分别对七名被告人判处一年至十二年不等的有期徒刑,部分适用缓刑,既体现了从严惩治环境资源犯罪的基本取向,突出了环境法益的独立地位,又体现了宽严相济的刑事政策,充分发挥了刑法的威慑和教育功能。此外,本案不仅追究了被告人杀害野生候鸟的刑事责任,还追究了被告人因其犯罪行为给国家野生动物资源造成损失的民事赔偿责任,对环境资源刑事犯罪和民事赔偿案件的一并处理具有较好的示范意义。

点评专家

秦天宝,武汉大学法学院教授

点评意见

本案中司法机关依法对非法捕杀珍贵、濒危野生动物的犯罪行为进行打击,不仅体现了我国司法机制惩治环境犯罪行为、保护生态环境的积极意义,而且对今后我国环境司法专门化的进一步发展具有积极意义。

首先,本案体现了打击环境违法行为中的多部门协作。本案中,湖南省东洞庭湖自然保护区管理局发现犯罪行为后立即将该案移交岳阳市森林公安局办理。公安机关积极进行案件侦办和移送工作,并由检察机关依法提起公诉,最终由法院依法作出判决。同时,检察机关还派员支持了由岳阳市林业局提起的刑事附带民事诉讼。行政机关、公安机关、检察机关、审判机关等多部门的协作配合不仅有效打击了环境违法行为,而且也代表了新时期我国环境司法机制的发展方向。其次,本案提升了公众保护环境、特别是野生动物的意识。本案中人民法院依法对环境犯罪行为进行了判决，不仅使违法行为人得到了应有的处罚，而且证据鉴定、法律适用等内容向公众呈现了我国司法机关保护生态环境的具体运行机制。同时，人民陪审员的加入以及开庭审理的方式体现了司法机关保障公众参与环境保护的权利，进而提升了公众的环境保护意识。最后，本案积极探索了生态环境修复机制。在附带民事赔偿部分，法院判决被告赔偿其违法行为造成的国家野生动物资源损失。虽然单纯的经济赔偿难以完全填补和修复生态环境损失，但本案判决体现了我国环境司法实践的积极探索，对于建立健全我国的生态环境修复机制具有重要意义。

4. 吕金奎等 79 人诉山海关船舶重工有限责任公司海上污染损害责任纠纷案

基本案情

2010 年 8 月 2 日上午，秦皇岛山海关老龙头东海域海水出现异常，秦皇岛市环境保护局的《监测报告》显示，海水悬浮物含量 24mg/L、石油类 0.082mg/L、铁 13.1mg/L。大连海事大学海事司法鉴定中心出具《鉴定意见》，结论为，2010 年 8 月 2 日山海关老龙头海域[靠近山海关船舶重工有限责任公司(以下简称山船重工公司)]存在海水异常区；海水水质中污染最严重的因子为铁，对渔业和养殖水域危害程度较大；根据山船重工公司系山海关老龙头附近临海唯一大型企业，修造船舶的刨锈污水中铁含量很高，一旦泄漏将严重污染附近海域，推测出污染海水源地系山船重工公司。吕金奎等 79 人系长期在山海关老龙头海域进行扇贝养殖的养殖户，诉请法院判令山船重工公司赔偿养殖损失 20084940 元。

裁判结果

天津海事法院一审认为：吕金奎等 79 人的委托诉讼代理人所做的调查笔录仅有被调查人陈述，未能提供现场的客观记录予以佐证；《鉴定意见》所依据的卫星图像不能证明养殖区域在 2010 年 8 月 2 日上午 10 时遭受污染，判决驳回吕金奎等 79 人的诉讼请求。吕金奎等 79 人上诉至天津市高级人民法院。天津市高级人民法院二审认为：大连海事大学海事司法鉴定中心具备相应的鉴定资质，选用卫星遥感监测技术具有科学性，《鉴定意见》与其他证据相互佐证，可以证实山船重工公司实施了向海水中泄漏含铁量较高污水的行为、涉案 79 人中的王丽荣等 21 人从事扇贝养殖且养殖区域遭受污染，以及山船重工公司的污染行为和王丽荣等21人损害之间可能存在因果关系等三项事实。吕金奎等其余58人未能完成证明责任。关于山船重工公司提出铁物质不属于评价海水水质的标准，其行为不属于环境污染侵权行为的问题，二审法院认为，环境标准并非判断某类物质是否造成损害的唯一依据，依据环境保护部门意见，鉴定人作出的涉案海域水质中铁物质对渔业和养殖水域危害程度较大的评价，可以作为确定铁物质能够致害的依据。山船重工公司未能完成证明本案存在法律规定的不承担责任或者减轻责任的情形以及行为与损害之间不存在因果关系的证明责任，应承担赔偿责任。综合王丽荣等21人养殖行为不具有合法性的事实以及《鉴定意见》确定的污染物有三类，其中山船重工公司排放的铁物质对水质污染最严重的结论，判决山船重工公司对王丽荣等21人养殖损失承担40%的损害赔偿责任，共计1377696元。宣判后，山船重工公司主动履行了全部判决内容。

典型意义

本案系海洋环境污染损害赔偿纠纷案件。近年来，伴随着经济社会的快速发展，新型污染物时有出现，由此引发的纠纷日益受到关注。在未纳入环境标准的物质致损情况下，该物质是否属于环境污染责任中的“污染物”以及是否构成环境污染侵权成为法院审理案件的难点。本案在正确分配举证责任的基础上，针对山船重工公司提出的铁物质不属于评价海水水质的标准，其行为不属于环境污染侵权行为的抗辩理由，综合考虑相关环境标准未及时更新和具备专业资质的鉴定人出具的鉴定意见，认定山船重工公司应就其污染行为承担侵权责任，确立了环境污染责任中“污染物”应界定为一切能够造成环境损害的物质，排放未纳入环境标准物质致损亦构成环境污染侵权的裁判规则，依法规范了生产企业的行为，对类似案件审理起到了较好的示范作用。

点评专家

邓海峰，清华大学法学院副教授

点评意见

本案系海上污染损害纠纷案件。近年来，伴随着经济社会的快速发展，新类型污染物时有出现，由此引发的纠纷日益受到关注。与同类新案件相比，本案的特殊性主要体现在以下三个方面：其一，在受害人不持有海域使用权许可证及养殖许可证等实体权利存在瑕疵的情况下，是否应当提供救济及如何救济？其二，发生未纳入环境标准的物质致损，对该物质是否属于环境污染责任中的“污染物”应如何认定？其三，重要证据存在一定瑕疵时，对其证明力应当如何判断？针对上述三个问题,二审法院分别通过对法律条文的目的性解释、对环境标准内容与效力的动态评价、对证据证明力的辩证分析等严谨的方法,得出了具有公信力的结论。二审法院以成本损失为据确定海域使用权缺失情况下扇贝损失的计算方法、以“一切能够造成环境损害的物质”为基准确立的“污染物”认定规则及以相关佐证作为媒介判定“鉴定结论”等重要证据证明力的证据认定方式,均为审理海上污染损害纠纷案件探寻出了有益的裁判基准。本案的妥善处理,依法规范了企业的生产行为,有效衡平了当事人的合法利益,积极探索了涉海污染侵权案件的审理规则,对类似案件审理起到了重要的示范作用。

5. 倪旭龙诉丹东海洋红风力发电有限责任公司环境污染侵权纠纷案

基本案情

倪旭龙于 1993 年建温室养殖场养殖中华鳖。2000 年 3 月,丹东海洋红风力发电有限责任公司(以下简称海洋红公司)在倪旭龙养殖场周边村落建成大规模风力发电机组,其中两组发电机位于养殖场附近。一组位于养殖场东南约 100 米处,另一组位于养殖场西北 400 ~ 500 米处。2000 年 9 月后倪旭龙养殖的中华鳖大量死亡。2001 年 7 月 25 日,倪旭龙自行委托监测站针对海洋红公司对倪旭龙中华鳖生产影响进行了论证,结论为:风力发电机叶轮转动投影及噪声扰乱改变了温室大棚中中华鳖所需的安静生活环境,而且这种惊扰正值中华鳖繁殖、发育和生长期间,导致了一系列不良后果。倪旭龙针对所致损失,又委托评估鉴定,结论为损失总计 1637966 元。辽宁省丹东市中级人民法院委托渔业生态监测中心针对“丹东海洋红风力发电厂对室内养殖中华鳖生长影响”进行现场试验鉴定,渔业生态监测中心出具鉴定报告,结论为:试验现场的噪声、电磁辐射以及转动的阴影,不会对中华鳖的存活和生长造成影响。农业部渔业局资源环保处出具证明材料认为:渔业生态监测中心“关于风车的噪声、电磁辐射、转动阴影等因素对中华鳖的存活和生活影响的试验鉴定”已超出该局核发的《渔业污染事故调查鉴定资格证书》的业务范围。农业部渔业局针对一审法院就相关问题的咨询函答复:“渔业生态监测中心持有我局颁发的《渔业污染事故调查鉴定资格证书》(甲级),具有渔业污染事故调查资格。”倪旭龙诉请海洋红公司赔偿其养殖的中华鳖损失 1637966 元。

裁判结果

辽宁省东港市人民法院一审认为,因环境污染引起的损害赔偿诉讼,由加害人就法律规定的免责事由及行为与损害结果之间不存在因果关系承担举证责任。渔业生态监测中心作出的鉴定报告结论为:"试验现场的噪声、电磁辐射以及转动的阴影,不会对中华鳖的存活和生长造成影响。"倪旭龙虽对此提出异议,但农业部渔业局已复函证实渔业生态监测中心具有渔业污染事故调查资格,故对该鉴定报告内容予以采信,判决驳回倪旭龙的诉讼请求。二审法院维持一审判决。辽宁省高级人民法院再审认为,根据《最高人民法院关于民事诉讼证据的若干规定》第四条规定,因环境污染引起的损害赔偿诉讼,由加害人就法律规定的免责事由及行为与损害结果之间不存在因果关系承担举证责任。本案存在发生损害的事实,且海洋红公司客观上实施风力发电所产生的噪声、光影及电磁可能会形成环境污染,海洋红公司应当就倪旭龙饲养的中华鳖死亡与其实施的风力发电行为之间不存在因果关系承担举证责任。渔业生态监测中心虽作出鉴定意见认为现场的噪声、电磁辐射以及转动的阴影,不会对中华鳖的存活和生长造成影响。但农业部渔业局资源环保处答复认为,渔业生态监测中心"关于风车的噪声、电磁辐射、转动阴影等因素对中华鳖的存活和生活影响的试验鉴定"已经超出核发的《渔业污染事故调查鉴定资格证书》的业务范围。农业部渔业局虽答复称,渔业生态监测中心具有渔业污染事故鉴定资质,但并未对本案噪声、电磁辐射、转动阴影等因素对中华鳖的影响是否系渔业生态监测中心的鉴定范围作出实质性答复。本案应当认定渔业生态监测中心不具有涉及本案环境污染因素的鉴定资质。案涉环境污染损害纠纷,是基于风力发电产生的噪声、光影及电磁造成的新类型环境污染,不属于一般意义上的渔业水域污染,仅具有渔业污染鉴定资质的机构所出具的鉴定结论不能作为定案的依据。中华鳖属于对噪声及光影敏感生物,而本案中风力发电机最近一组机组距离养殖场仅100米,不符合规范要求。《辽宁省风力发电厂生态建设管理暂行办法》可以印证中华鳖死亡与风力发电机所产生的噪声、转动阴影、电磁辐射等因素具有一定因果关系。本案海洋红公司未完成中华鳖死亡与其实施的风力发电行为之间不存在因果关系证明责任,应承担相应的民事责任。辽宁省高级人民法院再审判决撤销一、二审判决,改判海洋红公司承担本案损失的80%民事责任,即赔偿倪旭龙经济损失1310327.8元。

典型意义

本案系因风力发电产生的噪声、光影及电磁造成损害的新类型环境污染侵权纠纷。噪声是风力发电场典型的污染因素。光影的影响,虽未明确作为环境污染的类别,但与光污染类似,且相关研究表明风电场光影的规律性变化和晃动可能对居民和敏感生物产生影响,是可致污染的重要因素。关于电磁波污染,由于风力发电的原理即在于利用风力使得叶片带动磁场转动,由磁场能量转化为电能,在此过程中会产生磁场或电磁波的负面影响,也是已知的可能污染源。本案再审法院根据案件系风力发电厂噪声、光影及电磁致损的新类型污染的特点,综合相关部门就鉴定资质出具的证据,对于鉴定机构的鉴定资质进行了审查判断,未予采信鉴定意见,同时依据风力发电机组与养殖场的距离、风力发电厂生态建设相关规范文件,结合中华鳖的习性,认定了风力发电产生的噪声、光影及电磁与中华鳖的死亡具有一定的因果关系,体现了环境资源审判中对于专业性问题审查判断的特殊性,对于准确认定污染行为和损害的因果关系具有一定示范意义。

点评专家

侯佳儒,中国政法大学教授

点评意见

本案的争议焦点是中华鳖死亡与海洋红公司实施的风力发电行为之间是否存在因果关系。对此,虽一审、二审法院未予认定该因果关系,但再审法院通过对鉴定机构资质的判断以及综合案件具体情况认定该因果关系存在,是正确的。侵权法上,加害行为与损害结果间的因果关系有两个特征:一是该因果关系具有客观性,符合自然科学上的因果规律;二是该因果关系认定具有主观性,一个社会内在的文化观念、习俗伦理、立法政策都影响该因果关系的认定。法律上的因果关系认定不仅依赖自然科学知识,还依赖法学的价值判断。本案存在对鉴定机构资质出具的两份结论相悖的意见,人民法院在采信证据方面没有依赖鉴定意见,而是在审查鉴定机构资质确定不予采信鉴定意见基础上,从规范要求和侵权行为的特殊性出发,依据风力发电机最近一组机组距离养殖场仅100米,选址违反法律规定等因素,对于因果关系予以认定,体现了法学的价值判断对于认定因果关系成立与否的重要意义。

6. 江西星光现代生态农业发展有限公司诉江西鹰鹏化工有限公司大气污染责任纠纷案

基本案情

2014年6月,江西鹰鹏化工有限公司(以下简称鹰鹏公司)在生产中因故导致生产废气泄漏,致使江西星光现代生态农业发展有限公司(以下简称星光公司)苗木叶面受损,星光公司根据资产评估报告自行按比例计算损失为3742600.1元,据此诉请判令鹰鹏公司赔偿苗木损失。

裁判结果

江西省赣州市中级人民法院一审认为,鹰鹏公司作为侵权人应当承担侵权责任,赔偿星光公司因此造成的损失,星光公司根据资产评估报告自行按比例计算损失为3742600.1元,因其委托资产评估机构所作的资产价格评估不属损失鉴定,评估报告亦未对其苗木损失作出鉴定意见,不能达到其证明损失数额的证明目的,故参照当地林业部门的建议补偿标准,结合星光公司受损苗木面积、品种、树龄等本案实际情况,判令酌定由鹰鹏公司向星光公司赔偿损失共计160000元。江西省高级人民法院二审认为,涉案资产评估报告可信程度较高,该评估报告虽未直接给出星光公司的受损价值金额,但根据该评估报告确定的资产评估价值,结合会昌县林业局出具的《关于江西会昌县鹰鹏公司废气污染林业苗木受害情况调查报告》,可以计算出星光公司的受损价值金额,会昌县林业局《2014年鹰鹏污染事故林业苗木受损情况调查登记表》中载明了星光公司因案涉污染事故而受损苗木的树种、苗龄、面积、株数、受害程度(分轻度、中度、重度三个等级)等具体信息,评估机构的《苗木资产评估明细表》对应《2014年鹰鹏污染事故林业苗木受损情况调查登记表》中载明的受损苗木的树种作出了单项评估价值,两者相结合并扣除必然发生的税费和交易成本,可以计算出星光公司的受损总值为1363217.29元,据此改判由鹰鹏公司赔偿星光公司因废气污染造成的苗木损失1363217.29元。鹰鹏公司不服二审判决,向最高人民法院申请再审。最高人民法院认为,二审判决根据有资质机构作出的资产评估报告,以受损苗木的总资产价值7492147元为基础,酌定扣减涉案苗木的实际交易成本和税费,并参照林业局评估报告中林木受损等级划分标准,取75%、35%、15%三个较低数值作为重度、中度、轻度三种损害程度的计算比值,得出星光公司苗木损失为1363217.29元,该计算方法公允、客观,事实依据充分。最高人民法院裁定驳回了鹰鹏公司的再审申请。

典型意义

本案系环境民事侵权案件,人民法院在能动性地计算环境侵权损失数额方面进行了积极有益的探索。环境侵权诉讼具有举证难、损失鉴定难的特点,在环境侵权行为和损害已经实际发生,但受害人难以举证证明损失具体数额的情况下,法官应当注重适度发挥职权作用,根据已有证据进行认定,以救济受害人的合法权益,倒逼污染者强化环境保护意识,预防环境损害的发生。本案是在两次委托鉴定未果的情况下,二审法院根据评估机构的评估报告、林业部门的调查材料,秉持衡平双方当事人利益的理念确认星光公司受损金额,具有公平合理性,对于无法鉴定情况下计算环境侵权损失具有一定的借鉴意义。

点评专家

周塞军,中华全国律师协会环境、资源与能源法专业委员会主任

点评意见

在比较典型的有毒气体排放导致损害赔偿的侵权案件中,案件的侵权事实部分一般没有太大的争议,侵权的行为与结果发生的因果关系争议也不大,但是赔偿的范围和额度往往成为当事人争讼的焦点问题,各地的判决结果也存在差别。

法院如何认定和采信鉴定机构对损害赔偿的鉴定报告,是本案的核心问题。在实践中,环境侵权案件的鉴定意见往往是关系到责任认定和赔偿额度的关键证据,但各级法院对鉴定意见的采信持比较慎重的态度。这是由于我国环境侵权案件的鉴定工作也是刚刚开始,鉴定机构的设置和工作开展,确保鉴定意见真实、合法、有效的鉴定规则,鉴定人资质要求,鉴定人的职业道德,鉴定的法律依据和技术标准,鉴定结果的权威性都在逐步的建立和制度完善之中,社会对环境损害赔偿也有一个逐步认识和接受过程。此外对于法院在审判过程中审查鉴定意见的规则也需要不断完善。应该说本案鉴定报告对基本事实的范围、鉴定技术方法是有价值的,但单独的鉴定报告并没有解决全部问题。因此法院在评判鉴定报告时,将其与林业局《关于鹰鹏公司废气污染林业苗木受害情况调查报告》和其他证据相结合,得出了赔偿范围和价值,较好地解决了案件争议。

7. 中华环保联合会诉谭耀洪、方运双环境污染民事公益诉讼案

基本案情

2011 年 8 月,方运双将其承包的两个鱼塘转租给谭耀洪。当年 9 月 1 日至 3 日,谭耀洪向其中一个面积为 0.75 亩的鱼塘倾倒不明固体污泥 110 车。之后,方运双收回鱼塘,撒上石灰后继续养鱼。2011 年 9 月 14 日,广州市白云区环境保护局到上述被倾倒污泥的鱼塘进行现场检查取样。经检测,确认该鱼塘铜和锌超过相应限值。中华环保联合会诉请法院判令谭耀洪、方运双共同修复鱼塘至污染损害发生前的状态和功能,或承担恢复鱼塘原状所需的环境污染处理费 4092432 元,广

州市白云区人民检察院作为支持起诉人支持中华环保联合会提起诉讼。

裁判结果

广州市白云区人民法院一审认为,中华环保联合会作为专门从事环境保护公益活动的全国性、非营利性社团组织,对危害社会公益的行为提起公益诉讼,为当地百姓消除环境污染损害,对其积极维护公共利益的行为予以赞许。双方对于谭耀洪向涉案鱼塘倾倒不明固体污泥、造成环境污染的事实均无异议,对该侵权事实予以认定。如果污染源没有清理,重金属通过食物链的浓缩和富集会对鱼塘及周边环境形成持续的污染危害。方运双既未证明鱼塘倾倒污泥前已经受到污染,也未证明污染损害已经消除。遂判决谭耀洪、方运双共同修复涉案鱼塘到本次污染损害发生之前的状态和功能;逾期未修复的,由环保部门指定具有专业清污资质的机构代为修复,修复费用由谭耀洪与方运双共同承担,并相互负连带责任。广州市中级人民法院二审认为,中华环保联合会作为专门从事与环境相关活动的非营利性社会团体,依法有权对损害社会公共利益的行为提起环境民事公益诉讼;广州市白云区人民检察院作为国家法律监督机关,在社会公共利益遭受损害的情况下,支持中华环保联合会提起环境民事公益诉讼,具有合法性和正当性。谭耀洪倾倒污泥的行为造成鱼塘污泥中的铜、锌重金属超标,损害了社会公共利益,构成环境污染侵权,其依法应承担相应的法律责任。本次污染的损害后果是由谭耀洪倾倒污泥的行为和方运双出租鱼塘的行为直接结合所共同导致的,故二人构成共同侵权,应当承担连带责任。谭耀洪直接倾倒污泥导致污染的发生,其对损害结果的发生起到主要作用;而方运双仅为倾倒污泥提供场所和便利,且在事后积极向村委会反映情况,配合村委会阻止了谭耀洪的继续倾倒行为,其行为对损害结果的发生仅起到次要作用,故酌情确定谭耀洪承担80%的责任,方运双承担20%的责任。修复鱼塘属于谭耀洪和方运双履行生效法律文书所确定的行为义务,如果二人逾期未履行,应当由人民法院选定代为修复的机构,而非由环保部门指定。二审法院对谭耀洪、方运双的责任分担以及代履行机构的选定等内容进行改判。

典型意义

本案系倾倒固体废物污染水体的环境民事公益诉讼案件。本案由社会组织作为原告、检察机关支持起诉,弥补了个体受害者难以应付专业性强、案情复杂的环境侵权诉讼的不足和环境公益救济主体的缺失,无论对个体权益还是对社会公共利益的保护都非常必要和及时。本案环境污染的后果是鱼塘污泥中的铜、锌重金属超标,侵权行为所对应的环境权益是公众享有无害水产品和清洁水环境的权益,虽然没有证据显示已有特定主体因此受到重金属的毒害,但是二审判决基于“超过最高容许含量的重金属会通过食物链进一步浓缩和富集,并最终毒害人体”的原理认定污染行为"造成损害",符合环境污染损害的特点,对于审理固体废物污染案件具有一定示范意义。

点评专家

郑少华,上海财经大学法学院院长

点评意见

环境问题日趋严重,司法机关如何应对?近几年来,随着生态文明建设的强力推进,司法机关在环境资源审判专门化,环境公益诉讼等方面都采取了一些突破性的措施。作为个案,本案的裁判较为典型地反映了司法机关全面应对环境问题,实施强有力的司法救济。首先,采取民事公益诉讼加支持起诉的方式,弥补公益保护之不足。在本案中,由中华环保联合会作为原告,检察机关支持起诉,以专门从事环境保护活动的社会组织提起公益诉讼与法律监督机关支持起诉相结合的方式,将"分散化"的不特定多数人的利益以公益聚合在一起,以对抗通过"专业化"和"商业化"聚合而形成的侵权人,通过法庭控辩双方对等博弈,最终保护了社会公共利益。其次,确定共同被告,建立完善的追责机制。本案依据二被告行为结合产生损害的事实,将鱼塘承包人方运双与污泥倾倒者谭耀洪确定为共同被告,在判定二被告共同侵权,负连带责任的基础上,细化了责任比例。这样,既凸显责任分担比例,又通过连带责任使追责机制得以完善。最后,通过举证责任转移、申请评估人员作证等程序与相关制度,构建完整的审理机制,体现了环境侵权案例审理的复杂性与专业性。

8. 邓仕迎诉广西永凯糖纸有限责任公司等六企业通海水域污染损害责任纠纷案

基本案情

2012年4月29日至5月25日,广西横县郁江六景至飞龙河段连续发生多起网箱养殖鱼类死亡事故,邓仕迎是遭受死鱼事故的养殖户之一。事故河段是横县人民政府为保护重点流域水质和饮用水源安全而划定的禁止网箱养殖水域,邓仕迎未持有合法有效的《水域滩涂养殖许可证》。死鱼事件发生后,当地渔业管理部门和环保部门对死鱼原因开展调查,认为溶解氧偏低是主要原因。邓仕迎认为广西永凯糖纸有限责任公司等六企业所在的河岸位置均属其养殖河段的上游,且其排污管都是通向郁江,其排污行为直接造成郁江六景至飞龙河段溶解氧过低,从而导致其网箱鱼大量死亡,诉请法院判令六家企业连带赔偿其经济损失、人工费114786元、饲料鱼苗成本302500元,并共同承担本案的诉讼费用。

裁判结果

北海海事法院一审认为,邓仕迎已经举证证明永凯公司、祈顺公司和华鸿公司均排放了可能造成其养殖鱼缺氧致死的污染物,并且该污染物到达了损害发生地,而永凯公司、祈顺公司和华鸿公司未能举证证明其污染行为与邓仕迎的死鱼损害不存在因果关系,故应认定永凯公司、祈顺公司和华鸿公司的排污行为与邓仕迎的养殖损失存在因果关系。邓仕迎在死鱼事故发生时未依法取得养殖证,并不享有使用水域从事养殖生产的权利,其养殖收益不具有合法性,故养殖鱼价值构成中的利润部分及养殖人工费不受法律保护,但其购买的鱼苗、饲养鱼类必要的饲料等成本性投入属于合法民事利益,应当受到法律的保护。对于邓仕迎可受法律保护的养殖损失,强降雨导致各种污染源汇入郁江所输出的有机污染物与损害后果的原因力比例为75%,沿江生产企业正常排放生产废水所输出的有机污染物与损害后果的原因力比例为25%。对于生产企业排污所造成的邓仕迎养殖成本损失23056.13元,永凯公司、祈顺公司和华鸿公司应平均承担赔偿责任。广西壮族自治区高级人民法院二审认为,一审判决认定永凯公司、祈顺公司、华鸿公司的排污行为与邓仕迎养殖的鱼类死亡有因果关系正确。一审法院以行政部门记载的死鱼数据为依据,综合鱼种类、数量、鱼苗市场价格等各方面实际因素,对邓仕迎购买鱼苗的损失进行合理计算,对购买饲料的成本根据养殖惯例进行酌定,尊重客观事实且公平合理。邓仕迎未经相关行政主管部门许可使用全民所有的水域,对其非法占有水域进行养殖而取得的不正当收益损失部分法律不予保护,对其具体实施非法养殖行为所投入的人工费亦不应支持,但其购买的鱼苗、饲料、鱼药等生产成本并无非法性,仍属于合法的民事权益,应予以保护。根据南宁市环保局的报告,从造成死鱼河段溶解氧降低的有机污染物的来源构成来看,沿江生产企业正常排放的生产废水为输出耗氧有机物的来源之一,还存在另外三方面的污染源,一审确定排污企业对邓仕迎可受法律保护的养殖损失应承担25%的责任比例有事实和法律依据。二审判决驳回上诉,维持原判。

典型意义

本案系网箱养殖鱼死亡事件引发的环境污染损害赔偿诉讼。本案被诉排污企业较多,水体污染来源多样,甄别侵权责任主体及判定各主体责任大小是审理的难点。一、二审法院依法适用环境污染侵权的无过错责任原则,认定被告企业的排污虽未超过国家和地方的污染物排放标准,但并不能直接免除其责任;正确分配举证责任，由原告对存在侵权行为、损害以及侵权行为和损害之间有一定关联性承担举证责任，被告对法律规定的不承担责任或者减轻责任的情形及其行为与损害之间不存在因果关系承担举证责任；准确认定责任比例，在数个企业分别排放污水，造成流域性溶解氧急剧下降的情况下，每个企业的污染行为都不足以造成全部损害，难以确定各自责任大小，应当平均承担赔偿责任。本案原告系无证在政府划定的禁止网箱养殖水域进行生产的养殖户，其主张的损失应否支持是本案审理的另一难点。一、二审法院正确处理行政管理和保护合法民事权益的关系，对原告的损失进行细化定性，对不正当收益损失部分及其具体实施非法养殖行为所投入的人工费不予支持，对其购买鱼苗、饲料、鱼药等生产成本的损失赔偿请求予以支持。本案审理思路清晰，对水污染案件的审理具有一定示范意义。

点评专家

张梓太，复旦大学法学院教授

点评意见

对污染水体造成损害的案件，应适用有关环境侵权的特殊规则。但水体污染成因复杂，具有间接性、长期性、潜伏性、滞后性等特点，即使适用特殊规则，要厘清致损原因及责任范围等也殊为不易。环境侵权规则的目的是合理填补受害人的损失，本案较好地把握了这一理念，具体体现在：一是无过错责任与违法性关系的把握上，明确了合法排污仍应承担责任。无过错责任产生的原因不是违反法定或约定义务，而是来自于法律的直接规定，因而违法性不应纳入考量因素。二是在举证责任的分配上，准确把握了举证责任倒置规则，原告仍需承担初步的证明责任，且举证程度需达到一定的概然性。三是在损害范围的确定上，本案没有直接探寻单个污染行为对损害结果的影响，而是首先明确了不同类型的污染源的致损原因力，进而在同一类型的污染源排放企业间划分责任，较好的解决了污染源复杂所导致的责任确定困境。

水污染案件的另一特殊性在于所侵害权益的把握上。民事法律所保护的民事权益不包括非法民事利益。我国水资源属于国家所有，个人利用水资源，必须依法进行。本案中原告未取得养殖证，不享有受到物权法保护的养殖收益权，其养殖收益不具正当性，不属于民事权益。但原告购买鱼苗、饲料、鱼药等并不违法，在因污染受损后应予以救济。

9. 海南桑德水务有限公司诉海南省儋州市生态环境保护局环保行政处罚案

基本案情

2013 年 6 月 5 日,海南省环境监测中心站出具琼环监字〔2013〕第 153 号《监测报告》(以下简称 153 号《监测报告》)。儋州环保局根据该《监测报告》,认为海南桑德水务有限公司(以下简称桑德水务公司)涉嫌违法排放水污染物,于 2014 年 4 月 16 日拟对桑德水务公司作出行政处罚。桑德水务公司在法定期限内未提出陈述、申辩和听证的申请。同年 6 月 16 日,儋州环保局作出被诉儋土环资罚决字〔2014〕47 号《行政处罚决定书》(以下简称 47 号处罚决定),对桑德水务公司处以 2013 年 5 月应缴纳排污费二倍的罚款 177719 元。儋州市人民政府经复议后对 47 号处罚决定予以维持。桑德水务公司不服,遂诉至法院,请求撤销 47 号处罚决定。

裁判结果

海南省儋州市人民法院一审认为,儋州环保局作为儋州市环境保护工作的行政主管部门,具有对本辖区内违法排放水污染物的行为作出行政处罚的法定职权。根据《环境行政处罚办法》第三十四条规定,采样是本案监测的必经程序。但儋州环保局未能提供采样记录或采样过程等相关证据,无法证明其采样程序合法,进而无法证明送检样品的真实性,直接影响监测结果的真实性。因此,儋州环保局在没有收集确凿证据证实样品来源真实可靠的情况下,仅以海南省环境监测中心站出具的 153 号《监测报告》认定桑德水务公司超标排放废水,主要证据不足。儋州环保局于 2014 年 6 月 16 日同时分别对桑德水务公司 2013 年 1 月 14 日和 5 月 22 日超标排放行为给予二次处罚,程序违法。被诉 47 号处罚决定只给予桑德水务公司罚款,未责令桑德水务公司限期改正,行政处罚行为明显不当。一审法院判决撤销 47 号处罚决定,由儋州环保局承担诉讼费用。海南省第二中级人民法院二审认为,153 号《监测报告》的合法性是审查本案被诉环境行政处罚事实认定是否清楚的基础。由于 153 号《监测报告》的取样程序违法,不能作为认定桑德水务公司存在环境违法行为事实的主要证据。而除 153 号《监测报告》外,儋州环保局没有进行相关调查,并且违反查处分离的规定,程序违法。47 号处罚决定认定事实的主要证据不足,适用法律错误。二审法院判决驳回上诉,维持原判。

典型意义

本案系环保行政处罚纠纷,涉及对环保行政处罚行为所依据证据的审查认定,具有典型性和指导意义。近年来,各级环保行政执法部门加大了生态环境违法案件的行政执法和处罚力度,有效遏制了环境持续恶化的基本态势。但从法院审理环境行政处罚案件情况看,环保行政执法不同程度存在执法不规范,“重结果、轻程序”等问题。环保行政执法部门在环境监测过程中,应重视环境监测程序的合法性,特别是在涉及水污染的环保处罚案件中,被检测标本的取样是否合乎技术规范,直接影响该标本检测结果正确与否。因此,《环境行政处罚办法》专门进行对现场调查取样程序作了规定,要求制作取样记录或者将取样过程记入现场检查(勘察)笔录,并可以采取拍照、录像或者其他方式记录取样情况。由于儋州环保局在一审中未能提供取样记录或取样过程等相关证据,无法证明其取样程序的合法性,故法院认定153号《监测报告》不能作为认定桑德水务公司存在环境违法行为事实的主要证据,依法撤销处罚决定。本案判决体现了人民法院对环保行政执法行为的监督,对于推动环保行政主管部门规范行使行政处罚职权、促进依法行政具有积极作用。

点评专家

竺效,中国人民大学法学院教授

点评意见

本案法院以程序合法性审查行政机关的具体行政行为的合法性。程序合法是依法行政的重要内容。本案中,儋州环保局以海南省环境监测中心站出具的153号《监测报告》认定桑德水务公司超标排放废水,并作出47号行政处罚决定。但儋州环保局却未能提供采样记录或采样过程等相关证据,无法证明其采样程序合法,进而无法证明送检样品的真实性,直接影响监测结果的真实性。儋州环保局环境执法中监测程序违法导致153号《监测报告》亦不具有合法性。可见,环保部门在环境行政执法过程中,尤其是环境监测过程中,应重视执法程序的合法性,摒弃环境行政执法“重结果、轻程序”的思想,规范行使行政处罚职权、促进依法行政。

另外,行政诉讼中行政主体需要提供证据证明其行为的合法性。本案中,由于儋州环保局未能提供采样记录或采样过程等相关证据,而承担诉讼中举证不利的法律后果。可见,环境监测证据的采集与提交对环境行政执法与环境行政诉讼均具有重大影响。随着公民法治意识的提高和环境执法案件量的增长,环境行政诉讼应诉将成为环境行政执法部门的一种“新常态”,事先执法必须重视证据收集的合法性,以及正确认识和对待事后应诉的法定举证义务。

10. 陈德龙诉成都市成华区环境保护局环保行政处罚案

基本案情

陈德龙系个体工商户龙泉驿区大面街道办德龙加工厂业主，自2011年3月开始加工生产钢化玻璃。2012年11月2日，成华区环保局在德龙加工厂位于成都市成华区保和街道办事处天鹅社区一组B－10号的厂房检查时，发现该厂涉嫌私自设置暗管偷排污水。成华区环保局经立案调查后，依照相关法定程序，于2012年12月11日作出成华环保罚字(2012)1130－01号行政处罚决定，认定陈德龙的行为违反《水污染防治法》①第二十二条第二款的规定，遂根据《水污染防治法》第七十五条第二款的规定，作出责令立即拆除暗管，并处罚款10万元的处罚决定。陈德龙不服，遂诉至法院，请求撤销该处罚决定。

裁判结果

成都市成华区人民法院一审认为，德龙加工厂工商登记注册地虽然在成都市龙泉驿区，但其生产加工形成环境违法事实的具体地点在成都市成华区，根据《行政处罚法》第二十条、《环境行政处罚办法》第十七条的规定，成华区环保局具有作出被诉处罚决定的行政职权；虽然成都市成华区环境监测站于2012年5月22日出具的《检测报告》，认为德龙加工厂排放的废水符合排放污水的相关标准，但德龙加工厂私设暗管排放的仍旧属于污水，违反了《水污染防治法》第二十二条第二款的规定；德龙加工厂曾因实施"未办理环评手续、环保设施未验收即投入生产"的违法行为受到过行政处罚，本案违法行为系二次违法行为，成华区环保局对德龙加工厂作出罚款10万元的行政处罚并无不妥；遂判决驳回陈德龙的诉讼请求。成都市中级人民法院二审认为，德龙加工厂的工商登记注册地虽然在龙泉驿区，但相关证据能够证明涉案地点在成华区，根据相关法律规定，成华区环保局具有作出被诉行政处罚的行政职权；陈德龙租赁成华区保和街道办事处天鹅社区厂房的目的是用于德龙加工厂的钢化玻璃生产加工，涉案生产点是否办理工商登记、租赁者是否为陈德龙个人，并不影响涉案生产点的经营主体为德龙加工厂这一客观事实，故成华区

① 本案例适用2008年《水污染防治法》，该法已于2017年6月27日修订。

环保局将德龙加工厂作为处罚对象并无不当;涉案生产点存在私设暗管排放生产污水的违法行为,该生产点所排放的生产污水是否达标并不影响德龙加工厂私设暗管规避监管这一违法事实的成立;成华区环保局在《水污染防治法》第七十五条第二款所规定的幅度内,综合考虑德龙加工厂系二次违法等事实,作出罚款10万元的行政处罚并无不当;遂判决驳回上诉,维持原判。

典型意义

本案系典型的逃避监管和查处的环境违法案件。主要表现在以下方面:一是工商注册地与违法行为发生地不一致,导致监管缺失;二是违法行为实施主体隐藏,导致处罚对象认定困难;三是违法行为和违法后果隐蔽,导致发现和查处困难。对此,在认定执法主体时,一、二审法院依据法律关于违法行为发生地管辖的规定,在查明生产加工形成环境违法事实具体地点的基础上,准确界定了行政职权的行使主体,避免了执法监管的空白。在认定处罚对象时,一、二审法院认为,尽管涉案生产点未办理工商登记,涉案厂房租赁者为陈德龙个人,但根据陈德龙系个体工商户德龙加工厂业主这一事实,以及涉案厂房生产加工的产品与德龙加工厂生产经营范围的关联性,可以认定涉案生产点的实际经营主体为德龙加工厂,违法行为的实施者和被处罚对象应为德龙加工厂,从而避免了违法行为人利用其身份的隐藏性、模糊性逃避监管和处罚。在认定违法行为时,一、二审法院从《水污染防治法》第二十二条的立法目的出发,认为只要存在私设暗管等规避环境执法部门监管的行为,无论其排放的污染物是否达标,是否对环境实际造成了影响,均应受到处罚,从而更加有效地打击规避监管的违法行为。本案的处理有利于揭开该类逃避监管和查处的环境违法行为的面纱,为环保执法部门的执法提供有价值的参考,具有较好的示范意义。

点评专家

李挚萍,中山大学法学院教授

点评意见

私设暗管或者采取其他规避监管的方式排放污染物是一种主观恶性更大的违法行为,其不仅可能导致更严重环境损害后果,而且对监管造成了严重的阻碍及干扰,大大增加了执法的难度和成本。我国《水污染防治法》第二十二条规定:“向水体排放污染物的企业事业单位和个体工商户,应当按照法律、行政法规和国务院环境保护主管部门的规定设置排污口;禁止私设暗管或者采取其他规避监管的方式排放水污染物。”2014年新修订的《环境保护法》第四十二条第四款规定“严禁通过暗管、渗井、渗坑、灌注或者篡改、伪造监测数据,或者不正常运行防治污染设施等逃避监管的方式违法排放污染物。”相关的环境行政处罚规定和司法解释规定只要存在通过暗管、渗井、渗坑、灌注等逃避监管的方式违法排放污染物的行为,不管是否造成损害后果,都视为严重污染环境的行为,执行严格的行政处罚及刑事制裁。本案系典型的逃避监管和查处的环境违法案件,违法行为人不仅有私设暗管排放生产污水的行为,而且在违法实施主体身份上进行隐瞒混淆,法院根据这些重要违法事实所作出的判决对于社会普遍存在的规避监管的环境违法行为有重要的警示作用。

环境资源刑事、民事、行政典型案例新闻通气稿

最高人民法院环境资源审判庭庭长　郑学林

（2017 年 6 月 22 日）

各位记者朋友们：

大家好！今天，我们在这里发布人民法院环境资源刑事、民事、行政典型案例。

近年来，各级人民法院深入贯彻落实党中央和习近平总书记关于加强生态文明建设与绿色发展的决策部署，切实贯彻节约资源、保护环境的基本国策，积极落实创新、协调、绿色、开放、共享新发展理念要求，以现代环境司法理念为引领，通过依法审理环境资源刑事、民事、行政各类案件，充分发挥环境资源审判职能作用，大力弘扬社会主义核心价值观，落实最严格的源头保护制度、损害赔偿制度、责任追究制度，增强公民、法人和其他组织的环保意识，促进绿色发展，建设美丽中国。

各级人民法院坚持罪刑法定原则，注重惩治、教育和预防相结合，全面贯彻宽严相济的刑事政策，充分发挥环境资源刑事审判职能，依法保障自然资源和生态环境安全。2016 年，全国法院共受理各类环境资源刑事案件 20394 件，审结 18874 件，生效判决人数 23727 人。其中，受理环境污染犯罪案件 2072 件，审结 1847 件，生效判决人数 2944 人；受理破坏自然资源犯罪案件 18322 件，审结 17027 件，生效判决人数 20783 人。依法惩处污染环境、破坏资源以及环境资源监管失职的犯罪行为，有效威慑潜在的污染行为人和资源破坏者，教育广大人民群众自觉保护生态环境，合理利用自然资源，防范和减少污染环境、破坏资源犯罪。

各级人民法院秉持保护生态环境和自然资源的裁判理念，坚持损害担责、全面赔偿原则，充分发挥环境资源民事审判职能。2016 年，全国法院共受理各类环境资源民事案件 90769 件，审结 84664 件。其中，受理环境污染和生态破坏侵权纠纷案件 3116 件，审结 2532 件；受理涉自然资源开发利用案件物权、合同、侵权类纠纷案件 87653 件，审结 82132 件。依法保障自然人、法人和其他组织的环境权益和环境公共利益，追究污染环境、破坏资源的民事责任，促进生态环境修复改善和自然资

源合理开发利用。

各级人民法院充分认识行政审判对于合理开发利用自然资源、预防环境污染和生态破坏方面的重要作用,坚持监督和支持并重。2016年,全国法院共受理各类环境资源一审行政案件35177件,结案29126件,既依法监督、及时纠正行政机关的不作为和违法作为,督促环境保护行政主管部门依法履行职责,加强信息公开,又通过对合法行政行为的确认和支持,引导行政相对人遵守环境保护法律法规,依法承担相应责任。

这次发布的十个典型案例涉及非法捕捞水产品,非法杀害珍贵、濒危野生动物案件,大气、海洋、渔业资源污染损害纠纷、环境公益诉讼、环境行政处罚等纠纷,案件涵盖大气、水、渔业、野生动物等环境要素和自然资源,类型包括公益诉讼和私益诉讼,涉及刑事、民事、行政三类案件,对于统一环境资源案件裁判标准,完善审理规则起到了较好的指导作用。其中,湖南省岳阳楼区人民法院审理的何建强等非法杀害珍贵、濒危野生动物罪、非法狩猎罪刑事附带民事诉讼案,法院在认定七名被告人均具有在自然保护区内投毒杀害野生候鸟主观犯意前提下,正确区分各自的客观行为,根据主客观相一致原则和共同犯罪理论区分主从犯予以裁判,既体现了从严惩治环境资源犯罪的基本取向,也体现了宽严相济的刑事政策。倪旭龙诉丹东海洋红风力发电有限责任公司环境污染侵权纠纷案系因风力发电产生的噪声、光影及电磁造成养殖损害的新类型环境污染侵权纠纷,人民法院在确定三种可致环境污染因素的基础上,依法确定鉴定机构并在审查鉴定结论基础上认定了侵权行为和损害后果之间的因果关系,体现了环境污染损害因果关系认定的特殊性。中华环保联合会诉谭耀洪、方运双环境污染民事公益诉讼案系由社会组织作为原告、检察机关支持起诉,弥补了个体受害者诉讼能力的不足,无论对个人权益还是对社会公共利益的保护都非常必要和及时。海南桑德水务有限公司诉海南省儋州市生态环境保护局环境行政处罚纠纷案,涉及环保部门在环境监测过程中监测程序合法性的认定,明确了在取样程序违法的情况下,根据样本作出的监测报告不能单独作为认定被处罚人存在环境违法行为主要证据的裁判规则。

为了更加全面、客观地解读相关案件的裁判要旨,我们邀请了中国人民大学竺效教授,武汉大学秦天宝教授,北京理工大学法学院罗丽教授,中国政法大学侯佳儒教授,清华大学法学院邓海峰副教授,上海财经大学法学院郑少华教授,复旦大学张梓太教授,中山大学李挚萍教授,中华全国律师协会环境、资源与能源法专业委员会主任周塞军等知名专家学者对案件进行点评。我们期望通过发布典型案例,对人民法院依法审理环境资源刑事、民事、行政案件提供一定的示范和指导,促进案件裁判尺度的统一,进一步提升环境资源司法水平。

谢谢各位。

【研讨案例】

任润厚违法所得没收申请案

关键词 刑事 违法所得没收程序 立案审查 公告发布 开庭审理 证明标准 处理结果

裁判要点

1. 检察机关提出没收违法所得申请后，法院应当在立案审查阶段组成合议庭，对没收违法所得申请书载明的犯罪事实和证据进行审查，采用“有证据证明有犯罪事实”的证明标准，查明犯罪相关事实并明确罪名。

2. 没收违法所得申请案件审理阶段，应仅就申请没收的财产与犯罪关联性事实进行审理，采用“高度盖然性”证明标准，查明申请没收财产是否属于违法所得及其他涉案财产等事实。

3. 申请没收巨额财产来源不明违法所得案件中，法院在立案阶段查明有证据证明犯罪嫌疑人、被告人实施了巨额财产来源不明犯罪，审理阶段如没有利害关系人对申请没收的相应财产主张权利，或者虽然主张权利但未提供相关证据、或提供的证据没有达到优势证据证明标准，即可以认定相应财产属于巨额财产来源不明违法所得，裁定予以没收。

4. 没收违法所得申请案件立案后，应当及时发布公告，并向符合受送达条件的犯罪嫌疑人、被告人、利害关系人补充送达公告内容，最大程度上确保利害关系人知悉申请内容。

5. 没收违法所得申请案件的处理结果包括两种情形：一是申请没收财产属于违法所得及其他涉案财产的，除依法应当返还被害人的以外，应当予以没收，二是申请没收的财产不属于违法所得及其他涉案财产的，应当解除查封、扣押、冻结措施。对未与在案查封、扣押、冻结财产发生混同的违法所得及其他涉案财产，不应以在案财产等价返还被害人或等价没收。

相关法条

《中华人民共和国刑事诉讼法》第二百八十条至第二百八十三条

《最高人民法院、最高人民检察院关于适用犯罪嫌疑人、被告人逃匿、死亡案件

违法所得没收程序若干问题的规定》第七条、第九条至第十七条

基本案情

江苏省扬州市人民检察院就本案提出没收违法所得申请后,扬州市中级人民法院依法组成合议庭,经立案审查,认为有证据证明犯罪嫌疑人任润厚实施了受贿、贪污、巨额财产来源不明犯罪,符合立案受理条件,遂于2016年12月9日立案受理,并于同月17日发布公告。公告期间内,任润厚的近亲属任某甲、任某乙、袁某申请参加诉讼。扬州市中级人民法院于2017年6月21日公开开庭审理了本案,利害关系人任某乙、袁某到庭参加诉讼,任某甲因身体原因未到庭。经立案审查阶段和开庭审理,分别查明事实如下:

(一)立案审查查明的事实

1.犯罪嫌疑人任润厚实施受贿犯罪事实

2001年至2013年,任润厚利用担任山西潞安矿业(集团)有限责任公司(以下简称潞安集团)董事长、总经理,山西潞安环保能源开发股份有限公司(以下简称潞安环能公司)董事长,山西省人民政府副省长等职务上的便利,为洪某职务晋升及其亲属到潞安集团工作提供帮助,2011年至2013年,先后三次收受洪某现金人民币(以下如无注明币种同)共计15万元;为肖某职务晋升、调整提供帮助,2007年至2009年,先后三次收受肖某现金共计15万元;2007年,指使下属郭某向潞安环能公司常村煤矿矿长王某甲索要15万元用于贿选;2010年,指使郭某分别向潞安环能公司常村煤矿矿长王某乙、潞安环能公司王庄煤矿矿长肖某索要30万元、25万元用于贿选;2011年,要求潞安集团报销其个人及亲属旅游、疗养费用123.505549万元。以上共计223.505549万元。

2.犯罪嫌疑人任润厚实施贪污犯罪事实

2006年至2007年,任润厚利用担任潞安集团董事长、潞安环能公司董事长职务上的便利,通过其时任秘书毛永红指使潞安集团驻北京办事处主任申某、驻太原办事处主任张某为任润厚贿选购买礼品,安排餐饮、住宿,并将相关费用共计44.16738万元在潞安环能公司报销。

3.犯罪嫌疑人任润厚实施巨额财产来源不明犯罪事实

检察机关冻结任润厚及其亲属任某甲、任某乙、袁某名下的银行存款人民币本金1859.059088万元以及部分外币、物品。截至案发,任润厚及其亲属名下财产和支出共计折合3000余万元,另有珠宝、玉石、黄金制品、字画、手表等物品。任润厚在纪检监察部门调查期间未对上述财产和支出来源作出说明。扣除任润厚夫妇合法收入、任润厚受贿所得以及任润厚亲属能够说明来源的财产,尚有不同币种的存款、现金折合2000余万元及物品100余件,任润厚亲属在侦查、审查起诉阶段均不

能说明来源。

（二）公开开庭审理查明的事实

1. 扣押、冻结财产中，有 30 万元属于犯罪嫌疑人任润厚实施受贿犯罪所得

2007 年至 2009 年，任润厚先后三次在家中收受肖某现金共计 15 万元；2011 年至 2013 年，先后三次在家中及医院病房收受洪某现金共计 15 万元。上述钱款已转变为任润厚及其亲属名下财产，现扣押、冻结在案。

2. 扣押、冻结财产中，有人民币 1265.562708 万元、部分外币以及物品 135 件属于犯罪嫌疑人任润厚实施巨额财产来源不明犯罪所得

任润厚在接受纪检监察部门调查期间，未对其本人及其亲属名下财产来源作出说明。审理期间，作为利害关系人参与诉讼的任润厚亲属均对任润厚实施巨额财产来源不明犯罪所得相应部分财产，即扣押、冻结在案的任润厚及其亲属名下人民币 1265.562708 万元、港币 42.975768 万元、美元 104.294699 万元、欧元 21.320057 万元、加元 1 万元以及物品 135 件，不能说明来源。

3. 扣押、冻结财产中，不包含犯罪嫌疑人任润厚实施受贿、贪污犯罪所得 237.672929 万元

2007 年、2010 年，犯罪嫌疑人任润厚先后实施受贿犯罪所得共计 70 万元，均被直接用于任润厚贿选支出；2011 年，任润厚实施受贿犯罪所得 123.505549 万元，被直接用于任润厚及其亲属外出旅游、疗养支出。2006 年至 2007 年，任润厚实施贪污犯罪所得 44.16738 万元，被直接用于购买任润厚礼品后用于贿选。以上共计 237.672929 万元，与扣押、冻结在案财产未发生混同。

裁判结果

扬州市中级人民法院于 2017 年 7 月 25 日作出（2016）苏 10 刑没初 1 号违法所得没收裁定，裁定没收任润厚实施受贿犯罪所得人民币 30 万元、实施巨额财产来源不明犯罪所得人民币 1265.562708 万元、港币 42.975768 万元、美元 104.294699 万元、欧元 21.320057 万元、加元 1 万元及孳息，以及珠宝、玉石、黄金制品、字画、手表等物品 135 件，上缴国库；驳回检察机关所提没收任润厚实施受贿、贪污犯罪所得 237.672929 万元的申请。

裁判理由

任润厚违法所得没收申请案，是我国第一起因犯罪嫌疑人死亡而进入诉讼程序的省级领导干部职务犯罪案件，也是《最高人民法院、最高人民检察院关于适用犯罪嫌疑人、被告人逃匿、死亡案件违法所得没收程序若干问题的规定》（以下简称《追赃规定》）实施后第一起没收违法所得申请案件。由于违法所得没收程序在我国是一项全新的制度设计，该案各个审理环节，包括没收申请的提出、立案审查、公

告发布、开庭审理、宣判执行,以及各类法律文书制作,都是全新的司法审判实践,对违法所得没收制度的发展以及司法机关办理同类案件具有重要示范、引领意义。

本案审理过程中,主要存在以下需要研究的问题:

(一)如何认定犯罪嫌疑人实施犯罪事实

对犯罪嫌疑人实施犯罪事实的认定是适用违法所得没收程序的前提。在具体案件中,对犯罪嫌疑人实施犯罪事实的认定,可以分解为两个层面:一是制度设计层面,即在哪一阶段由什么主体进行认定;二是实体认定层面,即如何明确认定实施犯罪的证明标准。

1.程序设计:应当组成合议庭在立案受理阶段审查认定

(1)立案受理阶段对实施犯罪事实进行审查认定的原因

《追赃规定》第九条第(一)项将人民法院立案受理没收违法所得申请案件的条件明确为"属于没收违法所得申请受案范围和本院管辖,且材料齐全、有证据证明有犯罪事实"。由上述规定可知,与普通刑事案件立案受理阶段仅进行形式审查不同,没收违法所得申请案件在立案受理阶段除了形式审查还涉及实体内容审查,即还要对犯罪嫌疑人是否实施犯罪的事实、证据进行实体审查。虽然没收违法所得申请案件最终无须定罪,但违法所得没收程序在适用上具有罪名限制,加上不同的犯罪基本构成事实也不同,故在审查认定实施犯罪事实的部分,应当认定具体实施了何种犯罪。

将犯罪事实部分的审查认定提前至立案受理阶段,是《追赃规定》对既有诉讼制度的最大突破。这种制度设计,最直接的动因在于解决因犯罪嫌疑人不在案导致开庭审理存在各种难题,同时将实施犯罪事实的审查关口前移,客观上提高了没收违法所得申请案件的立案受理门槛,有利于尽早发现查封、扣押、冻结是否存在错误,能够一定程度上避免对当事人合法财产侵害的不当扩大。

在没收违法所得申请案件中,如果在开庭审理阶段对实施犯罪事实进行审查认定,一般会面临以下难题:

①开庭前难题。开庭前,是否将检察机关移送法院的刑事部分证据提供给利害关系人及诉讼代理人,如不提供便构成证据突袭,不利于利害关系人诉讼权利的保障,如提供则可能会妨碍正在或者即将进行的刑事侦查。违法所得没收程序是专门适用于犯罪嫌疑人、被告人逃匿、死亡的案件,因犯罪嫌疑人、被告人未到案,刑事部分可能正在侦查或者将来需要进一步侦查。如将刑事部分的证据提供给利害关系人及其诉讼代理人,则容易让逃匿在外的犯罪嫌疑人、被告人掌握侦查情况。即使是犯罪嫌疑人、被告人死亡,也可能存在同案犯逃匿的情况,一旦将刑事部分的证据提供给利害关系人及其诉讼代理人,对正在进行或者将来进行的侦查极为

不利。当然,在有的犯罪嫌疑人、被告人死亡案件中,既不存在犯罪嫌疑人、被告人反侦查的情况,也不存在同案犯的情况,在开庭审理阶段审查犯罪事实部分似不存在上述障碍。然而,没收违法所得申请案件作为一类案件,应当适用统一程式,如果因为个案特殊情况改变诉讼程式,则将会造成违法所得没收程序适用的司法混乱。

②开庭审理过程中难题。不利侦查仅是开庭前的难题,在立案受理阶段进行事实审查还有为避免开庭审理难题的考虑:一是证明犯罪事实的证据是否全部出示,以及是否允许参与诉讼的利害关系人、诉讼代理人就证明犯罪事实的证据进行质证存在难题,如出庭的检察人员在庭审过程中不宣读、出示证明犯罪事实证据,或者虽然宣读、出示,但不允许诉讼参与人提出意见,则对犯罪事实的审理完全流于形式,对查明相关案情起不到实际作用。二是在部分案件中,犯罪嫌疑人、被告人所在国可能将允许犯罪嫌疑人、被告人的诉讼代理人参与诉讼作为协助执行我国法院裁定的条件,在此情况下,如果诉讼代理人就犯罪事实部分提出异议,则其身份与辩护人几乎无异,这样的做法不仅违背了特别程序的本意,而且审判的社会效果也不好。

(2)由审判业务庭组成合议庭进行审查认定的原因

对于普通刑事案件的立案受理,一般由立案庭进行形式审查,然而没收违法所得申请案件涉及事实内容的实体审查,且在犯罪嫌疑人、被告人逃匿案件中,审查认定的是重大犯罪事实(只有重大犯罪才适用违法所得没收程序),故由合议庭审查更为妥当。虽然在犯罪嫌疑人、被告人死亡案件中,违法所得没收程序的适用没有重大犯罪的条件限制,但此类案件,不像逃匿案件那样,一旦裁定错误,犯罪嫌疑人、被告人可以通过归案审理得到救济,因此应当审慎把握犯罪事实的认定,由合议庭进行审查更为妥当。在此前提下,由于实施犯罪事实的认定与申请没收的财产是否属于违法所得及其他涉案财产的认定一脉相承,特别是在巨额财产来源不明犯罪事实中,两者内容有很多交叉重合,故由负责审判的合议庭在立案受理阶段对犯罪嫌疑人、被告人实施犯罪事实进行审查,既有利于合议庭综合把握案件事实,又能节约司法资源。

本案中,扬州市中级人民法院在立案审查期间组成合议庭,对本案犯罪嫌疑人任润厚实施的犯罪事实和证据进行了全面审查,在此基础上,认定了犯罪嫌疑人任润厚实施受贿、贪污、巨额财产来源不明犯罪的事实,切实把好立案审查关,为接下来的开庭审理工作打下了坚实基础。

2. 证明标准:适用“有证据证明有犯罪事实”的证明标准

(1)适用“有证据证明有犯罪事实”证明标准的考虑

由于没收违法所得申请案件中犯罪嫌疑人、被告人未到案,缺少犯罪嫌疑人、被告人供述等直接证据,一般对实施犯罪事实的证明难以符合普通刑事案件证明标准要求。加上此类案件认定犯罪嫌疑人、被告人实施犯罪事实系为确认申请没收的财产是否属于违法所得,而不涉及定罪处罚,故没有必要适用普通刑事案件证据证明标准。据此,《追赃规定》第十条参考国外一些国家的法律制度,从司法实际出发,对"有证据证明有犯罪事实"的证明标准作出明确。根据该条规定,同时具备以下情形,应当认定为"有证据证明有犯罪"事实:一是有证据证明发生了犯罪事实;二是有证据证明该犯罪事实是犯罪嫌疑人、被告人实施的;三是证明犯罪嫌疑人、被告人实施犯罪行为的证据真实、合法。上述证明标准借鉴了《人民检察院刑事诉讼规则(试行)》第一百三十九第二款有关逮捕条件的规定,第(一)项、第(二)项是关于证据关联性的规定,第(三)项是关于证据客观性、合法性的规定。

(2)严格依照降低的证据证明标准对实施犯罪行为准确定性

相比排除合理怀疑标准,"有证据证明有犯罪事实"的证明标准在证明力度和要求上均有所降低,但降低证明标准,并不意味着对实施犯罪事实的认定以及对行为的定性可以模糊、含混。"有证据证明有犯罪事实"是没收违法所得申请案件进入审判的前置条件,也是认定违法所得及其他涉案财产的前提基础,对犯罪事实认定不清、定性不准,可能直接导致申请没收的财产处理不当,直接关涉到违法所得没收程序能否依法适用。因此,在立案受理阶段,人民法院应当严格按照"有证据证明有犯罪事实"的证明标准对有关实施犯罪的事实进行审查并准确定性,把好证据关、事实关、定性关,防止"带病"起诉。

本案中,扬州市中级人民法院经立案审查查明,没收违法所得申请书所载关于犯罪嫌疑人任润厚指使郭某通过肖某套取公款25万元,实施贪污犯罪的事实和定性有误。实际经过是,任润厚指使郭某向肖某索要25万元用于贿选,但对肖某是否套取公款并不知情,也未实际参与。合议庭适用"有证据证明有犯罪事实"证明标准,严格根据证明内容,对任润厚实施的该起犯罪事实和定性进行了更正,将定性由贪污改为受贿。对事实和行为定性的更正有时直接影响到涉案财产的处理:本案如认定任润厚实施了受贿犯罪,其违法所得应当没收,上缴国库;如认定任润厚实施了贪污犯罪,其违法所得应当返还被害单位。本案后因查明任润厚实施上述受贿犯罪所得25万元被其直接用于贿选支出,未与扣押、冻结在案的财产发生混同,由于此类案件不能对在案合法财产进行等价没收,故扬州市中级人民法院裁定驳回了检察机关的相关没收申请。

(二)如何认定申请没收的财产属于违法所得

如何准确区分违法所得及其他涉案财产与犯罪嫌疑人、被告人、利害关系人的合法财产,是没收违法所得申请案件审理的关键。为确保审慎查明申请没收的财产的产权属性,《追赃规定》分别在程序设计和认定标准上作了明确规定。

1. 程序设计:开庭审理阶段审查

由于有关刑事部分的事实和证据已在立案阶段审查,没收违法所得申请案件审理过程中应仅就申请没收财产是否属于违法所得及其他涉案财产进行审理。

根据《追赃规定》第十四条,没收违法所得申请案件按照有无利害关系人、诉讼代理人参加诉讼,可分为开庭审理和不开庭审理两种方式。一是对于有利害关系人申请参加或委托诉讼代理人参加诉讼的,应当开庭审理;二是对于无利害关系人参加诉讼的,不开庭审理。对于利害关系人及诉讼代理人无正当理由拒不到庭,且无其他利害关系人和其他诉讼代理人参加诉讼的,相当于无利害关系人参加诉讼,可以不开庭审理。

对于开庭审理的案件,出庭的检察人员应仅就申请没收的财产属于违法所得及其他涉案财产的事实出示、宣读证据。由于出庭的检察人员不对刑事部分证据进行出示、宣读,利害关系人及其诉讼代理人自然无法对有关犯罪事实及证据提出异议,其仅可以就申请没收的财产属于违法所得及其他涉案财产等相关事实及证据提出意见。

考虑到没收违法所得申请案件中犯罪嫌疑人、被告人完全有可能将来被缉拿归案或者主动到案而适用普通刑事诉讼程序,此类案件的法庭调查应尽可能不妨碍正在或者即将进行的刑事侦查。对于确有必要出示,但可能妨碍刑事侦查的证据,法庭调查应当不公开进行。

本案中,犯罪嫌疑人任润厚的近亲属作为利害关系人申请参加诉讼,扬州市中级人民法院公开开庭审理了本案。庭审过程中,出庭的检察人员、利害关系人围绕申请没收财产是否属于违法所得及其他涉案财产进行了举证、质证和法庭辩论,利害关系人还发表了最后意见。对于任润厚实施受贿、贪污、巨额财产来源不明犯罪事实以及相关证据,未在庭审中进行调查和辩论。

2. 证明标准:申请没收财产范围可能属于违法所得及其他涉案财产

(1)违法所得及其他涉案财产的范围

要审查认定申请没收的财产是否属于违法所得及其他涉案财产,首先应把握违法所得及其他涉案财产的范围。违法所得及其他涉案财产可进一步区分为“违法所得”和“其他涉案财产”两部分。

①违法所得的范围

根据《追赃规定》第六条,通过实施犯罪直接或者间接产生、获得的任何财产,应当认定为“违法所得”;违法所得已经全部或部分转变、转化为其他财产的,转变、转化后的财产应当视为“违法所得”;来自违法所得转变、转化后的财产收益,或者来自已经与违法所得相混合财产中违法所得相应部分的收益,应当视为“违法所得”。

本案中,犯罪嫌疑人任润厚实施犯罪所得钱款与其家庭合法财产混合,大部分被存入银行账户以及用于购买理财产品,因此产生收益中来自违法所得相应部分,应当视为“违法所得”,扬州市中级人民法院据此裁定予以没收。

②其他涉案财产的范围

《刑事诉讼法》《刑事诉讼法解释》《追赃规定》均未对“其他涉案财产”的范围作出明确界定,对“其他涉案财产”的范围,可参照《刑法》的相关规定确定。《刑法》第六十四条规定,犯罪分子违法所得的一切财物,应当予以追缴或者责令退赔;对被害人的合法财产,应当及时返还;违禁品和供犯罪所用的本人财物,应当予以没收。参照该规定,与犯罪具有关联财产被分为“违法所得”和“违禁品和供犯罪所用的本人财物”并列两类,其中“违禁品和供犯罪所用的本人财物”与违法所得没收程序中“其他涉案财产”相互对应。本案未涉及对其他涉案财产的认定及没收。

(2)具有高度可能的盖然性证据证明标准

《刑事诉讼法》第二百八十二条规定,对经查证属于违法所得及其他涉案财产,除依法返还被害人的以外,应当裁定予以没收。该规定仅概括性地对违法所得没收程序处理结果作出规定,而对于“查证属于违法所得及其他涉案财产”应采用何种证明标准则未予明确。

有观点认为,违法所得没收程序中,应当坚持适用与普通刑事案件同一证明标准,检察机关提出证明申请没收财产是违法所得及其他涉案财产的证据应当确实充分,达到排除合理怀疑的程度,才能有效防止该程序被滥用,更好地保障犯罪嫌疑人、被告人的财产权利。《追赃规定》第十七条第一款明确了高度盖然性证明标准。主要基于以下考虑:一是符合立法原意和司法实践需求。由于没收违法所得申请案件中犯罪嫌疑人、被告人逃匿、死亡,在证据收集方面比普通案件一般难度更大,如果坚持遵循“事实清楚、证据确实充分”的证明标准,则大部分没收违法所得申请案件都只能裁定驳回申请,这种结果必然会导致检察机关申请没收的积极性大大降低,最终意味着将刑事诉讼法增设的违法所得没收程序束之高阁,严重背离了立法初衷。二是符合违法所得没收程序的本质特征。违法所得没收程序本质上是对财产权属的确认之诉,这一本质特征决定了其证明标准与普通刑事诉讼程序相比可以有所降低。同时,高度盖然性证据证明标准既适用于检察机关没收违法所得的申请,也适用于利害关系人对申请没收财产主张权利。这种证明标准上的平衡,可以有效避免因为单向适用高度盖然性证据证明标准损害犯罪嫌疑人、被告人、利害关系人合法财产权利。三是借鉴吸收部分国外相关理论研究成果和实践经验。不定罪没收制度最早发源于英国,后在美国、加拿大、澳大利亚、新西兰等英美法系国家得到推广完善。上述国家对于申请没收的财产与犯罪事实的关联性均采用优势证据证明标准。国外多年的理论研究和实践证明,优势证据证明标准对于不定罪没收制度既具有必要性又具有可行性,为我国违法所得没收程序中适用优势证据证明标准提供了借鉴和参考。高度盖然性证据证明标准,在优势证据证明标准基础上,进一步要求证据优势必须达到高度盖然的程度,更加体现了我国司法机关在违法所得及其他涉案财产认定上的审慎和严谨态度。

值得强调的是,“具有高度可能”是《追赃规定》为认定申请没收的财产属于违法所得及其他涉案财产设定的最低证明标准。在具体案件中,检察机关就申请没收的财产与违法所得及其他涉案财产的关联性收集的证据可能已达到排除合理怀疑的标准,远远高于盖然性证据证明标准。本案中,扬州市中级人民法院对申请没收的财产属于违法所得及其他涉案财产的认定基本达到了排除合理怀疑的标准,确保了事实认定准确。

(三)如何在犯罪嫌疑人死亡案件中认定实施巨额财产来源不明犯罪

有观点认为,认定巨额财产来源不明罪一个必不可少的环节是犯罪嫌疑人、被告人对财产来源作出说明,而在犯罪嫌疑人、被告人逃匿、死亡案件中,特别是在犯罪嫌疑人、被告人死亡案件中,犯罪嫌疑人、被告人没有说明财产来源的机会,因此,此类案件无法达到巨额财产来源不明罪认定标准,巨额财产来源不明罪不宜适用违法所得没收程序。

我们认为,《追赃规定》第一条明确将巨额财产来源不明罪列入违法所得没收程序适用罪名,符合刑事诉讼法增设违法所得没收程序的立法本意,且不会因此导致违法所得范围任意扩大,对犯罪嫌疑人、被告人以及利害关系人的合法财产权利造成侵害。法院只要在立案阶段查明有证据证明犯罪嫌疑人、被告人实施了巨额财产来源不明犯罪,审理阶段如没有利害关系人对申请没收的相应财产主张权利,或虽然主张权利但未提供相关证据、或提供的证据没有达到优势证据证明标准,即可以认定相应财产属于巨额财产来源不明违法所得及其他涉案财产,裁定予以没收。主要理由如下:

1. 犯罪嫌疑人、被告人未到案作出说明一般不会影响巨额财产来源不明基本事实的认定。如果在案物证、书证、证人证言等证据足以证明“国家工作人员的财产、支出明显超过合法收入,差额巨大”,那么犯罪嫌疑人、被告人没有到案说明来源一般不会影响实施巨额财产来源不明犯罪的认定。因为此种情形下,犯罪嫌疑人、被告人即使到案对财产、支出明显超过合法收入作出说明,也基本上进一步交代财产具体来源于贪污还是受贿,而非说明财产来源于合法收入,否则证明明显超过合法收入的相关证据就不充分。

2. 违法所得没收程序本质特征决定了巨额财产来源不明犯罪事实证明标准有所降低。巨额财产来源不明违法所得的认定本质上系对明显超过合法收入财产权属的确认,不涉及对犯罪嫌疑人、被告人的定罪处罚,对巨额财产来源不明犯罪事实的证明标准,可以比照普通刑事案件有所降低。特别是在犯罪嫌疑人、被告人逃匿案件中,犯罪嫌疑人、被告人到案后还可以按照普通刑事诉讼程序重新进行审理。因此,降低证明标准未必最终对犯罪嫌疑人、被告人的合法财产权利造成不当侵害,即使造成不当侵害,也可以有相应救济机制矫正。

3. 利害关系人对申请没收的财产主张权利可以起到补充说明财产来源的功能。虽然巨额财产来源不明犯罪事实系在立案受理阶段认定,但这一阶段认定的犯罪事实不要求巨额财产来源不明的数额十分准确,可以综合物证、书证、证人证言,包括犯罪嫌疑人、被告人的近亲属的证言认定。鉴于巨额财产来源不明数额直接涉及违法所得及其他涉案财产的认定,可以在开庭审理过程中通过对证据示证、质证进一步查证。犯罪嫌疑人、被告人的近亲属以及其他利害关系人可以申请参加诉讼,对申请没收的财产(包括巨额财产来源不明)主张权利。查明数额有误的,可以对具体数额进行调整。《追赃规定》第十七条第二款进一步明确,对于申请没收对巨额财产来源不明违法所得,没有利害关系人主张权利,或者虽然主张权利但提供的证据没有达到相应证明标准的情况下,申请没收的财产视为属于违法所得及其他涉案财产。

本案中,法院经立案审查查明,有证据证明犯罪嫌疑人任润厚财产、支出明显超过合法收入,差额巨大,犯罪嫌疑人任润厚在接受纪检监察部门调查期间,未对其本人及亲属名下财产和支出的来源情况作出说明,利害关系人仅对部分物品及冻结个别账户资金说明来源,据此认定了任润厚实施了巨额财产来源不明犯罪事实。开庭审理过程中,利害关系人任某乙对在案冻结其名下账户存款1.1万美元主张权利,提出该款系其父母给其出国留学费用结余部分,因相关留学费用已计入任润厚家庭重大支出,故该留学费用不应再作为任润厚财产重复冻结。法院根据庭审查明的证据,经对该账户存款时间、金额等情况与任某乙留学期间出入境情况的契合程度等方面综合分析,采用高度盖然性证明标准,认为该账户内冻结资金高度可能是任润厚给任某乙留学费用结余,并据此在统计任润厚家庭支出中核减了对应金额,调整了巨额财产来源不明数额。此外,利害关系人未对申请没收任润厚实施巨额财产来源不明犯罪所得其他财产主张权利,或者虽然主张权利但提供的相关证据没有达到相应证明标准,法院据此对任润厚实施巨额财产来源不明犯罪所得进行了认定,并裁定予以没收。

关于对任某乙所提留学费用结余部分应当如何核减问题,曾有观点认为,任某乙接受任润厚给予的留学费用后既取得该款所有权,该款结余部分亦应属任某乙的个人财产,且该笔留学费用统计在任润厚家庭重大支出中,在认定任润厚实施巨额财产来源不明犯罪所得财产时已作考虑,故对该笔留学费用结余资金应当解除冻结。我们认为,本案现有证据证明该账户资金流向明确,能够认定相关账户资金系任润厚给予任某乙留学费用的结余,故该笔钱款属于任润厚现有财产,不应解除冻结,相应金额应在统计任润厚家庭支出中予以扣减。扬州市中级人民法院据此对利害关系人任某所提主张的评判意见及处理方式是正确的。

(四)如何公示催告犯罪嫌疑人近亲属及其他利害关系人行使权利

《追赃规定》通过明确公告发布时间、方式及内容,最大程度上使利害关系人能够知晓没收违法所得申请事项。发布公告是没收违法所得申请案件审理的必经程序。公告除了对犯罪嫌疑人、被告人具有告知的功能外,还有发现利害关系人,以及公示催告利害关系人申请参加诉讼的功能。

为最大程度上确保公告内容为当事人知晓,在传统公告方式基础上,《追赃规定》对公告发布及张贴明确了具体要求:没收违法所得申请案件立案后,应当十五日内在全国公开发行的报纸、信息网络等媒体和最高人民法院的官方网站刊登、发布公告;必要时,公告可以在犯罪地、犯罪嫌疑人、被告人居住地或者被申请没收财产所在地张贴。同时,为进一步确认受送达人知悉公告内容,确保其诉讼权利得到充分保护,《追赃规定》明确,对于已经掌握境内利害关系人联系方式的,应当直接送达;直接送达有困难的,可以委托送达、邮寄送达;经受送达人同意,可以采取传真、电子邮件等能够确认其收悉的方式告知其公告内容,并记录在案。

本案中,扬州市中级人民法院于 2016 年 12 月 6 日决定对本案立案受理,同年 12 月 17 日,在人民法院报及最高人民法院官方网站发布了公告,并将公告内容分别直接送达给利害关系人任某甲、任某乙以及袁某。由于本案在发布公告时《追赃规定》还没有颁布实施,公告内容如严格按照《追赃规定》标准要求,仍有可进一步完善之处。但从发布公告时间、方式以及送达情况来看,起到了公示催告利害关系人的作用,能够体现对利害关系人合法权利的充分保护。

(五)能否等价没收直接用于消费支出而未与扣押、冻结在案财产发生混同的违法所得

根据《刑事诉讼法》第二百八十二条,人民法院经审理,对经查证属于违法所得及其他涉案财产,除依法返还被害人的以外,应当裁定予以没收;对不属于应当追缴的财产的,应当裁定驳回申请,解除查封、扣押、冻结措施。该规定与《刑法》第六十四条规定不同,对不属于应当追缴的财产仅规定了“应当裁定驳回申请,解除查封、扣押、冻结措施”,而未规定“责令退赔”处理办法。本案中,法院经公开开庭审

理查明,检察机关申请没收犯罪嫌疑人任润厚受贿、贪污违法所得中,230余万元系任润厚为特定用途索要、套取,相关款项均被直接用于支付贿选及旅游疗养费用。对于该230余万元是否应裁定没收,有观点认为,由于钱款属于种类物,任润厚收受钱款即直接转化为其个人财产,其贿选等支出费用亦应系其总资产中支出,现在案扣押、冻结款物价值远超过任润厚合法收入与犯罪所得总和,故其上述受贿、贪污犯罪所得230余万元,具有高度可能包含于在案扣押、冻结钱款中,依法应予没收。

我们认为,对该230余万元不能裁定没收。本案现有证据足以证明任润厚上述实施受贿、贪污犯罪所得230余万元被直接用于贿选以及旅游疗养费用支出,未与任润厚家庭财产混同,亦未包含在检察机关查扣、冻结财产之中,任润厚收受、套取的相关钱款用途特定,流向明确,该钱款并未与任润厚其他财产发生混同,依照相关法律及司法解释规定,不能对任润厚合法财产等价没收。扬州市中级人民法院据此驳回检察机关相应没收申请的处理是正确的。

本案系《追赃规定》颁布实施后宣判的第一起因犯罪嫌疑人死亡而适用违法所得没收程序的省级干部职务犯罪案件,体现了党和国家依法惩治腐败和对赃款赃物一追到底的坚强决心和鲜明态度,对腐败犯罪分子"牺牲一人,幸福全家"的潜在心理造成有力震慑。同时,本案立案审查、发布公告、开庭审理以及各类裁判文书制作都是全新的司法实践活动,对违法所得没收制度的发展以及同类案件审判具有重要参考和借鉴价值。

(案例编写人:最高人民法院刑二庭　刘晓虎、张宇)

附:(2016)苏10刑没初1号裁定书

江苏省扬州市中级人民法院
违法所得没收裁定书

(2016)苏10刑没初1号

检察机关江苏省扬州市人民检察院。

犯罪嫌疑人:任润厚,男,1957年10月19日出生,汉族,博士研究生文化,山西省人民政府原副省长,曾任山西潞安矿业(集团)有限责任公司董事长、总经理,山西潞安环保能源开发股份有限公司董事长,2014年9月20日因严重违纪被免职,同年9月30日因病死亡。

利害关系人:任某甲,女,1959年9月19日出生,汉族,大学本科文化,系犯罪嫌疑人任润厚妻子。

利害关系人:任某乙,女,1984年6月30日出生,汉族,硕士研究生文化,系犯罪嫌疑人任润厚女儿。

利害关系人:袁某,男,1982年12月30日出生,硕士研究生文化,系犯罪嫌疑人任润厚女婿。

江苏省扬州市人民检察院以扬检诉没申〔2016〕1号没收违法所得申请书,于2016年12月2日向本院提出没收犯罪嫌疑人任润厚违法所得申请。遵照最高人民法院的指定管辖决定,本院依法组成合议庭,经审查,有证据证明任润厚实施了受贿、贪污、巨额财产来源不明犯罪,遂于2016年12月9日立案受理,同月17日发出公告。公告期间内,利害关系人任某甲、任某乙、袁某申请参加诉讼。本院于2017年4月27日、6月15日组织检察人员、利害关系人召开庭前会议,并于同年6月21日公开开庭审理了本案。江苏省扬州市人民检察院指派检察员王旭、黄鸿远出庭支持申请,利害关系人任某乙、袁某到庭参加诉讼,利害关系人任某甲因身体原因未到庭。现已审理终结。

江苏省扬州市人民检察院没收违法所得申请书载明:

一、实施受贿犯罪事实

2001年至2011年,犯罪嫌疑人任润厚利用担任山西潞安矿业(集团)有限责任公司(以下简称潞安集团)董事长、总经理,山西潞安环保能源开发股份有限公司(以下简称潞安环能公司)董事长,山西省人民政府副省长等职务上的便利,为洪某职务晋升及其亲属到潞安集团工作提供帮助,2011年至2013年,先后三次收受洪某现金人民币(以下如无注明,币种同)共计15万元;为肖某职务晋升、调整提供帮助,2007年至2009年,先后三次收受肖某现金共计15万元;2007年,指使下属郭某向潞安环能公司常村煤矿矿长王某甲索要15万元用于贿选;2010年,指使郭某向潞安环能公司常村煤矿矿长王某乙索要30万元用于贿选;2011年,要求潞安集团报销其个人及亲属旅游、疗养费用共计123.505549万元。

检察机关为证明上述事实,提交了报销凭证等书证;郭某、毛某、王某乙、洪某、肖某等证人证言;利害关系人任某甲陈述。

二、实施贪污犯罪事实

2006年及2010年,犯罪嫌疑人任润厚利用担任潞安集团董事长、潞安环能公司董事长职务上的便利，通过其时任秘书毛某指使潞安集团驻北京办事处主任申某、驻太原办事处主任张某报销任润厚贿选礼品及餐饮、住宿费用共计44.16738万元；指使郭某通过潞安环能公司王庄煤矿矿长肖某套取公款25万元用于贿选。

检察机关为证明上述事实，提交了报销凭证、发票、账目明细等书证；郭某、毛某、肖某、申某、张某等证人证言。

三、实施巨额财产来源不明犯罪事实

2000年9月至2014年8月29日，犯罪嫌疑人任润厚及其亲属名下财产和支出共计人民币3045.976549万元、港币43.053768万元、美元107.503099万元、欧元21.40756万元、加元1万元、英镑100镑，以及金条、珠宝、字画、手表等物品155件。任润厚亲属对其中人民币1209.900337万元、港币42.973768万元、美元107.357799万元、欧元21.31966万元、加元1万元，以及物品143件不能说明来源。

检察机关为证明上述事实，提交了金条、手表等物证；任润厚夫妇工资收入证明、企业年金收入证明、银行交易记录、房产买卖合同等书证；利害关系人任某甲、任某乙、袁某陈述。

案发后，检察机关共扣押、冻结人民币2371.993738万元、港币43.053768万元、美元107.503099万元、欧元21.40756万元、加元1万元、英镑100镑，珠宝及玉石44件，黄金制品54件，字画22幅，手表11块，银行卡及存单存折194张，纪念币、手机、相机及电脑17件，资料类财物7件。

检察机关认为，有证据证明犯罪嫌疑人任润厚实施了受贿、贪污、巨额财产来源不明犯罪。扣押、冻结的财产中，人民币1573.713808万元、港币42.973768万元、美元107.357799万元、欧元21.31966万元、加元1万元以及物品143件具有高度可能属于任润厚受贿、贪污、巨额财产来源不明犯罪所得。依照《中华人民共和国刑事诉讼法》第二百八十条之规定，提请本院依法裁定没收。

利害关系人任某乙提出，检察机关冻结其名下尾号6856民生银行账户存款本金1.1万美元，系其出国留学费用结余部分，因其父母所给的5万美元留学费用已计入家庭重大支出，故该笔1.1万美元不应重复计算；检察机关将其父母所给的购车款认定为家庭重大支出50万元，但其购车实际花费为30万元，故对该项家庭支出应认定为30万元。任某乙为证明其主张，当庭出示了民生银行对账单、购车发票等证据。

利害关系人任某甲、袁某对检察机关没收违法所得申请没有提出异议。

经审理查明，犯罪嫌疑人任润厚实施了受贿、贪污、巨额财产来源不明犯罪，检察机关扣押、冻结的任润厚及其亲属名下财产人民币1295.562708万元、港币42.975768万元、美元104.294699万元、欧元21.320057万元、加元1万元，以及珠

宝、玉石、黄金制品、字画、手表等物品135件,属于任润厚实施受贿、巨额财产来源不明犯罪所得。具体事实如下:

一、立案审查查明

针对没收违法所得申请书载明的犯罪嫌疑人任润厚实施犯罪的事实,经立案审查查明:

(一)实施受贿犯罪事实

2001年至2013年,犯罪嫌疑人任润厚利用担任潞安集团董事长、总经理,潞安环能公司董事长,山西省人民政府副省长等职务上的便利,为相关请托人在职务晋升、调整等事项上提供帮助并收受财物,向下属单位有关人员索要财物用于贿选,以及要求具有行政管理关系的被管理单位为其支付旅游、疗养费用,共计223.505549万元。

1. 2001年至2009年,任润厚利用担任潞安集团董事长、潞安环能公司董事长职务上的便利,为洪某担任潞安集团总会计师以及洪某亲属到潞安集团下属煤矿工作等事项提供帮助。2011年至2013年,先后三次收受洪某现金共计15万元。

2. 2005年至2009年,任润厚利用担任潞安集团董事长、潞安环能公司董事长职务上的便利,为潞安集团副总经理肖某职务晋升、调整提供帮助。2007年至2009年,先后三次收受肖某现金共计15万元。

3. 2007年,任润厚利用担任潞安集团董事长、潞安环能公司董事长职务上的便利,指使潞安集团副总经理郭某向时任潞安环能公司常村煤矿矿长王某甲索要15万元,用于任润厚竞选山西省省级后备干部购买贿选礼品。

4. 2010年,任润厚利用担任潞安集团董事长、潞安环能公司董事长职务上的便利,指使郭某向时任潞安环能公司常村煤矿矿长王某乙索要30万元,用于任润厚竞选山西省副省长贿选支出。以上30万元先由王某乙和时任常村煤矿副矿长韩某出资垫付,后经王某乙个人决定,以矿领导应发奖金返还王某乙、韩某。

5. 2010年,任润厚利用担任潞安集团董事长、潞安环能公司董事长职务上的便利,指使郭某向时任潞安环能公司王庄煤矿矿长肖某索要25万元,用于任润厚竞选山西省副省长贿选支出。以上25万元先由肖某和时任王庄煤矿副矿长贾某出资垫付,后经肖某个人决定,通过虚增奖金方式套取王庄煤矿公款25万元返还肖某、贾某。任润厚对肖某套取公款过程不知情。

6. 2011年下半年,任润厚利用担任山西省人民政府副省长职务上的便利,要求潞安集团为其安排旅游、疗养,后任润厚在时任潞安环能公司董事会秘书毛某等人的陪同下,与其家人先后到上海、三亚、杭州、苏州等地旅游、疗养,潞安集团为此共计支出123.505549万元。任润厚被立案调查后,毛某将上述款项结余的25万元退还潞安集团。

证明此节事实的证据有,洪某、肖某等人的任职文件及相关会议记录,奖金发放名册、奖金汇总表,银行凭证,银行卡交易明细,潞安集团出具的证明材料、奖励明细表,潞安环能公司出具的财务档案查询情况汇总表、报销明细表、银行凭证等书证;洪某、肖某、王某甲、郭某、张某、王某乙、毛某、李某等证人证言;利害关系人任某甲陈述;司法会计鉴定意见。

(二)实施贪污犯罪事实

2006年至2007年,犯罪嫌疑人任润厚利用担任潞安集团董事长、潞安环能公司董事长职务上的便利,通过其时任秘书毛某指使潞安集团驻北京办事处主任申某、驻太原办事处主任张某为任润厚贿选购买礼品,安排餐饮、住宿,并将相关费用共计44.16738万元在潞安环能公司报销。

证明此节事实的证据有,潞安环能公司出具的太原办事处消费明细、管理费用明细账、银行日记账、财会凭证、定额发票等书证;毛某、张某、郭某、申某、洪某等证人证言;司法会计鉴定意见。

(三)实施巨额财产来源不明犯罪事实

截至案发,犯罪嫌疑人任润厚及其亲属名下财产和支出共计折合人民币3000余万元,另有珠宝、玉石、黄金制品、字画、手表等物品。任润厚在纪检监察部门调查期间未对上述财产和支出来源作出说明。扣除任润厚夫妇合法收入、任润厚受贿所得以及任润厚亲属能够说明来源的财产,尚有不同币种的存款、现金折合人民币2000余万元及物品100余件任润厚亲属不能说明来源。

证明此节事实的证据有,任润厚、任某甲工资收入证明、企业年金收入证明、银行交易记录、房产买卖合同等书证;利害关系人任某甲、任某乙、袁某陈述。

(四)综合事实

1. 主体身份事实

潞安集团2000年由潞安矿务局整体改制设立,系国有独资公司,潞安环能公司系潞安集团控股的上市公司。犯罪嫌疑人任润厚自2000年7月至2008年10月任潞安集团总经理,2001年1月至2011年6月任潞安集团董事长;2001年7月至2011年8月任潞安环能公司董事长;2011年1月任山西省人民政府副省长,系国家工作人员。2014年9月30日,任润厚因病死亡。

证明此节事实的证据有,干部任免审批表、干部履历表、任免文件、潞安集团企业法人营业执照、潞安环能公司企业法人营业执照、潞安集团出具的情况说明、解放军总医院出具的任润厚治疗情况等书证。

2. 扣押、冻结财产事实

检察机关冻结犯罪嫌疑人任润厚及其亲属任某甲、任某乙、袁某名下的银行存款本金人民币1859.059088万元、港币18.063768万元、美元54.947599万元、欧元8.140057万元;扣押现金人民币312.38万元、港币24.992万元、美元49.496万元、欧元13.2675万元、加元1万元、英镑100镑;扣押珠宝、玉石45件,黄金制品53件,字画22幅,手表11块,纪念币、手机、相机、电脑16件,银行卡、存单存折194张,资料类物品8件。

证明此节事实的证据有,金条、手表等物证照片;协助查询、冻结存款通知书,银行开户资料、存单、对账单、查询冻结回执,扣押决定书,扣押财物、文件清单,涉案款物移送、处理登记表等书证;专家咨询意见表、检测报告等鉴定意见。

二、公开开庭审理查明

针对申请没收的财产属于犯罪嫌疑人任润厚违法所得及其他涉案财产的事实,经公开开庭审理查明:

(一)申请没收的财产中,有30万元属于犯罪嫌疑人任润厚实施受贿犯罪所得

2007年至2009年,任润厚先后三次在其家中收受肖某现金共计15万元;2011年至2013年任润厚先后三次在其家中及医院病房收受洪某现金共计15万元。上述钱款已转变为任润厚及其亲属名下财产,现扣押、冻结在案。

检察机关为证明此节事实,当庭出示了下列证据:

1. 证人肖某的证言及自书材料证明,2007年至2009年其担任漳村煤矿矿长期间,每年春节都与漳村煤矿办公室主任薛某到任润厚家里送年货,每次送给任润厚现金5万元。

2. 证人薛某的证言证明,2006年至2009年每年春节前,其都按照肖某的要求准备大米等物品以及现金,陪同肖某给任润厚拜年,现金每次都是5万元,由其事先垫付,之后通过虚报奖金方式返还。

3. 证人洪某的证言及自书材料证明,其在担任潞安集团总会计师后三次送给任润厚共计15万元,其中,2011年春节期间在任润厚家里送给任润厚5万元;2012年七八月,在任润厚住院病房送给任润厚5万元;2013年8月,在任润厚住院病房送给任润厚5万元。

以上证据经庭审举证、质证,利害关系人均未提出异议,本院予以采信。

(二)申请没收的财产中,有人民币1265.562708万元、部分外币以及物品135件属于犯罪嫌疑人任润厚实施巨额财产来源不明犯罪所得

截至案发,任润厚及其亲属名下的财产和支出共计人民币3100.855349万元(其中存款和现金共计2171.439088万元、家庭重大支出和日常消费支出共计

929.416261万元),港币43.055768万元,美元104.443599万元,欧元21.407557万元,加元1万元,英镑100镑;珠宝、玉石、黄金制品、字画、手表等物品155件。

任润厚及其亲属的合法收入和能够说明来源的财产为人民币1835.292641万元(含30万元受贿所得),港币800元,美元1489元,欧元875元,英镑132镑;物品、资料20件。任润厚亲属对扣押、冻结在案的人民币1265.562708万元、港币42.975768万元、美元104.294699万元、欧元21.320057万元、加元1万元及物品135件不能说明来源。任润厚在接受纪检监察部门调查期间,未对其本人及亲属名下财产和支出的来源情况作出说明。

检察机关为证明此节事实,当庭出示了下列证据:

1. 证明任润厚及其亲属名下财产情况的证据

(1)协助查询存款通知书、协助冻结存款通知书、银行开户资料、银行存单、银行对账单、银行查询冻结回执等书证及司法会计鉴定意见证明,检察机关冻结任润厚、任某甲、任某乙、袁某名下在太原、长治、上海等地多家银行的账户,冻结存款本金人民币1859.059088万元、港币18.063768万元、美元54.947599万元、欧元8.140057万元。

(2)利害关系人任某甲的陈述证明,其名下银行存款系其本人存入,其女儿、女婿名下的部分账户系其以二人名义开设并存入资金,任润厚单位有时以存单方式发放奖金,均交其保管处理。

(3)利害关系人任某乙的陈述证明,任润厚的财产均由任某甲管理,经辨认,其名下部分银行账户内资金是其个人财产,其他账户由任某甲控制、使用,账户内资金亦由任某甲存入。

(4)利害关系人袁某的陈述证明,其名下部分银行账户中,外币存款系任某甲存入,不是其个人财产。

2. 证明任润厚家庭支出情况的证据

(5)山西煤源综合经营中心会议纪要及情况说明、收款凭证、房产证等书证以及司法会计鉴定意见证明,2003年任润厚夫妇为购买山西省太原市府西街两套经济适用房实际支出共计20万元,上述房产分别登记在任某存(任润厚之父)、任某乙名下。

(6)认购协议书、收据、住宅认购表等书证以及司法会计鉴定意见证明,2009年任润厚夫妇为购买太原市平阳路房产共计支出66.547万元。

(7)上海市房产登记簿、委托书、商品房预售合同、发票、房地产登记申请书、登记证明、契税缴款书、维修基金收款凭证等书证以及司法会计鉴定意见证明,2009年任润厚夫妇为购买上海市丁香路房产共计支出386.033225万元。

(8)山西潞安房地产开发公司出具的情况说明、收款凭证、存款凭证等书证以及司法会计鉴定意见证明,2009年任润厚夫妇为购买长治市房产共计支出203.6376万元。

(9)潞安集团出具的说明证明,任润厚、任某甲于2004年12月以1万元入股司马煤业公司。

(10)司法会计鉴定意见证明,任润厚夫妇2007年6月购买斯巴鲁牌汽车的各项支出共计26.3769万元。

(11)国家统计局统计数据资料证明,山西省长治市、太原市2000年至2014年人均日常消费支出情况。

(12)证人任某丙(任某甲之兄)的证言证明,任润厚夫妇曾支付太原市房屋装修材料费及人工费。

(13)证人任某丁(任某甲侄女)的证言证明,其于2008年至2011年向任某甲借款共计45万元用于炒股,现仍有30万元尚未还清。

(14)证人申某、马某(潞安环能公司北京金潞安酒店行政部经理)的证言证明,2011年和2014年,任润厚在北京住院期间,任某甲两次交给申某现金共计20万元,用于在潞安环能公司北京金潞安酒店消费,申某将该款交马某计入潞安环能公司北京金潞安酒店账目。

(15)利害关系人任某甲的陈述证明,2000年后其与任润厚的家庭支出有:购买太原市平阳路、太原市府西街、上海市浦东新区丁香路、长治市等房产,支出金额以相关票据记载为准;购买斯巴鲁牌汽车,支出金额以相关票据记载为准;给予任某乙上大学、出国留学、买车、日常生活补贴等费用,支出金额以任某乙陈述为准;装修房产,支出25万元;给予任某乙两次生育补贴费用,共计支出20万元;投资潞安集团司马矿,支出1万元;借钱给侄女任某丁炒股,尚有30万元未还。

(16)利害关系人任某乙的陈述证明,其父母给其钱款包括:大学期间费用4万元;留学期间费用5万美元,回国时结余1万多美元;买车费用50万元;平时生活费补贴共计20万元;生育期间补贴共计20万元;购买上海市丁香路房产300余万元。

(17)利害关系人袁某的陈述证明,其与任某乙结婚时,任润厚夫妇出资给任某乙买车,任某乙买了一辆萨博牌汽车大概花费30万元;2009年7月,任润厚夫妇出资为任某乙购买丁香房产,共计370万元。

3. 证明任润厚家庭合法收入情况的证据

(18)山西煤炭管理干部学院出具的收入统计表、工资转移证等书证证明,1999年7月至2000年8月,任润厚在山西煤炭管理干部学院工作期间收入共计1.8784万元,其中1999年7月至1999年12月工资收入为6666元。

(19)潞安集团出具的收入一览表、明细、说明等书证证明,2000年9月至2011年5月,任润厚在潞安集团工作期间收入共计1019.9398万元,因延期绩效薪酬22.9527万元未领取,故实领收入996.9871万元。

(20)山西省人民政府出具的收入情况说明、收入明细等书证证明,2011年2月至2014年9月,任润厚在山西省人民政府工作期间收入共计47.05088万元。

(21)住房公积金账户明细查询清单、公积金支取清单等书证证明,2011年12月22日,任润厚住房公积金6.889587万元被全部取出。

(22)潞安集团出具的情况说明等书证证明,2005年至2014年,任润厚、任某甲获得投资分红共计11.6万元。

(23)潞安集团出具的企业年金个人明细、银行凭证、企业年金资料等书证证明,2005年7月至2011年5月,任润厚企业年金收入共计12.546113万元,已由任某甲支取。

(24)荣誉证书、著作论文及相关文件、情况说明等书证证明,任润厚2000年以后的荣誉奖金、稿酬收入共计4.675万元。

(25)出入境记录、山西省政府外事办提供的情况说明、文件等书证证明,2001年至2007年,任润厚因公出境外汇补贴收入共计港币800元、美元1489元、欧元875元、英镑132镑。

(26)任某甲工作简历、干部履历表、西山煤电(集团)有限责任公司出具的收入情况统计等书证证明,1981年8月至2014年7月,任某甲在西山煤电集团工作期间收入共计52.971036万元,其中2000年至2014年7月收入45.700023万元。

(27)潞安集团出具的收入一览表、收入明细表等书证证明,2004年6月至2013年3月,任某甲在潞安集团工作期间收入共计106.79298万元。

(28)西山煤电(集团)有限责任公司出具的公积金领取情况说明等书证证明,1995年8月至2014年11月,任某甲公积金收入共计8.765315万元,其中1995年8月至1999年12月,公积金收入为1169.71元。

(29)西山煤电(集团)有限责任公司出具的企业年金情况说明、领取企业年金确认表等书证证明,2008年1月至2014年9月,任某甲企业年金收入共计13.190814万元,已由其本人支取。

(30)证人任某丙的证言证明,其于2003年开始租用任润厚煤炭公寓1901、1902房产作为办公用房,因曾帮助任润厚家庭装修房屋,前四年其未向任润厚付租金。2007年开始,其每年付给任某甲租金10万元。

(31)证人杨某的证言证明,2014年其以女儿的名义向任润厚购买位于长治市的房屋,价格300万元,2013年年底其付给任润厚150万元,剩余150万元房款后交给中央纪委专案组。

(32)证人李某(潞安集团董事长)、洪某、郭某、毛某的证言证明,潞安集团副处级以上干部实行年薪制,其中包含基础工资和绩效工资,年薪发放情况在潞安集团劳资处都有记载;潞安集团没有以账外资金、小金库资金发放奖金、福利,发放奖金情况在潞安集团财务报表中均有记载;潞安集团下属煤矿不能给集团领导发放奖金。

(33)利害关系人任某甲的陈述证明,2000年前其与任润厚收入结余不超过150万元,2000年以后其与任润厚合法收入包括:工资及奖金收入、公积金收入、各项奖励以及投资分红收入,具体数额以相关书证记载为准;向任某丁和杨某出售房产分别收入10万元、300万元;2007年至2014年收取任某丙房租收入共计80万元;其个人稿费收入不超过2万元;任润厚父亲为其与任润厚购买太原市府西街房产出资20万元。

4. 证明能够说明扣押物品合法来源情况的证据

(34)利害关系人任某甲的陈述证明,经辨认,司法机关扣押的物品中有10件玉石和黄金制品系其出资购买,2块手表系其女婿袁某给其和任润厚的礼物。

(35)利害关系人任某乙的陈述证明,袁某送给任润厚、任某甲手表各1块。

以上证据经庭审举证、质证,利害关系人均未提出异议,本院予以采信。

利害关系人任某乙为证明其主张,当庭提交了以下证据:

1. 书证银行对账单证明,民生银行太原北大街支行尾号6856账户于2005年7月开户存入1000美元,2007年8月存入2万美元,2009年10月支出1万美元,尚余本金1.1万美元,至检察机关冻结时账户余额本息共计1.137437万美元。

2. 书证购车发票证明,2009年4月,任某乙购买萨博牌汽车发票价格为30万元。

以上证据经庭审举证、质证,检察人员对证据的真实性、合法性均未提出异议,本院予以采信。

针对检察机关和利害关系人提出的意见,根据庭审举证、质证的证据及查明的事实,本院评判如下:

一、关于检察机关所提没收犯罪嫌疑人任润厚实施受贿犯罪所得168.505549万元、贪污犯罪所得69.16738万元的申请

经查,虽有证据证明任润厚实施了受贿、贪污犯罪,但任润厚实施受贿、贪污犯罪的上述所得均直接用于贿选和旅游、疗养支出,未扣押、冻结在案,检察机关申请没收的财产中不应包含该部分违法所得。依照《中华人民共和国刑事诉讼法》第二百八十二条第一款之规定,对经查证申请没收的财产属于违法所得及其他涉案财

产,除依法返还被害人的以外,应当裁定予以没收;对不属于应当追缴的财产的,应当裁定驳回申请,解除查封、扣押、冻结。故检察机关所提上述申请,法律依据不足,本院不予支持。

二、关于利害关系人任某乙所提其出国留学费用结余1.1万美元已计入冻结账户财产,不应在家庭重大支出中重复计算的意见

经查,任某乙在侦查阶段陈述,其于2006年8月至2008年5月赴美留学,其间任润厚夫妇给其留学费用共计5万美元;出入境记录记载,任某乙于2007年6月29日回国,同年8月16日再次赴美;民生银行对账单记载,任某乙名下尾号6856民生银行账户开户时存入1000美元,2007年8月8日、9日共计存入2万美元,此外无其他资金存入。综合以上证据,从存款时间、金额上看,任某乙名下尾号6856账户于2007年8月存入的2万美元,具有高度可能系任润厚夫妇给予任某乙的赴美留学费用,该账户内剩余存款本金1.1万美元系留学费用结余。鉴于任润厚夫妇为任某乙支出的留学费用已计入任润厚家庭重大支出,冻结在案的存款本金1.1万美元对应金额应在认定该项家庭支出中予以扣减。故对任某乙所提上述意见,本院予以采纳。

三、关于利害关系人任某乙所提购车重大支出与购车实际花费不符,应认定该项重大支出为30万元的意见

经查,任某乙在侦查阶段陈述,任润厚夫妇给其购车的费用是50万元,任某甲予以认同,检察机关据此认定该项重大支出为50万元。任某乙当庭提交的购车发票证明,其购买萨博牌汽车的裸车价格为30万元,但购买裸车的费用仅是购车费用的一部分,购置税、保险费等相关费用也应计入购车支出;且任某乙在庭审中对50万元购车款结余部分的去向未作说明,亦无证据证明任某乙将购车款结余部分返还任润厚夫妇或存入其名下冻结账户。任某乙主张购车实际花费30万元依据不足,故对其所提上述意见,本院不予采纳。

本院认为,本案有证据证明犯罪嫌疑人任润厚实施了受贿、贪污、巨额财产来源不明犯罪,检察机关申请没收的财产中,有人民币30万元属于任润厚实施受贿犯罪所得,有人民币1265.562708万元、港币42.975768万元、美元104.294699万元、欧元21.320057万元、加元1万元以及物品135件属于任润厚实施巨额财产来源不明犯罪所得,依法应当没收;上述违法所得存入银行部分产生的孳息,依法应当一并没收。依照《中华人民共和国刑法》第三百八十二条第一款、第三百八十五条第一款、第三百九十五条第一款,《中华人民共和国刑事诉讼法》第二百八十条第一款、第二百八十二条第一款以及《最高人民法院、最高人民检察院关于适用犯罪嫌疑人、被告人逃匿、死亡案件违法所得没收程序若干问题的规定》第一条第一款第

一项、第二项，第六条，第十六条，第十七条之规定，裁定如下：

一、没收犯罪嫌疑人任润厚实施受贿犯罪所得人民币三十万元及孳息，上缴国库；

二、没收犯罪嫌疑人任润厚实施巨额财产来源不明犯罪所得人民币一千二百六十五万五千六百二十七元零八分、港元四十二万九千七百五十七元六十八分、美元一百零四万二千九百四十六元九十九分、欧元二十一万三千二百元零五十七分、加元一万元及孳息，以及珠宝、玉石、黄金制品、字画、手表等物品一百三十五件，上缴国库；

（孳息以违法所得在相同币种财产中所占比例乘以实际执行时该币种银行存款利息总额计算，详见没收财产清单）

三、驳回江苏省扬州市人民检察院没收犯罪嫌疑人任润厚实施受贿犯罪所得人民币一百六十八万五千零五十五元四角九分、实施贪污犯罪所得人民币六十九万一千六百七十三元八角的申请；

四、对于利害关系人能够说明合法来源的英镑一百镑、玉石两件、黄金制品八件、手表两块、资料类物品八件，以及其他不属于违法所得及其他涉案财产的财物，解除扣押措施。

（详见解除扣押财产清单）

如不服本裁定，可在接到裁定书的第二日起五日内，通过本院或者直接向江苏省高级人民法院提出上诉。书面上诉的，应当提交上诉状正本一份、副本二份。

审判长　张　澎
审判员　周庆琳
审判员　陈圣勇
二〇一七年七月二十五日
书记员　成夏莺
书记员　史伍俊

袁某某诉江西省捷邦矿业有限公司劳动争议纠纷案

关键词 民事 劳动争议 失信被执行人 解除劳动合同 违反规章制度

裁判要点

失信被执行人作为劳动者享有劳动权，用人单位不能仅因劳动者被列为失信被执行人而单方解除劳动合同。但劳动者不履行劳动合同所约定的诚信告知义务，导致用人单位为其安排的工作因其失信被执行人身份而无法完成，符合严重违反用人单位的规章制度之情形，用人单位可以依法解除劳动合同。

相关法条

《中华人民共和国劳动合同法》第三十九条第（二）项

基本案情

2015年3月29日，原告袁某某与被告江西省捷邦矿业有限公司（以下简称捷邦公司）签订《江西省捷邦矿业有限公司劳动合同》。合同约定：甲方（被告）聘用乙方（原告）任江西项目部司机，期限为3年（2015年3月23日至2018年3月22日），月工资为3400元；乙方在与甲方签订劳动合同时已经认真阅读甲方的各项规章制度，并在充分明白其意思后签字认可，乙方承诺将严格执行甲方的各项规章制度；甲方的规章制度有约定经乙方签字认可后，作为本合同附件，与本合同具有同等效力；甲方按国家相关规定和甲方规章制度为乙方提供各项福利待遇，具体待遇内容以当年《员工手册》为准等。2014年12月8日生效的《员工手册》第二章录用程序第五条规定“公司提倡正直诚实，员工需要确保提供的人事信息真实无误，公司保留审查员工所提供个人资料的权利，如发现员工提供虚假资料（学历、工作经历、薪酬待遇等）及隐瞒各类疾病、不良经历及道德品行的将视为严重违纪”。2016年1月，被告安排原告出差却无法为原告订购机票，经查询得知原告为失信被执行人。被告遂于2016年1月15日依据该公司《员工手册》第七章之《严重违反规章制度行为》中第1.17条“隐瞒或伪造履历者，致公司误信而受损者”，向原告发出《辞退信》，解除与原告的劳动关系。2016年4月18日遂川县劳动人事争议仲裁委员会作出遂劳仲案字［2016］14号裁决。原告不服，向法院起诉。

裁判结果

江西省遂川县人民法院于2016年6月3日作出(2016)赣0827民初660号民事判决:驳回袁某某的诉讼请求。宣判后,袁某某提出上诉。江西省吉安市中级人民法院于2016年11月3日作出(2016)赣08民终1103号民事判决:一、撤销遂川县人民法院(2016)赣0827民初660号民事判决;二、江西省捷邦矿业有限公司于本判决生效之日起五日内支付袁某某加班工资10786元;三、驳回袁某某的其他诉讼请求。

裁判理由

法院生效裁判认为:失信被执行人不履行劳动合同所约定的诚信告知义务,导致用人单位为其安排的工作因其失信被执行人身份而无法完成,符合严重违反用人单位规章制度情形,用人单位有权解除劳动合同。本案中,原被告双方签订的劳动合同约定:“乙方在与甲方签订劳动合同时已经认真阅读甲方的各项规章制度,乙方承诺将严格执行甲方的各项规章制度;甲方的规章制度有约定经乙方签字认可后,作为本合同附件,与本合同具有同等效力。”因此,《员工手册》作为公司规章制度具有劳动合同条款效力。根据《员工手册》第二章“录用程序”第五条“公司提倡正直诚实,员工需要确保提供的人事信息真实无误,公司保留审查员工所提供个人资料的权利,如发现员工提供虚假资料(学历、工作经历、薪酬待遇等)及隐瞒各类疾病、不良经历及道德品行的将视为严重违纪”之规定,袁某某应当如实告知捷邦公司其失信被执行人身份,以便公司进行相应的工作安排和管理。现袁某某未履行诚信告知义务,导致出现了因其失信被执行人身份无法购买机票,而使公司为其安排的工作无法完成的情形,事实上无法继续履行劳动合同,公司有权依据《员工手册》第七章“严重违反规章制度行为”之第1.17条“隐瞒或伪造履历者,致公司误信而受损者”,认定袁某某严重违反其规章制度;而根据《劳动合同法》第三十九条第(二)项之规定,劳动者严重违反用人单位的规章制度的,用人单位可以解除劳动合同。因此,捷邦公司解除与袁某某的劳动合同并无不当。必须注意的是,劳动权是宪法赋予公民的基本权利,失信被执行人作为劳动者应当享有劳动权,用人单位不能仅因劳动者被列为失信被执行人而解除劳动合同,但用人单位在劳动合同中约定了劳动者的诚信告知义务和被列为失信被执行人影响到劳动合同的具体履行导致公司信誉和利益受损的,用人单位以此为由解除劳动合同并无不当。

(生效裁判审判人员:杨思铭、罗良华、陈利国

案例编报单位:江西省高级人民法院研究室

案例编写人:江西省吉安市中级人民法院　肖红、彭璇)

附:生效裁判文书

江西省吉安市中级人民法院
民事判决书

(2016)赣08民终1103号

上诉人(原审原告):袁某某,男,1987年9月18日生,汉族。

委托诉讼代理人:李锦雏,江西吉泰律师事务所律师。

被上诉人(原审被告):江西省捷邦矿业有限公司,住所地:遂川县泉江镇新城家园。

法定代表人:朱国庆,该公司经理。

委托诉讼代理人:方霞,该公司员工。

上诉人袁某某因与被上诉人江西省捷邦矿业有限公司(以下简称捷邦公司)劳动争议纠纷一案,不服遂川县人民法院(2016)赣0827民初660号民事判决,向本院提起上诉。本院依法组成合议庭进行了审理,本案现已审理终结。

袁某某上诉请求:撤销一审判决,依法改判捷邦公司向其支付解除劳动合同经济补偿金3400元、违法解除劳动合同赔偿金6800元、休息日加班工资6194元、法定节假日加班工资6357元,一、二审案件受理费由捷邦公司负担。事实和理由:1.捷邦公司以其在入职时未向公司说明其系被法院执行的失信人员为由将其辞退,违反了劳动合同法的规定,剥夺其劳动的权利;2.其在休息日和法定节假日加班,已提供相应的考勤证据,而捷邦公司拒不提供员工考勤记录,依法应当承担责任,支付加班工资。

捷邦公司辩称,根据员工手册,加班需要公司批准,对袁某某提供的考勤表真实性不认可;袁某某作为失信人员,没有履行告知义务,无法胜任工作,解除与其劳动关系并无不当。原判正确,请予维持。

袁某某向一审法院起诉请求:依法判决捷邦公司向其支付解除劳动合同经济补偿金3400元、违法解除劳动合同赔偿金6800元、休息日加班工资6194元、法定节假日加班工资6357元,共计22751元;本案诉讼费由捷邦公司负担。

一审法院认定事实:2015年3月29日,袁某某、捷邦公司签订了劳动合同,约定捷邦公司聘用袁某某任项目部司机,期限为3年,月工资3400元。2016年1月,捷邦公司安排袁某某出差却无法为其订购机票,经查询得知其为失信被执行人。捷邦公司遂于2016年1月15日向袁某某发出《辞退信》,解除与袁某某的劳动关系。遂川县劳动人事争议仲裁委员会于2016年4月18日对双方的劳动争议作出了裁决,袁某某不服故起诉。

一审法院认为,信誉是企业的生命,也是企业能正常进行商业活动的根本保证。一个企业的信誉需要全体有信誉的员工共同建立,一个失信的企业员工代表企业对外从事或间接从事商业活动时,因其失信的身份必定会给该商业活动造成负面影响,进而损害企业的经济利益。袁某某为失信被执行人,其隐瞒该身份入职捷邦公司从事司机岗位,违反了捷邦公司的管理制度,且因该失信被执行人身份已使捷邦公司无法为其订购机票影响了工作安排,因此捷邦公司解除与袁某某的劳动关系符合法律规定。袁某某也无证据证明其加班的事实。故对袁某某的诉请,依法不予支持。依照《中华人民共和国劳动合同法》第二十九条、第三十条、第三十九条第(二)项、第四十六条的规定,判决:驳回袁某某的诉讼请求。案件受理费10元,减半收取5元,由袁某某负担。

二审中,当事人没有提交新证据。经审理查明,袁某某在捷邦公司工作期间休息日加班27天(2015年4月11、25、26日,5月9日,6月6、21、22、27、28日,7月4、5、11、12、25、26日,8月1、2、22日,9月4、5日,10月4、5、6、7、18日,12月13日,2016年1月10日),加班工资为8441元(3400元÷21.75天×27天×200%),法定节假日加班5天(2015年6月20日端午节、9月3日抗战胜利70周年纪念日、10月1~3日国庆节),加班工资为2345元(3400元÷21.75天×5天×300%),加班工资共计10786元。其他事实与一审法院认定的事实一致。

本院认为,袁某某作为失信被执行人,其入职捷邦公司时应当依照公司规定如实履行告知义务,以便公司进行相应的工作安排和管理,现因其失信被执行人身份原因导致捷邦公司无法为其安排工作,事实上已达到无法继续履行劳动合同的情形,捷邦公司因此解除与袁某某的劳动合同并无不当。袁某某要求捷邦公司支付解除劳动合同经济补偿金和违法解除劳动合同赔偿金,于法无据,不予支持。但袁某某在捷邦公司工作期间加班,捷邦公司依法应当向其支付相应的加班工资。捷邦公司辩称袁某某未加班,但却不积极履行其应当承担的举证义务,至今未提供公司考勤表等证据加以证明,相反袁某某已提供了相应的考勤表证实加班事实,故袁某某要求捷邦公司支付加班工资的请求应予支持。

综上所述,袁某某的上诉请求部分成立。本院依照《中华人民共和国劳动法》第四十四条及《中华人民共和国民事诉讼法》第一百七十条第一款第(二)项之规

定,判决如下:

一、撤销遂川县人民法院(2016)赣0827民初660号民事判决;

二、江西省捷邦矿业有限公司于本判决生效之日起五日内支付袁某某加班工资10786元;

三、驳回袁某某的其他诉讼请求。

如未按本判决指定的期间履行给付金钱义务,应当依照《中华人民共和国民事诉讼法》第二百五十三条的规定,加倍支付迟延履行期间的债务利息。

一审案件受理费10元,二审案件受理费10元,合计20元,由袁某某负担10元,江西省捷邦矿业有限公司负担10元。

本判决为终审判决。

审　判　长　杨思铭
代理审判员　罗良华
代理审判员　陈利国
二〇一六年十一月三日
书　记　员　刘　娟

【案例论坛】

司法裁判方法的新突破：指导性案例的定位和效力

刘 峥*

法官作为一种必须直面责任的职业，势必要高度重视和强调方法。何谓职业？美国学者理查德·波斯纳说过："职业是这样的一种工作，人们认为它不仅要求诀窍、经验以及一般的'聪明能干'，而且还要有一套专门化的但相对（有时则是高度）抽象的科学知识或其他认为该领域内的某种智识结构和体系的知识。"①法律适用方法在司法的职业技能中占据着核心地位。只有具有正确用方法，法官的法律适用过程才会清晰。而拥有清晰的审判思路，则是一名法官的法律适最起码的道德。没有基本的职业技能，所有的司法价值目标都是空话，或者说都只能是空中楼阁。当下，之所以要重视法律方法，首要，在我国的传统法律文化中，比较注重实质正义、实质理性，而对形式理性的重视相对不足。比如当事人可以不管自己诉辩的内容是什么，可以不管自己的证据是否靠得住，可以不管法官适用的法律条文是什么，而只要法官给他一个他认为的"公正"，无论这种"公正"是否是真正的"公正"。其次，我国的法学教育中较为缺乏形式理性的方法训练。在法庭上，不知"请求权"为何物的法官或律师也是有一定数量的，因为我国的绝大多数法学院里基本没有法律方法的课程和训练。最后，我国法学界对具体法律适用方法的研究比较薄弱。现有的研究大多是从理论上引介国外法学家的著述，如德国法学家卡尔·拉伦茨的《法学方法论》在法学和实务界均很有影响力。实际上，这些理论研究成果未能从实践性和应用性的角度加以研究，从而所谓的法律方法仍然难以直接转化为法官的司法行为。在司法实践中，法律关系分析方法是案件裁判分析的基本方法。所谓

---

* 刘峥，男，法学博士，最高人民法院政治部法官管理部副部长。

① ［美］理查德·波斯纳：《超越法律》，苏力译，中国政法大学出版社2001年版。

法律关系分析方法,就是通过理顺不同的法律关系,确定其要素及变动情况,从而全面地把握案件的性质和当事人的权利义务关系,并在此基础上通过司法三段论的适用以准确适用法律,并作出正确的判决。采取司法三段论模式:大前提是“找法”,即寻找应当适用的法律规范;小前提是确定案件事实;最后以法律为依据、以事实为准绳,将抽象规范适用于具体案件,得出结论,即判决意见。但在司法实践中,裁判说理往往严重不足,尤其是表现在大小前提的连接缺乏说理,或不依法裁判,或形式合法实体不合法。其原因在于法官群体尚缺乏法律职业共同体共识的方法和职业思维习惯。近年来,国家法官学院与不少国家法官学院或研究机构进行法官培训的合作,如与德国国际合作机构进行20多期法律适用方法的培训班,主要选取中国案例,采用德国的案例分析方法(请求权基础分析法、法律关系分析法)分析案件,得出结论。受训法官表示,这些分析方法对我国各级法院法官分析案情、运用法律具有很大的借鉴作用。客观地说,在司法实践中,请求权基础分析法与法律关系分析法都运用比较广泛的分析案例的方式。尽管我国司法实践中对请求权基础分析方法尚显陌生,但是学界对此方法的引介,其优点也逐渐被广大法官所接受。除此之外,另一种案例分析方法,即案例指导方法在我国应运而生。2010年11月,最高人民法院发布了《关于案例指导工作的规定》(以下简称《规定》)。如果法官确定待决案件与指导性案例存在类似性,那么可以依据指导性案例得出裁判结论。如此,通过参照指导性案例,可以减少其推理的环节,也可以作为验证法官作出的裁判结论是否公正的手段。

一、案例指导制度的基本认知

“案例指导制度”称谓应该源于最高人民法院发布的《人民法院第二个五年改革纲要》中的表达。实际上,正式意义上的“案例指导制度”在两大法系中均不存在,是我国司法实践特定历史阶段的产物。由于“判例”的含义可以从不同的角度进行理解,容易导致在司法实践中造成误解,加之,人民代表大会制度是我国的基本政治制度,像英美法系国家中的判例法与我国的基本政治制度不符,使用“判例”或“判例法”容易产生歧义,所以,当今,选择“案例指导制度”比较符合我国现实国情,也最容易为体制内外的人所接受。它避开了因复杂原因造成的“判例”顾虑,又明示了先前所作裁判的“指导”作用,同时也使用了一个比较大众化的概念即“案例”,而且这些词本身也给这一制度的发展留下了比较广阔的空间,具有一定伸缩性,这在建立这一制度的初期是尤其需要的。① 这一称谓也表明,案例指导制度实

---

① 蒋惠岭:《建立案例指导制度的几个具体问题》,载《法律适用》2004年第5期。

质是一个审慎而折中的制度选择。它既表达了我们所欲实行的是一种“案例”指导制度，而不是“判例”约束制度，案例指导制度与判例法有着本质区别，同时，也表明指导性案例同大量的普通案例有所不同，它的不同就是指导价值，指导的含义非常丰富，具有参考、参照、示范、指引、启发、规范、监督等多重含义，需要我们全面理解和把握。

在长期的审判实践中，最高人民法院，各高、中级人民法院定期或不定期地总结和发布很多典型案例，用以指导审判工作。无论是哪一级法院审结的案件，一旦被最高人民法院或者上级人民法院认定为指导性案例，该案例对于下级人民法院审理同类型案件就具有指导作用，并实际产生一定的约束力。在法学上，“指导性案例”名称是表征中国特色判例制度的基本性质、主要内容、价值取向等的词语形式；同时，这一称谓也直接影响着判决先例的编选标准、形成程序、构成要件、发布方式、指导规则、运用方式等操作问题，是来源于审判又服务于审判的实践性问题。①这里所说的“指导性案例”，与西方国家两大法系的判例相比较，我国的指导性案例既不具有大陆法系判例在事实上的拘束力，也不具有英美法系判例法的法源地位和对法院审判的普遍约束力，仅可以供下级法院审理案件时作参考；并且在其形成上，尚需要经过有关法院发布和确认，而不像西方国家的判例，一经宣判就自然形成。从法律上或理论上说，它不是法律渊源之一；从法律实践中看，也不存在“遵循先例”的做法；从法律效力上来说，它们属于说服性的，只具有参考性，而无明确的约束力。在审判活动中，裁判案件仍以制定法为主，案例指导为辅，对于是否参考和借鉴案例，具有很大的选择权，即使不参照案例，也不违法，无须做专门说明，更无须承担任何责任。而案例指导制度的确立，将会使得指导性案例本身的性质发生一定变化：案例由原来的示范意义和参考价值转变为指导意义，并因此获得了事实上的拘束力。它提示法官在法律规定不够清晰时，应当接受案例的“指导”，以对当前正在审理的案件做出更为恰当的法律适用。所以，我们建立案例指导制度，既非建立我国特有的一种司法制度，更非照搬西方国家的判例制度，它是我国司法机关在既有制度框架下和现行司法体制基础上所进行的一项既体现中国特色并顺应世界两大法系相互交融发展大趋势的法律适用上的机制创新，在不影响制定法作为主要法律渊源的前提下，既继承了中国传统法律文化中的某些判例法因素，又吸收和借鉴了西方国家特别是大陆法系国家判例制度的一些有益经验。

所谓案例指导，是指经过有关程序审核，并经有关机构确认的对今后的案件处理能产生一定指导意义的案例，经正式渠道公开发布后，为今后其他法官处理同类

① 刘风景：《“指导性案例”名称之辨正》，载《环球法律评论》2009 年第 4 期。

案件具有一定的指导作用。有学者认为,案例指导制度的内涵包括:一是拘束力,它对同类案例的当事人和法官能起到规范作用,从而体现法制统一;二是自足力,即通过指导性案例的确立,达到修正、完善法的能力,从而在维护法制统一、稳定的同时使法律的内容得到丰富和发展;三是辅助性,即就制度地位而言,案例指导制度应处于成文法的辅助地位,起到补充作用。[①] 笔者认为,这种表述比较符合我国司法体制和司法现状,与后文论述的制度性质定位基本保持一致。

《规定》并未明确案例指导制度的内涵,只是在第二条中规定了指导性案例的选编标准,即裁判已经发生效力,并在法律适用方面具有普遍指导意义,并应符合三个条件:裁判结果正确;裁判的社会效果与法律效果统一;具有指导性。遴选指导性案例不以案件审级为标准,指导性案例并不限于最高人民法院的裁判,全国各级法院的生效裁判,符合《规定》的上述条件,经过审查程序,均可以成为指导性案例,但是为了保证指导性案例的权威性,最高人民法院是指导性案例的唯一发布主体。

二、案例指导制度的性质定位

前文述及,正是因为我国是传统的制定法体制国家,案例指导制度的生成自然不可避免产生诸多争论,其中,制度定位问题是案例指导制度推进过程中争论的焦点问题。当下,对于案例指导制度的性质,国内学术界目前存在两种观点:一是过渡性质说,[②]二是折中性质说。前者认为,这项制度虽说正式命名为案例指导制度,但无论从形式还是内容,它都既不同于我国以往的案例编纂制度,也迥异于英美法系典型的判例制度,而是走向有中国特色的判例制度的一个过渡性质的制度。所谓过渡性,也就是说这项制度既是对现有案例编纂制度的一种超越,又与未来需要构建的有中国特色的判例制度存在的一定差距,其目的是为逐步过渡到有中国特色的判例制度奠定基础。后者则认为,实行案例指导制度,是一种折中的制度选择。它既表达了我们所欲实行的是一种"案例"指导制度,而不是完全的"判例"指导制度,同时,也表明我们同过去有所不同,要将"案例"上升到能够"指导"以后相类似案件裁判的地位,而不是像过去那样仅仅起到"参考"的作用。案例指导制度是一种解决司法现实矛盾创新性的制度,但不是一种新的"造法"制度,它在本质上仍是一种法律适用活动和制度。[③] 因此,案例指导制度不同于中国古代的判例制度,也不同于普通法系国家的判例法制度,即它不是基于权力重新分配而形成的"法官造

---

① 傅蔚蔚、张旭良:《试论中国案例指导制度之建构》,载《法律适用》2006年第1~2期。

② 周佑勇:《作为过渡措施的案例指导制度》,载《法学评论》(双月刊)2006年第3期。

③ 刘作翔、徐景和:《案例指导制度的理论基础》,载《中国法学》2006年第3期。

法”制度，而是在现有的法律制度框架下的制度创新。① 其目的并不是要创立新的法律规则或将指导性案例上升为法律渊源。② 指导性案例是由最高人民法院依据审判职能，经适当程序确立并经适当形式公布的、具有典型和指导意义的、已经发生法律效力的裁判案例。它具有审判实务方面的指引、导向的实际影响和具体、明确的指导作用。《规定》第七条明确，“最高人民法院发布的指导性案例，各级人民法院在审判类似案件时应当参照。”因此，指导性案例是指导下级法院的审判工作、统一司法裁判尺度的一种工作机制，指导性案例本身具有的正确的决定性判决理由和经最高审判组织确认的程序安排，共同构成了指导性案例在司法运用中的说服力和指导作用，其拘束力是内在的、事实上的作用，而不能直接作为裁判依据适用。笔者认为，从性质定位而言，案例指导制度主要有以下几个方面的特性③。

第一，补充性。从立法的立场观之，成文法律规范具有稳定性和体系性的优点，但是因法律规范的抽象性与社会生活易变性的矛盾、立法者认识的有限性与社会生活变化无限性的矛盾、法律规则抽象性与案件事实具体化的矛盾、法律观念不确定性与现实社会复杂性的矛盾、语言文字的概括性与事物发展个性化的矛盾等方面的因素，即使立法者有着超乎普通人的智慧和预见，也无法避免成文法律规范的概括性、模糊性和不周延性。当然，绝对不能因为制定法存在这样或那样的缺陷和漏洞，就忽视了法律规范在司法过程中的地位和作用。从法律渊源的角度出发，一般而言，制定法在英美法系国家是补充和纠正判例法的第三位法源，法官首先考虑适用的是普通法，尔后是衡平法，最后才是制定法。④ 在大陆法系国家，制定法是第一位的法源，判例只是包含了对法条适用的一种标准。如宪法、民法典、刑法典、行政法典、诉讼法典等，它们的内容涉及国家全局性的根本问题和关系到公民切身利益的普遍性问题，通常作为最重要的部分构成国家法律体系。大陆法系的制定法情结可以追溯到古罗马时代，大陆法系法学家们曾经对之赞赏有加。但随着社会

① 建立案例指导制度的目的应该是在法律、法规或司法解释缺乏，或者规定不明确、有争议等情况下，通过指导性案例的发布为法官审判相同或类似的案件提供依据和参照。这些作用与最高人民法院制定司法解释的作用是完全一致的。案例指导制度和案例指导原则作为司法制度的创新和变革，是在宪法和法律框架内的创新和变革，也是在宪法和人民法院组织法赋予的最高人民法院的司法解释制定权的权限范围内，因此，可以说最高人民法院发布的案例和案例指导原则也是司法解释的一种，但其与传统的司法解释又并不完全相同，是介于司法解释和批复之间的一种司法解释的全新形式。

② 周旺生先生将法的形式与法的渊源进行区分，突破了中国传统法理学关于法的渊源与法的形式视为同一的观点。参见周旺生:《重新研究法的渊源》，载《比较法研究》2005 年第 4 期。笔者并不赞同这一观点，因为这种从法的效力来源角度界定的法学专门术语“法的渊源”已经公认为“法的形式”的同一概念，如果仅作表面化的界分，不仅影响对一概念的普遍认知，同时对法学理论发展也并无实质性递进。

③ 参见刘峥:《建立中国案例指导制度的追问与辨析》，载《人民法院报》2007 年 12 月 29 日理论版。

④ 陈金钊:《论法律渊源》，载《法律科学》1991 年第 4 期。

的不断发展,在功利主义法学和实用法学派等理论的影响下,大陆法系国家渐渐开始引入判例,用以弥补制定法的诸多不足,更好地维护个案的公正性。法国、德国、西班牙、意大利、瑞士、土耳其等国家都有官方判例汇编。① 虽然在大陆法系国家判例是否属于"司法造法"仍存在较大争议,②但大陆法系国家司法机关可以将司法裁判承认为习惯,③从而最终使判例发生实际效果是毋庸置疑的。建立案例指导制度,就必须关注我国宪法确立的政治结构框架,不突破现有制定法体制的总体要求,严格界定指导性案例的适用范围和适用效力:在司法实践中,法官在办理案件过程中,首先应该在正式法律渊源即制定法中寻找法律依据;只有在正式法源出现明显背离法律价值或没有明确规定的情形下,才可能在正式法律渊源之外来寻求帮助。也就是说,当法律条文以命令形式,清楚明确,毫无模棱两可时,法官必须顺从并遵守,不得置具体规定于不顾而运用法律原则,法律方法称为"禁止向一般条款逃逸"。逃逸的结果会使得具体的法律规则虚化,法官严格执法的要求也受到挑战,即法官可能会按照其个人喜好,决定是否适用法律的规定。条文有些含糊时,当它的意义与范围存在疑点时,当同另一条文对比,在一定程度上或者内容有矛盾,或者受限制,或者相反有所扩展时,法官可以由法律原则延伸出来的立法意旨,其方法是把不清楚的规定解释清楚,发现隐含在制定法中的法律本意。正如有的学者指出的,"法官可根据社会生活发展的需要,通过解释基本原则,把经济、政治、哲学方面的新要求补充到法律中去,以使法律追随时代的发展而与时俱进,实现法律的灵活价值"。④ 对于新类型案件,法律或司法解释没有明确规定的,可以通过《最高人民法院公报》公布的权威案例指导审理案件。对此,应当设置严格的程序性限制,尊重立法者的权威,只是进行法律内的漏洞补充,而不是创造法律。从审判实践来看,我国法院已经就运用基本原则来填补法律漏洞进行有益尝试。法律的基本原则是作为漏洞填补的手段,即它的运用就是为了明确司法三段论中的大前提。当然,法律的基本原则运用于法律适用之中,其必须转化为具体的规则。例如,在实践中,法院依据诚实信用原则确立了情势变更规则、悬赏广告等规则。最典型的是在李珉诉朱晋华、李绍华依据悬赏广告支付报酬纠纷案⑤中,法院在判决中认为,朱

---

① [法]勒内·达维德:《当代主要法律体系》,漆竹生译,上海译文出版社1984年版,第131~132页。

② 这一问题在案例指导制度论证阶段仍被视为不可回避的实质性问题,因为这涉及到如何认识国家权力结构以及权力分立理论。由于有关权力机关以及部分学者对此问题的过度关注,导致这一制度迟迟未能正式面世。

③ [美]R. B. 施莱辛格:《大陆法系的司法判例》,吴英姿译,载《法学译丛》1991年第6期。

④ 徐国栋:《民法基本原则解释》,中国政法大学出版社2001年版,第356~357页。

⑤ 参见《最高人民法院公报》1995年第2期。

晋华、李绍华负有广告中许诺的给付报酬的义务。被告辩称"寻包启示"许诺给付报酬不是真实意思表示,事后翻悔,拒绝给付李珉酬金15000元,有违《民法通则》第四条规定的诚实信用原则,是错误的。这些都表明,依据基本原则进行漏洞填补就可以明确法律适用的依据,从而进行司法三段论的推理。

在大陆法系国家,尽管判例确实具有一定的规范性,但与成文法相比,其规范性的程度则少得多。判例对法律法令适用的统一也只是相对的,显得确定而有弹性。从这个意义上讲,在司法实践中,我们所说的案例指导制度应当是在我国制定法的框架下,在司法环节建立一种补充机制,以期借助司法或法官的能动性,将法律精神纳入权威的裁判结论中。就制定法与判例的相互补充与结合为用而言,它既是中华法系的特点之一,也是其优点之一。[①] 基于指导性案例的补充性,决定了法官不能因某一项问题已有指导性案例而径直判决。因为从理论上说,法官服从的仍然是制定法而非案例。如果法官不首先从制定法中去发现法律裁判的依据,而是过分倚重于案例指导的作用,就一定与法治的理想相背离,也与案例指导制度建立的初衷背道而驰。

第二,辅助性。我国的立法制度属于成文法体系,人民法院的法律适用一般是针对所承办的具体案件,依据法律的抽象规定,作出具体的处理或者裁判的。即使是属于最高审判机关认可的《最高人民法院公报》刊载的案例,也只是具有借鉴、参考作用,不属于法律渊源的范畴,也不具有法律上的约束力。笔者认为,案例指导制度只是一种新生的法律适用机制,并不涉及司法权与立法权之间的关系的政治问题,更不会出现"势必形成司法权对立法权的制约,有挑战甚至是架空法律之虞"。[②] 因为,全国人大是最高国家权力机关,是全国人大,而不是最高人民法院有权界定立法权、行政权和司法权的关系。那种认为法院可以通过自主性的改革,扩张司法权,提高自身宪政地位的观点,是与我国的政治传统、根本制度根本相悖的,对维护宪法权威和法制统一也是有害无益的。[③] 实质上,具有权威的司法裁判,就是要求法官应当通过严格的司法程序、规范的司法行为、确定的法律依据向当事人和全社会展示一种威望、一种公信力。而所谓确定的法律依据,就是要求法官严格依照法律做出权威的裁判结论。在司法实践中,大多数法官会认真细致地审视和检查以前的相似案例,但是他们通常不愿意公开承认这一点。因为中国法律和主流法学

---

① 张晋藩:《中国法律的传统与近代转型》(第二版),法律出版社2005年版,第229页。

② 李仕春:《案例指导制度的另一条思路——司法能动主义在中国的有限适用》,载《法学》2009年第6期。

③ 董茂云:《从废止齐案"批复"看司法改革的方向》,载《法学》2009年第3期。

理论并不承认先前案例为法律渊源,①在他们看来,仍然存在对制定法的高度崇拜,指导性案例在此时就只能默默地充当"幕后英雄"。这一点与大陆法系国家的法官大体相同,他们也是认为最理想的"可适用的"法律规则仍然是制定法条文。即使在裁判中突破或发展了法律,也一定要将具体事实抽取,使得裁判中形成的规则更像是对制定法的解释,而不是超越。

根据案例指导制度的原则,并不否认指导性案例对后继案件的指导性,甚至事实上的拘束力,但是,案例指导制度在目前的制度架构下尚未作为法律渊源进行直接援引。判例法的核心在于"遵循先例",而案例指导制度则侧重于指导、提示法官对案件做出更为恰当的解释和正确适用法律。实际上,它与现行司法解释制度形成相互补充,②或者成为司法解释的实践样本。最典型的案例就是被称为首例权利主体健康权受到侵害后有精神赔偿的案例,即贾国宇诉北京国际气雾剂有限公司(以下简称气雾剂公司)、龙口市厨房配套设备用具厂(以下简称龙口用具厂)、北京市海淀区春海餐厅(以下简称春海餐厅)的人身损害赔偿案件。③ 此案系消费者在用餐过程中被卡式炉爆炸炸伤,案件判决认定气雾剂公司、龙口用具厂承担赔偿责任,赔偿10万元精神抚慰金。该案审结后被最高人民法院载入公报,并为此后精神损害赔偿司法解释乃至近期出台的《侵权行为法》所参考采纳。指导性案例之所以能够与司法解释相互发生作用,因为司法解释大多以抽象的命令形式或进一步明确法律界限或补充性规定,其解释表述缺乏具体针对性,往往不能为案件审理提供更具指向性的导引和参照,而指导性案例可以较为直接地为类似案件提供相对明确的规则指引,而这种规则指引所形成的结论正是基于法律精神的解释,是法官审判中对法律规定所作的解释,最终被司法解释或立法所肯定。正如英美法系国家的法律解释学者认为,法官解释法律固然应该从成文法的字面含义开始,确认法律规范的应有含义,但法院还应该在立法机关针对某些情况没有制定相应法律条款或法律规定有间隙时,根据立法意图作出相应的补充,以便使立法机关所代表的意图得到真正实现。此外,正是因为指导性案例不能作为裁判依据而直接援引,在某种程度上,有可能会削减指导性案例在司法实践中的功能发挥。当然,也有人认为,对于案例指导的功能要根据编选方式和发布形式而有所区别,对于经过最高人民法院审判委员会讨论通过并发布的案例,其效力应具有司法解释效力,可以在裁判

---

① 有的学者认为,先例是一种"非正式的法律渊源"或者"辅助性的法律渊源"。

② 案例指导制度与司法解释制度之间的相互关系将在后文中再作详述。

③ 参见最高人民法院、中国应用法学研究所编:《人民法院案例选》(总第21辑),人民法院出版社1997年版。

中加以援引。[①]

基于《规定》中对指导性案例效力的确定,法官在处理同类或类似案件时,应将对指导性案例整体内容的正确理解转化为针对待审案件合法合理的司法裁判。裁判文书可以摘选指导性案例中的论述性语言,但不能在裁判文书中直接援引指导性案例作为裁判的依据。

第三,权威性。指导性案例发布主体的限制性与案例来源的广泛性。《规定》第一条规定"对全国法院审判、执行工作具有指导性作用的指导性案例,由最高人民法院确定并统一发布"。目前,指导性案例的发布主体应限于最高人民法院。这一基调的确定符合案例制度发展的传统和现状,能够充分保证指导性案例的统一性和权威性。因为如不对指导性案例的确认和发布主体做出明确的限定,将会导致任何法院的任何裁判随时都有可能成为指导性案例的后果,最终将因指导性案例范围过宽、无法实现而名存实亡。因此,笔者认为,指导性案例的确认权只能归属于最高人民法院,其理由在于:一是允许地方审判机关在执行法律的过程中可创制指导性案例,不利于维护法律的统一适用,难以保障法制的统一。由最高人民法院作为发布主体可以保证指导性案例的权威性和法制的统一性。特别是在当前地方保护主义严重,法官素质参差不齐,如果放任各地法院创制指导性案例,势必造成各地指导性案例之间矛盾、冲突频繁,由此引发更大的混乱,很难保障指导性案例的质量。二是从法律解释权的来源来看,只有最高人民法院有权解释法律,其他各级地方法院并不享有此种权力。因此,从司法解释权上,尚不能证明各级法院具有制作和发布指导性案例的权力。当然,考虑到我国是多民族国家,各地情况差异较大,可以根据国家对其在立法、司法方面的特殊规定而实行例外,由最高人民法院授权民族自治区的高级人民法院根据本地区的实际情况创制指导性案例。但这种指导性案例,一是要报最高人民法院审查批准,最高人民法院如认为不妥,可以不予批准。二是只在该民族区域范围内有效力。而且,对最高人民法院的指导性案例,如果认为不符合自治区实际情况,可报请最高人民法院变通执行。三是最高人民法院是国家的最高审判机关,它监督下级人民法院的审判工作,它的职能主要是指导下级法院正确理解和准确执行法律,由最高人民法院创制有指导性案例可以有效地实现最高人民法院对审判工作的协调、指导和监督的职能,有效地消除英美法系国家中判例庞杂所产生的弊端。四是指导性案例具有填补法律漏洞的作用,因此制作和发布旨在填补法律漏洞的指导性案例更应该严格限制。如果各级法院都享有制作和发布指导性案例的权力,很难保证其中相当一部分案例与立法的精

---

① 沈德咏主编:《中国特色社会主义司法制度论纲》,人民法院出版社2009年版,第280页。

神、目的和原则是相吻合的。而指导性案例的创制和发布权统一由最高人民法院行使有利于维护法制的统一。明确最高人民法院制作和发布指导性案例的地位,并不意味着禁止地方各级法院发布具有参照指导性作用或者法制宣传作用的案例,这些案例的制作对保障法院严格执法、提高办案质量也是很有价值的。

当然,指导性案例发布主体的确定只是一个起始,其后,势必将面临着指导性案例的发现机制、审查机构、发布载体、案例格式、确定程序、效力、失效、编纂、检索等一系列重要问题。而这些制度内容的设计和确认,应当允许其他司法机关、学者、律师,特别是各级法院的充分参与,从而保证这项制度能够获得更为广泛的理解和认同。虽然指导性案例的发布主体是严格限定的,但并不意味着最高人民法院、高级人民法院审结的所有案件均为指导性案例,更不能表明下级法院在案例指导制度的建立过程中无所作为。考虑到指导性案例的普遍指导意义,指导性案例的发布主体虽然仅限于最高人民法院,但是指导性案例的推荐主体可以包括各级法院。《规定》确定了多层次的指导性案例推荐选报工作机制,在法院内部确立了指导性案例的层报推荐制度。地方各级法院认为本院生效裁判符合指导性案例的条件,可以层报至本地区高级人民法院,并建议向最高人民法院推荐。可以说,任何一级法院审结的生效裁判均有可能成为最高人民法院确定的指导性案例的来源。各级人民法院应当按照最高人民法院确定的统一标准,对本院或下级法院已经生效的案例进行认真的筛选,同时,为了保证筛选的质量和权威性,所有拟逐级报送高级人民法院或最高人民法院的备选案例,必须经过报送法院审判委员会的集体讨论、决定。报送备选指导性案例的同时,必须附上报送该案例的判决要旨和理由说明,为有权发布主体判断、选择指导性案例时提供基础性素材。

三、指导性案例的适用效力

毋庸讳言,当下,我国法院在实现司法公正的过程中面临着两大难题:一是法律适用的不统一,同样情况不能得到同样对待;二是在个案的处理上发生的法律效果与社会效果的冲突时,法官普遍缺乏促成两个效果有机统一的理性技艺和有效方法。由此,审判实践不仅需要条文化的司法解释,还需要在现行法框架内建立完善规范的案例指导制度作为制定法的补充,增加其内容的统一性、确定性和安定性,使得法官不太会因制定法条文的过于笼统和抽象而感到适用上的窘迫,从而保持法律适用的协调性,维护了法律规则在不同法院间、不同审判组织间尽力追求适用结果的一致性,即最好在所有的同类案件中适用标准的法律答案,即所谓"唯一正解”。① 当然,法律适用上的确定性并不如自然科学领域那样易于获得一个精确的答案,加之我国法律制度中又缺乏维系法律确定性的制度保障,缺乏符合司法规律又能有效限制法官自由裁量的程序构造,缺乏平衡司法能动主义和司法克制主义的配套制度。在我国现有法律制度体制下,建立具有中国特色的案例指导制度,使法的安定性这一重大价值得以有效实现,从而在制度层面上消除“法律将不可预测”,②体现法律的权威性和司法的公信力。

当下,就如何理解指导性案例的“指导效力”问题尚存在不同的观点:一种观点认为,基于我国法律制度的考虑,将先前的判决作为有实际拘束力的法律规范来对待还缺乏相应的基础,暂时也没有什么必要,因此,指导性案例应不具有正式的法律效力,不属于正式的法律渊源,但对于法官在处理同类案件时不仅是参考作用,还应具有事实上的约束力。③ 另一种观点认为,最高人民法院发布的指导性案例对各级人民法院的审判工作已产生了事实上的先例拘束力,但没有相应的制度予以调整和约束,有着明显的非规范性和任意性,为了进一步发挥最高人民法院发布的指导性案例的作用,可将指导性案例逐步融入现有的司法解释体系,并作为其中的一种重要形式。甚至有人认为,引入指导性案例最直接的功能就是可以更好地发挥司法的多种功能,消除现有司法解释体制存在的一些弊端。④ 还有观点则认为,应结合我国的实际情况,将最高人民法院发布指导性案例的做法在判例法制度的框架下进行规范化变革,进而建立起有具有中国特色的判例制度,⑤等等。

第一,指导性案例的效力类型。

首先,按照效力的强弱程度划分,可分为拘束效力和指导效力。所谓拘束效力,是指指导性案例对法院裁判活动的强制约束效力,今后法院在审理同类案件时应当“依照”该案例所确定的裁判规则进行裁判。一般来说,英美法系国家纵向体系法院间的判例往往具有法律拘束力,下级法院在审理同类案件时应当按照上级法院的判例进行裁判,除特殊情况下,一般不得违背判例。而大陆法系国家的判例,除了部分国家的特殊判例具有拘束力(如德国宪法法院的判例)外,一般并不具有直

---

① Ronald Dworkin, Taking Rights , Harvard University Press, Cambridge , Massachusetts, 1997, pp. 283 – 290.

② [美]波斯纳:《联邦法院:挑战与改革》,中国政法大学出版社 2002 年版,第 331 页。

③ 参见张骐:《论指导性案例的“指导性”》,载《法制与社会发展》2007 年第 6 期;陈灿平:《案例指导制度中操作性难点问题探讨》,载《法学杂志》2006 年第 3 期。

④ 参见董皞:《迈出案例通向判例的困惑之门——中国实现法律统一适用合法有效之途径》,载《法律适用》2007 年第 1 期;参见干朝端:《建立以判例为主要形式的司法解释体制》,载《法学评论》2003 年第 3 期。

⑤ 参见曹三明:《中国的判例法传统与建构中国特色的判例制度》,载《法律适用》2002 年第 2 期。

接的法律拘束力。所谓指导效力,是指判例对法院的裁判活动仅仅具有指导性,法官在审理同类案件时可以"参照"判例做出判决,但不得做出裁判依据在裁判文书中直接援引。大陆法系国家判例的效力主要是通过法院的科层性和权威性体现出来的,其本身一般不具有法律拘束力。

其次,按照效力的实现方式来划分,判例或指导性案例可以分为法律上的效力和事实上的效力。法律上的效力是指判例或指导性案例依照国家有关法律的规定直接具有法律上效力。这种效力在英美法系国家又可以分为拘束效力和说服效力。前者是指判例强制法院必须遵守的效力,如在同一司法辖区内,下级法院必须受到上级法院判例的约束;后者是指判例不得强制法院执行,法院可以遵守也可以不忽视的效力,如不同辖区法院判例之间的效力。事实上的效力是指法律虽然没有明确规定但在实际运行中所具有的效力。有学者将这种效力又具体区分为指导性效力和权威性效力。前者主要是指与司法解释相联系的判例的指导作用;后者是指由法院地位本身决定的判例所拥有的事实上的权威。① 有学者指出,大陆法系国家的判例虽然没有法律上的约束力,但事实上却具有重要意义。但大陆法系国家的判例比英美法系国家的判例更富流动性。②

第二,指导性案例的效力定位。

如何定位指导性案例的效力,又直接关涉到其具体的适用,包括能否在裁判文书中引用,违背指导性案例的裁判能否被撤销或发回重审,以及应当适用而没有适用指导性案例的裁判是否构成当事人上诉、申诉或者撤销原判的法定事由等。如果认为指导性案例具有法定的约束力,或者属于司法解释的一种形式,那么,对上述问题就应毫无疑问地作出肯定的回答;反之,则需要对其事实效力的范围、性质、效果等进行具体地分析和评估。

基于我国案例制度的特殊情况,指导性案例在我国法律体系中当然不具有法源地位。换言之,不能将指导性案例与制定法等同视之。笔者倾向于将指导性案例的效力定位为"事实上的指导"而非规范意义上的指导的观点,虽然不能直接成为法律渊源,但对法律所规定的一定概念的解释、条文的具体化,仍然具有积极的意义。即指导性案例没有法律上的强制约束力,但具有事实上的拘束力。这主要基于以下考虑:首先,从现行立法来看,明确赋予指导性案例以法定的强制性效力,法律依据不够充分;其次,如果不赋予一定的效力,等于没有效力,案例指导制度则形同虚设;最后,最高人民法院曾在《人民法院五年改革纲要》第十四条中明确规定:

① 汪永清:《论判例比较研究》,载《吉林大学社会科学学报》1998 年第 1 期。

② 李凌燕:《西方两大法系国家和古代中国在判例问题上的比较研究》,载《社会科学》1987 年第 5 期。

"2000年起,经最高人民法院审判委员会讨论、决定的适用法律问题的典型案件予以公布,供下级法院审判类似案件时参考"。可见,当时最高人民法院对典型案件的指导作用还是定位于"参考",而非"指导"。而《人民法院第二个五年改革纲要》明确提出要"建立和完善案例指导制度,重视指导性案例在统一法律适用标准、指导下级法院审判工作、丰富和发展法学理论等方面的作用"。这说明,在法律地位的认定上,最高人民法院现已将指导性案例的作用定位于"指导"。"指导"效力当然不能等同于"参考"效力,但又有别于判例法中的"遵循先例"。我们理解,这就是要求指导性案例应有"事实上的拘束力"。所谓事实上的拘束力,是指本级和下级法院"必须"充分注意并顾及,如明显背离并造成裁判不公,将面临司法管理方面的惩罚和纪律处分的危险,案件也将依照法定程序被撤销、改判或者被再审改判等。这种危险,表面上看是因为明显背离了指导性案例,实质上却是通过"违反了明文规定的实体法和程序法"来实现的。在制定法体制下,法官仍然有可能凭其主观意志和"良心",在制定法的掩饰下,通过解释法律条文,力求符合法律规定的原意,在此,案例指导制度在某种程度上是"限制法官自由裁量的枷锁"。[①] 这种限制作用主要表现为,通过案例指导制度的统合作用,使得法官不得不首先采用指导性案例中确定的法律解释,而在偏离指导性案例时又必须履行法定的特别程序。这样,法官的主观认识将被指导性案例的制度化因素有效制约。因此,这里所说的"事实上的拘束力",实际上就是从审判管理和司法方法角度,"明确地"给法官增加一种对指导性案例的注意义务,并通过实体及程序性的惩戒规则加以保障,包括在同类案件认为不适用指导性案例,应向指导性案例的发布法院提出书面报告;对于背离指导性案例原则和精神的判决,上级法院在审理时可予以撤销或改判,并可能与法官的目标管理考核相挂钩等,所以,事实上(而不是法律上)的拘束力在法院审判体系内仍有一定的强制性。只要这样,才能促使案例指导制度的推进既能够有效地发挥其对审判工作的指导作用,又不会在司法实践中被盲目地运用。

从目前各地法院的探索情况看,虽然使用的名称可能不太相同,但基本的做法较为接近。比如,不认定"指导案例"本身具有法律上的约束力,不将"指导案例"定位为一种法律渊源;辖区内的法官在审理同类案件时应参照"指导案例"作出裁判,如果认为不应参照时应报请"指导案例"发布法院;不参阅"指导案例"作出裁判出现错案的,追究相关人员的责任等。这些探索已取得了比较好的实际效果,所以,目前将指导性案例定位于具有事实上的拘束力,并不影响其在司法实践中有效发挥自身功能与作用,更主要的是,因为它能充分地契合我国的立法制度及司法体制现

---

① [日]高贤柳三:《英美法源理论》,西南政法学院1983年编印,第58页。

状,还将获得进一步发展的足够空间。

与效力相关联的另一个重要问题是,指导性案例能否作为先例而直接被援引。目前,有的法院在推行案例指导制度时,明确要求法院的裁判文书不得直接引用所发布的案例。应当看到,任何生效判决的法律效力都是直接针对案件本身的,不会涉及其他的案件。只有在该案作为先例而被援引入其他案件之中,才有可能对其他案件的裁判产生实质上的效力。指导性案例没有被援引,就难以称之为先例,也就不好说现实审判已参阅指导性案例了。实际上,从大陆法系国家来看,将判例引入法院判决的情形比比皆是。当然,我们也应认识到,成文法是我国的法律渊源,如果指导性案例本身不具有法律拘束力,那么就不能作为"裁判依据"来援引,但作为判决理由加以援引,却是值得认真对待的。裁判的核心实际上就是法官的说理论证。"权威来自于确信和承认。对有理性的现代人而言,确信是由证明过程决定的,承认是由说服效力决定的"。[①] 因此,运用指导性案例强化法官的说理论证,使当事人更容易接受判决结果,显然有助于提升裁判的说服力和权威性。一般情况下,指导性案例中具有指导性、一般性的部分,是判决中所确立的法律观点或对有关问题的法律解决方案以及对该观点或方案的法律论证。凡是道理透彻的判决,也足以说明该法官是一名称职合格的法官。最高人民法院和最高人民检察院组织编撰的《中国案例指导》丛书在前言中也曾指出过:"虽然这些案例不能作为裁判的直接法律依据,但是法官、检察官和律师可以作为裁判理由或者法庭辩论理由引用。"援引的前提是对诉争案件与指导性案例之间的"类似性"程度有着正确的判断。由于案例指导制度主要关注法律适用的合理性论证,其事实与结论之间的联结要求一般不像判例法那样严格,因此,在"类似性"的判断上,一般不会存在较大的识别困难。

第三,指导性案例的运行界限。

如果将指导性案例归入司法解释的一种形式,就可以赋予其法律意义上的"规范拘束力"。我国的指导性案例若列为司法解释,相对于"解释""规定""决定"的司法解释形式,[②]必须加以严格地限制。如此设想,除了源自法律体制的疑虑之外,法律职业所面临的困难及案例指导制度本身尚未臻于成熟,都是不容忽视的重要原因。司法解释权的主体只能是最高人民法院,这早为1981年全国人大常委会的"决议"和《人民法院组织法》所确定。这样规定的根本目的在于,基于审级角色的

---

① 季卫东:《法治秩序的建构》,中国政法大学出版社1999年版,第53页。

② 2007年4月1日开始施行的《最高人民法院关于司法解释工作的规定》(法发〔2007〕12号)第六条规定,司法解释的形式分为"解释、规定、决定和批复等四种形式。其中,前三种都属于规范性解释,批复属于个案性解释,它与指导性案例的形式比较类似,只不过一个是未决案件,另一个是已决案件。"

分工,以及最高人民法院超越个案事实解决法律适用问题的能力远远胜于下级法院,由其作司法解释更有利于满足国家司法的统一和社会公共目的。① 基于我国制定法体制的前提,以及我国司法程序以及法官队伍的状况,笔者建议,对我国案例指导制度运行机制作出以下限定:

第一,对于指导性案例的选择,要了解立法原意,除了主要从法律自身内容分析外,经过立法机关同意的有关该法的说明、报告也是重要方面。这些说明、报告往往载有该法的立法背景、起草经过、争议问题、解决方案等,对于明确立法意图、领会立法宗旨、正确执行法律具有重要作用,这是判断某起案件是否能够成为指导性案例的首要标准。可仅仅局限于此,在有些情形下还不能达到遵从立法原意的目的。指导性案例本身的重要功能之一,就是协调法律确定性与现实变化的需要,主要办法即是对立法原意的深化。这时,最高人民法院应当发挥其处于司法最高位阶所具有的对国家政策和社会公共目的的突出解释功能,进行案情比对和情势权衡,谨慎地甄选案例,并且适时建立案例运作的“背离报告制度”“排除适用惩戒规则”等。

第二,严格指导性案例制度运行的程序。即使在有着判例悠久历史的英美法系国家,如何克服法官利用原则条款断案的不确定性,仍是一个世界性的难题。然而,指导性案例的创设功能毕竟还是让公众行为具有预见性,它需要在预见性和不确定性之间获得一个最大公约数。通过设置案例运用的严格程序、确定运用区别技术的若干原则等,都没有触及到司法解释权的根本体制导致的案例不确定性。当前,司法解释权力向下扩散及多元化、司法解释遭受来自对行政法规无权解释的挑战、司法解释体系存在审判与检察多头解释的矛盾等十分棘手的重大问题,都可能使得案例指导制度的实施陷入于这种“诸侯割剧”的司法解释权的混乱,游离、扭曲乃至超越法律,很难形成预见性。显然,就司法解释的进路而言,促进最高人民法院的功能从司法审判向法律统一适用转变,改变行政解释优位于司法解释的现实,理顺审判与检察解释之间的制度性矛盾,真正恢复司法解释的权威,才是推动指导性案例具有普适意义的根本所在。

第三,增强指导性案例的确定性。司法解释最浅显的功用是使法律规定更少歧义、更好理解,从而更便于实施。可经验表明这是一厢情愿,现实司法解释作为“名义上的最后解释”,在运用于待决案件时,仍然可能存在模糊和歧义,从而需要“再解释”。然而,指导性案例有别于传统司法解释形式的最大特点在于,它是“个案所体现的确定性”,无论归纳出的案例指导规则还是决定性判决理由,都配套陈设了该案的基本事实、背景材料、论证过程等细节作为铺垫,可以说臻于“精确化”。

---

① 参见杨力:《中国案例指导运作研究》,载《法律科学》2008年第6期。

待决案件法官可以通过区别技术合理拒绝或规避适用,最高法院也可以适当理由弃之不用,但不应进行所谓“再解释”,哪怕找出“案例明显违背正义”的借口也不行。否则,指导性案例较之传统司法解释形式所具有的繁复和灵活性,将肯定会给最高法院甚或办案法官造成更广阔的自由解释空间,从而与案例指导运作的初衷相违背。因此,对案例“再解释”的约束,不仅是对指导性案例权威的尊重,也是对解释只应使法律更加清晰和透明而不是增强模糊和混乱这一内在理念的强调。

人民法院案例的类型与指导性案例的选编*

石 磊

人民法院案例指导制度是贯彻党的十七大部署的司法改革举措而建立起来的。党的十八届四中全会《决定》提出了“加强和规范司法解释和案例指导,统一法律适用标准”,这是党的文献首次对案例指导提出明确要求,体现了党中央对案例指导制度的高度重视。2010 年,最高人民法院发布《最高人民法院关于案例指导工作的规定》,2011 年 12 月发布第一批指导性案例,至 2017 年 11 月已陆续发布 17 批 92 个指导性案例。指导性案例发布以来,越来越受到社会各界的重视,得到了人大代表、政协委员的高度关注,引起国内外理论界和实务界的关注和研究。近年来,各级人民法院高度重视案例指导工作,案例编选和推荐机制初步形成,指导性案例发布步入常态化轨道,指导性案例的参照适用机制逐步明确,案例指导制度对于不断丰富和完善社会主义司法制度,统一法律适用标准,促进和实现司法公正作用和效果日益明显。

一、案例指导制度的作用和意义

建立案例指导制度是加强审判监督指导、统一法律适用、维护司法公正的客观需要。在当前司法改革的大背景下,案例指导制度具有更加突出、崭新的作用和意义。

第一,案例指导制度是应对新时期的新问题和回应司法新需求的必然选择。随着我国经济快速发展,社会关系日趋多样化和复杂化,人民法院受理的疑难、复杂、新类型案件日益增多,迫切需要进行及时有效的审判指导。由于成文法固有的局限性,法律条文具有一定的抽象性、概括性,立法也可能存在一定的滞后性,司法

---

* 本文是作者在近年法院系统案例指导工作培训讲义部分内容的基础上整理而成。原稿曾在《金陵法苑》2017 年第 2 期刊登,本文在原稿基础上进行了修改。感谢南京市中级人民法院研究室为本文完成做出的辛勤的文字记录、整理工作。

解释虽然在一定范围内对具体应用法律问题作出了规定,但司法解释的出台有时也难以及时满足司法实践的需要。而案例指导相对灵活,可以及时回应司法实践中的新问题、新需求,是解决实践中具体法律应用问题的新选择。

第二,案例指导制度是统一裁判尺度、规范法官自由裁量权的现实需要。面对一些新类型案件、疑难复杂案件,审判实践中可能缺乏具体明确的裁判规则,往往会出现"同案不同判"的情况。在以往,通过层级式的审批,从一定程度上解决了裁判尺度不统一问题。但随着司法改革的深入推进,开启"让审理者裁判、让裁判者负责"模式,过去依靠行政审批式的方式来统一裁判尺度的方法俨然不能适应改革的需要。司法改革将裁判权力下放给审理案件的法官后如何统一裁判尺度?案例指导制度在一定程度上可以解决这个问题。案例指导制度是一个体系,根据有关文件规定,除了最高人民法院发布指导性案例,各地高院可以发布参考性案例,指导本辖区案件的审判,中院也可以发布一些典型性案例,通过案例指导的形式来规范本辖区内裁判尺度的统一。需要指出的是,用案例来指导审判,建立在先进的大数据信息技术的支撑上。过去,面对浩如烟海的案例,查找、搜索与对比等是比较困难的。随着现代信息技术的发展,案例库以及搜索技术非常发达,可以通过强大的案例搜索工具进行相关案例的搜索、对比、研判,从而明确相应的裁判规则。对于一些指导性案例已经明确的法律适用问题,后案裁判法官应当参照,否则要说明理由。如果没有遵从指导案例的裁判规则,可能构成错案,是要承担法律责任的。从某种程度上来讲,指导案例对于裁判规则的供给、裁判尺度的统一、法官裁量权的约束起到了很大的作用。

第三,案例指导制度顺应中外法律文化相互借鉴、相互融合的大趋势。案例指导制度的改革探索并不新鲜,比照成例断案,是中国法律文化与司法传统的有机组成部分。新中国成立后,最高人民法院一直坚持通过印发案例来指导和规范各级法院的审判工作。当今世界,大陆法系和普通法系在司法制度和工作机制层面,也呈现出相互学习、相互借鉴和相互融合的发展趋势。欧洲一些国家比如德国,下级法院的法官对上级法院法官的判例,甚至对同级法院法官的判例都是非常重视的。如果法官要提出不同的见解,则需要在判决书中说明理由,这在一定程度上约束了法官裁量权,统一了裁判尺度。从理论上来讲,德国的理念和英美等判例法国家是不一样的。法官的独立审判原则上只尊重事实和法律,不用考虑其他法官作出的判决。但是实际上由于严格的审级制度以及先进的案例检索比较技术支撑,要求法官必须去检索、对比相关案例。建立案例指导制度,是对中华优秀法律文化的继承和发展,也是对其他国家有益法治建设经验的合理借鉴。

二、人民法院案例的类型和区别

目前法院系统发布的案例类型众多,仅最高人民法院层级,就有多种案例发布渠道和形式。但是,不同类型的司法案例由于其规范依据、发布部门、审查程序和历史形成过程等不一样,其功能和定位也不一样,这关系到不同类型司法案例的遴选、效力和参照适用等问题,需要予以清晰、准确的界定和区分。

(一)人民法院案例的类型

1. 规范性案例。主要包括指导性案例、参考性案例。指导性案例是指经最高人民法院审判委员会讨论决定后公开发布的,对全国法院审判、执行工作具有指导作用的案例,按照规定各级法院在审判类似案件时应当参照。从某种意义上来说,它是具有法源性意义的案例。当时在建立指导性案例制度的时候,出现了“案例”与“判例”或“法例”的名称之争。有人主张使用“案例”,因为虽然经过删减、编辑,但是其本身表现出来的形式主要就是一个案例。有人主张使用“判例”,但是我国是成文法国家,只有立法机关享有立法权,法院只是在适用法律,对具体的法律适用问题作出具体解释,并没有立法的权力。英美法系的判例制度明确承认法官具有造法的权力,法官作出的判决就是先例,具有真正的法源意义,因此我国不适合叫判例。也有人提出使用“法例”,认为其与狭义上静态的案例不同,它某种意义上是“活法”,为我们提供裁判规则,明确具体法律适用问题,是适用法律的成例。如果定名为“案例”,可能导致与其他案例混淆,弱化其规范性、指导性、参照适用性之意旨。但后来,判例和法例两个名称都没有被采用,最后确定叫指导性案例。根据有关文件规定,地方高院可以制定参考性案例,用于指导本辖区类似案件的审判。因此,参考性案例从某种意义上讲,性质与指导性案例类似,具有一定的规范意义效果。因此,这两种案例,尤其是指导性案例,可以称为规范性案例,或法源性案例。

2. 研讨性案例。主要包括最高人民法院办公厅主办的《公报》案例、法研所主办的《人民法院案例选》案例、国家法官学院主办的中国审判案例要览和年度案例等刊物案例。《人民法院报》《法律适用》《人民司法》等最高人民法院所属报刊也刊登一些具有一定典型性、研究性的案例。这些案例是静态意义上的案例。它们的选编和功能设定并不带有法源意义上的地位和效力,没有任何文件规定其具有参照适用的效力,更多的是具有研讨性、学术性和资料性的静态案例。而上述指导性案例和参考性案例,起到裁判规则供给的作用,追求的是在审判类似案件时裁判尺度保持一致,是具有法源意义的案例。由于在“案例”这个概念上未做区分,都使用“某某案例”的名称,导致大家对众多类型司法案例的地位和功能、参照和适用上,产生了很多的混淆和误解。

3. 宣教性案例。最典型的是最高人民法院新闻局主管的月度案例。月度案例主要是宣传展示人民法院的工作,更多地来讲,它是一种新闻报道性、法治宣传性、普法教育性的案例。其形式一般没有具体严格的限制,语言灵活,通俗易懂,某种意义上更强调吸引社会公众"眼球"。研讨性案例与月度案例为代表的宣教性案例的地位和功能、立足点和出发点与指导性案例都是不一样的,因此编选的标准、产生的程序、法律效力和地位也都不一样。实践中应当对此予以严格区分,这是搞好案例选编和参照适用的前提和基础。从规范的角度讲,指导性案例名称有专指,其他各类参考性案例、研讨性案例、宣教性案例也不应再称为指导性案例了,以避免混淆、误用。

(二)指导性案例与参考性案例的区别与联系

指导性案例和参考性案例有联系也有区别。两者的联系在于:指导性案例以参考性案例为基础,参考性案例以指导性案例为统领。两者的区别主要在于:

1. 发布主体不同。《最高人民法院关于规范上下级人民法院审判业务关系的若干意见》第八条规定,最高人民法院通过审理案件、制定司法解释或者规范性文件、发布指导性案例、召开审判业务会议、组织法官培训等形式,对地方各级人民法院和专门人民法院的审判业务工作进行指导。第九条第一款规定,高级人民法院通过审理案件、制定审判业务文件、发布参考性案例、召开审判业务会议、组织法官培训等形式,对辖区内各级人民法院和专门人民法院的审判业务工作进行指导。《最高人民法院关于发布第一批指导性案例的通知》要求各高级人民法院可以通过发布参考性案例等形式,对辖区内各级人民法院和专门法院的审判业务工作进行指导,但不得使用"指导性案例"或者"指导案例"的称谓,以避免与指导性案例相混淆。

2. 编发格式、程序不同。最高人民法院的指导性案例的遴选标准、发布程序、发布主体、文件格式都有特别的要求。而各地高院发布的参考性案例则由各地自己把握,并不都是经过高院审委会的讨论。但是现在多数法院逐渐地在规范化这项工作,参考性案例要经过审委会讨论,在某种意义上将其作为具有规范性、示范性意义的案例来发布。据了解,过去江苏高院发布其公报案例不需要经过审判委员会讨论,直接由编辑部进行筛选和推出,现在江苏发布参考性案例必须报审判委员会讨论通过。

3. 效力地位不同。一个是"应当参照",一个是"参考"。严格来讲,虽然我们意图要将指导性案例打造成一定程度上具有法源意义上的案例,但从我国目前的法律规定来讲,指导性案例还不是一种正式的法源,不能在裁判文书中引用。但是,指导性案例可以在裁判文书的说理部分引述。很多当事人、律师和检察官在控(诉)辩意见中提到应当或不应当参照某个指导性案例。《最高人民法院关于〈案例指导工作的规定〉的实施细则》(以下简称《实施细则》)规定,法官应该对此作出回应,如果法官认为应当参照而当事人认为不应当参照则应作出说明;如果当事人认为应该参照而法官认为本案与指导性案例不同也应作出说明,这需要在裁判理由中进行阐述,并应该直接表明指导性案例的编号、名称,可以把裁判要点进行概括用以说明法官的观点。关于各地高院的参考性案例如何适用,最高法院没有作出明确的规定。可以肯定的是,参考性案例不能作为裁判依据引用,能否在裁判说理部分使用,也没有明确的规定和说法。笔者认为,参考性案例可以作为说理的依据。在德国司法判例制度中,下级法院或者后案法官在做判决时,需要遵循先例,此时可以不用充分说明理由。但是若要违反先例作出判决,就要充分说明理由。如果参照德国的做法,在裁判文书的说理部分引述高院的参考性案例与正在审理的案件去对比、评析,也未尝不可。

三、案例指导制度的主要内容与指导性案例的选编

案例指导制度的主要内容集中于《最高人民法院关于案例指导工作的规定》(以下简称《案例指导规定》)及其《实施细则》等司法文件的规定,包括指导性案例的选、编、用,以及体例格式等内容。

(一)定义

案例指导制度是最高人民法院为及时总结审判工作经验,指导各级法院审判工作,统一司法尺度和裁判标准,规范法官自由裁量权,充分发挥指导性案例作用的一项具有中国特色的司法制度。人民法院的"指导性案例"或"指导案例",是指由最高人民法院案例指导工作办公室编选、报经最高人民法院审判委员会讨论决定后公开发布的,对全国法院审判、执行工作具有指导作用的案例。

(二)基本要求

1. 形式要件。要求案例的裁判文书已经发生法律效力,裁判文书制作规范。而且发生法律效力的裁判文书最好是经过一段时期的沉淀或者观察。因为刚作出的生效判决,尤其是二审终审的案件有可能进入申诉再审程序。这是由于我国审级制度的特殊性造成的,因此我们在选择案例素材时要注意,生效裁判文书至少要经过半年,等当事人申请再审的期间过去了,再作为案例素材进行编选。

2. 内容要件。案例认定事实清楚,适用法律正确(含程序合法),裁判说理充分,法律效果和社会效果良好。指导性案例虽然有一个浓缩的、概括的裁判要点,但还是要通过裁判理由的阐述来讲清楚这个案件的裁判思路,以及为什么要提炼出这个裁判要点。实际上,指导性案例不同于抽象的法,也不同于具体的案例分析或裁判文书。指导案例实际上是案件事实和法律规则之间的桥梁。成文法具有局限

性,发展较为滞后,而现实生活又十分复杂,发展变化非常快。纷繁复杂的事实与法条、法律的原则精神之间可以通过指导性案例搭建桥梁。指导性案例的权威不仅在于最高人民法院通过审判委员会讨论决定、发布的程序,更在于它的说理性。说理性强大、扎实才能"以理服人",自然形成说服性、权威性,所以指导性案例要求裁判说理一定要充分。另外,指导性案例要求法律效果与社会效果良好,对于社会的发展具有积极正面的引导作用。

3.实质要件。实质要件是指对审理类似案件具有普遍的指导意义。遴选这类案件时要注意:第一,不要调解案件。调解的案件要求事实基本查清即可,作出的调解处理未必有明确的裁判依据,甚至可能是模糊的,然而指导性案例需要体现出明确具体的裁判规则。第二,不是选优秀案例或优秀裁判文书,也不是选大案要案或单纯的典型案例、普法案例。一份优秀的裁判文书可能写得非常好,严谨规范,说理充分,但是如果相关法律适用问题已经解决且没有争议,指导价值就不大,就不适合做指导案例。第三,要注重法律适用问题的合法性、创新性、普遍性。首先裁判要点对法律的解释和补充,要合乎法律规定、合乎法律原则和精神、合乎法理。其次要有创新性,指导性案例解决的是新型的或具有争议的问题,其裁判要点体现的裁判规则对法律具体应用有指引、有弥补或细化等,某种意义上说对法律适用有发展。再次具有普遍性,指导案例解决的问题不是暂时的、陈旧的或孤立的,类案较多,指导案例对于以后类案的审判有普遍的示范指导意义。

(三)编选标准

2010年,最高人民法院出台了《案例指导规定》,其中第二条列举了编选指导性案例的五项标准:(1)人民群众反映强烈或社会广泛关注的案例;(2)涉及的法律适用问题属于法律规定比较原则的案例;(3)具有典型意义的案例;(4)新类型或疑难复杂的案例;(5)其他具有指导作用的案例。这五项标准对指导性案例的编选要求比较原则,《实施细则》(送审稿)当中对编选指导性案例曾提出了更为细化的标准,具体如下:(1)在案件法律适用、事实认定、证据采信、诉讼程序方面疑难复杂,有不同认识和争议。这一类主要解决案件当中大家认识的分歧。(2)法律规定比较原则、没有明确具体规定或者法律规定之间不协调,能够正确适用法律规定或弥补司法解释不足的。(3)新类型案件或者适用新颁布、修改的法律、行政法规或司法解释。当时这一项还加了一个限制,即要对法律适用具有指导意义。指导案例不仅要适用新颁布、修改的法律,而且要有对法律的细化、深化、补充和发展。(4)在司法理念、裁判方法和规则完善等方面具有典型性、代表性。(5)解决社会广泛关注的法律问题,回应人民群众关切和期待,弘扬法治精神,引领经济文化发展与进步。(6)其他对统一法律适用、维护司法公正具有指导作用。由于这一方案不太成熟,审委会讨论将其暂缓,最终发布的《实施细则》中并没有规定这一条。但是,送审稿总结的这几项具体标准对于指导性案例编选标准的理解和把握还是具有启示意义的。

(四)推荐主体和审查程序

指导性案例的发布主体仅限于最高人民法院,但推荐主体包括最高人民法院各审判业务部门和各地高级法院。中级法院、基层法院认为本院生效裁判符合指导性案例条件的,可以层报高级法院向最高人民法院推荐,但都须经高级法院审判委员会讨论通过才能向最高人民法院推荐。推荐主体除了最高人民法院各审判业务部门和各地高级法院,还包括人大代表、政协委员、专家学者、律师,以及其他关心人民法院审判工作的社会各界人士。

指导性案例的推荐程序,从基层法院报送的流程来讲,要经过高院审委会讨论同意,然后推荐到最高法院。最高法院案例指导工作办公室经过初审,提交研究室的室务会进行讨论,再征求相关业务庭、相关部门以及专家学者的意见,然后再提交最高人民法院审委会讨论,最后经主管院领导签发。

(五)确认和发布主体

指导性案例确认和发布主体唯一,发布途径多样。我国是法制统一的社会主义国家,指导性案例具有统一法律适用、规范自由裁量权、维护司法公正的重要作用,因此指导性案例的讨论确认主体必须是能够代表最高权威司法观点的组织。根据《最高人民法院关于改革和完善人民法院审判委员会制度的实施意见》(法发〔2010〕3号),最高人民法院审判委员会履行审理案件和监督、管理、指导审判工作的职责,其中包括:“讨论决定对审判工作具有指导性意义的典型案例。”根据案例指导工作的相关规定,指导性案例都要经过最高人民法院审委会讨论通过才能发布。指导性案例由最高人民法院以通知形式发布,并统一在《最高人民法院公报》、最高人民法院网站、《人民法院报》上向社会公开。

(六)参照适用规则

根据《实施细则》第十条的规定,人民法院的指导性案例与英美判例不同,不属于正式的法律渊源,不能直接作为裁判依据在裁判文书中直接引用。但各级法院在审理类似案件时应当参照,将指导性案例作为裁判理由引述。如何理解“应当参照”需要明确以下几个问题:

1. 何谓类似案件?《实施细则》第九条规定要从基本案情和法律适用两个方面判断。首先要对案件的基本案情进行概括和归纳,将正在审理的案件和指导性案例对比看是否具有相似性;另外再去对比案件的法律适用问题是否一样。台湾地区实行的司法判例制度,施行之初是只发一个裁判规则,后来因为在实施中遇到不便,就开始配发经编辑的案例文本或者裁判文书。而指导性案例除了裁判要旨,还有基本案情和裁判理由等部分。通过基本案情来判断两案是否一致。另外,裁判理由也是对裁判要点的充分具体说明,在基本案情和裁判要点之间架起了一座桥梁,通过这两方面来判断是否属于类似案件。

2. 参照什么？对比类似案件要通过基本案情和法律适用两个层面去判断分析,但是在最后参照适用的时候,还是要回归裁判要点,也就是最终要参照适用的是裁判要点。特别需要注意的,这是案例指导制度的一个特点。

3. 怎么参照？根据《实施细则》的有关规定,指导性案例只能在说理部分引述但不能作为裁判依据直接援引,要求明确引述指导案例的编号和裁判要点。

4. 参照效力如何？首先,是应当参照,意指显性参照。显性参照是与隐性参照相对的概念。所谓显性参照,就是在裁判文书说理部分直接明白地引述指导案例的编号和裁判要点。而隐性参照,则是虽然在裁判说理方面是参照了指导案例,但并没有直接亮出指导案例的编号和裁判要点。在实践中很多案件的裁判是参照了指导性案例的,但是并没有直接、显性地引述指导案例的编号和裁判要点,只是暗含其中,应当说这种做法是不符合最高人民法院有关规范的。其次,是应当回应,当事人在控(诉)辩中提到了指导性案例,法官在是否参照适用的问题上应当作出回应。最后,是应当处理,意指如果类似案件的审判没有遵照指导案例所依据的法律规定、法律原则精神或法理的,可以作为当事人上诉或者申请再审的理由。这项规定本来是写在《实施细则》送审稿里的,但是考虑到涉及我国立法体制、诉讼法等法律规定等因素,这样表述可能引起误解,故没有规定这项内容。

(七)体例格式

指导性案例的体例格式包括七大部分的要求,最后还有一个附注。具体包括如下:

1. 标题:民事、行政案件一般采用某某诉某某加案由的格式,刑事案件一般是被告姓名加罪名。编写案例说明时应附加副标题,用简明的一句话或短语概括出裁判要点的精髓。

2. 关键词:一般由民事、民事诉讼、刑事、刑事诉讼、行政、行政诉讼等六个词引领,主要看案例裁判要点的核心问题是实体问题还是程序问题来确定;其次是案由或罪名,再由大到小、由近及远列关键词,不超过7个,用“/”隔开。

3. 裁判要点:体现指导价值的规则、理念或方法。要点不宜追求多,能明确一两个点也行,要选取有价值的法律争点、难点、亮点。基于原来案件的基本事实和法律适用问题,不能脱离甚至背离原始案件。可以锦上添花,不能无中生有,即不能随意添加、编造原始案件没有的内容。裁判要点的撰写可借鉴司法解释条文的语言表述,提炼概括出规则,不要背景、分析、评价类的内容,这一点注意与研讨性案例写作的不同。在裁判要点中也不要引用法条,只需写明补充法条、细化法条、发展法条等方面的内容。

4. 相关法条:一般只列与裁判要点最密切联系的法律、行政法规条款,其他层级的法律文件条文一般不列。

5. 基本案情:有两种写作方法,一种是控(诉)辩意见加法院经审理查明,另一种是直接叙述法院查明。一般来说,对于案情简单,当事人控(诉)辩意见对裁判要点的理解和参照适用没有直接关联的案例,直接叙述法院查明内容即可。撰写基本案情时要详略得当,关键是围绕裁判要点,简明扼要,与要点无关的案情内容略写或不写。一般不能增加裁判文书未记载的案件事实。

6. 裁判结果:主要是判决和裁定的主文。表达要简要概括,列明基本的诉讼过程、主要判项即可。

7. 裁判理由:基于案例,呼应裁判要点和基本案情,三者要保持前后对应,相互一致。原裁判文书说理往往简单,应予以充实、深化,但不能改变裁判文书本意、原意。切忌做成学理性、研究性的案例分析,分析、评价性的内容不能放在指导案例的文本里面,这是编选说明里面应当阐释的内容。

案例最核心和最突出的部分是裁判要点,另外两个比较重要的是基本案情和裁判理由。在写作时一定要注意这三者是一致的、前后呼应的、相互衬托的。基本案情部分能把裁判理由相关的事实说清楚,裁判理由能把案情通往裁判要点的桥梁给打通。因此,三者要连贯、呼应、一致。

8. 最后附注“生效裁判审判人员姓名”。

(八)推荐报送备选指导性案例的材料要求

指导性案例的推荐单位主要是最高人民法院各审判业务单位和高级法院。推荐案例要求材料齐全,最基本的材料包括四种:一是推荐表(记载审批过程、推荐理由和指导价值等内容);二是按规定体例格式编写的案例文本;三是编选说明(建议附审理报告);四是裁判文书。另外,最好附资深法官及专家讨论研究意见、国内外相关研究论文及类似判例、新闻报道等材料。推荐表需填写案例推荐法院、案例编写人、案件裁判法院和案件承办人,作为发放指导案例入选证书的依据。编选说明主要写明案件来源背景、案件审理过程、案例推选经过、推荐理由和指导价值、研究讨论意见、裁判要点具体说明,以及案例参照适用应注意的其他问题等。上述材料需要纸质版一份,另外随着信息化、自动化办公的要求,上述材料还要提供相应的电子版。

(作者单位:最高人民法院案例指导工作办公室)

【案例工作】

总结互联网司法新情况新经验统一司法裁判标准

——最高人民法院邀请互联网企业召开司法案例研究座谈会

最高人民法院案例指导工作办公室

2017年10月23日

值党的十九大胜利开幕之日,为促进司法工作主动适应互联网发展大趋势,进一步落实周强院长2017年8月18日在杭州互联网法院揭牌座谈会上的讲话精神,10月18日下午,最高人民法院研究室组织召开了互联网司法案例研究座谈会。座谈会邀请了腾讯、阿里巴巴、京东、百度、新浪、网易、滴滴出行七家具有行业代表性且对司法案例研究工作具备一定基础和经验的大型互联网企业法务部门代表20余人参加。研究室主任颜茂昆致辞并全程参加,研究室副主任郭锋主持并做会议总结。座谈会气氛热烈,大家结合互联网行业涉法涉诉情况,纷纷建言献策,提出了很多有价值的意见建议。会议结束后,研究室向院领导报送了“关于互联网司法案例研究座谈会的情况汇报及下一步工作建议”的报告。10月21日,最高人民法院党组副书记、常务副院长沈德咏批示:“这个会议开得及时,也很有必要,既具有现实意义,也具有相当前瞻性。随着互联网技术和互联网经济的快速发展,涉互联网刑事、民事、商事、知产等案件也在快速增加,司法审判面临许多新情况、新问题,亟待加强指导以统一裁判标准和尺度。在这方面,研究室可以也应当大有作为。”

现将座谈会情况和下一步工作安排综述如下。

一、座谈会背景

2017年10月18日上午,中国共产党第十九次全国代表大会在北京召开,习近平总书记在十九大报告中指出:“全面依法治国是国家治理的一场深刻革命,必须坚持厉行法治,推进科学立法、严格执法、公正司法、全民守法”“推进科学立法、民主立法、依法立法，以良法促进发展、保障善治。”这对人民法院以习近平新时代中国特色社会主义思想为指导，运用司法解释和指导性案例指导审判工作提出了更高的要求和标准。互联网经济的迅猛发展和互联网技术的日新月异，对我国经济及社会生活产生了广泛而深远的影响。同时，在实践领域也给立法、司法、行政监管等方面带来了前所未有的挑战。涉互联网案件类型新颖、领域广泛、影响面大，其法律适用和裁判标准统一问题更为突出，受到互联网企业和社会各界的普遍关注。

最高人民法院研究室高度重视司法实践中的前沿法律问题，对涉互联网司法解释、司法案例给予了高度关注，特别重视从互联网案件中编选指导性案例。随着涉互联网指导性案例陆续发布，引起了司法实务界、理论界和互联网行业的广泛关注，社会各界也期待最高人民法院能够更为及时、更为精准地发布针对互联网领域的司法案例，为司法实践和互联网行业发展提供指引和助力。同时，随着“互联网＋”时代的到来，案例指导工作可以充分借助信息网络技术、大数据平台，实现飞跃式发展。2017 年年初以来，研究室积极组织开展涉互联网专题指导性案例收集、遴选工作，并由研究室副主任郭锋带队，赴多家具有行业代表性的互联网企业进行走访座谈，一部分互联网企业依据最高人民法院有关规定推荐了一定数量的备选指导性案例。

为深入了解涉互联网司法案例实际情况，充分整合、利用互联网企业司法案例研究成果，探索建立互联网司法案例研究、推送的长效工作机制，研究借助互联网技术、大数据平台推进案例指导工作的具体方法，研究室组织召开了这次“互联网司法案例研究座谈会”，开门纳谏，广泛听取意见，并就相关问题进行深入探讨。此次参加会议的七家互联网企业，均属于目前国内互联网行业的领军企业，且均已在司法案例研究方面积累了一定经验，形成了一些比较成熟的做法。

二、互联网行业现阶段面临的涉诉情况及特征

座谈会上，互联网企业参会代表对互联网行业现阶段面临的涉诉情况及特征发表了意见，阿里巴巴法务部门还提交了认真准备的书面材料。

1. 互联网企业涉诉案件快速增长。互联网行业近些年发展迅速，业务规模、种类日益扩大，与此同时，互联网行业所涉及的各类诉讼案件，无论是在案件类型还是案件数量方面，都呈现逐年增长态势，且增幅大、增速快。从案件类型角度分析，由早期的少量交易纠纷案件，扩大到目前包括交易纠纷、知识产权、不正当竞争、互联网名誉权、用户行为管理、互联网金融、商务合同纠纷等各个领域。从案件数量角度分析，各类涉互联网案件近年均有不同程度的增长，其中交易纠纷与知识产权诉讼案件呈现高发态势。

2. 互联网案件中涉及大量新型法律难题。如网络平台责任的界定、互联网知识产权保护、网络安全与互联网犯罪的打击、各类层出不穷的不正当竞争、格式条款效力、互联网名誉权保护,等等。涉互联网案件在民事领域呈现出纠纷量大、单笔金额小、当事人区域分散且距离较远、交易内容虚拟化、证据形式电子化等特征。随着诉讼案件多样化发展,新型商业模式、新型交易模式不断涌现,大量关于新权利客体、新法律关系的案件逐步显现。电子证据如何运用以及抽样印证的方式和标准如何确立;风控大数据判断结果是否可以作为电子证据使用等,都存在争议,需要确立规则。

3. 刑事案件领域网络犯罪呈现出与传统刑事案件完全不同的特点。无论是程序方面还是实体方面,都给司法审判带来极大的挑战。程序方面,云计算技术模糊了服务器所在地管辖概念;移动式、跨地域犯罪成为常态,认定行为发生地比较困难;被害人遍布全国,结果发生地难以确定;网络诈骗等非接触性侵财犯罪具有小额多笔特点,单笔往往不到立案标准,且报案地分散;上下游共同犯罪的管辖成为难题等。实体方面,数据安全如何进行分类分层刑法保护;批量注册恶意账号、炒信、恶意购买等严重破坏经济秩序的行为如何进行刑法规制;机器是否可以被骗;工具是否依旧中性化等。

4. 法院裁判规则不统一给互联网案件审理造成困扰。互联网企业大部分经营范围均遍布全国,因此企业涉诉的范围也跨多个区域。由于各地各级法院存在对技术及互联网行业特性的了解不够深入的问题,且互联网企业本身的特点也决定了其所涉及法律问题在传统法律关系中涉及较少,缺乏明确的司法解释规范,如果法官从单一法律角度审理案件,就会导致出现同案不同判的问题。不同的裁判思路可能产生完全不同的社会效果,司法裁判的结果可能直接影响到互联网企业发展甚至整个行业。若以传统裁判思维调整新经济关系,缺少对朝阳产业政策的深入思考,可能会对行业发展产生负面影响。

三、互联网企业对最高人民法院案例指导及相关工作的建议

座谈会上,互联网企业参会代表建议最高人民法院:

1. 加强对互联网行业案例研究工作的指导。目前,互联网企业的司法案例研究工作受困于缺少研究平台、没有建立起与司法机关持续稳定的沟通机制以及成果反馈机制,得不到司法机关对企业开展案例研究的支持与指导。互联网企业的充分参与将推动市场诉求的充分表达和法律难题的深入发掘,有助于司法决策层以最快速度听到实践前沿最真实的声音,为相关规则的确立提供参考。

2. 重视通过司法解释、案例指导确立互联网与经济社会健康发展的明确规则。

通过司法解释、指导性案例对互联网领域新生的具有争议的权利、义务进行界定，有利于互联网企业的发展和争议的解决。人民法院不仅要化解矛盾、定分止争，更肩负着引导市场经济向正确方向发展的重要使命。研究新型案例、梳理新型案例背后的规律，尽可能快速回应互联网行业发展的需要，确立互联网与经济社会健康发展的明确规则，是解决上述问题、完善网络治理的必由之路。司法前瞻性适应经济社会发展潮流，积极引导规范，则能为新经济的发展提供规则支持，更好发挥司法的保障功能。

3. 建立互联网企业参与互联网司法案例报送制度。最高人民法院指导性案例主要来源于各省高院推荐以及最高人民法院主动发现。建议最高人民法院将互联网企业纳入互联网相关领域指导性案例的推荐、选送单位范畴。确立互联网企业参与互联网案例报送制度，为企业报送案例提供合法有效通道，扩大最高院在互联网领域案例数量与评选基数。

4. 发挥互联网企业的资源和技术优势。最高人民法院可以指导互联网企业对于过去的存量案件进行系统全面梳理，可以在分类整理的基础上建立互联网行业案例库，并由各互联网企业提供其领域内的专业技术专家进行技术支持，为最高人民法院司法审判、司法解释、案例指导提供专业技术支持和效果评估。

5. 最高人民法院搭台或指导参与，定期举办以涉互联网司法案例和互联网行业法律适用规则为主题的论坛。建议在最高法院研究室和有关部门指导下，由在行业领军的互联网企业轮流承办，每年举办一次全国性论坛，就互联网领域的司法案例、司法裁判规则、法律适用、互联网风险防控、网络安全等问题开展深入研究探讨，为立法、司法、监管提供理论支持，为党中央、国务院、最高法院提供互联网行业治理的决策参考。

6. 建立互联网企业参与最高人民法院专项课题研究制度。建议最高人民法院每年的司法研究课题在选题上包括互联网领域司法问题，允许互联网企业参加投标。也可以由互联网企业向最高人民法院提出立项申请，评审通过后由互联网企业组织完成，课题经费由互联网企业自己负担。

四、最高人民法院研究室对互联网司法案例及相关工作的设想和安排

最高人民法院周强院长一直高度重视互联网司法，多次作出有关重要指示，强调“要积极探索互联网司法新模式、新经验，为全球互联网治理作出积极贡献”。沈德咏常务副院长对这次座谈会的报告作了重要批示。为落实院领导重要指示，研究室对互联网司法案例及相关工作的设想和安排如下：

1. 支持和鼓励各互联网企业向最高人民法院推荐、报送相关案例。根据《最高

人民法院关于案例指导工作的规定》及实施细则的相关规定,人大代表、政协委员、人民陪审员、专家学者、律师,以及其他关心人民法院审判、执行工作的社会各界人士,对于符合指导性案例条件的案例,可以向作出生效裁判的原审人民法院推荐,也可以向最高人民法院案例指导办公室提出推荐建议。我院鼓励和支持各互联网企业推荐、报送相关案例,充分发挥互联网企业在专业领域和技术方面的优势,为我院案例指导工作提供有力的专业和技术支持。研究室案例处会根据案例推荐建议和线索向相关案件审理法院和专家学者征求意见,通过指导性案例引导互联网领域案件审理正确的裁判方向。

2. 适应"互联网+",充分利用互联网企业的技术以及大数据平台分析统计优势,促进指导性案例的普及和应用。互联网企业参与司法案例研究、分析统计工作具有明显的优势,可以提供强大的平台力量和大数据分析统计。建议我院充分利用互联网企业的技术以及大数据平台分析统计的优势,通过加强和互联网企业合作研究、委托课题、委托培训、宣传推广等方式,促进指导性案例在社会和司法领域的普及和应用,切实发挥指导性案例的引领、规范和指导审判作用。研究室案例处拟每年发布一批10~15个互联网领域研究课题,通过公开招标,吸收互联网企业和专家学者、法官共同参与研究。同时,探索建立互联网企业和专家学者自行申报、经费自筹、研究室立项管理验收的课题研究管理制度。

3. 积极研究探索建立与互联网企业的长期、稳定合作机制。一是通过专项委托课题研究,以及动态接收互联网行业研究新成果,以实践需求为导向,夯实司法解释、案例指导工作的理论基础,为立法、司法、监管提供理论支持,为党中央、国务院、最高法院提供互联网行业治理的决策参考。二是建立互联网司法案例研究联系点或研究基地,为最高法院指导性案例编选、推荐、适用、研究建立稳定而长效的工作机制。三是指导和支持互联网企业定期或不定期举办互联网法治与司法案例论坛,就互联网领域的司法案例、司法裁判规则、法律适用、互联网风险防控、网络安全、网络立法等问题开展深入研究探讨,共同推进互联网领域法治建设和司法公正。指导和支持互联网企业2018年上半年在北京举办第一届论坛。

(原文为《案例指导简讯》2017年第2期,总第6期,编辑:马蓓蓓,编审:石磊,审核:郭锋)

图书在版编目(CIP)数据

中国案例指导. 总第6辑 / 姜启波主编. -- 北京 : 法律出版社, 2017.10

ISBN 978-7-5197-0375-2

Ⅰ. ①中… Ⅱ. ①姜… Ⅲ. ①案例-中国-丛刊 Ⅳ. ①D920.5-55

中国版本图书馆CIP数据核字(2016)第314355号

中国案例指导(总第6辑)
ZHONGGUO ANLI ZHIDAO(ZONG DI 6 JI)

姜启波 主编

策划编辑 冯雨春
责任编辑 冯佳欣
装帧设计 李 瞻

出版 法律出版社
总发行 中国法律图书有限公司
经销 新华书店
印刷 三河市兴达印务有限公司
责任印制 吕亚莉

编辑统筹 法律应用·大众读物出版第二分社
开本 710毫米×1000毫米 1/16
印张 28
字数 499千
版本 2018年5月第1版
印次 2018年5月第1次印刷

法律出版社/北京市丰台区莲花池西里7号(100073)
网址/www.lawpress.com.cn
投稿邮箱/info@lawpress.com.cn
举报维权邮箱/jbwq@lawpress.com.cn
销售热线/010-63939792/9779
咨询电话/010-63939796

中国法律图书有限公司/北京市丰台区莲花池西里7号(100073)
全国各地中法图分、子公司销售电话:
统一销售客服/400-660-6393
第一法律书店/010-63939781/9782 西安分公司/029-85330678 重庆分公司/023-67453036
上海分公司/021-62071010/1636 深圳分公司/0755-83072995

书号:ISBN 978-7-5197-0375-2 **定价:**68.00元